Rechnungswesen und EDV

17. Saarbrücker Arbeitstagung 1996

Kundenorientierung in Industrie, Dienstleistung und Verwaltung

Herausgegeben von
A.-W. Scheer

Schriftleitung:
J. Hagemeyer

Physica-Verlag
Ein Unternehmen
des Springer-Verlags

Professor Dr. August-Wilhelm Scheer, Institut für Wirtschaftsinformatik,
Universität des Saarlandes, Postfach 15 11 50, D-66041 Saarbrücken

Die Deutsche Bibliothek - CIP-Einheitsaufnahme

Rechnungswesen und EDV : Kundenorientierung in Industrie, Dienstleistung und Verwaltung / 17. Saarbrücker Arbeitstagung 1996. Hrsg. von A.-W. Scheer. - Heidelberg : Physica-Verl., 1996

ISBN 3-7908-0971-3
NE: Scheer, August-Wilhelm [Hrsg.]; Saarbrücker Arbeitstagung <17, 1996>

ISBN 3-7908-0971-3 Physica-Verlag Heidelberg

Druck: Betz-Druck GmbH, Darmstadt
Bindearbeiten: J. Schäffer GmbH u. Co. KG., Grünstadt
SPJN 10551150 88/2202-5 4 3 2 1 0 - Gedruckt auf säurefreiem Papier

Vorwort

In den vergangenen Jahren hat sich die Sicht auf die Ablauforganisation von Unternehmen erheblich verändert. Die Prozeßorientierung hat sich durchgesetzt und mit ihr mehr oder weniger radikale Ansätze zur Neugestaltung der Unternehmensaktivitäten vom Business Engineering bis hin zur kontinuierlichen Prozeßverbesserung. Dies war ein wichtiger Fortschritt, der für viele Unternehmen erstmals eine durchgängige, abteilungsübergreifende Leistungsgestaltung und -erstellung gebracht hat. Doch nach wie vor steht und fällt der Unternehmenserfolg mit der Marktakzeptanz der angebotenen Leistungen. Um die Bedeutung dieser Tatsache wieder in das Bewußtsein zu rufen, befaßt sich die diesjährige Saarbrücker Arbeitstagung „Rechnungswesen und EDV" mit dem Thema „Kundenorientierung in Industrie, Dienstleistung und Verwaltung".

Um eine dauerhafte Verankerung der Kundenorientierung in Industrie, Dienstleistung und Verwaltung zu gewährleisten, reicht es nicht aus, ausschließlich organisationsinterne Geschäftsprozesse zu verbessern. Vielmehr ist die Betrachtung der vor- und nachgelagerten Kundenprozesse ein wichtiger Bestandteil zur Kundenorientierung. Dies beinhaltet auch neue Anforderungen an die vorhandenen Informationssysteme. Der vorliegende Tagungsband dokumentiert das Treffen von Praktikern und Wissenschaftlern, bei dem aktuelle Entwicklungen in diesen Bereichen diskutiert und Gestaltungsmöglichkeiten abgeleitet werden. Dabei wird deutlich, daß gerade durch den branchenübergreifenden Austausch viel voneinander gelernt werden kann. Im Abschnitt Geschäftsprozeßmanagement wird das zentrale Anliegen der Veranstaltung augenfällig: hier werden Ansätze aufgezeigt, wie durch bewußte Prozeßgestaltung in Kombination mit überlegtem Einsatz von Informationstechnologie zu einer größeren Kundennähe und damit zu Markterfolg in verschiedenen Branchen gelangt werden kann.

Prozeßbewertung und Benchmarking sind für Controller keine Fremdwörter mehr. Insbesondere das Controlling hat dazu beigetragen, daß in Unternehmen mehr Transparenz und effizientere Abläufe existieren. Aber auch das Controlling selbst muß sich einer kritischen Betrachtung unterziehen. Es stellt sich die Frage, ob und inwieweit es kundenorientiert arbeitet und welche Konsequenzen Prozeßorientierung und der Einsatz moderner Informationstechnik für die Erfüllung seiner Servicefunktion hat. Der Abschnitt Kosten- und Deckungsbeitragsmanagement beschäftigt sich mit diesem und weiteren Themen.

Der Weg zum schlanken, flexiblen Unternehmen führt für viele Unternehmen über die unternehmensweite Einführung betriebswirtschaftlicher Standardsoftware. Doch auch hier gilt es, Klippen zu umschiffen. Der Abschnitt Informationsmanagement liefert Erfahrungsberichte und Hinweise zur überlegten Gestaltung dieses Schrittes. Neuere Entwicklungen wie Data Warehousing und die Nutzung des Internet als Möglichkeit zur Annäherung an den Kunden werden dort ebenfalls diskutiert.

Auch in die öffentliche Verwaltung kommt Bewegung. Durch die Haushaltskrise hat sich die Notwendigkeit zur Innovation in einem traditionell stabilen Umfeld ergeben. Soll dem Bürger als Kunden ein gleichbleibender oder verbesserter Service geboten werden, sehen sich die Verantwortungsträger zunehmend vor Managementaufgaben gestellt, die nur durch den Einsatz betriebswirtschaftlicher Methoden und moderner Kommunikationstechnologie gelöst werden können. Dies betrifft auch Unternehmen und Institutionen im Gesundheitswesen. Beiträge im Tagungsband zum Thema Controlling in der öffentlichen Verwaltung, Einsatz von Referenzmodellen zur Verwaltungsreorganisation und der Gestaltung von innovativen Verwaltungsprodukten greifen diese Problematik auf und bieten Lösungsansätze.

Auch mit der diesjährigen Tagung wird somit ein attraktives Vortragsangebot und ein Forum für Diskussionen zwischen Theorie und Praxis geschaffen. Ich danke allen Referenten, die ihre Beiträge rechtzeitig zur Verfügung gestellt haben und somit das pünktliche Erscheinen des Tagungsbandes ermöglicht haben. Darüber hinaus danke ich meinen Mitarbeitern Herrn Dipl.-Kfm. Jens Hagemeyer und Herrn Dipl.-Kfm. Frank Milius für ihre Unterstützung.

Saarbrücken, im August 1996

Prof. Dr. A.-W. Scheer

Inhaltsverzeichnis

II Kosten- und Deckungsbeitragsmanagement

III Informationsmanagement

Autorenverzeichnis

Prof. Dr. Andrea Back
Institut für Wirtschaftsinformatik, Universität St. Gallen

Prof. Dr. Jörg Becker
Direktor des Institut für Wirtschaftsinformatik, Westfälische Wilhelms-Universität Münster

Prof. Dr. Carsten Berkau
Institut für Technische Betriebswirtschaft, Fachhochschule Osnabrück, Lingen

Dr. Gerold Blakowski
Deutsche Bank AG, Eschborn

Dr. Peter Blönningen
Kommunale Gemeinschaftsstelle zur Verwaltungsvereinfachung, Köln

Dr. Klaus Jürgen Böhm
Abteilungsdirektor BASF AG, Ludwigshafen

Prof. Dr. Dietrich Budäus
Arbeitsbereich Public Management, Hochschule für Wirtschaft und Politik, Hamburg

Dr. Marcus Eul
Projektleiter E-Plus Mobilfunk GmbH, Düsseldorf

Dr. Andreas Engel
Forschungsstelle für Verwaltungsinformatik (FVI), Universität Koblenz-Landau

Dipl.-Kfm. Herrmann Josef Fliß
Geschäftsführer Zentren für Psychatrie Wiesloch und Weinsberg

Dipl.-Kfm. Norbert Gräber
DACOS Software GmbH, St. Ingbert

Prof Dr. Heinz Lothar Grob
Institut für Wirtschaftsinformatik, Lehrstuhl für Wirtschaftsinformatik und Controlling, Westfälische Wilhelms-Universität Münster

Dipl.-Math. Thomas Hauck
Deutsche Immobilien Leasing GmbH, Düsseldorf

Dr. Wolfgang Hennevogl
PLAUT Beratung für Versorgungs- und Verkehrswirtschaft GmbH, Frankfurt

Dr. Helge Heß
IDS Prof. Scheer GmbH, Saarbrücken

Dr. Jürgen Hörtig
Abteilungsdirektor Degussa AG, Frankfurt

Dr. Hans-Stephan Jansohn
BASF AG, Ludwigshafen

Dr. Wolfgang Johannsen
Leiter Technologische Entwicklung, Deutsche Bank AG, Eschborn

Dr. Uwe Kassner
Kommunale Gemeinschaftsstelle zur Verwaltungsvereinfachung, Köln

Dr. Gerhard Keller
SAP AG, Walldorf

Dr. Dietmar Krischausky
Leiter AOK-Informationssysteme, AOK-Bundesverband, Köln

Dipl.-Betriebswirt (FH) Jürgen König
Projektleiter BASF AG, Ludwigshafen

Dr. Michael Koppitz
Leiter Zentralstab IS, DV-Strategie, Ruhrkohle AG, Essen

Dr. Wolfgang Kraemer
Institut für Wirtschaftsinformatik an der Universität des Saarlandes, Saarbrücken

Dipl.-Winf. Winfried Krauth
Projektleiter E. Merck KGaA, Darmstadt

Dipl.-Kfm. Helmut Kruppke
Geschäftsführer IDS Prof. Scheer CAM GmbH, Saarbrücken

Erich Lebeiner
Geschäftsführender Gesellschafter Plaut Software GmbH, Ismaning

Christiane Nelles
Stadtwerke Hannover AG

Dr. Markus Nüttgens
Institut für Wirtschaftsinformatik an der Universität des Saarlandes, Saarbrücken

Dr. Alexander Pocsay
Geschäftsführer IDS Prof. Scheer GmbH, Saarbrücken

Prof. Dr. Dr. h. c. Ralf Reichwald
Lehrstuhl für Allgemeine und Industrielle Betriebswirtschaftslehre, Technische Universität München

Prof. Dr. August-Wilhelm Scheer
Direktor des Instituts für Wirtschaftsinformatik an der Universität des Saarlandes, Saarbrücken

Dipl. Wirtsch.-Ing. Gerd Schröder
SAP AG, Walldorf

Bernd Schweiger
Service Center Manager Informationstechnologie Plaut Software GmbH, Ismaning

Dipl.-Kfm. Andres Seufert
Dres. Fürst & Partner GmbH, Nürnberg

Dr. Wolfgang Teusch
Development Manager für den öffentlichen Sektor, SAP AG, Walldorf

Prof. Dr. Kurt Vikas
Mitglied des Vorstandes der Plaut-Gruppe, Figino/Lugano,
Dozent an der Karl-Franzen-Universität Graz

Dr. Matthias Wiechers
Leiter Stadtcontrolling, Stadtverwaltung Ludwigshafen

Dipl.-Kfm. Volker Zimmermann
Institut für Wirtschaftsinformatik an der Universität des Saarlandes, Saarbrücken

I Geschäftsprozeßmanagement

Kundenorientierung in Industrie, Dienstleistung und Verwaltung

Prof. Dr. August-Wilhelm Scheer,
Dr. Wolfgang Kraemer,
Dr. Markus Nüttgens,
Dipl.-Kfm. Volker Zimmermann,
Universität des Saarlandes, Saarbrücken

Inhalt

17. Saarbrücker Arbeitstagung Rechnungswesen und EDV 1996. Hrsg.: A.-W. Scheer.

1 Kundenorientierung: Vom Problem zur Strategie

Kundennähe und Kundenorientierung gelten als Schlüsselfaktoren zum Geschäftserfolg. Anspruch und Realität klaffen jedoch am Standort Deutschland deutlich auseinander. Die Ladenöffnungszeiten, die zurückhaltende Höflichkeit von Verkäufern, die schwierige Zusammenarbeit mit Handwerkern, lange Wartezeiten auf Ämtern, extreme Lieferzeiten, umfangreiche Aufpreislisten in der Automobilbranche, unverständliche Strom-, Telefonrechnungen oder Steuerbescheide seien nur beispielhaft erwähnt. Alleine die volkswirtschaftlichen Schäden durch Arbeitszeitausfälle - verursacht durch lange Wartezeiten bei Arztbesuchen - werden auf 2,5 Milliarden DM jährlich geschätzt.

Leistungsdefizite bei der Kundenorientierung haben, wie bei keinem anderen Geschäftsprozeß, unmittelbare Auswirkungen auf die Kundenbeziehungen. Die Kundenzufriedenheit wird damit zu einem entscheidenden Wettbewerbsfaktor und zum Prüfstein der Qualität einer Dienstleistung oder eines materiellen Produktes. Die Kunden wenden sich von Unternehmen mit niedrigem Serviceniveau ab. In der momentan anhaltenden Konjunkturflaute werden dadurch wertvolle Umsatzpotentiale verschenkt. Dies wirkt sich negativ auf die Konsumquote und den Arbeitsmarkt aus.

Kundenorientierung reduziert sich nicht nur auf eine Verbesserung der Servicequalität, sondern berücksichtigt auch die Kundenzufriedenheit: Wenn der Stundenlohn eines Rohrreinigers 450 DM beträgt, wie von der Düsseldorfer Verbraucherzentrale ermittelt, dann steht das deutsche Kundenbarometer nach einer Studie der Deutschen Marketing Vereinigung auf Sturm. Bei der Erhebung der Kundenzufriedenheit nach den Kriterien Service, Angebot und Qualität in zweiundvierzig verschiedenen Branchen ist die Anzahl der Beschwerden in 1995 um bis zu 20% gestiegen. An erster Stelle der Minusliste stehen Versandhäuser (20%), dicht gefolgt von Stadt- und Kreisverwaltungen (18%). Dies zeigt, daß sich das Problem durch alle Branchen zieht.

Es ist bekannt, daß ein unzufriedener Kunde neun bis fünfzehn anderen von seinen Problemen berichtet. In Abbildung 1 sind Erfahrungswerte der Kundenzufriedenheit aus unterschiedlichen Branchen zusammengefaßt.

600 %	teurer ist es, neue Kunden zu gewinnen, als vorhandene zu halten
300%	größer ist bei sehr zufriedenen Kunden die Wahrscheinlichkeit, daß sie nachbestellen, als bei nur zufriedenen Kunden
fast 100%	ist die Wahrscheinlichkeit, daß sehr zufriedene Kunden zu besten Werbeträgern des Unternehmens werden

95%	der verärgerten Kunden bleiben dem Unternehmen treu, wenn das Problem innerhalb von 5 Tagen gelöst ist
75%	der zu Wettbewerbern wechselnden Kunden stören sich an mangelnder Servicequalität
über 30%	der Gesamtkosten amerikanischer Dienstleister werden durch Nachbesserungsaufwand verursacht
7,25%	beträgt die Steigerung des ROI, die jeder Prozentpunkt nachhaltig erhöhter Kundenzufriedenheit bewirkt.

Abb. 1: Wirkungen von Kundenzufriedenheit [1]

Die Pflege von Kundenbeziehungen ist eines der Hauptmerkmale gut funktionierender Unternehmen. Dies gilt besonders in Märkten, in denen sich die Angebotspalette immer mehr angleicht und eine Differenzierung der angebotenen Leistung zunehmend schwieriger wird. Nach Geffroy gehört den Unternehmen die Zukunft, die den Trend der Kundenorientierung erkennen [2]. Der Kunde hat die erste Priorität: „No client - no company" lautet die prägnante Botschaft. Es besteht solange eine Kundenbeziehung, wie der Kunde anhand von Leistung, Service und Preis seinen Nutzen feststellt.

Die Nähe zum Kunden wurde von Peters und Watermann als ein wesentliches Merkmal erfolgreicher Unternehmen identifiziert [3]. Diese Unternehmen bieten unvergleichbare Qualität, Serviceleistung und Zuverlässigkeit.

Tucker und Shearer von CSC Index haben in einer Untersuchung nachgewiesen, daß kundenorientierte Unternehmen, darunter Compaq, Microsoft, Sony und Nike, im Vergleich zu ihrer jeweiligen Branche deutlich besser abschneiden. Sie gehören zu den 500 besten Unternehmen der USA und zwar in den Bereichen Gewinnsteigerung, Profitabilität, Ergebnis pro Aktie und Marktwert [4].

Die Kundenorientierung in Industrie, Dienstleistung und Verwaltung ist eng mit der Überprüfung und Neugestaltung der Geschäftsprozesse verbunden [5]. Denn auch Prozesse haben unternehmensinterne und -externe Sender und Empfänger. Unternehmensinterne Sender sind zum Beispiel die im Vertrieb angesiedelten Mitarbeiter, die die eingehenden Aufträge bearbeiten. Diese haben somit einen direkten Einfluß auf die Geschäftsprozesse des Unternehmens. Die Geschwindigkeit der Bearbeitung eines Kundenauftrages hat eine direkte Auswirkung auf die Kundenzufriedenheit des externen Empfängers. Ein typisches Beispiel für ein unternehmensinternes Kunden-Lieferanten-Verhältnis ist die Aufbereitung von Abweichungsanalysen und Kostenberichten durch das Controlling für das Management [6]. Angesichts zunehmender Outsourcing-Bestrebungen von unternehmensinternen Dienstleistungen, die keinen direkten Beitrag zur Wertschöpfung leisten, wie zum Beispiel die Informationsverarbeitung, der Fuhrpark oder Reinigungsdienste, sind diese Unternehmensfunktionen zu einer verstärkten Transparenz bei der Leistungserstellung und beim Leistungsnachweis gezwungen [7]. Weiter muß der erbrachte Output gegenüber Outsourcing-Anbietern auf Basis von nachweisbaren Leistungsgrößen wirtschaftlich gegenüber gestellt werden. Bei dieser make-or-buy-Entscheidung spielt dabei die Zufriedenheit der internen Kunden eine wichtige Rolle.

Entscheidend beim Prozeßdesign ist die systematische Gestaltung von Kundenbeziehungen. Diese beginnen bei der ersten Kontaktaufnahme mit dem Kunden und gehen bis zur Reparatur und Entsorgung. Dazu gehört auch die Einbeziehung des Kunden in die Prozeß- und Preisgestaltung. Dadurch werden Leistungen angeboten, die direkt auf den Kunden zugeschnitten und auf sein Budget abgestimmt sind [8]. So verwundert es nicht, daß die Kundenorientierung nicht nur ein substantieller Bestandteil von Business Process Reengineering und Lean Production [9], sondern auch des Target Costing ist. Kundenwünsche und -anforderungen müssen frühzeitig erkannt und in den Entwicklungs- und Kalkulationsprozeß einbezogen werden. Schwerpunkte eines kundenorienterten Unternehmenskonzeptes sind [10]:

- eine differenzierte Marktbeobachtung (differenzierter Einsatz der Marketinginstrumente, Produktdifferenzierung, individuelle Lösungen und detaillierte Zielgruppendifferenzierung),
- Flexibilität gegenüber Kundenanforderungen (rechtzeitige Verfügbarmachung, kurzfristige Lieferzeiten, schnelle Einbindung von Änderungswünschen, schneller Kundendienst und Reparaturservice),
- Reagibilität auf mittel- bis langfristige Marktveränderungen (früherkennungsorientierte Marktforschung, Kundenbesuche, schnelle Umsetzung von Marktforschungsergebnissen).

Um eine dauerhafte Verankerung der Kundenorientierung in Industrie, Dienstleistung und Verwaltung zu gewährleisten, reicht es nicht aus, ausschließlich organisationsinterne Geschäftsprozesse zu verbessern. Vielmehr ist die Betrachtung der vor- und nachgelagerten Kundenprozesse ein wichtiger Bestandteil zur Kundenorientierung. Dies beinhaltet auch neue Anforderungen an die vorhandenen Informationssysteme. Empirische Erhebungen der Gartner Group zeigen, daß der Service immer mehr zum entscheidenden Differenzierungsmerkmal der Unternehmen wird. Wie aus Abbildung 2 hervorgeht, geben 40 % der befragten IT-Manager an, daß für den Einsatz neuer Informationssysteme die Automation von Service-Geschäftsprozessen im Vordergrund steht. Für den Markt von Softwaresystemen, die alle wichtigen Geschäftsprozesse der Kundeninteraktion unterstützen, wird bis Ende 1997 ein Zuwachs von 42% prognostiziert.

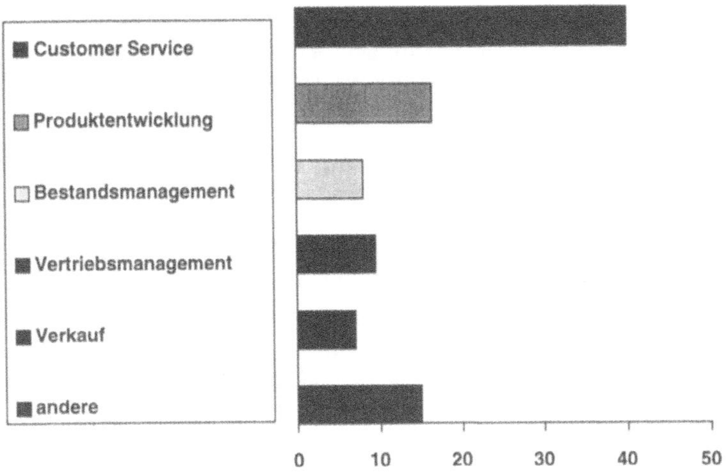

Abb. 2: Einsatzplanung neuer Informationssysteme [11]

2 Branchenspezifische Aspekte der Kundenorientierung

Dienstleistungsorientierte Branchen wie Autovermietungsgesellschaften, Banken, Versicherungen, Handels-, Tourismus- oder Consulting-Unternehmen nehmen derzeit eine Vorreiterrolle bei der Kundenorientierung ein. Industrie und Verwaltung entwikkeln erst ein vergleichsweise schwaches Problembewußtsein. Insbesondere im öffentlichen Sektor ist ein großer Nachholbedarf festzustellen. So ist es noch eher ungewöhnlich, daß der Bürger einer Gemeinde, der Patient eines Klinikums, der Student einer Hochschule oder der Besucher einer Kirche als Kunde betrachtet wird.

2.1 Ausprägungen und Tendenzen der Kundenorientierung

Der Vergleich von Industrie, Dienstleistung und Verwaltung weist unterschiedliche Schwerpunkte der Kundenorientierung auf.

2.1.1 Industrie

Der Kundenservice ist in vielen Unternehmen als Funktion auch in der Organisation - oftmals als Abteilung - verankert. Dabei handelt es sich vielfach lediglich um eine zentrale Anlaufstelle zur Bearbeitung von Kundenreklamationen. Kundenorientierung ist jedoch mit einer funktionsübergreifenden Aufgabe vergleichbar. Analog zu umfassenden Qualitätskonzepten, wie zum Beispiel dem Total Quality Management, muß die Kundenorientierung durchgängig durch die Gestaltung der Geschäftsprozesse plaziert werden. Am Beispiel der wichtigsten Geschäftsprozesse eines Industrieunternehmens wird in Abbildung 3 die Bedeutung der Kundenorientierung überblicksartig dargestellt. Die produktionsnahen Geschäftsprozesse wie Produktions- und Beschaffungslogistik, Arbeitsplanung und Werkzeugplanung bieten wenig Ansatzpunkte für Verbesserungsmaßnahmen der Kundenorientierung, da die unternehmensinternen Abläufe der Produktion oder Beschaffung für den externen Kunden von untergeordnetem Interesse sind. Die intensivsten Beziehungen zwischen Kunden und dem Hersteller existieren in den Geschäftsprozessen Vertrieb, Marketing und Produktentwicklung. Viele Unternehmen verdanken ihre besten Produktideen ihren Kunden [12]. Nach einer Umfrage in 804 Unternehmen der Droege Unternehmensberatung kennt jeder fünfte Manager und zwei Drittel der Mitarbeiter, die eigene Kundenschaft nicht. Die Bedeutung von flankierenden Maßnahmen bei der Personalauswahl und -weiterbildung wird dadurch ersichtlich.

Geschäftsprozesse	**Kundenorientierung**
Logistik	
Produktion	-
Beschaffung	-
Vertrieb	++
Personal	++
Leistungsgestaltung	
Marketing	++
Produktentwicklung	++
Arbeitsplanung	-
Qualitätssicherung	+
Werkzeugplanung	-
Entsorgung	+
Information/Koordination	
Rechnungswesen	+
Informationsmanagement	+

Abb. 3: Bedeutung der Kundenorientierung

2.1.2 Profit- und Non-Profit-Dienstleistungen

Wesentliches Kennzeichen von Dienstleistungen ist die direkte Einbindung des Kunden in die Leistungserbringung. Produktion der Leistung und Konsum des Kunden laufen gleichzeitig ab und sind eng miteinander verknüpft. Aus diesem Grunde hat die Kundenorientierung definitionsgemäß einen besonderen Stellenwert im Dienstleistungssektor.

Mangelnde Kundenorientierung bei Dienstleistungsunternehmen wurde meist dadurch verursacht, daß mit zunehmendem Wachstum Organisationsstrukturen aufgebaut wurden, bei denen nach tayloristischen Grundsätzen die Wertschöpfungsprozesse und Leistungen auf verschiedene Organisationseinheiten gesplittet wurden. Ergebnis sind funktionsorientierte Organisationseinheiten, die neben unklaren, intransparenten Leistungserstellungsprozessen auch „Wasserköpfe" in den zentralen Abteilungen zur Folge haben. So werden „quasi am Kunden vorbei" die operativen Leistungen ausgeführt.

Um mehr Kundenorientierung zu erreichen, ist deshalb die Reintegration von Leistungsprozessen über die Wertschöpfungskette hinweg erforderlich [13]. Inzwischen gibt es einige Dienstleistungsunternehmen, denen dies erfolgreich gelungen ist: Beispielsweise die Versicherungsunternehmen Debeka oder Cosmos Direct: Sie verzichten heute auf eine separate Außendienstorganisation. Durch die Nutzung von Kommunikationstechnologien (zur Zeit vor allem das Telefon, mehr und mehr aber auch Online- und Telekommunikationsdienste) wird hier die räumliche Nähe zum Kunden und damit die Standortgebundenheit der Erbringung der Leistungen überwunden.

Analog zur Abbildung 3 wird in Abbildung 4 am Beispiel der wichtigsten Geschäftsprozesse die Bedeutung der Kundenorientierung in der Dienstleistung überblicksartig dargestellt. Aufgrund der Gleichartigkeit der Prozesse wird die Bewertung der Kundenorientierung für die Dienstleistung und Verwaltung zusammengefaßt.

Die **Logistikprozesse** umfassen dabei die Teilprozesse mit direktem Kundenkontakt. Diese betreffen:

- die Dienstleistungsproduktion, also die Leistungserbringung,
- die Einbeziehung externer Leistungen (entspricht in der Industrie der Beschaffungslogistik), sowie

den Vertrieb der Dienstleistungen (Vertriebslogistik).

Die Geschäftsprozesse der **Leistungsgestaltung** umfassen die Teilprozesse

- Produktdefinition und -planung, also welche Leistungen angeboten werden sollen,
- Prozeßplanung, also wie die Leistungserbringungsprozesse zu gestalten sind (Workflow, Arbeitsmittel, Instrumente für die Kommunikation zwischen Kunde und Unternehmen),

- Qualitätssicherung sowie
- Marketing.

Letztlich sind auch die Informations- und Koordinationsprozesse kundenorientiert zu gestalten. Hierzu gehören in Analogie zur Industrie das Rechnungswesen und Controlling sowie das Informationsmanagement. Da Dienstleistungen im Vergleich zu Industrieprodukten personalintensiv sind - sie können beispielsweise nicht auf Lager produziert werden - spielen die Mitarbeiter und ihre Qualifikation eine besondere Rolle bei der Leistungserbringung.

Kunden der öffentlichen Verwaltung sind die Interessenten an den Aktivitäten der Verwaltung. Hierzu gehören im wesentlichen die Bürger, die politischen Akteure und die Wirtschaft [14]. Die meisten Verwaltungen stehen dabei zur Zeit unter starkem finanziellen und organisatorischen Veränderungsdruck. Dies betrifft nicht nur die Konsolidierung der Haushalte. Auch das eigene Verständnis als Dienstleister - wenn auch im Non-Profit-Bereich - soll gestärkt und damit mehr Kundenorientierung in die Verwaltung gebracht werden.

Analog zu den Profit-Dienstleistungen gelten auch für die öffentliche Verwaltung die in der Vergangenheit entstandenen Probleme durch die Bildung tayloristischer Organisationsstrukturen. Mehr Kundenorientierung im Sinne einer konsequenten Bürger- und Politikorientierung beinhaltet somit die Bündelung von Funktionen zur prozeßorientierten Abwicklung von Leistungen. Wie bei den Profit-Dienstleistungsprozessen kann auch hier unterschieden werden zwischen Logistikprozessen und Leistungsgestaltungsprozessen. Logistikprozesse werden in der öffentlichen Verwaltung durch die Stellung von Anträgen oder ein politisches Informationsbedürfnis ausgelöst. Leistungsgestaltungsprozesse werden durch politische Aktionen ausgelöst. Hier werden die Logistikprozesse geplant. Beispielsweise wird im Rahmen der Bauleitplanung ein Baugebiet erschlossen. Es handelt sich hierbei um die Gestaltung einer neuen Leistung (Produktplanung) in der öffentlichen Verwaltung. Nach Abschluß der Bauleitplanung können vom Bürger Bauanträge gestellt werden, die dann im Rahmen der Logistikprozesse abgewickelt werden.

Beispiele für Maßnahmen zur Erhöhung von Kundenservice und -orientierung im Rahmen der Logistikprozesse durch technische und organisatorische Maßnahmen sind: Automatisierung durch Point-of-Information- und Point-of-Sale-Systeme (z.B. Bankschalter), Abbau zwischengeschalteter Organisationsebenen wie z.B. Außendienstvertreter, Auslagern von Aktivitäten auf den Kunden wie z.B. Online-Banking, Kiosk-Systeme zur Bürger-Information, Workflow-Systeme zur integrierten Prozeßabwicklung, Telekommunikation und Multimedia zur räumlichen und zeitlichen Trennung von Antragstellung und -bearbeitung.

Dienstleistungen sind dabei äußerst personalintensiv. Da der Kunde mit den Mitarbeitern in direktem Kontakt steht, ist die Auswahl der Mitarbeiter von entscheidender

Bedeutung. Sie müssen flexibel, gut ausgebildet und stark motiviert sein, da jeder Dienstleistungsprozeß sich vom anderen Prozeß unterscheidet.

Da der Kunde in die Dienstleistungserbringung direkt eingebunden ist, ist die kundenorientierte Prozeßplanung ein wesentlicher Erfolgsfaktor. Die Automatisierung von solchen Prozessen durch Workflow-Systeme oder Point-of-Sale-Systeme spielt eine wesentliche Rolle. Der Kunde will zunehmend von Zeit und Ort der Dienstleistungserbringung unabhängig sein (Bankautomaten, Tankautomaten, etc.). Bei der Kundenberatung können ähnliche Wege beschritten werden (Elektronische Kataloge im Versandhandel).

Geschäftsprozesse	Kundenorientierung
Logistik	
Dienstleistungsproduktion	++
Beschaffung	-
Vertrieb	++
Personal	++
Leistungsgestaltung	
Produktdefinition	+
Prozeßplanung	++
Qualitiätssicherung	+
Marketing/Bürgerinformation	++
Informations-/Koordination	
Rechnungswesen	+
Informationsmanagement	++

Abb. 4: Bedeutung der Kundenorientierung im Dienstleistungssektor

2.2 Vergleichende Analyse: Gemeinsamkeiten und Unterschiede

Wie aus Abbildung 5 hervorgeht, gehört die Führungsrolle des Produktionssektors seit 1995 der Vergangenheit an. In diesem Jahr haben Dienstleistungen erstmals einen höheren Anteil an der Wirtschaftsleistung errungen als das produzierende Gewerbe.

Abb. 5: Der Weg zur Dienstleistungsgesellschaft [15]

Dies zeigt, daß der Dienstleistungsmarkt gegenüber dem Industriebereich einen starken Wachstumsmarkt darstellt. Im Dienstleistungsbereich sind inzwischen etwas über 50 Prozent aller Arbeitnehmer beschäftigt. Der Bereich ist somit stark beschäftigungswirksam. Dies gilt insbesondere für Dienstleistungen, die unter Nutzung moderner Informations- und Kommunikationstechnologien angeboten werden, sogenannte Informationsdienstleistungen.

Die meisten Unternehmen in der Industrie hingegen leiden unter den typischen Kennzeichen stagnierender bzw. rezessiver Märkte: Kosten- und Wettbewerbsdruck, Arbeitsplatzgefährdung, Demotivation der Arbeitnehmer durch Unsicherheit. Auch im Dienstleistungsbereich können diese Probleme in Zukunft auftreten, wenn man sich nicht rechtzeitig darauf einstellt, daß auch Dienstleistungen aus Ländern wie den USA, Japan oder Indien (zum Beispiel zur Software-Entwicklung) exportiert werden können.

Was kann man in Deutschland in Zukunft besser machen? Eine Aspekt liegt in der **Nutzung von Synergien** zwischen Industrie, Dienstleistung und Verwaltung.

Beispielsweise könnte die methodische Kompetenz, die im industriellen Bereich, z.B. im Engineering, entwickelt wurde, stärker auf die Planung neuer Dienstleistungen und Verwaltungsprodukte übertragen werden [16]. Beispielsweise kann die Modellierung und Beschreibung von Geschäftsprozessen auch bei der Gestaltung von Verwaltungsprozessen erfolgreich eingesetzt werden [17]. Auf diese Weise kann hier mehr Professionalität im Sinne von Bearbeitungsgeschwindigkeit, Kundenorientierung, Dienstleistungsverständnis und Flexibilität erreicht werden.

Auch bei der Kostenrechnung können die Synergien zwischen Industrie, Dienstleistung und Verwaltung stärker genutzt werden. So existieren inzwischen Verfahren, mit denen die Verwaltung auf ein betriebswirtschaftliches Verfahren umgestellt werden kann, das flexiblere Steuerungsmöglichkeiten gegenüber dem kameralistischen System erlaubt [18][19].

Die Nutzung von Synergien kann dabei nicht nur auf die Übertragung von Ansätzen aus der Industrie in die Verwaltung beschränkt sein. Auch umgekehrt kann die Industrie Gedankengut und positive Ansätze aus dem Dienstleistungsbereich übernehmen. Zum Beispiel verfügen die wirtschaftsstarken Banken- und Versichungsunternehmen über ausgeprägte Fähigkeiten im Bereich von Kundenorientierung und Innovation. Eine Übertragung auf Industrie und öffentliche Verwaltung wäre sicherlich sinnvoll. Konkret kann die Nutzung der Telekommunikation im Kundengeschäft genannt werden. Bankautomaten, Kreditkarten, Online-Überweisungen, Telefon-Banking, usw. sind kundenorientierte Dienstleistungen, bei denen die Telekommunikation als Infrastruktur eingesetzt wird. Sie sind im heutigen Geschäftsverkehr der Banken nicht mehr wegzudenken. Im Gegensatz hierzu die Industrie: Kunden müssen hier auf althergebrachte Weise bei der Auswahl ihrer Zulieferer deren gedruckte Produktkataloge durchsehen und Bestellungen per Post oder Fax durchführen. Elektronische Kataloge mit entsprechenden beschaffungslogistischen Unterstützungen werden kaum eingesetzt, obwohl sie ein enormes Verbesserungspotential bieten [20]. Die Innovationskraft der neuen Technologie und ihre Auswirkungen auf Geschäftsprozesse und Kundenimage werden im industriellen Bereich noch viel zu gering eingeschätzt und deshalb zu wenig genutzt. Auch der Einsatz von EDIFACT hat sich nur in einigen Bereichen, wie z.B. der Automobilindustrie, durchsetzen können. Das Potential elektronischer Kommunikation ist aber auch hier noch lange nicht ausgeschöpft.

Neben der Nutzung von Synergien liegt ein großes Potential in der **inhaltlichen Vernetzung von Industrie, Dienstleistung und öffentlicher Verwaltung**. So erhalten heute viele Sachleistungen der Industrie einen deutlichen Mehrwert und Wettbewerbsvorteil durch das Angebot komplementärer Dienstleistungen. Beispielsweise können inzwischen beim Autokauf Finanzierungs- und Versicherungsverträge abgeschlossen werden. Dieses kundenorientierte Angebot bewirkt nicht nur Kostenreduzierungen im Vertrieb der Bank- und Versicherungsdienstleistungen, sondern eröffnet den Autoherstellern neue Ertragsfelder, ohne daß weitere Eigenleistungen notwendig sind (virtuelles Unternehmen), sowie deutliche Kunden- und Imageeffekte.

3 Branchenübergreifendes Kundenprozeßmanagement

Derzeit zeichnet sich eine Umverteilung von Geschäftsprozessen zwischen Privatpersonen, Wirtschaftsunternehmen und der öffentlichen Verwaltung ab. Nachfolgend soll an Beispielen der branchenübergreifenden Vernetzung von Produkten und Dienstleitungen aufgezeigt werden, wie ein branchenübergreifendes Kundenprozeßmanagement durch den Einsatz neuer Medien und Technologien realisiert werden kann.

3.1 Branchenübergreifende Vernetzung von Industrie, Dienstleistung und Verwaltung

Ein Grund für die branchenübergreifende Vernetzung ist, daß mit dem eigentlichen physischen Produktkern zunehmend geringere Wertschöpfungspotentiale erwirtschaftet werden, wohingegen die Beherrschung der zugehörigen Dienstleistungen zum eigentlichen Wertschöpfungsfaktor wird [21]. So können beispielsweise im Umfeld des Automobils neben den unmittelbaren Produktionsprozessen eine Fülle von primären und sekundären Dienstleistungsprozessen unterschieden werden. Der Autokauf beispielsweise kann im wesentlichen in die Teilprozesse „Produktion“ (Industrie), „Handel“ (Autohaus), „Wartung“ (Autohaus), „Finanzierung“ (Bank), „Versicherung(en)“ (Versicherung) und „Meldewesen“ (Öffentliche Verwaltung) untergliedert werden. Vergleicht man das klassische Verfahren des Autokaufs mit dem Prozeß einer Automiete, so ist auffällig, daß bereits hier Innovationspotentiale zu entdecken sind. Bei der Automiete werden das Produkt und die Dienstleistung integriert dem Kunden angeboten. An einem Schalter können mit einem Vertrag die oben aufgezeigten Teilprozesse für den Kunden ganzheitlich abgewickelt werden. Für den Kunden ist beispielsweise der Teilprozeß „Versicherung“ bereits über einen Rahmenvertrag vordefiniert, der Teilprozeß „Anmeldung“ fällt in diesem Rechtsverhältnis einer Miete nicht an. Es ist auch auffällig, daß im Falle des Auto-Leasing ebenfalls Teilprozesse in besonderen Ausprägungen auftreten. So ist es dem Leasingnehmer i.d.R. nicht freigestellt, die Finanzierung mit einem Finanzdienstleister seiner Wahl abzuwickeln.

Es stellt sich daher die Frage, ob nicht ein Automobilhersteller alle Dienstleistungen im Umfeld seines Produktes in Kooperation mit Partnern stellvertretend für einen Kunden abwickeln kann und der Kunde bereit wäre, ein solches Produkt- und Dienstleistungsbündel als Einheit zu erwerben. Diesem Ansatz liegt die These zugrunde, daß man zunehmend kein Geld mehr mit dem eigentlichen (physischen) Produkt, sondern mit den Dienstleistungen um das Produkt herum erwirtschaftet. So entstehen derzeit ca. 46,9 Prozent der Verkaufskosten eines PKW durch Vorführ- und Ausstellungsautos [22].

Es ist daher nicht verwunderlich, daß mulitimediale Werbematerialien ein auch wirtschaftlich interessantes Anwendungsfeld darstellen. Hierbei ist allerdings der Prozeß nicht nur im Umfeld des Autohandels neu zu definieren, sondern insbesondere auch die Rückkopplung in den Entwicklungs- und Marketingprozeß. Es ist daher kein Zufall, daß in Informationsnetzen bereits parallel zur Produktentwicklung sowohl Zielgruppen- als auch Vermarktungsstrategien entwickelt und mit den zukünftigen Märkten und Kunden rückgekoppelt werden können. Unter dem Motto „The new beetle goes Internet" informiert beispielsweise der Volkswagen-Konzern bereits heute über den erst 1998 käuflichen Käfer. Ein Ziel könnte z.B. sein, frühzeitig die Kunden an der Produktentwicklung und Logsitikplanung zu beteiligen, indem schon vor Produktionsstart am Beispiel virtueller Produktbeschreibungen (CD-ROM, Online-Syteme via Internet etc.) die zukünftigen Kunden „ihr" individuelles Auto zusammenstellen. Interessanterweise würde der Kunde - bei entsprechendem multimedialen Anreizsystem - selbst und freiwillig seine Wünsche äußern, was die Dienstleitung im Umfeld der Werbewirkungs- und Kommunikationsforschung völlig verändern würde. Marktforschung wird dann zur „Bringschuld" des Kunden. Kundenwünsche könnten dann auch direkt zur Ermittlung logistischer Größenordungen herangezogen werden.

Es ist auch denkbar, daß die Probefahrt in virtuellen Simulationsräumen schon vor dem Start des eigentlichen Serienlaufes stattfindet.

Bislang steht die Optimierung der produktionsnahen Geschäftsprozesse im Vordergrund. So wird in modernen Fertigungsstrukturen beim Endproduzenten nur noch die Montage koordiniert, wohingegen komplette Baugruppen von Systemlieferanten teilautonom gefertigt und in das Endprodukt eingebracht werden. Interessant ist aber auch die Frage, inwiefern Dienstleitungen ebenfalls nach dem gleichen Prinzip eines Systemlieferanten in das Produkt integriert werden können. So ist es durchaus denkbar, daß Automobilhersteller für Ihre Produktreihe exklusive Versicherungsverträge mit Versicherern abwickeln und diese als Standard-Service-Paket Ihren Kunden anbieten. Desweiteren würde die konsequente Übertragung des Direktvertrieb-Konzeptes auf diese Branche entsprechende Handelsspannen eliminieren. Im Konzept eines virtuellen Autohauses könnten diese neuartigen Produktions- und Dienstleistungsprozesse im Online-Dialog mit dem Kunden gemakelt und in Interaktion mit telebasierten Versicherungs-, Banken- und Verwaltungsdienstleistungen realisiert werden. Desweiteren stellen telebasierte Dienstleistungen wie z.B. Satelliten-gestützte Leitsysteme, Ferndiagnose oder Reservierungssysteme interessante Anwendungsfelder für neue Dienstleistungen dar.

3.2 Organisation und Koordination der Vernetzung als neues Dienstleistungsangebot

Die Organisation und Koordination der Vernetzung selbst kann als neue Dienstleistung definiert werden. Das Konzept der „virtuellen Organisation" soll es dabei ermöglichen, daß alle an einem Wertschöpfungsprozeß beteiligten Organisationseinheiten synergetisch an der gemeinsamen Leistungserstellung mitwirken und der Kooperationsgewinn zwischen den Kunden und an den Wertschöpfung beteiligten Organisationen aufgeteilt wird [23]. Dabei ist die Nutzung von Informations- und Kommunikationstechnologien zur Bewältigung der Koordinationsaufgaben von zentraler Bedeutung [24][25]. Es ist auch denkbar, daß in Mischformen einerseits „virtuelle Makler" und „Informationsbroker" auftreten und andererseits Teilprozesse konventionell abgewickelt werden. In diesen Fällen übernimmt die virtuelle Organisation aus der Sicht der Kunden alle Dienstleitungen und kann gegenüber den konventionellen Anbietern von Produkten und Dienstleitungen ein stärkere Marktstellung einnehmen. Idealerweise ergänzen sich konventionelle und virtuelle Organisationskonzepte.

Aus dem Kooperationsverständnis virtueller Organisationsstrukturen ergeben sich Anforderungen an die Informationssysteme zur Vernetzung und Schaffung neuer Dienstleistungsangebote. Globale Datennetze und Standardsoftware mit hoher Kompatibilität und standardisierten Schnittstellen nach dem „Plug and Play"-Prinzip sollen es ermöglichen, daß sich zukünftig Privathaushalte, Industrie und private und öffentliche Dienstleister mit geringem Koordinations- und Transaktionsaufwand Dienstleitungen in neu zu definierenden Kunden- und Lieferantenbeziehungen erbringen. Ein denkbares Modell hierfür sind Kooperationsbörsen, welche Angebot und Nachfrage elektronisch zusammenführen [26].

Wie radikal sich der Einfluß neuer Technologien auf die Gestaltung von Geschäftsprozessen auswirken kann, zeigen beispielsweise auch die derzeitigen Geschäftsstrategien amerikanischer Reservierungsdienstleister im Umfeld von Flug- und Hotel- und Mietwagenreservierungen. So ermöglicht beispielsweise das Internet-Reservierungssystem der AMR Corp., Fort Worth (Texas), die Muttergesellschaft der Fluglinie American Airlines (AA), den Zugriff auf Flugpläne und Tarife und die Buchung inneramerikanischer Flüge mit Sitzplatzpräferenz und Bezahlung per Kreditkarte (http://www.americanair.com) (vgl. Abb. 6). Interessanterweise sucht das System auch jeweils den aktuell günstigsten Tarif heraus. Tickets können entweder per Post oder Kurier zugestellt oder von einem Reisebüro ausgestellt werden. Um diese Kommission einzusparen, soll ab September 1996 an ausgewählten Flughäfen auch der papierlose Check-in möglich sein. Als Konsequenz ist jedoch bei internationalen Flügen ein neues Konzept zur Abwicklung der Zollformalitäten notwendig, da der Gang zum Billettschalter entfallen soll.

Weiterhin können direkt Web-Sites von Hotel- und Mietwagensystemen angewählt werden. Ein Komplett-Service für das Reisemanagement befindet sich derzeit im Aufbau.

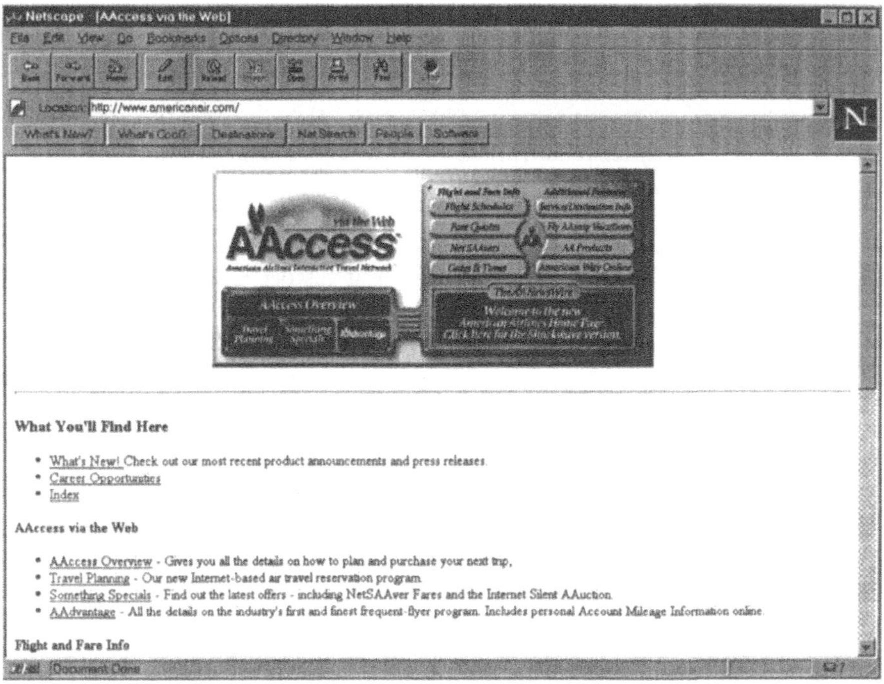

Abb. 6: Buchungssystem von AMR Corp. im Internet

4 Kundenorientierte Geschäftsprozeßoptimierung

Kundenorientierung kann durch ein konsequentes Ausrichten der Geschäftsprozesse auf den Kunden erreicht werden. Im Rahmen von Business Process Reengineering-Projekten werden solche Zielsetzungen verfolgt. Hierzu werden Modellierungsmethoden und -werkzeuge für Geschäftsprozesse eingesetzt.

4.1 Kundenorientierte Geschäftsprozeßanalyse und -modellierung

Typische Einsatzgebiete von Geschäftsprozeßmodellen im Rahmen des Business Process Reengineering sind:

- Prozeßorientierte Gestaltung der Aufbau- und Ablauforganisation,
- Einführung von Standardsoftware bzw. Entwicklung von Workflow-Software,
- Implementierung eines modernen Controllings (Prozeßkostenrechnung),
- Umsetzung des Total Quality Management-Konzeptes sowie eines kontinuierlichen Verbesserungsprozesses.

Primäres Ziel des Business Process Reengineering (BPR) ist dabei die konsequente Ausrichtung aller Geschäftsprozesse auf den Kunden.

Im folgenden werden zwei Ansätze geschildert, die aufzeigen, wie Kundenorientierung als Organisationsprinzip mit Hilfe der Geschäftsprozeßmodellierung geplant und umgesetzt werden kann.

- Der Ansatz der **Modellierung von Geschäftsprozessen aus Sicht des Kunden** verfolgt das Ziel, Geschäftsprozesse konsequent aus der Kunden-Lieferantensicht zu betrachten. Hierzu wird eine entsprechende Vorgehensweise vorgestellt.
- Der Ansatz der **kundengruppenorientierten Prozeßgestaltung** stellt dar, wie mit Hilfe von Gestaltungsregeln für Geschäftsprozesse innerhalb eines Marktsegmentes eine Kunden- und Marktdifferenzierung erreicht werden kann.

Modellierung von Geschäftsprozessen aus Sicht des Kunden

Abbildung 7 stellt einen Vertriebslogistik-Prozeß im Einzelhandel dar, wie er aus der Sichtweise eines Kunden modelliert wurde. Der Beispielprozeß beschreibt einen Kundenablauf im Einzelhandel, wobei der Kunde als Selbstabholer fungiert, also die Ware im Geschäft abholt und den Transport selbst übernimmt. Produkte, die im Rahmen solcher Prozesse verkauft werden, sind z.B. Möbel, technische Geräte (Kühlschrank etc.).

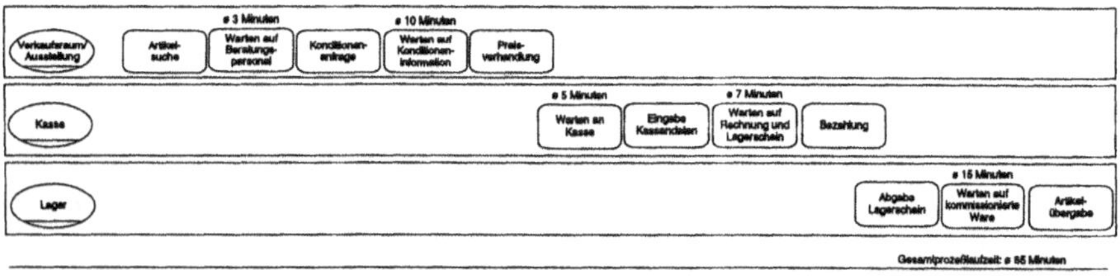

Abb. 7: Modellierung aus Sicht des Kunden - Beispiel eines IST-Prozesses

Im IST-Prozeß kommt der Kunde in das Einzelhandelsgeschäft, sucht seine gewünschte Ware aus, erkundigt sich beim Kundenberater/Verkäufer über technische Daten und Preise. Ggf. werden hier die Preise zwischen Verkäufer und Käufer verhandelt. Zur Preisinformation nutzt der Verkäufer einen gedruckten Preiskatalog. Sobald sich der Kunde entschieden hat, werden Bestellung und Rechnung an der Kasse erstellt. Da der Kunde seine Ware gleich mitnimmt, wird ein Lagerschein ausgedruckt und der Kunde mit dem Lagerschein zum Warenlager geschickt. Dort wird die Ware kommissioniert und dem Kunden übergeben.

Wie das Beispiel zeigt, werden bei der Modellierung aus Kundensicht *ausschließlich* Funktionen abgebildet, an denen der Kunde *beteiligt* ist. Funktionen, die unabhängig vom Kunden ablaufen, werden für den Kunden als „*Wartefunktion*" dargestellt. Im

Rahmen einer spezialisierten Darstellung werden diese „Wartefunktionen“ detaillierter dargestellt. So ist im Falle der Spezialisierung der Funktion „Warten auf Rechnung und Lagerschein“ der Prozeß des Mitarbeiters an der Kasse abgebildet. Das Prinzip der Kundenorientierung wird dabei auf die spezialisierte Darstellung übertragen (vererbt). Dadurch wird der Mitarbeiter zum Kunden des spezialisierten Prozesses. Falls weitere Abteilungen notwendig sind, werden sie für den Mitarbeiter als „Warte“-Funktion dargestellt. Abbildung 8 zeigt beispielhaft den Prozeß „Warten auf Rechnung und Lieferschein“.

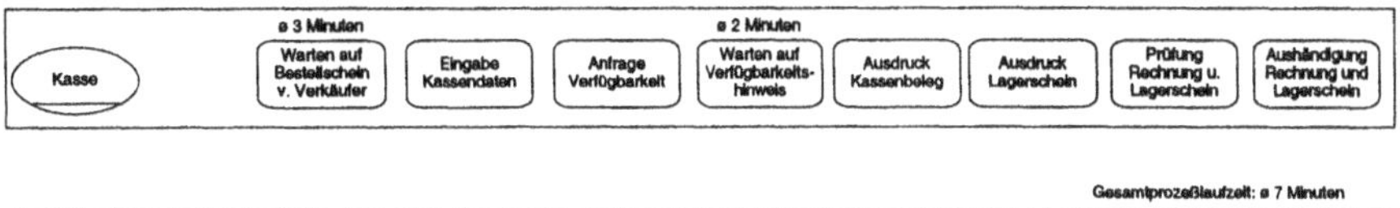

Abb. 8: Modellierung aus Kundensicht - Teilprozeß „Warten auf Rechnung“

Im Rahmen der Prozeßoptimierung aus Kundensicht wird versucht,

- Wartezeiten zu reduzieren,
- Serviceleistungen zu erhöhen und zu verbessern und die
- Zahl der Funktionen, in die der Kunde eingebunden ist, zu reduzieren.

Abbildung 9 stellt einen optimierten Kundenprozeß dar. Die Wartezeiten des Kunden reduzieren sich v.a. im Bereich des Lagers, da die Bestellung elektronisch an das Lager versandt wird und die Kommissionierung der Teile dort dann schon erfolgen kann, bevor der Kunde am Lager ankommt. Die Zahl der Funktionen, an denen der Kunde beteiligt ist, reduziert sich. Er muß nicht auf den Lagerschein warten, sondern kann sich sofort nach Bezahlung der Rechnung zum Lager begeben. Auch wurden im SOLL-Prozeß die Serviceleistungen erhöht, indem elektronische Kataloge dem Kunden zur Verfügung stehen und eine Beratungsleistung nicht mit langwierigen Sucharbeiten in gedruckten Katalogen verbunden ist.

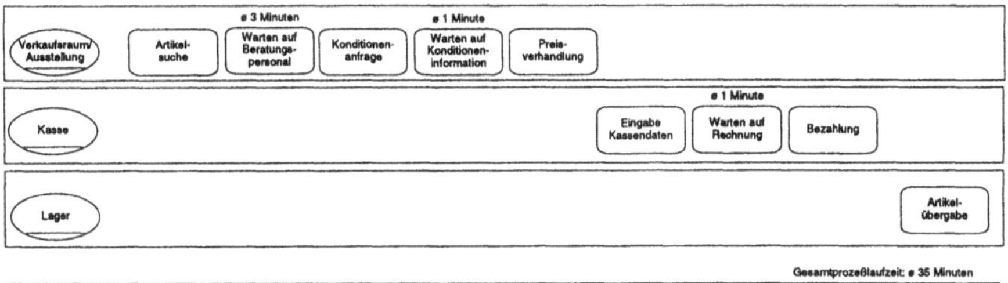

Abb. 9: Modellierung aus Kundensicht: Selbstabholer im Einzelhandel - SOLL-Konzept

Kundengruppenorientierte Prozeßgestaltung

Eine zweite Möglichkeit der Ausrichtung der Geschäftsprozesse auf den Kunden liegt in der Möglichkeit, durch die Abwicklungsreihenfolge spezifische Kundenerwartungen zu erfüllen. Kundenorientierung wird in diesem Fall definiert in Abhängigkeit von der Reihenfolge der Geschäftsprozeßabwicklung.

Zur Verdeutlichung dieses Aspektes soll auf ein Beispiel eines Restaurant-Prozesses zurückgegriffen werden [27]. Abbildung 10 zeigt einen generellen Dienstleistungsprozeß im Restaurant. Demnach besteht der Prozeß in seiner **Grundstruktur** aus den Einzelschritten „Bestellen", „Kochen", „Servieren", „Essen" und „Bezahlen". Durch Veränderung der Reihenfolge lassen sich verschiedene Kundenwünsche erfüllen. So wird die obige Prozeßkette bei **Fast-Food-Produkten** wie folgt verändert: „Kochen" kommt vor „Bestellen", „Bezahlen" vor „Bedienen" und „Essen". In **„All-you-can-eat"-Restaurants** wird das Essen als Buffet serviert. Hier stellt sich die Prozeßkette dar als „Kochen"-„Bestellen"-„Bedienen"-„Essen" und "Bezahlen". Gegenüber der Grundstruktur werden „Kochen" und „Essen" vertauscht. In Restaurants mit Standardpreis, aber mehreren wählbaren Mahlzeiten, sog. **„Church-Supper"-Restaurants**, erfolgt das „Bezahlen" zu Beginn der Prozeßkette, ansonsten wird die Grundstruktur nicht verändert.

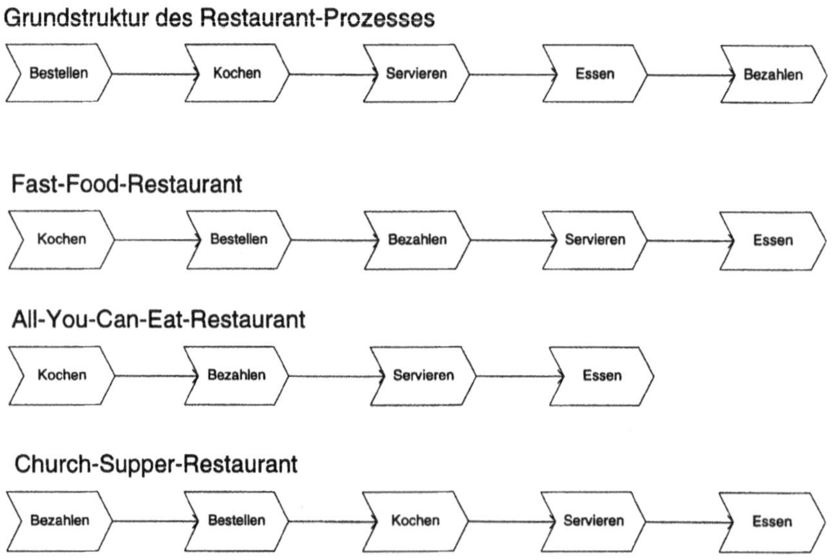

Abb. 10: Kundendifferenzierung durch Veränderung von Produkt- und Prozeßstruktur

Das Beispiel „Restaurant-Prozeß" verdeutlicht, daß die Innovation und Kundenorientierung auch im Vertauschen von Wertschöpfungsteilen liegen kann. Der Prozeß folgt in diesem Fall dem Produkt, d.h. zunächst werden auf Basis von Kundenwünschen, wie z.B. schnelle Bedienung, neue Produkte definiert. Dann werden die Prozesse auf das Produkt und den Kundenwunsch hin ausgerichtet und in einem nächsten Schritt mit entsprechendem Ressourcen-Einsatz unterstützt. Im Fast-Food-Bereich sind dies auf den Verkaufsprozeß hin ausgerichtete Kassensysteme, die genau mitzeichnen, welche Leistungen vom Kunden in Anspruch genommen werden. Diese Erfassung von Kundenwünschen direkt während des Verkaufs ermöglicht eine genaue Abstimmung des Produktangebots an Kundenwünsche und Käuferverhalten.

Das am Beispiel des Restaurant-Prozesses vorgestellte Konzept ist auch auf andere Branchen übertragbar. So erfolgt im Automobilbereich eine ähnliche Kundendifferenzierung, indem für bestimmte Kundentypen eine Auftragsfertigung angeboten wird, für andere Kundengruppen aber Standardfahrzeuge vorgesehen sind. Im ersten Fall erfolgt die Fertigung erst nach Auftragserteilung (typischer Fall in Deutschland), im zweiten Fall erfolgt die Fertigung eines Fahrzeuges für Verkaufsräume (typischer Fall in den USA).

4.2 Generelle Architektur zur Unterstützung von Geschäftsprozessen

Methoden zur Beherrschung von Geschäftsprozessen können in einer allgemeinen Architektur zur Steuerung von Geschäftsprozessen generalisiert werden. Als Aufgaben zur Unterstützung von Geschäftsprozessen ergeben sich:

1. Beschreibung und Optimierung der Prozeßstruktur.
2. Mittelfristige kapazitäts-, zeit- und kostenoptimale Planung der laufenden Geschäftsprozesse.
3. Kurzfristige Steuerung der Ausführung der einzelnen Abläufe.
4. Unterstützung der Funktionsausführung, also der Transformationsregeln.

In Abbildung 11 sind diese Aufgaben einem 4-Ebenenmodell zugeordnet. Dieses Modell dient nicht nur zur Abschichtung der einzelnen Aufgaben zur Geschäftsprozeßunterstützung, sondern ist gleichzeitig auch Ausgangspunkt zur Einordnung und Neudefinition einer geschäftsprozeßorientierten Anwendungssoftware.

In Ebene 1 wird der Geschäftsprozeß analog der Arbeitsplanung für Produktionsprozesse beschrieben. Hierbei können bereits vorliegende Informationen über die Struktur von Geschäftsprozessen als Ausgangslösung herangezogen werden. Referenzmodelle in Form von empirisch erhobenen Best-Practice-Beispielen oder aus theoretischen Überlegungen können erhebliche Einsparungen bei der optimalen Gestaltung von Abläufen bringen. Die Prozesse selbst können mit Hilfe von entsprechenden EDV-gestützten Werkzeugen, z. B. dem ARIS-Toolset, unterstützt werden. Derartige Tools können nicht nur die grafische Erstellung von Abläufen beschleunigen, sondern auch über entsprechende logische Funktionen Modelle vergleichen oder kosten- und zeitmäßig bewerten. Durch Simulationsstudien können alternative Abläufe bezüglich ihrer Konsequenzen auf Zeit und Kosten beurteilt werden.

Auf der Ebene 2 analysiert und plant der Geschäftsprozeßeigner die für einen Zeitraum auszuführenden Geschäftsvorfälle. Die Funktionen werden den Arbeitsplätzen oder Arbeitsplatzgruppen zeitlich zugeteilt, so daß die Abläufe auf den einzelnen Kapazitätseinheiten bekannt sind. Auch eine verdichtete Darstellung der Kapazitätssituation für Arbeitsplatzgruppen ist aus diesen Angaben ableitbar. Eine kostenmäßige Bewertung der Prozesse ist bei einer vorliegenden Beschreibung der Prozesse durch Funktionen und Funktionsdauer ebenfalls gegeben. Die Dauer der Funktionen kann dabei zunächst grob geschätzt werden. Wie in den nächsten Schritten aber noch deutlich wird, können durch Zugriff auf Workflow-Systeme auch genaue Angaben über Ist-Werte von Bearbeitungsdauern erhoben werden. Diese können dann zu einer verbesserten Schätzung der Funktionsdauern für nächste Prozeßsteuerungen herangezogen werden.

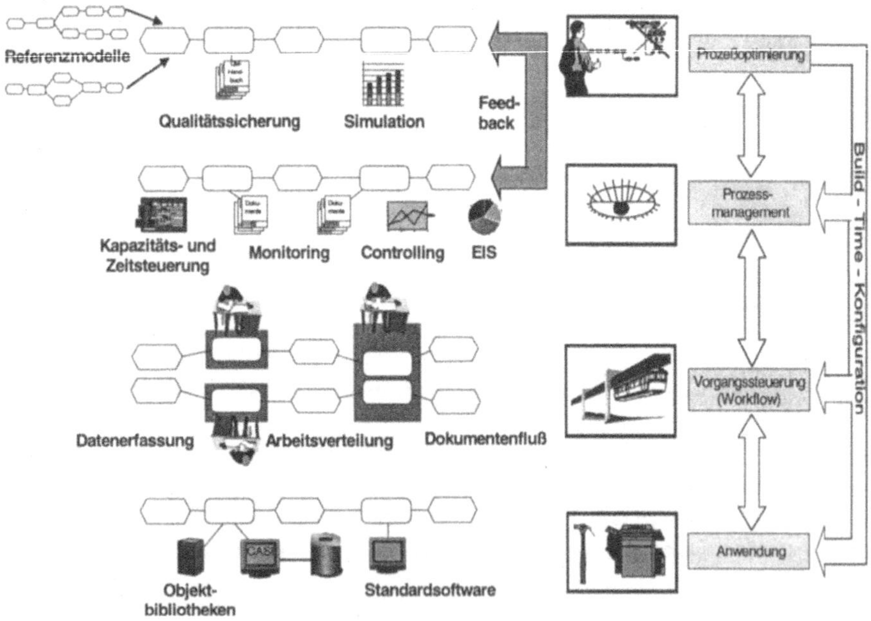

Abb. 11: Geschäftsprozeßarchitektur [28]

Die Ebene 3 beschreibt eine für die zukünftige Gestaltung von Informationssystemen besonders wichtige Neuerung. Vor 30 Jahren war ein Anwendungssoftwaresystem eine Einheit von Funktionsbeschreibung (Programminstruktionen), Ablaufsteuerung (durch die Reihenfolge der Anweisungen festgelegt) und Daten. Aufgrund der Erkenntnis, daß Daten nicht einer einzelnen Funktion gehören, sondern von mehreren Funktionen bearbeitet werden, werden sie den einzelnen Funktionsprogrammen entzogen und zu einem unternehmensweiten Organisationsobjekt definiert. Eine ähnliche Entwicklung bahnt sich jetzt bei der Steuerung der einzelnen Funktionsbefehle an. Der gesamte Ablauf eines Geschäftsprozesses wird i. d. R. nicht von einem einzelnen Anwendungssoftwaresystem betreut. Damit liegt es nahe, die Verantwortung für die gesamte Ablaufsteuerung nicht einer einzelnen Funktion zuzuordnen, sondern sie in einer eigenen Organisationsebene anzuordnen. Folgerichtig übernehmen Workflow-Systeme die Aufgabe der Weiterreichung von zu bearbeitenden Objekten von einem Arbeitsplatz zu einem anderen oder besser von dem Computersystem eines Arbeitsplatzes zu dem System des nächsten Arbeitsschrittes [29]. Hierzu muß allerdings eine detaillierte, auf den einzelnen Vorgangstyp bezogene Beschreibung des Ablaufs sowie der beteiligten Bearbeiter erfolgen [30].

Erst auf der Ebene 4 werden die zur Funktionsausführung benötigten Bearbeitungsregeln unterstützt. Dieses können Bearbeitungsmodule klassischer Anwendungssoftware oder auch Bearbeitungsobjekte aus sogenannten Objektbibliotheken sein. Wichtig ist aber, daß die Verantwortung für den gesamten Fluß des Vorgangs die Ebene 3 übernommen hat, die dann die zu bearbeitenden Objekte, z. B. eine Schadensmeldung in der Versicherung, einen Kreditantrag in einem Kreditbearbeitungsprozeß oder einen Kundenauftrag innerhalb einer Kundenauftragsbearbeitung an die entsprechenden Bearbeitungsstellen weitergibt.

Die Trennung zwischen dem Kontrollfluß von Programmen und der Funktionsausführung wird gravierende Änderungen auf dem Software-Markt bewirken. Hersteller von konventioneller Anwendungssoftware werden sich entscheiden müssen, ob sie lediglich auf der Ebene 4 als Modul-Broker Bearbeitungsfunktionen anbieten werden, oder ob sie auch in das aufstrebende Geschäft der Workflow-Systeme einsteigen. Umgekehrt ergibt sich für Software-Hersteller, die bisher noch wenig Anwendungssoftware-Erfahrung haben, ein neuer Einstiegspunkt durch die Entwicklung von Workflow-Systemen. Gerade bei Dienstleistungsfunktionen können die Bearbeitungsregeln auf der Ebene 4 so einfach sein, daß sie lediglich das Eintragen oder Verändern von Dokumenten betreffen. Damit würden sich viele Funktionen durch einfache Aufrufe von Spreadsheet- oder Textverarbeitungsprogrammen erfüllen lassen. Um so wichtiger ist dann aber die Steuerung des Zusammenhalts des Ablaufes durch das Workflow-System.

Für den Anwender bedeutet dieses, daß er auch einen neuen Einstieg in eine Anwendungssoftware-Architektur beginnen kann. Gerade der öffentliche Sektor sieht sich i. d. R. keinem großen Angebot an Standardsoftware zur Unterstützung ihrer operativen Abläufe gegenüber. Hier könnten sie durch den Einstieg in Ebene 1 und 3 ihre

Geschäftsabläufe zunächst dokumentieren (modellieren) und in die Ablaufsteuerung durch ein Workflow-System umsetzen, um auf der Ebene 4 noch ihre alte Software zur Unterstützung der Bearbeitungsregeln einzusetzen. Hierzu ist es allerdings erforderlich, daß die Software der Ebene 4 in so feine Module zerlegt werden kann, daß sie einer Workflow-Steuerung zugänglich wird.

Für die ganzheitliche Unterstützung der Geschäftsprozesse ist nicht nur die gedankliche oder auch systemmäßige Trennung in die 4 Ebenen wichtig, sondern gleichermaßen deren Verbindung. Es wurde schon angemerkt, daß die Definition der einzelnen Geschäftsvorfälle (auf der Ausprägungsebene) durch Kopieren der in Ebene 1 festgelegten Geschäftsprozeßstruktur erfolgt. Diese Generierung ist somit eine Verbindung zwischen dem Geschäftsprozeßmodellierungswerkzeug und dem Workflow-System. In der Workflow-Management Coalition, einer Vereinigung von Workflow-Anbietern zur Standardisierung von Schnittstellen, wird an einer generellen Regelung dieser Verbindung gearbeitet. Das gleiche gilt für die Versorgung der Ebene 2 aus Ergebnissen des Workflow, indem z. B. Angaben über Zeiten, tatsächlich abgelaufene Strukturen usw. an die Ebene 2 zur Auswertung gegeben werden [31].

Durch diese beiden Verbindungen ist es möglich, daß ein auf der Ebene 1 abgeänderter Geschäftsprozeßablauf auch auf der Ausführungs- und Auswertungsebene sofort aktualisiert wird, ohne daß ein Eingriff in Computerprogramme erforderlich ist [32]. Die organisatorische Gestaltungsebene 1 bekommt damit ein überragendes Gewicht innerhalb der gesamten Architektur. Ebenso ist die Verbindung zwischen Ebene 1 und Ebene 4 organisatorisch wichtig. So kann aus der Modellierungsebene nicht nur die Ablaufsteuerung abgeleitet werden, sondern es können zusätzlich Bearbeitungsregeln oder Datentransformationen generiert werden. Aus einer zunächst allgemein definierten Schar von Bearbeitungsregeln können also diejenigen herausgefiltert und adaptiert werden, die für konkrete Geschäftsabläufe wichtig sind.

Literaturverzeichnis

[1] Vgl. Töpfer, A., Mann, A.: Kundenzufriedenheit als Meßlatte für den Erfolg, in: Töpfer, A. (Hrsg.): Kundenzufriedenheit messen und steigern, Düsseldorf 1996, S. 20.

[2] Vgl. Geffroy, E.K.: Das einzige was stört ist der Kunde: Clienting ersetzt Marketing und revolutioniert Verkauf, 3.Aufl., Landsberg 1994.

[3] Vgl. Peters, T., Waterman, R.H.: Auf der Suche nach Spitzenleistungen: Was man von den bestgeführten US-Unternehmen lernen kann, 5. Aufl., München 1994.

[4] Vgl. Michaud, J.: Stiller Abschied vom Business Reengineering - Das neuste Rezept lautet: der Dienst am Kunden hat höchste Priorität, in: Süddeutsche Zeitung Nr. 98 vom 27/28.04.96, S. V1/1.

[5] Vgl. Davenport, T.H., Short, J.E.: The New Industrial Engineering: Information Technology and Business Process Redesign, in: Sloan Management Review 11(1990)4, S. 12.

[6] Vgl. Kraemer, W.: Effizientes Kostenmanagement - EDV-gestützte Datenanalyse und -interpretation durch den Controlling-Leitstand, Wiesbaden 1993.

[7] Vgl. Sokolovsky, Z., Kraemer, W.: Controlling der Informationsverarbeitung, in: Information Management 5(1990)3, S. 16-27.

[8] Vgl. Brecht, L., Hess, T., Österle, H.: Stand und Defizite der Methoden des Business Process Redesgin, in: Wirtschaftsinformatik 37(1995)5, S. 421.

[9] Vgl. James P. Womack, J. P.; Jones D. J.; Roos D.: The Machine that Changed the World, 1990, S. 194.

[10] Vgl. Bauer, H. H.; Albers, S., Eggert, K.: Kundennähe, Arbeitspapier der Wissenschaftlichen Hochschule für Unternehmensführung Koblenz 12/87, Koblenz 1988.

[11] Vgl. Gartner Group: Beim Service ist Automatisierung Trumpf, in: Computer Zeitung 27(1996)18, S. 24.

[12] Vgl. Kleinaltenkamp, M.: Customer Integration - eine neue Managementkonzeption, in: Kleinaltenkamp, M., Fließ, S., Jacob, F. (Hrsg.): Customer Integration - von der Kundenorientierung zur Kundenintegration, Wiesbaden 1996, S. 13-24.

[13] Vgl. Reichwald, R.; Möslein, K.: Wertschöpfung und Produktivität von Dienstleistungen? - Innovationsstrategien für die Standortsicherung, in: Reichwald, R. (Hrsg.): Arbeitsberichte des Lehrstuhls für allgemeine und industrielle Betriebswirtschaftslehre, Band 6, München, Sept. 1996, S. 20.

[14] Vgl. Scheer, A.-W.; Nüttgens, M.; Zimmermann, V.: Business Process Reengineering in der Verwaltung, in: Friederichs, J.; Scheer, A.-W. (Hrsg.): Innovative Verwaltungen 2000, Schriften zur Unternehmensführung, Wiesbaden 1996, S. 11-29.

[15] Vgl. Statistisches Bundesamt, in: Süddeutsche Zeitung Nr. 87 vom 15.04.96, S. 21.

[16] Vgl. Scheer, A.-W.: Industrialisierung der Dienstleistung, in: Scheer, A.-W. (Hrsg.): Veröffentlichungen des Instituts für Wirtschaftsinformatik, Heft 122, Saarbrücken 1996.

[17] Vgl. Kraemer, W.; Zimmermann, V.: Public Service Engineering - Planung und Realisierung innovativer Verwaltungsprodukte, in: Scheer, A.-W. (Hrsg.): Rechnungswesen und EDV, Tagungsband zur 17. Saarbrücker Arbeitstagung, Heidelberg 1996.

[18] Vgl. Scheer, A.-W.; Bold, M.; Heib, R.; Teusch, W.: Geschäftsprozeßmodellierung für das Controlling im Public Sector, in: Management & Computer 3(1995)4, S. 275-284.

[19] Vgl. Kraemer, W.: Dezentrale Ressourcenverantwortung im optimierten Regiebetrieb: Geschäftsprozeßoptimierung unter Einsatz von Standardsoftware, in: Reinermann, H. (Hrsg.): Neue Verwaltungskonzepte: Neuausrichtung der Informationssysteme, Tagungsband zur Online´1995, Velbert 1995, S. C825.01-C825.21.

[20] Vgl. P. Loos, O. Krier, P. Schimmel, A.-W. Scheer: WWW-gestützte überbetriebliche Logistik - Konzeption des Prototyps WODAN zur Kopplung von Beschaffungs- und Vertriebssystemen, in: Scheer, A.-W. (Hrsg.): Veröffentlichungen des Instituts für Wirtschaftsinformatik, Heft 126, Saarbrücken 1996.

[21] Vgl. Bullinger H.-J.: Dienstleistungsmärkte im Wandel - Herausforderungen und Perspektiven, in: BMBF (Hrsg.): Dienstleistung der Zukunft, Tagung in Berlin 28.-29. Juni 1995, Proceedings.

[22] Vgl. Nürtinger Institut für Autowirtschaft, in: Probefahrt am PC, Stern Nr. 26 vom 20.06.96, S. 132.

[23] Vgl. Davidow, W. H.; Malone, M. S.: The Virtual Corporation: Structuring and revitalizing the corporation for the 21st century, New York 1992.

[24] Vgl. Griese, J.: Auswirkungen globaler Informations- und Kommunikationssysteme auf die Organisation weltweit tätiger Unternehmen, in: Stähle, W. H.; Conrad, P. (Hrsg.): Managementforschung 2, Berlin-New York 1992, S. 163-175.

[25] Vgl. Arnold, O.; Faisst, W.; Härtling, M.; Sieber, P.: Virtuelle Unternehmen als Unternehmenstyp der Zukunft?, in: Handbuch der modernen Datenverarbeitung 185(1995)32, S. 8-23.

[26] Vgl. Hoffmann, W.; Hanebeck, C.; Scheer, A.-W.: Kooperationsbörse - Der Weg zum virtuellen Unternehmen, in: Management & Computer 1(1996)4, S. 35-41.

[27] Vgl. Wyner, G. M; Lee, J.: Applying Specialization to Process Models, Technical Report, Center for Coordination Science MIT, Cambridge, 1996.

[28] Vgl. Scheer, A.-W.: Industrialisierung der Dienstleistung, a.a.O., S 7.

[29] Vgl. Teusch, W.: Workflow-gestützte Vorgangsverarbeitung in der öffentlichen Verwaltung, in: A.-W. Scheer (Hrsg.): Rechnungswesen und EDV, 16. Saarbrücker Arbeitstagung 1995, Heidelberg 1995, S. 441-460.

[30] Vgl. Galler, J.; Scheer, A.-W.: Workflow-Projekte: Vom Geschäftsprozeßmodell zur unternehmensspezifischen Workflow-Anwendung, in: Information Management 10 (1995) 1, S. 20-27.

[31] Vgl. Hollingsworth, D.: The Workflow Reference Model, in: Workflow Management Coalition (Hrsg.): Document TC00-1003, Draft 1.1 3-Jan-95.

[32] Vgl. Loos, P.; Scheer, A.-W.: Vom Informationsmodell zum Anwendungssystem - Nutzenpotentiale für den effizienten Einsatz von Informationssystemen, in: W. König (Hrsg.), Wirtschaftsinformatik 95 - Wettbewerbsfähigkeit, Innovation, Wirtschaftlichkeit, Heidelberg 1995, S. 185-201.

Bewertung von Reorganisationsprozessen — Ein strategieorientierter Ansatz zur erweiterten Wirtschaftlichkeit

Prof. Dr. Dr. h. c. Ralf Reichwald,
Dipl.oec. Jürgen Weichselbaumer,
Technische Universität München

Inhalt

---

17. Saarbrücker Arbeitstagung Rechnungswesen und EDV 1996. Hrsg.: A.-W. Scheer.

1 Reorganisation und Bewertung - Traditionelle betriebswirtschaftliche Bewertungsmuster im Umbruch

1.1 Veränderte Rahmenbedingungen als Auslöser für Reorganisationsprozesse

1.1.1 Veränderung der Wettbewerbssituation

Für eine Vielzahl von Unternehmen läßt sich heute eine tiefgreifende Veränderung der Wettbewerbsbedingungen feststellen. Die Weltmärkte rücken zusammen. Die Nutzung der neuen Kommunikationsnetze verschafft gleichzeitig den weltweiten Zugang zu diesen Märkten, die vormals abgeschirmt waren. Die Intensivierung des Wettbewerbs vollzieht sich durch den Eintritt neuer Wettbewerber in ehemals abgeschirmten und angestammten Industriemärkten. Beeindruckend ist nach wie vor das erfolgreiche Agieren ostasiatischer Anbieter, besonders im Bereich der langlebigen Investitionsgüter (z.B. Maschinenbau) sowie der industriellen Massengüter (z.B. Textil- und Unterhaltungselektronik). Seit der Öffnung der Grenzen zu den Märkten Osteuropas kommen Anbieter hinzu, in deren nationalen Volkswirtschaften Industriegüter mit erheblich geringeren Produktionskosten hergestellt werden und die mit ihren qualitativ immer besser werdenden Gütern und Dienstleistungen zunehmend Anschluß an die Weltmärkte finden.

Hinzu kommt der Wandel von Verkäufer- zu Käufermärkten. Die Käufer sind anspruchsvoller geworden und zudem nicht mehr bereit, organisatorisch bedingte Koordinationsprobleme zu akzeptieren, die sich beispielsweise in Form langer Lieferzeiten oder als Schnittstellenprobleme bei den Produkten bemerkbar machen. Das gewandelte Käuferverhalten ist ein bedeutender Einflußfaktor für die Entwicklung neuer Güter und Dienstleistungen mit wachsenden Qualitätsansprüchen. Dies gilt zum einen für die Konsumgüterindustrie, aber auch für Investitionsgüter, die im wesentlichen von den Entwicklungen auf dem Konsumgütermarkt abhängen. Der Wettbewerbserfolg der Unternehmen wird in Zukunft mehr denn je davon abhängen, inwieweit es gelingt, auf die veränderten Marktbedingungen angemessen zu reagieren. Käufermärkte verlangen von den Unternehmen in erster Linie Kundenorientierung und Flexibilität. Das Zielbündel Flexibilität, Durchlaufzeit (Entwicklungs- und Lieferzeiten), Qualität und Kosten erfährt aus wettbewerbsstrategischer Sicht eine Neubewertung, und vielfach ist es so, daß auf besonders turbulenten Märkten Zeit und Flexibilität die wettbewerbsentscheidenden Faktoren sind, wenn es darum geht, rasch und kostengünstig auf die sich ändernden Kundenwünsche eingehen zu können.

Für die betriebswirtschaftliche Bewertungslehre bedeutet dies, daß sie zunehmend von objektiv faßbaren Zahlen Abstand nehmen muß. Bewertungsverfahren für Investitionen, die Bestandteile von umfassenden Reorganisationsmaßnahmen sind - also Maßnahmen, die vor dem Hintergrund der veränderten Situationsbedingungen zur Verbesserung der Innovations- und Wettbewerbsfähigkeit ergriffen werden -, müssen so angelegt sein, daß Zielgrößen wie Flexibilität, Qualität und Zeit in den Vordergrund rükken können. Natürlich sind Rentabilität und Kosten nach wie vor relevante betriebswirtschaftliche Bewertungs- und Entscheidungskriterien, aber sie verlieren ihre Bedeutung als dominierende 'hard facts', die das Qualitative verdrängen, so wie dies in der betriebswirtschaftlichen Bewertungspraxis bisher üblich war.

1.1.2 Wertewandel in Arbeitswelt und Gesellschaft

Überlagert wird diese Entwicklung durch einen tiefgreifenden Wandel in der Arbeitswelt und in der Gesellschaft. Dieser vollzieht sich in Deutschland seit den sechziger Jahren und findet vor allem in den hochentwickelten Industriegesellschaften weltweite Parallelen (vgl. [10]). Konkret drückt sich dieser Wandel in der Arbeitswelt in der Ablehnung von Unterordnung, Verpflichtung und reiner Ausführung von Arbeit ohne Handlungsspielraum aus. Dies hat in den siebziger Jahren bereits dazu geführt, neue Formen der Arbeitsorganisation in den Industriebetrieben zu etablieren, die eine Verbesserung der Arbeitsbedingungen im Sinne erweiterter Handlungsspielräume zum Ziel hatten (vgl. [26]). Die Wirkungen waren jedoch nicht nachhaltig, zahlreiche Modelle für eine Humanisierung des Arbeitslebens in der Industrie scheiterten am Argument der Wirtschaftlichkeit (zur Kritik vgl. [21]).

Heute werden Werte wie Eigenverantwortung, Selbständigkeit, Selbstverwirklichung und Individualität in der Arbeitswelt wieder verstärkt hervorgehoben. Es stellt sich mehr denn jemals zuvor die Einsicht ein, daß der Mensch die wertvollste Ressource ist, wenn es um Innovation und Anpassungsfähigkeit geht. Aus der Aufgabe, dem Handlungsspielraum und der übertragenen Verantwortung leitet sich ein großer Anteil der individuellen Leistungsmotivation ab. In der Gesellschaft drückt sich der Wertewandel zunehmend in einer veränderten Haltung gegenüber den Ressourcen, der natürlichen Umwelt und gegenüber einer differenzierten Nutzung der Technikpotentiale aus. Alle genannten Veränderungstendenzen verdeutlichen die Notwendigkeit der Berücksichtigung dieser Entwicklung in der Bewertungspraxis. Kein Unternehmen kann es sich leisten, die Zielsetzungen der Mitarbeiter oder auch externe Effekte, die letztlich die Gesellschaft tragen muß, unberücksichtigt zu lassen.

1.1.3 Neue Organisationsformen als Antwort auf die veränderten Rahmenbedingungen

Auf die Dynamik der Märkte und die Innovationsgeschwindigkeit, die erhöhte Unsicherheiten und Risiken mit sich bringen, reagieren die Unternehmen mit der Suche nach neuen Chancen der Absicherung und Aufteilung der Risiken (vgl. [17]). Die Unternehmen reorganisieren ihre Leistungsprozesse und Organisationsstrukturen, lösen ihre zentralen Standorte auf und verteilen sich - auch räumlich - in autonome marktbezogene Geschäftseinheiten dorthin, wo sie dem Kunden am nächsten sind. Neben der Modularisierung und Dezentralisierung in Unternehmen entstehen unternehmensübergreifende Netzwerkorganisationen für neue Formen der Kooperation in der Entwicklung, im Bereich der Logistik oder Leistungsbündelung - Kooperationsgeflechte, die erst durch Vernetzung der Arbeitsplätze und Leistungsprozesse möglich werden (vgl. [25]). Telekooperation, Telearbeit und virtuelle Unternehmensstrukturen sind nicht mehr nur Schlagworte, sondern sind immer häufiger real anzutreffen.

Abbildung 1 zeigt in Abhängigkeit der Merkmale Marktunsicherheit und Produktkomplexität die Ausgangssituation (Feld 1) und die Entwicklungsrichtungen, die für die Unternehmen je nach Positionierung in der Matrix von besonderer Wettbewerbswirksamkeit sein können (vgl. [5], [16], [22]).

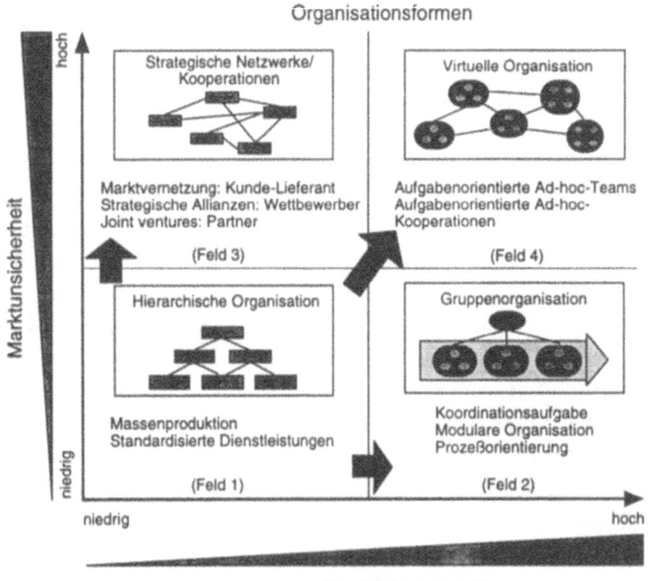

Abb. 1: Organisationsformen in Abhängigkeit von Produktkomplexität und Marktunsicherheit (Vier-Felder-Matrix)

Feld 1: Hierarchische Organisation mit tayloristischen Strukturen

Dieses Feld repräsentiert die klassischen Strukturen des Industrieunternehmens. Solange die Märkte stabil waren und solange Industrieprodukte mit niedriger Komplexität und langen Produktlebenszyklen die Unternehmensaufgabe bestimmten, war die hierarchische Organisation mit tayloristischer Arbeitsorganisation für die Herstellung von Massenprodukten die effizienteste Form der Fabrikorganisation. Bis in die achtziger Jahre war der Erfolgspfad der meisten Industrieunternehmen in Deutschland geprägt durch die ökonomischen Vorteile der hohen Produktionsmengen, der Losgrößendegression und der Kostenführerschaft. Die Erfahrungskurve bildet das zugehörige Leitbild für produktivitätsorientierte Innovationsstrategien. Das tayloristische Muster erfolgreicher Unternehmensführung prägte auch die betriebswirtschaftliche Methodik von Planung, Steuerung und Bewertung der betrieblichen Wertschöpfung, d.h. die Instrumente des Rechnungswesens, der Investitions- und Produktionsplanung, des Controllings. Sie bestimmen bis heute den betrieblichen Alltag. Ausgehend von dieser Unternehmenssituation werden heute neue Innovationspfade beschritten, die den veränderten Rahmenbedingungen des Marktes und der internen Leistungssituation Rechnung tragen.

Feld 2: Gruppenorganisation und kundenorientierte Prozesse

Unternehmen, deren Leistungsprogramm von zunehmender Komplexität geprägt ist (z.B. durch große Variantenvielfalt der Produkte, Individualität der Kundenwünsche, Einbeziehung von Kunden in Entwicklung oder Produktion), verändern ihre Aufbau- und Ablauforganisation. Formen der Gruppenorganisation und eine kundenorientierte Neugestaltung der Abläufe bestimmen die Veränderungsrichtung. Ziel der Neugestaltung der Organisation ist die Verbesserung der Koordination von Änderung und Anpassung. Modulare Organisationsformen sollen Kommunikation und Koordination in Gruppenstrukturen vereinfachen und durch Gewährleistung eines direkten und unmittelbaren Informationszuganges und -austausches Flexibilität und Qualität erhöhen sowie Zeit und Kosten der Leistungserstellung verringern helfen.

Diese Ansätze, die auch mit dem Begriff 'Modularisierung' beschrieben werden, verlangen innovative Formen der Kooperation und Kommunikation zwischen allen Beteiligten eines Leistungsprozesses, in die auch die Marktpartner intensiv einzubeziehen sind. Die Veränderung der Aufbauorganisation geht in die Richtung von hierarchiearmen Organisationsformen. Unternehmensteile, Produkt- oder Marktsegmente werden organisatorisch dezentralisiert, erhalten Eigenverantwortlichkeit und Autonomie hinsichtlich ihrer Markt- und Wettbewerbsaktivitäten. Dabei können organisatorische und räumliche Dezentralisierung durchaus einhergehen, wenn eine Standortverlagerung mit ökonomischen Vorteilen verbunden ist. Mit der Dezentralisierung und Modularisierung rückt häufig die Frage nach einer optimalen Leistungstiefe, d.h. nach Ausgliederung und Verselbständigung von Unternehmensteilen in das Zentrum strategischer Überlegungen. Dies steht in engem Zusammenhang mit der Veränderungsrichtung zu Feld 3 der Matrix.

Feld 3: Neue Formen unternehmensübergreifender Kooperation: strategische Netzwerke

In dieser Situation befinden sich Unternehmen mit wenig komplexen Leistungsprogrammen, die jedoch hohen Marktunsicherheiten ausgesetzt sind (z.B. Textilindustrie), d.h. das Unternehmen muß schnelle Antworten auf Marktveränderungen und Trends geben können. Eine hohe Dynamik in der Produkt- oder Prozeßentwicklung verlangt das intensive Zusammenwirken von Vertrieb, Produktentwicklung und Produktion, insbesondere auch mit Marktpartnern (Zulieferern, Abnehmern). Wettbewerbsentscheidend ist ein guter Kommunikations- und Informationsfluß im Unternehmen und über die Unternehmensgrenzen hinweg zu den Kooperationspartnern.

Im Zuge der Vernetzung, der Ausgliederung und der Ressourcenbündelung finden die Unternehmen zu neuen Formen der unternehmensübergreifenden Kooperation. In diesem Zusammenhang wird auch von vertikalen Integrationsformen von Unternehmen gesprochen (vgl. [15]). Strategische Allianzen, Joint ventures oder Entwicklerkooperationen sind Begriffe, die für diese Innovationsstrategie stehen. Sie wird insbesondere den kleinen und mittelständischen Unternehmen als die Wettbewerbsstrategie nahegelegt, die Vor- und Nachteile der Dezentralisierung bzw. Zentralisierung miteinander verbindet.

Feld 4: Virtualisierung der Unternehmensstrukturen

Für Unternehmen, die durch ein zunehmend komplexeres Leistungsprogramm bei gleichzeitig größeren Marktunsicherheiten gekennzeichnet sind, besitzen beide Veränderungsrichtungen große Bedeutung: Modularisierung und kundenorientierte Prozeßgestaltung sowie mediengestützte Formen der Unternehmenskooperation. Beispiele finden sich in der Print- und Medienbranche, aber auch im Sektor der Informations- und Kommunikationstechnologien. In den meist weltweit agierenden Unternehmen zeigen sich deutliche Tendenzen einer Virtualisierung der Unternehmensstrukturen. Durch Nutzung der weltweit verfügbaren technischen Infrastrukturen für den elektronischen Informationsaustausch entstehen neue Formen der Zusammenarbeit (virtuelle Unternehmensstrukturen), und es bilden sich neue Märkte für den Güter- und Leistungsaustausch (elektronische Märkte z.B. für Teleshopping, Telebanking oder Teleservices) (vgl. [18]).

Diese neuen Organisations- und Koordinationsformen des Leistungsaustausches sind die Antwort der Unternehmen auf die heutigen Rahmenbedingungen des Wettbewerbs. Um im veränderten Wettbewerb bestehen zu können, müssen Organisationsstrukturen und Prozesse auf schnelles Reagieren, auf Innovationsfähigkeit, auf Kreativität und auf neue Formen der Zusammenarbeit eingerichtet sein. Letztlich bildet die Erfüllung dieser Erfolgskriterien den Maßstab, an dem eine Bewertung von Reorganisationsmaßnahmen auszurichten ist, will sie strategiegerecht sein.

Für die Bewertungspraxis hat dies die Notwendigkeit einer grundsätzlichen Umorientierung im Hinblick auf das bislang vorherrschende Wirtschaftlichkeitsverständnis zur Folge. Die strategischen Wettbewerbsvorteile von Unternehmen liegen nicht mehr allein in ihrer Produktivität und ihrer Fertigungstechnik - sie liegen vor allem in der Marktnähe, d.h. dem Eingehen auf individuelle Kundenwünsche (vgl. [20]). Die Forderung nach der 'Customer-Driven Company' gilt es umzusetzen (vgl. [28]). Unternehmenserfolg drückt sich heute vornehmlich in Bewertungsaspekten wie z.B. Innovativkraft und Steigerung der Kundenzufriedenheit aus, die dem alten faktoriellen Denken zugrunde liegenden bereichsbezogenen Input/Output-Kennziffern werden verdrängt bzw. um qualitative Bewertungskriterien wie z.B. eine erhöhte Flexibilität bei veränderten Kundenwünschen ergänzt.

Abbildung 2 veranschaulicht das sich in der Bewertungspraxis derzeit abzeichnende Spannungsfeld zwischen den klassischen Prinzipien des betrieblichen Rechnungswesens und den wettbewerbsbedingten Anforderungen an das betriebswirtschaftliche Bewertungsinstrumentarium.

Spannungsfeld der Bewertungspraxis

Es herrschen in der Praxis vor:		Es werden verlangt:
⇩		⇩
Prinzipien des klassischen Rechnungswesens:		**Neue Anforderungen an die Bewertungsmethodik:**
Es wird eine produktivitätsorientierte Innovationsstrategie verfolgt, die auf Produktionsprozesse in der Fertigung abzielt.	⇨	Heutige Innovationsstrategien zielen vorwiegend auf die Integration von Dienstleistung (F&E, Logistik, Marketing, Vertrieb, Service) und Fertigung ab (*ganzheitliche Betrachtung* der Wertschöpfung).
Das Rechnungswesen ist inputorientiert.	⇨	Die *Markt- und Kundenorientierung* verlangt eine Bewertungsmethodik, die vom Kundennutzen ausgehend angelegt ist.
Das klassische Rechnungswesen bewertet nur die betriebswirtschaftlichen Kosten.	⇨	Das heutige Umwelt- und Wertebewußtsein verlangt gleichberechtigt den Eingang von Mitarbeiter-, Kunden- und gesellschaftlichen Zielen in die Bewertung (*Arbeitsorientierung, externe Kosten*).

Das klassische Rechnungswesen ist primär zahlenorientiert.	⇨	Der Markt verlangt die Berücksichtigung von *qualitativen* Kriterien wie Flexibilität, Qualität und Marktnähe.
Die klassische Methodik des Controlling ist vorgabeorientiert.	⇨	Benötigt werden Instrumente des Controlling, die *beteiligungsorientiert* angelegt sind.
Das Rechnungswesen ist funktionalorientiert, die Betrachtung in der Regel auf isolierte Bewertungsobjekte bezogen.	⇨	Heutige Kooperationsformen verlangen die Berücksichtigung von *Vernetzung* und *Verbundeffekten.*
Das Rechnungswesen wird als zentralgesteuertes Instrumentarium der Planung, Steuerung und Kontrolle interpretiert.	⇨	Die neuen Organisationsformen benötigen *dezentral einsetzbare* Methoden der Planung, Steuerung und Kontrolle.

Abb. 2: Widersprüchlichkeiten zwischen den Prinzipien der betriebswirtschaftlichen Bewertungspraxis und den neuen Rahmenbedingungen des Wettbewerbs

1.2 Zur Notwendigkeit der Umorientierung im Wirtschaftlichkeitsdenken in der betriebswirtschaftlichen Theorie und Praxis

Um das aufgezeigte Spannungsfeld aufzulösen, bedarf es innovativer Controllinginstrumente und Bewertungsverfahren, in denen althergebrachte Lehrmeinungen, Konventionen und Überzeugungen kritisch hinterfragt werden. Dies betrifft vor allem das herkömmliche betriebswirtschaftliche Investitions- und Wirtschaftlichkeitsdenken.

Reorganisationsprozesse sind mit der Neugestaltung, dem Auswählen und Durchsetzen von Handlungsalternativen verbunden. Bewertungsprozesse steuern über Werturteile diesen Gestaltungspfad und münden im Ergebnis in Auswahlentscheidungen. Von essentieller Bedeutung für eine möglichst realitätsgetreue Abbildung aller Entscheidungskonsequenzen ist dabei die Frage nach dem relevanten Wertmaßstab (vgl. [23]).

Die Frage, was denn vernünftiges Gestalten sei, an welchen Leitmotiven und Orientierungsmaßstäben unternehmerisches Handeln ausgerichtet wird, beschäftigt die Betriebswirtschaftslehre seit ihren Anfängen. Insbesondere in der älteren Betriebswirtschaftslehre wird dem Ziel der Gewinnmaximierung als einer möglichen Ausprägung des erwerbswirtschaftlichen Prinzips große Beachtung beigemessen. Die Handlungsmaxime zur Gewährleistung einer bestmöglichen Zielerreichung kommt im Rationalprinzip zum Ausdruck: „Handle so, daß ein gegebener Zweckerfolg mit dem geringsten Einsatz an Mitteln erreicht wird! Oder umgekehrt: Handle so, daß mit gegebenen Mitteln ein möglichst hoher Zweckerfolg verwirklicht wird" (vgl. [6], S. 30 f.).

Das aus dem Rationalprinzip abgeleitete Wirtschaftlichkeitsprinzip (ökonomisches Prinzip) fordert die Sparsamkeit im Umgang mit nicht im Überfluß vorhandenen Gütern. Als rein formales Prinzip, das keine Aussagen über Handlungsmotive oder Zielvorstellungen enthält, postuliert es in der Ausgestaltung als Maximal- bzw. Minimalforderung das Erreichen einer größtmöglichen Leistung bei gegebenem Faktoreinsatz bzw. einer vorgegebenen Leistung mit dem geringstmöglichen Faktoreinsatz.

Die Orientierung am ökonomischen Prinzip zieht sich wie ein roter Faden durch die Theoriegeschichte der Betriebswirtschaftslehre. Als Erfolgsmaßstab wirtschaftlicher Tätigkeit hat es das Verständnis von Reorganisation entscheidend beeinflußt. Vielfach ist es jedoch noch nicht ins Bewußtsein gedrungen, daß über die Auslegung des Wirtschaftlichkeitsprinzips die Bewertung und Auswahl von Handlungsmöglichkeiten bewußt gesteuert werden kann. Je nachdem, wie Leistung (Output) und Faktoreinsatz (Input) inhaltlich gefüllt werden, d.h. welche Bewertungskriterien Anwendung finden, stellen sich unterschiedliche Lösungen als vernünftig bzw. vorteilhaft dar. Die Bewertung besitzt damit eine steuernde und lösungsbeeinflussende Wirkung auf die Reorganisation.

Innerhalb der Betriebswirtschaftslehre werden von den meisten Autoren neben der Rentabilität als dem Verhältnis von Erfolg (Gewinn) zu Kapital besonders die Produktivität (mengenmäßige oder technische Wirtschaftlichkeit) als das Verhältnis von Ausbringungsmenge zu den Einsatzmengen der Produktionsfaktoren und die (wertmäßige) Wirtschaftlichkeit als das Verhältnis von Ertrag zu Aufwand bzw. von Leistung zu Kosten herausgestellt (vgl. [6], [9], [12]).

Diese Beschränkung des Wirtschaftlichkeitsprinzips bei der Bewertung des „Vernünftigen Handelns" auf ausschließlich quantitative, im Falle der (wertmäßigen) Wirtschaftlichkeit noch weiter eingeschränkt auf monetär meßbare Wirkungen hat die Reorganisationsbewegung häufig in die falsche Richtung gelenkt. Die Folge war eine ausgeprägte Innenorientierung der Unternehmen, die sich das Erzielen von Produktivitätsvorteilen durch Produktionsvolumenausdehnung auf Kosten der Flexibilität auf die Fahnen geschrieben haben und in der Folge den gewandelten Marktanforderungen vielfach nicht mehr gerecht werden konnten. Diese häufig mißinterpretierte und als allgemeingültig postulierte Verbindung zwischen Reorganisationsverständnis und enger Wirtschaftlichkeitsauffassung ist leider nicht selten in der Literatur anzutreffen. Ein derartiger effizienzorientierter Erfolgsmaßstab ist daran ausgerichtet, was von P.F. Drucker treffend mit „to do the things right" bezeichnet wird (vgl. [2], S. 45). Er kann nur Gültigkeit besitzen in einer Welt, die von stabilen Marktverhältnissen geprägt ist: ungesättigte Nachfrage nach Massenprodukten, traditionelle Fertigungstechnologie sowie eine geringe Innovationshäufigkeit bei Industrieprodukten - Bedingungen, die heute nur noch für wenige Unternehmen zutreffen.

Unter instabilen Marktverhältnissen ist die Effizienz Subkriterium der Wirtschaftlichkeit, es gilt in erster Linie die richtigen Dinge zu tun („doing the right things"), bevor daran zu denken ist, diese auch richtig zu tun. Entsprechend löst der Effektivitätsbegriff den Effizienzbegriff als Erfolgsmaßstab ab. Reorganisationsmaßnahmen in einer Welt, die durch intensivierten Wettbewerb, Vernetzungen, Wertewandel, Kundenansprüche und Internationalisierung gekennzeichnet ist, sind dann wirtschaftlich, wenn sie die Unternehmensziele zu einem höheren Grad erreichen helfen. Eine solche weite inhaltliche Auslegung des ökonomischen Prinzips eröffnet die Möglichkeit, Reorganisationsvorhaben stärker einer Außenorientierung zuzuführen und danach zu bewerten, ob sie der Markt auch honorieren wird (vgl. Abb. 3). Was nützt der effizienteste Betriebsablauf, wenn die Produkte am Markt vorbeigehen und vom Kunden nicht abgenommen werden?

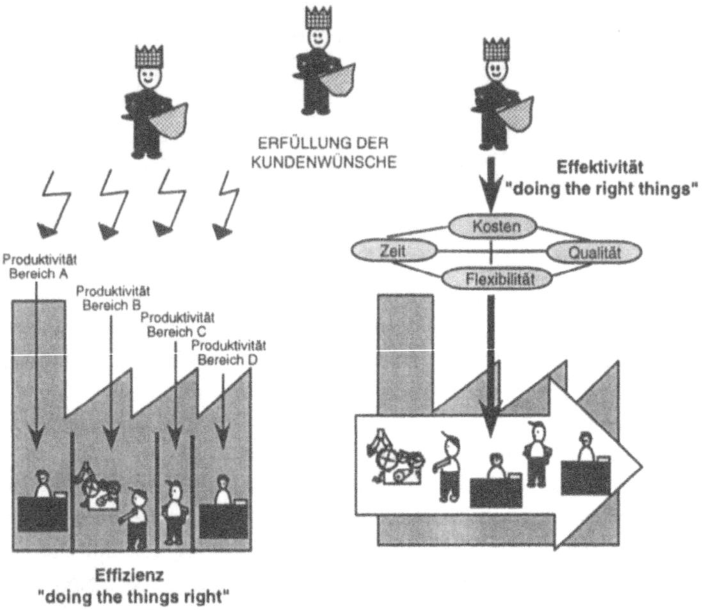

Abb. 3: Innen- versus Außenorientierung bei der Bewertung

Es ist unmittelbar einleuchtend, daß sich nur ein geringer Teil der mit Reorganisationsmaßnahmen verfolgten Ziele bzw. der durch sie hervorgerufenen Auswirkungen quantitativ, geschweige denn monetär bestimmen läßt. Effektivität als erweiterter Erfolgsmaßstab, der auch qualitative Kosten- und Leistungswirkungen zuläßt, bietet hierfür einen geeigneten Ansatzpunkt, um die Reorganisationsbestrebungen markt- bzw. erfolgsgerecht zu steuern, ein „vernünftiges" Auswählen und Durchsetzen von Handlungsalternativen zu gewährleisten und nicht zuletzt den Beitrag der Reorganisation zur Erreichung der Unternehmensziele zu messen.

2 Aktuelle Anforderungen an die Bewertung von Reorganisationsprozessen

Orientiert an den sich heute abzeichnenden Entwicklungstendenzen auf den Märkten, in der Arbeitswelt und in der Gesellschaft lassen sich in allgemeiner Form fünf Forderungen ableiten, die in Zusammenhang mit der Bewertung des Erfolgs von Reorganisationsmaßnahmen zu stellen sind (vgl. zum folgenden [24]).

2.1 Strategieorientierung

Die Forderung nach Strategieorientierung impliziert die Ausrichtung der Bewertung an der Wettbewerbsfähigkeit des Unternehmens. Determinanten der Wettbewerbsfähigkeit bilden dabei Kundenzufriedenheit, Mitarbeiterzufriedenheit sowie gesellschaftliche Akzeptanz.

Herkömmlich wird bei betrieblichen Veränderungen vornehmlich versucht, nach innen gerichtet die Effizienz innerbetrieblicher Abläufe - in der Regel auf Basis funktionsbereichsspezifischer Zielsetzungen wie z.B. Produktivitätssteigerungen - zu verbessern. Dabei werden in den meisten Fällen altbewährte Strukturen erst gar nicht hinterfragt, Rationalisierungsanstrengungen beziehen sich auf die Verbesserung von Verfahrensabläufen vor dem Hintergrund starrer Abteilungsgrenzen. Die isolierte Optimierung einzelner Bereiche führe - so glaubt man - automatisch zu einem Gesamtoptimum. Daß dies in der Regel nicht eintritt, liegt daran, daß unterschiedliche abteilungsbezogene Zielsetzungen zu suboptimalen Lösungen und mithin zu Abstimmungsverlusten zwischen den Abteilungen führen. Die Zielsetzungen müssen, wenn sie auf eine unternehmensweite Gestaltung ausgerichtet sein sollen, für die einzelnen Wertschöpfungsketten des Unternehmens ganzheitlich formuliert werden. Reorganisationen müssen aus diesem Grund funktionenübergreifend und prozeßorientiert erfolgen (vgl. [4], [13]).

In neueren Reorganisationsansätzen wird dementsprechend die Markt- und Außenorientierung hervorgehoben und der Erfolg unternehmerischer Aktivität durch die Ausrichtung am Kundennutzen zu steigern gesucht. Hoher Kundennutzen äußert sich in preiswerten Produkten, kurzen Lieferzeiten, hoher Terminzuverlässigkeit, Funktionsfähigkeit und Zuverlässigkeit der Produkte, Variantenvielfalt und kundenindividueller Produktgestaltung oder der Option, Aufträge noch nachträglich ändern zu können. Ausgehend vom Kundennutzen sind unternehmensbezogene Ziele abzuleiten und solche Strukturen und Prozesse im Unternehmen zu schaffen, die die Bedingungen einer optimalen Kundenzufriedenheit erfüllen. Dies erfordert ein grundsätzliches Abrücken von der 'same as it ever was'-Mentalität und Offenheit gegenüber neuen Lösungskonzepten.

Verlangt der Kunde z.B. nach preiswerten Produkten, so impliziert dies im Innenverhältnis des Unternehmens die Forderung nach Kostenreduzierung und/oder Erlössteigerung. Wünscht der Abnehmer kürzere Lieferzeiten, so muß das Unternehmen bemüht sein, intern das Ziel der Durchlaufzeitreduzierung zu erreichen. Erwartet der Kunde, daß er auch kurzfristig Eilaufträge vergeben kann, die im Unternehmen zusätzlich zum Tagesgeschäft zu bearbeiten sind, so könnte eine geeignete Zielsetzung Auftragsdurchlaufvariation lauten usw. An diesen aus Kundenbedürfnissen abgeleiteten Unternehmenszielen sind Reorganisationsmaßnahmen letztlich auszurichten und zu bewerten (vgl. Abb. 4).

Schließlich darf auf keinen Fall vergessen werden, daß neben der Kundenzufriedenheit auch die Zufriedenheit der Mitarbeiter und die gesellschaftliche Akzeptanz die Wettbewerbsfähigkeit entscheidend beeinflussen.

Unzureichende bzw. fehlende intrinsische und extrinsische Anreize führen dazu, daß hoch motivierte und leistungsfähige Mitarbeiter das Unternehmen verlassen. Damit gehen für das Unternehmen langjähriges Know-how und hohe Investitionen in die Mitarbeiterqualifikation verloren. Bei gleichzeitig ungünstiger Arbeitsmarktsituation treten Probleme der Rekrutierung von neu einzustellenden Mitarbeitern hinzu. Das Resultat ist ein sich kontinuierlich vollziehender Verlust an menschlichem Innovationspotential im Unternehmen, was unweigerlich zu einer Verringerung der Wettbewerbsfähigkeit führen muß.

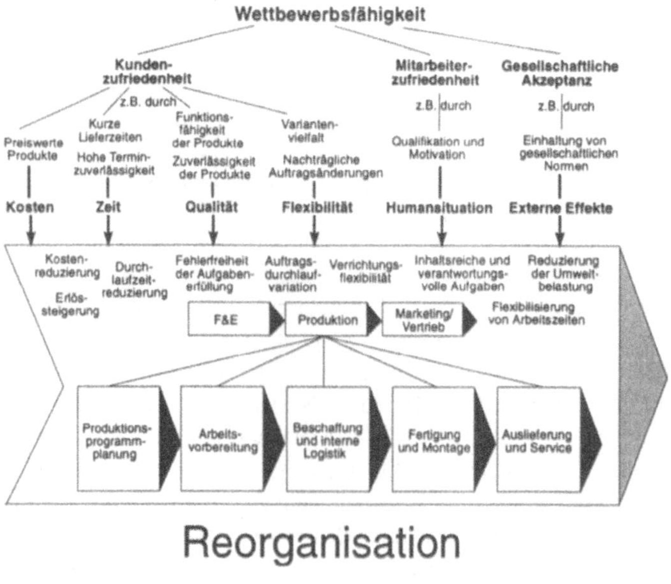

Abb. 4: Ganzheitlicher Fokus der strategieorientierten Bewertung von Reorganisationen

Aber nicht nur die Zufriedenheit von Kunden und Mitarbeitern bildet eine zentrale Erfolgsvoraussetzung. Auch das Image eines Unternehmens und die Einhaltung gesellschaftlicher Normen beeinflußt die Wettbewerbsfähigkeit in entscheidendem Maße. Als aktuelles Beispiel kann der Fall der Royal-Dutch-Shell-Gruppe herangezogen werden. Die ursprüngliche Absicht, die ausgediente Ölplattform Brent Spar anstelle einer umweltgerechten Entsorgung an Land im Atlantik zu versenken, stieß in den westlichen Industriegesellschaften auf Ablehnung und hatte insbesondere für die deutsche Tochter erhebliche Imageverluste und infolge des Boykotts von Leistungen des Unternehmens hohe Umsatzeinbußen zur Folge.

2.2 Beteiligungsorientierung

Betriebliche Rationalisierungsvorhaben bergen in der Regel eine hohe Komplexität und Unsicherheit in sich. Eine Maßnahme in einem Bereich kann unmittelbar zu Folgewirkungen in anderen Bereichen führen. Aufgrund dieser verstrickten Beziehungszusammenhänge erscheint es unumgänglich, daß Arbeitnehmer aus allen betroffenen Bereichen der Hierarchie am Bewertungsprozeß beteiligt werden, um deren längjährige Erfahrungen und deren Know-how zu nutzen und in Gestaltungsempfehlungen einfließen zu lassen. Nicht zuletzt führen „mitarbeiternahe" Entscheidungen zu einer Erhöhung der Motivation und Akzeptanz im Unternehmen.

Die Notwendigkeit der Beteiligung verschiedener Interessengruppen wird daneben durch die Tatsache gestützt, daß jedes Wirtschaftlichkeitsergebnis im Grunde manipulierbar ist. Alle Bewertungsverfahren basieren auf subjektiven Annahmen und Einschätzungen der künftigen Entwicklung. Selbst in den traditionellen Investitionsrechenverfahren rein monetärer Ausprägung, die auch gerne als „objektiv" postuliert werden, müssen Schätzungen über zukünftige Ein- und Auszahlungen, die Zinsentwicklung etc. vorgenommen werden. Allein die marginale prozentuale Veränderung einer einzigen Einflußgröße, wie z.B. die mit einem Maschinenkauf angenomme Senkung der künftigen Ausschußquote, kann dazu führen, daß eine bislang als unrentabel bewertete Investitionsalternative plötzlich den anderen Alternativen gegenüber weitaus überlegen ist, das ursprüngliche Bewertungsergebnis also gänzlich in Frage stellt.

Die Möglichkeit, ein gewünschtes Bewertungsergebnis z.B. durch Veränderung der Annahmen oder durchgezieltes Auswählen und Weglassen von Bewertungskriterien wie gewollt „hinzubiegen", muß als Aufforderung verstanden werden, jedes Bewertungsergebnis kritisch zu hinterfragen. Jedes Wirtschaftlichkeitsergebnis ist letzten Endes subjektiv durch den jeweiligen Bewerter geprägt. Die Gefahr, daß ein anderer Entscheider unter den gleichen Bedingungen zu einem anderen Urteil kommen kann, wirft die Forderung nach einer höheren Objektivierbarkeit der Ergebnisse auf. Dies kann zumindest ansatzweise dadurch geschehen, daß letztendlich alle von der Entscheidung betroffenen Interessengruppen am Bewertungsprozeß partizipieren, ihre Zielvorstellungen einbringen und gemeinsam einen Interessenausgleich bzw. Konsens herbeiführen. Hierdurch wird gewährleistet, daß die verschiedenen Aspekte des betrieblichen Geschehens beleuchtet, sowohl individuelle als auch unternehmerische und gesellschaftliche Ziele berücksichtigt werden und eine umfassende ganzheitliche Sichtweise der Tragweite von Maßnahmenentscheidungen erfolgt.

2.3 Berücksichtigung von Vernetzung und Verbundeffekten

Eine Unternehmung stellt ein kaum überschaubares Geflecht aus den unterschiedlichsten organisatorischen, technischen und menschlichen Beziehungen dar. Rationalisierungsmaßnahmen bewirken in diesem Netzwerk eine Verschiebung bislang geltender Beziehungszusammenhänge und Regelwerke. Für deren Bewertung ist das traditionelle bereichsbezogene Denken und fachspezifische Wissen nicht mehr ausreichend. Investitionen in die Produktionstechnik oder in die Informationstechnik dürfen nicht mehr isoliert bewertet werden, sondern sind in ihrer ganzheitlichen, vernetzten Wirkungsvielfalt zu beurteilen (vgl. [14], [19]).

Das Denken in vernetzten Zusammenhängen bedeutet, daß die Auswirkungen für die organisatorischen Abläufe und Strukturen, aber auch für die Arbeitssituation des Menschen am Arbeitsplatz, in den Kooperationsbeziehungen und Auswirkungen auf die gesamte personalwirtschaftliche Struktur eines Unternehmens Berücksichtigung finden müssen. Für die Erfassung ganzheitlicher Beziehungszusammenhänge sind Bewertungsverfahren notwendig, die in der Lage sind, der Verbundproblematik im Bereich der Arbeitsplatzbeziehungen, der Wertschöpfungsprozesse und der Wechselbeziehungen zwischen Unternehmen und Umwelt Rechnung zu tragen. Besonders geeignet erscheinen hierfür ebenen- oder sichtweisenorientierte Bewertungsansätze.

2.4 Humanzielorientierung

Unter den heute gültigen Wettbewerbsbedingungen sind Mitarbeiter gefragt, die kreativ sind und eigenverantwortlich handeln, sich im Arbeitsprozeß einbringen, ihre Fähigkeiten einsetzen und dadurch sowohl die Produktivität im Unternehmen als auch ihre individuelle Arbeitszufriedenheit steigern können. Der Mensch wird zum primären Erfolgsfaktor im Wettbewerb, gewissermaßen zum Promotor der Unternehmensentwicklung. Dies gelingt jedoch nur, wenn organisatorische Rahmenbedingungen geschaffen werden, die den Einsatz solcher „empowerter" Mitarbeiter optimal flankieren. Um im Vorfeld der Implementierung solche Konzepte auszuwählen, ist es notwendig, eine Auswahlentscheidung nicht nur unter ökonomischen, sondern auch unter sozialen Gesichtspunkten zu treffen. Daraus ergibt sich die Forderung nach einer verstärkten Berücksichtigung von Humanzielen bei der Bewertung.

2.5 Instrumentelle Unterstützung des Autonomieaspektes

Um den neuen Rahmenbedingungen gerecht zu werden, haben zahlreiche Unternehmen einen organisatorischen Anpassungs- bzw. Wandlungsprozeß weg von streng hierarchischen und funktional gegliederten hin zu modularen Organisationsstrukturen genommen. Dies entspricht dem in Abbildung 1 veranschaulichten Übergang der Organisationsformen von Feld 1 zu Feld 2 der Matrix. Mit der Aufgliederung der Unternehmen in relativ autonome Module, die Entscheidungskompetenz besitzen und Ergebnisverantwortung tragen, soll erreicht werden, daß die Komplexität der Leistungserstellung reduziert und die Nähe zum Markt erhöht wird. Das modularisierte Unternehmen soll damit schneller und flexibler auf Marktveränderungen, Kundenwünsche und Aktionen der Wettbewerber reagieren können (vgl. [17]).

Modular organisierte Unternehmen erkennen dabei zunehmend, daß die klassische Koordination durch Zielvorgaben und durch ein zentrales Rechnungswesen die autonomen Organisationseinheiten in Konflikt mit der Selbstorganisation und der Eigenverantwortlichkeit in den dezentralen Instanzen bringt. Die bislang praktizierte Vorgehensweise, daß ein zentrales Controlling Rationalisierungsvorhaben bewertet und über deren Durchführung entscheidet, ist überholt - insbesondere wenn man bedenkt, daß die vor Ort des Geschehens agierenden Mitarbeiter über das Know-how verfügen, das in die Bewertung von alternativen Maßnahmen einfließen muß. Aus diesem Grund wird eine instrumentelle Unterstützung des Autonomieaspektes in Gruppenstrukturen im Hinblick auf das sogenannte „self-controlling" gefordert. Durch die Bereitstellung geeigneter Methoden des Rechnungswesens und der Bewertung soll dabei gleichzeitig die Motivation der Mitarbeiter zur ganzheitlichen Aufgabenerfüllung erhöht und der Anreiz zu marktgerechtem Handeln verstärkt werden.

Mit den vorangegangenen Ausführungen wurde das Ziel verfolgt, die Notwendigkeit einer grundsätzlichen Umorientierung bei der Bewertung des Erfolges von Reorganisationen zu verdeutlichen. Es wurde gezeigt, daß die traditionellen betriebswirtschaftlichen Bewertungsmuster auf Annahmen basieren, die den heutigen Gegebenheiten und Anforderungen in den Unternehmen, auf den Märkten und in der Gesellschaft nicht mehr gerecht werden. Darauf aufbauend wurden fünf Prinzipien zur Diskussion gestellt, an denen sich die Bewertung - will sie den Erfolg möglichst realitätsgerecht widerspiegeln - in Zukunft orientieren muß. Nachfolgend soll ein strategieorientierter Bewertungsansatz vorgestellt werden, der den genannten aktuellen Anforderungen gerecht wird und die Möglichkeit einer DV-gestützten Umsetzung und Anwendung bietet.

3 Ein strategieorientierter Ansatz zur erweiterten Wirtschaftlichkeit

3.1 Ein Mehr-Ebenen-Ansatz zur strategieorientierten Bewertung von Reorganisationsprozessen

Erweiterte Wirtschaftlichkeitsansätze, in die auch qualitative Kriterien auf der Kosten- wie auf der Leistungsseite einfließen können, bieten einen interessanten Ausgangspunkt, um die Vorteilhaftigkeit von Reorganisationen abbilden zu können. Bewertungsgrundlage ist letztlich das Ausmaß an *Effektivität*, d.h. die Eignung von Maßnahmen zur Zielerreichung. Eine Reorganisationsmaßnahme beispielsweise wäre nach dieser Auffassung als wirtschaftlich einzustufen, wenn sie zu einer höheren Zielerreichung beitragen würde. Welche Ziele jeweils relevant erscheinen, leitet sich aus der in Abschnitt 2.1 geforderten Strategieorientierung der Bewertung ab.

Vor dem Hintergrund der heutigen Rahmenbedingungen, denen sich die Unternehmen gegenübersehen, erscheint es notwendig, nicht nur ökonomische Zielkategorien in den Zielansatz aufzunehmen, sondern auch soziale und gesellschaftliche Ziele, denn jede Unternehmung, die zur Sicherung der langfristigen Überlebensfähigkeit darauf angewiesen ist, Gewinne zu erwirtschaften, muß alle Zielkategorien gleichermaßen verfolgen. Während sich *ökonomische Ziele* aus den Kundenbedürfnissen ableiten, orientieren sich *soziale und gesellschaftliche Ziele* an den Erwartungen, Bedürfnissen, Interessen und Forderungen der Unternehmens- und Gesellschaftsmitglieder (vgl. [3], S. 17).

Der Bezug zu den jeweils verfolgten Zielen macht deutlich, daß die Wirtschaftlichkeit nur unter Berücksichtigung der *spezifischen Situationsbedingungen* beurteilt werden kann. So besitzt z.B. jedes Unternehmen seine eigene Identität und unterscheidet sich in seinen internen und externen Rahmenbedingungen und damit auch in der Strategie- und Zielauswahl von jedem anderen Unternehmen. Daraus ergibt sich die Forderung nach *Offenheit* des Bewertungsansatzes.

Um die jeweilige Ausgangssituation in Richtung einer besseren Zielerfüllung zu verändern, müssen Maßnahmen gesucht und ergriffen werden. Dabei wird es eher selten der Fall sein, daß eine bestimmte Maßnahme eindeutig in der Gunst des Entscheiders steht und alle verfolgten Ziele bestens erfüllt, vielmehr wird diese in der Regel vor dem Hintergrund alternativer Maßnahmen bewertet werden müssen, d.h. es werden Auswahlentscheidungen nötig. Reorganisationsmaßnahmen können als Kombinationen von technischen, organisatorischen und personellen Maßnahmen beschrieben werden, die sich in ganzheitlichen Organisationskonzepten konkretisieren. Abbildung 5 zeigt das Grundkonzept des Bewertungsansatzes im Überblick.

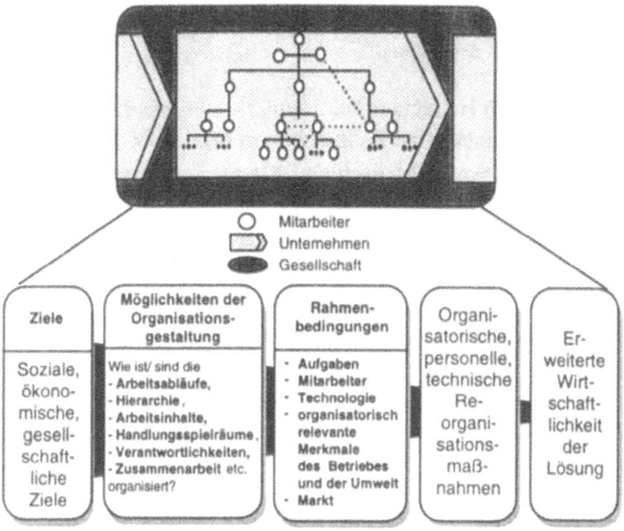

Abb. 5: Grundkonzept des Bewertungsansatzes

Die durch die einzelnen Maßnahmen ausgelösten Veränderungen sind von verschiedenen Standpunkten aus zu bewerten (Mehr-Ebenen-Betrachtung) und zu vergleichen. Für eine an den Zielen der beteiligten Interessengruppen orientierte Bewertung ist es dabei notwendig, die ökonomischen, sozialen und gesellschaftlichen Einzelziele nicht isoliert nebeneinander stehenzulassen, sondern eine operationale und in sich widerspruchsfreie Zielsystematik zu erarbeiten. In der Regel lassen sich die mit Reorganisationen verfolgten Ziele immer wieder in den gleichen Zielkategorien (vgl. Abb. 6) erfassen.

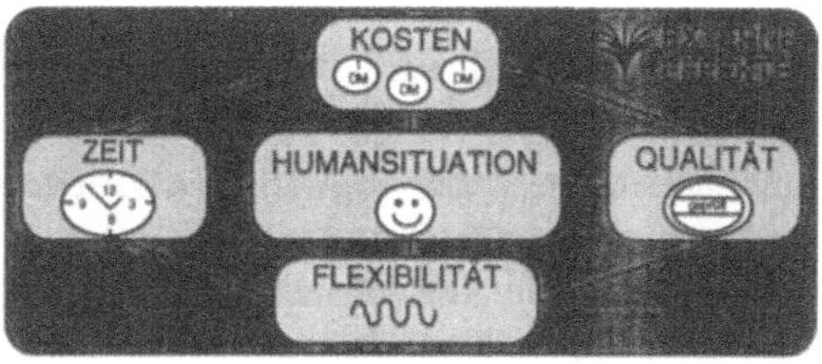

Abb. 6: Zielkategorien

Die genannten Zielkategorien sind jedoch nicht unabhängig voneinander, sondern beeinflussen sich in vielerlei Hinsicht (vgl. [7], S. 94 ff.; [8], S. 59). So kann es beispielsweise der Fall sein, daß Zeiteinsparungen zu Qualitätsverlusten führen, aber gleichzeitig die Flexibilität erhöhen.

Je nach Sichtweise, die ein Betrachter einnimmt, dominieren bei der Bewertung andere mit Reorganisationen angestrebte Zielkategorien (vgl. Abb. 7):

- aus *Mitarbeitersicht* (Ebene I: Mensch und Arbeit) vorwiegend Humanziele,
- aus *Unternehmenssicht* (Ebene II: Wertschöpfung und Unternehmenserfolg) aus Kundenbedürfnissen abgeleitete Kosten- und Erlös-, Zeit-, Qualitäts- und Flexibilitätsziele sowie
- aus *gesellschaftlicher Perspektive* (Ebene III: Gesellschaft und Umwelt) die Berücksichtigung externer Effekte.

Der zugrunde gelegte Bewertungsansatz läßt sich inhaltlich und methodisch so ausgestalten, daß den in Abschnitt 2 formulierten Anforderungen Rechnung getragen wird.

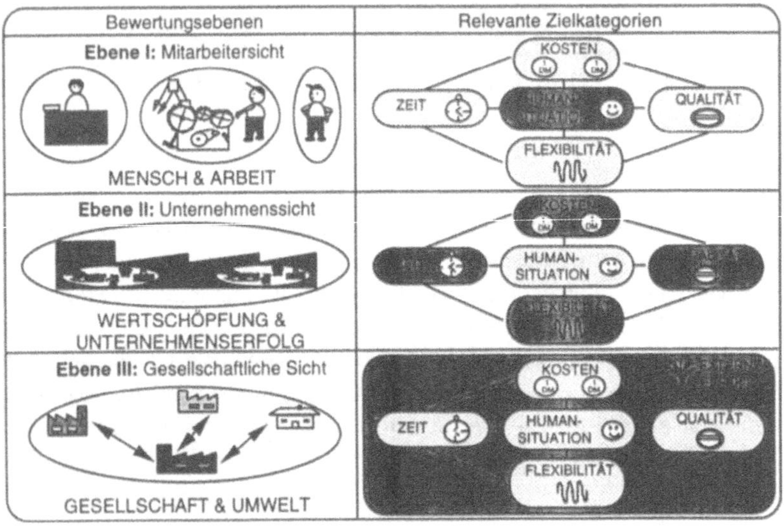

Abb. 7: Mehr-Ebenen-Modell zur Bewertung von Reorganisationen

Der Forderung nach einer stärkeren *Strategieorientierung* wird mit der Ausrichtung der Bewertung an der Wettbewerbsfähigkeit des Unternehmens entsprochen. Wettbewerbsentscheidend ist dabei die simultane Gewährleistung von Kundenzufriedenheit, Mitarbeiterzufriedenheit sowie gesellschaftlicher Akzeptanz. Reorganisationsmaßnahmen werden aus diesem Grund nicht nur aus der Sicht des Unternehmens, sondern darüber hinaus auch aus Sicht der Mitarbeiter und der Gesellschaft beurteilt. Diese drei Sichtweisen repräsentieren jeweils eine eigenständige Bewertungsebene. Bei der Bewertung über alle drei Ebenen hinweg kann daher von einer ganzheitlichen strategieorientierten Betrachtungsweise gesprochen werden.

Daneben wird Abstand genommen von der in bisherigen Bewertungsansätzen dominierenden Innenorientierung bei der Bewertung, die sich zumeist in dem Ziel der Verbesserung der Effizienz innerbetrieblicher Prozesse widerspiegelt. Stattdessen ist die Reorganisation betrieblicher Prozesse und deren Bewertung an der Erhöhung des Kundennutzens im Sinne einer konsequenten Außenorientierung auszurichten. Dabei zeigt sich die Strategieorientierung des Bewertungsansatzes insbesondere darin, daß nicht nur quantitative, nach innen gerichtete Ziele, die dem ausschließlichen Kosten- und Produktivitätsdenken angehaftet sind, in die Bewertung Eingang finden, sondern in verstärktem Maße auch qualitative, aus dem Markt abgeleitete Zielsetzungen wie z.B. Flexibilität und Qualität der Leistung. Das Auffinden strategieorientierter, operabler Zielsetzungen, seien sie qualitativer oder quantitativer Art, wird im Rahmen der Bewertungsmethodik durch einen Kriterienkatalog sinnvoll unterstützt. In Abhängigkeit der jeweiligen Unternehmenssituation und des zugrunde gelegten Untersuchungsgegenstandes können die für den konkreten Einzelfall relevanten Kosten- und Leistungswirkungen gezielt ausgewählt und bei Bedarf ergänzt bzw. näher detailliert werden. Damit wird gleichzeitig dem Situationsaspekt und der Offenheit des Bewertungsverfahrens Rechnung getragen.

Die *Beteiligungsorientierung* findet in der analytischen Zerlegung der komplexen Bewertungsaufgabe in einzelne Bewertungsssschritte ihren Niederschlag, wobei sich für die einzelnen Phasen konkrete Durchführungshinweise geben lassen. Jede Bewertung ist ein Prozeß, der über mehrere Schritte abläuft und durch die am Bewertungsprozeß Beteiligten beeinflußt werden kann. Die Bewertung von Reorganisationsmaßnahmen erfolgt, grob betrachtet, in drei Schritten (vgl. Abb. 8).

In der Phase der Zielfindung geht es primär um die Frage, welche Ziele mit einer Reorganisationsmaßnahme verfolgt werden und auf welche Weise die Erreichung dieser Ziele gemessen werden kann. Im Mittelpunkt der Phase Maßnahmengenerierung, Vernetzung und Verbundeffekte steht die Überlegung, welche organisatorischen, personellen und technischen Maßnahmen geeignet sind, die angestrebten Ziele besser zu erreichen und welche Beziehungszusammenhänge zwischen den Zielen und den Maßnahmen bestehen. In der Phase der ganzheitlichen Bewertung ist schließlich zu beurteilen, inwiefern die gefundenen Maßnahmen zu einer Verbesserung/Verschlechterung der Zielerfüllung beitragen.

In jedem der genannten Schritte kann durch die am Bewertungsprozeß Beteiligten in unterschiedlicher Art und Weise auf das Bewertungsergebnis Einfluß genommen werden. Durch diese methodisch-analytischen Anwendungsvereinfachungen wird zum einen der Bewertungsprozeß für das einzelne Gruppenmitglied transparent und nachvollziehbar, zum anderen wird es möglich, das Erfahrungswissen der betroffenen Mitarbeiter in die Bewertung einfließen zu lassen. Eine derartige Beteiligung der betroffenen Mitarbeiter bei der Erarbeitung und Bewertung von Reorganisationsmaßnahmen begünstigt darüber hinaus auch die spätere Akzeptanz der letztendlichen Lösung, entfaltet qualifikatorische Wirkungen und führt zu einer Erhöhung der Motivation.

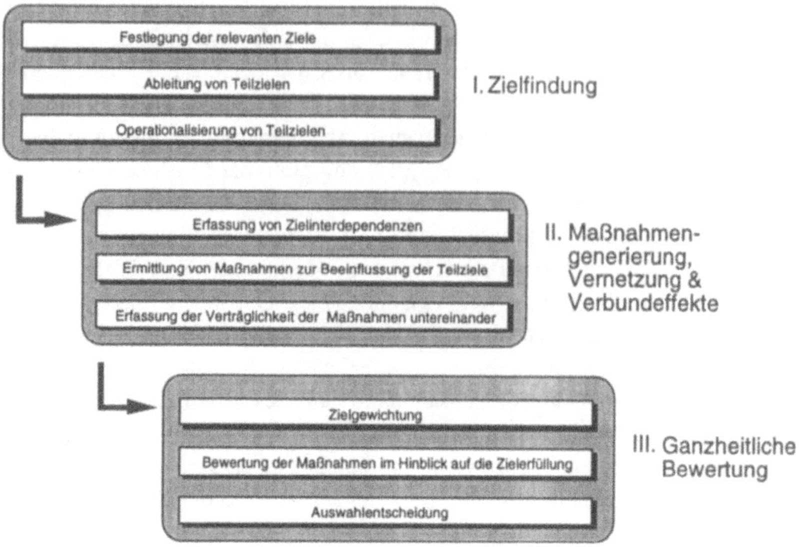

Abb. 8: Idealtypisches Phasenschema des Bewertungsprozesses

Der Forderung nach einer *Berücksichtigung von Vernetzung und Verbundeffekten* wird dadurch Bedeutung beigemessen, daß die Erfassung möglicher Wirkungen auf verschiedenen Betrachtungsebenen stattfindet. So ist es möglich, Effekte danach zu unterscheiden, ob sie für den Mitarbeiter (Ebene I: Mensch und Arbeit), das Unternehmen (Ebene II: Wertschöpfung und Unternehmenserfolg) oder die Gesellschaft (Ebene III: Gesellschaft und Umwelt) Geltung besitzen. Aus Unternehmenssicht wiederum können sie unter Umständen nur einen einzelnen Arbeitsplatz, einen Kooperationsverbund oder aber das Unternehmen als Ganzes betreffen. Eine solche Differenzierung stellt auch sicher, daß eine möglichst umfassende Wirkungsanalyse von einzuführenden Maßnahmen vorgenommen werden kann und dadurch bedeutende Sekundärwirkungen auf andere Bereiche nicht in Vergessenheit geraten. Wahrgenommene Verbundeffekte lassen sich im übrigen durch nachträgliche Auswahl eines existierenden oder in Ergänzung eines nicht vorhandenen Bewertungskriteriums in den weiteren Bewertungsablauf integrieren. Auch hierbei können Kataloge von Bewertungskriterien bzw. Checklisten wesentliche Hilfe leisten (vgl. z.B. [1], [11], [24], [27]). Darüber hinaus lassen sich auch Hilfsmittel anführen, mit deren Hilfe Vernetzungsbeziehungen zwischen den verfolgten Zielen und zwischen einzelnen Maßnahmen in der Gruppe ermittelt werden können.

Der *Humanzielorientierung* wird durch die explizite Aufnahme von mitarbeiterorientierten Zielen und die Möglichkeit der Aufnahme von Verbundwirkungen z.B. auf ökonomische Zielsetzungen Aufmerksamkeit geschenkt. Dabei repräsentieren die Humanziele die Interessensicht der Mitarbeiter und finden neben der Sichtweise des

Unternehmens und der Gesellschaft gleichberechtigt in der Bewertung Berücksichtigung.

Der *Autonomieaspekt* findet in der Bewertungsmethodik einerseits durch die konsequente Ableitung der mit den jeweiligen Reorganisationsvorhaben verfolgten Ziele aus den obersten strategieorientierten Zielsetzungen Berücksichtigung. Damit eignet sich das Bewertungsverfahren grundsätzlich für die Anwendung in dezentralen Organisationseinheiten. Das stringente Herunterbrechen der Oberziele in handhabbare Teilziele und deren Operationalisierung ermöglicht die Ermittlung des direkten Beitrages, den eine dezentrale autonome Organisationseinheit zum Unternehmenserfolg leistet.

Andererseits läßt sich dem Autonomieprinzip durch die methodische Unterstützung in Form der Bereitstellung zahlreicher Hilfsmittel für die eigenständige Durchführung gruppenbezogener Bewertungsprozesse (z.B. Moderationstechniken, DV-gestützte Werkzeuge usw.) Rechnung tragen.

3.2 Ein DV-gestütztes BewertungsTool als Moderationshilfsmittel

Zur sinnvollen technischen Unterstützung beteiligungsorientierter Bewertungsprozesse wurde am Lehrstuhl für Allgemeine und Industrielle Betriebswirtschaftslehre der TU München ein DV-gestütztes BewertungsTool für Reorganisationen entwickelt (vgl. Abb. 9), das die interaktive Durchführung der Bewertung in Gruppenprozessen, z.B. in Arbeitskreissitzungen oder auf Workshops, erleichtern soll (vgl. hierzu [24]).

Abb. 9: DV-gestütztes BewertungsTool für Reorganisationen

Das BewertungsTool wendet sich an den Moderator von beteiligungsorientierten Bewertungsprozessen und bietet diesem zahlreiche Unterstützungsfunktionen. Die Sicherstellung eines für alle Gruppenmitglieder transparenten Programmablaufs läßt sich über die Kopplung mehrerer Bildschirme oder z.B. den Einsatz eines 'flatscreen' oder 'Beamers' erreichen, mit dessen Hilfe Bildschirmmasken an die Wand projiziert werden können. Durch den prozeßorientierten Aufbau erleichert das Programm die Strukturierung und gezielte Steuerung des Bewertungsprozesses, es erlaubt eine kontinuierliche und umfassende Ergebnisdokumentation in allen Phasen der Bewertung und ermöglicht durch die adäquate Aufbereitung der erfaßten Daten eine verbesserte Entscheidungsfindung.

Das DV-gestützte BewertungsTool dient der Anwendungsunterstützung des im vorangegangenen Abschnitt beschriebenen Mehr-Ebenen-Ansatzes zur strategieorientierten Bewertung von Reorganisationsprozessen und folgt in seinem Aufbau dem in Abbildung 8 dargestellten idealtypischen Phasenschema von Bewertungsprozessen. Das Werkzeug führt den Anwender durch die einzelnen Bewertungsschritte und bietet in den Phasen, in denen es sinnvoll erscheint, weitergehende Hilfestellung an.

Insbesondere die Phase der Zielfindung, Operationalisierung und Zielvernetzung läßt sich dabei sinnvoll unterstützen. Vor allem
- das Auffinden, die Auswahl und die Formulierung von Bewertungskriterien,
- die Zuordnung und Skalierung der jeweiligen Maßgrößen sowie
- das Auffinden und Erfassen möglicher Verbundwirkungen zwischen den einzelnen Bewertungskriterien

können durch eine Rechnerunterstützung vereinfacht und beschleunigt werden. Möglich wird dies durch einen hierarchisch aufgebauten, DV-gestützten Kriterienkatalog, der das Kernstück des Programms in der Phase der Zielfindung bildet und mit dessen Hilfe der Benutzer durch die einzelnen Teilschritte in dieser Bewertungsphase geführt wird.

Der Kriterienkatalog ist an den drei Bewertungsebenen (Mensch und Arbeit, Wertschöpfung und Unternehmenserfolg, Gesellschaft und Umwelt) und den Zielkategorien Kosten & Erlöse, Zeit, Qualität, Flexibilität, Humansituation und externe Effekte aufgebaut und verzweigt von dort in jeweils untergeordnete Zielbäume. Die Abbildung 10 veranschaulicht ein derartiges Zielblatt bzw. eine Bildschirmseite am Beispiel des Zielkriteriums 'Fehlerfreiheit der Aufgabenerfüllung'.

Dabei ist der Kritierienkatalog keineswegs fest vorgegeben, sondern kann jederzeit um unternehmensspezifische Kriterien individuell ergänzt oder um nicht benötigte Kritierien verkleinert werden. Nicht nur der Kriterienkatalog selbst ist variabel, sondern auch die Führung der Anwender durch den Katalog. Diese können sich vom Programm entweder schrittweise durch die einzelnen Ebenen und Zielkategorien führen lassen, oder aber sie bestimmen die Schrittfolge selbst, was z.B. dadurch ermöglicht wird, daß jederzeit zu bereits festgelegten Zielkriterien zurückgekehrt werden kann, um Anpassungen vorzunehmen.

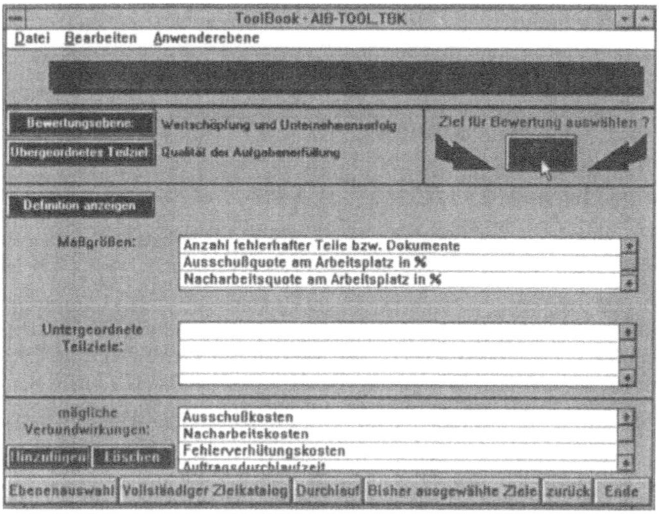

Abb. 10: Beispielhafte Maske zum Zielkriterium 'Fehlerfreiheit der Aufgabenerfüllung'

Das Ergebnis einer auf diese Weise durchlaufenen Zielfindungs-, Operationalisierungs- und Zielvernetzungsphase besteht in einer vollständigen Dokumentation der ausgewählten Bewertungskriterien, der zugehörigen Maßgrößen und Skalen sowie möglicher Verbundwirkungen in hierarchischer Strukturierung. Diese bilden den Bewertungsmaßstab, an dem die Suche nach geeigneten Reorganisationskonzepten und deren Bewertung auszurichten sind.

Literaturverzeichnis

[1] Aichner, R.; Kannheiser, W.; Hormel, R. (Hrsg.): Planung in Projektteams - Band 2: Checklisten und Verfahren des P-TAI, München et al. 1993.

[2] Drucker, P.F.: Management - Tasks, Responsibilities, Practice, London 1974.

[3] Eckardstein, D. von; Schnellinger, F.: Betriebliche Personalpolitik, 3. Auflage, München 1978.

[4] Gaitanides, M. et al.: Prozeßmanagement - Konzepte, Umsetzungen und Erfahrungen des Reengineering, München et al. 1994.

[5] Hartmann, M.; Förster, T.: Factory for the Future - Unveröffentlichter Endbericht einer Untersuchung zur Ermittlung von industriellem Forschungs- und Handlungsbedarf in Europa, Fraunhofer-Institut für Fabrikbetrieb und -automatisierung (IFF), Magdeburg 1995.

[6] Heinen, E.: Betriebswirtschaftliche Kostenlehre - Kostentheorie und Kostenentscheidungen, 6. Auflage, Wiesbaden 1983.

[7] Heinen, E.: Grundlagen betriebswirtschaftlicher Entscheidungen - Das Zielsystem der Unternehmung, 3. Auflage, Wiesbaden 1976.

[8] Hentze, J.: Personalwirtschaftslehre 1 - Grundlagen, Personalbedarfsermittlung, -beschaffung, -entwicklung und -einsatz, 5. Auflage, Bern et al. 1991.

[9] Kosiol, E.: Einführung in die Betriebswirtschaftslehre - Die Unternehmung als wirtschaftliches Aktionszentrum, Wiesbaden 1968.

[10] Lutz, B. et al.: Strategien für die Produktion im 21. Jahrhundert - Eine Untersuchung zu Entwicklungen, Visionen und Handlungsbedarf für Industrie, Forschung und Staat zur Sicherung des Produktionsstandortes Deutschland, Endbericht des Arbeitskreises „Märkte-Mensch-Gesellschaft", München 1994.

[11] Maucher, P.: Bewertungskriterien für ein Dokumenten Management System, Baden-Baden 1994.

[12] Mellerowicz, K.: Allgemeine Betriebswirtschaftslehre, 4. Band, 10. Auflage, Berlin 1959.

[13] Nippa, M.; Picot, A. (Hrsg.): Prozeßmanagement und Reengineering - Die Praxis im deutschsprachigen Raum, Frankfurt/Main et al. 1995.

[14] Pfeiffer, W.: Rationalisierung, in: Wittmann, W. et al. (Hrsg.): Handwörterbuch der Betriebswirtschaft, Teilband 3, 5. Auflage, Stuttgart 1993, Sp. 3639-3648.

[15] Picot, A./Franck, E.: Vertikale Integration, in: Hauschildt, J.; Grün, O. (Hrsg.): Ergebnisse empirischer betriebswirtschaftlicher Forschung: Zu einer Realtheorie der Unternehmung, Stuttgart 1993, S. 179-219.

[16] Picot, A.; Reichwald, R.: Informationswirtschaft, in: Heinen, E. (Hrsg.): Industriebetriebslehre - Entscheidungen im Industriebetrieb, 9. Auflage, Wiesbaden 1991, S. 241-393.

[17] Picot, A.; Reichwald, R.; Wigand, R.: Die grenzenlose Unternehmung - Information, Organisation und Management, Wiesbaden 1996.

[18] Pribilla, P.; Reichwald, R.; Goecke, R.: Telekommunikation im Management - Strategien für den globalen Wettbewerb, Stuttgart 1996.

[19] Probst, G.J.B.; Gomez, P. (Hrsg.): Vernetztes Denken - Ganzheitliches Führen in der Praxis, 2. Auflage, Wiesbaden 1991.

[20] Reichwald, R. (Hrsg.): Marktnahe Produktion. Lean production - Leistungstiefe - Time-to-market - Vernetzung - Qualifikation, Wiesbaden 1992.

[21] Reichwald, R.: Technologische Entwicklungen und Wirtschaftlichkeitsbeschränkungen für ein humane Arbeitsgestaltung im Verwaltungsbereich, in: Rosenstiel, L. von; Weinkamm, M. (Hrsg.): Humanisierung der Arbeitswelt - Vergessene Verpflichtung? Eine kritische Bestandsaufnahme anläßlich einer Fachtagung des Kolping-Bildungswerkes, 2. Auflage, Stuttgart 1980, S. 203-223.

[22] Reichwald, R.; Sachenbacher, H.: Durchlaufzeiten, in: Kern, W.; Schröder, H.-H.; Weber, J. (Hrsg.): Handwörterbuch der Produktionswirtschaft, 2. Auflage, Stuttgart 1996, Sp. 362-374.

[23] Reichwald, R.; Weichselbaumer, J.: Rationalisierung und Erfolg - Traditionelle betriebswirtschaftliche Bewertungsmuster im Umbruch, in: Hoß, D.; Schrick, G. (Hrsg.): Wie rational ist Rationalisierung heute? Ein öffentlicher Diskurs anläßlich des 75-jährigen Jubiläums des Ratio-

nalisierungs-Kuratoriums der Deutschen Wirtschaft (RKW) e.V., Stuttgart et al. 1996, S. 305-318.

[24] Reichwald, R.; Höfer, C.; Weichselbaumer, J.: Erfolg von Reorganisationsprozessen - Leitfaden zur strategieorientierten Bewertung, Stuttgart 1996.

[25] Rupprecht-Däullary, M.: Zwischenbetriebliche Kooperation - Möglichkeiten und Grenzen durch neue Informations- und Kommunikationstechnologien, Wiesbaden 1994.

[26] Ulich, E.: Arbeitspsychologie, 3. Auflage, Zürich et al. 1994.

[27] Verein Deutscher Ingenieure (Hrsg.): Technikbewertung der Bürokommunikation, VDI-Richtlinie 5015, Düsseldorf 1992.

[28] Whiteley, R.C.: The Costumer-Driven Company - Moving from Talk to Action, Reading, Mass. et al. 1991.

Konzernstrategische Überlegungen zur Geschäftsprozeßoptimierung

Dr. Michael Koppitz
Ruhrkohle AG, Essen

Inhalt

17. Saarbrücker Arbeitstagung Rechnungswesen und EDV 1996. Hrsg.: A.-W. Scheer.

1 Der Konzern

Der RAG-Konzern (Abbildung 1) leistet im Ruhrrevier seit vielen Jahren einen wichtigen Beitrag zum Strukturwandel. Im Rahmen der Diversifizierungsstrategie "rund um die Kohle" wurde neben dem Bergbau, dessen operative Aktivitäten in der Ruhrkohle Bergbau AG wahrgenommen werden, der Beteiligungsbereich in den letzten Jahren auf- und ausgebaut. Die RAG Beteiligungs-GmbH bündelt in sieben Konzernbereichen die jeweiligen unternehmerischen Aktivitäten. Im einzelnen sind dies die Bereiche Energie (STEAG AG), Chemie (RÜTGERS AG), Handel (Ruhrkohle Handel GmbH), Umwelt (Ruhrkohle Umwelt GmbH), Technologie (RAG Technik AG), Bergbau-Technik (Deutsche Bergbau-Technik GmbH) und Immobilien (RAG Immobilien AG). 1995 betrug der Anteil des Beteiligungsbereichs am RAG-Umsatz mit 51 % erstmals mehr als die Hälfte.

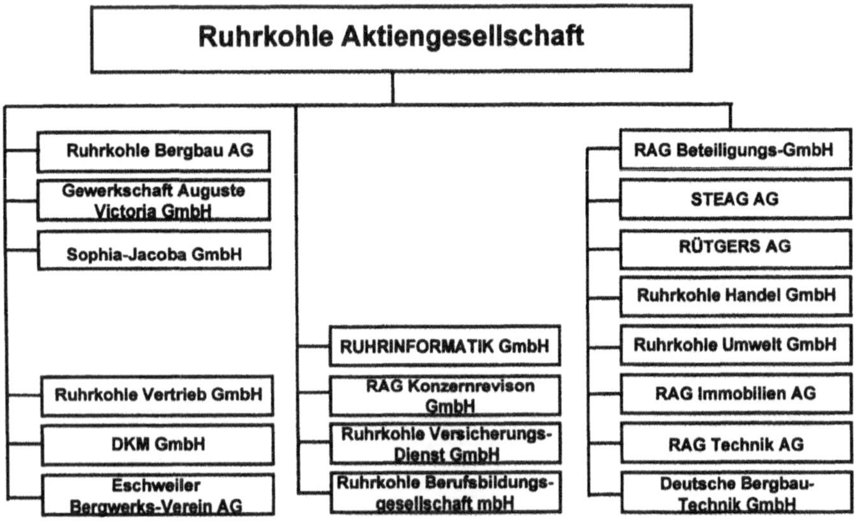

Abb. 1: Konzernstruktur

Insgesamt werden im Konzern mehr als 220 Unternehmen konsolidiert, die von der Ruhrkohle Bergbau AG mit rund 65.000 Mitarbeitern bis zu Unternehmen mit weniger als 10 Mitarbeitern reichen.

2 Informationsverarbeitung - Ausgangssituation

Die Informationsverarbeitung im RAG-Konzern war in der Vergangenheit geprägt durch

- mehrere, teilweise konkurrierende Anbieter von IV-Dienstleistungen (DV-Abteilungen mit und ohne eigene Rechenzentren, verselbständigte IV-Dienstleistungsabteilungen mit und ohne externe Gesellschafter sowie ein Unternehmen für das PC-Geschäft in- und außerhalb des Konzerns)
- die Nutzung unterschiedlichster Hardware, Betriebssystemsoftware und Netzinfrastruktur sowie
- ein Standard-Software-Angebot, das teilweise stark modifiziert ist und einen unterschiedlichen Integrationsgrad aufweist (SAP R/2 und R/3, PAISY sowie Systeme der i-Linie) bzw. einen hohen Anteil hochkomplexer integrierter Eigenlösungen.

Für Anwender, IV-Dienstleister und Konzern bestand so eine Situation, die durch hohe Kosten, geringe Kostentransparenz und teilweise nicht zufriedenstellende Dienstleistungsqualität gekennzeichnet war.

Dementsprechend wurde die Informationsverarbeitung nur punktuell als Instrument der Unternehmensstrategie gesehen und zielgerichtet genutzt. Die Reduzierung der IV-Kosten stand bei Optimierungsansätzen im Mittelpunkt.

3 Reengineering der IV-Prozesse

Das Reengineering der IV-Prozesse im RAG-Konzern betrifft drei Gebiete (Abb. 2), die als integrale Bestandteile eines Projekts angesehen werden können.

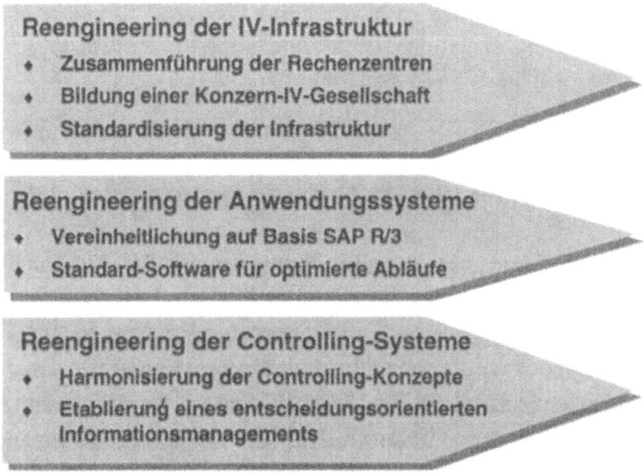

Abb. 2: Reengineering der Informationsverarbeitung im RAG-Konzern

Das „Reengineering der IV-Infrastruktur“ hat die Optimierung der IV-Leistungserbringung zum Ziel. Qualität und Kosten der IV-Leistungen sind die Stellschrauben. Inhalte dieses Teilprojekts sind unter anderem die Zusammenführung der MVS-Rechenzentren, die Bildung einer Konzern-IV-Gesellschaft als Generalunternehmer für alle IV-Leistungen, der Aufbau eines zentralen Rechenzentrums für SAP R/3 sowie die Standardisierung der IV-Infrastruktur (siehe Punkt 3.1).

Das „Reengineering der Anwendungssysteme“ hatte in einem ersten Schritt im Rahmen einer Einsatzuntersuchung die Sinnhaftigkeit einer Vereinheitlichung auf der Basis der Standard-Anwendungs-Software SAP R/3 zu zeigen. Abdeckungsgrad und Optimierungspotential bei einer gleichzeitig durchgeführten Geschäftsprozeßoptimierung waren die Inhalte (siehe Punkt 3.2).

Das „Reengineering der Controlling-Systeme“ ist eine Aufgabe, die als Konzernauftrag die Kosten einzelner R/3-Einführungsprojekte erheblich reduzieren helfen kann.

Eine konzernweite Vereinheitlichung von Berichtswesen, Cash Management und Personalwirtschaft verbessert die Steuerbarkeit aus der Konzernsicht und erschließt Synergieeffekte bei der Realisierung.

Die Begriffe für ein Reengineering der Controlling-Systeme sind:

- eine einheitliche Definition für Betriebsergebnis und Deckungsbeitragsrechnung,
- einheitliche Bewertungsregeln sowie
- ein einheitlicher Kontenrahmen.

Zusätzliche Effekte ergeben sich, wenn außerdem gleichartige Unternehmen über Teilkonzerngrenzen klassifiziert werden und diese Branchenerfahrung durch Systemvoreinstellungen und personelle Kontinuität von Beratern der IV-Gesellschaft weiteren Konzern-Projekten zugute kommt. Zur Koordination dieser Aufgaben wurde im RAG-Konzern eine zentrale SAP-koordinierende Stelle eingerichtet, die gemeinsam mit den Teilkonzernen die Einführungsstrategie festlegt und für einen Konzern-Generalbebauungsplan für R/3 zuständig ist.

3.1 Wirtschaftlichkeit der IV-Leistungserbringung

Das Reengineering der Informationsverarbeitung hat mit der Ausgründung und Verschmelzung der IV-Dienstleistungsbereiche und -Gesellschaften den Aufbau von transparenten und belastbaren Kunden-Lieferanten-Beziehungen für IV-Leistungen zum Inhalt. Das Angebot wird gebündelt; gleichzeitig werden für den Konzern Mengendegressionseffekte erschlossen. Die Standardisierung der Anwendungssysteme und dezentralen Hardware sowie der Netzinfrastruktur reduziert die Betreuungskosten und erhöht die Verfügbarkeit der Client-Server-Systeme.

Hierzu wurde Anfang 1995 ein Beratungsauftrag mit folgenden Inhalten vergeben:

- Begründung (Nutzenpotential) für eine Zusammenfassung der IV-Dienstleister
- Ziele und Strategie eines zentralen IV-Dienstleisters
- Leistungsprofil und Organisationsstruktur
- Planungs- und Steuerungsprinzipien
- Ressourcen- und Kapazitätsbemessung
- Organisation der Koordinations- und Entscheidungsstrukturen
- Organisation der IV bei den Konzernunternehmen.

Für die Steuerung der Konzern-IV-Gesellschaft durch die Konzernkunden wurde eine Kundenorganisation aufgebaut, die auf Konzernebene aus einem Konzern-IV-Lenkungskreis besteht, in dem jeder Teilkonzern vertreten ist. Der Konzern-IV-Lenkungskreis bestimmt die Leitlinien der IV-Gesellschaft. Die Kundenfunktion im laufenden Geschäft nimmt für jeden Teilkonzern ein Koordinierungskreis wahr. Dieser kann bei Bedarf die Kundenfunktion an weitere Personen/Institutionen delegieren. Die Aufgabe der strategischen Ausrichtung aus Konzernsicht wird dem Zentralbereich „Grundsatzfragen Informationsverarbeitung" bei der Führungsgesellschaft übertragen.

Im Mittelpunkt der Standardisierung der Anwendungssysteme steht die konzernweite Einführung von SAP R/3. Die Unterstützung dieser strategischen Aufgabe ist gleichzeitig der zentrale Auftrag an die Konzern-IV-Gesellschaft.

Für diese wurden folgende Maßnahmen beschlossen:

- Der Konzern schloß mit SAP einen R/3-Wertkontrakt ab, der den Lizenzerwerb mit 50 % Rabatt ermöglicht.
- Konzern-IV-Gesellschaft wird Generalunternehmer für die SAP-Einführung im Konzern.
  Dabei werden durch Bereitstellung von Ressourcen und Projektmanagement Konzernsynergien gesichert. Die Verantwortung für die SAP-Projekte liegt jedoch beim jeweiligen Konzernunternehmen, da die Neugestaltung betrieblicher Abläufe im Mittelpunkt steht. Gleiches gilt für die Auswahl der Berater. Die IV-Gesellschaft unterstützt bei der Auswahl und beim Vertragsabschluß.
- Die IV-Gesellschaft betreibt das R/3-Rechenzentrum und das SAP Competence Centrum des Konzerns. RAG hat sich für einen zentralen R/3-Betrieb entschieden, da die Betriebsanforderungen eines R/3-Betriebs hinsichtlich Datensicherheit und Verfügbarkeit denen eines MVS-Rechenzentrum nicht nachstehen und beträchtliches Spezialwissen erfordern. Aus diesem Grund stellen sich die spezifischen Personal- und Infrastrukturkosten eines zentralen Rechenzentrums günstiger dar.
- Die IV-Gesellschaft ist Generalunternehmer für PC-Beschaffung und Netzbetrieb. Nur so kann die geforderte hohe Verfügbarkeit der Anwendungen sichergestellt werden.

3.2 Geschäftsprozeßgestaltung und R/3-Einführung

Die Standardisierung der Anwendungslandschaft in einem Konzern ist mit erheblichen Aufwänden verbunden. Aufgabe einer von Plaut durchgeführten Machbarkeitsuntersuchung zur Einführung der SAP-Software R/3 im RAG-Konzern war es, den Abdeckungsgrad der IV-Anwendungsunterstützung durch SAP-Standardsoftware aufzuzeigen und die Einführung durch hiermit erzielbare Rationalisierungspotentiale zu motivieren. Diese Einsparungen wurden nach Analyse und grober Gestaltung der wichtigsten Unternehmenskernprozesse auf der Basis qualifizierter Schätzungen bestimmt.

Es wurde betont, daß sich die Einführung von SAP-Standardsoftware nur durch die Neugestaltung von Geschäftsprozessen wirtschaftlich rechtfertigen läßt. Diese rationellen Geschäftsprozesse werden mit der Standardsoftware unterstützt.

Die Kernaussagen, die vom RAG-Vorstand verabschiedet wurden, lauteten im einzelnen:

- SAP R/3 wird die Standardsoftware im RAG-Konzern.
- SAP R/3 wird bis 2001 konzernweit eingeführt.
- Die SAP R/3-Einführung wird zur Geschäftsprozeßgestaltung und -optimierung genutzt. Die Einsparungen können nicht additiv zu anderen organisatorischen Maßnahmen zur Kosteneinsparung gesehen werden. Vielmehr ermöglicht die SAP-Einführung vielfach erst, vereinbarte Kostensenkungsprogramme umzusetzen.
- Jeder Teilkonzern benennt einen Verantwortlichen für die Geschäftsprozeßoptimierung mit SAP R/3 Standardsoftware benannt werden. Dieser SAP-Verantwortliche sollte wegen der organisatorischen Auswirkungen Mitglied des jeweiligen Vorstandes/der jeweiligen Geschäftsführung sein.
- Projektplanung und -durchführung finden anhand eines RAG-Einführungsleitfadens statt. Dieser legt die anwendungsübergreifende Bearbeitungsreihenfolge der Arbeitspakete in SAP-Projekten mit Geschäftsprozeßgestaltung/-optimierung, die Systemeinführung und Konfiguration fest. Ein RAG-Projekthandbuch beschreibt die effiziente Projektplanung, -steuerung und -kontrolle. Der Einsatz dieser Werkzeuge sichert Konzernsynergien bei der Durchführung der SAP-Projekte.

4 Projekte

4.1 Konzern-Machbarkeitsstudie

4.1.1 Projektauftrag

Um die Machbarkeit, das heißt die Ablösbarkeit bestehender Systeme durch SAP R/3 bewerten zu können, wurden die bestehenden betriebswirtschaftlichen Abläufe sowie die für die Durchführung dieser Abläufe genutzten DV-Systeme analysiert. Für die Bewertung des mit der R/3-Einführung verbundenen Nutzen wurde die Optimierung der Systemprozesse und eine sinnvollerweise parallel hierzu durchgeführte Optimierung der Geschäftsprozesse untersucht.

4.1.2 Problemstellung

Zur Vorbereitung der Entscheidung über die Ablösung der bestehenden Systeme durch SAP R/3 wurden zunächst die Unternehmensgeschäftsprozesse analysiert und dokumentiert. Mittels Soll/Ist-Vergleich wurden diese Abläufe dann auf mögliche Rationalisierungsreserven durchleuchtet: Wie in vielen großen Unternehmen sind diese Abläufe "gewachsen" und wurden in der Vergangenheit wenig hinterfragt.

Eine Aussage über die "reine" Machbarkeit einer R/3-Einführung sollte nur ein erstes Ergebnis des Projektes sein. Entscheidend war vielmehr die Frage, ob die gleichzeitig in vielen Unternehmen anstehende Reorganisation der Geschäftsprozesse mit der R/3-Einführung „zusammenpaßt“ bzw. von ihr unterstützt wird. Das bedeutet, daß System- und Geschäftsprozeßanalyse die Voraussetzungen bilden für die Geschäftsprozeßgestaltung mit anschließender Systemprozeßoptimierung mit Hilfe von SAP R/3. Denn die Erfahrung hat gezeigt, daß die Neugestaltung betrieblicher Abläufe durch alte Systemlandschaften häufig erschwert, wenn nicht unmöglich gemacht wird. Von SAP R/3 wurde erwartet, daß dieses Ziel unterstützt wird.

Die Fragestellung bei der RAG war deshalb:

- Sind die unternehmerischen Anforderungen des RAG-Konzerns mit dem R/3-System abbildbar, d.h. decken die SAP R/3-Referenzprozesse die Unternehmensanforderungen ab?
- Wie sehen die mit R/3 unterstützten reorganisierten Geschäftsprozesse in groben Zügen aus?
- Welcher quantitative Nutzen ergibt sich aus Geschäfts- und Systemprozeßoptimierung und wie hoch sind die Aufwände der R/3-Einführung?

4.1.3 Aufbau Ist-Geschäftsprozeßmodell

Nach einer ersten Typisierung des Unternehmens erfolgte die Identifikation der Kernprozesse. Je nach Konzernbereich ergab sich daraus ein Untersuchungsumfang von 12 bis 16 Kernprozessen, welche nach Bedeutung für das Unternehmen und erwartetem größtem Nutzen durch die Geschäftsprozeßoptimierung priorisiert wurden. Mit den Prozeßverantwortlichen wurden strukturierte Interviews geführt, um die betriebswirtschaftlichen Inhalte der Kernprozesse und deren zeitlich-logischen Ablauf festzuhalten. Die Struktur für diese Erhebung bildeten aus dem R/3-Referenzmodell abgeleitete Prozesse. Die tatsächlichen Geschäftsprozesse mußten so nicht mühsam ”von der grünen Wiese weg” identifiziert und modelliert werden, sondern wurden aus diesem ”best practices model” modifiziert und aufgebaut.

Zur Vereinfachung wurden die RAG-Prozeßketten nicht als ereignisgesteuerte Prozeßketten (EPK) wie im R/3-Referenzmodell, sondern als Wertschöpfungsketten abgebildet. Besonderer Wert gelegt wurde dabei auf die Objektidentität. Das heißt, daß Funktionen der RAG-Wertschöpfungsketten, welche zukünftig mit SAP R/3-Standardsoftware abgedeckt werden können, in der Datenbank immer eine logische Beziehung zu den entsprechenden R/3-Funktionen bzw. Prozeßbausteinen des Referenzmodells haben mußten. Diese Durchgängigkeit stellt für „Geschäftsprozeßgestaltung“ und „R/3-Einführung“ die Abbildung der RAG-Unternehmenskernprozesse (Ebene 1) auf die Prozeßbausteine des R/3-Referenzmodells (Ebene 2) sicher (siehe Abbildung 3).

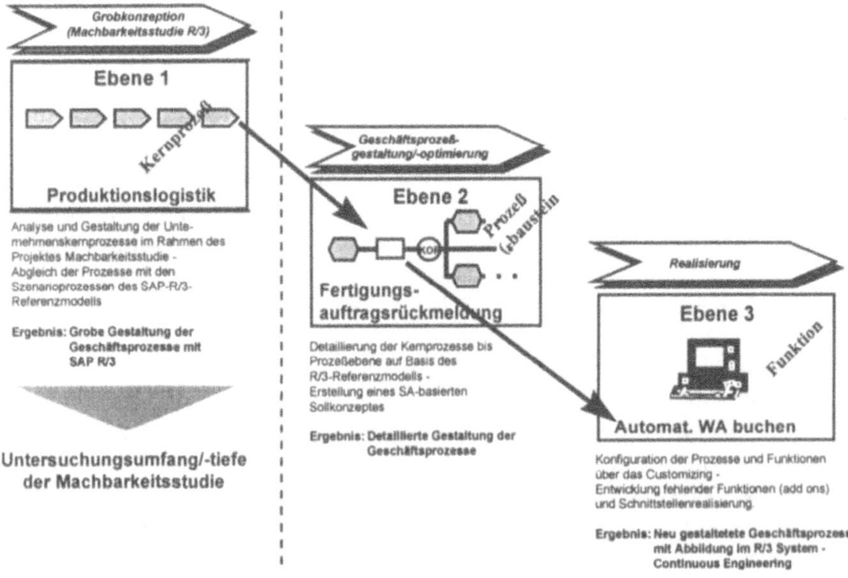

Abb. 3: Geschäftsprozeßebenen

Die Referenz-Prozesse wurden anhand der Ergebnisse der Interviews an die Istabläufe angepaßt bzw. um Ruhrkohle-spezifische Funktionen erweitert. Für die Modellierung wurde das ARIS-Toolset gewählt. Ausschlaggebend für diese Wahl war, daß ARIS das im R/3-Referenzmodell vordefinierte Geschäftsprozeßmodell nutzt.

4.1.4 Aufbau Soll-Geschäftsprozeßmodell

Mit dem vorliegenden Ist-Geschäftsprozeßmodell und dem R/3-Referenzmodell lagen nun zwei Modelle vor, aus welchen das Soll-Geschäftsprozeßmodell (vorerst noch auf einer relativ groben Ebene) entwickelt wurde. Dieses Modell wird später die Basis für das Sollkonzept bilden.

Die Abweichungen zwischen Referenzmodell und Soll-Geschäftsprozeßmodell wurden nun nach folgenden Gesichtspunkten vertiefend untersucht:

- Ermittlung von Schwachstellen (Minus Deltas)
  Mit einer Abdeckungsgradermittlung ("Gap Analysis") wurden die für RAG bestehenden funktionalen Lücken des R/3-Systems ermittelt. Diese werden über Schnittstellen zu Fremdsystemen bzw. Programmerweiterungen innerhalb des R/3-Systems ("Add Ons") geschlossen.
- Identifizierung nicht genutzter betriebswirtschaftlicher Potentiale (Plus Deltas)
  Die Funktionen, welche R/3 bietet, von RAG zur Zeit jedoch nicht genutzt werden, wurden einer näheren betriebswirtschaftlichen Analyse unterzogen. Aus diesen Potentialen (Plus Deltas) lassen sich Maßnahmen zur Reorganisation der Aufbauorganisation, der Geschäftsprozesse und der DV-Verfahren ableiten. Potentiale, die einen Nutzen für das Unternehmen darstellen, wurden in das jeweilige Soll-Geschäftsprozeßmodell integriert.
- Beispiel aus dem Controlling

Ist	Istkostenrechnung
Soll	Flexible Plankostenrechnung
Basis	Analytische Kostenplanung mit Umsetzung im R/3-System
Nutzen	Verbesserte Steuerungs- und Kontrollmöglichkeiten der Kostensituation

4.1.5 Darstellung des Nutzens

Der quantitative periodische Nutzen ergibt sich als Rationalisierungreserve aus der Gegenüberstellung von Ist- und Soll-Geschäftsprozeßmodell. Ihm war der geschätzte einmalige Projektaufwand gegenüberzustellen. Die in ARIS modellierten Wertschöpfungsketten wurden für die Darstellung (Abbildung 4) nochmals verdichtet.

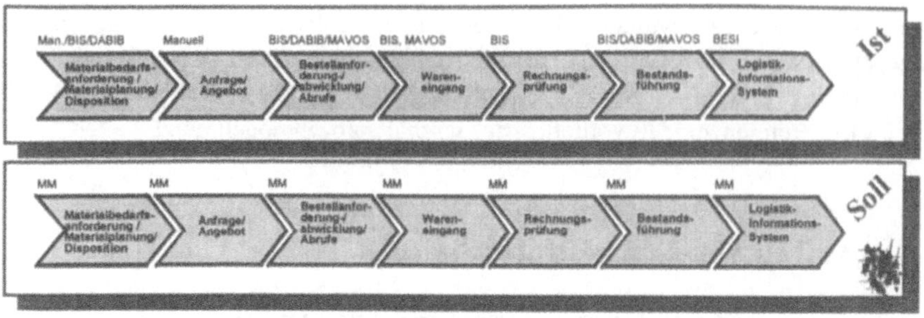

Abb. 4: Unterstützung des Geschäftsprozesses „Beschaffung von Material" mit Altsystemen bzw. mit R/3

Die Machbarkeitsstudie wurde durch die Entwicklung einer R/3-Einführungsstrategie komplettiert, die der Struktur und den Besonderheiten der einzelnen Konzernbereiche Rechnung trägt. Ergänzt durch ein kundenspezifisches Vorgehensmodell für die Projektphasen „Geschäftsprozeßgestaltung" und „R/3-Einführung" sowie ein RAG-Projektmanagementhandbuch wurde der Weg zu optimierten Geschäftsprozessen geebnet.

4.1.6 Fazit

Das SAP R/3-Referenzmodell stellt für das Projekt „R/3-Machbarkeitsstudie" bei der Ruhrkohle eine Basis für die Bestimmung der unternehmensrelevanten Kernprozesse zur Verfügung. Durch die prozeßorientierte Darstellung der betrieblichen Abläufe wird bei den Projektbeteiligten schon in diesem Abschnitt das Verständnis für über Funktionen hinausgehende, integrierte Geschäftsprozesse gefestigt und so das Zusammenspiel betrieblicher Funktionalbereiche transparent gemacht.

Wichtig für die Entscheidung von Ruhrkohle, schon in der Machbarkeitsstudie prozeßorientiert vorzugehen und die Ergebnisse mit ARIS zu dokumentieren, war vor allem die Wiederverwendbarkeit der Ergebnisse für die Projektphasen „Geschäftsprozeßgestaltung" und „R/3-Einführung" und die integrierte Dokumentation der Ergebnisse.

4.2 RUHRINFORMATIK

Das Reengineering der Informationsverarbeitung im RAG-Konzern führte zur Gründung der RUHRINFORMATIK als Konzern-IV-Gesellschaft. Für dieses Unternehmen, das aus der Fusion von drei Unternehmen bzw. Unternehmensteilen entstand, wurden 1995 innerhalb von acht Monaten mit der Unterstützung von Plaut die Module

Finanz- und Anlagenbuchhaltung, Personalwirtschaft, Kostenrechnung, Materialwirtschaft, Vertrieb und Unternehmenscontrolling in R/3 realisiert.

Mit der Realisierung wurden folgende Ziele verfolgt:

- Schaffung eines zuverlässigen Administrationssystems.
- Realisierung rationeller Geschäftsprozesse für ein Unternehmen „auf der grünen Wiese".
- Übernahme von Altdaten aus drei Systemen.
- Schulung von Beratern für den Einsatz bei Konzernkunden.
- Verbesserung der logistischen Leistungsfähigkeit.
- Zuverlässige Kostenrechnung für den Dienstleistungsbereich.

Die Ziele wurden trotz erheblichen Zeitdrucks im wesentlichen erreicht. Die Erfahrungen aus einem Projekt, das R/3 mit hoher Integration nutzt, stehen anderen Kunden der RUHRINFORMATIK zur Verfügung.

In der Stufe 2 werden folgende Funktionen auf ihren Nutzen untersucht und ggf. mit dem Umstieg auf das Release 3.0d realisiert:

- für die Personalentwicklung HR-PA,
- für die PC-Konfiguration PP,
- für PC-Bestandsverwaltung und Technikersteuerung SM und
- als Projektmanagement-Werkzeug für alle Projekte im Kundenauftrag PS.

4.3 Ruhrkohle Bergbau AG

Die Machbarkeitsstudie für den R/3-Einsatz hat auch für den Bergbau einen hohen Abdeckungsgrad ermittelt. Bei einer gleichzeitigen Geschäftsprozeßgestaltung wird nach den Ergebnissen der Machbarkeitsstudie mit beträchtlichen Einsparungen gerechnet. Abbildung 5 zeigt die geplante Einführungsreihenfolge nach Hauptprozessen.

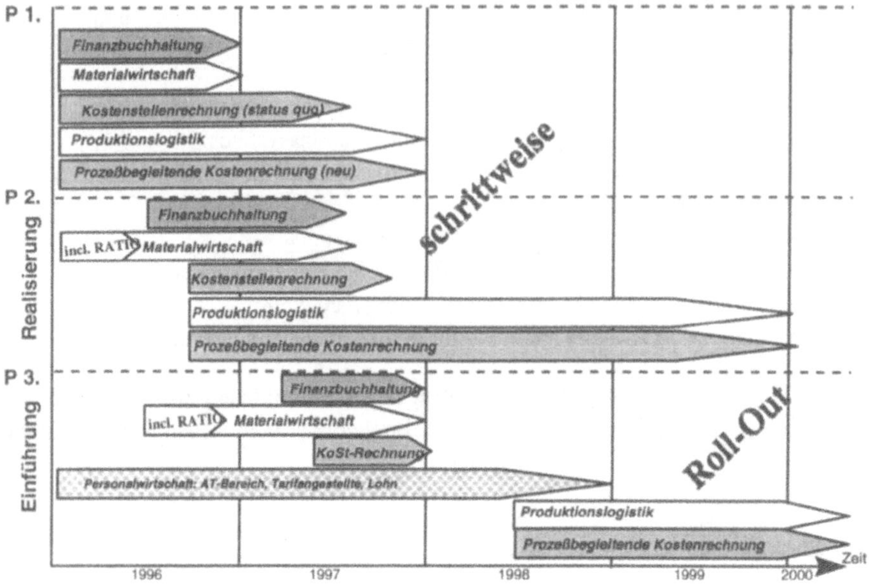

Abb. 5: R/3-Einführungsstrategie bei Ruhrkohle Bergbau AG

Im Mai 1996 hat deshalb die Ruhrkohle Bergbau AG für Beratung bei der "R/3-Einführung und Geschäftsprozeßgestaltung" einen Auftrag an eine Arbeitsgemeinschaft aus den Firmen C&L Unternehmensberatung und Plaut Consulting vergeben.

Hierbei werden in der ersten Phase bis 1997 im Rahmen der Geschäftsprozeßgestaltung die Kernprozesse

- Prozeßplanung und -fertigung
- Kundenauftragsplanung und -fertigung
- Kundenauftragsbearbeitung
- Beschaffungslogistik
- Instandhaltung
- Personalwirtschaft
- Rechnungswesen/Finanzen sowie
- Controlling (Kostenstellencontrolling)

konzipiert.

Die Kernprozesse Beschaffungslogistik und Personalwirtschaft befinden sich in eigenen Projekten bereits in der Realisierung und werden in das große R/3-Projekt organisatorisch eingebunden.

Bis 1997 sind ca. 11.000 Personentage für interne und externe Ressourcen (Arbeitsgemeinschaft C&L/Plaut sowie RUHRINFORMATIK) geplant. Die internen Mitarbeiter sind zum überwiegenden Anteil für das Projekt freigestellt. Für das Projektteam wurden Büroräume eines freigewordenen Verwaltungsgebäudes der Schachtanlage

Auguste Victoria zur Verfügung gestellt. Für die Projektorganisation wurde eine vernetzte Teamorganisation gewählt.

5 Zusammenfassung

Innerhalb von zwei Jahren wurden für den RAG-Konzern, der mit einem sehr breiten Produkt- und Dienstleistungsspektrum auf heterogenen Märkten agiert, die Voraussetzungen dafür geschaffen, daß die Informationsverarbeitung als Instrument der Unternehmensstrategie genutzt wird. Konzernsynergien werden transparent gemacht und erschlossen.

Dazu wurden zwei großangelegte Beratungsaufträge vergeben, die das Reengineering der IV-Infrastruktur und eine Standardisierung der Anwendungslandschaft zum Inhalt hatten. Im Ergebnis führten diese Projekte zur Gründung einer Konzern-IV-Gesellschaft, der RUHRINFORMATIK, sowie zur Entscheidung, konzernweit bis 2001 flächendeckend die Standard-Software SAP R/3 einzusetzen und die Realisierungsprojekte zur Geschäftsprozeßoptimierung zu nutzen.

Die Umsetzung für beide Projekte wird in schnellen Schritten weitergeführt. Leistungsangebot und Qualitätsniveau der Konzern-IV-Gesellschaft werden kontinuierlich ausgebaut. Die Zahl der R/3-Realisierungsprojekte, die die Konzern-IV-Gesellschaft als Generalunternehmer durchführt, wächst rasant.

Neue Wege der Kundenorientierung

Dr. Alexander Pocsay,
IDS Prof. Scheer GmbH, Saarbrücken

Inhalt

17. Saarbrücker Arbeitstagung Rechnungswesen und EDV 1996. Hrsg.: A.-W. Scheer. © Physica-Verlag Heidelberg 1996

1 Kundenorientierung aus der Sicht eines Beratungs- und Softwarehauses

Begriffe wie Kundenorientierung oder Customer focus gewinnen sowohl in der Fertigungsindustrie als auch im Bereich der Dienstleistungen permanent an Bedeutung. Die Globalisierung und Internationalisierung der Märkte, der Eintritt neuer Wettbewerber und das zunehmende Anspruchsdenken der Kunden erfordern immer stärker, daß - eigentlich eine Selbstverständlichkeit - der Kunde im Mittelpunkt unternehmerischen Handelns steht.

Das Hauptziel der Kundenorientierung ist sicherlich die Nutzenoptimierung für den Kunden und die daraus resultierende **Kundenzufriedenheit**. Diese äußert sich z. B. darin, daß der Kunde - durch die Beschaffung und den Einsatz des Produktes des Lieferanten - seine unternehmerischen Ziele wie Erhöhung der Wettbewerbsfähigkeit, Erschließung neuer Märkte oder Erhöhung der Wirtschaftlichkeit erreichen kann. Der Begriff der Kundenorientierung kann selbstverständlich aus unterschiedlichen Sichten und Branchen heraus betrachtet werden.

Im folgenden wird die Kundenzufriedenheit aus der Sicht eines Beratungs- und Softwarehauses analysiert und neue Wege der Kundenorientierung sowohl bei der Durchführung von Beratungs- und Softwareeinführungsprojekten als auch bei der Erstellung kundenorientierter Anwendungssoftware aufgezeigt.

Kundenorientierung aus der Sicht eines Beratungshauses bedeutet, daß die Durchführung von Beratungs- und Einführungsprojekten schnell, kostengünstig und vor allem qualitativ hochwertig erfolgt, so daß die durch das Projekt angestrebten Ziele wie beispielsweise

- Reduzierung von Durchlaufzeiten
- Erhöhung von Qualität und Flexibilität
- Erhöhung von Erlösen
- Erhöhung der Wettbewerbsfähigkeit oder
- Reduzierung von Durchlaufzeiten

tatsächlich erzielt werden können.

Dies stellt hohe Anforderungen an die Mitarbeiter des Beratungsunternehmens. Fachliche und methodische Kompetenz, das Einbringen von Erfahrungen werden ebenso gefordert wie die Fähigkeit, den Kunden zu führen und gemeinsam mit dem Kunden Konzepte zu erarbeiten und umzusetzen (vgl. Abb. 1).

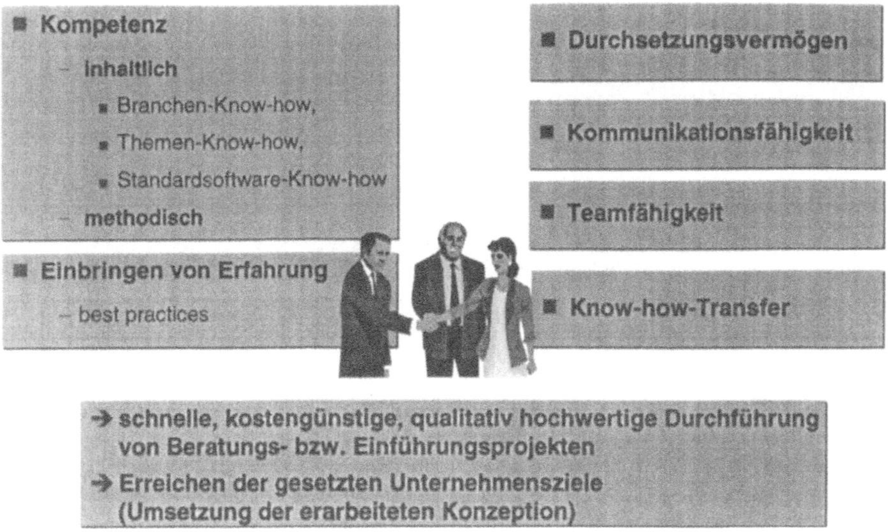

Abb. 1: Kundenorientierung aus der Sicht eines Beratungshauses

Kundenorientierung aus der Sicht eines Softwarehauses erfordert neben der Qualität der Software - analog zu den Beratungsunternehmen - soziale Merkmale wie Dienstleistungsbereitschaft, Glaubwürdigkeit und Vertrauen.

Qualitätsmerkmale der Software sind u.a.:

- funktionale und datenmäßige Erfüllung aller Anforderungen
- easy-to-use handling
- Integrationsmöglichkeit/Offenheit
- technologische Merkmale.

Abb. 2 enthält Anforderungen an ein kundenorientiertes Softwarehaus. Die auf die Anforderungen des Kunden abgestimmte Software muß schnell und kostengünstig implementiert werden können, muß an die veränderten zukünftigen Rahmenbedingungen des Kunden leicht anpaßbar sein und muß es dem Unternehmen ermöglichen, die durch den Einsatz der Software gewünschten Zielsetzungen zu erreichen.

Wesentlich für die Betreuung der produktiven Software ist eine kompetente und kundennahe Servicegruppe, die unter Einsatz neuester Technologien Wartung, Hotline, Schulungen und ähnliche Dienstleistungen anbietet.

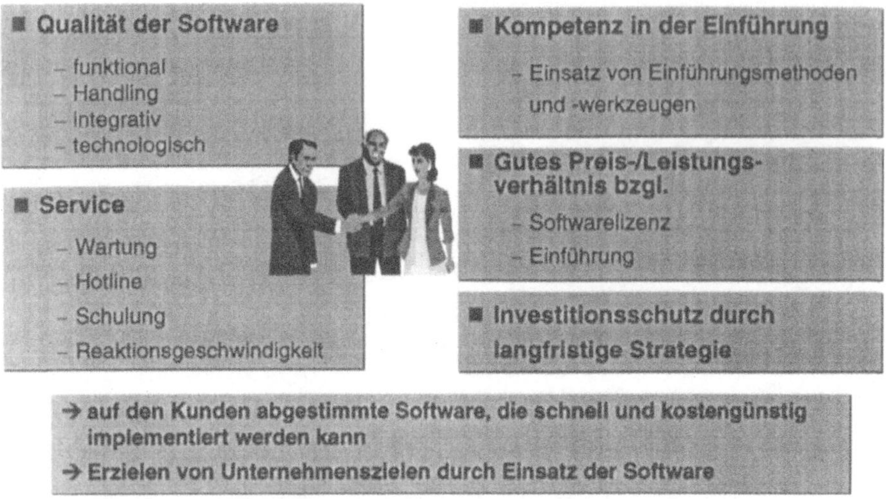

Abb. 2: Kundenorientierung aus der Sicht eines Softwarehauses

2 Modellgestütztes Reengineering und Softwareeinführung

Betriebswirtschaftliche Beratung, Organisationsberatung, IV-Beratung oder die Einführung von Standardsoftwaresystemen werden heute häufig unter den Rahmenbedingungen

- hoher Kostendruck
- hoher Zeitdruck
- nicht vorhandene Kapazitäten
- nicht vorhandenes Know-how

durchgeführt. Permanente Veränderungen im Unternehmen sowie vorhandene „Sachzwänge" erschweren die Projektarbeit.

In diesem Umfeld sind Beratungsprojekte, Einführungsprojekte oder die kontinuierliche Verbesserung von Geschäftsprozessen nur noch durch den konsequenten Einsatz von

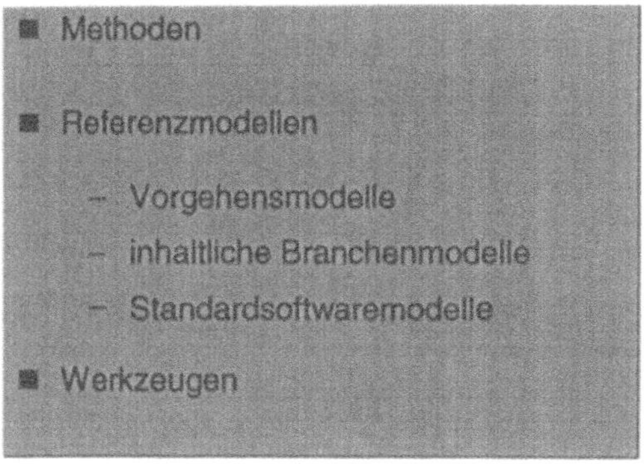

wirtschaftlich sinnvoll durchführbar.

Beispiele für **Methoden**, die in Beratungsprojekten eingesetzt werden können, sind in Abb. 3 aufgeführt.

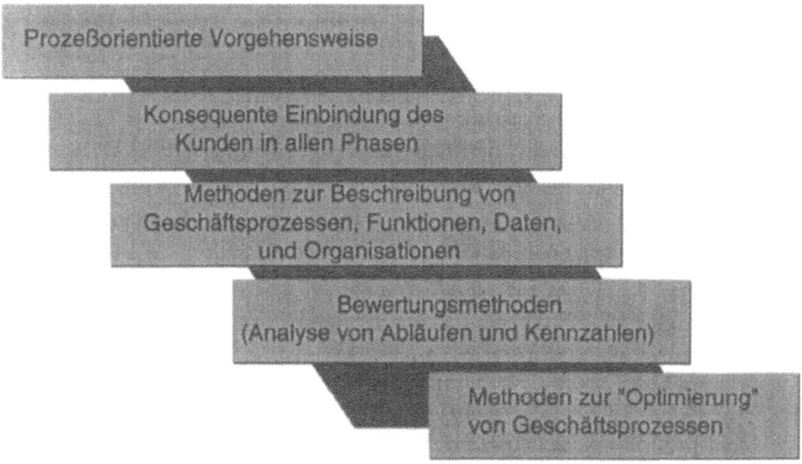

Abb. 3: Methoden in Beratungsprojekten

Bei der **prozeßorientierten Vorgehensweise** steht die durchgängige Betrachtung von Geschäftsprozessen - im Gegensatz zur funktionalen Betrachtungsweise - für bestimmte Produkte bzw. Produktgruppen im Mittelpunkt. Dabei wird unterstellt, daß die Interdependenzen innerhalb eines Geschäftsprozesses über die unterschiedlichen Funktionen hinweg höher sind als die Abhängigkeiten innerhalb eines Funktionsbereiches über verschiedene Produkte hinweg. Beispielsweise können im Rahmen der Auftragslogistik die Geschäftsprozesse Kundenauftragswicklung vom Lager, kundenauftragsbezogene Abwicklung und kundenauftragsanonyme Beschaffung unterschieden werden, die - wie in Abb. 4 dargestellt - unterschiedliche Funktionen beinhalten. Die durchgängige Realisierung der einzelnen Geschäftsprozesse ist das Ziel der prozeßorientierten Vorgehensweise.

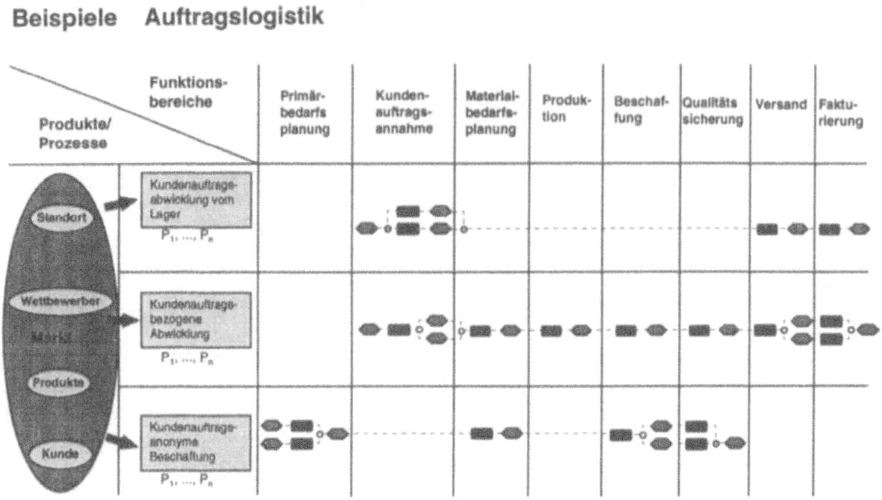

Abb. 4: Prozeßorientierte Vorgehensweise

Die konsequente **Einbindung des Kunden** in allen Phasen eines Projektes ist von entscheidender Bedeutung für die Akzeptanz der erarbeiteten Lösung und somit für den Projekterfolg. Die Lösungserarbeitung in Teams mit Kundenvertreter und Berater, die Abstimmung aller Ergebnisse und Teilergebnisse mit dem Management des Kunden sowie die permanente Schulung des Kunden auf unterschiedlichen Hierarchiestufen sind unabdingbar im Sinne einer kundenorientierten Projektarbeit.

Ein weiterer wichtiger Faktor für eine erfolgreiche Projektdurchführung ist das Einbringen von inhaltlichem, betriebswirtschaftlichem und methodischem Wissen. Dieses Wissen kann in Form von **Referenzmodellen** erfolgen. Es können 3 Arten von Referenzmodellen unterschieden werden:

Branchenreferenzmodelle
Diese enthalten das Wissen über betriebswirtschaftliche Zusammenhänge für bestimmte Branchen in methodischer Form. Sie bestehen aus „idealtypischen" Daten-, Funktions-, Organisations- und Prozeßmodellen. Die von der IDS Prof. Scheer GmbH angebotenen branchenspezifischen Referenzmodelle sind in Abb. 5 enthalten.

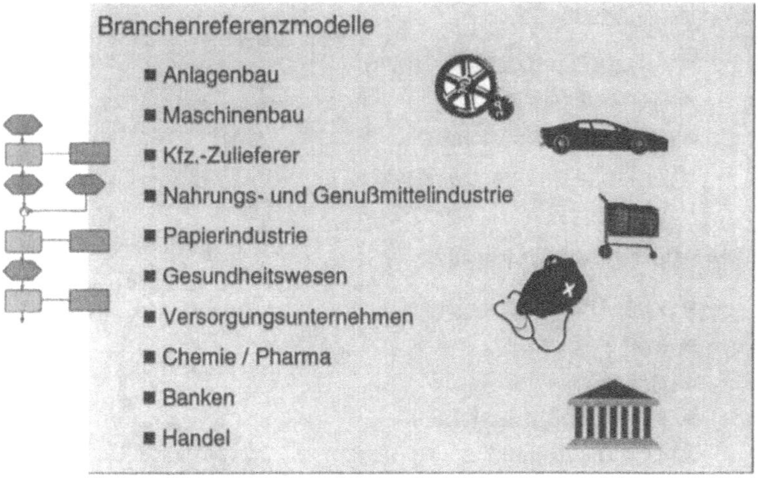

Abb. 5: Branchenreferenzmodelle

Vorgehensmodelle

Diese beschreiben die für die Durchführung eines Projektes erforderlichen Funktionen, Daten und Organisationseinheiten sowie die Reihenfolge der durchzuführenden Tätigkeiten. Sie geben u. a. Antworten auf folgende Fragen:

- welche **Aufgaben** sind im Rahmen des Projektes durchzuführen?
- in welcher **Reihenfolge** sind diese Aufgaben durchzuführen?
- was sind die **Ergebnisse** der einzelnen Aufgaben?
- welche **Modellierungsmethoden** sind anzuwenden?
- welche **Bezugsbereiche** sind Gegenstand der Untersuchung?
- welche **Informationen** können für die Aufgabendurchführung verwendet werden?

In Abb. 6 sind Beispiele für Vorgehensmodelle aufgeführt.

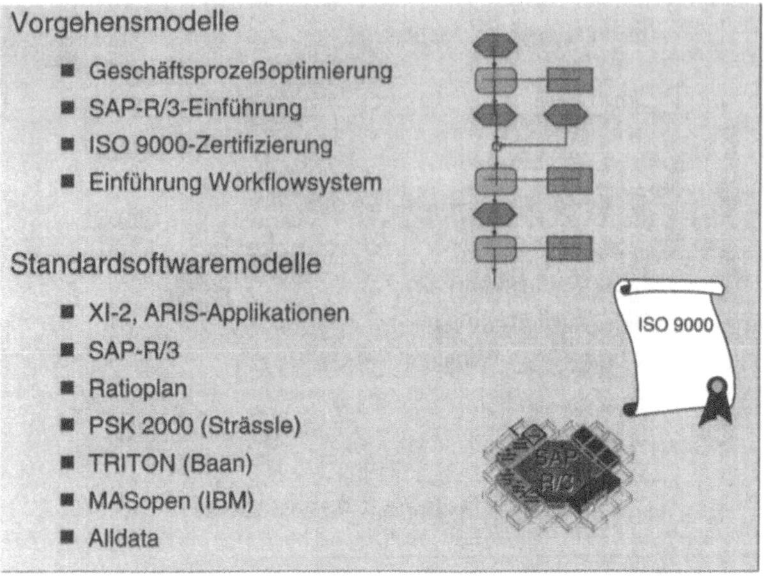

Abb. 6: Vorgehensmodelle und Standardsoftwaremodelle

Abb. 7 zeigt beispielhaft die Struktur eines Vorgehensmodells für die Geschäftsprozeßoptimierung.

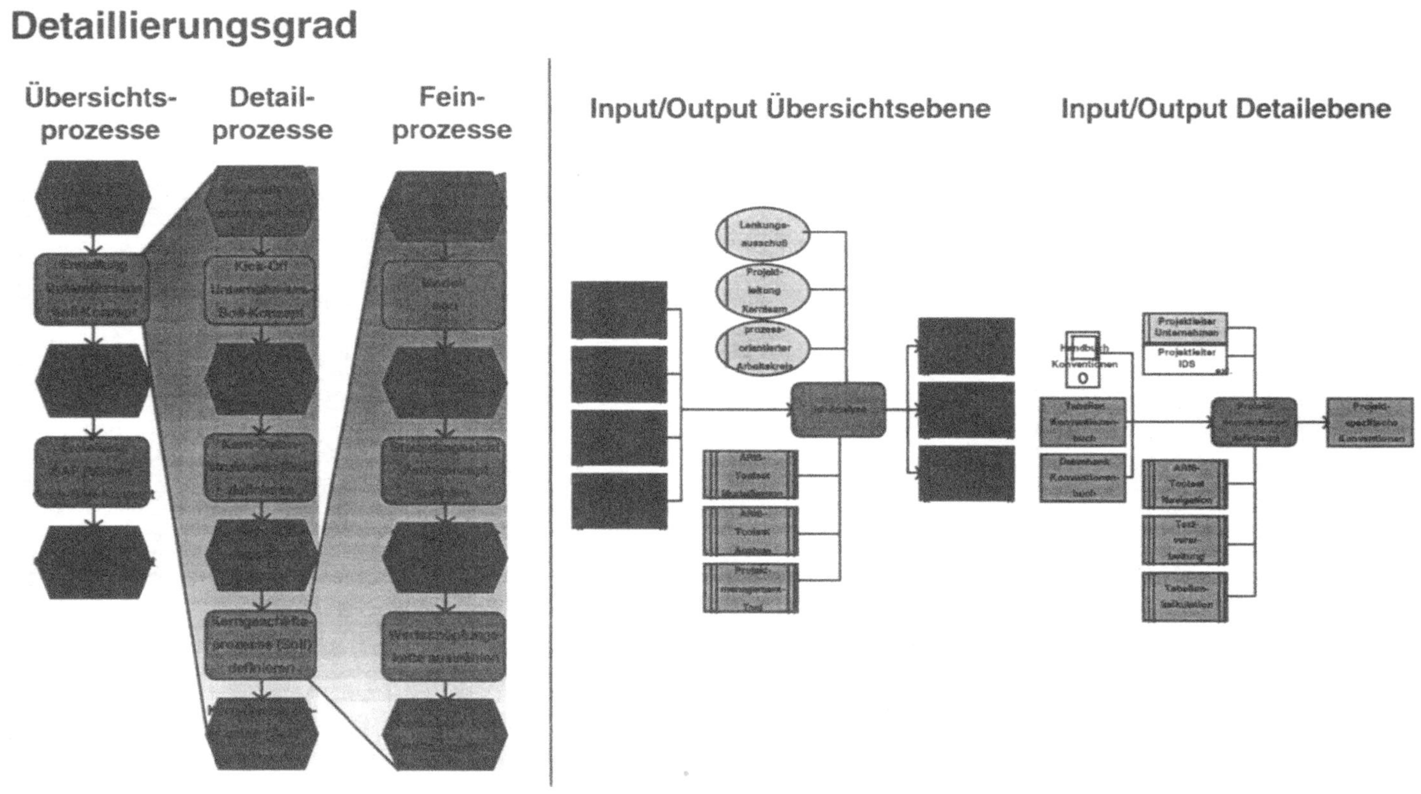

Abb. 7: Struktur Vorgehensmodell GPO

Standardsoftwaremodelle
Sie beinhalten eine Beschreibung der entsprechenden Standardsoftware auf betriebswirtschaftlicher Ebene. Abb. 6 zeigt die im ARIS-Toolset dokumentierte Standard-Anwendungssoftware. Das ARIS-Toolset ist das Geschäftsprozeßmanagement-Tool der IDS Prof. Scheer GmbH.

Ein wirtschaftlicher Einsatz der vorgenannten Methoden und Referenzmodellen erfordert den Einsatz computergestützter **Werkzeuge**. Beispiele für solche Tools sind die von der IDS entwickelten Produkte ARIS-Toolset, ARIS-Promt, ARIS-Projectmanager oder auch Einführungswerkzeuge von Standardsoftware-Herstellern oder Windows-Applikationen. Das ARIS-Toolset ist ein dv-gestütztes Beratungswerkzeug, das u. a. für folgende Aufgabenstellungen geeignet ist:

- Analyse und Optimierung organisatorischer Abläufe und Geschäftsprozesse
- Erstellung fachlicher und organisatorischer Soll-Konzepte
- Erstellung von IV-Strategien und IV-Bebauungsplänen
- Einführung von Software (insbesondere Standardsoftware).

Abb. 8: Beispiele für Werkzeuge

ARIS-Promt ist ein gemeinsam mit der Plaut Software GmbH entwickeltes Werkzeug zur Prozeßkostenrechnung. Der ARIS-Projectmanager beinhaltet die Integration des Microsoft-Produktes MS-Project in das ARIS-Toolset. ARIS-R/3-Link ist ein Gemeinschaftsprodukt der SAP AG und der IDS Prof. Scheer GmbH (Abb. 9). Mit Hilfe dieses Produktes wird das ARIS-Toolset zum grafischen Front-End des SAP-R/3-Repositories.

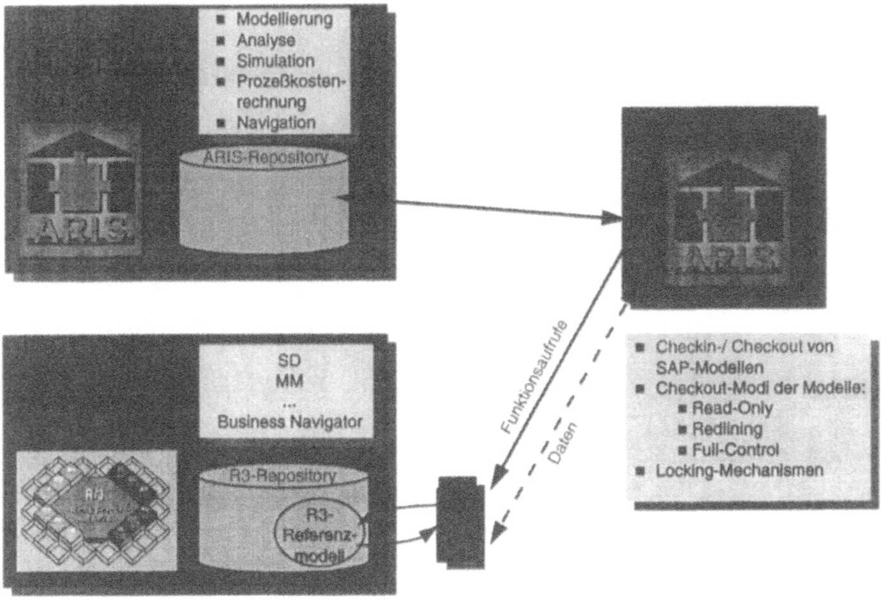

Abb. 9: Gesamtarchitektur ARIS-R/3-Link

Im folgenden wird aufgezeigt, wie diese Methoden, Referenzmodelle und Werkzeuge im Rahmen von Reengineering- und Einführungsprojekten eingesetzt werden können.

Im **Vorgehensmodell für die Geschäftsprozeßoptimierung** werden die Phasen

- Vorprojekt
- Ist-Analyse
- Soll-Konzept (Fachkonzept, DV-Konzept)
- Realisierung und
- Betrieb

unterschieden (Abb. 10).

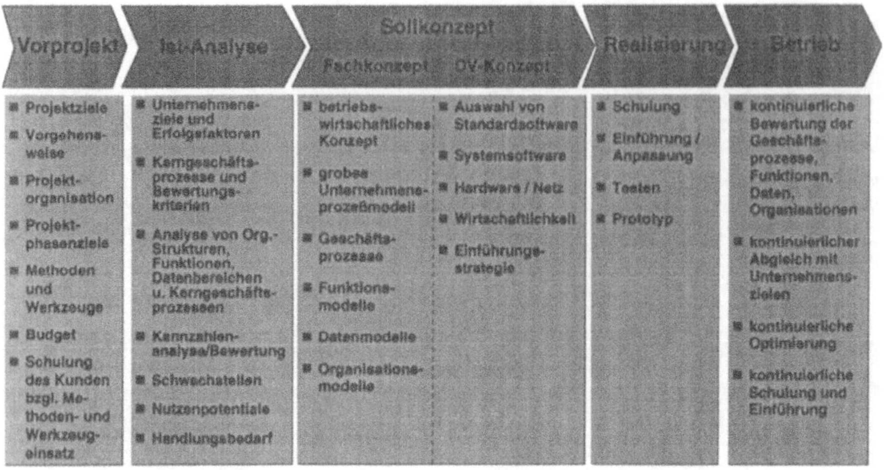

Abb. 10: Vorgehensmodell Geschäftsprozeßoptimierung

Im **Vorprojekt** werden die Projektziele, die Projektphasen-Ziele sowie die Projektorganisation definiert. Ein wesentlicher Bestandteil dieser Phase ist die Definition der zu wählenden Vorgehensweise sowie die Definition der im Projekt eingesetzten Methoden und Werkzeuge. Zur Festsetzung der Vorgehensweise kann beispielsweise das Referenzmodell „Vorgehensmodell GPO“ als Basis verwendet werden, welches dann kundenspezifisch angepaßt wird. In dem kundenspezifischen Projektmodell erfolgt eine Beschreibung auf der Ausprägungsebene. Die Ressourcen und Sollzeiten werden den jeweiligen Aktivitäten zugeordnet.

Bei der Definition der Methoden wird festgelegt, welche Methoden in welchen Phasen des Projektes eingesetzt werden und welche Symbole, Objekte oder Attribute in dem geplanten Projekt Verwendung finden. Darüber hinaus erfolgt bereits in dieser Vorprojektphase eine Schulung des Kunden bzw. aller im Projekt integrierten Mitarbeiter des Kunden bezüglich Methoden und Werkzeugeinsatz.

Im Rahmen der **Ist-Analyse** sind zunächst die Unternehmensziele, die strategischen Ziele wie beispielsweise Kostenziele, Qualitätsziele, Flexibilitätsziele oder Zeitziele zu definieren (Abb. 11).

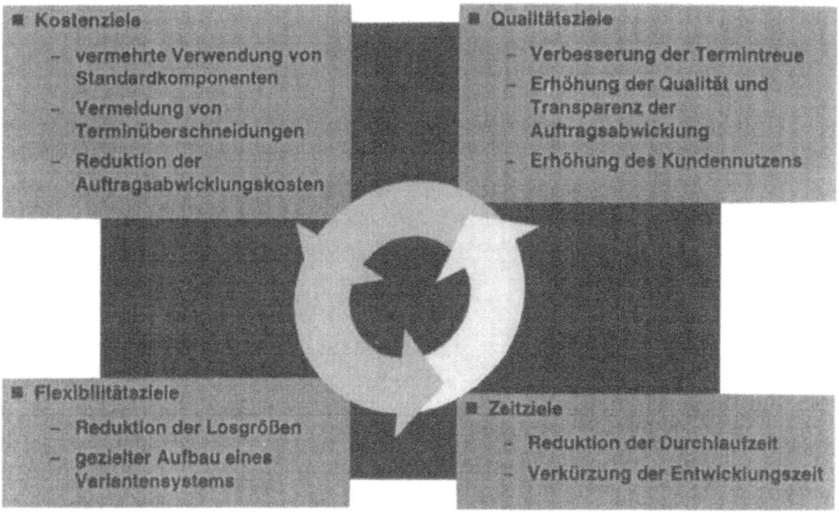

Abb. 11: Strategische Ziele

Ohne die exakte Definition von Unternehmenszielen ist ein Beratungsprojekt sinnvoll nicht durchführbar. Wesentliche Bedeutung kommt hierbei der Quantifizierung oder Operationalisierung von Zielen zu. Erst durch die Meßbarmachung von Unternehmenszielen kann deren Zielerreichung überprüft werden. Abb. 12 enthält ein Beispiel für die Operationalisierung des Unternehmenszieles „Kundenservice verbessern". Bei dieser Operationalisierung wird zunächst der qualitative Begriff „Kundenservice verbessern" in Einzelziele unterteilt, für die anschließend Kenngrößen definiert werden. Darüber hinaus wird das Ausmaß der Zielerreichung definiert, die pro Einzelziel angestrebt wird.

Des weiteren werden im Rahmen der Ist-Analyse die einzelnen Kerngeschäftsprozesse definiert sowie Bewertungskriterien für diese Prozesse festgelegt. Ziel der Ist-Analyse ist es, die wesentlichen Organisationsstrukturen, Funktionen, Datenbereiche und Kerngeschäftsprozesse zu analysieren und zu bewerten. Die aus der Bewertung resultierenden Schwachstellen bilden auch gleichzeitig das Nutzenpotential für die anschließende Soll-Konzeptionserstellung bzw. zeigen den erforderlichen Handlungsbedarf auf. Im Rahmen der Analyse werden die Geschäftsprozesse hinsichtlich ihrer Kosten, Durchlaufzeiten, Brüche in der Organisation bzw. in DV-Systemen, Funktions- und Datenredundanzen bewertet.

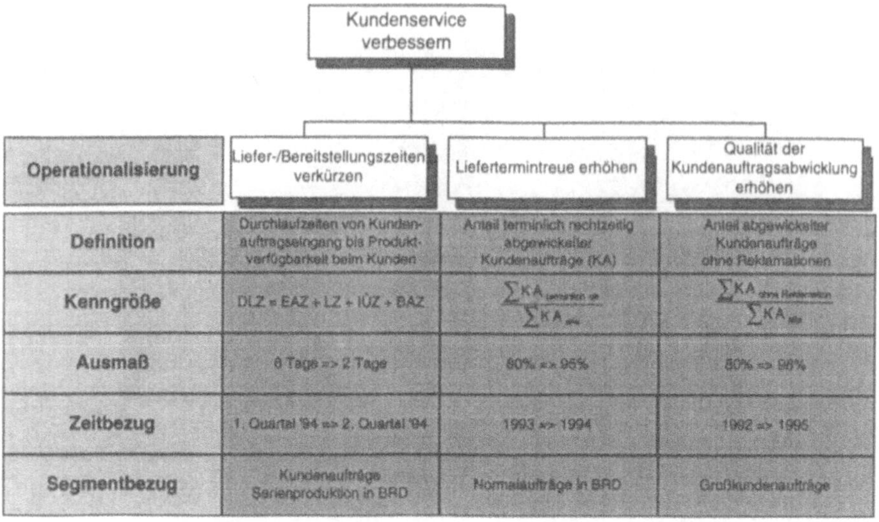

Abb. 12: Operationalisierung von Unternehmenszielen

Das anschließende **Soll-Konzept** wird unterteilt in die Erarbeitung eines Fachkonzeptes sowie in die Erarbeitung eines DV-Konzeptes. Im Rahmen des Fachkonzeptes wird ein betriebswirtschaftliches Konzept ausgearbeitet; ein grobes Unternehmensprozeßmodell sowie Funktions-, Daten- und Organisationsmodelle werden erstellt. Hierbei erfolgt eine Orientierung an der von Prof. Dr. A.-W. Scheer entwickelten Architektur integrierter Informationssysteme (ARIS). Basis für die Erarbeitung des unternehmensspezifischen Fachkonzeptes ist das Branchenreferenzmodell der entsprechenden Branche. Dieses Branchenreferenzmodell wird in Diskussion mit dem Kunden kundenspezifisch angepaßt. Im Rahmen dieser Modifikation werden beispielsweise Datenobjekte, Datenstrukturen, Funktionen hinzugefügt, gelöscht oder die Terminologie verändert.

Diese Vorgehensweise stellt sicher, daß die Anforderungen des Kunden berücksichtigt werden bei gleichzeitiger Reduzierung des Erstellungsaufwandes. Abb. 13 zeigt die in die Erarbeitung des Sollkonzeptes eingehenden Komponenten auf.

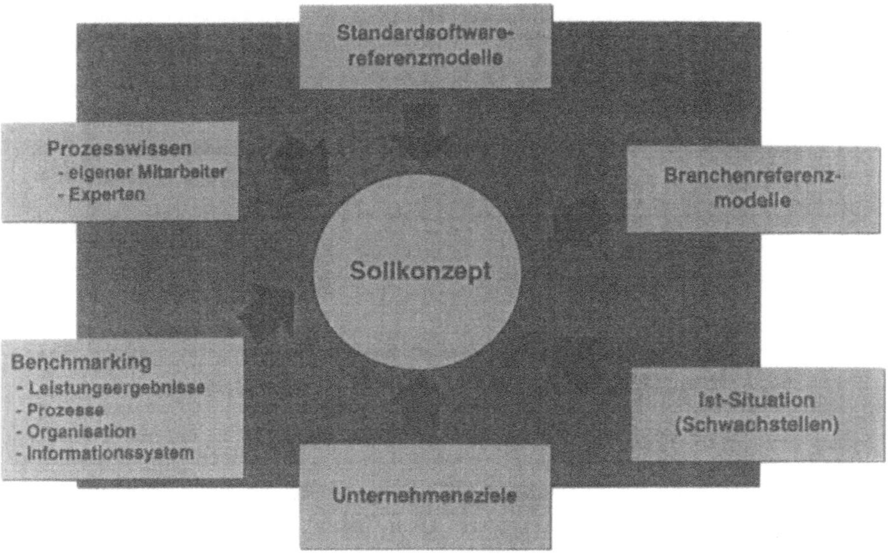

Abb. 13: Erarbeitung Sollkonzept

Im Rahmen des DV-Konzeptes erfolgt u. a. die Auswahl von Standardsoftware sowie die Definition und Auswahl der Systemsoftware.

Die Auswahl von Standardsoftware erfolgt durch einen Vergleich des unternehmensspezifischen Soll-Konzeptes mit den entsprechenden Modellen der in der Auswahl befindlichen Standardsoftware-Hersteller. Diese Vorgehensweise setzt natürlich voraus, daß die Standardsoftware-Hersteller ihre Software auf der fachlich-betriebswirtschaftlichen Ebene entsprechend der Einteilung in Geschäftsprozesse, in Funktionen und Daten dokumentiert haben.

Im Rahmen der **Realisierung** erfolgt

- die Einführung der neuen Geschäftsprozesse
- die Realisierung der zukünftigen Aufbauorganisation
- die Einführung der ausgewählten Standardsoftware und
- die Schulung aller beteiligten Mitarbeiter.

Aufgrund der permanenten Veränderung im Unternehmensumfeld ist im Rahmen des laufenden Betriebes eine kontinuierliche Bewertung der Geschäftsprozesse, ein kontinuierlicher Abgleich mit den Unternehmenszielen sowie eine kontinuierliche Optimierung der entsprechenden Prozesse durchzuführen.

Abb. 14 zeigt die im Rahmen eines Reengineering-Projektes einsetzbaren kundenorientierten Methoden.

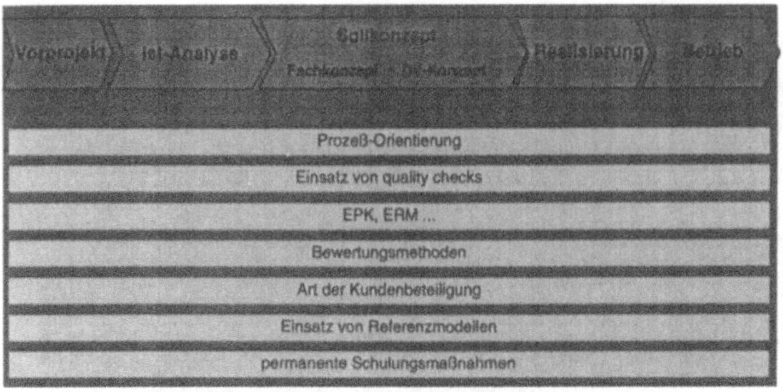

Abb. 14: Methoden zur Geschäftsprozeßoptimierung

Abb. 15 enthält Beispiele für den Werkzeugeinsatz im Rahmen der Geschäftsprozeßoptimierung bzw. des Geschäftsprozeßmanagements. Wesentlich hierbei ist, daß die aufgeführten Werkzeuge nicht nur in allen Phasen des Reengineering-Projektes, sondern auch im laufenden Betrieb, d. h. im Rahmen der permanenten Verbesserung der Geschäftsprozesse eingesetzt werden können.

Durch die modell- und toolgestützte Vorgehensweise sind folgende Nutzen zu erzielen:

- Zeitersparnis
  - strukturierte Vorgehensweise
  - Diskussionsgrundlage
  - einfache Wieder- und Weiterverwendbarkeit der Ergebnisse
  - Unterstützung von Routinetätigkeiten
  - hohe Akzeptanz der Abteilung
- Kostenersparnis
- höhere Qualität (Einsatz von Referenzmodellen).

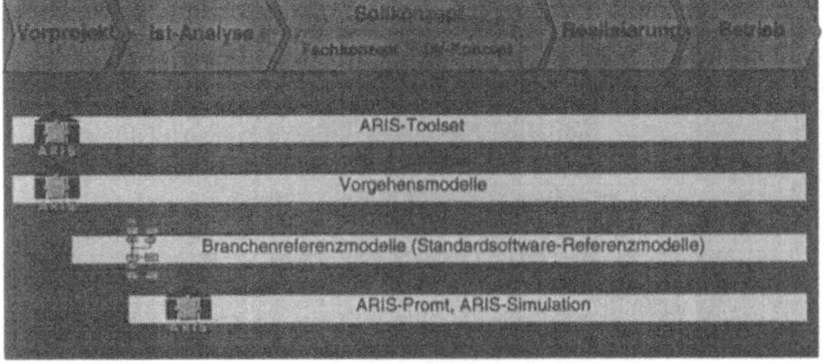

Abb. 15: Werkzeugeinsatz im Rahmen der Geschäftsprozeßoptimierung

Zusammengefaßt kann festgehalten werden, daß eine strikte Prozeßorientierung, ein durchgängiger Methoden- und Tooleinsatz, die Verwendung von betriebswirtschaftlichem Wissen in Form von branchenspezifischen Referenzmodellen, die Verwendung von toolgestützten Vorgehensmodellen sowie ein konsequenter Know-how-Transfer auf den Kunden wesentliche Maßnahmen für das Erreichen von Kundenzufriedenheit bei Reengineering- bzw. Softwareeinführungs-Projekten darstellen.

3 Kundenspezifische Anwendungskonfiguration und -generierung

Auch ihm Rahmen der Softwareentwicklung kommt der Kundenorientierung eine immer größere Bedeutung zu. Hier bedeutet Kundenorientierung eine optimal auf den Kunden abgestimmte Software, die schnell und kostengünstig implementiert werden kann und die es dem Kunden ermöglicht, seine Unternehmensziele durch den Einsatz dieser Software zu erreichen. Gefordert ist eine Software, die sehr schnell an veränderte Umweltbedingungen angepaßt werden kann. Die IDS Prof. Scheer GmbH entwickelt derzeit Anwendungssoftware, die auf der Basis von kundenspezifischen betriebswirtschaftlichen Modellen kundenspezifische Anwendungssysteme konfiguriert und generiert. Dieser Ansatz ist Kern der Produktstrategie der IDS, die (vgl. Abb. 16) eine umfassende Lösung für das Geschäftsprozeßmanagement darstellt.

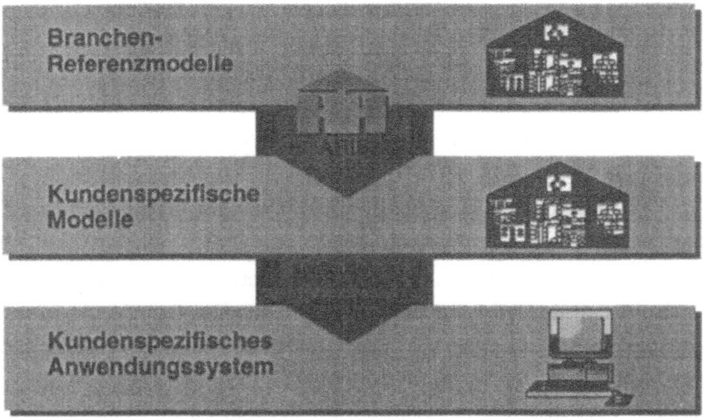

Abb 16: Vom Branchenreferenzmodell zum Anwendungssystem

Unter dem Namen **„ARIS - House of Business Engineering“** werden integrierte Softwarelösungen angeboten, welche die Geschäftsprozesse von der Phase der Beschreibung bis zur EDV-technischen Realisierung unterstützen (vgl. Abb. 17). Im Rahmen des Process Designs werden Geschäftsprozesse modelliert, analysiert, simuliert und optimiert. Process Management liefert Produkte für den Geschäftsprozeßverantwortlichen zur Planung, Überwachung und Bewertung von Geschäftsprozessen. Process Workflow steuert die Geschäftsprozesse und die erforderlichen Anwendungssoftware-Bausteine. Unter dem Namen Process Application ist die Anwendungssoftware zusammengefaßt.

Abb. 17: ARIS - House of Business Engineering

Die Anwendungssoftwarekonfiguration und -generierung erfolgt auf der Basis von kundenspezifischen Informationsmodellen unter Zuhilfenahme von Klassenbibliotheken und eines die Beschreibungs- und Umsetzungsverfahren enthaltenen Metamodells (vgl. Abb. 18).

Die Klassenbibliothek enthält sowohl betriebswirtschaftliche als auch dv-technische Klassen. Im Meta-Modell werden Informationen zur dv-technischen Umsetzung von ARIS-Modellen zur Verfügung gestellt. Der Grundgedanke der konfigurierbaren und generierbaren Anwendungsentwicklung ist, lediglich auf der Ebene des kundenspezifischen Modells Beschreibungen bzw. Veränderungen von vorhandenen Beschreibungen vorzunehmen, so daß die Anwendungssoftware automatisch, d. h. ohne zusätzlichen Programmieraufwand konfiguriert, generiert bzw. angepaßt wird.

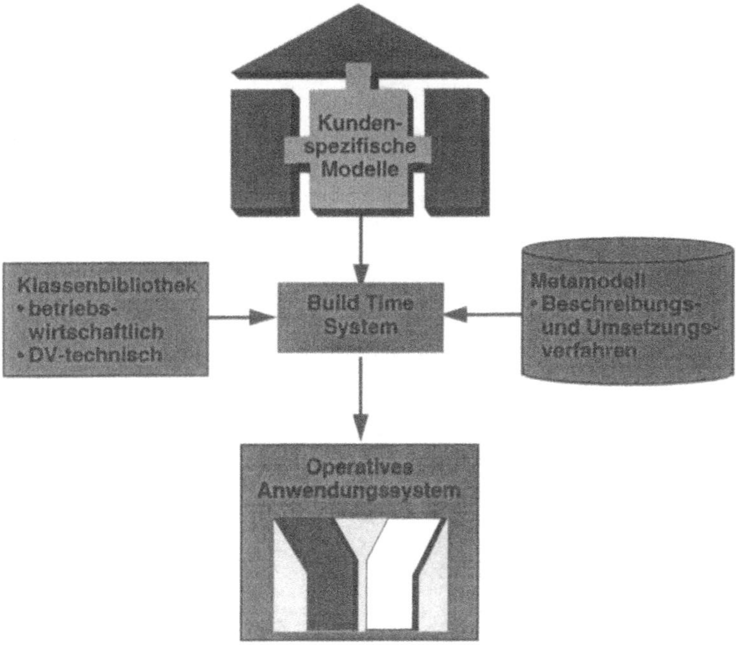

Abb. 18: Anwendungssoftwarekonfiguration und -generierung

Abb. 19 zeigt ein Beispiel, welche Informationen bezüglich Stammdaten auf der Ebene des Fachkonzeptes verändert werden und wie diese Änderungen direkt in der Bildschirmmaske des operativen Anwendungssystems umgesetzt werden.

Diese neue Art von Anwendungssoftware - ARIS-Applications genannt - bildet die erste durchgängige Lösung einer modellbasierten, prozeßorientierten und workflow-integrierten Anwendungssoftware. Die Hauptmerkmale dieser Software sind:

- modellgestützte Generierung von Branchen-, Kundenlösungen
- schlankes System (Softwaregenerierung aus Business-Objekten nach tatsächlichem Kundenbedarf)
- Konsistenz von Laufzeitversion und Dokumentation des Kundensystems (wichtig für Auditierung)
- Großteil von Kundenanpassungen erfolgt direkt auf Modellebene (keine Informationsbrüche zwischen Fachabteilung und DV-Umsetzung
- integriertes Workflow-Konzept (Prozeßorientierung nicht nur bei der Einführung, sondern auch als Grundlage der Anwendung).

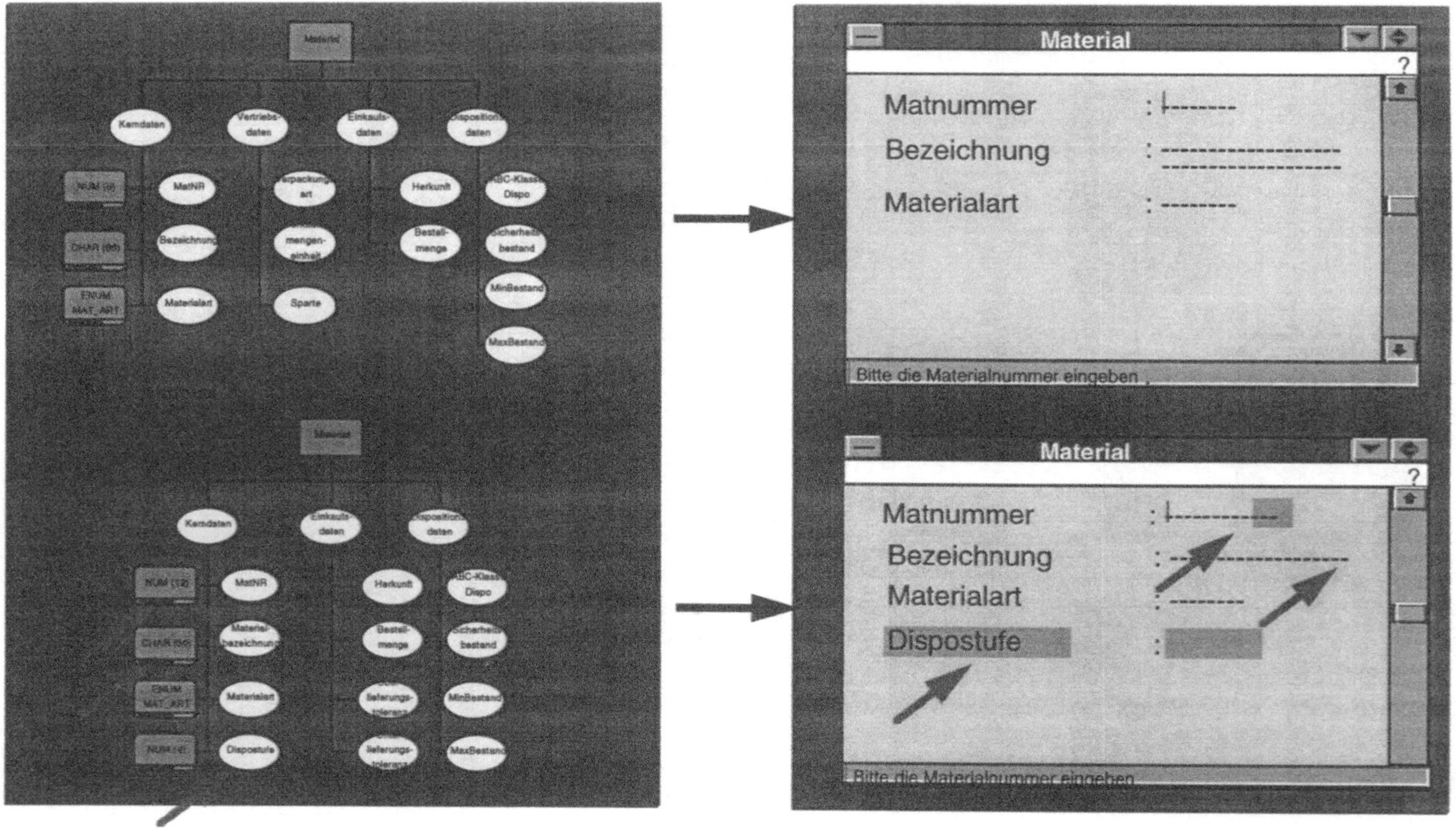

Abb. 19: Generierung der kundenspezifischen Masken

Neue Wege zum schlanken Unternehmen: Von der Geschäftsprozeßgestaltung zum Workflow

Erich Lebeiner
Plaut Software GmbH, Ismaning

Inhalt

17. Saarbrücker Arbeitstagung Rechnungswesen und EDV 1996. Hrsg.: A.-W. Scheer.

1 Workflow-Management-System (WMS) - Was ist das?

Ein WMS

- ist ein Gestaltungs- und Steuerungssystem für administrative Prozesse unter Nutzung der Informationstechnologie.
- ermöglicht die Dynamisierung und Ablaufsteuerung von Geschäftsprozessen durch die Verwaltung von vorgegebenen Arbeitsschritten, die vordefinierten Arbeitseinheiten zugeordnet werden.
- steuert und unterstützt die Vorgangsbearbeitung repräsentativer Tätigkeiten.
- unterstützt den Anwender in der Handhabung gelegentlich auftretender Tätigkeiten.
- vereinfacht die Nutzung für gelegentliche (unerfahrene) Anwender.
- reduziert die Durchlaufzeiten von Verwaltungsaufgaben.
- optimiert (reduziert) den Ressourceneinsatz.
- ist die Basis für eine Ablauf- und Kapazitätsplanung der administrativen Bereiche.
- bietet die Möglichkeit einer Prozeßkostenrechnung (Plan/Soll/Ist) für die administrativen Bereiche (ABC-System).

2 Probleme der Büro- und Verwaltungsorganisationen

Typische Probleme der Büro und Verwaltungsorganisationen sind

- Lange Durchlaufzeiten,
- lange Liegezeiten,
- lange Transportzeiten,
- mangelnde Prozeßtransparenz und Prozeßverantwortung,
- historisch gewachsene Aufgabenzuordnung,
- Wildwuchs der Organisation,
- unterschiedliche Archive (Papier, Mikrofilme, Daten),
- Fehlerquellen, wie Mehrfacherfassungen,
- Schnittstellenprobleme,
- redundante Datenhaltung.

3 Basis: Reorganisation der Geschäftsprozesse (GPO / GPG)

- Komplexität bestehender Abläufe reduzieren
- Orientierung am Nutzen des Anwenders
- Wertschöpfung von Vorgängen in den Mittelpunkt stellen

4 Gemeinsame Aufgabenstellung von GPG / GPO und Workflow-Management

Gestaltung und Optimierung der Ablauf- und Aufbauorganisation und der vorhandenen administrativen Abläufe, z.B. durch

- Identifizierung und Analyse der Prozesse und des Informationsflusses,
- Vereinfachung und Restrukturierung der Prozesse und des Informationsflusses,
- Minimierung von administrativen Tätigkeiten,
- Reduktion des Durchlaufs (insbesondere auch Transportzeiten) der Verwaltungsaufgaben,
- Reduktion von nicht-produktiver Arbeit,
- Optimierung des Ressourceneinsatzes,
- Vereinfachung von Reporting und Entscheidung.

5 Einsatzfelder von Workflow-Management-Systemen

5.1 Automatisierung, Systematisierung und Koordinierung von Geschäftsprozessen

Workflow-Management-Systeme erlauben die

- Bearbeitung von durchgängigen Arbeitsabläufen.
- Bearbeitung von Teilprozessen.
- Einführung von Freigabe- oder Bewilligungsverfahren.
- Reaktion auf Fehler- oder Ausnahmesituationen.
- Terminüberwachung, Eskalation.
- Verknüpfung und Integration der DV-Applikationssysteme.

5.2 Einsatzmöglichkeiten allgemein

Beispiele für Einsatzmöglichkeiten von WMS sind

- Verwaltungsorganisation
- Applikationssysteme (z.B. R/3)
- GPO
- Zertifizierung
- Archivierung (z.B. Ablösung Papier, Mikrofilm)
- Migrationsprojekte
- Komplexe Entscheidungsprozesse
- Fehlerbehandlung / Status

- Frühwarnsysteme

5.3 Einsatzmöglichkeiten Branchen

Branchen, in denen WMS eingesetzt werden können, sind u.a.

- Einzelfertiger (z.B. Maschinenbau)
- Banken / Versicherungen
- Wartungsunternehmen
- Öffentliche Verwaltung
- Handel
- Automobilzulieferindustrie (z.B. mit EDI)
- Serienfertigung (z.B. Notfall-/Frühwarnsysteme)
- Chemie (z.B. Gefahrenhandling)
- Industrie (z.B. Produkthaftung)

5.4 Einsatzmöglichkeiten Prozesse

Typische Prozesse, die durch WMS unterstützt werden können, sind die

- Kundenauftragsabwicklung (z.B. Außendienststeuerung)
- Beschaffung von Material (z.B. Rechnungsprüfung, Bestellanforderung)
- Produktentwicklung
- Personalmanagement (z.B. Bewerberverwaltung, Verwaltung von Aus- und Weiterbildungsmaßnahmen)
- Instandhaltung (z.B. Dispatching, Störmeldung, Eskalationssteuerung)
- Beschaffung von Investitionen / Kapital (z.B. Budgetierung, Planung)
- Unternehmensführung operativ (z.B. EIS und Berichtswesen)
- Unternehmensführung strategisch

5.5 Integration von Geschäftsprozessen mit Unterstützung neuer Technologien

- **EDI**
  - Schnellste Übermittlung und Verarbeitung von Massendaten.
  - Keine Brüche bei der Weitergabe von Informationen zwischen den Geschäftspartnern (DV-Anwendung → Papierdokument → DV-Anwendung).
  - Fehlerminimierung, da keine manuelle Übertragung der Information vom Dokument in die DV-Anwendung.

- **Archivierung**
  - Reduzierung Aufwand für die Archivierung.

- Verminderung des Zeitaufwandes für die Archivierung.
- Vermeidung von Kopien (Mehrfacharchivierung).
- Zugriff und damit Verfügbarkeit der archivierten Dokumente, zu jeder Zeit, für jeden Berechtigten.
- Schnellstes Auffinden des Dokuments unter Nutzung von verwalteten Merkmalen.

6 Beispiele

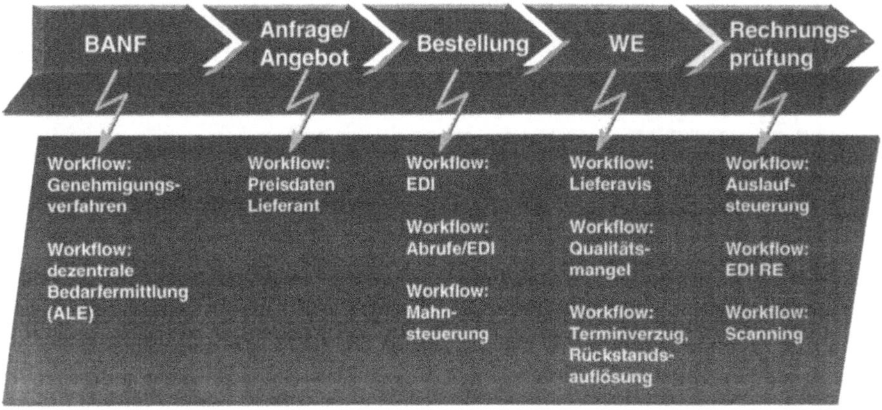

Abb. 1: Workflow-Management im Geschäftsprozeß Beschaffung von Material

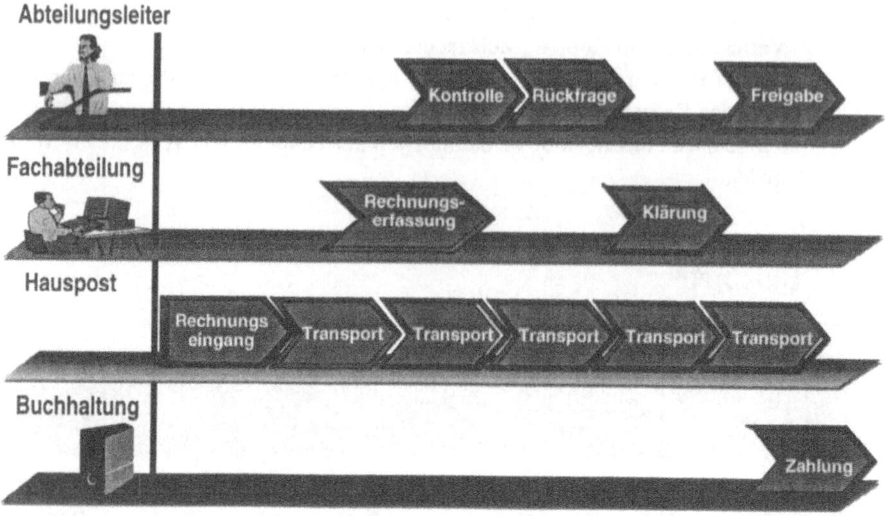

Abb. 2: Beispiel Rechnungseingang (vorher)

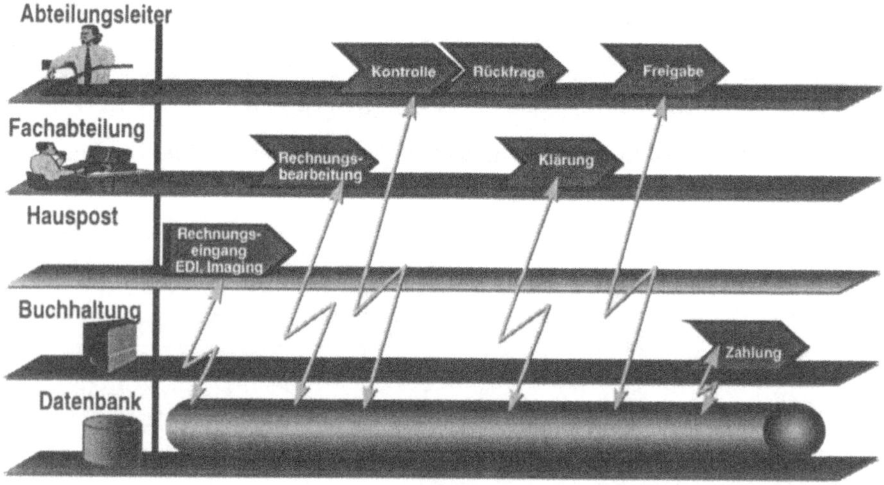

Abb. 3: Beispiel Rechnungseingang (nachher)

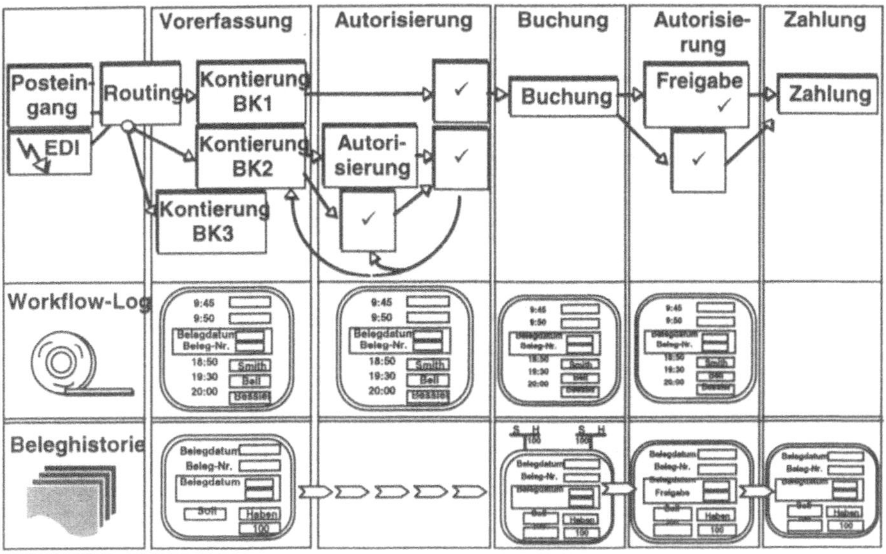

Abb. 4: Ablauf Belegvorerfassung, -freigabe, -verfolgung

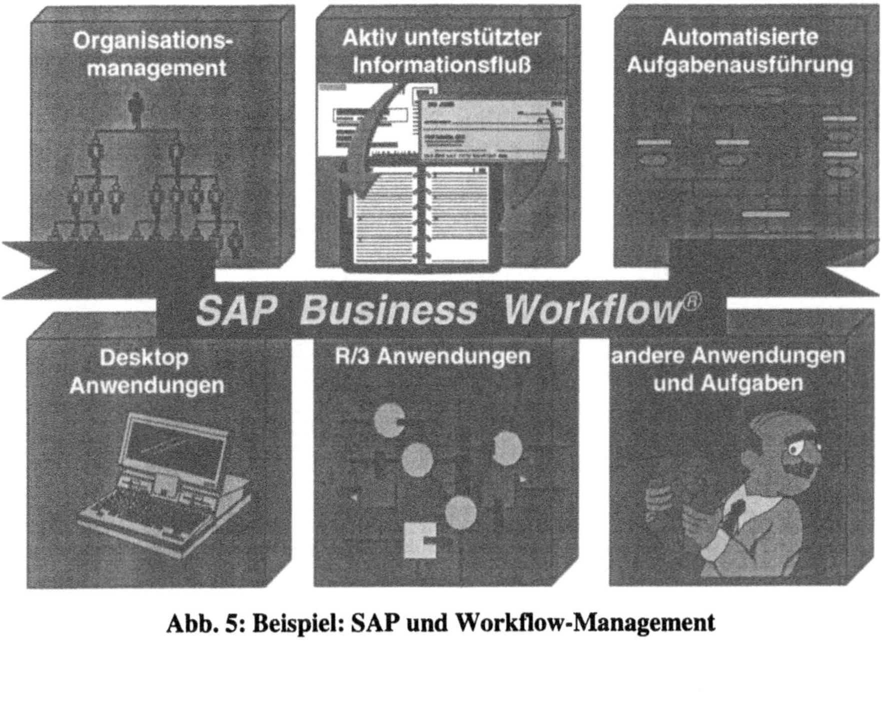

Abb. 5: Beispiel: SAP und Workflow-Management

7 Phasenkonzept Projektrealisierung

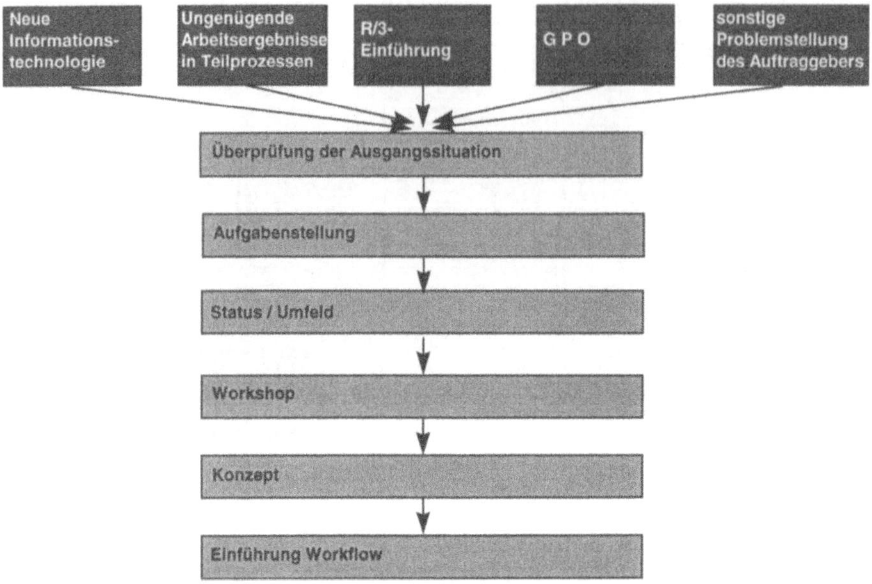

Abb.: 6: Möglicher Projekteinstieg

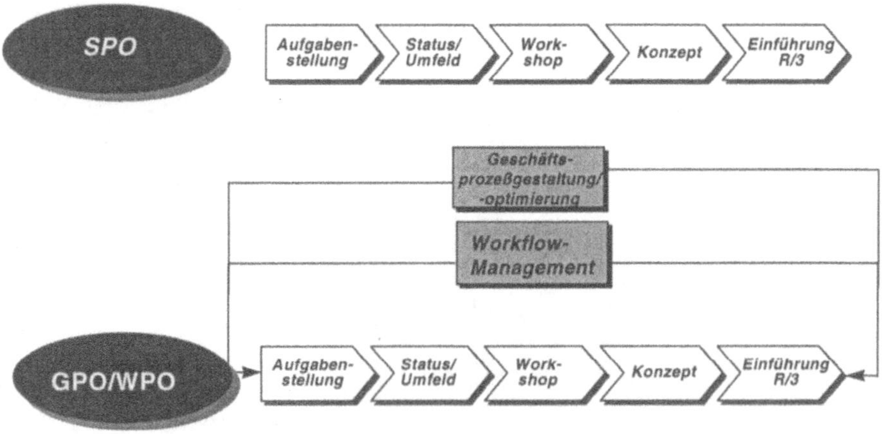

Abb. 7: R/3-Kompakt - Einführungsmethode für Workflow-Management

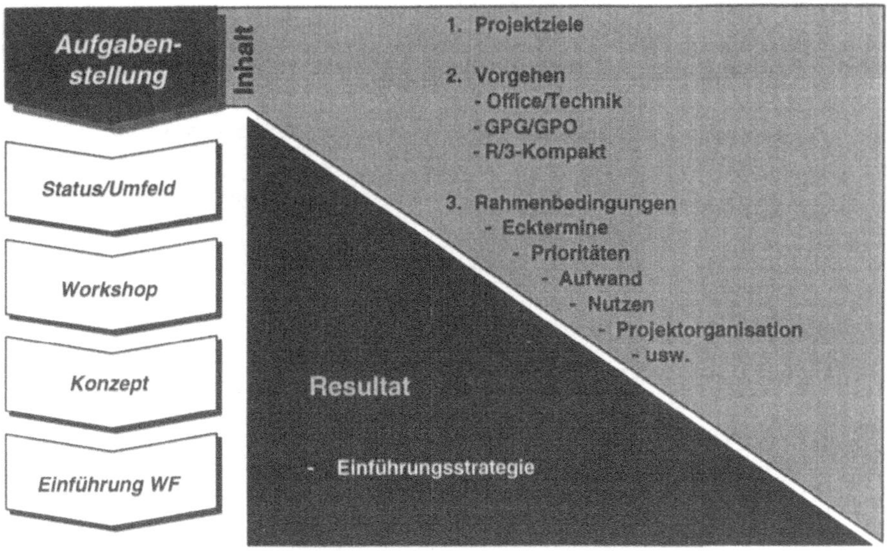

Abb. 8: Workflow-Management WPO

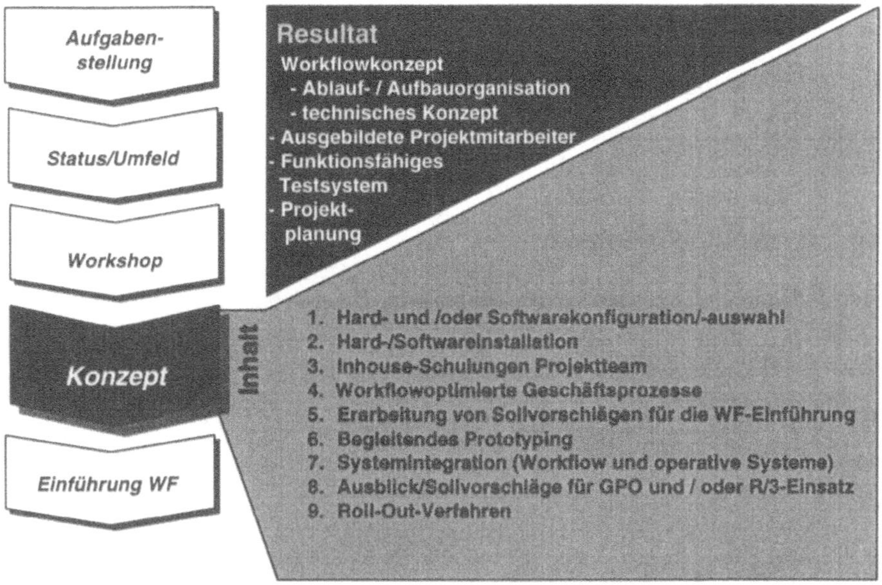

Abb. 9: Workflow-Management WPO

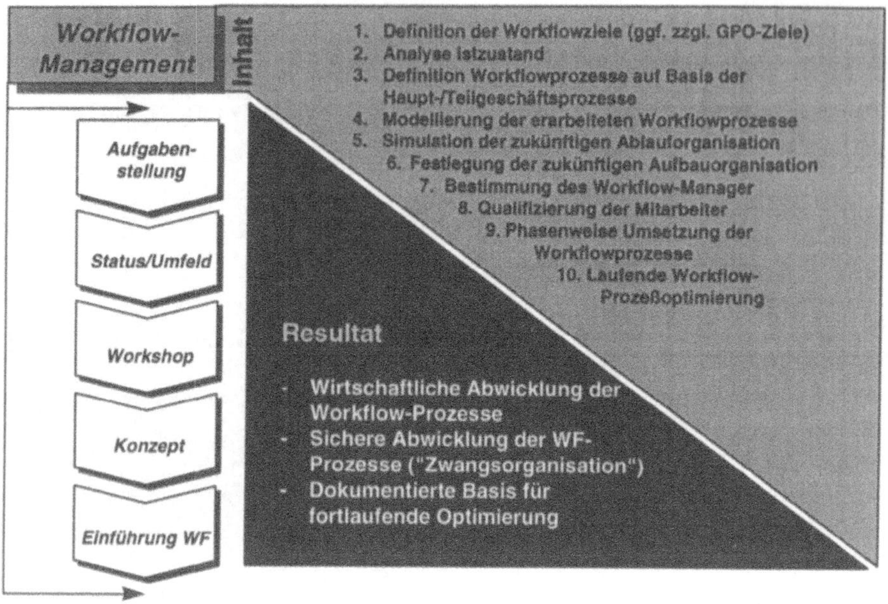

Abb. 10: Workflow-Management WPO

8 Erfahrungsbericht aus einem Workflow-Projekt mit R/3

8.1 Systemkonfiguration

Beim Einrichten eines neuen Mandanten muß das HR-Customizing aus dem Vorlagemandanten mitkopiert werden, da sich sonst das Organisationsmanagement nicht einrichten läßt!

Das Customizing der Workflow-Basis kann in einem relativ kurzen Zeitraum (ca. 1 Tag) durchgeführt werden.

8.2 Modellierung

Die Modellierung auf Basis der ***Standard-Objekttypen*** ist (für Spezialisten) relativ zügig möglich, allerdings mit Restriktionen verbunden.

Die Erstellung von ***eigenen Objekttypen*** ist mit hohem Aufwand, speziell im Test verbunden, ermöglicht jedoch eine hohe Flexibilität.

Eigene Objekttypen können ***nicht gemeinsam*** mit Standard-Objekttypen und Standard-Ereignissen in einem Workflow verwendet werden.

Eigene Ereignisse, die nicht über die Statusverwaltung, die Änderungsbelege oder die Nachrichtensteuerung ausgelöst werden können, bedingen eine ***Modifikation*** der Standardsoftware.

Standard-Ereignisse können für die Verwendung mit eigenen Objekttypen über einen "***Ereigniskonverter***" (Programmierung erforderlich) umgesetzt werden.

8.3 Qualifikationsprofil

Anwendungsorganisation

Aufgaben:

- Durchführen der Geschäftsprozeßgestaltung.
- Erkennen von Einsatzmöglichkeiten für Workflow-Technologie.
- Berücksichtigung des Workflow-Einsatzes in der Konzeption.

Qualifikation:

- Gute Kenntnis der SAP-Anwendungskomponenten.
- Allgemeines Know-how der Workflow-Technologie.

Workflow-Spezialist

Aufgaben:

- Implementation der Workflow-Anwendungen.

Qualifikation:

- Detaillierte Kenntnisse der Workflow-Technologie.
- Gute Programmierkenntnisse (ABAP/4).
- Kenntnis der Workflow-Makrobausteine (ABAP/4).
- Kenntnis der SAP-Anwendungskomponenten.

8.4 Schulungsmaßnahmen - Überblick Workflow-Technologie

Ziele:

- Einsatzmöglichkeiten abschätzbar machen.
- Durchführen kleiner Anpassungen.
- Einfache Fehleranalyse durchführen.

Themen:

- Aufbauorganisation.
- Objekttypen (Attribute, Methoden, Ereignisse).
- Einzelschrittaufgaben.
- Mehrschrittaufgaben (Workflow).
- Rollenauflösung.
- Laufzeitanalyse / Testtools.

Zielgruppe

→ Organisator
→ Projektmitarbeiter (extern)

Dauer

→ ca. 3 Tage

8.5 Schulungsmaßnahmen - Workflow-Programmierung (Aufbaukurs)

Ziele:

- Workflow-Modellierung.
- Realisierung eigener, mit dem Standard nicht abbildbarer Anwendungen.

Themen:

- Customizing Workflow-Basis.
- Erstellung eigener Objekttypen.
- Workflow-Makros.
- Workflow-Funktionsbausteine.
- Programmierung Objektmethoden.
- Programmierung Rollenbausteine.
- Definition Ereignisse (Standard).
- Programmierung "Ereignis-Konverter".

Zielgruppe

→ Workflow-Spezialisten

Dauer

→ ca. 3 Tage

Voraussetzungen

→ Kurs "WF-Überblick"
→ ABAP/4-Kenntnisse

Die virtuelle Bank im Electronic Commerce - Funktion, Information, Transaktion

Dr. Wolfgang Johannsen,
Dr. Gerold Blakowski
Deutsche Bank AG, Eschborn

Inhalt

17. Saarbrücker Arbeitstagung Rechnungswesen und EDV 1996. Hrsg.: A.-W. Scheer.

1 Einleitung

Das schnelle Wachstum von Kommunikations- und Informationstechnologie und die Verfügbarkeit innovativer Multimediatechniken hat in den vergangenen Jahren zur Entwicklung von neuen elektronischen Vertriebskanälen insbesondere im Dienstleistungssektor geführt.

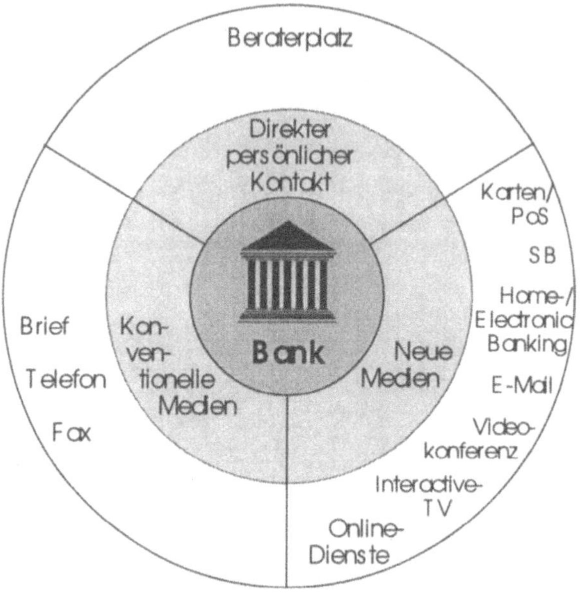

Abb. 1: Heutige Kundenschnittstellen im Bankgeschäft

Während beim traditionellen stationären Vertrieb ein unmittelbarer Kontakt Verkäufer - Kunde besteht, werden bei den neuen Vertriebskanälen Produkte und Dienstleistungen über elektronische Kundenschnittstellen bezogen (Abb. 1). Der Kunde nimmt lediglich die graphische Darstellung des Produktes auf seinem Endgerät wahr.

Die dadurch möglichen neuartigen Anwendungen erfordern eine angepaßte Ablauf- und Strukturorganisation, da sich die Wertschöpfungsprozesse [1] verändern. Diese Überlegung führt zu dem Konzept des "virtuellen Unternehmens". Ein virtuelles Unternehmen ist geprägt von der dem Kunden an der elektronischen Schnittstelle zur Verfügung gestellten *Funktion*, den *Informationen*, die der Kunde im Rahmen der Interaktion mit dem System zur Verfügung gestellt bekommt und der Infrastruktur des virtuellen Unternehmens zur Verarbeitung der vom Kunden ausgelösten *Transaktionen*. Funktion, Information und Transaktion können damit als die drei Serviceparameter eines virtuellen Unternehmens aufgefaßt werden.

Die so beschriebene Entwicklung verläuft jedoch weniger kontinuierlich als sie zunächst erscheint. Mit der sprunghaft gestiegenen Akzeptanz von Online-Medien - insbesondere des Internets - stellt sich die Frage nach der Gestaltung von elektronischen Kundenschnittstellen und damit der genannten Serviceparameter völlig neu. Dieser Sachverhalt gewinnt besondere Bedeutung dadurch, daß heute die wesentlichen technischen und viele organisatorische Rahmenbedingungen erfüllt sind, um den Eintritt in den "Electronic Commerce" zu vollziehen. Dieser Beitrag soll anhand der genannten Serviceparameter den Zusammenhang zwischen virtuellen Unternehmen und dem Electronic Commerce aus Sicht des Bankgeschäfts beleuchten.

2 Die virtuelle Bank

Die virtuelle Bank als Ausprägung eines virtuellen Unternehmens ist in der Vergangenheit oftmals primär auf die neuen elektronischen Vertriebskanäle bezogen worden. Dem Kunden werden dabei an einer elektronischen Schnittstelle Funktionen zur Abwicklung traditioneller Bankdienste zur Verfügung gestellt, die dann mit der existierenden Back-Office-Infrastruktur erfüllt werden.

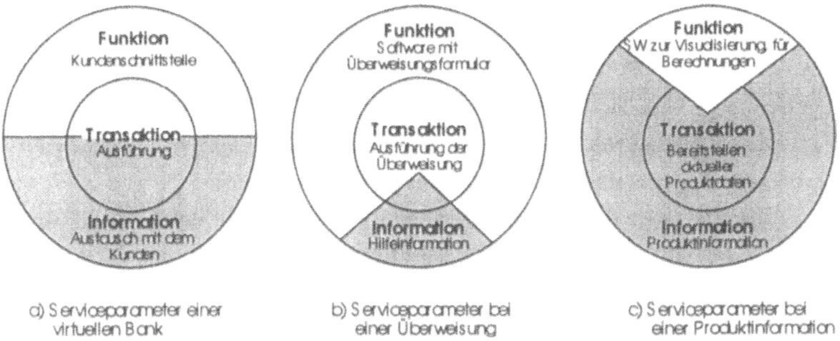

Abb. 2a-2c: Serviceparameter der virtuellen Bank

Für die virtuelle Bank [2] gelten die gleichen Serviceparameter wie für virtuelle Unternehmen (Abb. 2a). Abbildung 2b zeigt beispielhaft anhand der Überweisungsfunktion die Anteile der Serviceparameter an der Abwicklung. Schwerpunkt an der Benutzerschnittstelle ist ein Formular, das die Eingabe der für die Transaktion benötigten Daten (Empfänger, Kontonummer, BLZ, Betrag) ermöglicht. Der Informationsaustausch über die Transaktionsdaten hinaus ist auf Hilfefunktionen zur Bedienung beschränkt. Im Back-Office-Bereich sind im wesentlichen nur die Kontokorrentsysteme beteiligt.

Mit dem Faktor Information, wie er durch die neuen Medien ermöglicht und vom Kunden gefordert wird, erweitert sich das Spektrum der virtuellen Bank hin zur Bereitstellung von Information und Kundeninteraktion, also erweiterten und neuen Dienstleistungen, die eine neue Qualitätsstufe des Electronic Banking darstellen. Zusätzlich muß die virtuelle Bank als virtuelles Unternehmen auch der Anforderung nach der Abbildung der gesamten Geschäftsprozesse auf elektronische Medien gerecht werden. Dies bedeutet auch, daß eine adäquate Infrastruktur zur Transaktionsabwicklung hinsichtlich des Serviceparameters Information zur Verfügung gestellt werden muß.

Am Beispiel einer Produktinformation als informationsorientiertem Dienst an einer elektronischen Schnittstelle (Abb. 2c) ist zu sehen, daß der Funktionsanteil gering und auf ein Werkzeug zum Zugriff auf die Produktinformation und zur Durchführung von Berechnungen beschränkt ist. Die Produktinformation selbst und ihre Aufbereitung bezüglich Präsentation und Interaktion ist im Zentrum des Kundeninteresses. Im Transaktionsbereich liegt der Schwerpunkt auf der Unterstützung des Informationsanteils durch die Bereitstellung aktueller Produktinformation, zum Beispiel von aktuellen Zinssätzen für Festgeldkonten.

Wir wollen die virtuelle Bank im folgenden als Metapher für die Ausfüllung der Serviceparameter *Funktion*, *Information* und *Transaktion* betrachten. Es ist daher notwendig, die Qualitätsmerkmale für die Serviceparameter zu identifizieren und daraus die kritischen Erfolgsfaktoren abzuleiten.

Funktion ist der auf die Kundenschnittstelle bezogene Serviceparameter. Die Qualitätsmerkmale des Serviceparameters Funktion umfassen dabei

- den Umfang der Leistungen, die dem Kunden an den elektronischen Kundenschnittstellen zur Verfügung gestellt werden,
- die Effizienz der Kundenschnittstellen, sowohl in ihrer Benutzung als auch in der vom Kunden wahrgenommenen Abwicklung der durchzuführenden Transaktionen, und
- die Offenheit, mit der die Leistung dem Kunden zur Verfügung gestellt wird. Hier gilt insbesondere, daß sich das Dienstangebot auch aus Kundensicht in dessen Umgebung und in seine Geschäftsprozesse integrieren lassen muß.

Der Serviceparameter Funktion spiegelt sich in der dem Kunden zur Verfügung gestellten Software und den Dienstleistungen der virtuellen Bank wider, die damit die Erfolgsfaktoren dieses Serviceparameters darstellen.

Information ist der Serviceparameter, dem durch den derzeitigen Übergang in die multimediale Informationsgesellschaft besondere Bedeutung zukommt. Information selbst wird zum zentralen Handelsgut in den neuen elektronischen Handelsplätzen. Die Qualitätsmerkmale dieses Serviceparameters sind

- die Inhalte, die einen für den Kunden sichtbaren Mehrwert bieten müssen,

- der Grad an Interaktivität, der die Beeinflußungsmöglichkeiten des Kunden festlegt,
- die Aktualität der Information, die den immer kürzeren Zyklen des Wertes von Information Rechnung trägt,
- die Präsentation, die den Anforderungen an benutzerfreundlichen Zugriff gerecht wird, und
- der schnelle Zugriff auf die zur Verfügung gestellte Information.

Der Serviceparameter Information hängt ab vom erfolgreichen Einsatz der neuen technischen Möglichkeiten von Multimedia, besonders vom Einsatz neuer Medien (z.B. Interactive TV) und von Online-Netzen wie dem Internet.

Die *Transaktion* als Serviceparameter wird durch die Infrastruktur determiniert, die zur effizienten Bearbeitung der Geschäftsprozesse benötigt wird.

Qualitätsmerkmale der Transaktion sind

- die Verarbeitungs- und Ablaufgeschwindigkeit, da in der virtuellen Bank im Online-Umfeld naturgemäß die Online-Abwicklung an Bedeutung gewinnt,
- die Sicherheit, die den gewohnten, hohen Standards im Bankenumfeld genügen muß, und
- geringe Kosten, die es erlauben, die Dienstleistungen zu marktgerechten Preisen zur Verfügung zu stellen.

Adäquate Infrastrukturen in der Back-Office-Verarbeitung, den Netzen und im Kundenservice, die die Anforderungen aus den Serviceparametern Funktion und Information erfüllen, sind die Erfolgsfaktoren des Serviceparameters Transaktion.

3 Electronic Commerce

Von zentraler Bedeutung ist die Einordnung der virtuellen Bank in den "Electronic Commerce", der sich aus der Bündelung der Geschäftsaktivitäten der virtuellen Unternehmen auf dem virtuellen Marktplatz [3] bildet.

Der Begriff Electronic Commerce[1] wird üblicherweise im Sinne der 'Geschäftsabwicklung mittels elektronischer Medien' definiert. Im Business-to-Business Bereich ('Wholesale') ist die elektronische Geschäftsabwicklung seit über zehn Jahren etabliert. Als Beispiel sei hier die Nutzung von EDIFACT genannt. Täglich werden Umsätze in Billionen-Höhe im elektronischen Handel und Zahlungsverkehr generiert. Im Retailbereich hat sich Homebanking in den letzten Jahren stark entwickelt. Die Ausrichtung war aber hauptsächlich geprägt von einem hohen Anteil des Funktionsparameters.

Abb. 3: Beteiligte des elektronischen Marktplatzes

Aufgrund der Veränderung der technologischen und infrastrukturellen Rahmenbedingungen hat sich das Marktpotential und das Spektrum für einen virtuellen Marktplatz erheblich erweitert (Abb. 3). Den Kunden steht heute mit den benutzerfreundlichen Multimedia-Technologien und dem kostengünstigen Anschluß an Online-Netze und das Internet der Zugang zu den elektronischen Marktplätzen offen. Dieser Zugang wird gut angenommen, was sich in den exponentiellen Wachstumszahlen in der Internetnutzung zeigt. Online-Dienste entwickeln sich somit zu Massenmedien, vergleichbar mit der Entwicklung der Telephonie und Telegraphie. Durch die steigende Zahl von Privatkunden im Internet und den Technologien, die den Unternehmen den Serviceparameter Information erschließen, erhöht sich die Attraktivität für Anbieter, in diesen elektronischen Markt einzutreten und ihn als Point of Information (z.B. Produktinformation), Point of Contact (z.B. Kundensupport) und insbesondere auch als Point of Sale für Verkäufe von Gütern zu nutzen. Für Telekommunikations-Provider bietet der Marktplatz die Chance, sich eine erhebliche Erweiterung des Geschäftsfeldes der Datenkommunikation zu erschließen.

Auf dem expandierenden elektronischen Marktplatz kann die virtuelle Bank, wie auf den realen Marktplätzen, zwei Rollen einnehmen: Zum einen kann die Bank selbst als Anbieter von Dienstleistungen gegenüber den Kunden und Händlern auftreten. Zum anderen kann sie selbst Infrastruktur im Markt anbieten.

Abb. 4: Gestaltungsebenen im Electronic Commerce

Zu betonen ist, daß Electronic Commerce keine einzelne Technologie oder ein einzelnes Werkzeug ist, sondern eine Kombination von Technologien, Anwendungen, Prozessen und Geschäftsstrategien, deren grundsätzliche Gestaltungsebenen sich grob in vier Bereiche kategorisieren lassen (Abb. 4):

- Technologische Infrastruktur
- Produkte und Services
- Rollen und Risiken
- Regeln und Vereinbarungen

3.1 Technologische Infrastruktur

Elementare Voraussetzung für Electronic Commerce ist die Möglichkeit, elektronische Daten zwischen den beteiligten Geschäftspartnern auszutauschen. Wie erwähnt, öffnet die allgemeine Verbreitung des PC als Endgerät sowie die zunehmende Vernetzung dieser Endgeräte die Marktchancen für eine wachsende Zahl von Geschäftspartnern. Die Weiterentwicklung der Online-Welt mit komfortablen Multimedia-Schnittstellen wie z.B. WWW steigert nicht nur die Kundenakzeptanz, sondern bietet auch Händlern mächtige Werkzeuge zur attraktiven Gestaltung von Angeboten und Werbebotschaften. Mit Sicherheitstechnologien wie Kryptographie, elektronischer Unterschrift, Tokens und Smartcards stehen Tools zur Gewährleistung von Autorisierung und Authentifizierung im Rahmen elektronischer Geschäftsvorgänge zur Verfügung.

Einer der kritischen infrastrukturellen Faktoren für Electronic Commerce ist vor allem die Problematik der sicheren Zahlungsverkehrsabwicklung. Immaterielles digitales Bargeld bildet den vorläufigen Endpunkt der Evolution von Zahlungsmitteln, die sich von Tauschobjekten mit entsprechendem Materialwert - z.B. Edelmetallmünzen - hin zu Notengeld, welches nur noch symbolischen Wert beinhaltet, gewandelt haben. Dabei erfordert die physikalische 'Wertlosigkeit' des elektronischen Bargelds prinzipiell höhere Sicherheitsanforderungen an den Zahlungsverkehrsaustausch auf virtuellen Marktplätzen als im klassischen Handel implementiert.

3.2 Produkte und Dienstleistungen

Die im Electronic Commerce vermarktbaren Produkte und Dienstleistungen lassen sich grundlegend dahingehend charakterisieren, ob die Geschäftsabwicklung den Austausch eines materiellen Objektes erfordert. Ist dies der Fall, ähnelt der Handelsprozeß dem klassischen Versandgeschäft - Auswahl und Bestellung des Objektes erfolgen elektronisch, die Lieferung per Postweg. Aufgrund der Retardierung der Lieferung und der anfallenden Versandkosten sind die Marktchancen für solche 'Homeshopping'-Angebote jedoch generell beschränkt.

Produkte und Dienstleistungen hingegen, welche ausschließlich aus Information bestehen, können Online ausgewählt, bestellt, versandt *und* konsumiert werden. Dies bietet neben der Reduktion der Transaktionskosten einen echten 'Mehrwert' für die Geschäftspartner im Electronic Commerce und eröffnet Potentiale für weltweite Online-Geschäftsabwicklung.

Neben z.B. interaktiven Services, Informations- und Kommunikationsdienstleistungen ist vor allem Electronic Banking als eine der 'Killerapplikationen' für Electronic Commerce zu nennen. Die Akzeptanz der Kunden für die Abwicklung von Banktransaktionen auf elektronischem Weg ist außerordentlich hoch.

3.3 Rollen und Risiken

Die Rollen der Teilnehmer am Electronic Commerce sind klar: Verbraucher verlangen größtmöglichen Komfort bei hoher Leistungsfähigkeit und niedrigen Preisen, Händler bzw. Anbieter erhoffen sich Potentiale auf weltweite Geschäftsabwicklung mit sehr geringen Transaktionskosten. Mediatoren der Geschäftsbeziehung - und teilweise selbst in der Rolle der Anbieter auftretend - sind die Netz-, Access- oder Serviceprovider der Kommunikationsinfrastruktur.

Die Risiken der einzelnen Nutzergruppen im Electronic Commerce sind dabei durch die neue Struktur sowie die Internationalisierung der Geschäftsabwicklung vielfältig. Die Digitalität der Geschäftsobjekte beispielsweise läßt eine einfache Prüfung eines Dokumentes auf Originalität nicht zu, da Kopien und Originale ununterscheidbar sind. Händler benötigen weiterhin geeignete Verfahren zur Bonitätsprüfung von Käufern, Verbraucher verlangen z.B. Umtauschrecht bei Fehlbestellungen / -lieferungen. Die haftungsrechtlichen Fragen zur Risikoverteilung sind aufgrund der neuartigen Struktur des elektronischen Handels dabei bisher noch weitgehend ungeklärt.

3.4 Regeln und Vereinbarungen

Zur Manifestierung von Verbindlichkeit, Vertraulichkeit und Sicherheit des Electronic Commerce sind ebenso wie zur Risikoabschätzung im Hinblick auf die beteiligten Nutzergruppen feste Regeln und Vereinbarungen notwendig[2].

Dazu gehören einerseits Absprachen in bezug auf die Funktionalität der elektronischen Geschäftsabwicklung wie z.B. gemeinsame Verschlüsselungsverfahren (Private Keys, Public Keys) oder generelle Protokollvereinbarungen, andererseits vor allem auch rechtliche Absprachen über z.B. die Gültigkeit von elektronischen Unterschriften, Zertifizierungsmöglichkeiten für elektronische Schlüssel (Stichwort: Trusted Third Parties) oder Clearingdienste für elektronisches Geld.

Zusätzlich sind Fragen des Verbraucher- bzw. Datenschutzes zu klären, da z.B. Problemstellungen im Bereich der Anonymität von elektronischen Handelsbeziehungen mit klassischer Geschäftsabwicklung kaum vergleichbar sind.

4 Die virtuelle Bank im Electronic Commerce

Vor dem Hintergrund der zuvor diskutierten Aspekte des Electronic Commerce stellt sich die Frage der Verfügbarkeit geeigneter Bankprodukte.

Als Infrastrukturanbieter kann die virtuelle Bank die für die Entwicklung des Electronic Commerce wesentliche Rolle als Intermediator im Zahlungsverkehr annehmen und somit wie auf den existierenden Marktplätzen auch auf dem virtuellen Marktplatz diese wichtige Aufgabe übernehmen.

Als Anbieter im Electronic Commerce kann die virtuelle Bank am Point of Information (PoI) beispielsweise Marketing-, Produktinformation und Kundenzeitschriften anbieten. Am Point of Contact (PoC) kann zum einen Benutzersupport angeboten werden, zum anderen kann der PoC als Kontaktstelle zum Beispiel zur Personalakquisition eingesetzt werden. Im Point of Sale (PoS)-Bereich ist das Home- und Electronic Banking mit Firmenkunden bereits verfügbar. Mögliche Erweiterungen sind der Vertrieb komplexerer Produkte, wie Sparverträge, Versicherungen, sowie der Verkauf von Information selbst, zum Beispiel Analyse und Marktinformation.

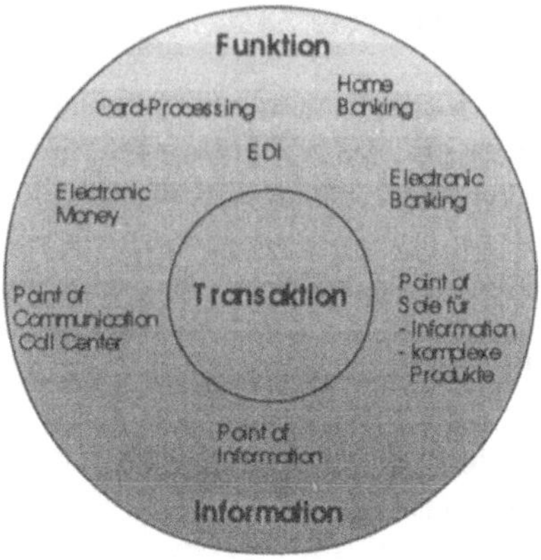

Abb. 5: Einordnung von Bankprodukten gemäß des Anteils der Serviceparameter Information und Funktion

In Abbildung 5 sind wichtige Bankproduktgruppen bezüglich der Bedeutung der Serviceparameter für die Erfüllung dieser Produkte gruppiert. Homebanking und Electronic Banking sind die klassischen Bereiche der funktionsorientierten Schnittstelle für Zahlungsverkehrsfunktionen. Electronic Money im Zahlungsverkehr, Electronic Data Interchange (EDI) und das Card-Processing stellen vornehmlich funktionsorientierte Infrastrukturdienstleistungen dar. Neue informationsorientierte Leistungen, bei denen der Funktionsanteil an der Benutzerschnittstelle hinter der Dominanz des Informationsaustauschs mit dem Kunden zurücksteht, sind die zuvor genannten Point of Information, Point of Communciation und Point of Sale für den Verkauf komplexer Produkte und die Durchführung komplexer Transaktionen, die ein hohes Maß an Interaktivität mit dem Benutzer erfordern.

Wesentlich ist, daß der Umfang und die Bedeutung der Parameter Funktion und Information für die virtuelle Bank wächst, wobei der Anteil des Serviceparameters Information immer mehr zunimmt und zum wettbewerbsdifferenzierenden Faktor wird. Für die Teilnahme am Electronic Commerce ist deshalb die Verfügbarkeit geeigneter Bankprodukte nicht ausreichend, vielmehr werden die Inhalte zum fundamentalen Baustein der Angebote der virtuellen Bank und zum essentiellen Element bei der Wertschöpfung [4]. Deshalb muß die virtuelle Bank den fünf Schritten in der Wertschöpfung der Information, namentlich Informationsakquise, Strukturierung, Auswahl, Zusammenstellung und Verteilung, die notwendige Gewichtung und den geeigneten organisatorischen und infrastrukturellen Rahmen geben.

Im folgenden werden wir die Bankproduktgruppen am Beispiel der Erfahrungen der Deutschen Bank bezüglich der Serviceparameter genauer beschreiben.

4.1 Homebanking und Electronic Banking

Weit verbreitet im Bereich der virtuellen Bank sind heute bereits Abwicklungs- und Geldverwaltungssysteme. Die Entwicklung dieser Systeme ist bereits von einer Steigerung der Qualitätsmerkmale des Serviceparameters Funktion gekennzeichnet. Bei Homebanking-Anwendungen für Retail Kunden zeigt sich die zunehmende Offenheit in der Integration der Funktionalität in weit verbreitete Finanzsoftware, wie beispielsweise in das Produkt Quicken.

Für Firmenkunden wurden im Umfang weit über reine Zahlungsfunktionen hinausgehende, leistungsfähigere, effiziente Cash Management und Risk Management-Produkte entwickelt. Die Offenheit dieser Produkte für die Integration in Kundensysteme, z B. in die Finanzbuchhaltung, ist seit langem selbstverständlich.

Um die Überschneidung von Funktionalitäten auszunutzen und dem Kunden die Auswahlmöglichkeit von an seine Anforderungen angepaßte Electronic Banking-Podukte zu geben, bietet sich an dieser Stelle die Entwicklung von Produktfamilien an. Abbildung 6 zeigt exemplarisch Funktionalitäten, wie sie im Rahmen von Produktfamilien der Deutschen Bank angeboten werden.

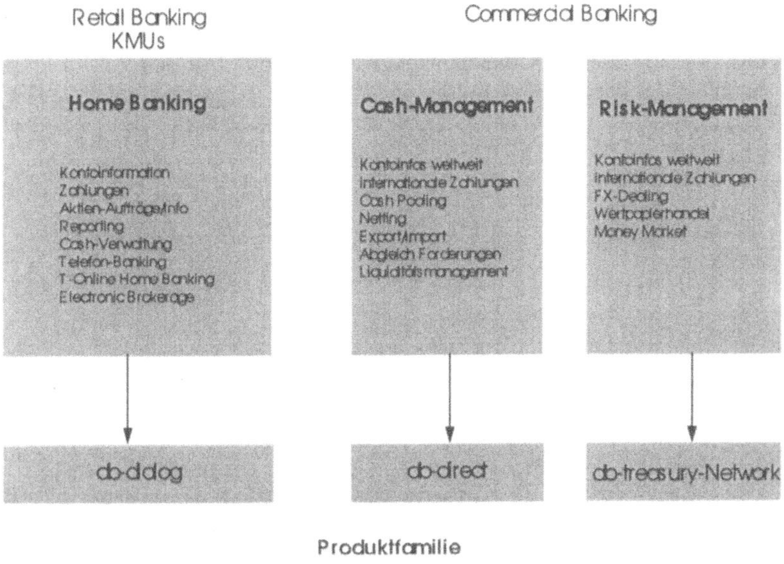

Abb. 6: Electronic Banking - Produktfamilien der Deutschen Bank

4.2 Electronic Money

Für das Entstehen des Electronic Commerce sind mediengerechte Zahlungsmittel - elektronisches Geld, elektronische Schecks, und anderer Methoden des Zahlungsverkehrs [5] - der kritische Erfolgsfaktor. Über Computernetze angebotene Waren, Informationen und Dienstleistungen müssen abrechenbar und Zahlungsvorgänge autorisierbar sein. Beträge sind unter den Beteiligten zu verrechnen. Es ist zu erwarten, daß es für den Kunden auf den elektronischen Marktplätzen eine Vielfalt an einsetzbaren Zahlungsmitteln geben wird. Bei seinem Einkauf in Computer-Netzen wird er zwischen debitorischer und kreditorischer, zwischen personengebundener und anonymer sowie zwischen giraler und barer Zahlungsweise wählen können [6]. Kontounabhängige Abrechnungssysteme werden zur Abwicklung von Kleinbeträgen geeignet sein, wie sie beispielsweise anfallen, wenn einzelne Seiten oder Bilder in einem Online-Dienst angeboten werden.

Zahlreiche Vorschläge für die benötigten, elektronischen Zahlungsverfahren werden derzeit diskutiert. Vereinzelt wird auch schon versucht, die entwickelten Systeme quasi im Alleingang zu betreiben. Zahlungsverkehr ist ja nicht zuletzt auch eine technische Angelegenheit. Die Absichten von bisher branchenfremden Firmen, in das Marktsegment der Zahlungsabwicklung vorzudringen, sind ernstzunehmen. Man erkennt jedoch inzwischen, daß auch im Zahlungsverkehr in Computer-Netzen eine solide Dreiecks-Beziehung zwischen Kunde, Händler und Bank benötigt wird. In diesem Punkt unterscheidet sich die virtuelle Welt nicht von ihrem Vorbild.

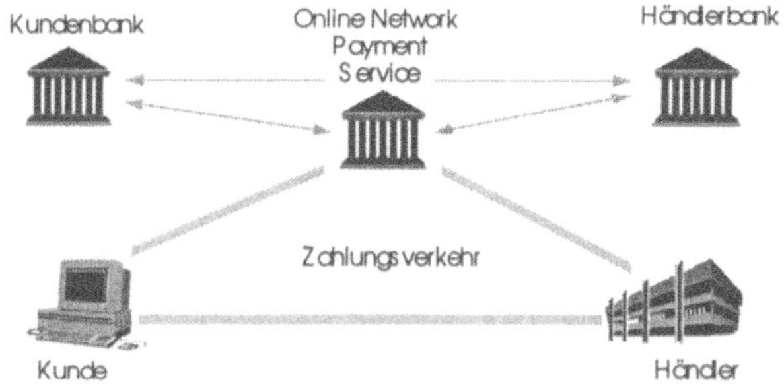

Abb. 7: Die Bank als Intermediator im Zahlungsverkehr

Die neuartigen Zahlungsfunktionen kann die virtuelle Bank den Kunden und Händlern als Online Network Payment System (Abb. 7) zur Verfügung stellen. Gegebenenfalls kann die Abwicklungssoftware ebenfalls von der Bank geliefert werden.

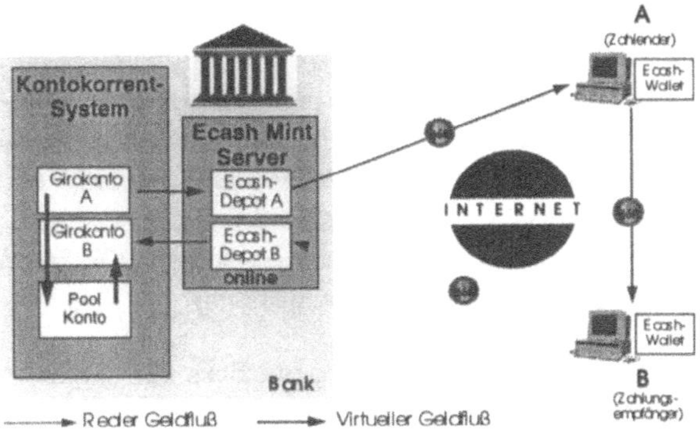

Abb. 8: Virtuelle und reale Geldflüsse im ecash-System

Ein Beispiel für ein an der Bargeld-Zahlung orientiertes Verfahren im Internet ist ecash von der Fa. DigiCash[3] (Abb. 8). Das ecash-System erlaubt den Kunden die Zahlung im Internet bei Bewahrung der Anonymität, sowohl vor dem Händler als auch vor der Bank [7]. Dazu fordert der Kunde (A) über sein Depot auf einem von der Bank betriebenen Mint Server ecash-Münzen an. Diese liegen dann verschlüsselt und mit dem sogenannten Blinding-Verfahren anonymisiert auf der Festplatte seines persönlichen Rechners. Beim Kauf transferiert der Kunde ecash-Münzen zum Händler (B). Der Händler läßt eine Online-Überprüfung vornehmen, die die Rechtmäßigkeit der Münzen erkennt und zudem feststellt, ob die übermittelten elektronischen Münzen nicht etwa dupliziert und unrechtmäßig zweifach ausgegeben wurden. Dann wird dem Händler ecash-Geld auf seinem Depot gutgeschrieben. Eine beispielhafte Bankanbindung wird in Abbildung 8 gezeigt. Die Kunden und Händler können Geld von ihren regulären Bankkonten zu den ecash-Depots und zurück überweisen. Transfers von und zu den Depots spiegeln sich wider in einem realen Geldfluß zwischen Kundenkontos und einem Poolkonto, welches den realen Gegenwert des im ecash-System befindlichen Geldes repräsentiert.

Im Zahlungsverkehr in Online-Diensten bestehen natürlich altbekannte Risiken, wie etwa die Illiquidität eines Kunden, weiter. Neue Risiken ergeben sich indes durch die Internationalität und Anonymität, die die Handelsbeziehungen in der Netzwelt kennzeichnen (siehe 3.3). Für die Banken als Anwender der Sicherheitstechnologie ist eine nüchterne Beurteilung der sich bietenden Optionen für die Abwicklung des Zahlungsverkehrs angezeigt und eine Beibehaltung des heute im Bankbetrieb erreichten Sicherheitsniveaus zu garantieren.

Am obigen ecash-Beispiel lassen sich die typischen infrastrukturellen Maßnahmen, die die virtuelle Bank für den Zahlungsverkehr in Online-Netzen zu leisten hat, erkennen. Dies ist der Aufbau eines Payment Servers im Internet, der zum einem den Bezahlungsvorgang zwischen Kunde und Händler unterstützt und zum anderen den sicheren Anschluß an die Verarbeitungssysteme der Bank ermöglicht.

4.3 Electronic Data Interchange

Zahlungsverkehr mit EDIFACT - also unter Verwendung standardisierter elektronischer Dokumente - ist dabei sich im Firmenkundenbereich zu etablieren. Vielfach verwendet wird die Auftrags- und Zahlungsabwicklung mit EDIFACT-Nachrichten. Dieser Service bietet dem Kunden primär die Funktion des Absetzens von Zahlungsaufträgen und des Empfangs von Gutschriftsanzeigen bei der Möglichkeit zur vollen Integration in die Kreditoren- und Debitorenbuchhaltung.

In Erweiterung besteht natürlich für die virtuelle Bank die Möglichkeit, Mehrwertdienste als neue Funktion an der Kundenschnittstelle anzubieten. Beispiele hierfür sind Avisierung von Kontobelastungen und Zahlungseingängen, was dem Kunden eine zeitnahe Liquiditätsdisposition ermöglicht, und die Bereitstellung von Konvertierungs- und Reparaturdiensten. Für solche Funktionen sind als infrastrukturelle Maßnahmen heute bereits EDIFACT-Servicecenters aufgebaut worden.

EDIFACT schöpft aber nur einen Teil der Möglichkeiten im Electronic Commerce ab. Im Electronic Commerce auf virtuellen Marktplätzen bietet sich mit EDI (Electronic Data Interchange) die Möglichkeit, den kompletten Ablauf einer Geschäftstransaktion, angefangen bei der elektronischen Auswahl der Produkte, über die Generierung und Bearbeitung der Bestellung, Rechnungsstellung, Versand, Empfangsbestätigung bis hin zur Gut- oder Lastschriftenerzeugung zu automatisieren (Abb. 9). EDI im Electronic Commerce kann die Art des Kaufs und Verkaufs zwischen Unternehmen radikal ändern [8].

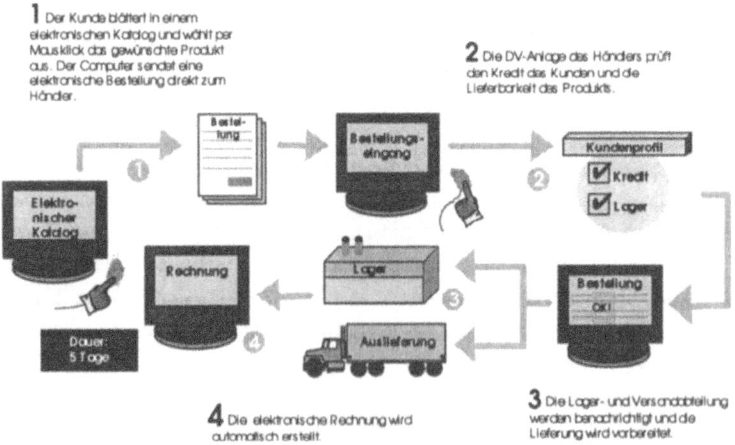

Abb. 9: Umfassender Einsatz von EDI im Electronic Commerce (nach [8])

Da bisherige Kommunikationslösungen – Austausch von EDIFACT-Nachrichten in sogenannten Value-Added-Networks (VANs) – relativ teuer sind, kommt dem Internet eine besondere Bedeutung zu: Erstmalig können auch umfangreiche Nachrichten kostengünstig übertragen werden [9]. Aktuelle EDI-Entwicklungen konzentrieren sich im Internet auf zwei Bereiche:

- Zuverlässigkeit: Verbesserung der Übertragungszeiten von EDIFACT-Nachrichten im Internet, so daß auch zeitkritische Nachrichten, wie z.B. Überweisungen, übertragen werden können (dies ist bisher VANs vorbehalten).
- Sicherheit: Das EDIFACT-Protokoll bietet keine Verschlüsselungsmechanismen. Deshalb entwickeln EDI-Anbieter derzeit Zusatz-Software, mit der eine sichere Übertragung über das Internet möglich ist (z.B. Premenos mit dem Produkt Templar).

Andere EDI-Trends gehen in Richtung Integration von CAD-Daten (STEP, EXPRESS) in EDIFACT, Erweiterung von MIME (Standardnachrichtenformat für Multimedia-Mail im Internet) um den Datentyp EDIFACT-Nachricht und Entwicklung von speziellen Händler-Kunden-Protokollen, um EDI auch im Retail-Bereich einsetzen zu können.

4.4 Karten-Processing

Eine neue Funktion im Rahmen des Karten-Processings ist die Nutzung der Chipkartentechnologie, exemplarisch sei hier die vom deutschen Kreditgewerbe im Rahmen eines Gemeinschaftsprojektes unter dem Namen GeldKarte entwickelte elektronische Geldbörse genannt. Die neue Funktion für den Kunden ist die bargeldlose Bezahlung auch von Kleinbeträgen mit seiner Karte. Dabei handelt es sich nicht zwingend um eine zusätzliche Karte. Die Geldkartenfunktion kann auch auf der eurocheque- und Kundenkarte realisiert werden, da diese zukünftig mit einem Microcontroller-Chip ausgestattet sein wird, womit eine Integration in die vom Kunden gewohnte Infrastruktur erreicht wird.

Bevor man mit der GeldKarten-Funktion bezahlen kann, muß ein Guthaben auf die Karte geladen werden. An Ladeterminals, die in jeder Bankfiliale zu finden sein werden, kann der Kunde - zukünftig auch institutsübergreifend - einen Betrag bis zu 400 DM aufladen. Die Information über den geladenen Betrag wird im Chip der Karte gespeichert, der Betrag dem persönlichen Konto des Kunden belastet und dem sog. Börsenverrechnungskonto des kartenausgebenden Instituts gutgeschrieben. Bei der Aufladung wird unter Nutzung einer persönlichen Geheimzahl (PIN) eine Online-Autorisierung durchgeführt.

Im Rahmen des Bezahlvorgangs wird der Wertspeicher der GeldKarte in Höhe des Kaufbetrages reduziert und derjenige des Händlerterminals entsprechend aufgewertet.

Eine Online-Verbindung zu einem Host-System einer Bank sowie der Gebrauch einer persönlichen Geheimzahl ist beim Bezahlen nicht erforderlich. Für den Kunden und für den Händler erhöht sich dadurch die Effizienz der Nutzung der Karte im Vergleich zum Karten-PoS im Einzelhandel, bei dem sich durch die Eingabe der PIN eine Zeitverzögerung ergibt.

4.5 Point of Information, Point of Contact, Point of Sale

Ein wichtiger Schritt in der Nutzung neuer Medien war die Entwicklung multimedialer Oberflächen für Selbstbedienungsterminals. Hiermit ist erstmals die Voraussetzung geschaffen, über die reinen Transaktionen hinaus, wie sie ein Kontoauszugsdrucker oder ein Geldautomat bietet, auch Information und komplexere Dienstleistungen in elektronischer Form anzubieten.

Der nächste wichtige Schritt ist die Nutzung des sich explosionsartig entwickelnden neuen Mediums Internet als Point of Information und Point of Communication. Im Frühjahr 1995 startete beispielsweise die Deutsche Bank ein World-Wide-Web-Angebot, das Unternehmensinformation, Börsenkurse, Software, Anlagemanagement-Information, aktuelle Pressenotizen, u.a. beinhaltet.

Unsere Erfahrungen mit Kunden in diesem Medium reflektieren direkt die neuen Anforderungen an den Parameter Information. Gut angenommen werden Inhalte, die Zusatzinformation zu den auf anderen Kundenkommunikationskanälen erhältlichen Informationen bieten und die auf einem hohen Aktualitätsstand sind, wie zum Beispiel die Börsenkurse. Wert legen die Kunden auf eine gute Präsentation und einen schnellen Zugriff auf die Information.

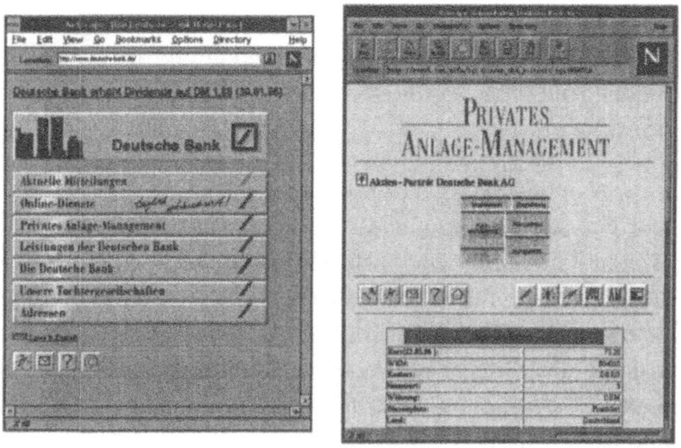

Abb. 10: WWW-Homepage der Deutschen Bank (http://www.deutsche-bank.de) und Beispielseite Aktienporträt aus dem privaten Anlage-Management

Zum Thema Abdeckung ganzer Geschäftsprozesse gehört auch die Kundenunterstützung in der Nutzung der elektronischen Finanzdienstleistungen. Die Kundenunterstützung wird somit selbst zur elektronischen Dienstleistung an der Kundenschnittstelle. Dem wird heute bereits mit Call Centers, die dem Kunden der virtuellen Bank Help Desk und Hotline-Funktionalitäten zur Verfügung stellen, Rechnung getragen.

Es bietet sich ein großes weiteres Entwicklungspotential für die virtuelle Bank durch das Angebot zusätzlicher Informationsdienste, wie zum Beispiel Unternehmensanalysen, und damit verbunden auch der Ausbau zum Point of Sale.

Zukünftig können neue Entwicklungen, wie zum Beispiel interaktives Fernsehen, ganz neue Formen der Nutzung des Serviceparameters Information ermöglichen.

4.6 Der Serviceparameter Transaktion im Electronic Commerce

Um den aus den Serviceparametern Funktion und Information resultierenden Anforderungen an den Serviceparameter Transaktion gerecht zu werden, ist die Verfügbarkeit von leistungsfähigen Back-Office-Strukturen und von flexiblen Kommunikationsinfrastrukturen notwendig.

Infrastrukturbildende Maßnahmen sind beispielsweise in den Bereichen Netze, Client-/Server-Strukturen und Rechenzentren angesiedelt. Client/-Server-Strukturen mit Online-Verarbeitung sind die Grundlage für die benötigte Verarbeitungs- und Ablaufgeschwindigkeit. Sie bieten ebenfalls die Flexibilität, um auf schnell wechselnde Anforderungen im Umfeld der virtuellen Bank reagieren zu können sowie für die elektronische Bearbeitung der ganzen Geschäftsprozesse, indem sie die Abgeschlossenheit der existierenden Hostsysteme aufheben. Ebenso notwendig ist der Aufbau leistungsfähiger Netzwerke, die zum einen die Client/-Server-Systeme versorgen können und zum anderen die Übergänge zu den Kundennetzen gewährleisten.

Zusätzlich muß die Infrastruktur für den Kundenservice, zum Beispiel in Form des technischen Aufbaus und der Ablauforganisation von Call Centern geschaffen werden.

Aus der durchgängigen Verarbeitung von Geschäftsprozessen im Rahmen von Electronic Commerce ergeben sich natürlich auch besondere Sicherheitsanforderungen. Im öffentlichen Internet müssen Nachrichten gegen Abhören und Verfälschung geschützt werden und Sender und Empfänger der Nachrichten müssen sicher authentifiziert werden. Beim Übergang vom öffentlichen Netz ins bankinterne Netz muß sichergestellt werden, daß durch geeignete Infrastrukturen, wie zum Beispiel Firewalls, ein Einbruch in die internen Systeme verhindert wird. Aber auch geeignete Schutzmechanismen innerhalb der Bank müssen etabliert werden, um Angriffe von innen gegen die elektronische Abwicklung der Geschäftsvorgänge abzuwehren.

Neue Pradigmen der Informationsverarbeitung ergeben sich durch die Entwicklungen im Internet. Mit HTML steht eine weitgehend standardisierte, betriebssystemunabhängige Dokumentenbeschreibungssprache zur Verfügung, die den Kunden den Zugriff mit den weltweit verbreiteten, in der Informationsdarstellung kompatiblen WWW-Browsern erlaubt. Dies ermöglicht der virtuellen Bank, einem großen Interessentenkreis Information anzubieten, ohne die Zugriffssoftware selbst entwickeln und warten zu müssen. Dies gilt natürlich auch für die internen Interessenten, die über die Intranet-Infrastruktur versorgt werden. Nachteil war aber bisher die Statik des Systems. Dynamische Bildschirmelemente, Berechnungen und Interaktionen konnten nicht direkt von den Browsern unterstützt werden. Für diese Zwecke mußte immer eine Kommunikation mit dem WWW-Server des Anbieters aufgebaut werden und Berechnungen und die Erzeugung dynamischer Bildschirmelemente erfolgten auf diesem. Mit Java steht eine neue Technologie zur Verfügung, die es erlaubt, plattformunabhängige Programme ("Applets") während der Interaktion mit dem Kunden auf dessen Browser zu laden. Die Integrität der geladenen Applets kann durch eine elektronische Unterschrift durch den Lieferanten des Applets sichergestellt werden. Applets können dynamische Bildschirmelemente und Berechnungen auf dem Kundensystem realisieren, zum Beispiel die Darstellung von Aktienkursverläufen nach vom Kunden vorgegebenen Kriterien. Sie können auch eingesetzt werden, um komplexere Dienstleistungen zu realisieren, denen die bisherigen Möglichkeiten der Browser nicht genügten, wie zum Beispiel verbesserte kryptographische Verfahren zur Sicherung von Banktransaktionen. Mit Java verfügt die virtuelle Bank also über eine Technologie, die es erlaubt plattformunabhängige Bankanwendungen zu realisieren und diese bei Bedarf über das Internet in die Kundensysteme einzubringen. Dies bedingt eine erhebliche Beschleunigung des Time-to-Market.

5 Zusammenfassung und Ausblick

Beginnend mit der Erschließung neuer elektronischer Vertriebskanäle hat sich die Struktur des virtuellen Unternehmens gebildet. Virtuelle Unternehmen können anhand der Serviceparameter Funktion, Information und Transaktion betrachtet werden.

Die Geschäftsaktivitäten virtueller Unternehmen bündeln sich auf den virtuellen Marktplätzen, in denen sich der "Electronic Commerce" entwickelt. Virtuelle Banken als Ausprägung virtueller Unternehmen nehmen im Electronic Commerce zwei Rollen ein. Zum einem als Anbieter von funktions- und informationsorientierten Diensten, zum anderen als Infrastrukturprovider für den elektronischen Zahlungsverkehr im Electronic Commerce.

Umfangreiche funktionsorientierte Dienstleistungen werden den Kunden von der virtuellen Bank in Form von zielgruppengerechten Produktfamilien schon heute angeboten. Mit den neuen Multimedia-Technologien steigert sich der Anteil an informationsorientierten Dienstleistungen der virtuellen Bank im Rahmen von PoI, PoC und PoS-Diensten. Die neuen Dienste bilden heute den Ausgangspunkt für einen Qualitätssprung in der Gestaltung der Kommunikation zwischen Kunde und Bank.

Fußnoten

1. Eine Zusammenstellung aktueller Artikel zum Thema Electronic Commerce beinhaltet [10].
2. Eine vertiefte, kritische Analyse von notwendigen Regeln und Vereinbarungen im Electronic Commerce ist in [10] zu finden.
3. Aktuelle Information zum ecash-Produkt ist auf der Homepage der Fa. DigiCash zu finden: http://www.digicash.com.

Literaturverzeichnis

[1] Rayport, J.; Sviokla, J.; Exploiting the Virtual Value Chain, in: Harvard Business Review, Nov/Dez (1995), S. 75-85.

[2] Gerard, P.; Die Virtuelle Bank - Herausforderung der Zukunft, Deutsche Bank AG, 1995

[3] Merz, M.; Elektronische Märkte im Internet, Thomson Publishing, 1996

[4] Imperatives for Growth, The 21St-Century CEO, CSC Index, 1996

[5] Wayner, P.; Digital Cash - Commerce on the Net, AP Professional, Boston, 1996

[6] Weisman, D.; Trevino, V.; Sweet, S.; Payments on the Web, Forrester Report, 1996

[7] Chaum, D.; Achieving Electronic Privacy, in: Scientific American, August (1992)

[8] Verity, J.; Invoice? What`s an Invoice?, in: Business Week, 10. Juni 1996, S.52-54

[9] Berg, T.; The Business Value of Electronic Commerce, Part 3: using the Internet, Gartner Group, 1995

[10] Electronic Commerce, Artikelsammlung in: Communications of the ACM, Juni 1996

[11] Spar, D.; Bussgang, J.; Ruling the Net, in: Harvard Business Review, Mai/Juni (1996), S. 125-132

II Kosten- und Deckungsbeitragsmanagement

Trends und neue Entwicklungen im Kosten- und Deckungsbeitragsmanagement

Prof. Dr. Kurt Vikas,
Karl-Franzen-Universität, Graz

Inhalt

17. Saarbrücker Arbeitstagung Rechnungswesen und EDV 1996. Hrsg.: A.-W. Scheer.

1 Rückblick und Zielsetzung

1.1 Ausgangslage im Vorjahr

Traditionsgemäß wird an dieser Stelle - wie auch schon in den vergangenen Jahren - über jeweils erkennbare Trends und Entwicklungen im Kosten- und Deckungsbeitragsmanagement berichtet. Die Basis dafür bilden einerseits die allgemein zugänglichen Informationen aus einschlägigen Veröffentlichungen, Kongressen und Tagungen, andererseits der feed back aus den internationalen Beratungsprojekten der PLAUT-Gruppe innerhalb des letzten Jahres.

Was ist nun aus den im Vorjahr behandelten Kernthemen geworden ? Das waren im wesentlichen Fragen der

Gestaltung der Geschäftsprozesse

Reengineering stellt nach wie vor die Hauptstoßrichtung aller Maßnahmen zur Leistungssteigerung dar. Die anfängliche Euphorien ist durch die Publikation zahlreicher Fehlschläge abgeschwächt. Der Mentor dieses Verfahrens führt diese Fehlschläge jedoch auf Fehler bei der Projektabwicklung zurück und baut nach wie vor vehement auf eine „Revolution in den Köpfen der Mitarbeiter", die im traditionellem Führungsverständnis zu „simplen Befehlsempfängern degradiert" würden. Darüber hinaus werden mit dem Instrumentarium des Work Flow erstmals die administrativen Prozesse einer dynamischen Planung und Steuerung zugänglich gemacht. Auch auf das Controlling werden sich diese Maßnahmen erheblich auswirken (s.u.).

Einführungsstrategien

Der immer schneller werdenden Zyklus an Veränderungen in der Hardware und Software sowie in den vom Markt vorgegebenen Rahmenbedingungen zwingt die Unternehmen zu raschen Anpassungen. Die Zahl der Projekte steigt, die zur Verfügung stehende Zeit und auch die Ressourcen werden immer knapper. Auf der Strecke bleibt die Qualität oder auch die Komplexität der Lösung. Immer mehr wird die Frage nach dem Nutzen bestimmter Funktionen gestellt und nicht gerechtfertigter Projektaufwand konsequent vermieden. Besondere Bedeutung kommen in dieser Phase den Tools und Werkzeugen zur Einführungsunterstützung, also den Verfahren des Projektmanagements und des systemgestützen Customizing zu. Analyzer, Implementation Guide, Workbenches etc. lauten hier die Schlagworte.

Markt- und Kundenorientierung

Diese heute für das Überleben nicht nur der Unternehmen, sondern auch für Einheiten des Non Profit Sektors und der Öffentlichen Verwaltung zentrale Frage bildet das

Motto der diesjährigen Tagung, womit ihre Relevanz gebührend zum Ausdruck gebracht wird.

Globale Herausforderungen

Der Trend zur Globalisierung auf allen Gebieten ist ungebrochen. Die Auswirkung auf die Unternehmensstrategie ist vielfältig. So sind auf manchen Gebieten, z.B. auch auf dem Beratungssektor, nur mehr global player für international tätige Unternehmen interessant.

Methodische Entwicklungen

Der Strukturwandel im Controlling hat sich beschleunigt (s.u.). Lean Controlling als Ergebnis der Reengineeringsmaßnahmen verzichtet auf traditionelle Verrechnungsverfahren. Outsourcing von nicht zu den Kernkompetenzen zählenden Prozessen verringert die Komplexität der innerbetrieblichen Leistungsverrechnung. Verhaltenssteuerung - „Controlling in den Köpfen der Manager" - gewinnt gegenüber rein zahlenmäßig, statistisch betriebener Berichterstattung an Bedeutung.

Ein Blick auf die Themen dieser Tagung (Saarbrücker Arbeitstagung 1996) zeigt, daß neben dem Tagungsmotto - „Kundenorientierung in Industrie, Dienstleistung und Verwaltung" - auch eine Fülle von Tagungsbeiträgen aus den im Vorjahr dargestellten Trends abgeleitet werden können.

1.2 Aktuelle Trends

Im Vordergrund aller Überlegungen steht der durch bestimmte Entscheidungen ausgelöste Nutzen - sei es im Innenverhältnis der Nutzen interner Projekte oder im Außenverhältnis der Nutzen für den Kunden. Auch das Controlling als „nicht wertschöpfender Prozeß" muß seinen Nutzen nachweisen. Dies gelingt um so eher, je mehr es in den Prozeßablauf integriert wird.

Von der methodischen Seite werden ebenfalls prozeßorientierte Verfahren durch entsprechende Tools zunehmend unterstützt. Darüber hinaus gewinnen strategische Konzepte gegenüber operativen Systemen an Bedeutung.

Auf Einzelheiten dieser heute absehbaren Entwicklungen wird in den folgenden Ausführungen nun näher eingegangen:

2 Organisatorische Entwicklungen

2.1 Controlling im Wandel

Die Entwicklungstendenzen der letzten Jahre haben dazu geführt, daß zentrale Controllingkompetenz nur mehr so viel wie unbedingt nötig akzeptiert wird. Nach Einführung einer marktorientierten Aufbauorganisation werden die einzelnen Sparten oder Profit Center mit eigenen Controllern ausgestattet, die zunächst nach zentral vorgegebenen Methoden und Richtlinien arbeiten. Je mehr das Controlling als Denkweise in den Köpfen der Manager verankert wurde, desto weniger ausgeprägt ist die Person eines Controllers erforderlich. Und wenn diese Manager nun in der prozeßorientierten Aufbauorganisation zu Process Ownern werden, schlüpft damit ein wesentlicher Teil der Controlling-Funktionen als Teilprozeß in die betrieblichen Kernprozesse hinein.

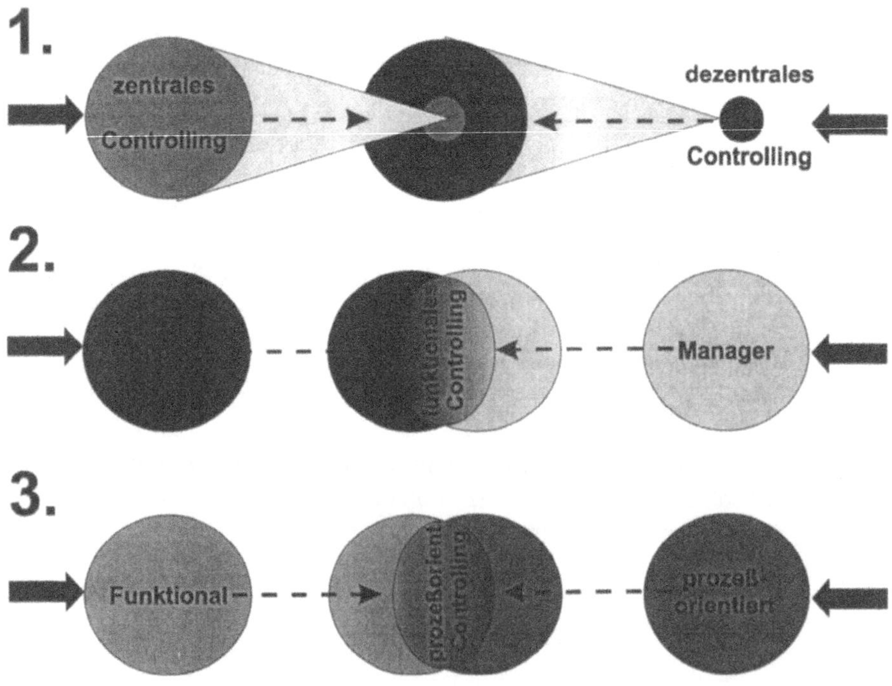

Abb. 1: Controlling im Wandel

2.2 Kriterien und Maßzahlen logistischer Prozesse

Damit verbunden ist auch eine Erweiterung der Controlling - Kriterien. Die vormals hochgeschätzte Wertsphäre wird um Mengen-, Ressourcen-, Zeit- und Qualitätsdaten erweitert. Die Berichterstattung reduziert sich auf einige, wenige Werte, die diese Kriterien griffig darstellen.

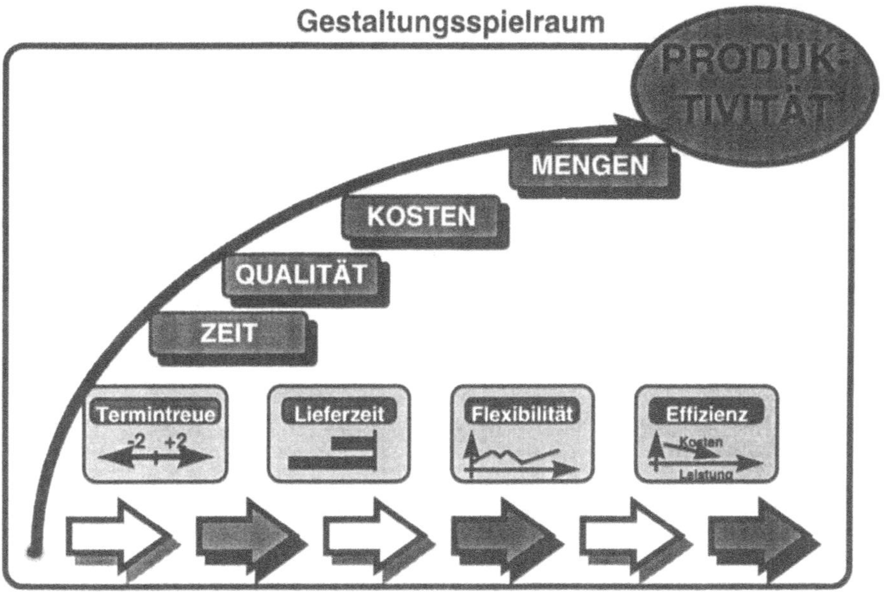

Abb. 2: Kriterien und Maßzahlen logistischer Prozesse

2.3 Controlling als Roentgenschirm der Geschäftsprozesse

Damit wird das Controlling in seiner aktuellen Ausprägung für alle Geschäftsprozesse zum „Roentgenschirm", der den Managern alle erforderlichen Informationen zur optimalen Steuerung ihrer Verantwortungsbereiche liefert. Neben den hard facts, die in gewohnter Weise quantifiziert dargestellt werden, kommt den soft facts - Kundenzufriedenheit, Termintreue, Qualitätsgrad - besondere Bedeutung zu.

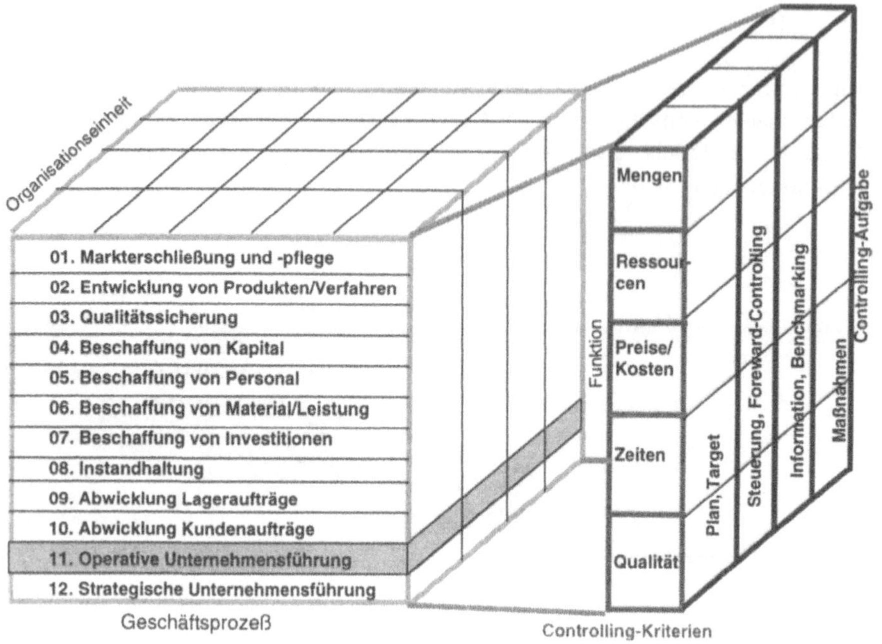

Abb. 3: Controlling als Röntgenschirm der Geschäftsprozesse

Im bewährten GPO-Würfel, der drei Sichten auf das Unternehmen erlaubt, wird das Controlling einerseits als Teil eines Geschäftsprozesses der operativen Unternehmensführung eingeordnet, dessen Hauptfunktionen in der Planung, Steuerung, Information und den daraus abzuleitenden Maßnahmen besteht. Mit den Methoden des Target Costing, des Forward-Controlling und des Benchmarking werden die Aufgaben des Controlling unterstützt. Davon betroffen sind jedoch nur Teile der Gesamtaufgabe, nämlich die Bereiche des Responsibility Controlling oder Gemeinkostencontrolling, das funktional zugeordnet bleibt. Alle übrigen Aufgaben, wie das Produktkostencontrolling im Rahmen des Supply Chain Management oder das Vertriebscontrolling im Prozeß der Vertriebsauftragabwicklung werden zwar nach denselben Kriterien aber im Rahmen der betreffenden Prozesse abgewickelt.

2.4 Controlling als integrierte Funktion im markt- und kundenbezogenen Geschäftsprozeß

So wird bei einer Prozeßmodellierung im Beschaffungsbereich neben den unmittelbaren Beschaffungsprozessen auch u.a. das Beschaffungscontrolling als eigener Teilprozeß auszuprägen sein.

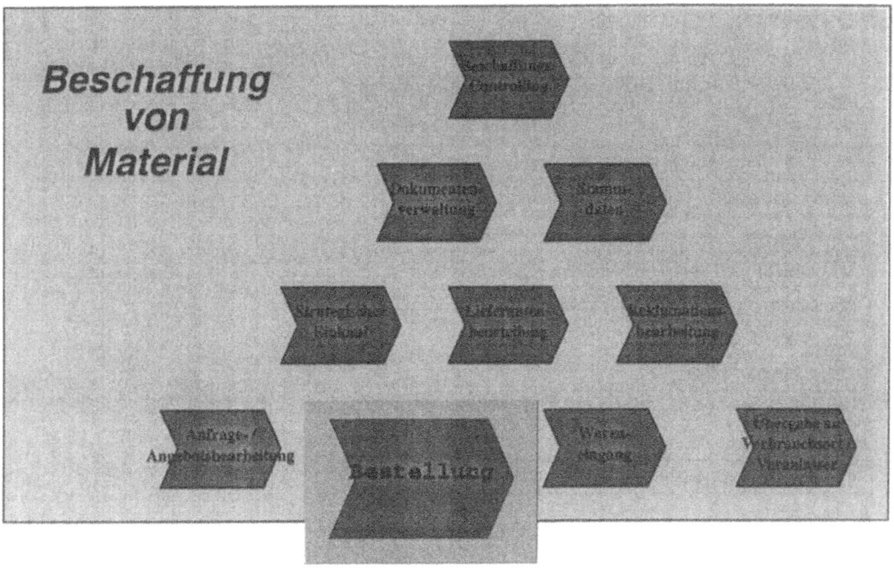

Abb.4: Controlling im Prozeß

2.5 Inhalt und Frequenz der Controllingberichte

Auch das Controlling muß sich seinen „Kunden" gegenüber attraktiv darstellen, das heißt seine Leistungen für das Management ansprechend gestalten. Gerade hier gibt es erheblichen Handlungsbedarf, da eine gemeinsame Sprache oft erst gefunden werden muß. Eine Kommunikationsanalyse, die die vorhandene Berichtsstruktur hinsichtlich der Inhalte, der Frequenz und des Empfängerkreises systematisiert, bringt oft erstaunliche Ergebnisse. Der Einsatz moderner Medien (EIS, MIS) und der Drang zum papierlosen Büro unterstützt diese Bemühungen.

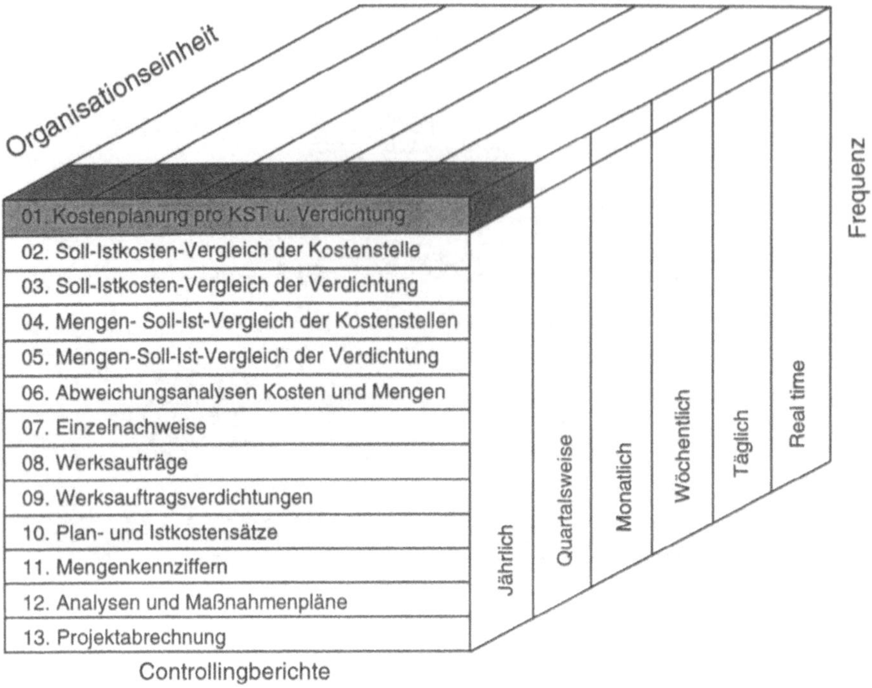

Abb. 5: Berichtsstruktur des Gemeinkostencontrolling

2.6 Wege aus der „Controlling - Krise"

Wenn unter diesem Titel in angesehenen Medien berichtet wird, lohnt es sich, die Kritikpunkte zu beachten. Folgende Ansätze werden hier geboten:

- Vermeide einen zu hohen Planungsaufwand, die Verläßlichkeit der Planung läßt sich nicht durch höhere Exaktheit steigern.
- Konzentriere das Berichtswesen auf die wesentlichen Fakten (vgl. oben) und
- vermeide den retrospektiven Analysencharakter des Controlling zugunsten eines in die Zukunft gerichteten Foreward Controlling.

Damit öffnet sich für das Controlling ein weites Feld von Aufgaben und Möglichkeiten, allerdings unter Beachtung höchstmöglicher Flexibilität und Anpassungsfähigkeit.

3 Methodische Entwicklungen

Aus der Fülle der methodischen Entwicklungen werden im folgenden einige wesentliche herausgegriffen:

3.1 Prozeßkostenmanagement mit SAP R/3 ABC

Prozeßkostenmanagement verlangt eine Datenbasis, in der die Prozeßstrukturen und die geplanten Ressourcenverbräuche zur Verfügung stehen. Nur so kann eine leistungsorientierte Wirtschaflichkeitskontrolle der ausführenden Organisationseinheiten und eine verursachungsgerechte Weiterverrechnung der Prozeßkosten zur Rentabilitätskontrolle gesichert werden.

Diese Prozeßdatenbank ist in der Standardsoftware R/2 der SAP in Form der Dienstleistungskalkulation vorhanden, die allerdings vorrangig bei Dienstleistungsunternehmen eingesetzt wird. Für Industrieunternehmen stehen zwar in der Regel Arbeitspläne für die unmittelbar wertschöpfenden Bereiche zur Verfügung, für die indirekten Leistungsbereiche (hidden factories) fehlen sie zumeist. Damit war die Installation von integrierten Konzepten des Prozeßkostenmanagements in der Industrie erschwert. Mit den aktuellen Entwicklungen der SAP bei Pilotanwendern in den USA wird diese Lücke im R/3 nun geschlossen.

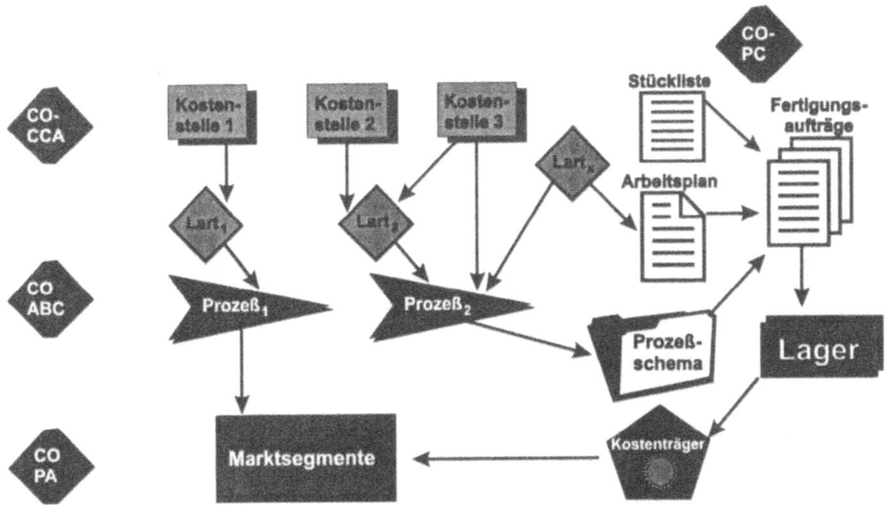

Abb. 6: CO-ABC als operative Rechnung

Bemerkenswert ist hier, daß die Kosten der einzelnen Prozesse entweder im „Prozeßschema" verwaltet und von dort - in Verbindung mit Arbeitsplan und Stückliste - in die Produktkalkulation eingehen oder auf direktem Wege den Bezugsobjekten der Deckungsbeitragsrechnung zugeordnet werden können.

3.2 Prozeßkostenmanagement mit ARIS-Promt

Ein weiteres Tool zur Realisierung des Prozeßkostenmanagements steht mit dem ARIS-Promt, einer Gemeinschaftsentwicklung von IDS-Prof. Scheer und Plaut zur Verfügung. Hier wird das Ziel verfolgt, die nach erfolgreicher Prozeßmodellierung verfügbaren Prozeßstrukturen aus dem ARIS zu bewerten. Besonders hervorzuheben ist, daß dieses PC-Tool die Ermittlung der Leistungsstandards, also der geplanten Ressourcenverbräuche der einzelnen Aktivitäten, erheblich unterstützt.

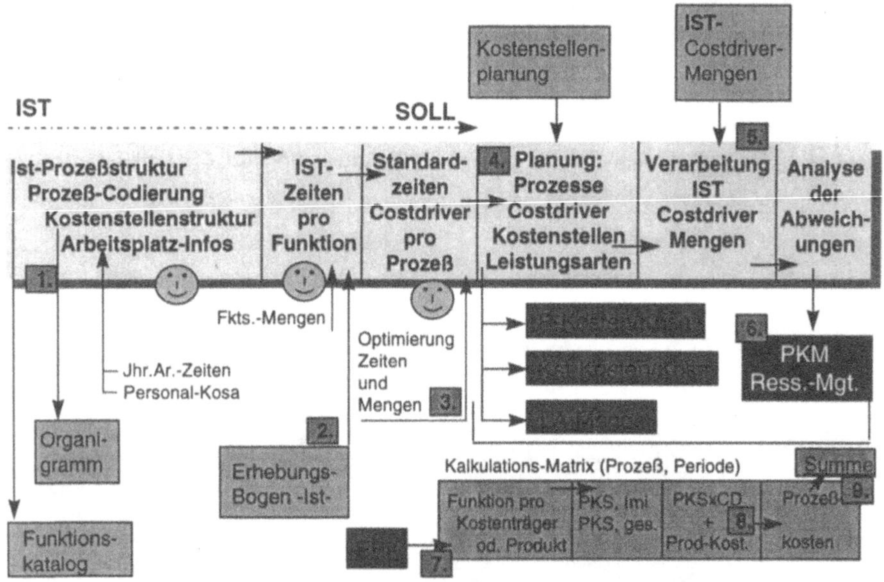

Abb. 7: Analytische Prozeßkostenrechnung mit ARIS-Promt

3.3 Interne Leistungsverrechnung versus Umlageverfahren

Durch den Trend zur Dezentralisierung und Verlagerung von Aufgaben und Verantwortung an möglichst überschaubare kleinere Einheiten - der Unternehmer im Unternehmen - und die damit verbundene Stärkung des Profit Center Gedankens hat die innerbetrieblichen Leistungsverrechnung an Bedeutung gewonnen. Dabei müssen allerdings die wichtigen Grundsätze einer akzeptanzfördernden Lösung in Erinnerung gerufen werden:

- Die Leistungsverrechnung darf nur auf der Basis von Mengendaten erfolgen, die eindeutig gemessen und vom Leistungsempfänger auch beeinflußt werden können.
- Die jeweilige Menge der Leistungsinanspruchnahme ist immer - auch im Ist - mit dem Planpreis zu bewerten.
- Die Angebotsmenge muß sich retrograd aus der Bedarfsmenge ergeben, nicht umgekehrt.

3.4 Forward Controlling versus retrospektive Analysen

Eine retrospektive Analyse über die Ursachen von Abweichungen vergangener Perioden ist nur dann zu rechtfertigen, wenn die daraus gezogenen Erkenntnisse zu einem Maßnahmenpaket führen, das die zukünftige Entwicklung im Sinne der ursprünglichen Zielvorgaben beeinflußt. Controlling versteht sich damit als Gestaltungsinstrument und nicht als Instrument für Rechtfertigungen oder Schuldzuweisungen.

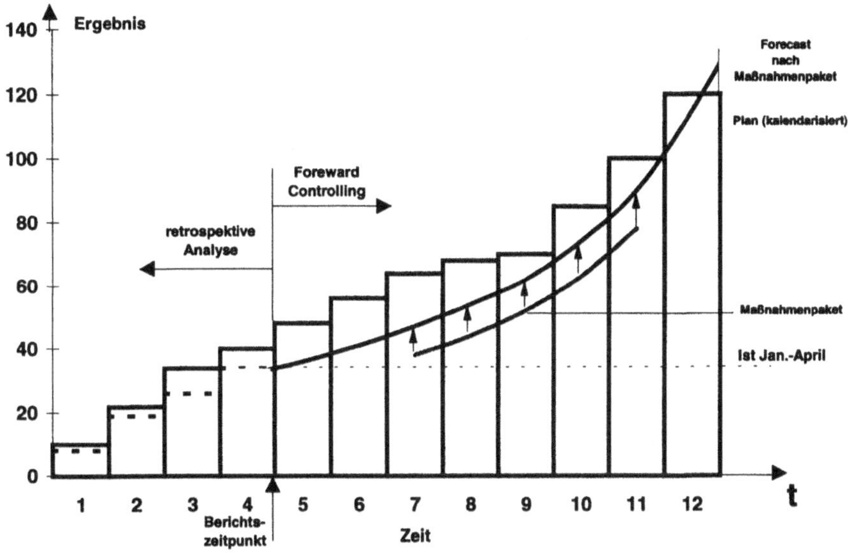

Abb. 8: Forward Controlling

In dem hier angenommenen Beispiel sind zum Berichtszeitpunkt, am Ende der ersten vier Monate, für das Management nur zwei Informationen wichtig:

Welche Maßnahmen werden ergriffen, um der eingetretenen Fehlentwicklung gegenzusteuern und wie wird nach Realisierung dieser Maßnahmen das voraussichtliche Ergebnis der Planungsperiode aussehen.

Diese Planungsperiode, im operativen Controlling üblicherweise der Zeitraum eines Jahres, bedeutet eine zwar gewohnte, dennoch aber eine sehr willkürliche Zäsur der wirtschaftlichen Zyklen. Immer mehr an Bedeutung für die Unternehmensführung gewinnen darüber hinaus reichende Perioden.

3.5 Life Cycle Costing

Mit den hohen Investitions- und Entwicklungskosten und der Funktionalität eines Produktes, wie sie in den frühen Phasen der Entwicklung festgezurrt wurde, sind die Kostenverläufe weitgehend vorgegeben. Daher sind Maßnahmen des strategischen Controlling für die langfristige Existenzsicherung eines Unternehmens von größter Bedeutung.

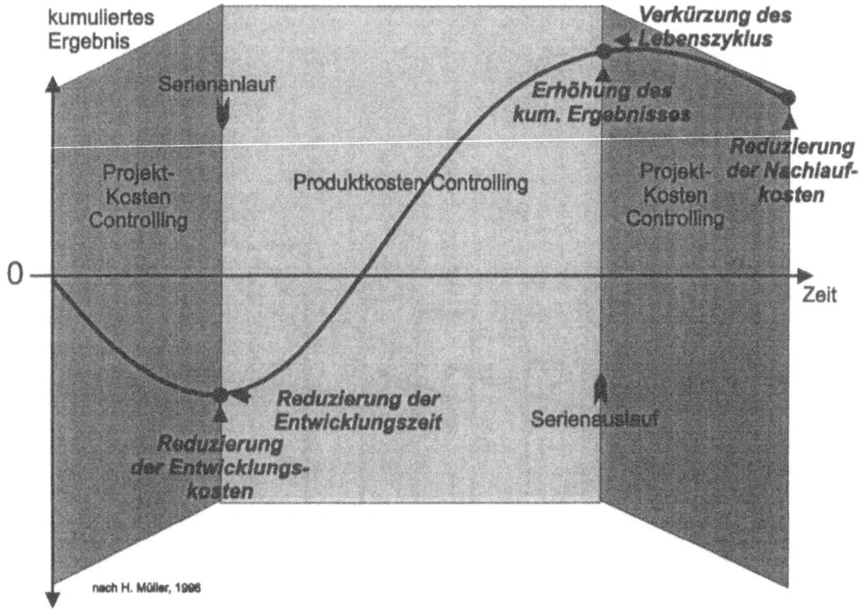

Abb. 9: Life Cycle Costing

Die Ansatzpunkte für derartige Maßnahmen sind aus der Abbildung zu erkennen:

- Reduzierung der Entwicklungszeit und der Entwicklungskosten
- Intensives Produktkosten-Controlling während der Serienfertigung
- Effizientes Vertriebs-Controlling zur Ausschöpfung der Marktchancen

- Optimierung der Nachlaufkosten durch umweltgerechtes Design

Zusätzlich sind für die Produktgestaltung die Marktbedürfnisse und die Zahlungsbereitschaft über geeignete Verfahren (Conjoint Measurement, Quality Function Deployment) zu ermitteln, die für ein anschließendes Target Costing verläßliche Ausgangsdaten zur Verfügung stellen.

3.6 Controlling in der Informationsverarbeitung

Trotz des relativen Preisverfalls der hardware und auch der software ist der Anteil der Kosten für die Informationsverarbeitung in den Unternehmen tendenziell weiter steigend. Dazu kommt die Tendenz, IV-Leistungen aus dem Unternehmensverbund auszugliedern oder IV-Leistungen von entsprechenden Anbietern extern einzukaufen. Daher steigt auch hier der Bedarf nach leistungsfähigen Controlling- und Abrechnungssystemen. Erschwert werden diese Bestrebungen noch durch die veränderte Systemumwelt: Bei batch-orientierten Abläufen waren die Systeme des job accounting bereits ausgereift, auch bei realtime-Anwendungen auf dem mainframe sind stabile Verfahren im Einsatz, für die aktuelle client-sever Umgebung werden sie erst entwikkelt.

Der Gesamtumfang des IV-Controlling stellt sich heute wie folgt dar:

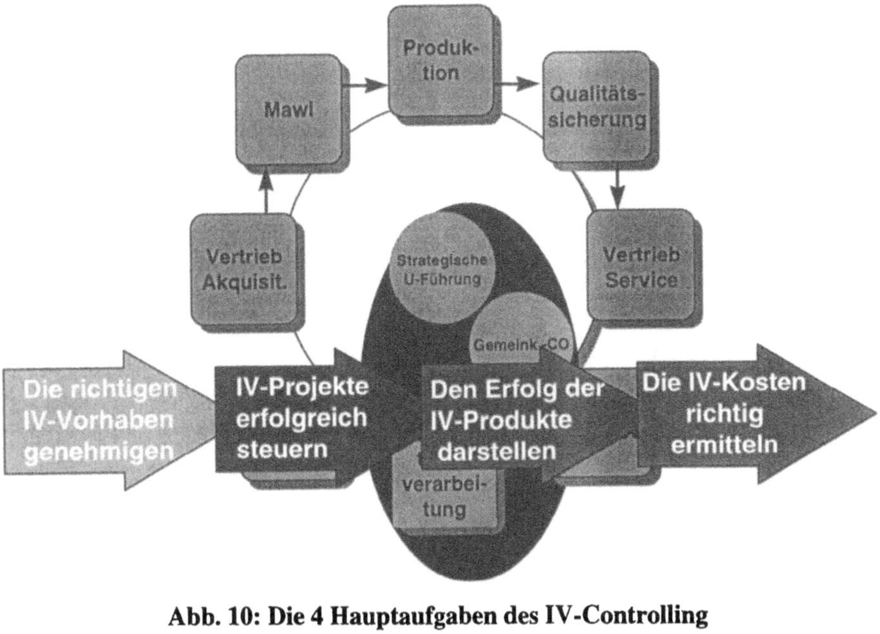

Abb. 10: Die 4 Hauptaufgaben des IV-Controlling

Zunächst muß die Strategie stimmen, das heißt, den richtigen IV-Vorhaben aus der langen Reihe der Anmeldungen muß die ihnen zustehende Priorität zugewiesen werden. Dies ist Aufgabe eines anspruchsvollen Portfolio-Managements. Darnach sind die genehmigten Projekte erfolgreich zu steuern. Über ein entsprechendes Projektmanagement wird diese Aufgabe erfüllt. Die verfügbaren „Produkte", also für den internen oder externen Abnehmer verfügbare Leistungen müssen erfolgsträchtig vermarktet werden und nicht zuletzt sind die Kosten des IV-Bereichs wirtschaftlich zu steuern. Im Vergleich zu den andern Controllinggebieten eine wahrlich schwierige Aufgabenstellung von höchster Aktualität.

4 Branchenbezogene Entwicklungen

4.1 Controlling bei Finanzdienstleistern

Während der Versicherungsbereich sich dem Controlling nur zögerlich öffnet, hat es sich im Bereich der Banken voll durchgesetzt. Die Komplexität und Eigenart dieser Branche spiegelt sich bei der Auslegung von Controlling-Konzepten wider.

Für die Werteseite stehen mit der erprobten Marktzinsmethode und der aktuellen Neugeschäftsorientierung in Verbindung mit dem Barwertkonzept Verfahren zur Verfügung , die auch in dieser Branche von der Volumensorientierung hin zur Ertragsorientierung führen. Daß auch hier - wie auch für das Risk Management - inzwischen branchenbezogene Lösungen der Standardsoftware angeboten werden, wird die Verbreitung dieser Verfahren erheblich fördern.

Im Bereich des Kostenmanagements gewinnt die prozeßorientierte Betrachtung - in Verbindung mit Rationalisierungsprojekten - zunehmend an Bedeutung. Modellierungen der Abläufe bilden die Basis für prozeßorientierte Stückkostenrechnungen und entsprechende tools unterstützen diese Bemühungen.

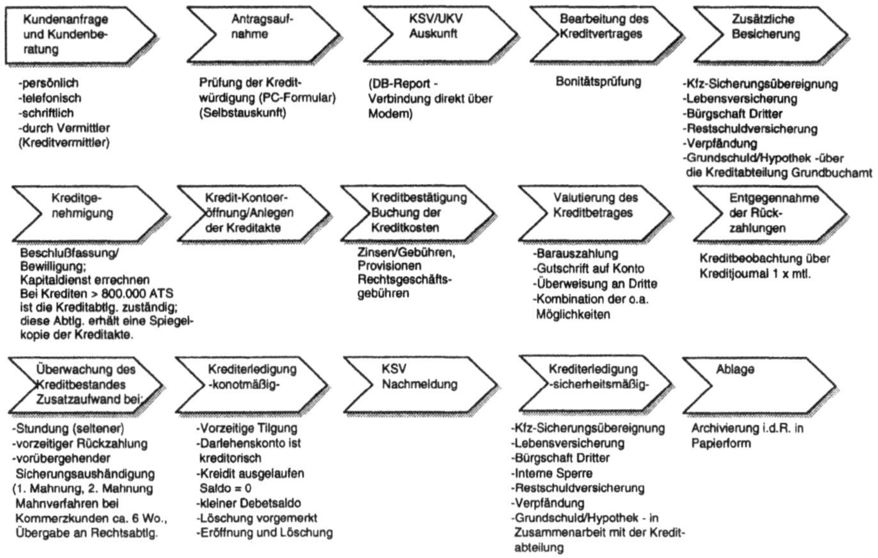

Abb. 11: Prozeßkette „Darlehen“

4.2 Controlling im öffentlichen Bereich und bei Non Profit Organisations

Durch die Not der knappen Kassen wird auch in diesen Bereichen der Bedarf nach einem wirksamen Controlling immer dringender. Dabei ist eine Bedarfspyramide festzustellen: In den von eigentlichen Hoheitsaufgaben weiter entfernten Bereichen, wie bei den kommunalen Unternehmen (Energieversorgung, Verkehr, Entsorgung) ist der Fortschritt am größten. Das Bleigewicht der Kameralistik ist hier entweder bereits durch Ausgliederungen abgeschüttelt oder durch gekonnte Überleitungen der Daten aus einem Topic-orientierten System neutralisiert. Auch einzelne Länder haben erste Ansätze gestartet, während die Bundesbehörden noch auf sich warten lassen.

4.3 Controlling im Gesundheitswesen

Dem öffentlichen Bereich in vielen Fällen nahestehend, ist das Gesundheitswesen durch die Gesetzgebung mit Nachdruck auf die Notwendigkeit eines effizienten Controlling hingewiesen worden. In einer Reihe von Pilotprojekten wurden inzwischen derartige Systeme eingeführt, nicht zuletzt, um die gesetzlichen Auflagen der Fallkostenabrechnung erfüllen zu können. Auch Branchenlösungen an Standardsoftware stehen bereits zur Verfügung. Dennoch ist der Weg zu einem integrierten Krankenhaus-Informationssystem, wie es in der folgenden Abbildung dargestellt wird, noch weit:

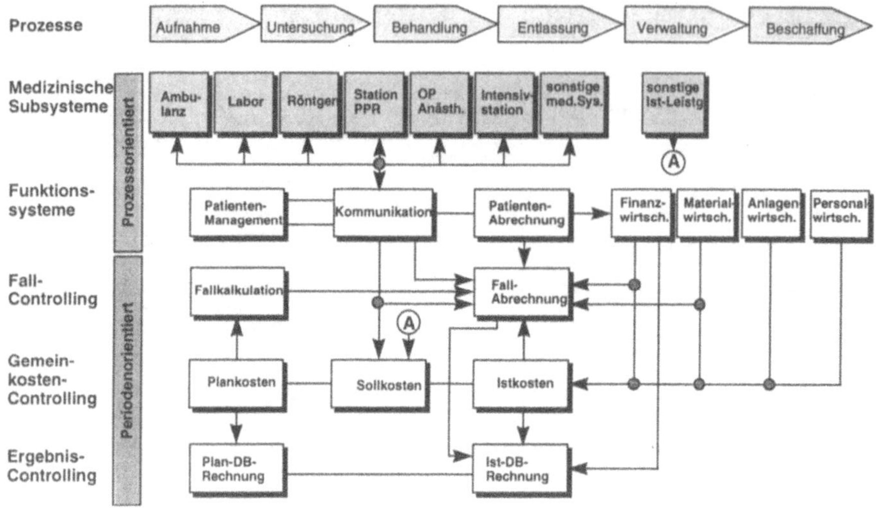

Abb. 12: Überblick über ein Krankenhaus-Informationssystem

Besonders das Zusammenspiel der vielen unterschiedlichen medizinischen Subsysteme, die Qualität und Vollständigkeit der erfaßten Daten und nicht zuletzt die Kommunikationsprobleme zwischen dem Controller und dem ärztlichen und pflegerischen Bereich lassen eine durchgehend fallbezogene - behandlungsprozeßbezogene - Abbildung der Kosten- und Leistungsströme derzeit noch nicht zu.

5 Zusammenfassung und Ausblick

Controlling gewinnt weiter an Bedeutung. Dies drückt sich nicht in einer höheren Anzahl von Controllern aus, sondern in einer Einbettung des jeweiligen Controllingprozesses in den zugehörigen Geschäftsprozeß, sei es die Produktentwicklung, die Markterschließung usw. Der Bezug zum Kunden, zum Markt ist auch im Controlling zu intensivieren. Marktforschung mittels aktueller Verfahren bilden die Grundlage für strategische Entscheidungen der Produktentwicklung und diese können nicht ohne begleitendes Controlling getroffen werden.

Eine gesamthafte Sicht über die willkürlichen Datumsgrenzen hinaus ist erforderlich. Zunächst ist die Frage zu beantworten: „Tun wir die richtigen Dinge?“, erst dann ist die Frage erlaubt „Ob wir die Dinge richtig tun?“.

Positionsbestimmung des Controlling

Prof. Dr. Heinz Lothar Grob
Westfälische Wilhelms-Universität Münster

Inhalt

17. Saarbrücker Arbeitstagung Rechnungswesen und EDV 1996. Hrsg.: A.-W. Scheer.

1 Zum Begriff Controlling

Controlling hat in der Praxis und an den Hochschulen in den letzten Jahren eine weite Verbreitung gefunden. Als Befundmaterial können neben der starken Zunahme an Literaturbeiträgen und Stellenanzeigen auch die (Um)-Etikettierungen bzw. Neuentwicklungen von Lehrveranstaltungen im betriebswirtschaftlichen Curriculum herangezogen werden. Als Funktion, aber auch als organisatorische Institution ist das Controlling mittlerweile ein fester Bestandteil der betriebswirtschaftlichen Praxis und damit zu einem wichtigen Erkenntnisobjekt der Betriebswirtschaftslehre geworden. Neuerdings wird auch versucht, durch eine Verbindung von allgemeinen theoretischen Ansätzen, wie der Principal-Agent-Theorie, mit dem überwiegend praxisorientierten Controlling eine verhaltenswissenschaftliche theoretische Grundlage zu schaffen. [18]

Trotz der weiten Verbreitung von Controlling-Konzepten wird in der Praxis - aber auch in der akademischen Lehre - dem Controlling-*Begriff* und damit dem Grundverständis regelmäßig viel Aufmerksamkeit geschenkt. Das Motiv der Praxis ist leicht nachvollziehbar: Die Implementierung von Controlling-Konzepten bedeutet für viele „Betroffene" (z. B. für Leiter von Profit Centern oder für die Führung von Rechenzentren) eine Offenlegung von Potentialen, Leistungen und Kosten und damit eine Einengung des sog. *Organizational Slacks.* [27] Dabei bietet der Controlling-Begriff neben einer Abgrenzung von Aufgaben auch Aussagen über die generelle Einschätzung des Konzepts. Im Bereich der Lehre und Forschung wurde (und wird) skeptisch gefragt, ob Controlling im Vergleich zur Unternehmensplanung und anderen traditionellen dispositiven Aufgaben „alter Wein in neuen Schläuchen" darstellt. [15] Wenn es so wäre, bräuchten Lehrveranstaltungen nicht reformiert zu werden und bei der Neuauflage von Büchern könnten alte Konzepte weiterbestehen.

Trotz der zunehmenden Verbreitung des Controlling liegt eine unumstrittene inhaltliche Beschreibung - und damit eine anerkannte allgemeine Definition - noch nicht vor. Dies dürfte aufgrund der dynamischen durch wissenschaftlichen und technologischen Fortschritt gekennzeichneten Entwicklung neuer DV-gestützter Ansätze verursacht sein.

Der Versuch, Controlling *etymologisch* zu definieren, dürfte der Anfang vieler Mißverständnisse gewesen sein. Wird die sprachliche Herkunft des Begriffs zu seiner inhaltlichen Konkretisierung herangezogen, so wird Controlling durch Übersetzung des Begriffs „to control" erklärt. Das Wesen des Controlling besteht demnach im Lenken und Steuern eines Unternehmens oder - allgemeiner - einer Institution. [17] Indes ist eine etymologisch motivierte Beschreibung von neuen Konzepten von vornherein verfehlt. Auch die Überlegung, Controlling aufgrund empirischer Erhebungen („Controlling is what Controllers do") zu definieren, ist aus der Sicht einer praktischnormativen Betriebswirtschaftslehre nicht als sinnvoll anzusehen. Vielmehr ist *zweckorientiert* zu fragen, was unter Controlling verstanden werden *sollte*.

Eine in der betriebswirtschaftlichen Literatur häufig übernommene Definition von Controlling stammt von Horváth. Horváth versteht hierunter ein „Subsystem der Führung, das Planung und Kontrolle sowie Informationsversorgung systembildend und systemkoppelnd koordiniert und auf diese Weise die Adaption und Koordination des Gesamtsystems unterstützt." [11]

Wird aus der oben genannten Definition eine Positionsbestimmung abgeleitet, so erfüllt das Controlling vorrangig eine *Koordinationsfunktion*. [26] In institutioneller Hinsicht bleibt offen, *welche* Organisationseinheit diese Koordination vornehmen könnte. Bedeutsam ist nur, daß es sich um eine Führungsaufgabe handelt, die - falls dies unter transaktionsökonomischen Gesichtspunkten sinnvoll ist - an einen oder an mehrere hierarchisch untergeordnete Organisationseinheiten delegiert werden kann.

Aus der starken Betonung der Koordinationsaufgabe beim Controlling resultiert eine zu enge Betrachtung. So zeigt eine Analyse von Stellenanzeigen für Controller, daß das Controlling in der Praxis nicht nur die *Koordination* zu verantworten hat, sondern daß auch die *Durchführung* von Planung und Kontrolle zum Aufgabenumfang des Controlling gehört. Aufgrund dieser Überlegungen wird es für zweckmäßig gehalten, den Controlling-Begriff durch die beiden folgenden *Aufgabenklassen* zur Unterstützung der Unternehmensführung zu definieren: [3]

1. Schaffung und Betreuung einer Infrastruktur zur Informationsversorgung bei der Planung und Kontrolle *(= systemgestaltende Aufgaben)*
2. Koordination und Durchführung von Planung und Kontrolle *(= systemnutzende Aufgaben)*

zu 1.: Im Mittelpunkt der ersten Aufgabenklasse steht die Überlegung, daß das gesamte wirtschaftliche Geschehen durch Informationsflüsse abbildbar ist. Dem Controlling kommt die Aufgabe zu, die Informationsversorgung des Management bei der Unternehmenssteuerung zu gewährleisten. Zu diesem Zweck muß eine *Infrastruktur zur Unterstützung der Planung und Kontrolle mit Informationen* geschaffen werden.

Während dem Informationsmanagement hierbei die Aufgabe zugeordnet wird, die Infrastruktur in *DV-technischer* Hinsicht zu gestalten, hat das Controlling eine betriebswirtschaftlich sinnvolle *inhaltliche* Ausprägung des Informationsbedarfs zu verantworten. Deshalb hat das Controlling an der Entwicklung eines Informationsversorgungssystems mitzuarbeiten, das die art-, zeit- und mengengerechte Informationsversorgung des Management ermöglicht und damit die Planung und Kontrolle unterstützt. [17]

Die vom Controlling geschaffene Infrastruktur zur Informationsversorgung stellt einen Teil des gesamten betrieblichen Informations- und Kommunikationssystems der Unternehmung dar, in dem sowohl qualitative Führungsinformationen als auch quantitative Ausführungsinformationen verarbeitet werden. Die Infrastruktur hat die informationswirtschaftlichen Teilaufgaben der Informationsbedarfsermittlung, -beschaffung, -speicherung und -übermittlung zu erfüllen. Dazu sind neben Datenbanken und Anwendungsprogrammen des Rechnungswesens (insbesondere der Leistungs- und Kostenrechnung) auch Entscheidungsunterstützungssysteme erforderlich.

Neben der Konzeptionierung eines Informationssystems ist es Aufgabe des Controlling, das System zu betreuen und bei Bedarf *anzupassen*, um dessen Funktionssicherung auf Dauer zu gewährleisten. Das Controlling koordiniert hierbei den Informationsbedarf, die Informationserzeugung und die Informationsbereitstellung des Planungs- und Kontrollsystems.

zu 2.: Das zweite Aufgabengebiet ist die *Koordination und Durchführung von Planung und Kontrolle* durch *Nutzung* des Informations- und Kommunikationssystems. Dabei wird die Informationsversorgungsfunktion durch das Controlling nicht als eigenständige Aufgabe, sondern als Teil von Planung und Kontrolle verstanden; denn ohne die Versorgung mit relevanten Informationen ist Planung und Kontrolle a priori nicht möglich.

Die *Koordination* der Planung und Kontrolle ist notwendig, da ein heterogenes und arbeitsteilig organisiertes Unternehmen in Funktionalbereiche und Hierarchieebenen gegliedert ist, deren Pläne aufeinander abgestimmt werden müssen. Nur eine koordinierte Planung versetzt das Management in die Lage, die Gesamtunternehmung effizient zu steuern. Mit Hilfe der Koordination werden die Teilaktivitäten auf die Erreichung der Gesamtaufgabe und des Gesamtziels der Unternehmung ausgerichtet. Dem Controlling stehen dafür technokratische, organisatorische und personenorientierte Koordinationsmechanismen zur Verfügung. [14]

In der Literatur besteht Konsens darüber, daß die Koordination als eine wesentliche Aufgabe des Controllers anzusehen ist: Die Koordinationsaufgabe innerhalb des Managementsystems und insbesondere im Bereich der Planung, Kontrolle und Informationsverarbeitung wird als konstitutiv für das Controlling angesehen. [26], [11], [20]

Sinnvoll erscheint, daß eine Organisationseinheit, die das Planungs- und Kontrollsystem einer Unternehmung betreut und koordiniert und auch die hierfür notwendigen Informationssysteme und Koordinationsmechanismen festlegt, auch die Planung und Kontrolle - zumindest in Teilbereichen - selbst *durchführt*. Das Controlling verfügt schließlich über umfassende Kenntnis der Instrumente, Techniken und Modelle zur Unternehmenssteuerung. Würde der Controller tatsächlich nur koordinieren, wäre dies in vielen Fällen - und dies gilt insbesondere für kleine und mittlere Unternehmungen - *ineffizient*, weil das breite Fachwissen und die Qualifikation bei der Nutzung der entwickelten Systeme nicht eingesetzt würden und personelle Redundanzen entstünden. Der systemnutzende Aufgabenbereich sollte deshalb nicht nur die Koordination, sondern auch die Durchführung von Planung und Kontrolle beinhalten. [2], [3]

Ziel des Controlling ist also die optimale Unterstützung des Management durch Instrumente, Konzepte und letztlich durch Informationen. Vor dem Hintergrund einer hohen Dynamik der Märkte, umfassender politischer und weltwirtschaftlicher Veränderungen und starkem technischen Fortschritt mit immer kürzer werdenden Produktlebenszyklen gilt es, durch managementunterstützende Aktivitäten die Adaptions- und Antizipationsfähigkeit der Gesamtunternehmung zu erhöhen. Das Controlling hat dabei insbesondere die Aufgabe, Informationen über *Veränderungen* bereitzustellen, um Entwicklungen rechtzeitig erkennen und Korrekturmaßnahmen frühzeitig einleiten zu können. Die durch das Controlling geschaffenen Freiräume im Managementprozeß ermöglichen letztlich eine Steigerung der Führungseffizienz. [11], [20], [26]

2 Institutionalisierung des Controlling

Der Zusammenhang zwischen Unternehmensführung, zu der nicht nur die Topebene, sondern auch die Führung selbständiger Teilbereiche (z. B. Profit Center) gehören, und der Organisationseinheit Controlling, in der Spezialisten („Controller") tätig sind, läßt sich wie folgt interpretieren: Die Unternehmensführung hat die Aufgabe, das Gesamtsystem zu steuern (to control), analog nimmt die Führung eines Profit Centers diese Aufgabe für sein Teilsystem wahr. Hierbei werden die Verantwortungsträger von Spezialisten unterstützt, deren Aufgabe es ist, die erforderlichen Informationen in wirtschaftlich sinnvoller Weise verfügbar zu machen.

Diese Aufgaben müssen aber nicht zwangsläufig von Spezialabteilungen wahrgenommen werden. Sie können auch als Self-Controlling integraler Bestandteil operativer Tätigkeiten (z. B. Verkaufen) sein. Außerdem lassen sich die Leistungen der Controlling-Abteilung von Beratergesellschaften fremdbeschaffen. Eine Trennung nach Trägern und Empfängern erlaubt es, zwischen originärem und derivativem sowie internem und externem Controlling zu unterscheiden (vgl. Abb. 1).

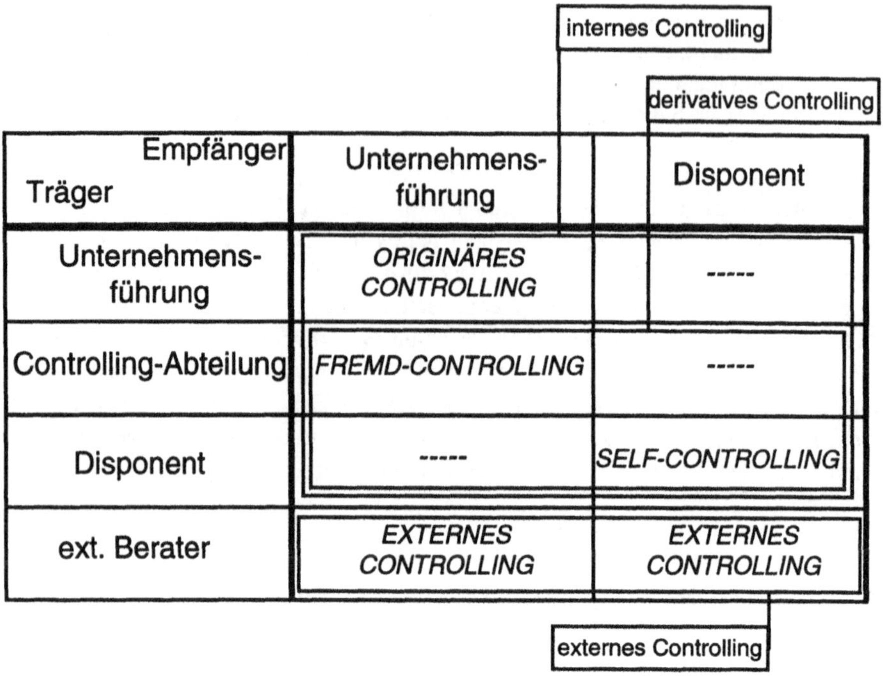

Abb. 1: Visualisierung von Konzepten des Controlling in bezug auf Träger und Empfänger

3 Entwicklungsfelder des Controlling

Die Weiterentwicklung des Controlling vollzieht sich auf unterschiedlichen Feldern gleichzeitig. Während bei einer datenorientierten Sichtweise Executive-Information-System-Konzepte [9], Data-Warehouse und Data-Mining in den Mittelpunkt der Betrachtung gerückt sind, kommt bei einer modell- und methodenorientierten Betrachtung Investitionskalkülen, Simulationsmodellen sowie finanz- und realwirtschaftlichen Planungsmodellen zunehmende Bedeutung zu. Durch die gestiegene Leistungsfähigkeit von Computern können Optimierungsverfahren, die früher vorwiegend im universitären Bereich eingesetzt worden sind, nunmehr auch in der Praxis genutzt werden. [5]

Wird das Rechnungswesen, zu dem neben der Finanzbuchhaltung die Leistungs- und Kostenrechnung sowie Budgetierungssysteme zu zählen sind, in den Mittelpunkt der Betrachtung gestellt, so wird deutlich, daß hier ebenfalls eine Reihe neuer Konzepte im Hinblick auf die verbesserte Erfüllung von Aufgaben des Controlling in der Diskussion befindlich ist.

Während bezüglich der Neugestaltung des Rechnungswesens Integrations- und Separationsansätze miteinander konkurrieren, werden im Verhältnis von Investitionscontrolling und operativem Controlling integrative Konzepte vorgeschlagen, um letztlich die Divergenz zwischen lang- und kurzfristigen Analysen zu überwinden. Einen besonderen Schwerpunkt bildet die Substitution einer funktions- und strukturorientierten Sichtweise durch eine prozeßorientierte Betrachtung.

Im Rahmen dieses Beitrages sollen drei Entwicklungsfelder stärker herausgearbeitet werden:

1. Bei der Leistungs- und Kostenrechnung, die eine wesentliche Datenbasis des Controlling darstellt, wird die Einführung einer aufwandorientierten nominalen Kostenrechnung diskutiert. Außerdem finden Ansätze zur Prozeßkostenrechnung zunehmende Verbreitung. Schließlich wird bei vielen Fragestellungen, die traditionsgemäß auf Basis der Leistungs- und Kostenrechnung verantwortet wurden, in stärkerem Maße finanzplanorientierten Lösungen Aufmerksamkeit geschenkt.
2. Durch neue Konzepte des Controlling läßt sich die Divergenz zwischen der langfristigen Betrachtung des Investitionscontrolling und der kurzfristigen des operativen Controlling überwinden.
3. Das Zusammenspiel von Prozeßmanagement und Prozeßcontrolling führt in einer Vielzahl von Unternehmungen zu einem erheblichen effizienzsteigernden organisatorischen Wandel.

Auf die hier herausgestellten Entscheidungsfelder wird im folgenden Abschnitt näher eingegangen. Die Entwicklung und Nutzung der neuen Konzepte durch das Controlling wirft die Frage nach einem Berufsbildwandel des Controllers auf. Hierzu sind abschließend einige empirische Erhebungen vorzustellen.

4 Ausgewählte Entwicklungsfelder

4.1 Neue Konzepte der Leistungs- und Kostenrechnung

Die für das Controlling relevante Leistungs- und Kostenrechnung befindet sich im Wandel. Im folgenden werden in der Diskussion befindliche Entwicklungsrichtungen aufgezeigt.

zu 1.: Aufwandorientierte nominale Kostenrechnung

Ist die deutsche Rechnungslegung zum Schutz des Gläubigers primär durch den Grundsatz der vorsichtigen Bewertung geprägt, so dominiert der Grundsatz der „Fair Presentation“ die amerikanische Rechnungslegung. Der Gedanke, die wirtschaftliche Lage des Unternehmens *wahrheitsgemäß* und frei von bilanzpolitischen Bewertungsspielräumen anhand des „Fair Value“ darzustellen [8], stimmt im wesentlichen mit dem der Leistungs- und Kostenrechnung überein. Unter Berücksichtigung der Bestrebungen zur Vereinheitlichung der internationalen Rechnungslegung und einer stärkeren Orientierung an internationalen - insbesondere angloamerikanischen - Vorschriften zur Rechnungslegung wird die Annäherung des internen Rechnungswesens an die Grundsätze des externen Rechnungswesens in Form einer aufwandorientierten nominalen Kostenrechnung diskutiert.

Ursache ist der Wunsch nach einer Aufhebung des dualen Systems mit der Trennung in eine interne und externe Ergebnisrechnung sowie die damit verbundene Unterscheidung von Aufwendungen und Kosten. [28] Einige inländische Unternehmen tragen dieser Entwicklung bereits Rechnung und haben ihr internes Rechnungswesen umstrukturiert. So wurde z. B. die Gewinn- und Verlustrechnung nach dem Umsatzkostenverfahren durchgeführt, um hierdurch ihren Einsatz als internes Informations- und Steuerungsinstrument zu ermöglichen. Die bisherige interne Ergebnisrechnung konnte entfallen, da die Gewinn- und Verlustrechnung für interne Zwecke „zusätzlich als Zwischensumme das operative Ergebnis als Aussage über den wirtschaftlichen Erfolg ... nach kalkulatorischer Verzinsung des gebundenen Vermögens“ enthält. [28]

Das operative Ergebnis stellt den Umsatzerlösen die Umsatzkosten, die Forschungs- und Entwicklungskosten, die Vertriebskosten und die allgemeinen Verwaltungskosten gegenüber. Es enthält damit weder Aufwendungen noch Erträge, die aus dem Imparitätsprinzip resultieren, insbesondere keine Veränderungen durch außerplanmäßige Abschreibungen. Nicht enthalten sind darüber hinaus Geschäftsvorfälle, die die Finanzsphäre betreffen. So werden - im Gegensatz zum Handelsbilanzergebnis - Beteiligungs-, Zins- und übrige Finanzergebnisse nicht berücksichtigt.

Als kalkulatorische Kosten werden abweichend von der externen Ergebnisermittlung lediglich kalkulatorische Zinsen auf das betriebsnotwendige Vermögen berechnet. Kalkulatorische Abschreibungen und Wagnisse gehen nicht in die Ergebnisrechnung ein. Statt dessen gehen „die handelsbilanziellen Abschreibungen und die tatsächlich eingetretenen Risiken in die Ergebnisrechnung“. [28] Zur Erzeugung von Informationen, die Rückschlüsse auf die Substanzerhaltung der Unternehmung zulassen, wird die Berechnung der kalkulatorischen Zinsen zu Marktzinssätzen durchgeführt, und das gebundene betriebsnotwendige Kapital wird zum Nominalwert angesetzt.

Bei der aufwandorientierten nominalen Kostenrechnung wird somit eine Unterscheidung zwischen Aufwendungen und Kosten mit Ausnahme der kalkulatorischen Zinsen obsolet. Die Neuausrichtung der internen Rechnungslegung auf Größen des externen Rechnungswesens stellt somit die Bedeutung einer eigenständigen Leistungs- und Kostenrechnung in Frage. Tatsächlich dürfte die aufwandorientierte nominale Kostenrechnung jedoch primär für das Controlling international tätiger Konzerne Verbreitung finden. Dabei dürften auch transaktionskostenökonomische Argumente von besonderer Wichtigkeit sein. Mit einer allgemeinen Verbreitung der aufwandorientierten nominalen Kostenrechnung ist kurzfristig nicht zu rechnen, da der Umstellungsaufwand nicht unerheblich ist.

zu 2.: Prozeßkostenrechnung

Die steigende Automatisierung der Fertigungsbetriebe hat zu einer erheblichen Zunahme des Anteils der fixen Kosten und damit der Gemeinkosten geführt. Da der Anteil der Fertigungslöhne an den Gesamtkosten gleichzeitig rückläufig war, ergaben sich häufig Gemeinkostenzuschlagssätze von mehr als 500 %, so daß die Ergebnisse der Selbstkostenkalkulation nicht mehr plausibel begründbar waren und folglich gegen das Akzeptanzprinzip verstießen. [4]

Als Reaktion auf diese Entwicklung wurde ein neues Kostenrechnungssystem konzipiert, bei dem nicht mehr die Kostenstelle, sondern der kostenstellenübergreifende Prozeß als Bezugsgröße der Kostenzurechnung angesehen wird. Das Rechnungssystem wird als Activity Accounting, Activity Based Costing oder Cost-Driver-Accounting-System und im deutschsprachigen Raum als *Prozeßkostenrechnung* bezeichnet. [12], [13], [1]

Ziel der Prozeßkostenrechnung ist die Erfassung und Analyse der Kosten eines typischen Prozesses, der durch sich wiederholende Vorgänge definiert ist. Die Prozeßkostenrechnung wird vor allem in indirekten Bereichen einer Unternehmung, zu denen insbesondere die logistischen, qualitätsbezogenen und planerischen Transaktionen gehören, angewendet.

Beispiele für Prozesse des indirekten Leistungsbereichs sind:

- Angebot bearbeiten,
- Material bestellen,
- Fertigerzeugnisse lagern.

Das System dient insbesondere dazu, Kostenwirkungen transparent zu machen und durch Einsparungen, die aufgrund eines systematischen Kostenmanagements der Gemeinkosten möglich werden, die Effizienz zu erhöhen.

Die Prozeßkostenrechnung ist ein Kostenrechnungssystem auf Vollkostenbasis, da einem Kalkulationsobjekt *sämtliche* Kosten zugerechnet werden. Die an der Vollkostenrechnung geäußerte Kritik trifft also auch auf die Prozeßkostenrechnung zu. Dies ist der Hauptgrund dafür, daß die Prozeßkostenrechnung in der Literatur [16] kontrovers diskutiert wird. Trotz dieser Kritik wird das Grundkonzept auf der Basis neuerer Ansätze des Prozeßmanagements weiterentwickelt. [25]

zu 3.: Leistungsrechnung

Die Leistungsrechnung zur Erfassung und Dokumentation von Marktleistungen, innerbetrieblichen Leistungen und Lagerleistungen, ist als gleichberechtigtes System neben der Kostenrechnung relativ neu. Zum einen muß die Leistungsrechnung Aussagen über die Ergebnisse der Marktsegmentierung leisten, zum anderen muß sie in ein konsistentes System zur Kostenrechnung gebracht werden, um den Leistungen einzelner Leistungsträger (z. B. Kunden) die entsprechenden Kosten gegenüberzustellen.

Die Entwicklung neuer Systeme der Leistungsrechnung verlangt, daß die Bewertungsfrage insbesondere bei Lager- und innerbetrieblichen Leistungen in der Betriebswirtschaftslehre neu diskutiert wird. Auch die systeminterne Erfassung und Bewertung des Auftragseingangs sollte zur Ausrichtung der Leistungs- und Kostenrechnung als ein Frühwarnsystem des Controlling überlegt werden. Durch eine prozeßorientierte Betrachtung und durch die Integration von Performance Measurement wird der Informationsgehalt der Leistungsrechnung erheblich verbessert. [4]

zu 4.: Finanzplanorientierte Methoden

Die Bewertungsproblematik - insbesondere bei den kalkulatorischen Abschreibungen und den kalkulatorischen Zinsen - sowie die Problematik, die für langfristige Vorhaben entscheidungsrelevanten Kosten zu erfassen, legt nahe, die Leistungs- und Kostenrechnung um finanzplanorientierte Konzepte zu ergänzen. Dies gilt z. B. für die Kalkulation langfristiger Preisuntergrenzen und für die Fixierung von Kostenbudgets im Rahmen von Target Costing. Durch neuere Konzepte des Controlling wird versucht, die Schwächen des einperiodigen Rentabilitätsmaßes *Return on Investment* zu überwinden und bei der Planung *und* Kontrolle einen langfristigen Zeitraum von mehreren Jahren zugrunde zu legen. [3] Auch in diesem Fall ist eine Abkehr von güterwirtschaftlich orientierten Rechnungsgrößen - also Leistungen und Kosten - und eine Hinwendung zu Zahlungen erforderlich. Zwar sind derartige Controlling-Konzepte zu aufwendig, um das Grundkonzept einer güterwirtschaftlichen Betrachtung zu verdrängen, so daß sie nur in Spezialfällen eingesetzt werden. Darüber hinaus können aber auch theoretische Erkenntnisse aus einer finanzplanorientierten Betrachtung in die Leistungs- und Kostenrechnung transferiert werden.

Zusammenfassend ist festzustellen, daß die Kostenrechnung im *Umbruch* befindlich ist. Zur Leistungsrechnung kann dagegen die These aufgestellt werden, daß sie sich im *Aufbruch* befindet und als Datenbasis für das Controlling zunehmende Bedeutung erlangen wird.

4.2 Integrationstendenzen

Investitionsentscheidungen gehören zum Bereich des strategischen Controlling. Aufgrund der Langfristigkeit derartiger Vorhaben sollte hierbei nicht in den Kategorien von Leistungen und Kosten, sondern mit Ein- und Auszahlungen gerechnet werden. Grund hierfür ist die Bedeutung der Zinsen im langfristigen Kalkül. Nur bei Verwendung von periodenspezifischen Ein- und Auszahlungen läßt sich eine realitätsnahe Entwicklung der dem Investitionsvorhaben zurechenbaren Finanzbestände abbilden. Zu den entscheidungsrelevanten Zahlungen zählen hierbei auch die Steuern. Der Ansatz von Steuern in der Investitionsrechnung ist deshalb evident. [2]

Als Controlling-Instrumente zur Beurteilung von Investitionen werden überwiegend die klassischen Methoden der Wirtschaftlichkeitsrechnung eingesetzt, zu denen die Kapitalwert-, die Annuitäten-, die interne Zinsfuß- und die Pay-off-Methode gehören. Erleichtert wird die Anwendung dieser finanzmathematischen Verfahren durch eine formelmäßige Unterstützung in Tabellenkalkulationsverfahren. Indes sind die klassischen Investitionsrechnungsmodelle mit wirklichkeitsfremden Prämissen behaftet, so daß eine Ausbaufähigkeit an reale Verhältnisse schwierig ist. Wegen der formelmäßigen Verdichtung zum jeweiligen Zielwert (z. B. zum internen Zinsfuß) weisen sie nur eine geringe Transparenz auf. So läßt sich beispielsweise die Entwicklung der finanziellen Bestände im Zeitablauf nicht unmittelbar aus der finanzmathematischen Rechnung ablesen.

In zunehmendem Maße setzen sich deshalb finanzplanorientierte Verfahren der Investitionsrechnung durch, die durch die Eigenschaften Ausbaufähigkeit und Transparenz gekennzeichnet sind. [2] Im Mittelpunkt dieser Ansätze steht ein Finanzplan, der wegen der expliziten Darstellung der Finanzierungsseite als *vollständiger Finanzplan (VOFI)* bezeichnet wird. Der generelle Aufbau eines VOFIs ist in Abb. 2 dargestellt worden. Die Berechnung des Zielwertes (z. B. des Endwertes am Planungshorizont) erfolgt entweder periodisch-sukzessiv durch finanzwirtschaftliche Dispositionen (z. B. Tilgung und Aufnahme von Krediten bzw. Durchführung von Reinvestitionen) oder durch Einsatz des Optimierungsverfahrens der Linearen Programmierung. Bei beiden methodischen Möglichkeiten wird dafür gesorgt, daß der Finanzierungssaldo jeder Periode gleich Null ist, d. h. daß ein liquiditätsmäßiges Gleichgewicht erzeugt wird. Neben den Bewegungsgrößen (z. B. Cash flows, Reinvestitionen) ist im VOFI auch die Entwicklung der Guthaben- und Kreditstände enthalten. Das Modell ist in einer Vielzahl von Ausbaustufen auch als Excel-Template realisiert worden.

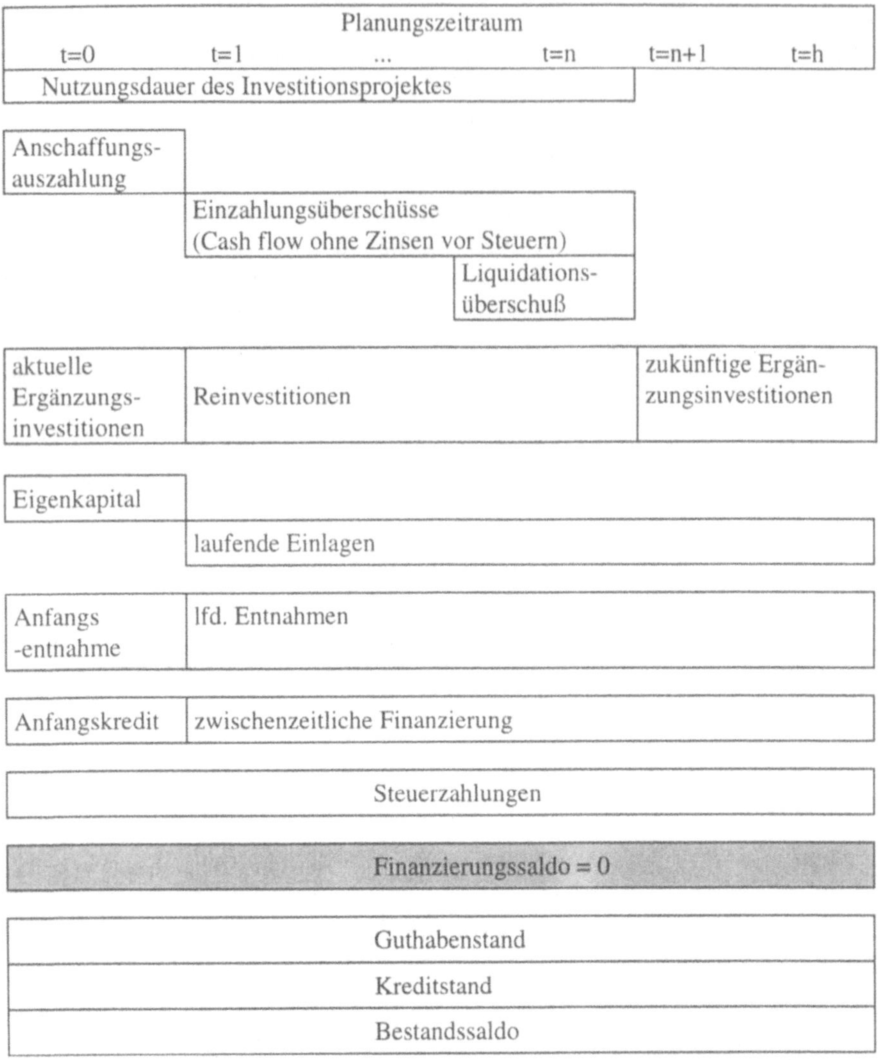

Abb. 2: Die schematische Darstellung eines VOFIs

Im VOFI können beliebige monetäre Zielwerte - also auch die der klassischen Verfahren *mit* und *ohne* Steuern - berechnet werden. Die Ausbaufähigkeit in bezug auf die Berücksichtigung steuerlicher Besonderheiten, der Ungewißheit und der Prognosedaten sowie die detaillierten Möglichkeiten einer Investitionskontrolle machen den VOFI zu einem vielfältig nutzbaren Instrument des Investitionscontrolling.

Zur rechnerischen Fundierung von Investitionsentscheidungen dienen regelmäßig die oben beschriebenen Methoden des *strategischen* Investitionscontrolling. Hierbei wird ein langfristiger Betrachtungszeitraum zugrunde gelegt. Die Zielwerte werden auf der Basis von Ein- und Auszahlungen berechnet. *Sobald* das Investitionsobjekt in die investierende Unternehmung integriert worden ist, finden Konzepte des *operativen* Controlling Anwendung. Hierbei wird von einem kurzfristigen Zeitraum ausgegangen und mit Kosten und Leistungen gerechnet. Der Übergang vom strategischen zum operativen Controlling, der einhergeht mit einem Wechsel von der langfristigen zur kurzfristigen Betrachtung, stellt einen *Methodenbruch* dar. Dies zeigt sich besonders deutlich durch die inhaltlichen Unterschiede der Rentabilitätsmaße *vor* und *nach* Durchführung der Investition (vgl. Abb. 3).

<table>
<tr><td>Zeitraum</td><td>langfristig

strategisches Controlling</td><td colspan="2">kurzfristig

operatives Controlling</td></tr>
<tr><td>Situation</td><td>vor Akquisition</td><td colspan="2">nach Akquisition</td></tr>
<tr><td>Controlling-Aufgabe</td><td>Investitionsplanung</td><td>operative Planung</td><td>operative Kontrolle</td></tr>
<tr><td>Controlling-Instrument</td><td>Ermittlung des internen Zinsfußes bzw. der VOFI-Gesamtkapitalrentabilität unter Berücksichtigung von Steuern</td><td>Ermittlung eines Plan-ROI ohne Berücksichtigung von Steuern</td><td>Soll-Ist-Vergleich beim ROI ohne Berücksichtigung von Steuern</td></tr>
</table>

Abb. 3:Der Methodenbruch im Controlling bei der Planung und Kontrolle eines akquirierten Geschäftsbereichs [3]

Strategisches und operatives Controlling gehen häufig von unterschiedlichen Controlling-Instrumenten aus. Während *vor* der Entscheidung bei Verwendung der klassischen Methoden im allgemeinen der interne Zinsfuß bzw. beim Konzept der vollständigen Finanzplanung die VOFI-Gesamtkapitalrentabilität zur Bestimmung der Vorteilhaftigkeit verwendet wird, steht *nach* der Durchführung der Investition der Return on Investment im Mittelpunkt der Betrachtung. Dies ist problematisch, weil einige Entscheidungen (z. B. unterlassene Instandhaltungen oder unterlassene Maßnahmen für Werbung, Forschung und Entwicklung), die zur kurzfristigen Stabilisierung des Return on Investment getroffen werden, langfristig die Gesamtkapitalrentabilität der Unternehmung sinken lassen.

Zur Überwindung der Problematik sollte auch für die Investitionskontrolle ein langfristig aufgespannter Zeitraum zugrunde gelegt werden. Allerdings erfordert dieses Konzept eine Reihe zusätzlicher Prognosewerte. Kapitalkosten- und Ertragsteuersätze können hierbei als Verrechnungssätze in pauschaler Form angesetzt werden. Ein weiteres Problem stellt die Bewertung der noch nicht abgeschlossenen Aktivitäten am Planungshorizont dar.

Wenn es gelingt, die Daten des zu kontrollierenden Investitionsprojektes in einem VOFI zusammenzustellen, lassen sich beliebige monetäre Zielwerte ermitteln, die einen sinnvollen - nicht durch einen Methodenbruch gestörten - Vergleich ermöglichen. Eine derartige strategische Kontrolle ist natürlich nur für größere abgrenzbare Projekte (z. B. den Kauf einer ganzen Unternehmung) sinnvoll realisierbar. Nach Überwindung des Methodenbruchs ergibt sich ein einheitliches Instrument und eine einheitliche Zielsetzung im Controlling (vgl. Abb. 4).

Zeitraum	langfristig	kurzfristig	
	strategisches Controlling	operatives Controlling	
Situation	*vor* Akquisition	*nach* Akquisition	
Aufgabe des Controlling	Investitionsplanung	operative Kontrolle	operative Planung
Controlling-Instrument	VOFI-Gesamtkapitalrentabilität unter Berücksichtigung von Steuern		

Abb. 4: Lösungsvorschlag für das Controlling zur Vermeidung eines Methodenbruchs [3]

Abschließend sei darauf hingewiesen, daß das hier vorgeschlagene Konzept zur Überwindung des Methodenbruchs keineswegs die um Budgetierungs- und Rentabilitätsrechnung erweiterte Leistungs- und Kostenrechnung ablöst. Es stellt lediglich eine *Ergänzung* für solche Investitionsobjekte dar, für die eine strategische - also langfristige - Kontrolle sinnvoll erscheint.

4.3 Prozeßcontrolling

4.3.1 Konzeption

Die prozessuale Sicht auf die Geschäftstätigkeit einer Unternehmung findet in Betriebswirtschaftslehre und Wirtschaftsinformatik zunehmend Beachtung. Die These, daß die Struktur der Strategie folgt, wird in der Literatur zum Geschäftsprozeßmanagement um die Prozeßdimension erweitert. Aussagen wie „Structure follows Process" und „Process follows Strategy" machen deutlich, daß als neues Ziel die Ausrichtung der betrieblichen Prozesse auf Unternehmensstrategien und damit die Synchronisierung der drei Elemente Prozeß, Strategie und Struktur anzusehen ist. Unternehmen fällt bei einer an Bedeutung gewinnenden Prozeßorientierung die Aufgabe zu, die notwendigen organisatorischen und informationstechnischen Voraussetzungen für ein leistungsfähiges Prozeßmanagement zu schaffen. [7]

Ein Prozeß ist definiert als „eine zeitlich-logische Abfolge von Ereignissen und Funktionen, in denen einzelne oder mehrere Objekte unter Verwendung von Ressourcen und Methoden bearbeitet und im Ergebnis in einen neuen Zustand überführt werden". Angestoßen wird ein Prozeß durch ein einzelnes Ereignis oder eine Kombination von Ereignissen, die innerhalb oder außerhalb des Unternehmens eintreten können. Hierdurch werden Funktionen ausgelöst („getriggert"), bei denen Objekte (z. B. Rechnungen oder Produkte) aus ihrem ursprünglichen Zustand in einen neuen überführt werden. Dabei kann sich sowohl die Beschaffenheit des Objektes als auch seine räumliche Position verändern. Die Zustandsänderung kann darüber hinaus aber auch in der Neuerstellung oder Vernichtung eines Objektes bestehen. [25]

Zur Bearbeitung der Objekte dienen Ressourcen, wie Maschinen, Finanzmittel oder Mitarbeiter. Der neue Zustand des Objektes stellt das Ergebnis des Prozesses dar, das wiederum selbst ein Ereignis darstellen und einen neuen Prozeß anstoßen kann. Wesentlicher Bestandteil einer Prozeßdefinition ist die Zeit, die als Ordnungsdimension die grundsätzliche zeitliche Abfolge der Funktionen wiedergibt.

Ein Prozeß muß keineswegs auf das betrachtete Unternehmen beschränkt sein: Zentrale Logistikprozesse eines Industriebetriebes, wie Beschaffung oder Vertrieb können durch eine Verknüpfung mit Prozessen von Kunden oder Lieferanten beliebig ausgeweitet werden. [7]

Sämtliche Aufgaben zur optimalen Gestaltung von Geschäftsprozessen werden unter dem Begriff Prozeßmanagement subsumiert. Seine organisatorische Verankerung im Unternehmen (*institutionales Prozeßmanagement*) findet das Prozeßmanagement durch einen Prozeßverantwortlichen. Diesem „Process Owner" wird die Verantwortung für einen oder mehrere Prozesse übertragen. Das *funktionale Prozeßmanagement* dient der optimalen Ausrichtung der Geschäftsprozesse auf die Ziele der Unternehmung. Seine Blickrichtung gilt insbesondere den Schnittstellen zwischen einzelnen

Teilbereichen der Unternehmung. Es integriert sämtliche Bereiche einer funktionalen Unternehmensgliederung und übernimmt damit die Aufgabe eines Schnittstellenmanagements auf operativer und strategischer Ebene. Die folgende Abbildung zeigt den Zusammenhang zwischen dem nach Funktionsbereichen gegliederten Strukturmanagement und dem integrierten Prozeßmanagement:

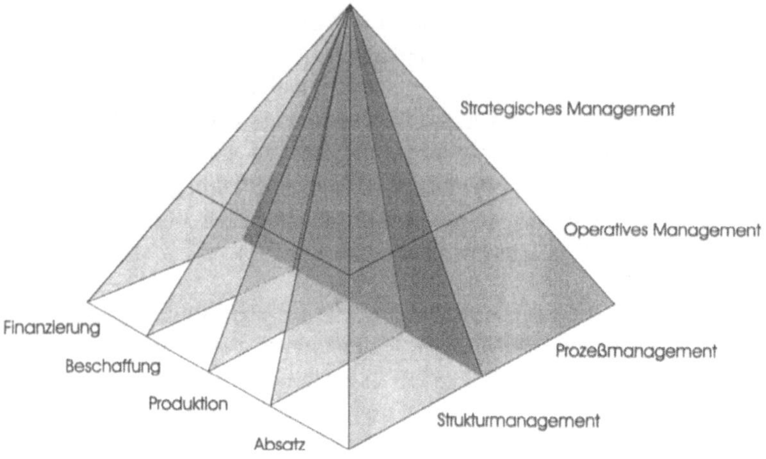

Abb. 5: Management-Dimensionen [25]

Das grundsätzliche Vorgehen im Rahmen des funktionalen Prozeßmanagement („Process Change Management") besteht in der Identifikation, Analyse, Modellierung und Optimierung der relevanten Prozesse. Die Selektion relevanter Prozesse erfolgt anhand der Höhe ihrer Ergebnisbeiträge sowie ihres Reorganisationsbedarfs. Die identifizierten Prozesse werden strukturiert und unter Einsatz von Workflowmanagement-Systemen modelliert (Ist-Modellierung). Die sich anschließende Prozeßanalyse deckt den Bedarf einer Reorganisation auf. Die angestrebte Prozeßoptimierung führt zur Modellierung von Soll-Prozessen, die abschließend implementiert werden. Die Implementierung und Realisierung der optimierten Soll-Prozesse bedingt oftmals eine umfassende Restrukturierung der relevanten Prozesse und betroffenen Organisationsstrukturen. [10], [23]

Prozeßmanagement ist als iterativer Ablauf zu interpretieren, bei dem das Ziel verfolgt wird, Restrukturierungsbedarf im Unternehmen aufzuspüren und Verbesserungspotentiale zu nutzen. Das *Process Change Management* kann aber auch durch eine Veränderung innerhalb oder außerhalb des Unternehmens angestoßen werden: Organisatorische Restrukturierungen oder neue Lieferantenbeziehungen können die betrieblichen Rahmenbedingungen grundlegend verändern und Ausgangspunkt einer umfassenden Modifikation der erarbeiteten Soll-Prozesse sein. Nun ist darzustellen, in welchem Verhältnis das Prozeßmanagement zum prozeßorientierten Controlling steht.

4.3.2 Aufgaben des prozeßorientierten Controlling

Prozeßorientiertes Controlling unterstützt das Prozeßmanagement mit Methoden, Modellen, Konzepten und Instrumenten und begleitet sämtliche Phasen des Process Change Management, wie die folgende Abbildung verdeutlicht:

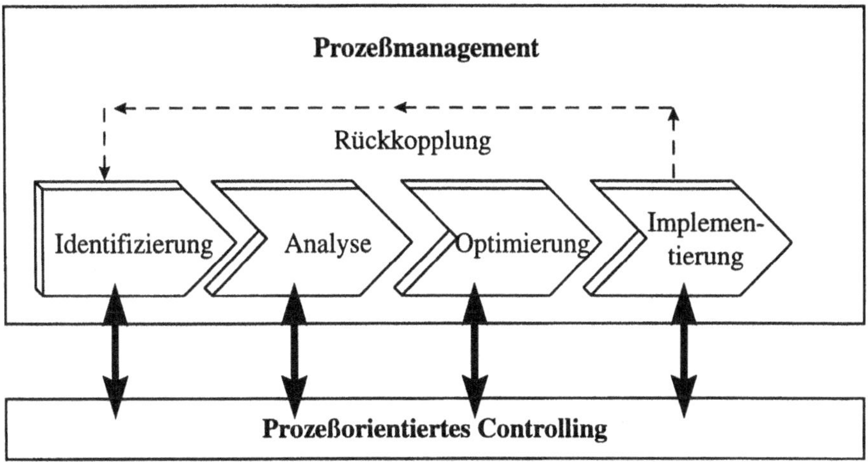

Abb. 6: Prozeßorientiertes Controlling im Process Change Management

Die Aufgaben des prozeßorientierten Controlling lassen sich aus dem eingangs diskutierten Controlling-Begriff deduzieren. Aus der Funktion für das Prozeßmanagement während der Analyse-, Planungs- und Kontrollphase der relevanten Geschäftsprozesse ergeben sich folgende Aufgaben, die letztlich aus den Aufgaben der Unternehmensführung abgeleitet sind.

1. Schaffung und Betreuung einer Infrastruktur zur Informationsversorgung bei der Prozeßmodellierung, -planung und -kontrolle *(= prozeßgestaltende Aufgaben)*
2. Koordination und Durchführung von Prozeßmodellierung, -planung und -kontrolle *(= Aufgaben zur Nutzung prozeßorientierter Konzepte)*

zu 1.: Prozeßorientiertes Controlling erfordert ein leistungsfähiges Prozeßinformationssystem. Im Rahmen des systemgestaltenden Aufgabenbereichs wirkt das prozeßorientierte Controlling an der Konzeptionierung und Betreuung einer Prozeß-Infrastruktur mit. Die Systemgestaltung orientiert sich an der optimalen Versorgung mit den benötigten Prozeßinformationen in der erforderlichen Aktualität, Vollständigkeit und Komprimiertheit. Die Anforderungen an ein derartiges Prozeßinformationssystems ergeben sich aus den einzelnen Teilaktivitäten bei der Modellierung, Planung und Kontrolle.

Eine leistungsstarke informationstechnische Unterstützung muß zum einen eine globale Übersicht über Prozeßzusammenhänge ermöglichen, zum anderen muß auch eine feine Zerlegung der Prozesse in Teilfunktionen gewährleistet sein. Das realisierte Informationssystem muß flexibel einsetzbar sein und Anpassungsmöglichkeiten bieten, um das Unternehmen, seine Beziehungen und Prozesse realitätsnah abbilden zu können. Für die anschließende Analyse und Bewertung der relevanten Prozesse ist es erforderlich, daß neben der zeitlichen Abfolge auch weitere Informationen (z.B. in Anspruch genommene Ressourcen, Durchlaufzeiten) verarbeitet werden können.

Als Instrumente, die den Anforderungen eines leistungsfähigen prozeßorientierten Controlling gerecht werden, stehen beispielsweise *ereignisgesteuerte Prozeßketten* (EPK) und *Workflowmanagementsysteme* (WFMS) zur Verfügung. [22], [7]

zu 2.: Im Rahmen der systemnutzenden Aufgaben hat das Controlling zum einen die *Koordination* zu verantworten, zum anderen hat es die Aufgabe, die Auswertung und Interpretation der prozeßorientierten Daten *durchzuführen*. Es baut hierbei auf Ist-Daten auf, die im Rahmen des *Prozeßmonitoring* erfaßt werden. Mit Hilfe von Workflowmanagementsystemen werden Bestandsaufnahmen durchgeführt, in denen sämtliche Ist-Daten der definierten Geschäftsprozesse gesammelt werden. Die erhobenen Ist-Daten der Workflowmanagementsysteme werden zu aussagekräftigen Kennzahlen verdichtet und den Soll-Daten der ereignisgesteuerten Prozeßkette gegenübergestellt. Diese Daten beinhalten neben quantitativen Mengen- und Zeitangaben auch detaillierte Auswertungen über die beanspruchten Ressourcen. Eine derartige Analyse der Prozeßdaten liefert die Grundlage einer Prozeßkosten- und Leistungsrechnung. Zunehmende Bedeutung für das Prozeßcontrolling findet in diesem Zusammenhang auch das Performance Measurement, das die kontinuierliche Verbesserung der Güte und Effizienz von Prozessen auf Basis der Leistungsparameter Zeit, Qualität und Kosten zum Inhalt hat.

Die Ergebnisse der Analyse dienen nicht nur der Kontrolle der Wirtschaftlichkeit bei gegebenen Prozeßstrukturen, sondern liefern auch Anregungen für Prozeßreorganisationsmaßnahmen. Die Prozeßanalyse kann hierbei auf verschiedenen Ebenen erfolgen: So können sowohl die an den Prozessen beteiligten einzelnen Mitarbeiter als auch die Rollen oder die gesamten Organisationseinheiten untersucht werden. [21]

5 Berufsbildwandel im Controlling

Bezüglich des Berufsbildwandels im Controlling sind zwei gegenläufige Entwicklungstendenzen festzustellen, die sich trotz der Gegenläufigkeit nicht widersprechen und z. T. in der gleichen Firma beobachtet werden können. Die erste Tendenz ist in der Reintegration der Controlling-Aufgaben an den operativen Arbeitsplatz eines Spezialisten (z. B. eines Verkäufers) zu sehen. Die andere Tendenz betrifft eine Spezialisierung des Controllers durch Nutzung der neuen Informationstechnologie. Der Controller wird hierbei nicht so sehr als Aufstiegsmöglichkeit eines Mitarbeiters des Rechnungswesens gesehen, sondern ist häufig Methoden- und Koordinationsspezialist. Bei einer empirischen Untersuchung über einen eventuellen Wandel des Berufsbildes von Absolventen des relativ jungen Studiengangs Wirtschaftsinformatik kam - quasi als Kuppelprodukt - heraus, daß Wirtschaftsinformatiker in stärkerem Maße für den Aufgabenbereich Controlling gefragt sind.

Die Überraschung kam dadurch zustande, daß bei der traditionellen Sichtweise zum Berufsbild des Wirtschaftsinformatikers die Software-Entwicklung und die Verwaltung von DV-Ressourcen seit Jahren im Mittelpunkt stand. Indes hat die Ablösung der zentralen durch die dezentrale Datenverarbeitung zu einem gewandelten Berufsbild des Wirtschaftsinformatikers geführt. So wird konzeptionellen und organisatorischen Tätigkeiten gegenüber der Programmierung mittlerweile eine höhere Priorität zugewiesen. Dabei wurden klassische Tätigkeiten der Entwicklung und Wartung von DV-Programmen durch Aufgaben wie die Analyse, das Erstellen von Fachkonzepten und andere organisatorische Aufgaben verdrängt. Daneben ist ein großer Bedarf an Wirtschaftsinformatikern im Bereich Beratung erkennbar (vgl. Abb. 7):

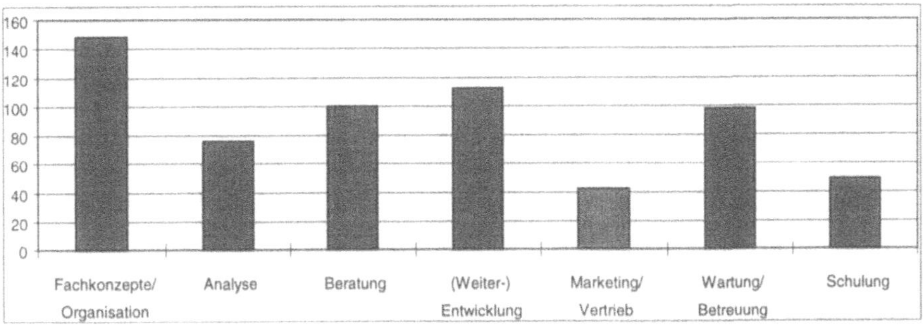

Abb. 7: Aufgabeninhalte ausgeschriebener Arbeitsplätze für Wirtschaftsinformatiker

Das Berufsbild des Wirtschaftsinformatikers verlagert seinen Schwerpunkt von der informatorisch („DV-technisch") orientierten Informations*versorgung* zu einer durch das Controlling geprägten Informations*verwendung*.

Der enge Dialog mit Fachabteilungen und die Mitarbeit an interdisziplinären Projekten sind charakteristisch für die neuen Schwerpunkte im Berufsbild des Wirtschaftsinformatikers. Neben dem klassischen Einsatzgebiet DV/Organisation gehören aufgrund der Dezentralisierungstendenz in der Datenverarbeitung zunehmend Fachabteilungen, wie das Controlling, zum Einsatzgebiet des Wirtschaftsinformatikers. Regelmäßig führen Wirtschaftsinformatiker in den DV-Abteilungen Controlling-Aufgaben durch oder arbeiten im Rahmen der Umsetzung von controllingspezifischen Fachkonzepten an der Entwicklung von Systemen zur Entscheidungsunterstützung und Unternehmenssteuerung in der Rolle des Informationsmanagers.

Beim Einsatzgebiet des Wirtschaftsinformatikers in der Fachabteilung Controlling läßt sich - entgegen dem Verlauf der Gesamtentwicklung - eine relativ konstante Nachfrage feststellen, wie Abb. 8 verdeutlicht:

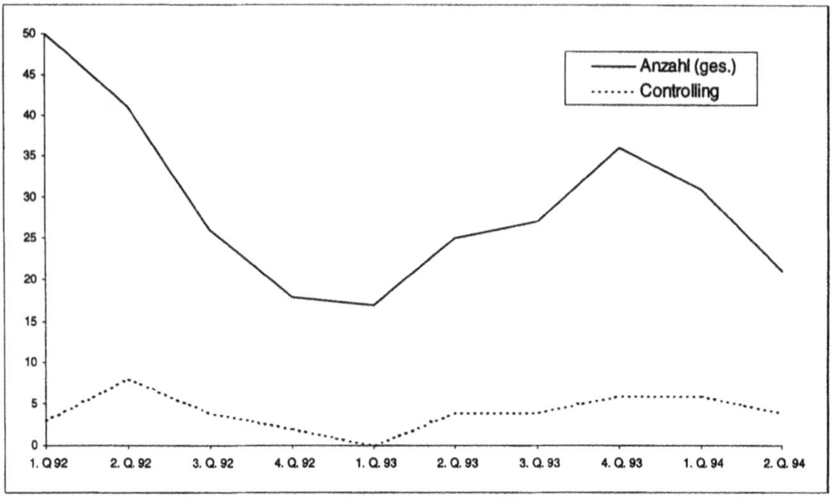

Abb. 8:Entwicklung der Stellenangebote im Controlling im Vergleich zur Gesamtentwicklung [6]

Insbesondere für kleine und mittelständische Unternehmungen dürften Experten, die die Rolle des Controllers und DV-Spezialisten in sich vereinigen, von großem Interesse sein, um die vielfältigen neuen Konzepte des Controlling mit vertretbarem Aufwand realisieren zu können.

Literaturverzeichnis

[1] Coenenberg, A. G.: Kostenrechnung und Kostenanalyse, 2. durchges. Aufl., Landsberg/Lech 1993.

[2] Grob, H. L.: Einführung in die Investitionsrechnung, Eine Fallstudiengeschichte, 2., vollst. überarb. u. erw. Aufl., München 1995.

[3] Grob, H. L.: Der Methodenbruch im Controlling beim Übergang von der Planung zur Kontrolle, in: Becker, J., Grob, H. L., von Zwehl, W. (Hrsg.): Münsteraner Fallstudien zum Rechnungswesen und Controlling, München, Wien 1995, S. 309-341.

[4] Grob, H. L., Leistungs- und Kostenrechnung (mit HyperMedia-Software), Münster 1995.

[5] Grob, H. L. (Hrsg.), Arbeitspapiere des Lehrstuhls für Wirtschaftsinformatik und Controlling zu CAL+CAT, Münster 1995 u. 1996.

[6] Grob, H. L., Lange, W.: Zum Wandel des Berufsbildes bei Wirtschaftsinformatikern - Eine empirische Analyse auf der Basis von Stellenanzeigen, in: Wirtschaftsinformatik Nr. 2 (1996), S. 236-241.

[7] Grob, H. L., Volck, S.: Abbildung von Geschäftsprozessen mit ereignisgesteuerten Prozeßketten, in: Wirtschaftswissenschaftliches Studium, Heft 11 (1995), S. 604-608.

[8] Groß, Ch., Isele, H., Jung, W.: Rechnungslegung in den USA im Vergleich zu den deutschen Rechnungslegungsvorschriften, in: Sonnemann, E. (Hrsg.): Rechnungslegung, Prüfung, Wirtschaftsrecht und Steuern in den USA, Wiesbaden 1989.

[9] Henneböle, J., Executive Information Systems für Unternehmensführung und Controlling - Strategie, Konzeption, Realisierung, Wiesbaden 1995.

[10] Heilmann, H.: Workflow Management: Integration von Organisation und Informationsverarbeitung, HMD, 31 (1994), 176, S. 8-21.

[11] Horváth, P.: Controlling, 5. Aufl., München 1994.

[12] Horváth, P., Mayer, R.: Prozeßkostenrechnung - Der neue Weg zu mehr Kostentransparenz und wirkungsvolleren Unternehmensstrategien, in: Controlling, 1. Jg. (1989), S. 214-219.

[13] Kaplan, R. S.: Cost Accounting - A Revolution in the Making, in: Corporate Accouting, Spring 1985, S. 10-16.

[14] Kieser, A.. Kubicek, H.: Organisation, 3. Aufl., Berlin, New York 1992.

[15] Küpper, H.-U.: Industrielles Controlling, in: Schweitzer, M. (Hrsg.), Industriebetriebslehre, München 1990, S. 785-891.

[16] Küting, K., Lorson, P.: Grenzplankostenrechnung versus Prozeßkostenrechnung, in: Betriebs-Berater 21 (1991), S. 95-119.

[17] Lachnit, L.: Controlling als Instrument der Unternehmensführung, in: L. Lachnit (Hrsg.), Controllingsysteme für ein PC-gestütztes Erfolgs- und Finanzmanagement, München 1992, S. 1-18.

[18] Ossadnik, W., Controlling, München, Wien 1996.

[19] Peemöller, V. H.: Controlling, Grundlagen und Einsatzgebiete, 2. Aufl., Herne 1992.

[20] Reichman, T.: Controlling mit Kennzahlen und Managementberichten, 4. Aufl., München 1995.

[21] Rosemann, M., Denecke, Th., Püttmann, M.: Konzeption und prototypische Realisierung eines Informationssystems für das Prozeßmonitoring und -controlling, Arbeitsbericht Nr. 49 des Instituts für Wirtschaftsinformatik, Juli 1996.

[22] Scheer, A. W.: Wirtschaftsinformatik. Referenzmodelle für industrielle Geschäftsprozesse, 5. Aufl., Berlin u. a. 1994.

[23] Scheer, A. W., Galler, J.: Die Integration von Werkzeugen für das Management von Geschäftsprozessen, in: A. W. Scheer (Hrsg.), Prozeßorientierte Unternehmensmodellierung, SzU, Bd. 53, Wiesbaden 1994, S. 101-117.

[24] Sinz, E. J.: Editorial zum Schwerpunktthema Geschäftsprozeßmodellierung, in: Wirtschaftsinformatik, 37 (1995), S. 425.

[25] Volck, S.: Die Wertkette als Instrument des prozeßorientierten Controlling, Diss. Universität Münster 1996.

[26] Weber, J.: Einführung in das Controlling, Bd. 1 und 2, 6. Aufl., Stuttgart 1995.

[27] Williamson, O. E.: The economic institutions of capitalism. Firms, markets, relational contracting, New York, London 1985.

[28] Ziegler, H.: Neuorientierung des internen Rechnungswesens für das Unternehmens-Controlling im Hause Siemens, in: ZfbF, 46. Jg. (1994), S. 175-188.

EDV-gestütztes Controlling im Handel

Norbert Gräber
DACOS Software GmbH, St. Ingbert

Inhalt

---

17. Saarbrücker Arbeitstagung Rechnungswesen und EDV 1996. Hrsg.: A.-W. Scheer. © Physica-Verlag Heidelberg 1996

1 Stärkung der Entscheidungsfähigkeit durch Informationen

Die Anforderungen an Entscheidungen des Marketing und des Management im Einzelhandel erhöhen sich weiter in erheblichem Umfang. Ursachen sind u. a.

1. die Expansion der Sortimente bei gleichzeitig hoher Rotationsgeschwindigkeit in den Sortimenten,
2. stagnierende, real teilweise rückläufige Preise bei Intensivierung des Wettbewerbs, insbesondere durch zunehmende Konzentration,
3. wachsender Kostendruck, so durch steigende Inventurdifferenzen und Umsatzrückgang auf vergleichbarer Fläche,
4. größere Komplexität durch mehr Filialen und unterschiedliche Betriebstypen,
5. einerseits Informationsdefizite, andererseits Informationsüberlastung durch Scannerdatenflut.

Die neuen Informationssysteme im Handel stellen also noch keine wirkliche Verbesserung dar, sondern liefern erst Potentiale zur Effizienzsteigerung des Marketing und des Controlling.

Es konnte nachgewiesen werden, daß ein Überfluß an Daten nicht immer zu besseren Entscheidungen führt, sondern daß Entscheidungsträger dazu neigen, durch bewußte oder unbewußte Reduktion die Komplexität des Problems zu verringern.

Es stellt sich somit die Frage, ob neuere Ansätze zur Entscheidungsunterstützung durch Softwareprodukte für den Handel zu einer spürbaren Entlastung bei der Informationsauswertung führen können.

Die Potentialnutzung des informatorischen Trading up erfordert somit die Transformation dieser Daten im Hinblick auf konkrete Entscheidungs- und Handlungssituationen. An diesem Transformationsprozeß sind Mitarbeiter aller Funktionsbereiche und aller Hierarchieebenen beteiligt [1]. Für jedes Informationssystem entwickeln sich unternehmensindividuelle Transformationsverfahren, die den Wert für die Entscheidungsfindung erhöhen. Diese Techniken sind selbst bei unmodifizierter Übertragung des Rechenwerks auf andere Unternehmen dort nicht automatisch verfügbar [2].

Damit wird das Wissen der Mitarbeiter eines Unternehmens zum wichtigsten Produktionsfaktor.

2 Data mining und Data warehousing als Voraussetzung

2.1 Grundlagen

Ein Data warehouse ist vereinfacht eine sehr große Datenbank, die unabhängig von den operativen Systemen existiert und einen vordefinierten Set von meist verdichteten Daten enthält. Der Datenzugriff, d.i. das Data mining, erfolgt mit speziellen Tools, die die Analyse unterstützen und besonders benutzerfreundlich sind.

Die Praxisprobleme im Handel liegen heute in

- inkonsistenten Basissystemen,
- falschen oder nicht vorhandenen Daten,
- nicht vergleichbaren Daten aufgrund unterschiedlicher zeitlicher oder inhaltlicher Abgrenzung.

Das Konzept des Data warehouse geht davon aus, daß Daten aus unterschiedlichen Quellen in ein konsistentes Datenzwischenlager (eine Unternehmenswahrheit für alle Bereiche) einzustellen, das es ermöglicht, sie unter unterschiedlichsten Gesichtspunkten und jederzeit aufs Neue zu analysieren.

Informationsquellen sind

1. intern: Einkauf, Vertrieb, Personalwesen, Finanzen,
2. extern: Kunden, Lieferanten, Wettbewerber, Marktforschungsinstitute.

Durch Data warehousing und Data mining sollen

- die Entwicklungszeiten erheblich verkürzt werden,
- mehr Informationen verfügbar werden,
- die Informationen schneller für den Benutzer zugänglich gemacht werden,
- neue Chancen im Hinblick auf Rentabilität und Effizienz entdeckt werden.

Die systemtechnischen Herausforderungen sind nicht zu unterschätzen. Zu nennen sind:

- Speicherung auf relativ niedriger Aggregationsebene über längere Zeit, d.h. Handhabung und Verarbeitung sehr großer Datenmengen
- unterschiedliche Benutzergruppen: Anfänger, Spezialisten, gelegentliche Nutzer,
- unterschiedliche Arten von Abfragen: dringend und Routine, Ad hoc oder regelmäßig, einfach oder komplex; dabei Sicherstellung von angemessenen Antwortzeiten.

Der Hardwarehersteller *Tandem* sieht nach anfänglicher Skepsis der Unternehmen über den Nutzen von Data warehouses nun auch den Durchbruch für den deutschen Markt. In den USA sind zwei Trends zu erkennen:

1. Data warehouses zwischen 100 bis 500 GByte gelten heute als Standard. Terabyte-Größe wird noch vor dem Jahr 2000 erwartet. Noch im Jahre 1994 galten dagegen Data warehouses von 50 GByte als sehr groß.
2. Die Datenvolumina in erfolgreichen Data warehouse-Projekten wächst sehr schnell.

Schätzungen der *Meta Group* erwarten ein Marktwachstum in Deutschland für Data warehousing für 1996 von 600 Mill. DM sowie von 1,2 Mrd. DM im Jahre 1997.

Für den Handel, der gekennzeichnet ist durch

- fünf- bis sechstellige Artikelanzahl mit einer Dynamik - je nach Branche - zwischen 10 und 90 % im Jahr (Neuaufnahmen, Löschungen),
- drei bis vierstellige Filialanzahl,
- sechs- bis achtstellige Kundenanzahl,
- drei- bis vierstellige Lieferantenanzahl,

kommt der Frage nach der Größe der Datenbank eine besondere Bedeutung zu. Hier gibt es aber bereits Beispiele aus den USA mit 520 Filialen, das ein Data warehouse mit mehr als 300 GByte (auf einer Tandem Himalaya K10000 mit 16 CPUs) betreibt.

2.2 Der Lösungsansatz in R/3 Retail

R/3 Retail ist die Branchenlösung von SAP für den Handel. In R/3 kann eine konsequente Trennung zwischen den operativen Systemen und dem Data warehouse erfolgen. Bei jedem Geschäftsvorfall innerhalb der operativen Anwendung (OLTP = Online Transaktion Processing) werden wesentliche Informationen in die Statistikdatenbasis des Data warehouse fortgeschrieben. Dabei findet zum einen eine quantitative Reduzierung des Datenvolumens durch die periodenweise Fortschreibung statt, zum anderen eine qualitative Reduktion der Informationen auf die statistikrelevanten Anteile. Seinen Benutzern bietet das Data Warehouse beliebige Sichten auf alle relevanten Informationen. Der Grad der Informationstiefe kann dabei individuell vom Benutzer bestimmt werden.

Für die Auswertung der Daten stehen auf der OLAP-Ebene (Online Analytic Processsing) komfortable Analyse- bzw. Reporting-Werkzeuge zur Verfügung.

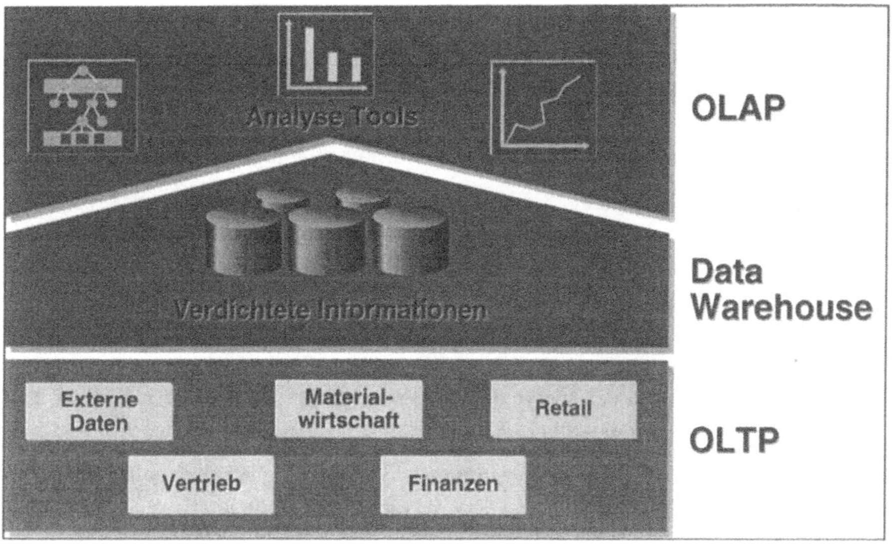

Abb. 1: Das Data warehouse für R/3 (Quelle: SAP AG, Walldorf)

Das Retailinformationssystem (RIS) als Bestandteil des umfassenderen Logistikinformationssystems (LIS) ist auf der Fachbereichsebene Teil des Open Information Warehouse der SAP. Zu dieser Fachbereichsebene gehören u.a. auch das Finanzinformationssystem und das Personalinformationssystem. Fachbereichsübergreifend ist das Executive Information System (EIS) zu sehen.

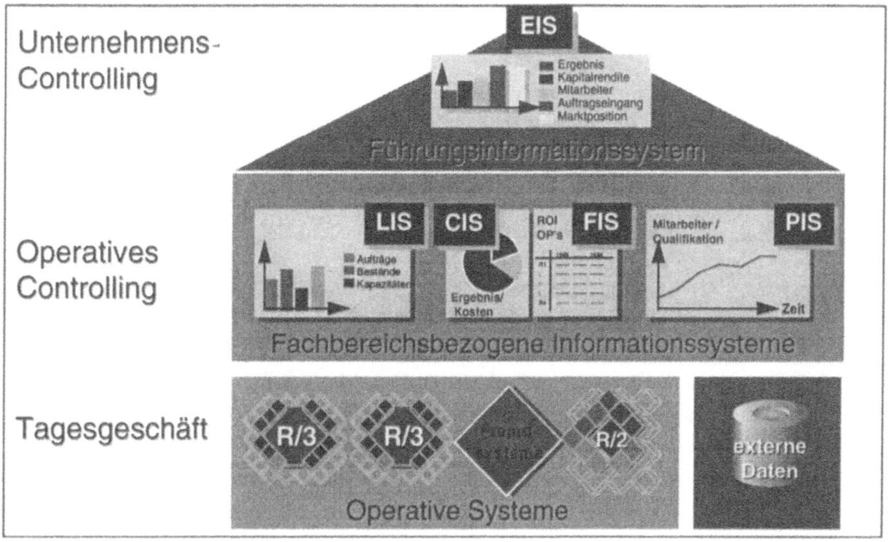

Abb. 2: Architektur der Systeme in R/3 (Quelle: SAP AG, Walldorf)

Die Informationsstrukturen als Grundelemente des LIS sind spezielle Statistikdateien, in die aus den operativen Anwendungen permanent Daten verdichtet fortgeschrieben werden. Jede Informationsstruktur bildet dabei eine eigene Datenbanktabelle. Eine Informationsstruktur definiert somit eine Gruppe von Informationen, die für die Verdichtung und anschließende Auswertungen von Daten genutzt wird, und beinhaltet:

- Merkmale: Unter Merkmale sind Informationen zu verstehen, die sich zur Verdichtung eignen, z.B. Einkaufsorganisation, Vertriebslinie, Lieferant, Kunde, Warengruppe oder Artikel. Zu jedem Merkmal gibt es Merkmalswerte.
- Periodizität (Zeitbezug): Jeder Informationsstruktur wird eine Periodizität zugeordnet. Mögliche Perioden sind Tag, Woche, Monat oder Buchungsperiode.
- Kennzahlen: Kennzahlen stellen die betriebswirtschaftlich interessierende Informationen dar, die anhand der Merkmale kumuliert werden, z.B. Umsatz, Spanne, Lagerumschlagsgeschwindigkeit (LUG).

Für die Definition von Informationsstrukturen stehen grundsätzlich alle Daten der Vertriebsbelege zur Verfügung. Die Daten werden dann automatisch vom operativen System an das Data warehouse übermittelt.

Im Standard sind bereits mehrere Informationsstrukturen vordefiniert. Sie sind thematisch gebündelt und liefern aussagekräftige Kennzahlen für handelsrelevante Analysen Mit Hilfe eigendefinierter Informationstrukturen können die Informationssysteme individuell erweitert werden. Alle Data mining-Tools stehen auch für eigendefinierte Informationsstrukturen zur Verfügung.

Die gewünschten Datenstrukturen und das zugehörige Fortschreibungsregelwerk wird auf einer Metaebene formuliert; das daraus resultierende technische Umfeld, das für die Planung, Analysen etc. benötigt wird, wird automatisch vom LIS generiert.

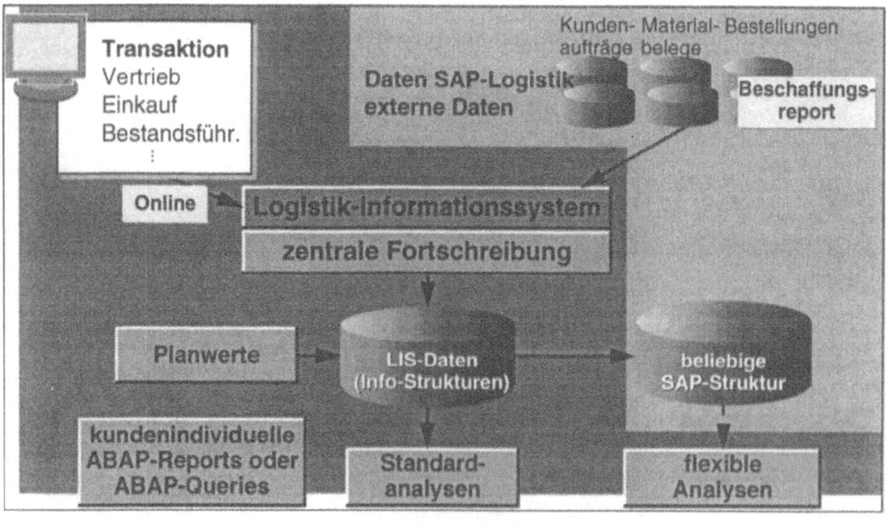

Abb. 3: Das Konzept des Logistikinformationssystems (Quelle: SAP AG, Walldorf)

Die Kennzahlen einer Informationsstruktur können zu unterschiedlichen Ereignissen fortgeschrieben werden. Es können auch mehrere Fortschreibungsregeln zu einer Kennzahl existieren. So muß z.B. die offene Auftragsmenge zwei Fortschreibungsregeln haben - mit der ersten Regel wird beschrieben, wie die offene Auftragsmenge durch den Kundenauftrag aufgebaut wird, die zweite Regel beschreibt den Abbau durch eine Lieferung. Mit dieser Technik lassen sich also Differenzen über verschiedene Ereignisse der Anwendung hinweg fortsetzen.

Bei der Formulierung einer Fortschreibungsregel für eine Kennzahl kann eine Quellfeldangabe auch durch eine Formel ersetzt werden, in der der bei der Fortschreibung zu berücksichtigende Kennzahlwert explizit errechnet wird. Ebenso können auch Bedingungen für die Fortschreibung einer Kennzahl formuliert werden.

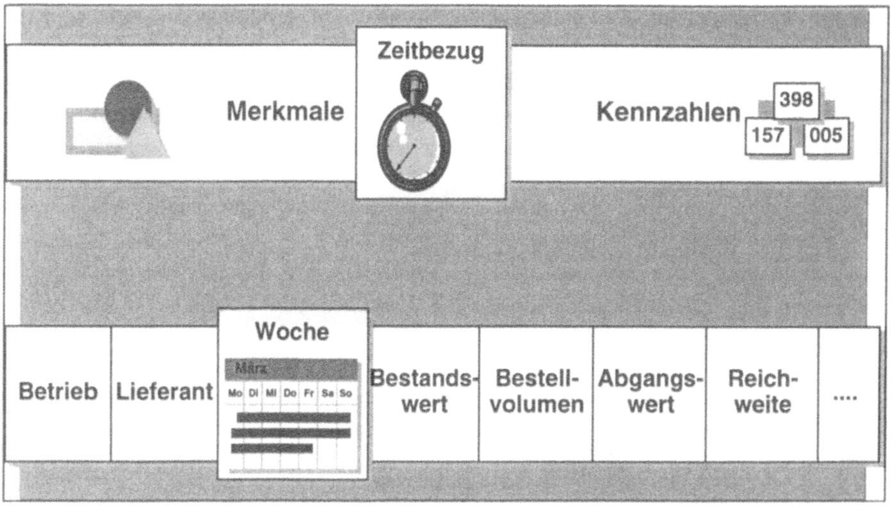

Abb. 4: Aufbau von Informationsstrukturen (Quelle: SAP AG, Walldorf)

3 Die Informationsbasis für das Controlling

3.1 Der Überblick

Zu den Hauptaufgaben des Controlling gehört die Bereitstellung einer einheitlichen aussagefähigen Informationsbasis zur Unterstützung der Entscheidungen.

Für ein Unternehmen lassen sich fünf Strömungsgrößen unterscheiden, die Informationsbasis, aber auch Gegenstand des Controlling sein können:

1. der Waren- und Dienstleistungsstrom,
2. der Aus- und Einzahlungsstrom,
3. der Ausgaben- und Einnahmenstrom,
4. der Aufwand- und Ertragsstrom,
5. der Kosten- und Erfolgsstrom.

Der Waren- und Dienstleistungsstrom wird in Mengen- und Werteinheiten gemessen, alle anderen Ströme werden in Währungseinheiten erfaßt. Abgebildet wird der Warenstrom im Warenwirtschaftssystem des Handelsunternehmens. Dagegen werden die Geschäftsvorfälle auf der Aufwands- und Ertragsebene traditionell von der Buchhaltung erfaßt.

Wegen der gesetzlichen Rechnungslegungsvorschriften besitzt die Buchhaltung z. Zt. noch eine gewisse Dominanz gegenüber dem Warenwirtschaftssystem. Zunehmend wird aber die Bedeutung des Warenwirtschaftssystems als zentrale Informationsbasis aufgewertet, da die grobe und von externen Einflüssen geprägte Abbildung des Unternehmensgeschehens in der Buchhaltung für das Controlling nicht mehr ausreicht.

Die Kostenrechnung wird für interne Zwecke erstellt und unterscheidet sich von der Aufwandsrechnung durch Ausgrenzung der neutralen Geschäftsvorfälle, Umbewertung bestimmter Aufwandspositionen (Anderskosten), z. B. Abschreibungen, und Einbeziehung sog. kalkulatorischer Kosten, z.B. kalkulatorische Mieten für eigene Immobilien.

Das Warenwirtschaftssystem muß somit die Daten sowohl unter buchhalterischen wie unter kostenrechnerischen Gesichtspunkten bereitstellen.

Während in der traditionellen kurzfristigen Erfolgsrechnung der Erfolg als Differenz von Erträgen und Aufwendungen ermittelt und im Erfolgskonto als Saldo ausgewiesen wird, ist das kurzfristige Betriebsergebnis analog als Saldo von Leistungen und Kosten zu berechnen [3].

Die Prognose und darauf aufbauend die Planung und Kontrolle des Betriebsergebnisses nach Filialen und für kurze Zeiträume stellt das Herzstück des gesamten Controllingsystems dar. Sie ist das wichtigste Instrument zur Beurteilung der Rentabilität der Filialen.

3.2 Die Informationsbasis im Data warehouse von R/3 Retail

Die Informationsbasis im Data warehouse von R/3 Retail besteht aus folgenden Standardinformationsstrukturen:

1. **Kurzfristige Warenerfolgsrechnung** (KWER): Sie bildet das Steuerungsinstrument für das WWS-Controlling bzw. den Verkauf. Als Merkmale werden gespeichert: Einkaufsorganisation, Verkaufsorganisation, Vertriebsweg, Verkaufsbezirk, Betriebs-KZ (Filiale oder Lager), Betrieb, Warengruppe. Als Kennzahlen stehen zur Verfügung:

   - Retail Basisprozeßgrößen (Bestellung, Wareneingang (Lieferant), Warenausgang (aus Lager), Wareneingang (vom Lager), Umsatz, Aktionsumsatz),
   - Bestand,
   - Margen (Bestellung, WE, Umsatz, Aktionsumsatz, Bestand),
   - Bestandskennzahlen (Reichweite, Umschlag),
   - Ab-/Plusschriften,
   - Retail-Sonderprozeßgrößen (Retoure, Warenclearing, Artikelumbuchung, Bestandskorrektur, Preisnachlaß, Umbewertung).

   Eine mögliche Fragestellung im Verkaufsumfeld wäre z.B: Wie sehen die wertmäßige Bestandssituation und die entsprechenden Margen in den Verteilzentren einer bestimmten Verkaufsorganisation aus?

2. **Einkauf**: Diese Informationsstruktur dient dem Einkauf als Informationsgrundlage. Sie enthält die Merkmalen Einkaufsorganisation, Einkaufssachgebiet, Lieferant, Betriebs-KZ, Betrieb, Warengruppe, und die Kennzahlen

   - Retail Basisprozeßgrößen (Bestellung, Wareneingang (Lieferant), Warenausgang (aus Lager), Wareneingang (vom Lager), Umsatz, Aktionsumsatz),
   - Bestand,
   - Margen (Bestellung, WE, Umsatz, Aktionsumsatz, Bestand),
   - Bestandskennzahlen (Reichweite, Umschlag),
   - Ab-/Plusschriften,
   - Retouren.

   Beispiel für eine mögliche Fragestellung auf diesem Themengebiet wäre: Wie sind die Zusammenhänge zwischen Bestellvolumen und Umsatz bei bestimmten Warengruppen für die einzelnen Lieferanten eines Einkaufssachgebiets?

3. **Artikel**: Über diese Informationsstruktur ist es möglich, aus Sicht des Verkaufs und des Einkaufs Ursachenforschung bis auf den Artikel zu betreiben. Mit Hilfe von Analysen auf diese Informationsstruktur lassen sich z.B. Renner-Penner-Listen für Filialen oder Verteilzentren innerhalb einer Saison erstellen, um sog. Ladenhüter entdecken oder vermeiden zu helfen. Sie enthält die Merkmale Betriebs-KZ, Betrieb, Lieferant, Warengruppe, Preislage, Saison, Artikel, und die Kennzahlen

   - Retail Basisprozeßgrößen (Bestellung, Wareneingang (Lieferant), Warenausgang (aus Lager), Wareneingang (vom Lager), Umsatz, Aktionsumsatz),
   - Bestand,
   - Margen (Bestellung, WE, Umsatz, Aktionsumsatz, Bestand),
   - Bestandskennzahlen (Reichweite, Umschlag),
   - Ab-/Plusschriften,

- Retail-Sonderprozeßgrößen (Retoure, Warenclearing, Artikelumbuchung, Bestandskorrektur, Preisnachlaß, Umbewertung).

4. **Artikel / Zusatz**: Sollten detaillierte Informationen auf Artikelebene notwendig sein, kann diese Informationsstruktur zur Analyse herangezogen werden, wie z.B. Analysen über Inventurdifferenzen oder überhöhtes Warenclearing. Sie enthält die Merkmale Betriebs-KZ, Betrieb, Warengruppe, und die Kennzahlen
   - Retoure,
   - Warenclearing,
   - Artikelumbuchung,
   - Bestandskorrektur (Inventurdifferenzen, sonstige),
   - Preisnachlaß,
   - Umbewertung.

5. **Aktion**: Die Informationsstruktur Aktion dient zur Auswertung von Aktionen. Alle dargestellten Kennzahlen sind Aktionskennzahlen. Sie gibt Auskunft über die logistische Abwicklung und den Verkauf von Aktionsware und liefert die Datenbasis zu Analysen von Aktionsgeschäften, beispielsweise darüber, welche Artikel gut oder schlecht als Aktionsartikel zu einem bestimmten Aktionsthema geeignet sind, und bieten so die Möglichkeit, Aktionssortimente zu optimieren. Sie enthält die Merkmale Aktions-Nummer, Betriebs-KZ, Betrieb, Warengruppe, Artikel, Aktionstyp, Aktionsthema, und die Kennzahlen
   - Retail Basisprozeßgrößen (Bestellung, Wareneingang (Lieferant), Warenausgang (aus VZ), Wareneingang (vom VZ), Aktionsumsatz),
   - Margen (Bestellung, WE, Aktionsumsatz).

6. **Saison**: Analog zur Aktions-Standardinformationsstruktur wurde für Saisonsortimente eine Datensammlungsebene definiert. Als Merkmale stehen zur Verfügung: Saison, Betrieb, Lieferant, Warengruppe, Sammelartikel, Artikel, Farbe, Größe und Preislage. Hier wird somit den besonderen Belangen der Handelsbetriebe, die modische Sortimente bewirtschaften, Rechnung getragen. Als besondere Kennzahlen im Vergleich zu den obigen Informationsstrukturen werden standardmäßig zur Verfügung gestellt:
   - Anzahl Tage im Verkauf,
   - Ursprungspreis (erster Preis zu Beginn der Saison),
   - Abverkaufsquote zu Ursprungspreisen,
   - Bestand und Umsatz zu Ursprungspreisen,
   - Verkaufspreisabschriften und -erhöhungen.

In allen Informationsstrukturen werden die Daten gehalten als

- Menge,
- Wert zu Einkaufspreisen (EP),
- Wert zu Verkaufspreisen ohne Mehrwertsteuer,
- Wert zu Verkaufspreisen mit Mehrwertsteuer.

4 Operatives Controlling

4.1 Problemstellung

Controlling wird hier verstanden als ein Subsystem der Managementpolitik, das mit Hilfe der Instrumente Planung, Kontrolle, Informationsversorgung und Abstimmung der Teilbereiche zur Unterstützung der Unternehmensführung beiträgt. Das Controlling ist charakterisiert durch Ziel- und damit Zukunftsorientierung sowie Engpaßorientierung.

Durch permanente Plan-Ist-Vergleiche sollen Lernprozesse entwickelt werden, die die künftige Marktanpassung des Unternehmens verbessern helfen (Feed-forward-Denken). Im Vordergrund steht somit nicht die Schuldfrage bei vergangenen Abweichungen, sondern der gewollte Lernprozeß.

Das operative Controlling ist den Größen Gewinn, d. h. Erträgen und Kosten, sowie Liquidität gewidmet. Das operative Controlling befaßt sich somit mit den überwiegend quantitativ faßbaren Größen

1. der Umsatz-, Ertrags- und Kostenplanung sowie der Beschaffungs- und Liquiditätsplanung, in der Regel in der Form der Budgets, die im Bekleidungseinzelhandel Limits genannt werden,
2. der Durchführungskontrolle und den Maßnahmen bei Abweichungen,
3. der Ergebniskontrolle.

Dem Kosten- und Erfolgscontrolling obliegt damit die Abstimmung der Entscheidungen im Hinblick auf saisonale und konjunkturelle Absatzschwankungen [4].

Instrumente des operativen Controlling sind

1. ein Planungssystem,
2. ein Berichtssystem zur Bekanntmachung der Plan-, Ist- und Prognosewerte,
3. die Analyse der Plan-Ist-Abweichungen von Budgetwerten und Kennzahlen,
4. das Erstellen von Korrekturvorschlägen bei zu hohen Plan-Ist-Abweichungen.

Durch Controlling soll eine frühzeitigere Reaktion auf Marktveränderungen möglich werden, um die Handlungsspielräume auszuweiten. Gegenstand des Controlling können alle betrieblichen Teilbereiche sein. Handelscontrolling kann sich z. B. beziehen auf

- Lieferanten,
- Artikel und Warengruppen,
- Filialen und Regionen,
- Kunden und Kundengruppen,
- Preise,

- Maßnahmen der Verkaufsförderung, insbesondere Aktionen,
- Werbemaßnahmen.

Der Umfang gleichartiger Aufgaben nimmt mit der Anzahl der Filialen zu. Gleichzeitig wächst auch der Bedarf an Steuerungsinstrumenten, da die Unternehmensstruktur stärker differenziert wird, so daß sie ihrerseits verbesserter Koordinationsmechanismen bedarf, die vom Controlling bereitgestellt werden [5].

Zwischen Dezentralisierungsfähigkeit von Planungs- und Kontrollfunktion und Filialgröße besteht eine positive Korrelation, d. h. je größer die Filiale ist - gemessen am Umsatz -, desto eher kann eine Filiale eine Funktion selbst erfüllen. Eine DV-technische Lösung muß daher auch ein hohes Maß an Flexibilität hinsichtlich der Planungsverantwortung erlauben.

Die Analysen sind nicht ausschließlich quantitativer Art, sondern sollen qualitative Aspekte berücksichtigen, z. B. mittels Benotungssystemen, Scoringmodellen und Polaritätsprofilen.

Theoretisch besteht die Möglichkeit, die Planung auf der Basis eines integrierten Modells oder durch Zerlegung des Gesamtplanungsproblems in geeignete Teilplanungsprobleme durchzuführen. Je komplexer die Entscheidungssituation ist, desto geringer ist die praktische Relevanz der integrierten Planungsmodelle. Nur durch Bildung von Teilsystemen kann die Komplexität des Gesamtsystems reduziert werden. Im Rahmen der Unternehmensplanung sind daher vier Teilaufgaben des Controllers herauszustellen:

1. die Erstellung der Planungsrichtlinien,
2. die Festlegung der Planungsprämissen für die Einzelpläne,
3. die Festlegung der zeitlichen Abfolge der Planungsstufen,
4. die Koordination der Teilpläne zu einem Gesamtplan unter Beachtung der Konsistenz und Plausibilität [6].

Die Bekanntmachung des Plans dient bereits der Koordination innerhalb des Unternehmens in horizontaler, vertikaler sowie zeitlicher Sicht. Ein Plan ist als alleiniges Koordinationsinstrument nicht ausreichend, da es nicht realistisch ist anzunehmen, daß die Planungsprämissen und die Planungsausführung fehlerfrei sind. Daher müssen weitere Koordinierungsmaßnahmen ergänzend zum Plan getroffen werden. Die Besonderheiten der Koordinationserfordernisse im filialisierenden Einzelhandel werden dabei durch folgende Faktoren bedingt:

1. die Vielfalt und Dynamik der Sortimente durch die Mode; dabei ist Mode nicht nur auf Bekleidung und Schuhe bezogen, sondern berührt heute bereits alle wesentlichen Sortimente bis hin zu Teilbereichen der Investitionsgüter,
2. die Unterschiede zwischen Betriebstypen innerhalb eines Unternehmens,
3. die räumliche Trennung durch die Filialstruktur,
4. die Abstimmung zwischen Einkauf und Verkauf [7].

Als vertikale Koordinationsinstrumente sind das Top-down-, das Bottom-up- und das Gegenstromverfahren herauszustellen. Beim Top-down-Verfahren werden die von der Unternehmensleitung vorgegebenen Unternehmensziele stufenweise nach unten aufgebrochen; das Bottom-up-Verfahren zeichnet sich durch die Planungssouveränität der untergeordneten Hierarchiestufen aus, deren Planwerte zum Unternehmensgesamtplan verdichtet werden. Die unmittelbar einsichtigen Vorteile beider Verfahren werden im Gegenstromverfahren zusammengeführt. Dabei planen jeweils die über- und untergeordneten Hierarchien unabhängig voneinander und gleichen ihre Planungen in einem eigenständigen Verfahrensschritt miteinander ab.

4.2 Die Planungskomponente von R/3 Retail

Die Kennzahlen aller Informationsstrukturen (Standard oder individuell) des R/3 Open Data Warehouse können beplant werden. Für jede Informationsstruktur können sogar verschiedene Planungsversionen gehalten werden.

Die Planung erfolgt grundsätzlich zu einem Merkmal; dabei spannen Perioden, Kennzahlen zu diesem Merkmal und seine Ausprägungen zusammen einen dreidimensionalen Planungsraum auf.

Die Pflege der Plandaten erfolgt über ein zentrales, zweidimensionales Plantableau für beliebige Zeitintervalle. Die sogenannte Kennzahlensicht liefert die Werte einer Kennzahl über mehrere Perioden und Merkmalsausprägungen hinweg. Die Merkmalssicht dagegen gibt einen Überblick über die Werte verschiedener Kennzahlen zu einer Merkmalsausprägung für mehrere Perioden. Im Plantableau können z.B. bei der Merkmalssicht verschiedene Kennzahlen für unterschiedliche Perioden manuell bewertet werden.

Die Pflege des Plantableaus wird durch eine Reihe von Hilfsfunktionen unterstützt, so u.a.:

- Über unterschiedliche Verteilungsfunktionen kann ein vorgegebener Kennzahlenwert über alle Perioden des Planungsrasters gleich verteilt oder auch verrechnet werden.
- Eine weitere Pflegehilfe stellt die Interaktive Graphik dar; über sie werden die Planwerte nicht nur graphisch veranschaulicht, Veränderungen sind auch innerhalb der Präsentationsgraphik möglich und können in das Plantableau übernommen werden.
- Unter Zugrundelegung von Vergangenheitswerten sind Prognoseberechnungen für künftige Periodenraster möglich, deren Ergebnisse wiederum in das Plantableau übernommen werden können. Bei der Prognose werden verschiedene Modelle unterstützt (konstant, trendförmig, saisonal etc.), die vom System automatisch ausgewählt werden können. Eine Prognose kann durch eine Reihe von Zusatzparametern

weiter optimiert und letztlich auch wiederum über die Interaktive Graphik manuell korrigiert werden.

Die üblichen Planungsverfahren werden unterstützt, d.h.:

- Bottom-up und Top-down Planungen entlang der Hierarchie sind möglich,
- Planungsebene können unabhängig voneinander geplant werden,
- Pläne auf verschiedene Ebenen müssen nicht unbedingt konsistent sein,
- Aggregation und Disaggregation entlang der Hierarchie gemäß der Anteilsfaktoren der einzelnen Knoten ermittelt das System auf Wunsch,
- Disaggregation von bestätigten Plänen kann automatisch erfolgen.

Für die Einkaufsbudgetierung (Limitplanung) wird in R/3 Retail noch eine weitere Informationsstruktur bereitgestellt werden, die deren handelstypischen besonderen Probleme komfortabel löst.

4.3 Plan-Ist-Vergleiche mit R/3 Retail

Auf den einzelnen Datenspeicherungsebenen können jeweils zu einer Kennzahl Plan-Ist-Vergleiche durchgeführt werden. Dazu ist nur die Versionsnummer einer existierenden Planung anzugeben.

Neben dem Plan-Ist-Vergleich findet der Anwender auch Vergleichsmöglichkeiten von aktuellen Vorjahresperioden und zweier Kennzahlen.

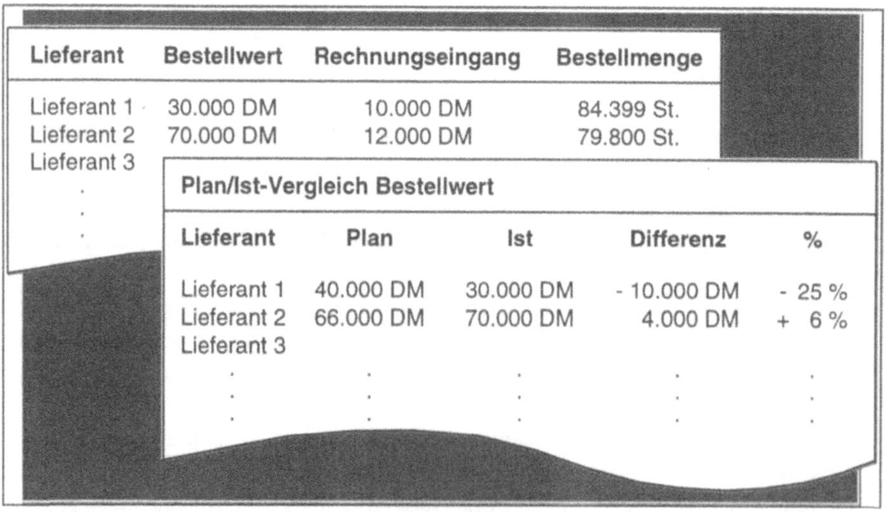

Abb. 5: Plan-Ist-Vergleiche mit R/3 Retail (Quelle: SAP AG, Walldorf)

4.4 Die Überwachung der Lagerumschlagsgeschwindigkeit als Beispiel

Aufgrund der hohen Bedeutung der Ware für den Erfolg des Handelsunternehmens - im Gegensatz zur Industrie, bei der die Personalkosten im Vordergrund stehen - kommt der Überwachung der Lagerumschlagsgeschwindigkeit (LUG) eine besondere Bedeutung zu, wobei sowohl positive Abweichungen (Renner) genannt, wie auch negative Abweichungen (Penner) von Interesse sind.

Weitere Optimierungsmöglichkeiten ergeben sich für Filialunternehmen, wenn sich die Abverkäufe standortspezifisch unterschiedlich entwickeln.

Ein heuristisches, in der Praxis angewandtes Celleridentifikationskonzept im Bekleidungseinzelhandel geht von einer sechswöchigen Beobachtungszeit eines Artikels aus. Ein Artikel wird als Renner ausgewiesen, wenn er erstmalig eine der folgenden kumulierten Abverkaufsquoten überschreitet:

1. Woche: 30 %,
2. Woche: 45 %,
3. Woche: 60 %,
4. Woche: 70 %,
5. Woche: 75 %,
6. Woche: 80 %. [8]

Die frühzeitige Erkenntnis von Fast sellern bietet die Chance zur optimalen Verwendung der Reservelimits. Für Renner ist grundsätzlich auch zu prüfen, ob eine Preisaufwertung vorgenommen werden darf.

Wegen der hohen Abschriften bei modischer Ware, die nicht in der laufenden Saison abgesetzt werden kann, kommt der Erkenntnis der Slow seller (= Penner) eine ebenso hohe Bedeutung zu, um rechtzeitig durch Marketingmaßnahmen den Abverkauf anzukurbeln bzw. die weitere Beschaffung zu verhindern. Als Maßnahmen sind zu prüfen:

1. Annullierung offener Bestellungen,
2. Retouren,
3. Einbeziehung in die Werbung,
4. Intensivierung der Präsentation
    - besondere Kennzeichnung (Beschriftung),
    - Umplazierung,
    - Zweitplazierung,
    - Sondertisch,
    - Präsentation in Erlebniswelt,
    - Präsentation im Schaufenster,
5. Beeinflussung der Verkaufsmitarbeiter
    - Motivation durch Prämien,
    - Motivation ohne Prämien,
6. Preisabschriften.

Als Faustregeln können formuliert werden:

1. Je höher der Modegrad, desto preisunelastischer die Nachfrage.
2. Je älter der Artikel, desto preiselastischer die Nachfrage.
3. Je höher das Genre, desto preisunelastischer die Nachfrage.
4. Je besser das Markenimage, desto preisunelastischer die Nachfrage.

Als heuristische Regeln für Preisherabsetzungen haben sich daher in der Praxis herausgebildet:

1. Je höher die Preislage eines Artikels ist, umso eher und umfangreicher muß die Preisreduzierung durchgeführt werden.
2. Je modischer ein Artikel ist, umso eher und umfangreicher muß die Preisreduzierung durchgeführt werden.
3. Je länger eine Ware im Angebot ist, desto geringer wird ihre Abverkaufswahrscheinlichkeit, d. h. aus einem Slow seller wird in der Regel kein Fast seller.

Zusammenfassend läßt sich daraus die Regel ableiten, daß die Preissenkung umso höher sein muß, je preisunelastischer die Nachfrage ist. Dieser scheinbare Widerspruch erklärt sich aus dem Zwang, das Lager für die nachrückende Ware zu leeren, d. h. der Warenabfluß muß zu jedem Preis erreicht werden.

In der Praxis werden unterschiedliche Abschreibungsstrategien verfolgt:

1. Die Strategie 25-40-50: Dabei wird grundsätzlich die erste Abschreibung mit 25 % vorgenommen, die zweite mit 40 %, bezogen auf den reduzierten Preis, und die dritte mit 50 %, wieder bezogen auf den zweimal reduzierten Preis.
2. Die Strategie der Preislagenrücksetzung: Dabei wird ein Artikel so im Preis reduziert, daß er gerade eine Preislage nach unten rutscht.
3. Die einstandspreisorientierte Strategie: Dabei wird die erste Preisreduktion so gewählt, daß sich eine bestimmte niedrige Aufschlagskalkulation ergibt, z. B. 10 %.

Während die Rennereigenschaft auf Basis ziemlich robuster Formeln bestimmt werden kann, z. B. über die kumulierten Abverkaufsquoten, wie sie auch in der R/3-Retail-Informationsstruktur „Saison" ausgewiesen werden, benötigt man für die Definition eines Penners eine stärker relativierende Sicht, da je nach Warengruppe unterschiedliche Plan-Lagerumschlagsgeschwindigkeiten angestrebt werden. So wird ein Herrenausstatter bei Hosen, die er zur Dokumentation der Größenkompetenz auch in Zwischengrößen ans Lager genommen hat, eine andere LUG planen als für Hosen insgesamt.

Für die Pennereigenschaft sollte das System somit auf die Differenz zwischen Plan- und Ist-LUG zurückgreifen. Vorgeschlagen wird als Slow-seller-Koeffizient (SSK):
SSK(Artikel) := 100 * (Plan-LUG(Artikel) - Ist-LUG(Artikel)) / Plan-LUG(Artikel)

Aus dieser Definition folgt, daß ein absolut unverkäuflicher Artikel einen SSK von 100 aufweist. Bei einem SSK-Wert von Null ist der Artikel plangemäß abverkauft worden. Negative SSK-Werte entstehen, wenn der Abverkauf über Plan liegt. Je größer der SSK-Wert ist, desto sicherer ist die Beurteilung als Penner.

Die SSK-Formel kann innerhalb des R/3-Retail-Data-warehouse als individuelle Erweiterung in Form einer berechneten Kennzahl hinzugefügt werden. Die Überwachung dieser neuen Kennzahl kann dann automatisiert werden, wie unten gezeigt wird.

4.5 Die Mengen-Wert-Matrix für Inventurdifferenzen als Beispiel

Als Maßstab für die Höhe der Inventurdifferenz für Handelswaren kommen im Verhältnis zum Warenbestand oder Umsatz in Betracht:

1. Mengenbetrachtung,
2. Wertbetrachtung [9].

Aus der Kombination der unterschiedlich definierten Kennzahlen lassen sich die Diagnosen präzisieren. So deuten hohe mengenmäßige Differenzen auf organisatorische Mängel, während überdurchschnittliche wertmäßige Verluste auf gezielten Diebstahl bzw. auf Unterschlagung hinweisen.

5 Informationsbereitstellung und -nachfrage

5.1 Überblick

Insgesamt lassen sich drei Informationsversorgungssysteme mit jeweils zwei Subtypen unterscheiden:

1. die Berichtssysteme
    - Standardberichte,
    - Ausnahmeberichte,
2. die Auskunftssysteme
    - Standardauskünfte,
    - analytische Auskünfte,
3. die Auswertungsysteme
    - statistische Auswertungen,
    - analytische Auswertungen.

Die Standard- und Ausnahmeberichte werden vom System selbst angestoßen. Dagegen geht bei den Auskunftssystemen die Initiative vom Benutzer aus. Bei Auswertungssystemen werden Methoden und Modelle zur Bearbeitung der Rohdaten zur Verfügung gestellt. In einer Methodenbank sind statistische und mathematische Algorithmen zur

Lösung wohlstrukturierter Probleme gespeichert. Die Modellbank enthält dagegen die Strukturen realer Probleme.

Grundvoraussetzung der zweckmäßigen Informationsbereitstellung ist die Bestimmung des Informationsbedarfs, der als "Art, Menge und Qualität der Informationsgüter, die ein Informationssubjekt im gegebenen Informationskontext zur Erfüllung einer Aufgabe in einer bestimmten Zeit und innerhalb eines gegebenen Raumgebildes benötigt bzw. braucht" [10], definiert wird.

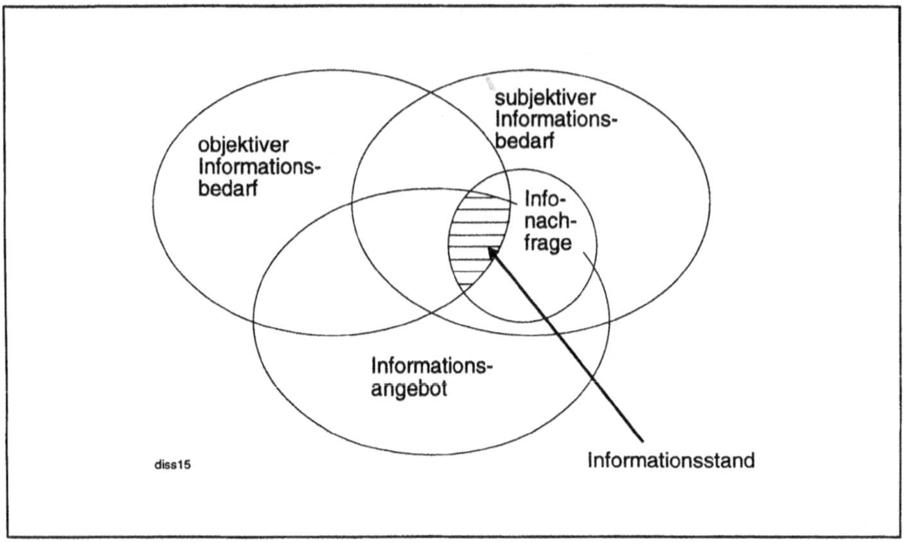

Abb. 6: Der Zusammenhang zwischen Informationsbedarf, -angebot und -nachfrage (in Anlehnung an Picot, Arnold: Der Produktionsfaktor Information in der Unternehmensführung, in: Thexis, 6. Jg., 1989, Nr. 4, S. 3-9, S. 5.)

Das Informationsnachfrageverhalten der Entscheidungsträger hat sich verändert. Zunehmend wird eine Reduktion der Anzahl der Daten zugunsten einer Erhöhung des Informationsgehaltes gefordert. Die Basistechnik zur Erhöhung des Aussagegehaltes stellt die Informationsverdichtung dar, d. i. die Zusammenfassung von Einzelinformationen durch Kumulation, Selektion und Bildung von Relationen, z. B. Kennzahlen.

Als weitere Form der Informationsverdichtung sind die statistischen Verfahren herauszustellen, insbesondere die Faktorenanalyse, die Clusteranalyse, die Regressionsanalyse und die die Korrelationsanalyse.

Dies wird ergänzt durch automatisierte Systeme, die die verdichteten Informationen sichten, nach bestimmten Mustern suchen, die ein Gefährdungs- oder Erfolgspotential anzeigen, und nur noch die Informationen unmittelbar an den Anwender weiterleiten, die diesen Kriterien entsprechen.

Für den Handel kommt der Effizienz der Datenverdichtung wegen der außergewöhnlich großen Mengengerüste sowohl im Stammdaten- wie im Bewegungsdatenbereich eine besondere Bedeutung zu; bisher haben Mengenrestriktionen verhindert, den subjektiven Informationsbedarf der Handelscontroller zu befriedigen.

5.2 Die Informationsbereitstellungskomponente von R/3 Retail

Neben normalen Reports und einer speziellen EIS-Komponente sind als interaktive Tools zum Data mining die Standardanalyse und das Frühwarnsystem herauszustellen.

5.2.1 Standardanalysen

Standardanalysen beruhen auf den Informationsstrukturen, in denen wichtige Kennzahlen direkt aus der operativen Anwendung fortgeschrieben werden. In jeder Standardanalyse kann nach Auswahl des Analyseobjektes (Betrieb, Lieferant, Artikel, Einkaufsorganisation etc.) über die Angabe von Merkmalsausprägungen die Menge der zu analysierenden Daten selektiert werden.. Die Auswahl der Kennzahlen kann voreingestellt werden oder erfolgt interaktiv während der Analyse.

Zusätzlich zu den verdichteten Informationen der Informationsstruktur kann in die Anzeige von Stamm- und Bewegungsdaten verzweigt werden.

Über Berechtigungen kann für jeden Benutzer der Zugriff auf die Daten eingeschränkt werden.

Die Datenspeicherung in den Informationsstrukturen ist flach; die Merkmale stehen zunächst gleichberechtigt nebeneinander. Der Anwender kann nun definieren, welche Daten ihm zunächst wichtiger sind, d.h. nach welchen Merkmalen das System verdichten soll. Während der Analyse kann er dann auch die jeweils nächste Verdichtungsebene „aufreißen“. Dadurch werden dem Anwender jeweils nur die relevanten Daten angezeigt.

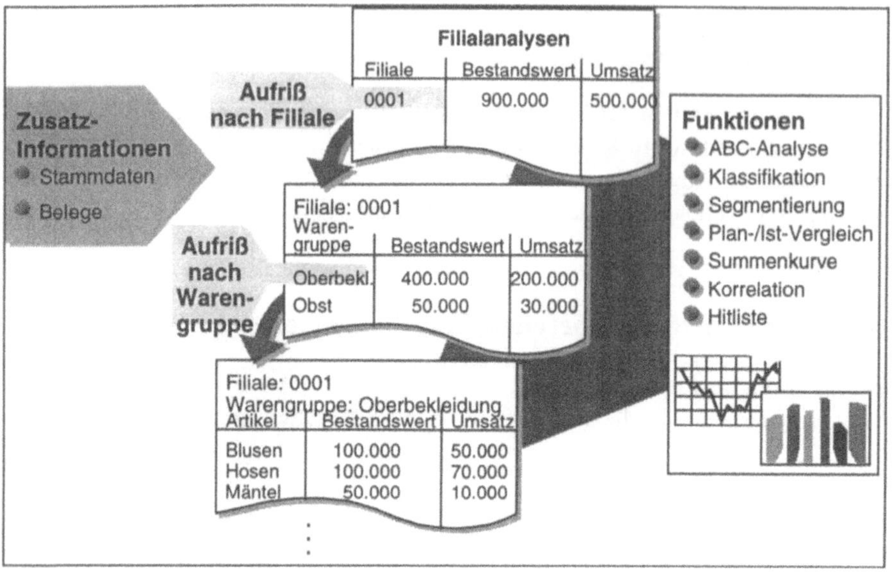

Abb. 7: Die Standardanalyse mit R/3 (Quelle: SAP AG, Walldorf)

Pro Aufriß können alle Kennzahlen zu allen Ausprägungen eines Merkmals zur Anzeige kommen.

Die Datenanalyse wird durch eine Reihe von Hilfsmitteln unterstützt:

1. Mittels einer **Summenkurve** kann die Verteilung eines kumulierten Kennzahlenwertes auf die Menge der vorliegenden Merkmalsausprägungen graphisch veranschaulicht werden, z.B. Umsatz verteilt nach Lieferanten oder Filialen. Die Skalierung der Summenkurve erfolgt je nach Wunsch prozentual oder absolut.
2. Über **Korrelationskurven** lassen sich Abhängigkeiten zwischen mehreren Kennzahlen verdeutlichen. Die Sortierfolge der zugrundeliegenden Liste wird bei der Erstellung des Korrelationsdiagramms berücksichtigt.
3. Bei der **ABC-Analyse** werden die Ausprägungen eines Merkmals (z.B. Lieferanten) und einer bestimmten Kennzahl (z.B. Bestellwerte) mit dem Ziel einer Dreifach-Klassifizierung gegenübergestellt. Über verschiedene Strategien können dabei die Klassengrenzen merkmals- oder kennzahlbezogen und jeweils prozentual oder absolut festgelegt werden. Im Ergebnis präsentiert sich eine Summenkurve mit zusätzlicher dreifacher Segmentierung; die Segmentgrößen entsprechen der Voreinstellung bei der Strategieauswahl.
   Die Zuordnungen von Merkmalen und Kennzahlen zu den einzelnen Segmentstufen lassen sich absolut pro Segment oder kumuliert für alle Segmente über Listen anzeigen oder aber graphisch darstellen.
   Der Einstieg in die ABC-Analyse kann wahlweise über Liste oder Graphik voreingestellt werden.

Eine Besonderheit der beleggestützten ABC-Analyse im Rahmen des Bestandscontrolling ist die Möglichkeit des Updates auf den Artikelstamm: Die im Zuge der Gesamtanalyse neu ermittelten ABC-Kennzeichen können auf Wunsch aus der Ergebnisliste heraus in den Artikelstamm zurückgeschrieben werden. Diese Option kann vor dem Analysestart im Selektionsbild vereinbart werden.

4. Mit der **Klassifikation** läßt sich ebenfalls ein Überblick über die Merkmalsausprägungen zu einer Kennzahl gewinnen. Hier können bis zu sechs Klassen definiert werden; die Klassengrenzen können dabei auch individuell gestaltet werden. Die Anzeige erfolgt wiederum kombiniert über Listen und Präsentationsgraphik; die Reihenfolge ist voreingestellt.
5. Bei der **Segmentierung** können Merkmalsausprägungen bzgl. zweier Kennzahlen klassifiziert werden. Die Möglichkeiten der Navigation und Präsentation sind identisch zu denen der Klassifikation. Mit der Segmentierung können somit auch Portfolios abgebildet und untersucht werden.

Positioniert man den Cursor auf eine Kennzahl, kann man über die F1-Taste die Dokumentation des zugrundeliegenden Datenelementes anzeigen. Diese Funktionalität kann genutzt werden, um zu selbstdefinierten Kennzahlen erklärende Dokumentation zu hinterlegen.

Es ist möglich, die Liste einer Standardanalyse mittels R/3-Mail an andere Benutzer zu schicken, um diese beispielsweise auf eine kritische Situation aufmerksam zu machen.

5.2.2 Frühwarnsystem

Das Frühwarnsystem kann im Bereich der Standardanalyse interaktiv genutzt werden oder aber automatisch in periodischen Abständen als Hintergrundprozeß gestartet werden.

Beim **Ausführen einer Standardanalyse** kann eine Exception angegeben werden. In den Standardanalysen werden die Ausnahmesituationen über Farbgestaltung hervorgehoben. Dabei ist eine Differenzierung der Farbgebung je nach Bedingung möglich. So kann z.B. eine rote Darstellung gewählt werden bei einem Lagerumschlag kleiner drei, eine gelbe bei einem Lagerumschlag größer als drei und eine grüne bei einem Lagerumschlag größer als fünf.

Durch die Farbgestaltung wird ein gezieltes Navigieren innerhalb der Standardanalysen ermöglicht. Treten Ausnahmen auf, so wird dies bereits auf einer höheren Aggregationsebene angezeigt. Mit Hilfe der Aufrißfunktionen kann dann auf der entsprechend farbig hervorgehobenen Zeile zur Ausnahmesituation gelangt werden.

Die **Exceptionanalyse** ist im Grunde auch eine Standardanalyse, d.h. der Anwender kann hier alle Funktionen der Standardanalyse durchführen. Der entscheidende Unterschied zur Anzeige der Ausnahmesituationen in den übrigen Standardanalysen ist jedoch, daß die Exceptionanalyse wie ein Filter wirkt. Es werden nur die Daten angezeigt, auf die die Exception zutrifft. Auch bei der Exceptionanalyse werden die Ausnahmesituationen farblich hervorgehoben.

Bei der **periodischen Analyse** wird der vorhandene Datenbestand in einer frei wählbaren zeitlichen Frequenz (stündlich, täglich, wöchentlich, monatlich) systematisch auf Ausnahmesituationen untersucht. Tritt eine Ausnahmesituation ein, kann über Mail oder Workflow informiert und Nachfolgeverarbeitungen angestoßen werden. Die periodische Analyse kann auf zwei Arten erfolgen:

- ereignisgetrieben: Die Suche nach Ausnahmesituationen wird dann angestoßen, wenn sich aufgrund eines Logistikereignisses (z.B. Kundenauftrag, Bestellung, Lagerbewegung) eine Veränderung der Daten ergibt.
- systemgetrieben: Der gewählte Datenbestand wird auf Ausnahmesituationen überprüft.

Das Anlegen einer Exception umfaßt generell die folgenden Schritte:

1. Informationsstruktur, Name und Bezeichnung der Exception angeben,
2. Merkmale auswählen,
3. Kennzahlen auswählen und Bedingungen definieren; Bedingungen können als Schwellwert, Trend oder für einen Plan-Ist-Vergleich für eine frei wählbare Kennzahl definiert werden,
4. Konditionen für die Folgeverarbeitung festlegen; für die Folgeverarbeitung der Exception können verschiedene Attribute gepflegt werden, z.B. die Farbe, in der die Exception in der Standardanalyse oder Exceptionanalyse ausgegeben werden soll.

Bei der **Schwellwertanalyse** gibt der Anwender für eine Kennzahl einen Schwellwert und einen Operator (>, <, = usw.) an. Zusätzlich kann eine **Prognose** durchgeführt werden. Damit kann der Controller feststellen, ob aufgrund der momentanen Ist-Datenlage ein vorgegebener Schwellwert auch in der Zukunft erreicht wird und bereits zu einem sehr frühen Zeitpunkt auf drohende Fehlentwicklungen reagieren. Die Anzahl der Perioden, die prognostiziert werden sollen, ist frei wählbar.

Bei der **Trendanalyse** kann der Datenbestand nach einem positiven bzw. negativen Trend bezüglich der gewählten Kennzahl untersucht werden. Bei einem Analysezeitraum von drei und mehr Perioden kann das System zusätzlich einen statistischen Test auf Trend mittels statistischer Hilfsmittel durchführen.

Bei fünf und mehr Perioden wird ein abgesicherter statistischer Test auf Trend durchgeführt. Exceptions werden bei einer Wahrscheinlichkeit > 95% angezeigt.

Beim **Plan-Ist-Vergleich** kann der Anwender die Planerfüllung überprüfen und feststellen wo genau Schwachstellen zwischen Plan und Ist vorliegen. Dazu gibt man die Planerfüllung in Prozent und einen Operator an.

Auch beim Plan-Ist-Vergleich kann zusätzlich eine Prognose durchführt werden. Die Anzahl der Perioden, die prognostiziert werden sollen, ist wiederum frei wählbar.

Um komplexe Sachverhalte überprüfen zu können, können einzelne Exceptions zu einer **Exceptiongruppe** zusammengefaßt werden. Eine Exceptiongruppe ist immer dann sinnvoll,

- wenn komplexe und/oder-Bedingungen zu überprüfen sind,
- wenn mehrere Farben in einer Liste angezeigt werden sollen,
- wenn die Überprüfung von Prognosedaten mit einer Überprüfung von Ist-Daten kombinieren werden soll.

6 Portfolioanalyse als Beispiel des strategischen Controlling

In der Portfoliotechnik wird in einer zweidimensionalen Matrix jeweils das Unternehmen bzw. Geschäftseinheiten positioniert, so bei dem Portfolio der *Boston Consulting Group* die Merkmale Marktwachstum und relativer Marktanteil, und von dieser Position auf Normstrategien geschlossen. Diese Normstrategien sind als Heuristiken zu werten, da sie meist aus Erfahrungen mit ähnlichen Unternehmen abgeleitet werden.

Allgemein läßt sich ein Portfolioansatz kennzeichnen durch

1. zwei aggregierte Dimensionen, z. B. Branchenattraktivität und Geschäftsfeldstärken: Beide Dimensionen setzen sich in der Regel aus vielen Einzelmerkmalen zusammen, die durch ein Scoringmodell verdichtet werden. Die Ausprägungen sind qualitativer Art, z. B. hoch, mittel, niedrig.
2. eine Menge zu beurteilender Objekte, d. s. die strategischen Geschäftseinheiten: Schon die Bildung dieser Einheiten ist ein heuristischer Prozeß, der ebenfalls auf der Basis eines Scoringmodells abläuft,
3. eine Segmentierung des gesamten Lösungsraums in Teilbereiche, für die Normstrategien entwickelt werden,
4. Vorstellungen über ein Portfoliogleichgewicht, die die Normstrategien beeinflussen.

Folgende Besonderheiten sind bei Handelsportfolios zu beachten:

1. Die eigenständigen Geschäftseinheiten im filialisierenden Einzelhandel sind in erster Linie die Betriebstypen und die Filialen. Daneben sind aber auch die Abteilungen und Warengruppen als eigenständig zu betrachten und können Gegenstand von Portfolios sein.
2. Die geforderte Unabhängigkeit der Portfoliodimensionen wird im Handel nur bedingt erreicht.

3. Wichtige Dimensionen basieren meist auf einer Vielzahl von Einzelkritierien. So nennt *Witt* die Zahl von rd. 50 Einflußkriterien für die Dimension "Attraktivität eines Betriebstyps" bei Praktikerbefragungen [11].

Die Anwendbarkeit dieser Technik ist nicht unumstritten. *Kube* stellt fest, daß "die Portfolio-Analyse als Instrument der strategischen Planung und des strategischen Controlling auch auf der Handelsebene Akzeptanz gefunden hat, wenngleich nicht eine Vielfalt von Ansätzen wie für die Ebene industrieller Unternehmen vorliegt." [12] *Tietz* äußert sich zu einfachen Normstrategien wie folgt: "Diese auf zwei Markt- und Unternehmenskriterien beruhende Märchenwelt über Unternehmen mit einfachen Schwarz-Weiß-Zeichnungen und -Überzeichnungen - so plausibel und wünschenswert sie auch erscheinen mag - kann im realen Marketing und Management nur in bestimmten Situationen ohne Fehlentscheidungsrisiko angewendet werden. Einfache Lösungsvorschläge erweisen sich bei sorgfältiger Erfassung der unternehmensspezifischen Bedingungen nur in Ausnahmefällen als zweckmäßig." [13]

6.1 Ein Portfolioansatz von *Tietz*

Ein Portfolioansatz von *Tietz* leitet Normstrategien für das Warengruppenmanagement, am Beispiel der Abteilung Heimtextilien, auf Basis

- der relativen Raumleistung, gemessen als Umsatz je qm VK-Fläche,
- des Marktanteils aufgrund von Schätzungen über die relevante Konkurrenz

ab. Die beiden Hauptregeln lauten:

1. Wenn die Raumleistung einer Warengruppe hoch und der Marktanteil niedrig ist, dann sollte der Warengruppe mehr Fläche zur Verfügung gestellt werden. Alternative bzw. ergänzende Aktivitäten hierzu sind:
   - bessere Abteilungspositionierung,
   - Sortimentsausbau,
   - Serviceanhebung,
   - verstärkte Verkaufsförderung,
2. Wenn die Raumleistung einer Warengruppe niedrig und der Marktanteil hoch ist, dann sollte der Warengruppe weniger Fläche zur Verfügung gestellt werden, verbunden mit Sortimentsabbau und Verringerung der Verkaufsförderung. Die Verschiebung in eine schlechtere Lage ist ebenfalls zu erwägen. [14]

Insgesamt ergibt sich folgende Normstrategiematrix:

relative Raumleistung	relativer Marktanteil		
	gering	mittel	hoch
stark	Flächenausweitung	Flächenausweitung	Ausschöpfung
mittel	Flächenausweitung	Ertragsverbesserung	Flächenreduzierung
schwach	grundlegende Konzeptänderung	Flächenreduzierung	Flächenreduzierung

6.2 Der DPR-Portfolio-Ansatz

Von *Bundschuh* wurde ein Portfolio auf Basis des Umsatzes und des relativen Dekkungsbeitrags vorgestellt [15]. Die *RHG Leibbrand oHG* hat das Portfolio leicht abgewandelt und statt der Umsatzhöhe die Umschlagsgeschwindigkeit verwendet [16]. Gleichzeitig wurden handelsbezogene Normstrategien für Lebensmittelsortimente entwickelt.

Umschlags-geschwindigkeit	relative DPR	
	hoch	niedrig
hoch	Gewinner	Unterforderte
niedrig	Schläfer	Verlierer

Aus der Sicht des Handels empfiehlt *Leibbrand* folgende Normstrategien für das Merchandising:

1. Gewinner:
   - Werbung intensivieren,
   - aggressiver plazieren,
   - Regalpflege intensivieren,
   - Kundenlauf im Markt überprüfen,
2. Schläfer:
   - Aktionen, Aktionsexperimente,
   - Sonderplazierungen, zusätzliche Stirnseiten,
   - Verkaufshilfen,
   - Preissenkungen versuchen,
3. Unterforderte:
   - Verbundeffekte prüfen,
   - Reduzierung des Regalplatzes (engere Plazierung),
   - weniger bewerben,
   - Preiserhöhungen prüfen,

- Handling-Kosten prüfen,

4. Verlierer:
   - Plazierung reduzieren,
   - Rack-Jobber - Streckenbelieferung,
   - Preiserhöhung versuchen,
   - Auslisten.

Im übrigen hat *Leibbrand* ein interessantes Verfahren für die Zurechnung der indirekten Kosten. Der Anteil der von einem Artikel zu tragenden indirekten Kosten wird an der Höhe der ihm zugerechneten direkten Kosten bemessen.

6.3 Der Ansatz von *Trommsdorff* und *Kube*

Trommsdorff und *Kube* schlagen vor, die Filialen als strategische Geschäftseinheiten zu interpretieren. Dabei sollen die Dimensionen des Portfolios durch die internen und externen Supererfolgsfaktoren, die sich jeweils aus Einzelerfolgsfaktoren zusammensetzen, gebildet werden, da die industriebezogenen Ansätze für den Handel wenig geeignet sind.

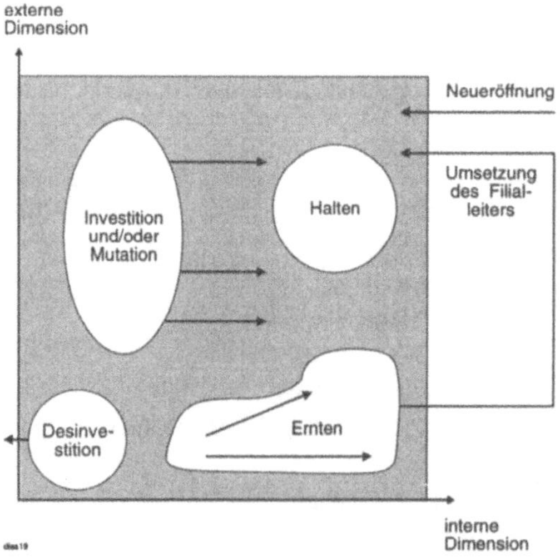

Abb. 8:Die Normstrategien von *Trommsdorff* und *Kube*

Die Einzelfaktoren werden durch ein Scoringmodell verdichtet und auf eine fünfstufige Skala transformiert. Die Normstrategien entsprechen weitgehend den klassischen Portfolios: [17]

In dem folgenden mehrstufigen Portfolioansatz werden in Anlehnung an *Trommsdorf* und *Kube* die Achsen des Hauptportfolios durch

- die externe Vergleichskomponente,
- die interne Vergleichskomponente

gebildet.

Die beiden Vergleichsdimensionen beruhen ihrerseits jeweils auf geschachtelten Bewertungsportfolios:

1. externer Vergleich - auf der Basis von Imageanalysen,
   a) Plan-Ist-Vergleich,
      a_1) gleicher Betriebstyp,
         - Hauptwettbewerber,
         - sonstige Wettbewerber,

      a_2) sonstige Betriebstypen,

   b) Ist-Ist-Vergleich (intertemporär),
      b_1) gleicher Betriebstyp,
         - Hauptwettbewerber,
         - sonstige Wettbewerber,

      b_2) sonstige Betriebstypen,
2. interner Vergleich - auf der Basis von internen Kennzahlen,
   a) betriebstypeninterner Vergleich,
   b) Standortvergleich,
      b_1) Plan-Ist-Vergleich,
      b_2) Ist-Ist-Vergleich,

Zur Datenerhebung: Dieses Analysesystem bedingt einen erheblichen Informationsgewinnungsaufwand. Neue technische Möglichkeiten der Befragung lassen dies jedoch ökonomisch realisierbar erscheinen. So führt das französische Unternehmen *FNAC* seit 1990 halbjährlich in allen Filialen eine Kundenbefragung durch. "In jeweils einem Geschäft werden vier auf einem Tisch aufgestellte, berührungsempfindliche und mit einem PC verbundene Bildschirme aufgestellt. Die Kunden werden von zwei Hostessen eingeladen, an der Befragung teilzunehmen. Der Fragebogen umfaßt in etwa 80 Fragen. Der Kunde hat die Möglichkeit, durch Antippen von fünf Symbolen eine Antwort zu geben. Die Symbole sind weinende bis lachende Gesichter unterschiedlicher Farben.

Die durchschnittliche Dauer einer Befragung beläuft sich auf etwa 5 Minuten. Während einer Woche können auf diese Art zwischen 1.600 bis 2.000 Personen mit vier Bildschirmen befragt werden." [18]

Für die Dateneingabe bei Befragungen setzen sich zunehmend Pen-Computer durch, bei denen der Benutzer mit einem Stift direkt auf den Bildschirm schreibt, so daß sich für den Interviewten kein wesentlicher Unterschied zu papiergestützen Befragungen ergibt. Als Vorteile aus Controllingsicht sind dagegen herauszustellen:

1. keine Beeinflussung durch einen Interviewer,
2. schnelle und fehlerfreie Verfügbarkeit der Befragungsdaten. [19]

Das Argument zu hoher Datenbeschaffungskosten wird somit durch den technischen Fortschritt zunehmend entkräftet.

7 Schlußbemerkung

Die Weiterentwicklungen im Bereich der Hard- und Software setzt den Handelscontroller erstmals in die Lage, die theoretisch längst als notwendig erachteten Analysen durchzuführen.

Voraussetzung bleibt ein funktionierendes geschlossenes Warenwirtschaftssystem mit artikelgenauer Bestandsführung.

Weitergehende Analysen, so zum Sortimentsverbund, werden künftig intuitive Entscheidungen, aber auch Entschuldigungen für Sortimentspenner überprüfbar machen.

Literaturverzeichnis

[1] Zentes, Joachim; Exner, Ralf: Studie Warenwirtschaftssysteme im Handel über den Stand und die weitere Entwicklung von Warenwirtschaftssystemen im Einzelhandel mit Konsumgütern des täglichen Bedarfs, hrsg. v. Gottlieb Duttweiler Institut, Essen-Rüschlikon 1989., S. 410.

[2] Tietz, Bruno: Der Handelsbetrieb, Grundlagen der Unternehmenspolitik, 2., neubearbeitete Auflage, (Verlag Franz Vahlen) München 1993, S. 1262.

[3] Botta, Volkmar: Kennnzahlensysteme als Führungsinstrumente, Planung, Steuerung und Kontrolle der Rentabilität im Unternehmen, 3., überarbeitete und erweiterte Aufl., (Erich Schmidt Verlag) Berlin 1989, S.15.

[4] Baumgärtner, Jost: Bausteine eines praxisorientierten Controllingsystems im Handel, in: Reichmann, Thomas (Hrsg.): DV-gestütztes Unternehmens-Controlling, (Verlag Franz Vahlen) München 1993, S. 197-217, S. 205.

[5] Günther, Johannes: Handelscontrolling, Allgemeine Grundlagen des Controllingbegriffs und die Funktionen des Controlling im Steuerungssystem des stationären Einzelhandels, (Verlag Peter Lang) Frankfurt am Main u. a. 1989, S. 258.

[6] Bundesverband Deutscher Unternehmensberater BDU e. V. (Hrsg.): Controlling, Ein Instrument zur ergebnisorientierten Unternehmenssteuerung und langfristigen Existenzsicherung, (Erich Schmidt Verlag) Berlin 1989, S. 28.

[7] Zentes, Joachim: Handelscontrolling, in: Controlling, 1. Jg., 1989, Nr. 6, S. 356-357, S. 356.

[8] Moritz, Siegfried: Bestimmung geeigneter Kennzahlen zur Lokalisierung von "Fast Seller" im Textileinzelhandel, (Lit-Verlag) Münster 1987, S. 80.

[9] Prokopp, Christian: Inventurdifferenzen im Handel, (Service, Fachverlag an der Wirtschaftsuniversität Wien) Wien 1989, S. 36 f.

[10] Szyperski, Norbert: Informationsbedarf, in: Grochla, Erwin (Hrsg.): HWO, 2. Aufl., (Poeschel Verlag) Stuttgart 1980, Sp. 904-913, Sp. 904.

[11] Witt, Frank-Jürgen: Handelscontrolling, (Verlag Franz Vahlen) München 1992, S. 34 f.

[12] Kube, Christian: Erfolgsfaktoren in Filialunternehmen, Diagnose und Umsetzung im strategischen Controlling, (Betriebswirtschaftlicher Verlag Dr. Th. Gabler) Wiesbaden 1991, S. 252.

[13] Tietz, Bruno: Marktbearbeitung morgen - Neue Konzepte und ihre Durchsetzung, (Verlag Moderne Industrie) Landsberg am Lech 1988, S. 609.

[14] Tietz, Bruno: Die Evaluation, Profilierung und Neupositionierung von Filialen, Seminarunterlage zum Seminar "Neue Strategien für Filialunternehmen des Handels", hrsg. v. Concepta GmbH, Saarbrücken 1989, S. 40 ff.

[15] Bundschuh, Thomas: Produktrentabilitäts- und Regelbeschlichtungssysteme, Neue Instrumente in Marketing und Verkauf der Konsumgüterindustie, in: Der Markt, 27. Jg., 1983, Nr. 106, S. 110-121, S. 117.

[16] O. V.: Profit-Merchandising, in: Absatzwirtschaft, 31. Jg.,1988, Nr. 6, S. 44-49, S. 46.

[17] Trommsdorff, Volker; Kube, Christian: Erfolgsfaktor-Strukturen im Filialsystem erforschen und steuern, in: Trommsdorff, Volker (Hrsg.): Handelsforschung 1991, Erfolgsfaktoren und Strategien, Jahrbuch der Forschungsstelle für den Handel Berlin (FfH) e. V., (Betriebswirtschaftlicher Verlag Dr. Th. Gabler) Wiesbaden 1992, S. 17-45, S. 37 ff.

[18] Weber, Ralph: Stand und Entwicklung des Electronic Consumer Marketing und Shopping in Frankreich, unveröffentlichte Hausarbeit am Lehrstuhl für Allgemeine Betriebswirtschaftslehre, insbesondere Warenhandelslehre, an der Universität des Saarlandes, Saarbrücken 1992, S. 60 f.

[19] Meier, Friedhelm: Computergestützte Befragungen, in: Hermanns, Arnold; Flegel, Volker (Hrsg.): Handbuch des Electronic Marketing, Funktionen und Anwendungen der Informations- und Kommunikationstechnik im Marketing, (C. H. Beck'sche Verlagsbuchhandlung) München 1992, S. 133-149, S. 135 f.

Europäische Währungsunion aus Sicht eines Industrieunternehmens

Dr. Klaus Jürgen Böhm
BASF AG, Ludwigshafen

Inhalt

17. Saarbrücker Arbeitstagung Rechnungswesen und EDV 1996. Hrsg.: A.-W. Scheer.

1 Akzeptanz

Die geplante Europäische Währungsunion wird für die Bevölkerung und die Unternehmen in den beteiligten Ländern erhebliche Umstellungen und Veränderungen beinhalten. Der vorgesehene Starttermin 1. Januar 1999 läßt für die vielschichtigen Vorbereitungen auf die Umstellung relativ wenig Zeit. Um so verwunderlicher ist, daß die Öffentlichkeit, aber auch die Unternehmen und die staatlichen Leistungsanbieter sich mit diesem Thema bisher nur zögerlich auseinanderzusetzen scheinen [1]. Ein Grund hierfür mag sein, daß vielfach, wegen der Nichterfüllung der Konvergenzkriterien, eine Verschiebung der Währungsunion auf einen späteren Zeitpunkt erwartet wird.

Einer Umfrage des DIHT [2] nach hat sich bisher lediglich ein knappes Drittel der Unternehmen mit den Fragen der Umstellung befaßt. Konkrete Vorbereitungen haben erst 12 % der Unternehmen getroffen. Hierbei spielt die Branchenzugehörigkeit sowie die Betriebsgröße eine wichtige Rolle. Je größer das Unternehmen, je internationaler sein Wirkungskreis, desto höher auch die Anzahl der Unternehmen, die schon mit ersten Vorbereitungen begonnen haben.

Inwieweit die Öffentliche Hand sich mit Umstellungsüberlegungen befaßt hat, ist nicht ersichtlich. Zu befürchten ist jedoch, daß insbesondere auf kommunaler Ebene das Umstellungsproblem noch gar nicht angedacht wurde. Jedoch sind alle öffentlichen Leistungsanbieter gezwungen, ihre Rechnungslegungssysteme auf die neue Währung umzustellen. Der Umstellungsbedarf reicht von den Bußgeldern für Geschwindigkeitsüberschreitungen bis hin zu Steuerzahlungen.

Relativ intensiv mit dieser Fragestellung scheint sich bisher der Bankensektor befaßt zu haben [3]. Dies ist naheliegend, da dort die Umstellungen besonders tiefgreifend sind. Auch auf den Gesetzgeber kommt im erheblichen Umfang Umstellungsaufwand zu. Nach Schätzungen ist davon auszugehen, daß in etwa 4000 Gesetze abgeändert werden müssen [4].

Die Studie des DIHT kommt zu dem Ergebnis, daß die deutschen Unternehmen auf die Europäische Währung noch nicht eingestellt sind. Immerhin erachtet mehr als die Hälfte der befragten Unternehmen die Europäische Währungsunion als positiv. Dabei wird insbesondere der Wegfall von Währungsschwankungen in den beteiligten Ländern als erheblicher Vorteil angesehen. Daneben werden der kostengünstigere Zahlungsverkehr als auch die höhere Preistransparenz in der Währungsunion als weitere Vorteile genannt. Dem gegenüber werden Vorteile bei Auslandsreisen als weniger gravierend angesehen.

Die chemische Industrie hat sich relativ frühzeitig mit der Europäischen Währungsunion befaßt. Zwei Arbeitskreise im Verband der Chemischen Industrie haben sich mit den Vorbereitungen auf die Währungsunion auseinandergesetzt. Das Ergebnis dieser

Arbeitskreise ist in einer Checkliste zusammengefaßt, auf die im folgenden Bezug genommen wird.

Je intensiver man sich mit der Umstellung auf die Europäische Währungsunion befaßt, um so klarer erkennt man die Vielzahl von technischen Umstellungsnotwendigkeiten, die auf die Unternehmen zukommen und die bisher m.E. noch unterschätzt werden.

2 Konzept der Währungsunion

2.1 Zeitplan

Die Europäische Währungsunion ist Bestandteil des Maastrichter Vertrages. Dieser Vertrag hat einen Zeitplan zur Verwirklichung der dritten Stufe der Europäischen Wirtschafts- und Währungsunion gesetzt und sog. Konvergenzkriterien als Zugangsvoraussetzungen für die Teilnahme an der Währungsunion festgelegt.

Der Zeitplan [5] zur Einführung der Europäischen Währungsunion ist bekannt und soll hier nur skizzenhaft dargestellt werden. Als spätester Zeitpunkt für den Beginn der dritten Stufe der Währungsunion wurde der 1. Januar 1999 festgelegt. Anfang 1998, spätestens zum 1. Juli 1998 wird anhand der Konvergenzkriterien festgelegt, welche Länder an der Europäischen Währungsunion zu Beginn 1999 teilnehmen werden. Mit Beginn des Jahres 1999 wird die Europäische Währung eingeführt und die Europäische Zentralbank wird zuständig für die Geldpolitik. Zwischen den Jahren 1999 und 2002 können die Wirtschaftseinheiten der beteiligten Europäischen Länder die Umstellungen vornehmen. Dabei ist vorgesehen, daß öffentlichen Emissionen schon ab Anfang 1999 nur noch in Euro erfolgen werden. Den Unternehmen bleibt es überlassen, zu welchem Zeitpunkt sie ihre Rechnungslegungs- und Berichterstattungssysteme auf den Euro umstellen wollen. Zu Beginn des Jahres 2002 wird der Euro gesetzliches Zahlungsmittel. Nach einer Übergangsphase von einem halben Jahr werden auch alle Münzen und Noten durch den Euro und Cent ersetzt werden.

2.2 Die Konvergenzkriterien

Voraussetzung für die Teilnahme an der dritten Stufe des Maastrichter Vertrages ist die Erfüllung der Konvergenzkriterien. Diese stellen die volkswirtschaftlichen Mindestanforderungen dar, die ein Staat einhalten muß, um an der Währungsunion teilzunehmen. Nachdem es den meisten europäischen Ländern in den letzten Jahren gelang, niedrige Inflationsraten und damit auch relativ niedrige Zinsen zu erreichen, konzentriert sich die öffentliche Diskussion auf die fiskalischen Kriterien, nämlich den Schuldenstand und die Neuverschuldung im Sinne des Budgetdefizites [6]. Der Engpaß für die potentiellen Teilnehmer liegt eindeutig in der Erfüllung dieser fiskalischen Kriterien. Sämtliche Kriterien würden z.Zt. nur von Luxemburg erfüllt werden.

Tatsächlich läßt der Maastrichter Vertrag in Bezug auf die fiskalischen Kriterien in erheblichem Umfang Flexibilität und Interpretationsspielraum zu. Wenngleich eine möglichst niedrige Staatsverschuldung und ein geringes Budgetdefizit aus vielerlei Gründen wünschenswert erscheint, so muß doch gesehen werden, daß eine strikte Auslegung der Verschuldungskriterien zu einem Scheitern oder einer Verzögerung des Starttermins der Europäischen Währungsunion führen kann.

So hat Belgien z.B. aus der Vergangenheit heraus eine hohe Staatsverschuldung. Trotzdem ist das Land sicherlich einer der Kandidaten für die Europäische Währungsunion. Dies zeigt sich auch den Internationalen Devisenmärkten. Der belgische Franken hat in den vergangenen Jahren bereits de facto feste Wechselkurse zur D-Mark gehabt. Die Schwankungen in den Devisenkursen zur D-Mark waren minimal.

Grundsätzlich ist zu hoffen, daß bei der Betrachtung der fiskalischen Kriterien, insbesondere der Staatsverschuldung, mit Augenmaß vorgegangen wird und die Flexibilität der Maastrichter Verträge genutzt wird. Dies soll kein Votum für eine Verschuldungspolitik sein. Eine niedrige Staatsverschuldung und ein ausgeglichenes Budget sind erstrebenswert. In diesem Zusammenhang sei auch auf die Vorschläge von Bundesfinanzminister Waigel verwiesen, die unter dem Stichwort europäischer Stabilitätspakt diskutiert werden. Diese Vorschläge zielen auf eine Sanktionierung zu hoher Haushaltsdefizite ab und beinhalten die Limitierung von Budgetdefiziten nach Einführung der Währungsunion [7]. Der Schwerpunkt dieser Vorschläge setzt bei den Budgetdefiziten an, was m.E. die geeignetere Zielgröße ist.

Eine strikte Auslegung der fiskalischen Kriterien kann zu einer Verschiebung der Währungsunion führen. Dies birgt für die europäischen Staaten erhebliche Gefahren. So ist insbesondere zu befürchten, daß bei einer Verschiebung die Schwankungen im europäischen Währungsraum erneut zunehmen und die D-Mark aufgewertet wird. Dies würde die stark exportabhängige deutsche Industrie weiter belasten.

3 Chancen und Risiken

3.1 Gesamtwirtschaftliche Aspekte

Den europaweit oder international tätigen Unternehmen wird die Europäische Währungsunion einzelwirtschaftlich betrachtet Vorteile bringen. Diese Unternehmensgruppe steht der Europäischen Währungsunion daher auch eher positiv gegenüber [8].

Den einzelwirtschaftlichen Vorteilen der Währungsunion stehen mögliche gesamtwirtschaftliche Risiken gegenüber. Diese sollen hier - wegen der mehr einzelwirtschaftlich ausgerichteten Themenstellung - nur kurz skizziert werden.

Gesamtwirtschaftliche Befürchtungen gehen insbesondere in Richtung einer höheren Inflationsrate und damit verbunden höhere Zinssätze. Vieles spricht dafür, daß die Inflationsraten in Richtung der Länder mit den niedrigsten Inflationsraten konvergieren werden und die Absatzmöglichkeiten der Staaten mit hohen Inflationsraten durch den Markt eher eingeschränkt werden. Von daher ist zu erwarten, daß Preissteigerungen sich nicht einfach durchsetzen lassen werden. Gewisse Inflationsunterschiede wird es auch in der Europäischen Währungsunion geben. Dies ist in großen Wirtschaftsräumen nicht unüblich, wie das Beispiel USA zeigt.

Die inflationären Gefahren, die von einer möglicherweise exzessiven Staatsverschuldung der einzelnen Nationalstaaten ausgehen kann, ist ebenfalls begrenzt. Entsprechend dem Risiko, das die einzelnen Nationalstaaten mit ihren unterschiedlich hohen Verschuldungen für den Kapitalanleger darstellen, wird die Bonitätsbeurteilung an den Kapitalmärkten unterschiedlich ausfallen [9]. Von daher ist zu erwarten, daß Länder mit hoher Staatsverschuldung zunehmend höhere Risikoprämien an den Kapitalmärkten zahlen müssen. Dieser Mechanismus wirkt tendenziell bremsend auf die Verschuldungsneigung der einzelnen Nationalstaaten.

Entscheidende Bedeutung zur Inflationsbekämpfung wird der Europäischen Zentralbank zukommen. Nur wenn diese eine von den Einzelstaaten unabhängige Geldpolitik betreibt, können die Gefahren der Inflation wirkungsvoll bekämpft werden.

Transferzahlungen sind ein weiterer Bereich, für den befürchtet wird, daß diese zunehmen könnten. Im bisherigen System der flexiblen Wechselkurse können Produktivitätsunterschiede und höhere Inflationsraten durch Wechselkursanpassungen neutralisiert werden. Dies wird in der Europäischen Währungsunion nicht mehr möglich sein. Standorte mit geringerer Produktivität und inflationsbedingt höheren Preisen werden nicht mehr wettbewerbsfähig sein. Während in anderen großen Wirtschaftsräumen wie den USA Wanderungsbewegungen der Beschäftigten zu den Zentren hoher Produktivität und damit hoher Beschäftigung ausgleichend wirken, ist dies für Europa nicht zu erwarten. Der Wunsch nach ausgleichenden Transferzahlungen wird deshalb sicherlich zunehmen.

3.2 Einzelwirtschaftliche Aspekte

3.2.1 Planungs- und Kalkulationssicherheit

Was die Vorteile der Europäischen Währungsunion für die Unternehmen anbelangt, so sind diese vielschichtig. Einzelwirtschaftlich gesehen bringt die Währungsunion für die Unternehmen der Teilnehmerstaaten überwiegend Vorteile, wenn man von den noch zu diskutierenden Umstellungsaufwendungen absieht.

Mit der europäischen Währungsunion wird der wirtschaftliche Erfolg der unternehmerischen Aktivitäten in den beteiligten Ländern nicht mehr durch Wechselkursschwankungen beeinträchtigt. In der gegenwärtigen Situation sind sowohl langfristige Investitionen an anderen europäischen Standorten als auch der Abschluß von eher kurzfristigen Geschäften Wechselkursschwankungen ausgesetzt. Diese können in ganz erheblichem Maß das wirtschaftliche Ergebnis beeinflussen. Das gilt sowohl für langfristige Entscheidungen, wie den Aufbau eines neuen Standortes, als auch für die Exporttätigkeit. Bei Abgabe eines Angebotes ist es beispielsweise für den Anbieter schwierig, das in Fremdwährung abgegebene Angebot durch entsprechende Kurssicherungen abzusichern, solange noch keine Bestellung vorliegt. Das klassische Instrument für die Absicherung eines derartigen Risikos bestünde in einer Option. Vielfach sind jedoch die Kosten einer Option derartig hoch, daß die gesamte Gewinnmarge zur Finanzierung verwendet werden müßte. Von daher wird häufig auf eine Absicherung des Währungsrisikos in der Angebotsphase verzichtet.

Die Einführung der europäischen Währungsunion wird die Planungs- und Kalkulationssicherheit erhöhen. Während die Wechselkursveränderungen bisher weitere Variablen sind, die in das unternehmerische Kalkül einbezogen werden müssen, wird nach Einführung der europäischen Währungsunion in den beteiligten Ländern dieser Unsicherheitsfaktor entfallen.

3.2.2 Transaktionskosten im Devisenhandel und Zahlungsverkehr

Viel diskutiert und sicherlich auch wichtig, ist die Verringerung der Transaktionskosten im Zahlungsverkehr und im Devisenhandel [10]. Dies ist ein Bereich, wo sich relativ einfach die Vorteile der Währungsunion quantifizieren lassen.

Bei festen Wechselkursen und bei letztendlich einer Währung ist kein Währungsmanagement für die europäischen Währungen notwendig. Dies kann je nach Höhe des Währungsvolumens zu entsprechenden Kosten- bzw. Personaleinsparungen führen. Wichtig sind ebenfalls die vermiedenen Kurssicherungskosten. Solange im europäischen Raum Zinsdifferenzen bestehen, verursacht eine Absicherung von Währungen Kosten oder kann, bei entsprechender Zinsdifferenz, Erträge erbringen. Mit der Wahrscheinlichkeit der Realisierung der Europäischen Währungsunion und den damit verbundenen gleichartigen Zinsverläufen sind die Kurssicherungskosten im europäischen Raum in jüngster Zeit eher rückläufig und werden mit dem Einführungsdatum für die europäische Währung gänzlich verschwinden.

Gleichzeitig mit der Kurssicherung entfallen die entsprechenden Kassa- oder Währungstauschgeschäfte. Hier wird die vorhandene Geld-Briefspanne beim Kauf und Verkauf von Fremdwährungen eingespart.

Was die Beschaffung von Sorten anbelangt, z.B. für Zwecke der Dienstreisen, so ist der Spread zwischen An- und Verkauf sicherlich größer als beim Kassageschäft und die möglichen Einsparungen sind höher. Insgesamt ist der Bedarf an Sorten für Industrieunternehmen jedoch vernachlässigbar, so daß hier die Einsparung gegenüber den zuvor genannten Positionen absolut betrachtet gering sind.

Was den Zahlungsverkehr anbelangt, so ist noch offen, wie das europäischen Clearing-System aussehen wird [11]. Wir gehen jedoch davon aus, daß europaweit der Zahlungsverkehr in erheblichem Umfang beschleunigt wird und gleichzeitig die Kosten pro Zahlungsverkehrstransaktion sinken werden. Zusätzlich müssen Zinsvorteile aus der Beschleunigung der Zahlungen und damit der Reduzierung des Float berücksichtigt werden. Ob das geplante europäische Clearingsystem schon zu Beginn der Europäischen Währungsunion diese Beschleunigung im Zahlungsverkehr erbringen wird, bleibt abzuwarten. Was die Konditionen anbelangt, so ist jedoch davon auszugehen, daß durch den Konkurrenzdruck der Banken untereinander es zu einer Verbesserung der Konditionen im europäischen Zahlungsverkehr kommen wird und letztendlich Inlandskosten mehr oder weniger erreichbar sein dürften.

3.2.3 Cash Management Optimierungen

Mit der Einführung der Europäischen Währungsunion eröffnen sich eine Vielzahl von Optimierungsmöglichkeiten bei international tätigen Unternehmen im Bereich des Cash Managements. Nicht nur wird das Währungsmanagement einfacher und der Zahlungsverkehr im europäischen Raum beschleunigt, denkbar ist auch, daß mit Einführung einer einheitlichen europäischen Währung leichter ein europaweites Pooling finanzieller Mittel vorgenommen werden kann.

Die BASF poolt im Inland sämtliche Liquiditätsüberschüsse oder -unterdeckungen bei einer Gesellschaft, der BASF AG. Dies bedeutet, daß täglich von allen deutschen Tochtergesellschaften der BASF überschüssige Mittel auf Konten der BASF AG übertragen werden oder Mittelbedarf der Tochtergesellschaften von der BASF AG gedeckt wird. Durch diese Vorgehensweise wird vermieden, daß im Inland eine Tochtergesellschaft an den Geldmärkten Mittel aufnimmt, während die andere Gesellschaft zum gleichen Zeitpunkt einen Mittelüberschuß am Markt anlegt.

Ein derartiges Pooling-Modell könnte problemlos auf Europa übertragen werden, wenn es nur eine Währung im europäischen Raum gibt. Heute ist es nicht sinnvoll, den Tagesbedarf z.B. der französischen BASF-Gesellschaften aus dem DM-Bereich heraus zu finanzieren, da hier für einen sehr kurzen Zeitraum FF gekauft, DM verkauft und vielleicht 1 oder 2 Tage später die gleiche Transaktion mit umgekehrtem Vorzeichen abgewickelt werden muß, und somit entsprechende Kosten in Höhe des Spreads zwischen An- und Verkauf anfallen.

Für den mittel- und langfristigen Bereich der Finanzierungen innerhalb einer Unternehmensgruppe ist schon heute eine länderübergreifende Finanzierung in vielen Fällen sinnvoll. BASF nutzt hierzu neben einer Finanzierungsgesellschaft (BASF Finance Europe) im wesentlichen Umfang ein Coordination Center in Belgien um die weltweite Finanzierung der BASF Gruppe kosteneffizient darzustellen.

Der Zahlungsverkehr wird im europäischen Raum nicht nur schneller und kostengünstiger abgewickelt werden können. Denkbar ist auch, daß bei europaweit tätigen Unternehmensgruppen die Zahlungsverkehrsabwicklung auf eine oder wenige Einheiten konzentriert wird.

3.2.4 Finanzierungen und Geldanlagen

'Im einheitlichen Währungsraum der EWU wird ein Rentenmarkt entstehen, der wesentlich größer, tiefer und liquider sein wird als die heutigen nationalen Märkte' [12]. Dies sollte bei den Finanzierungsentscheidungen mehr Wahlmöglichkeiten bieten und umgekehrt auf der Geldanlageseite die Palette der Anlagemöglichkeiten vergrößern. Neben zusätzlichen Instrumenten wird der Markt auch einfacher mit größeren Beträgen nutzbar sein. Insgesamt sollte das zu günstigeren Finanzierungsmöglichkeiten führen, die dem Bedarf der Einzelunternehmen noch besser entsprechen. Die Effizienz der Märkte sollte sich erhöhen. Ob der europäische Geld- und Kapitalmarkt einen ähnlich hohen Effizienzgrad bekommen wird wie der amerikanische Markt bleibt abzuwarten.

3.2.5 Transparenz

In der Öffentlichkeit wird häufig diskutiert, daß mit Einführung der europäischen Währung die Transparenz in den europäischen Märkten für die Verbraucher erhöht würde. Dies ist sicherlich richtig, da die Umrechnung entfällt und damit der Preisvergleich einfacher wird.

Für den kommerziellen Kunden ist dieses Argument weniger bedeutend. Schon heute sind unsere Kunden europaweit in der Lage, ohne Probleme Preisvergleiche durchzuführen und dies über alle Währungen hinweg. Die Währungsrisiken lassen sich bei den europäischen Währungen sehr einfach durch Kurssicherungen absichern. Der Preisvergleich beinhaltet demnach nur noch die entsprechende Rechenoperation zur Ermittlung der Kurssicherungskosten. Von daher ist nicht zu erwarten, daß die erhöhte Transparenz aus dem Wegfall der unterschiedlichen nationalen Währungen zu einem wesentlich anderen Kundenverhalten führen wird.

Dies mag sich für den Konsumenten anders darstellen. Er hat nicht - wie mittlere und größere Unternehmen - die entsprechende Expertise und den Marktzugang für Kurssicherungsmöglichkeiten.

3.2.6 Auswirkungen auf Geldanlagen

Im Markt wird vielfach befürchtet, daß mit der Einführung des Euros ein Anstieg des DM-Zinsniveaus einhergeht. Sollte dieser Fall eintreten, so kann es bei entsprechenden Geldanlagen im DM-Bereich, die über eine längere Laufzeit angelegt wurden, zu Bewertungsverlusten kommen. Es ist jedoch zu erwarten, daß, wenn es überhaupt zu einem Anstieg der Zinsen kommt, dieser marginal sein wird [13] und sich im Bereich von nur wenigen Basispunkten niederschlagen wird. Viele Marktbeobachter gehen im übrigen davon aus, und vom Verfasser wird diese Einschätzung geteilt, daß eine derartige Entwicklung in der Zinskurve der DM bereits am langen Ende vorweggenommen ist, so daß es zu keinem weiteren Zinsanstieg mit Einführung des Euros kommt. Auch gibt es gute Gründe dafür, daß die Zinsen im europäischen Raum in Richtung der Niedrigzinsländer konvergieren werden.

4 Umstellung auf den Euro

4.1 Planung und Organisation der Umstellung

Was die Umstellung auf den Euro anbelangt, so sind fast alle Funktionen im Unternehmen davon betroffen. Überall dort, wo Währungen und Zinssätze angewandt werden, müssen Systeme, Dateien und ggfs. Verträge umgestellt werden und externe und interne Berichterstattungen modifiziert werden.

Die Herausforderung bei der Umstellung liegt in der organisatorischen Vorbereitung und fristgemäßen Durchführung. Empfehlenswert ist es, schon recht frühzeitig in den Unternehmen Währungsbeauftragte zu benennen, die sich mit der Umstellung befassen. Der Währungsbeauftragte sollte im Unternehmen der Koordinator sein für alle Umstellungsüberlegungen und Vorbereitungen. In großen Unternehmen empfiehlt es sich, entsprechende Arbeitskreise einzurichten, in denen die Expertise aus den einzelnen Funktionen des Unternehmens zusammengebracht wird. Für multinationale Unternehmen ist es notwendig, entsprechende Arbeitskreise auch europaweit aufzubauen, um Doppelarbeiten in den Tochtergesellschaften möglichst zu vermeiden.

Diese Arbeitskreise sollten zunächst eine Bestandsaufnahme erstellen. Dabei ist festzustellen, was umgestellt werden muß, welche Programme überarbeitet werden müssen und damit verbunden welcher Umstellungsaufwand auf das Unternehmen zukommen wird. Sobald der Umstellungsbedarf festliegt - und dieser umfaßt neben Änderungen in EDV-Programmen und Dateien auch Änderungen in bestehenden Verträgen, Änderungen in Formularen u.ä. - muß ein Zeitplan für die Umstellung vorbereitet werden. Dieser Zeitplan hängt selbstverständlich sehr stark von dem Beginn der Europäischen Währungsunion ab.

Mit dem Terminplan muß auch die Frage des Umstellungszeitpunktes diskutiert werden, also die Frage einer schrittweisen Umstellung innerhalb eines Unternehmens oder der zeitpunktbezogenen Umstellung im Rahmen eines „Big Bang". Dabei ist denkbar, daß innerhalb einer Unternehmensgruppe eine unterschiedliche Vorgehensweise für einzelne Unternehmen oder länderbezogene Unternehmensgruppen notwendig wird.

Wichtig für die Organisation der Umstellung ist ebenfalls eine recht frühzeitige Information der im Unternehmen betroffenen Einheiten [14]. Diese Informationspolitik muß von der Unternehmensleitung unterstützt werden. Nicht zu vergessen ist in diesem Zusammenhang, daß beispielsweise auch die Gehälter und Pensionszahlungen umgestellt werden müssen, von daher ist eine rechtzeitige Einbeziehung der gesamten Belegschaft in den Informationsprozeß mitzuplanen.

Während die Umstellung als solche vordergründig betrachtet nicht problematisch erscheint, da in EDV-Programmen beispielsweise nur DM oder FF durch Euro ersetzt werden muß, so ist der Arbeitsaufwand jedoch nicht zu unterschätzen. Auch muß davon ausgegangen werden, daß in der Übergangszeit zwischen 1999 und 2002 viele Unternehmen und Kommunen sowie die öffentliche Hand ihre Systeme umstellen werden und von daher ein entsprechend hoher Bedarf an EDV-Kapazitäten und Beratung am Markt entsteht. Dies kann zu Engpässen bei den Softwarehäusern führen. Hinzu kommt, daß mit der Jahrtausendwende einige EDV-Systeme bereits Probleme mit der Umstellung auf das neue Jahrtausend haben.

Generell ist festzustellen, daß wir davon ausgehen können, daß mit der Umstellung einzelner EDV-Programme gleichzeitig Forderungen nach Verbesserungen von den Programmanwendern gestellt werden, wodurch der Aufwand für die Programmierung steigt. Gleichzeitig darf nicht übersehen werden, daß insbesondere bei intern erstellten älteren Programmen die Dokumentation möglicherweise nicht mehr auf dem letzten Stand ist, so daß hier ebenfalls erhebliche Probleme auftreten können.

Dies sind nur einige Aspekte aus einer Vielzahl von denkbaren Anforderungen, die dazu führen, daß eine rechtzeitige Planung der Umstellung sehr empfehlenswert erscheint. Erwähnt sei hier, wenngleich Industrieunternehmen wenig davon betroffen sein dürften, auch die Umstellung der Geldautomaten. Hier ist europaweit eine Belastung der Geldautomatenindustrie mit dem entsprechenden Umstellungsbedarf zu erwarten.

Der Verband der Chemischen Industrie wie auch andere Institutionen haben für die Vorbereitung auf die Umstellung Checklisten entworfen, die für die Unternehmen eine Hilfestellung bieten sollen. Diese Checklisten sind kein Ersatz für eine eingehende unternehmensindividuelle Beschäftigung mit dieser Problematik, sondern sollen nur erste Anregungen geben.

Im Nachfolgenden sollen stichwortartig einige Funktionsbereiche des Unternehmens angesprochen und die zu erwartenden Umstellungen problematisiert werden. Dabei wird auf die Checkliste des VCI Bezug genommen [15].

4.2 Beschaffung

In der Beschaffung gilt es, alle EDV-Programme im Hinblick auf Währungen und, soweit notwendig, Zinssätze zu überprüfen. Gleiches gilt für die Einkaufsbedingungen. Hier müssen die Verträge durchgesehen werden im Hinblick auf evtl. Gleitklauseln und damit verbundenen Umstellungsnotwendigkeiten. Verhandlungen mit Lieferanten können notwendig werden, insbesondere im Hinblick auf entsprechende Auf- bzw. Abrundungen bei Preisen. Inwieweit es erforderlich ist, während der Umstellungsphase mit zwei Preisdateien zu arbeiten, hängt von den eigenen Verarbeitungssystemen ab.

Empfehlenswert erscheint auf der Einkaufseite, wie im übrigen für alle Verträge, schon jetzt entsprechende Anpassungsklauseln in die Verträge einzubauen [16], daß die DM oder eine andere europäische Fremdwährung durch den Euro ersetzt werden kann.

4.3 Logistik und Vertrieb

Im Bereich Logistik und Vertrieb müssen ebenfalls die unterstützenden Programme angepaßt werden. Verkaufs- und Zahlungsbedingungen sind ggf. hinsichtlich der Zahlungsziele, der Skontogewährung und der Verzugszinsen zu modifizieren. Die Angebotspreise und ggf. die Rabatte sind in Euro festzulegen.

Für eine Übergangsphase kann es notwendig sein [17], mit doppelter Preisauszeichnung in Euro und DM zu arbeiten. Bei den Angebotspreisen in Euro kann die bereits angesprochene Rundungsproblematik entstehen und muß entsprechend beachtet werden.

Auf der Vertragsseite müssen langfristige Absatzverträge überprüft werden und ggf. neu ausgehandelt werden. Mit der Einführung der Europäischen Währungsunion kann es sich anbieten, die Preis- und Vertriebspolitik neu zu strukturieren [18], beispielsweise könnte hier die Europäische Währungsunion zum Anlaß genommen werden, eine Neuabgrenzung von Verkaufsbezirken vorzunehmen.

4.4 Controlling und Berichtswesen

Im Controlling und internen Berichtswesen sind ebenfalls alle EDV-Programme auf den Euro umzustellen. Hier stellt sich die Frage der Umrechnung historischer Datenreihen [19]. Dabei dürfte es sich empfehlen, die noch festzulegenden Umrechnungskurse auch für die historischen Datenreihen anzuwenden. Entsprechende Regeln für die Behandlung statistischer Reihen und die Umrechnung historischer Daten sind aufzustellen und konzernweit zu kommunizieren. Darüber hinaus müssen mittel- und langfristige Planungen und Zielvereinbarungen in diesem Bereich ebenfalls umgestellt werden. Investitionsplanungen und Projektcontrolling sind an den Euro anzupassen. Auch in diesem Bereich läßt sich die Liste der Beispiele weiter vertiefen. Es sei hier ebenfalls auf die Checkliste des VCIs verwiesen.

4.5 Finanzwesen

Die Umstellungen im Finanzwesen konzentrieren sich zunächst auch auf die EDV-Programme, wo die europäischen Währungen durch den Euro ersetzt werden.

Während der Übergangsphase von 1999 bis 2002 wird im Zahlungsverkehr auch im Inland die Kundschaft sowohl in DM als auch im Euro zahlen. Von daher ist es sinnvoll, vor bzw. nach der unternehmensindividuellen Umstellung den Euro oder die DM als Fremdwährung in die Zahlungsabwicklung aufzunehmen.

Im Zahlungsverkehr und auf der Geldeingangsseite sind die entsprechenden Konten einzurichten und die Zahlungsverkehrswege ggf. zu optimieren. Bestehende Fremdwährungskonten können ggfs. gelöscht werden. Hier bieten sich Ansatzpunkte, wie bereits erwähnt, zur europaweiten Optimierung des Zahlungsverkehrs.

Wichtige Anpassungen sind im Devisenhandel vorzunehmen. Dort entfällt das Termin- und Kassavolumen für die europäischen Währungen. Bestehende Altgeschäfte müssen nach Einführung des Euro noch abgewickelt werden. Durch die ab 1999 fixierten Wechselkurse entfällt sofort der Bedarf zur Kurssicherung. Von daher dürften nach diesem Datum nur noch bestehende Altgeschäfte abgewickelt werden. Demgegenüber werden bis zum Jahr 2002 möglicherweise weiterhin Kassatransaktionen notwendig sein.

Was die Finanzierung und die Geldanlage anbelangt, so sind unternehmensinterne Richtlinien zu überarbeiten und ggf. europaweite Anlage- und Aufnahmeinstrumente in die Richtlinien einzuarbeiten, soweit das nicht bereits schon bisher der Fall ist.

Die Möglichkeiten eines vereinfachten Konzernclearings, das auf europaweiter Basis arbeitet, wurde bereits angesprochen. Die entsprechenden Vorbereitungen hierfür sollten rechtzeitig getroffen werden.

Wichtig für den Zahlungsverkehr erscheint uns eine entsprechende Flexibilität im Bankensystem, die es erlaubt, sowohl in DM als auch Euro zu zahlen [20], wobei der Begünstigte dann entscheiden kann, ob er die Zahlung, die in Euro kommt, in DM umtauschen oder in Euro behalten möchte. Dies sollte ohne zusätzliche Kosten für den Begünstigten erfolgen. Entsprechende Pläne für Deutschland gibt es bereits im Bereich der deutschen Banken. Dies ist insbesondere für die Umstellung der Gehaltszahlungen wichtig, da, wenn das Unternehmen auf den Euro umstellt, die Mitarbeiter jedoch weiterhin in DM ihre Ausgaben begleichen wollen, keine Nachteile bei dem Mitarbeiter aus der Eurozahlung des Unternehmens für Gehälter oder Pensionen entstehen dürfen.

4.6 Externe Rechnungslegung und Finanzbuchhaltung

Bei der externen Rechnungslegung und der Finanzbuchhaltung sind ebenfalls eine Vielzahl von Umstellungen vorzunehmen. Dabei kann es möglicherweise Probleme hinsichtlich der Bewertung von Bilanzpositionen geben. Die bereits erwähnte Problematik bei der Umstellung historischer Daten zu Vergleichszwecken trifft ebenfalls auf die externe Rechnungslegung zu.

In der Rechnungslegung sollte, was den Zeitpunkt der Umstellung anbelangt, eine doppelgleisige Rechnungslegung in DM und Euro nach Möglichkeit vermieden werden [21]. Diese doppelgleisige Rechnungslegung, die auf der doppelten Erfassung des einzelnen Beleges basiert, ist sehr aufwendig und von daher sicherlich nicht empfehlenswert. Dies wiederum setzt jedoch voraus, daß die Umstellung der Rechnungslegung und der Berichterstattungssysteme zeitpunktbezogen vorgenommen wird. Durch diese stichtagsbezogene Umstellung, die durchaus über einen Zeitraum erfolgen kann, jedoch rückwirkend zu einem bestimmten Stichtag umstellt, wird die doppelte Erfassung und Verarbeitung der Einzelbelege und Daten über einen längeren Zeitraum vermieden. Eine stichtagsbezogene Umstellung stellt jedoch höhere Anforderungen an die Vorbereitungen für die Umstellung und erhöht die Arbeitsbelastung für die betroffenen Mitarbeiter.

Ein weiterer Aspekt, der sowohl Finanzen als auch das Rechnungswesen betrifft, ist die Umstellung der Nennwerte der Aktien. Hier wäre eine grundsätzliche Diskussion zur Frage der Notwendigkeit von Aktiennennwerten empfehlenswert [22].

4.7 Steuern

Für die Vorbereitung der Steuerunterlagen ist von Interesse, wann die Finanzbehörden auf Euro lautende Steuerbilanzen und entsprechende Unterlagen akzeptieren werden. Zu befürchten ist, daß dies nicht zu Beginn der Umstellung auf den Euro, also zu Beginn des Jahres 1999, sein wird. Hier ist die Forderung zu erheben, daß die Finanzbehörden während des gesamten Umstellungszeitraumes Abschlüsse sowohl in Euro als auch in DM akzeptieren, ohne daß entsprechende Umrechnungen vorgenommen werden müssen.

4.8 Vertragswesen

Im Vertragswesens sind alle Verträge im Hinblick auf ggf. notwendige Anpassungen auf den Euro zu überprüfen. Dabei ist davon auszugehen, daß Verträge innerhalb der europäischen Union automatisch durch die nationalen Gesetzgeber umgestellt werden und von daher nicht angefochten werden können [23].

Was die Umstellung der Verträge mit nicht EU-Ländern anbelangt, so dürfte bei den Vertragspartnern kein Interesse bestehen, weiterhin DM zu erhalten, da diese nach 2001 wertlos werden. Von daher ist, wirtschaftlich gesehen, nicht zu erwarten, daß es zu Widerständen gegen den Euro kommt. Zu berücksichtigen ist jedoch, daß bei diesen Verträgen die Vertragspartner ggf. rein formal Bedenken gegen die Umstellung geltend machen können, um einen Anlaß für Neuverhandlungen zu bekommen. Von daher empfiehlt es sich, wie bereits erwähnt, schon jetzt in langfristigen Verträgen entsprechende Klauseln einzubauen, die den Ersatz der nationalen Währung durch den Euro zulassen.

Die Durchsicht der langfristigen Verträge setzt eine entsprechende Dokumentation im Unternehmen über abgeschlossene Verträge voraus. Soweit diese nicht vorhanden ist, könnte auch hier die Einführung des Euros genutzt werden, um eine derartige Dokumentation einzuführen.

Ergänzend erwähnt sei, daß in diesem Bereich andere Änderungen, wie z.B. allgemeine Registereinträge, überprüft werden müssen und ggf. anzupassen sind.

4.9 Personalwesen

Im Bereich des Personalwesens sind sämtliche Löhne, Gehälter, Zulagen, Abzüge sowie alle mit der Altersversorgung verbundenen Zahlungen und die zugrundeliegenden EDV-Programme umzustellen. Betriebsvereinbarungen müssen auf Umstellungsnotwendigkeiten überprüft werden, soweit dies nicht durch entsprechende Gesetze bereits geregelt wird.

Daneben ist zu berücksichtigen, daß es Umstellungsnotwendigkeiten in Bereichen wie Reisekostenabrechnungen, Delegiertenvergütungen, Erfindervergütungen, Vorschlagswesen u.ä. gegeben sind.

Wichtig erscheint uns eine rechtzeitige Information der Mitarbeiter und der Mitarbeitervertretung über die geplanten Änderungen. Der Informationspolitik kommt gerade im Personalbereich eine große Bedeutung zu, um Mißverständnisse bei den Mitarbeitern als Folge der Umstellung auf den Euro zu vermeiden.

4.10 Informatik

Der Bereich in den Unternehmen, der voraussichtlich am stärksten von den Umstellungen auf den Euro betroffen sein wird, ist die elektronische Datenverarbeitung [24]. Fast alle genannten Änderungen schlagen sich in der einen oder anderen Form in Programmänderungen nieder. Dies können Programmänderungen sein, die Mainframe Programme umfassen oder auch Programmänderungen, die auf individuellen PC-Anwendungen basieren. Von daher kommt der Bedarfsplanung in der Informatik für die Umstellung eine sehr große Bedeutung zu.

Nachdem eine Groberhebung über die umzustellenden Programme im Unternehmen durchgeführt wurde und dabei auch in etwa der Zeitaufwand festgestellt wurde, muß dieser Aufwand mit den vorhandenen Kapazitäten im Informatik-Bereich abgeglichen werden. Es kann sehr wohl Sinn machen, schon recht frühzeitig extern zusätzliche Kapazitäten zu sichern, da zu erwarten ist, daß mit Einführung des Euro ein erheblicher Bedarf an Hard- und Softwarekapazitäten in Europa entstehen wird.

Vielfach werden mit den notwendigen Änderungen der Programme gleich von den Anwendern Programmverbesserungen vorgeschlagen. Dies wird den Informatik-Aufwand zusätzlich erhöhen, wobei jedoch gleichzeitig eine Verbesserung der Programme erreicht wird.

Jeweils zu prüfen ist, ob die notwendigen Änderungen nicht auch auf die entsprechenden Gesellschaften der Unternehmensgruppe in Europa umgesetzt werden können. Durch diese Vorgehensweise werden Änderungen nur einmal innerhalb einer Unternehmensgruppe notwendig. Dies setzt jedoch wiederum voraus, daß eine entsprechende zentrale Organisation für die Währungsumstellung sicherstellt, daß, wo immer Programmänderungen von anderen Gruppengesellschaften genutzt werden können, diese auch entsprechend genutzt werden.

4.11 Zeitpunkt der Umstellung

Der jetzige Zeitplan für die Einführung des Euro läßt den Unternehmen Spielraum zwischen 1999 und Ende 2001, auf die neue Währung umzustellen.

Eine Umstellung gleich zu Beginn des Zeitraumes hat den Vorzug, unter den Ersten zu sein und mit der Geschwindigkeit der Umstellung seine Mitbewerber und den Markt ggfs. zu beeindrucken. Sieht man von diesen möglichen Imagevorteilen ab, hat eine Umstellung zu Beginn des Zeitraumes jedoch den Nachteil, daß das gesamte Umfeld im Inland weitgehend auf DM-Basis abrechnet und in vielfältiger Form entsprechende Anpassungen vorgenommen werden müssen. Von daher spricht vieles dafür, nicht gleich im ersten Jahr die Umstellung vorzunehmen, sondern eher zur Mitte des Umstellungszeitraumes die entsprechenden Währungsumstellungen abzuwickeln.

5 Rechtzeitige Vorbereitung

Die europäische Währungsunion wird - soweit es eine Union der Stabilität ist - den beteiligten Volkswirtschaften und auch den einzelnen Unternehmen, Vorteile bringen.

Wichtig ist, daß mit der Vorbereitung auf die Währungsunion rechtzeitig begonnen wird. Dies gilt nicht nur für die Unternehmen, sondern auch für die öffentliche Hand und die Kommunen. Eine Diskussion über eine mögliche Verschiebung des Starttermins ist für diesen Vorbereitungsprozeß abträglich.

Literaturverzeichnis

[1] o.V.: Die Skepsis wächst, in: Handelsblatt v. 24./25. Mai 1996, S. 7

[2] DIHT: Deutsche Unternehmen und Europäische Währung, Sonderdruck Sept. 1995, S. 1

[3] o.V.: Banken bereiten sich unbeirrt auf die EWU vor, in: Börsen-Zeitung v. 14. März 1996

[4] Friese, U.: Tücken im Detail, in: Capital 5/1996, S. 61-66

[5] Sal. Oppenheim jr. & Cie: EWWU II: Das Green Paper, Oppenheim Finanzanalyse August 1995, S. 3-6

[6] o.V.: IWF:Acht EU-Staaten erfüllen 1997 WWU-Defizitnorm, in: Finanz- und Wirtschaftsspiegel v. 30. April 1996, S. 10

[7] o.V.: Waigel: Positives Echo für seinen Stabilitätspakt, in: Börsenzeitung v. 28. Nov. 1995, S. 5

[8] DIHT: Deutsche Unternehmen und Europäische Währung, Sonderdruck Sept. 1995, S. 3

[9] Dresdner Bank: Die Währungsunion - Chance für Europa, Sonderbericht 1995, S. 29, 44ff

[10] Emmerich, E.: Eine einheitliche Währung wird vor allem Wechselkursrisiken ausräumen, in: Zeitschrift für das gesamte Kreditwesen, Heft 1 (1996), S. 12

[11] Torkler, H.- J.: International gültige Standards nötig, in: Handelsblatt v. 21.Mai 1996, S. B10

[12] Deutsche Bank Research: Eine stabile Währung für Europa, Sonderbericht September 1995, S. 40

[13] BHF-Bank: Zinswirkungen einer Europäischen Währungsunion, Wirtschaftsdienst Nr. 1794 v. 12. Aug. 1995

[14] Stihl, H.-P.: Qualitätsdruck muß vor Termindruck gehen, in: Zeitschrift für das gesamte Kreditwesen, Heft 1 (1996), S. 20f

[15] VCI: Maßnahmen zur Einführung der Euro-Währung, VCI Schriftenreihe Betriebswirtschaft + Finanzen Nr. 21 (noch nicht veröffentlicht)

[16] Haarmann, Hemmelrath & Partner: Vertragsgestaltung: Worauf Sie achten müssen, in: VWD Währungsunion Spezial, Nr. 1 v. 26. Feb. 1996, S. 6

[17] Koeppen, H.: Eurowährung: Urknall von sechs Monaten, in: Der Handel 12/95, S. 8-12

[18] Hook, R.: Rogg, H.: Neue Währung - neue Strategie, in: Handelsblatt v. 28. Mai 1996, S. 24

[19] Association for the Monetary Union of Europe: Schritte zur Europa-Währung in der Praxis, Sept. 1994, S. 16

[20] Lipp, E.-H.: Die Einführung des Euros ist ein Experiment, in: Handelsblatt v. 21. Mai 1996, S. B4

[21] Mujkanovic, R.: Bei Umrechnung in Euro ungerade Eigenkapital-Beträge, in: Handelsblatt v. 28. Mai 1996, S. 23

[22] Schneider, U. H.: Sünner, E.: Die Anpassungen des Aktienrechts bei der Einführung der Europäischen Währungsunion, in: Der Betrieb, Heft 16 v. 19. Apr. 1996, S. 817-822

[23] Diem, A.: Innerhalb der EWWU soll die Kontinuität von Verträgen nicht beeinträchtigt werden, in: Handelsblatt v. 28. Mai 1996, S. 24

[24] Würth, H. J.: Doppelwährungsphase ist eine Herausforderung für die Software, in: Handelsblatt v. 28. Mai 1996, S. 24

Kundenorientierung der internen Informationsverarbeitung

Bernd Schweiger
Plaut Software GmbH, Ismaning

Inhalt

17. Saarbrücker Arbeitstagung Rechnungswesen und EDV 1996. Hrsg.: A.-W. Scheer. © Physica-Verlag Heidelberg 1996

Entwicklung des Informationswesens

Stufe	Strategische Bedeutung	Nutzen
Isolierte Anwendungen	Bedeutung bereichsbezogen	Abbau manueller Arbeiten
Integration der Anwendungen	Bedeutung bereichsübergreifend	Abbau von Doppelarbeiten
Integration unter Einbezug von Datenbanken und BK	Bedeutung über alle Bereiche sehr hoch	Rationalisierungspotential Berichtswesen, Kommunikation
Integration unter Einbezug der BK und interner Kommunikations- und Netzdienste → Vernetzte Systeme	Hohe Bedeutung und hohe Anforderung an Informationsmanagement. Einfluß auf Organisation und Führungsstruktur.	Produktivitätseffekte

PLAUT

Abb. 1: Entwicklung des Informationswesens

1 Die Informationsverarbeitung im Unternehmen

Die kommerzielle Informationsverarbeitung (IV) hat in den letzten 30 Jahren eine stürmische Entwicklung durchlaufen. Die Informationsverarbeitung zählt heute zu den unverzichtbaren Potentialen, mit denen die Wettbewerbsfähigkeit der Unternehmen steht und fällt. Begleitend zu dieser Entwicklung und der strategischen Bedeutung - siehe Abbildung 1 - der Informationsverarbeitung vollzog sich auch der Wandel im Selbstverständnis des innerbetrieblichen IV-Bereiches. Neben der traditionell stark ausgeprägten Technik-Orientierung, die fortwährend zu Mißtrauen bei den anderen Unternehmensbereichen, den Kunden, führte und auch heute noch führt, mußte und muß sich die Informationsverarbeitung heute hin zur Kunden-Orientierung wandeln.

Kundenorientierung im innerbetrieblichen Verhältnis bedeutet unter vielen anderen Aspekten vor allem die Schaffung von Transparenz. Die Abläufe innerhalb des IV-Bereiches und die bestehenden IV-Systeme müssen für den Auftraggeber und für den Anwender hinsichtlich Kosten, Leistung und Nutzen transparent dargestellt werden. Verantwortlich dafür ist das IV-Management und das IV-Controlling. Der IV-Controller wird Methoden und Systeme implementieren, um diese Transparenz zu schaffen.

2 Controlling der Informationsverarbeitung

Seit vielen Jahren gehört das Controlling zu den besonders aktuellen Themen der Informationsverarbeitung.

Die vier Hauptaufgaben des IV-Controlling [1] sind definiert als:

⇨ Portfolio-Controlling
- die richtigen IV-Vorhaben genehmigen

⇨ Projekt-Controlling
- IV-Projekte erfolgreich steuern

⇨ Produkt-Controlling
- den Erfolg und die Kosten der IV-Produkte darstellen

⇨ Infrastruktur-Controlling
- die IV-Kosten richtig ermitteln und richtig verrechnen

In gut organisierten IV-Bereichen sind diese Controlling-Elemente in mehr oder weniger ausgeprägten Strukturen etabliert. Es stehen wirkungsvolle Methoden und praxisgerechte Werkzeuge für das IV-Controlling zur Verfügung. Vieles aus dem Unternehmens-Controlling wurde übernommen.

Auch für das IV-Controlling gilt im besonderen die Beschreibung des klassischen Controllingbegriffes [2].

⇨	Ergebnisziele setzen und in Teilziele nach Verantwortlichkeit auflösen,	=	planen
⇨	die Überwachung der Zielerreichung durch laufende Gegenüberstellung von Ist- und Zielwerten,	=	kontrollieren
⇨	um mit Hilfe erkennbar gemachter Zielabweichungen Korrektur und Steuerungsmaßnahmen einleiten zu können.	=	steuern

Der IV-Controller wird entsprechend dieser Definition des Controlling deshalb weitgehend die Instrumente des Unternehmens-Controlling für seinen Bereich, der Informationsverarbeitung, einsetzen.

Natürlich sind die Instrumente und Werkzeuge an die Gegebenheiten der modernen Informationsverarbeitung und seiner Technologie anzupassen. Der oft dramatisch kurzfristige Technologiewandel und die damit verbundenen Auswirkungen, z.B. hinsichtlich der Kosten und Leistungen, bringen für den IV-Controller große Herausforderungen mit sich. Eine weitere Problematik ist die Koexistenz bewährter, bekannter Systeme mit den Technologien der aktuellen Entwicklungen.

Aufgrund der Aufgabenstellung für dieses Referat werden im folgenden die Methoden und Instrumente der Kosten- und Leistungsrechnung der Informationsverarbeitung dargestellt.

Damit wird vor allem das Produkt- und Infrastruktur-Controlling unterstützt. Für das Portfolio- und Projekt-Controlling werden noch eine ganze Reihe anderer Methoden und Werkzeuge gebraucht, die hier nicht erwähnt werden.

3 IV-Kosten- und Leistungsrechnung

Der IV-Controller muß im Rahmen des Produkt- und Infrastruktur-Controlling die Entwicklung der Kosten überwachen und bei Abweichungen geeignete Steuerungsmaßnahmen einleiten. Selbstverständlich ist die Nutzenbetrachtung genauso bzw. noch wichtiger als die reine Kostenbetrachtung. Dennoch wird die Nutzenbetrachtung hier zunächst einmal ausgeklammert, erst später wird darauf eingegangen. Die folgenden Ausführungen behandeln ausschließlich die Verfahren der Kosten- und Leistungsrechnung für die Informationsverarbeitung im Rahmen des innerbetrieblichen Rechnungswesens.

Der IV-Bereich, als interner Dienstleister, muß für seine Kunden, den Fachbereichen, oder in modernen Strukturen den Prozeßverantwortlichen, transparent sein. Hinsichtlich der Kosten und Leistungen gilt dies für den IV-Bereich ganz besonders. Kein anderer Unternehmensbereich ist bezüglich der Transparenz derartig gefordert. Transparenz fördert das Problembewußtsein und damit auch das Vertrauen zwischen dem IV-Bereich und seinen Kunden und natürlich auch zwischen dem IV-Bereich und der Unternehmensführung.

Der Kunde bzw. der Investor hat Anspruch auf Transparenz.

3.1 Strukturierung der Kosten- und Leistungsrechnung

Folgende grundsätzliche Fragestellungen ergeben sich beim Aufbau einer transparenten, kundenorientierten Kosten- und Leistungsrechnung:

- Wer ist der Abnehmer/Kunde?
- Welches Produkt/Leistung wird gebraucht?
- Welche Menge des Produktes/Leistung wird in welchem Zeitraum abgenommen?
- Welche IV-Ressourcen werden für die Erstellung benötigt?
- Was werden die Produkte/Leistungen kosten?

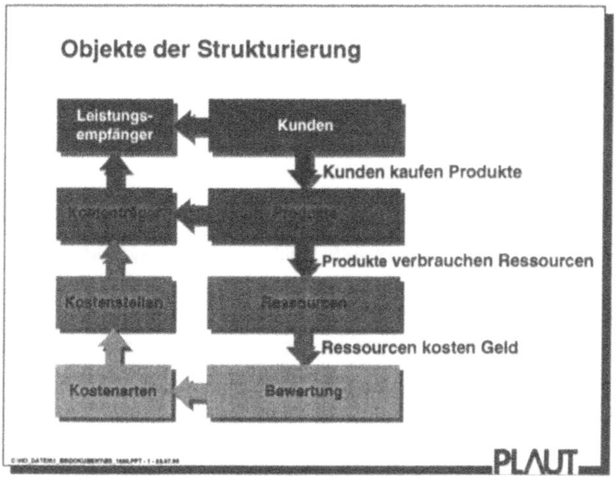

Abb. 2: Objekte der Strukturierung

Diese Fragestellungen führen wie in Abbildung 2 dargestellt zu den Strukturierungsobjekten:

- Produkte und ihre Produkteinheiten
- Kostenarten und ihre IV-spezifische Unterteilung
- Kostenstellen und Bezugsgrößen zur Verrechnung von Kosten
- Verrechnungsmodell

Die Abbildung 3 zeigt beispielhaft das Ergebnis einer Strukturierung von der Kostenarten-/Kostenstellenrechnung bis hin zur Ergebnisrechnung.

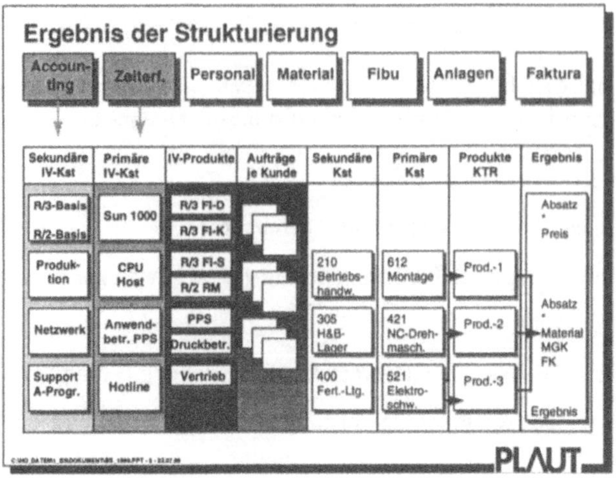

Abb. 3: Ergebnis der Strukturierung

3.2 Die Infrastruktur

In der Praxis haben wir es heute in den IV-Bereichen mit historisch gewachsenen, heterogenen und technologisch oft sehr anspruchsvollen Infrastrukturen zu tun.

Die betriebswirtschaftlich richtige, d.h. die der Fertigungsstruktur und dem Produktionsvollzug adäquate Einteilung eines Bereiches in Kostenstellen, ist deshalb für die Transparenz und Aussagefähigkeit der Kosten- und Leistungsrechnung von entscheidender Bedeutung [3].

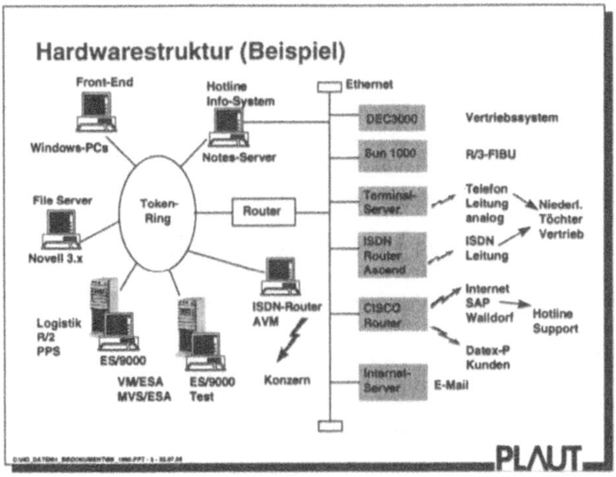

Abb. 4: Hardwarestruktur

Wie in allen anderen Bereichen des Unternehmens auch, ist bei der Bildung der Kostenstellen, als Grundlage für die Planung und Verrechnung der Kosten, nach den Prinzipien der

- Vollständigkeit,
- Verantwortungsbereich,
- räumlichen und sachlichen Abgrenzung,
- homogenen Verrichtung,
- homogenen Kostenstruktur

vorzugehen.

Eine Unterscheidung der Kostenstellen erfolgt weiterhin in

- primäre Kostenstellen, die direkte Leistungen für die Produkte erbringen, wie z.B. Server, Archivierungssysteme, usw.
- sekundäre Kostenstellen, die den primären Kostenstellen Leistungen erbringen und somit nur indirekt für die Produkte, wie z.B. Netze, Raum, Leitung, usw.
- funktionsorientierte Kostenstellen, die zum Teil direkte aber auch indirekte Leistungen erbringen, wie z.B. Entwicklung, Arbeitsvorbereitung, Hotline, usw.

Ein wesentlicher Gesichtspunkt bei der Kostenstellenbildung ist die Festlegung der Bezugsgröße als Leistungsmaßstab für die Kostenstellen.

Eine Bezugsgröße muß folgende Forderungen erfüllen:

- Sie muß zu den proportionalen Kosten - soweit vorhanden - in einer linearen Beziehung stehen.
- Sie muß für die Verrechnung der Fixkosten eine Maßgröße für die Inanspruchnahme der Kapazität sein.
- Sie muß im Ist sicher erfaßbar sein.
- Sie muß sich in der Kostenträgerrechnung (IV-Produkte) eindeutig zuordnen lassen.

Insbesondere die Erfaßbarkeit der technischen IV-Bezugsgrößen mit einem vertretbaren Aufwand ist eine Herausforderung. Dafür sind geeignete Softwaresysteme erforderlich, die für moderne und oft heterogene Client-/Server-Architekturen noch nicht in der notwendigen Ausprägung zur Verfügung stehen.

Kundenorientierter Produkt-Katalog (Auszug)

Produkt	Produkteinheiten
Kreditorenbuchh.	Anzahl Kreditoren-Buchungen
Debitorenbuchh.	Anzahl Debitoren-Buchungen
Sachkontenbuch.	Anzahl Sachkonten-Buchungen
Treasuring sonst.	Anzahl Sonstige Buchungen
Materialwirtsch.	Anzahl Waren-Bewegungen
PPS-Abwicklung	Anzahl Aufträge
Druckservice	Anzahl Druckseiten
Vertrieb-Abwicklung	Anzahl Kundenaufträge
Hotline	Anzahl Probleme
Schulungen	Anzahl Schulungstage
PC-Service	Anzahl Datenendgeräte
E-Mail	Anzahl Mailings
Büroanwendungen	Anzahl Softwarepakete
IV-Projekte (1-n)	Anzahl Projekt-Mitarbeiter-Tage

PLAUT

Abb. 5: Kundenorientierter Produkt-Katalog

3.3 Die Produkte der Informationsverarbeitung

Vor allem die Kundenorientierung ist wichtig. Die Transparenz und die Verständlichkeit muß sichergestellt sein. Es hat keinen Sinn, den Kunden mit CPU-Sekunden, Mega-Bytes oder sonstige technische Bezugsgrößen zu belasten. Das versteht und akzeptiert der Kunde nicht.

Entsprechend dem in der Strukturierung dargestellten Verrechnungsmodell werden dem Kunden nach Möglichkeit also ausschließlich betriebswirtschaftlich aussagefähige Produkteinheiten berechnet (siehe Abbildung 5). Alle technischen Bezugsgrößen sollten nur innerhalb des IV-Bereiches für Controlling-Maßnahmen erfaßt und im Rahmen des IV-Berichtswesens dargestellt werden.

Für die Definition der Produkte (Kostenträger) des IV-Bereiches müssen folgende Qualitätskriterien beachtet werden:

⇨ Allgemein

- Wahl verständlicher Produkteinheiten
- geringer Aufwand zur Leistungsmessung
- Flexibilität bezüglich zukünftiger Produkte
- Erfaßbarkeit der Produktmengen

⇨ Kundenorientierung

- "verkaufbare" Produkte

- sichtbare Nutzenstiftung für den Kunden
- Ausweis von durch den Kunden beeinflußbaren Produktkosten
- transparente Verrechnung der Produkte

⇨ Kostenorientierung

- verursachungsgerechte Verrechnung der Kosten
- Planbarkeit der produktbezogenen Kosten.

3.4 Die Planung

Die Kostenplanung ist das wesentliche Instrument des IV-Controlling.

Mit der Planung werden folgende Ziele erreicht:

⇨ Definition des Mengengerüstes

- Kapazitäts- und Beschäftigungsplanung

⇨ Ermittlung der Kostensätze

- Primär- und Sekundärkosten
- Kostenspaltung fix, prop

⇨ Ermittlung der Herstellkosten der IV-Produkte

⇨ Festlegung von Verrechnungspreisen für die IV-Produkte

- Festpreise mit Lenkungseffekt.

Der Planungsprozeß durchläuft, ausgehend von der abgestimmten Plan-Inanspruchnahme des Abnehmers/Kunden, die Planungsaktivitäten:

⇨ Kapazitätsplanung

Die kurz- und mittelfristige Kapazitätsplanung, umfassend

- die Personalplanung zur Beschaffung der geforderten Qualifikation und gegebenenfalls zur Reduktion von Personal,
- die Hardwaredisposition, um die erforderlichen Kapazitäten bereitzustellen,
- die Disposition von Software,

ist die Voraussetzung für die weiteren Planungsaktivitäten.

Diese sind

- die Beschäftigungsplanung, die aus dem Kapazitätsbedarf abgeleitet wird und
- die Kostenplanung, die wiederum auf der Basis der Beschäftigungsplanung erstellt wird.

⇨ Beschäftigungsplanung

Die Planbeschäftigung jeder Kostenstelle/Bezugsgröße ist im Zuge der jährlichen Planungsaktivitäten für die kommende Planungsperiode zu definieren. Sie ist für die Kostenplanung vor allem jener Kostenstellen/ Bezugsgrößen unabdingbar, die proportionale Anteile in der Kostenstruktur enthalten. Ferner ist die Fixierung der Beschäftigung für die Abrechnung erforderlich. Die Planbeschäftigung muß aus der Kapazitätsplanung abgeleitet werden.

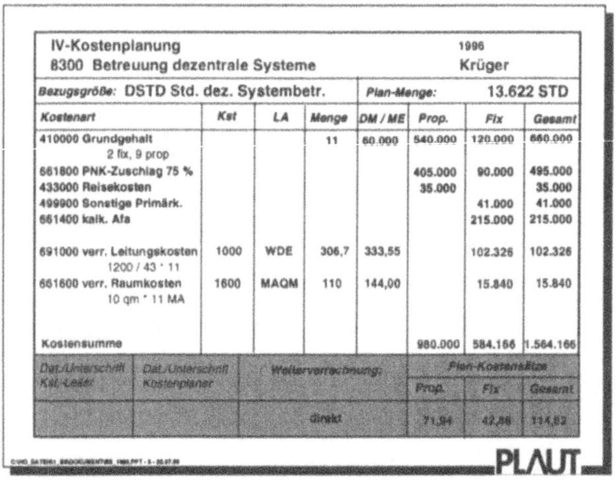

IV-Kostenplanung 1996
8300 Betreuung dezentrale Systeme Krüger

Bezugsgröße: DSTD Std. dez. Systembetr.				Plan-Menge: 13.622 STD			
Kostenart	Kst	LA	Menge	DM / ME	Prop.	Fix	Gesamt
410000 Grundgehalt 2 fix, 9 prop			11	60.000	540.000	120.000	660.000
661800 PNK-Zuschlag 75 %					405.000	90.000	495.000
433000 Reisekosten					35.000		35.000
499900 Sonstige Primärk.						41.000	41.000
661400 kalk. Afa						215.000	215.000
691000 verr. Leitungskosten 1200 / 43 * 11	1000	WDE	306,7	333,55		102.326	102.326
661600 verr. Raumkosten 10 qm * 11 MA	1600	MAQM	110	144,00		15.840	15.840
Kostensumme					980.000	584.166	1.564.166

Dat./Unterschrift Kst.-Leiter	Dat./Unterschrift Kostenplaner	Weiterverrechnung:	Plan-Kostensätze Prop.	Fix	Gesamt
		direkt	71,94	42,88	114,82

Abb. 6: Kostenplanung einer Kostenstelle

⇨ Ermittlung der Plankosten, die Kostenplanung

Um die Kostenkontrolle für die Kostenstellen in Form eines Soll-Istkosten-Vergleiches durchführen zu können, ist für jede Kostenstelle und Bezugsgröße eine Kostenplanung durchzuführen.

Die Plankosten - differenziert nach Kostenarten - sind in Abhängigkeit von der Planbeschäftigung der jeweiligen Bezugsgröße analytisch zu ermitteln.

Gleichzeitig sind die Plankosten in proportionale - beschäftigungsabhängige - und fixe - beschäftigungsunabhängige - Anteile aufzulösen.

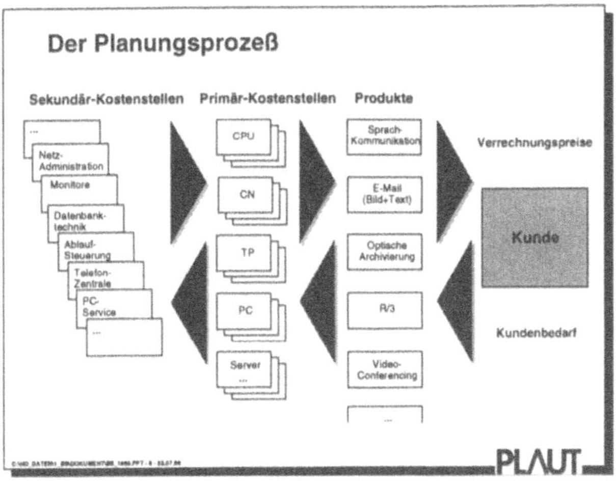

Abb. 7: Der Planungsprozeß

Das Ergebnis des gesamten Planungsprozesses ist eine in sich geschlossene Kostenplanung für alle Kostenstellen/Bezugsgrößen wie in der Abbildung 6 am Beispiel der Kostenstelle 8300 "Betreuung dezentrale Systeme" dargestellt.

In der Abbildung 7 ist der Planungsprozeß eines beispielhaften IV-Bereiches schematisch im Gesamtzusammenhang dargestellt.

3.5 Die Abrechnung

Im Rahmen des innerbetrieblichen Rechnungswesens werden in der Regel monatlich die Abrechnungssysteme durchgeführt.

IV-Soll-/Ist-Vergleich — März 1996
8300 Dezentrale Systeme — Krüger

März					Jan.-März		
Ist	Soll	Abw.	%	Kostenart	Ist	Abw.	%
55.089	48.700	-6.389	-12	410000 Grundgehalt	157.003	-9.633	-6
41.316	36.525	-4.791	-12	661800 PNK-Zuschlag	117.752	-7.120	-6
1.856	2.508	652	35	433000 Reisekosten	6.922	-1.507	-22
1.126	3.417	2.291	203	499900 Sonstige Primärk.	9.226	2.521	27
17.917	17.917	0	0	661400 kalk. Afa	53.757	0	0
7.104	8.527	1.423	20	691000 verr. Leitungskosten	25.069	2.105	8
1.412	1.320	-92	-7	661600 verr. Raumkosten	3.841	-552	-14
125.820	118.914	-6.906	-6	Kostensumme	365.266	-10.186	-3
-112.092	-112.092	0	0	669999 verr. Std. dez. Syst.	-369.812	0	0
Planfixk.	ged.Fixk.	Abw.	%	Beschäftig., Kostendeckung	Planfixk.	ged.Fixk.	%
48.680	41.861	-6.819	-14		391.041	-3.414	-1

LA-Menge (Mon)			BZG und Kostensätze	Prop. Koss		Voll-Koss	
Plan	Ist	Besch.-G.		Plan	Ist-kum	Plan	Ist-kum
1.136,170	976,240	0,86	DSTD Std.dez.Syst.	71,94	72,37	114,82	124,75

PLAUT

Abb. 8: IV-Soll-/Ist-Vergleich

In monatlichen Soll-Ist-Vergleichen - siehe Abbildung 8 - werden je Kostenstelle und Kostenart Verbrauchsabweichungen dargestellt. Darüber hinaus werden summarisch je Kostenstelle Beschäftigungs- und Verrechnungsabweichungen ausgewiesen.

Für die Abrechnung sind systemtechnisch zu automatisieren:

- Messung der Ist-Leistung und Produktmengen
- Erfassung der Istkosten
- Identifikation der Verursacher bzw. Leistungsempfänger
- Abrechnung der Produkte

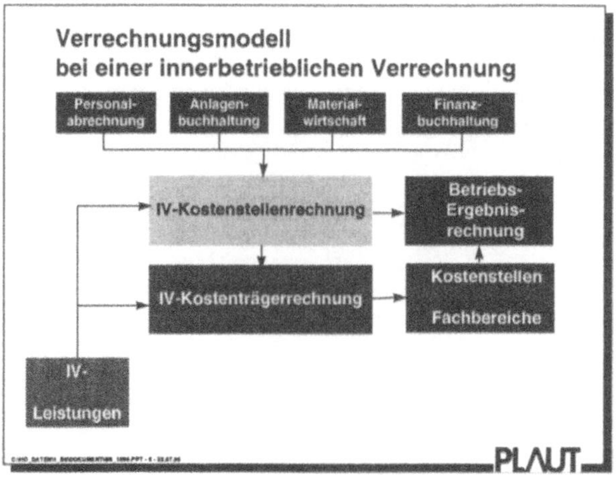

Abb. 9: Verrechnungsmodell bei einer innerbetrieblichen Verrechnung

Wie bereits erwähnt, besteht vor allem in der für das Ist notwendigen Betriebsdatenerfassung der technischen Bezugsgrößen und der Ermittlung der Verursacher bzw. der Leistungsempfänger die Besonderheit und Herausforderung der IV-Kosten- und Leistungsverrechnung.

Die Abrechnungstechniken unterscheiden sich ansonsten nicht von dem üblichen Vorgehensmodell der innerbetrieblichen Kosten- und Leistungsrechnung entsprechend der Abbildung 9

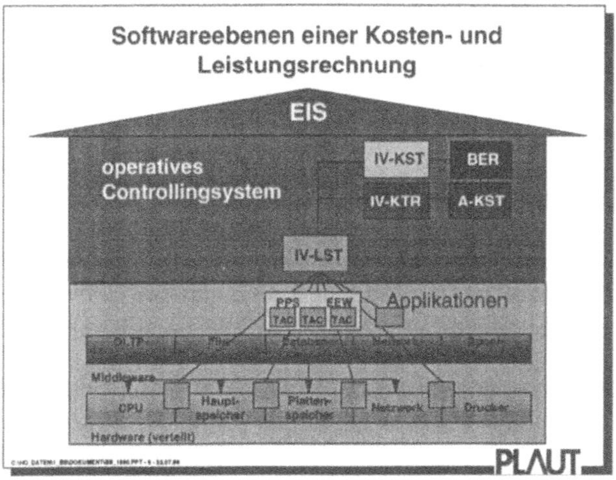

Abb. 10: Softwareebenen einer Kosten- und Leistungsrechnung

3.6 Softwaresysteme

Für das bisher geschilderte Modell der IV-Kosten- und Leistungsrechnung sind für den weitgehend bedienungsfreien Ablauf, der grundsätzlich anzustreben ist, geeignete Softwaresysteme für alle in der Abbildung 10 dargestellten Ebenen erforderlich.

Im Prinzip ist die IV-Kosten- und Leistungsrechnung unabhängig von der bestehenden kommerziellen Softwareumgebung möglich.

Um jedoch die Anzahl der zu entwickelnden Schr· stellen zwischen den Systemen zu minimieren und die Auskunftsbereitschaft zu erhöhen, sollte ein integriertes Realtime-System - wie z.B. SAP - Anwendung finden.

Folgende Teilsysteme sollten zur Verfügung stehen:

- Finanzbuchhaltung,

- Anlagenbuchhaltung,
- Kostenstellenrechnung,
- Auftrags-/Projektabrechnung,
- Ergebnisrechnung.

Neben diesen Systemen für das Rechnungswesen sollten für die Leistungserfassung der technischen Bezugsgrößen und der übrigen Bereiche die bereits erwähnten Accounting- und Projektführungssysteme vorhanden sein.

Als Planungshilfe ist ein DV-gestütztes Verwaltungssystem (Bestandsmanagement) für Hard- und Softwareverträge unbedingt sinnvoll.

4 Kosten- und Nutzenbetrachtungen

Bisher wurde mit der IV-Kosten- und Leistungsverrechnung ausschließlich eine Methode zur transparenten Darstellung der IV-Kosten auf allen relevanten Ebenen für das Infrastruktur- (Gemeinkosten-) und das IV-Produkt-Controlling beschrieben.

Kundenorientierung bedeutet aber auch, dem Kunden - der Unternehmensleitung oder den Anwendern - geeignete Werkzeuge für die Nutzenquantifizierung zur Verfügung zu stellen. Dieser Aufgabe muß sich das IV-Management und der IV-Controller stellen.

Der Nutzen der einzelnen IV-Produkte kann aus vielen Komponenten bestehen, für die im einzelnen häufig überhaupt keine Meßlatten definiert werden können.

Es wird unterschieden in monetär quantifizierbaren und nicht quantifizierbaren Nutzen [4].

Eine weitergehende Differenzierung unterscheidet in drei Nutzergruppen:

⇨ direkter Nutzen
  - Einsparung gegenwärtiger Kosten bzw.
  - Einsparung von Einmalkosten

⇨ indirekter Nutzen
  - Einsparung künftiger Kosten

⇨ strategischer Nutzen
  - schwer faßbarer Nutzen aus den Sekundärwirkungen der Informationstechnologie bzw. den immateriellen Vorteilen.

Werden IV-Systeme mit dem Ziel der Rationalisierung eingesetzt, können sie im wesentlichen mit der verfügbaren Kostentransparenz beurteilt werden. Sie eignen sich für die Anwendung klassischer Wirtschaftlichkeitsrechnungen.

Neben dieser Nutzenkategorie der Wirtschaftlichkeit, also dem Beitrag zum wirtschaftlichen Unternehmensergebnis, sind die strategischen Nutzenkategorien wesentlich schwieriger meßbar:

- ⇨ Wie unterstützt ein IV-System die kritischen Erfolgsfaktoren eines Unternehmens?
- ⇨ Wie unterstützt ein IV-System die bestehende Aufbau- und Ablauforganisation?

Für diese Fragestellung sind vom IV-Controlling praktizierbare Methoden für die Nutzenanalyse unternehmensindividuell aufzubauen und zu institutionalisieren. Dazu gehören ebenfalls organisatorische Rahmenbedingungen mit einer eindeutigen Zuordnung der Verantwortung für Kosten und Nutzen der Informationssysteme.

5 Outsourcing-Studien

Über das Pro und Contra einer Ausgliederung der Informationsverarbeitung, dem Outsourcing, wird seit dem Bestehen von innerbetrieblichen Datenverarbeitungsabteilungen viel geschrieben und diskutiert. Es gibt vielfältige Erfahrungsberichte, umfangreiche Studien und wissenschaftliche Arbeiten zu diesem Thema.

Neben den traditionellen Dienstleistungsunternehmen auf diesem Sektor sind eine ganze Reihe von leistungsfähigen Outsourcing-Anbietern neu auf dem Markt. Vor allem das SAP-Outsourcing hat sich in den letzten Jahren zu einem starken Wachstumsmarkt entwickelt.

Trotz der vielen Erfahrungen auf diesem Gebiet, gibt es für Unternehmen, die entsprechende Möglichkeiten prüfen, keine allgemeingültige Rezepte. Derartige Entscheidungen sind individuell äußerst sorgfältig im Rahmen von Make or Buy-Studien vorzubereiten.

Der wesentliche Gesichtspunkt für die Auslagerung ist meistens die Kostenargumentation. Outsourcing führt zu einer bessere Kontrolle und Planbarkeit der IV-Kosten. Der IV-Controller, der die Kosten seines IV-Bereiches betriebswirtschaftlich richtig ermittelt hat (Planung), kann darauf aufbauend relativ leicht geeignete Kostenvergleichsbetrachtungen und Wirtschaftlichkeitsrechnungen erarbeiten.

Neben diesen Kostengesichtspunkten sind unbedingt schwerwiegende strategische Aspekte in die Entscheidungsfindung mit einzubeziehen. Wie bei der Nutzenbetrachtung für die IV-Produkte wird man dabei ebenso mit der Bewertungsproblematik der monetär nicht quantifizierbaren Vor- und Nachteile konfrontiert. Wie bewertet man den Verlust von Know-how? Wie die gesamte Sicherheitsproblematik, die Abhängigkeit vom Outsourcer oder den Verlust von Flexibilität? Neben diesen lange nicht vollständigen Aspekten, sind die juristischen, psychologischen und politischen Auswirkungen zu berücksichtigen.

Alles in allem also für die Unternehmen und dem verantwortlichen Management - vor allem dem IV-Management und dem IV-Controlling - keine einfache Aufgabenstellung.

6 Schlußbemerkungen

Die Informationsverarbeitung hat die Aufgabe, die kritischen Erfolgsfaktoren des Unternehmens durch wirtschaftliche Bereitstellung von IV-Ressourcen und IV-Systemen zu unterstützen. Die aktuellen Trends der Informationstechnologie - einige davon werden sicherlich wieder ungenutzt in der Ablage verschwinden - verstärken den Druck der Kunden auf die interne Informationsverarbeitung hinsichtlich Kosten, Leistung und Nutzen.

Das IV-Management ist deshalb gut beraten, mehr denn je die Rolle des internen Dienstleisters tatsächlich kundenorientiert zu betreiben.

Der IV-Controller ist mit seinen Planungs-, Abrechnungs- und Berichtstechniken sowie den darauf aufbauenden Methoden für die Transparenz der Kosten, der Leistungen und des quantifizierbaren Nutzens verantwortlich. Der IV-Controller ist sozusagen der Transparenzverantwortliche und handelt damit im Sinne der Kunden des internen IV-Bereiches kundenorientiert.

Literaturverzeichnis

[1] Kremar, Helmut: IV-Controlling in der Praxis, Informations Management 5/92

[2] Konrad, Erwin: Grenzplankostenrechnung - Stand und aktuelle Probleme, Wiesbaden: Gabler 1988, S. 263

[3] Müller, Heinrich: Prozeßkonforme Grenzplankostenrechnung, Wiesbaden: Gabler 1993, S. 142 ff

[4] Nagel, Kurt: Nutzen der Informationsverarbeitung, München: Oldenburg, 1990, S. 24 ff

Bewertung von Finanzdienstleistungen

Prof. Dr. Carsten Berkau
FH Osnabrück, Institut für Technische Betriebswirtschaft, Lingen
Dipl.-Math. Thomas Hauck
Deutsche Immobilien Leasing GmbH, Düsseldorf

Inhalt

17. Saarbrücker Arbeitstagung Rechnungswesen und EDV 1996. Hrsg.: A.-W. Scheer.

1 Kostenmanagement für Geschäftsprozesse im Immobilienleasing-Geschäft

Die Deutsche Immobilien Leasing GmbH (DIL) ist ein mittelständisches Finanzdienstleistungsunternehmen im Deutsche Bank Konzern, das seit über 20 Jahren auf dem vergleichsweise kleinen Markt des Immobilienleasing erfolgreich tätig ist (ca. 4,7 % der gewerblichen Immobilieninvestitionen 1995 entfielen auf Immobilienleasing).

Die Produkte eines Immobilienleasing-Unternehmens sind Leasingverträge. Diese sind rechtlich und in ihrer steuerlichen Wirkung Mietverträge, stellen aber eigentlich eine Finanzierungsform dar. Bei Immobilienleasing-Verträgen ist es üblich, daß der Leasingnehmer ein grundbuchlich gesichertes Ankaufsrecht an der Immobilie bei Abschluß des Vertrages erhält. Die Höhe richtet sich nach dem Restbuchwert der Immobilie ermittelt auf Basis der linearen AfA. Während der gesamten Laufzeit des Vertrages kann der Leasingnehmer die Immobilie ähnlich wie ein wirtschaftlicher Eigentümer nutzen. Das Leasingunternehmen erwirtschaftet seinen Ertrag durch einen Aufschlag auf die Annuität der Refinanzierung. Dieser Ertrag fällt in der Regel - zumindest bis zur ersten Zinskonversion nach in der Regel 10 Jahren - jährlich an. Gleichzeitig berät ein Leasingunternehmen seine Kunden wie ein Unternehmensberater. Das Risiko, daß es nicht zu einem Leasingvertragsabschluß kommt, trägt dabei das Leasingunternehmen.

Immobilienleasing-Verträge sind keine Massenprodukte; der Marktführer schließt durchschnittlich ca. 80 Verträge pro Jahr ab. Somit stellen sämtliche Personalkosten eines Immobilienleasing-Unternehmens Gemeinkosten dar, die nicht unmittelbar einem Vertrag und dessen Erträgen zuzuordnen sind. Die Kalkulation wird weiterhin durch das zeitliche Auseinanderfallen von Kosten und Erlösen erschwert.

Die Laufzeit von Immobilienleasing-Verträgen kann bis zu 90 % der betriebsgewöhnlichen Nutzungsdauer der Immobilie, d.h. über 20 Jahre betragen. Dadurch erhöht sich der Bestand der langfristigen Immobilienleasing-Verträge aufgrund des in der Branche starken Wachstums in den späten achtziger Jahren sukzessive, obwohl bei Neugeschäften im Vergleich zum Vorjahr inzwischen eine Stagnation, wenn nicht sogar ein Rückgang feststellbar ist. Der Ausbau von Personalkapazitäten zur Abwicklung des wachsenden Bestands an Immobilienleasing-Verträgen ist deshalb unerläßlich.

Andererseits ist gerade in den letzten Jahren ein erhöhter Margendruck zu spüren, da neue Wettbewerber in den Markt eingetreten sind und steuerliche Rahmenbedingungen sich zu Ungunsten des Leasing-Geschäfts entwickelt haben.

Die Komplexität von Leasingverträgen erhöht sich durch steigende Kundenansprüche. Für ein Leasingunternehmen, das sich diesen Forderungen stellt, ist daher ein leistungsfähiges Controlling besonders wichtig.

Die funktionsorientierte Aufbauorganisation der DIL mit der Einteilung in spezialisierte Abteilungen ist historisch bedingt. Im Zuge des Wachstums auf mittlerweile ca. 200 Beschäftigte wurden immer wieder kleinere Reorganisationsmaßnahmen ergriffen. Diese änderten aber nichts an der Grundstruktur, der Einteilung in Fachabteilungen. Die entsprechenden Entscheidungen wurden nie mit Zahlen aus dem Controlling untermauert, denn es fehlten bisher Informationen über die Ressourcenauslastung, die Transparenz in den Gemeinkosten bedingen.

Hier haben wir uns von der Prozeßkostenrechnung versprochen, bisher undifferenziertes Schlüsseln von Gemeinkosten durch eine an den Entstehungsursachen - an den Geschäftsprozessen - orientierte Kostenzurechnung abzulösen.

Durch die Prozeßkostenrechnung wird im Grundsatz das Schema der Verrechnungssatzkalkulation von Fertigungsprozessen auf Dienstleistungen übertragen. Dazu werden Geschäftsprozesse strukturiert und anschließend monetär bewertet. Da in Dienstleistungsunternehmen beschäftigungsfixe Kosten dominieren, werden bei der Prozeßkostenrechnung fixe, beeinflußbare Kostenanteile nach dem Beanspruchungsprinzip auf Prozeßeinheiten verrechnet. Die Anwendung der Prozeßkostenrechnung erfordert jedoch die Repetitivität der Prozesse. Ideal wäre weiterhin, wenn große Prozeßmengen abgewickelt werden, da die Prozeßkostenrechnung eine kostenmäßige Durchschnittsbildung beinhaltet. Diese Voraussetzungen treffen in der DIL nur bedingt, z.B. für die Prozesse der Abwicklung von Immobilienleasing-Verträgen zu. Für uns war es deshalb eine Herausforderung, die Prozeßkostenrechnung dennoch auf das sehr individuelle Geschäft der DIL zu übertragen. Es war nicht das Ziel, die Prozeßkostenrechnung um ihrer selbst Willen einzuführen, sondern einen pragmatischen Lösungsansatz für das Controlling und den zu befriedigenden Informationsbedarf im Immobilienleasing-Geschäft zu entwickeln.

Dafür sollten genaue Informationen über die Produktkosten ermittelt und die Grundlagen für ein aktives Gemeinkostenmanagement geschaffen werden. Insbesondere sollte die Gemeinkostentransparenz für Zwecke der Kostenplanung und -kontrolle erhöht werden, die Kostenstellenrechnung um prozeßorientierte Rechnungen ergänzt werden und durch eine Effizienzsteigerung der Geschäftsprozesse erreicht werden, daß erwartete höhere Anzahlen von Leasingverträgen mit gleichbleibender Ressourcenmenge abgewickelt werden können.

2 Modellierung als Grundlage für die Prozeßkostenrechnung

Wie bei der DIL liegen derzeit in vielen Unternehmen funktionsorientierte Organisationsformen vor. Trotz guter Gründe hierfür, wie Spezialistenbildung, spricht jedoch dagegen, daß die Sicht auf abteilungsübergreifende Prozeßabläufe versperrt wird. Da die Kontroll- und Steuerungsinstrumente nur auf einzelne Segmente eines Geschäftsprozesses gerichtet werden, fehlt dann eine prozeßgerechte Kosten- und Zeitsteuerung. Als Folge entstehen hohe Durchlaufzeiten für Geschäftsprozesse und ein unverhältnismäßig hoher Ressourcenaufbau in den Gemeinkostenbereichen.

In den letzten Jahren haben viele Unternehmen sich entschieden, die durch die Abteilungsbildung entstandene künstliche Segmentierung ihrer Geschäftsprozesse wieder zurückzunehmen. Wer Geschäftsprozesse im Unternehmen erfolgreich beeinflussen will, muß sie genau kennen. Daher ist es im ersten Schritt unumgänglich, Geschäftsprozesse zu beschreiben. Die Beschreibung muß den Forderungen nach ausreichender Formalisierung wegen der Darstellungseinheitlichkeit und einfacher Verständlichkeit entsprechen. Ist wie im Fall der DIL der Informationsbedarf auf quantitative Größen, wie Zeiten und Kosten für Geschäftsprozesse, gerichtet, müssen zusätzlich auch quantitative Bewegungsdaten abbildbar sein.

Als geeignete Beschreibungsform für Geschäftsprozesse hat sich die Modellierung mit der Architektur integrierter Informationssysteme (ARIS) erwiesen.[7] Abbildung 1 zeigt das Rahmenkonzept dieser sichtenorientierten Beschreibungsarchitektur.

Mit ARIS wird die Komplexität von Geschäftsprozessen beherrschbar gemacht. Es entstehen realistische Modelle von Geschäftsprozessen, die nicht nur zu ihrer Beschreibung, sondern ebenfalls als Entscheidungs- und Simulationsmodelle und für quantitatives Controlling verwendbar sind. Modelle werden nicht für jede individuelle Ausprägung eines Geschäftsprozesses entwickelt, sondern auf einer abstrakten Typebene. Nicht die "Bearbeitung des Immobilienleasing-Vertrags mit der Vertragsnummer 4711 für den Kunden Müller" wird dargestellt, sondern der Geschäftsprozeß "Bearbeitung von Immobilienleasing-Verträgen" ist der Beschreibungsgegenstand. Die Abstraktion der Modellbildung paßt zum Verrechnungsprinzip der Prozeßkostenrechnung.

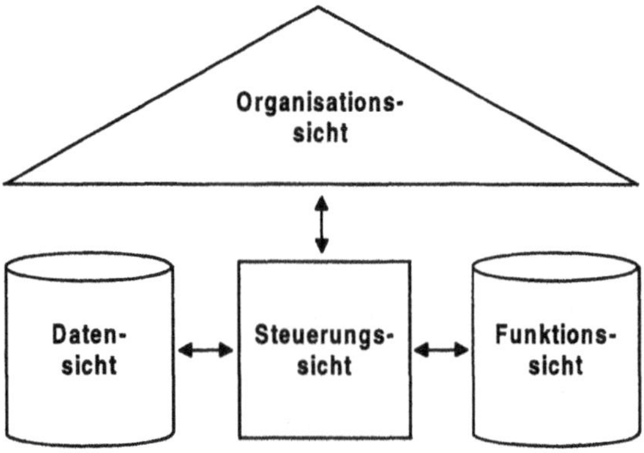

Abb. 1: Architektur integrierter Informationssysteme [7]

In ARIS werden alle Elemente, die für einen Geschäftsprozeß relevant sind, z.B. Funktionen, Ereignisse, Organisationseinheiten etc., durch Objekte beschrieben. Diese werden durch grafische Symbole repräsentiert, die ihrerseits durch Kanten miteinander verbunden werden können, um Beziehungen zwischen den Objekten darzustellen. Da beim Prozeßmanagement quantitative Ziele verfolgt werden, muß die Modellierung in ARIS um zeitlich veränderliche Kennzahlen für Objekte erweitert werden. Dadurch lassen sich abrechnungsperiodenbezogene Bewegungsdaten darstellen und miteinander vergleichen.

3 Prozeßkostenrechnung zur Bewertung von Finanzdienstleistungen

Zur Beherrschung des Kalkulationsobjekts Geschäftsprozeß ist die Ausgestaltung des Controlling als kostenstellenorientiertes System nicht zweckdienlich. Die kostenstellenorientierten Kostenrechnungssysteme sind für die Fertigungsbereiche von Industrieunternehmen entwickelt worden. Ihr Fokus ist deshalb auf Materialfluß und -umwandlungsprozesse und deshalb auf das Planen und Steuern von Einzel- und variablen Gemeinkosten gerichtet. Die dort ursprünglichen Annahmen dominanter Einzel- und beschäftigungsvariabler Gemeinkosten sind jedoch heute nicht mehr erfüllt und treffen insbesondere für Geschäftsprozesse in Dienstleistungsunternehmen und Nicht-Fertigungsbereichen nicht zu.[6] Dies gilt insbesondere für Abläufe im Immobilienleasing-Geschäft. Die für das Management fixer Gemeinkosten vorgeschlagenen Rationalisierungsverfahren, wie Zero-Base Budgeting oder die Gemeinkostenwertanalyse, sind zu undifferenziert, um nachhaltige Kosteneinflüsse zu bewirken.

Um kostenrelevante Entscheidungen für die Geschäftsprozeßoptimierung zu treffen, müssen die Kosten für Geschäftsprozesse differenziert ausgewiesen werden. Wegen der Fixkostenbeanspruchung durch Geschäftsprozesse sind wir wie folgt vorgegangen: Einzelkosten und variable Gemeinkosten haben wir wie bisher verursachungsgerecht verrechnet. Die restlichen Kosten haben wir wegen ihres Volumens nicht pauschal oder wertmäßig geschlüsselt. Aufgrund ihrer dispositiven Beeinflußbarkeit haben wir prozeßvolumenabhängige Bereitschaftskosten trotz ihres Fixkostencharakters proportional zur Beanspruchung auf Geschäftsprozesse zugerechnet.

Als Rechenziel der Prozeßkostenrechnung wird daher die Bewertung der Ressourceninanspruchnahme durch abteilungsübergreifende Geschäftsprozesse angegeben. Daraus sind Entscheidungen über die Gestaltung und Beeinflussung von Geschäftsprozessen und von diesen beanspruchte Ressourcen abzuleiten. Beim Ausweis von Geschäftsprozeßstückkosten ist aufgrund des Fixkostencharakters der zugerechneten Kostenbestandteile bei unterschiedlich hoher Ressourcenauslastung im Zeitverlauf ein Schwanken der Produktkosten zu erwarten. Kalkulationsaussagen lassen sich bei der Prozeßkostenrechnung nur dann sinnhaft machen, wenn die verwendeten Cost Drivers (i.w.S. Bezugsgrößen der Prozeßkostenrechnung) proportionalabhängig zur Produkt- bzw. Dienstleistungsmenge sind. Dies trifft bei der DIL zu. Keinesfalls lassen sich jedoch Grenzkosten für Geschäftsprozesse ausweisen, die angeben wieviele Kosten anfielen, wenn zusätzliche Geschäftsprozeßabwicklung stattfinden oder die einzusparen wären, wenn ein Geschäftsprozeß nicht ausgeführt würde. Dies ist darin begründet, daß für die Ausführung von mehreren Geschäftsprozessen betriebliche Ressourcen längerfristig bereitgestellt werden müssen. Diese Ressourcen werden dann zugleich von mehreren Geschäftsprozessen und i.d.R. in unterschiedlichem Maß beansprucht.

Es wird hier keineswegs davon ausgegangen, daß bestehende Kostenrechnungssysteme von der Prozeßkostenrechnung substituiert werden. Vielmehr werden die Kostenrechnungssysteme durch die Prozeßkostenrechnung ergänzt. Aus Abbildung 2 wird deutlich, daß die modellbasierte Prozeßkostenrechnung auf den Kostendaten der kostenstellenorientierten Kostenrechnungssysteme wie auch auf den Prozeßstrukturinformationen aus der Geschäftsprozeßmodellierung aufbaut.

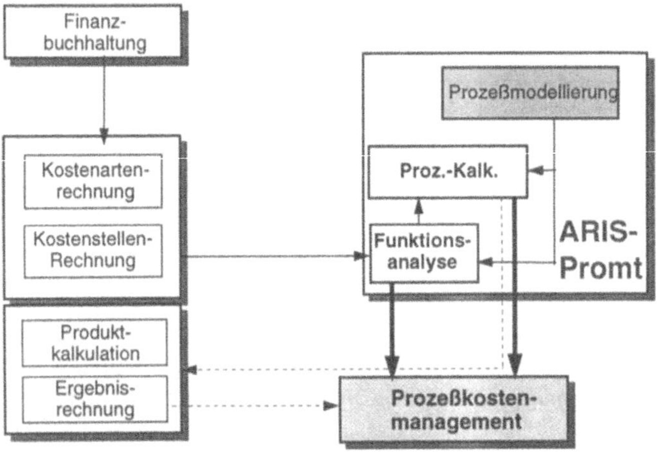

Abb. 2: Kostenstellenorientierte Kostenrechnungssysteme und Prozeßkostenrechnung [1]

Die Prozeßkostenrechnung kann die erforderliche Kostentransparenz in Dienstleistungsunternehmen deutlich verbessern und zu einer effizienteren Ressourcenauslastung beitragen. Scheer zeigt, daß das Rechenprinzip der Prozeßkostenrechnung nicht grundsätzlich neu ist. Vielmehr gelingt es ihr, die von der Kalkulation der Fertigungskosten bekannte Verrechnungssatzkalkulation auf Dienstleister zu übertragen.[8] Die Voraussetzung hierfür ist, daß die Datengerüste, die im Fertigungsbereich durch Stücklisten und Arbeitspläne, vorliegen, im Rahmen der Modellierung ebenfalls in Dienstleistungsunternehmen aufgebaut werden. Dann können Prozeßkostensätze als durchschnittliche Kosten aufgefaßt werden, die vereinfachend von Cost Drivers direktproportional abhängen und der Abwicklung einer einzelnen Geschäftsprozeßeinheit zurechenbar sind.

Die Prozeßkostenrechnung betrachtet dazu ausschließlich beschäftigungsabhängige Kosten als variabel, alle anderen Kosten werden grundsätzlich als fix eingestuft. Damit stimmt die Kostenspaltung mit der des Basiskostenrechnungssystems im Prinzip überein. In Abhängigkeit ihrer Abbaufähigkeit werden jedoch nach der Fristigkeit des Rechnungsziels bei der Prozeßkostenrechnung beschäftigungsfixe Kosten noch einmal in beeinflußbare und unveränderliche gespalten. Die beeinflußbaren Kostenstellenkosten werden dazu vollständig auf Teilprozesse nach dem Beanspruchungsprinzip verrechnet. Hierbei werden im Gegensatz zur Vorgangskostenrechnung [9] auch Leerkosten auf Teilprozesse zugerechnet. Dies, weil aus der Kostenanalyse der Leerkostenanteil an den anteiligen Bereitschaftskosten noch gar nicht bekannt sein kann. Gelingt es hingegen durch Prozeß- und Ressourcenanalysen Vorgabe-Prozeßkostensätze zu ermitteln, das sind die Prozeßkostensätze, die bei wirtschaftlicher Ausführung einer einzelnen Geschäftsprozeßeinheit anfielen, ist die Differenz zwischen Ist-Prozeßkostensatz und dem Vorgabe-Prozeßkostensatz als Leerkosten je Geschäftsprozeßeinheit interpretierbar. Eine DV-systemseitige Analyse der Geschäftsprozeßkosten, verbunden mit der Aussage, ob die Istkosten für z.B. einen Immobilienleasing-Vertrag zu hoch oder entsprechende Plankosten angemessen sind, kann die Prozeßkostenrechnung nicht hervorbringen. Die Prozeßkostenrechnung regt vielmehr zu gezielten Prozeßanalysen an, indem sie einen skalierbaren Kennwert, den Prozeßkostensatz, als benchmarkfähigen Maßstab der Prozeßkosten bereitstellt.

4 Modellbasierte Prozeßkostenrechnung

Durch das Aufbauen eines grafischen, prozeßorientierten Kostenmodells können mehrdimensionale Kostenabhängigkeiten zwischen den Objekten, wie Kostenstelle, Kostenart, Kostenelement, Cost Driver, Funktion und Prozeß, in abteilungsübergreifenden Modellen beschrieben werden. Sie werden durch die Modellbildung übersichtlich strukturiert und stellen eine realitätsnahe quantitative Bewertungsgrundlage für Geschäftsprozesse dar.

Als Werkzeug für die modellbasierte Prozeßkostenrechnung wurde das Werkzeug ARIS-Promt beschrieben, das von der IDS Prof. Scheer GmbH und der Plaut AG gemeinsam entwickelt wurde [2]. Im weiteren wird das Vorgehen bei der modellbasierten Prozeßkostenrechnung vorgestellt:

Im Vorfeld der eigentlichen Kostenzurechnung auf Geschäftsprozeßeinheiten werden die kostenrelevanten Geschäftsprozeßabschnitte identifiziert, als Funktionen modelliert, strukturiert und bezüglich ihrer Kostenwirkung analysiert. Durch ablauforientierte Prozeßbeschreibungen in ereignisgesteuerten Prozeßkettenmodellen (EPK) werden

den dazu logische Vorgänger-Nachfolger-Beziehungen zwischen Funktionen innerhalb eines Geschäftsprozesses entwickelt.

Die modellbasierte Prozeßkostenrechnung trennt zeitlich zwischen den Schritten Aufbau des Kostenmodells und Durchführen der periodischen Prozeßkostenrechnung. Das folgende Vorgehen liegt ihr zugrunde:

- Modellbildung (einmalig und partiell bei Veränderungen der Strukturen),
- Übernahme der prozeßkostenrelevanten Kostenstellenkosten (periodisch),
- Funktionsanalyse (periodisch),
- Prozeßkalkulation (periodisch).

4.1 Modellbildung

Die Abbildung 2 zeigt, daß die modellbasierte Prozeßkostenrechnung auf Geschäftsprozeßmodellen aufbaut. Diese erlauben die übersichtliche Darstellung der Struktur prozeßkostenrelevanter Objekte und gewähren den Überblick über die Einflußgrößen auf die Prozeßkostenhöhe. Damit die von der Prozeßkostenrechnung ausgewiesenen Geschäftsprozeßkosten realitätsnah sind, ist es erforderlich, grundsätzlich alle Faktoren zu berücksichtigen, die auf Prozeßkosten wirken. Allein davon auszugehen, daß Geschäftsprozesse selbst die Prozeßkosten beeinflussen, würde zwar das Kostenmodell wesentlich vereinfachen, gleichzeitig aber die realitätsferne Annahme implizieren, Prozeßkosten seien immer Prozeßeinzelkosten. Dies verfälscht die ausgewiesenen Prozeßkosten und führt zu gefährlichen Folgen, da die daraus abgeleiteten Prozeßoptimierungen fehlgeleitet sind. Vielmehr ist darzustellen, daß die Geschäftsprozeßkosten von Kostenstellenkosten, Ressourcen, Kostenarten, Cost Drivers, anderen Geschäftsprozessen, deren Funktionen etc. beeinflußt werden.

Für die Prozeßkostenrechnung und das Prozeßkostenmanagement sind im Schritt Modellbildung mehrere Partialmodelle aufzustellen. Sie beschreiben jeweils die prozeßkostenrelevanten Zusammenhänge aus verschiedenen Perspektiven. Die Algorithmen der Prozeßkostenrechnung in ARIS-Promt greifen auf die abgespeicherten Objekte und ihre Strukturen zu. Um Prozeßkosten, die Bewegungsdaten sind, abbilden und vergleichen zu können, wird die Modellierung um Modellinstanzen ergänzt. Die für die Prozeßkostenrechnung mindestens benötigten Modelltypen werden in Abbildung 3 gezeigt.

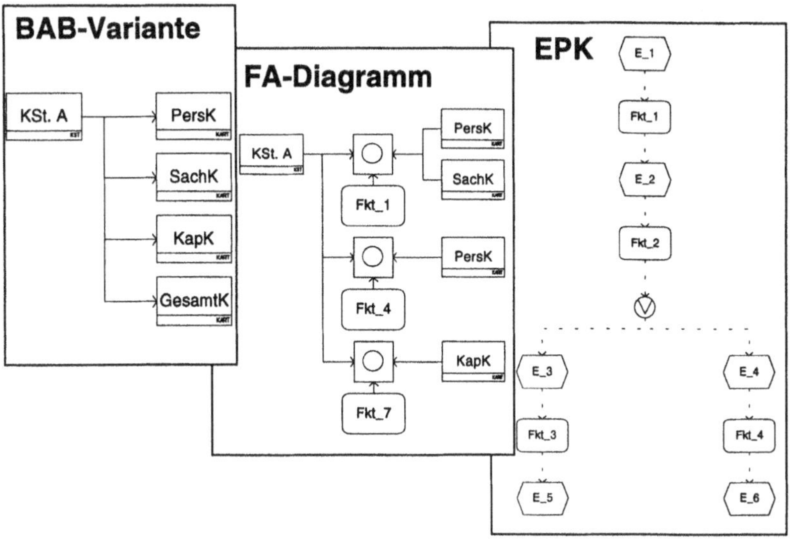

Abb. 3: Modelltypen für die Dispositionsbezogene Prozeßkostenrechnung

Im Rahmen der Modellbildung werden die Modelle BAB-Variante, Funktionsanalysediagramm (FA-Diagramm) und EPK für den Untersuchungsbereich der Prozeßkostenrechnung entwickelt. In der BAB-Variante ist definiert, welche Kostenstellenkosten-Elemente für die Prozeßkostenrechnung berücksichtigt werden sollen. Das FA-Diagramm strukturiert die Funktionen als Geschäftsprozeßelemente nach den Orten ihrer Funktionsausführung und ordnet ihnen die beanspruchten Ressourcen (bewertet als Kostenart) zu. In der EPK wird schließlich die abteilungsübergreifende Ablaufstruktur eines Geschäftsprozesses abgebildet.

4.2 Übernahme der prozeßkostenrechnungsrelevanten Kostenstellenkosten

Das Prinzip der Prozeßkostenrechnung besteht darin, Kostenstellenkosten auf Geschäftsprozeßeinheiten zu verrechnen. Als Grundlage für die Übernahme der Kostenstellenkostenwerte aus dem Basiskostenrechnungssystem besteht die in der Modellbildung entwickelte BAB-Variante je Kostenstelle. Aus diesem Modelltyp läßt sich durch systemseitige Instanziierung automatisch die abrechnungsperiodenspezifische BAB-Tabelle erzeugen. Sie ist eine Matrix, die die Kostenstellenkosten im Plan und im Ist, wie sie im bestehenden Basiskostenrechnungssystem ermittelt wurden, beschreibt. Durch eine automatische Schnittstellenfunktion gelingt in ARIS-Promt eine hohe Integration der Prozeßkostenrechnung in das System der Kostenrechnung. Die Schnittstellenfunktion entwickelt aus einem Datenextrakt die BAB-Variante und trägt die auf den Abrechnungszeitraum bezogenen Bewegungsdaten in die BAB-Tabelle ein. Abbildung 4 zeigt eine BAB-Tabelle und die zugehörige BAB-Variante.

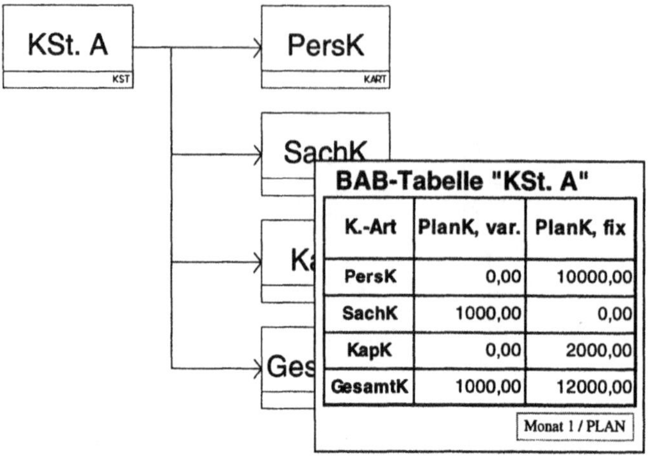

Abb. 4: Beschreibung von Kostenstellenkosten in ARIS-Promt

In Abbildung 4 sind der "KSt. A" im Plan Personal-, Sachmittel- und Kapitalkosten jeweils als bezugsgrößenvariable wie als fixe Kostenstellenkosten zugeordnet. Die Daten beziehen sich auf einen bestimmten Monat (Monat 1).

Da die innerbetriebliche Leistungsverrechnung im kostenstellenorientierten Basiskostenrechnungssystem vereinfachte Prozeßleistungsverflechtungen wertmäßig abbildet, werden im bezug auf die Prozeßstruktur differenzierteren System der Prozeßkostenrechnung sekundäre Kostenelemente für die Prozeßkostenrechnung nicht berücksichtigt. Demnach werden nur Primärkosten in die BAB-Variante übertragen. Ausnahmen bilden Kosten, die aufgrund fehlender Meßbarkeit auf Kostenstellen verteilt werden und in der Prozeßkostenrechnung als Primärkosten behandelt werden können, wie z.B. Raumkosten.

4.3 Funktionsanalyse

Bei der Funktionsanalyse werden die Kosten für das einmalige Abwickeln eines Teilprozesses bestimmt. Dafür werden die Kostenstellenkosten auf alle Funktionen einer Kostenstelle verteilt. Die Beanspruchung der Kostenstelle kann differenziert nach einzelnen Kostenarten durch die Prozeßleistung (PL) beschrieben werden. Die errechneten Prozeßkosten (PK) werden anschließend auf die Prozeßmenge (PM) bezogen, um den Prozeßkostensatz (PKS_{lmi}) für eine Funktion zu ermitteln. Dies kann sowohl im Ist als auch für einen Planungszeitraum geschehen.

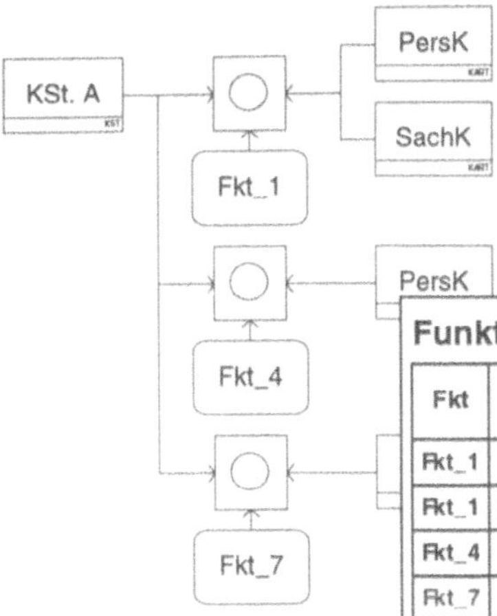

Funktionsanalyse-Tabelle "KSt. A"

Fkt	K.-Art	L-MStab	CD	PL	PK	PM	PKS_{lmi}
Fkt_1	PersK	Stunden	CD_1	60	5000,00	1000	5
Fkt_1	SachK	/	CD_1	/	1000,00	1000	1
Fkt_4	PersK	Stunden	CD_8	60	5000,00	500	10
Fkt_7	KapK	/		/	2000,00		

Monat 1 / PLAN

Abb. 5a: Prinzip der Funktionsanalyse in ARIS-Promt

Abbildung 5a zeigt ein kostenstellenspezifisches FA-Diagramm, aus dem die Funktionsanalyse-Tabelle generiert wurde. Der Kostenstelle "KSt. A" sind die Funktionen "Fkt_1", "Fkt_4" und "Fkt_7" zugeordnet. Da hier Prozeßkosten kostenartenweise bestimmt werden, wird die Funktion "Fkt_1" im Kostenmodell doppelt dargestellt: In einer Zeile für die Beanspruchung der Personalkosten und in der zweiten Zeile für die Inanspruchnahme von Sachmittelkosten. Demnach werden die Prozeßkosten und die Prozeßkostensätze jeweils auf die Kostenarten bezogen errechnet und getrennt ausgewiesen.

Beim Geschäftsprozeßmanagement lassen sich Funktionen zusätzlich danach unterscheiden, ob für sie Kosten prinzipiell anfallen oder ob sie durch die Prozeßmenge induziert werden, d.h. proportional abhängig zur Cost Driver-Menge verrechnet werden müssen.[4] Die Kosten, die leistungsmengenneutralen Funktionen zugeordnet sind, werden durch Prozeßoptimierungen nicht beeinflußt. Sie müssen daher entweder in der Kostenstellenergebnisrechnung als Fixkostenblöcke behandelt werden [3] oder können im Rahmen einer Prozeß(voll)kostenrechnung auf die leistungsmengeninduzierten Funktionen geschlüsselt werden.[5] Horváth schlägt hierzu das Schlüsseln über den Prozeßkostensatz der Funktionen vor.[4] Diese Verrechnung entspricht der Interpretation der leistungsmengenneutralen Funktionen als sekundäre Bereitschaftsfunktionen für alle leistungsmengeninduzierten Funktionen einer Kostenstelle.

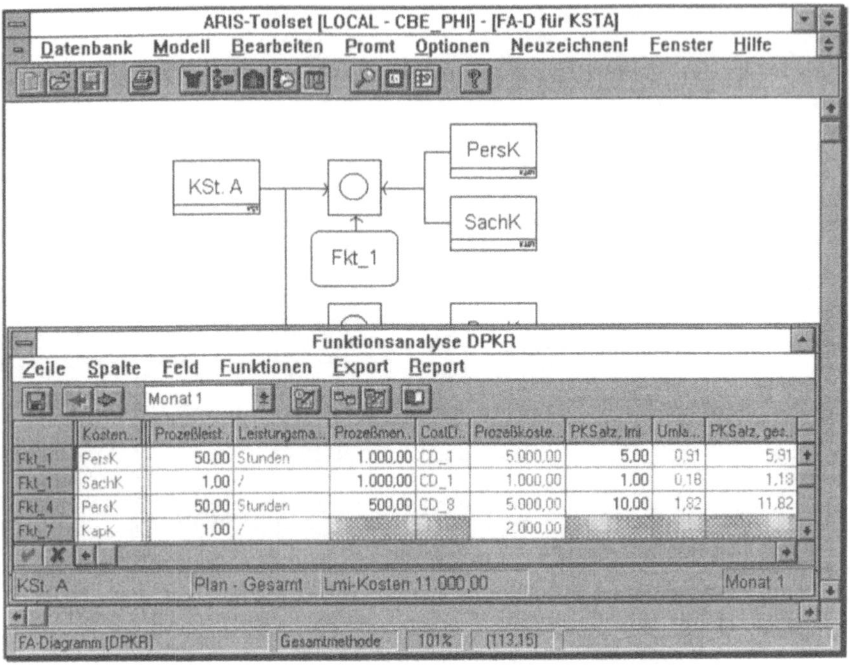

Abb. 5b: ARIS-Promt, FA-Diagramm mit FA-Tabelle

Beim erstmaligen Durchführen der Prozeßkostenrechnung muß die Prozeßleistung der Funktionen grundsätzlich gemessen werden, um die Kostenstellenkosten leistungsgerecht den einzelnen Funktionen zuzurechnen. Im Gegensatz zum Cost Driver stellt die Prozeßleistung den Funktionsinput dar. Um zu vermeiden, daß für die Prozeßkostenrechnung periodische Prozeßleistungsmessungen organisiert werden müssen, wird alternativ in ARIS-Promt unterstützt, Kostenstellenkosten ebenfalls über den Prozeßoutput zu verrechnen. Hierzu werden aus den Daten eines bereits berechneten Referenzabrechnungszeitraums Cost Driver-Vergleichsfaktoren quasi als Äquivalenzziffern [1] bestimmt. Durch die Cost Driver-bezogene Verrechnung kann der Datenerfassungsaufwand für die Prozeßkostenrechnung signifikant reduziert werden, insbesondere dann, wenn Cost Drivers global wirken und dann gleichzeitig mehrere Funktionen beeinflussen. Die Abbildung 5b zeigt die Funktionsanalyse in ARIS-Promt für das Beispiel aus Abbildung 5a.

4.4 Prozeßkalkulation

Durch die Prozeßkalkulation werden anschließend an die Funktionsanalyse die Kosten eines ganzheitlichen Geschäftsprozesses, z.B. der Bearbeitung eines Immoblienleasing-Vertrags, ermittelt.

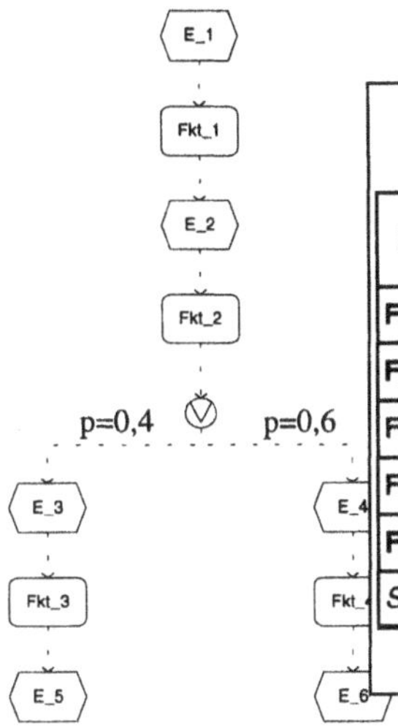

Kalkulationstabelle für Prozeß "PROZ_1"

Fkt.	K.-Art	KSt.	PKS	EF	EW	PK
Fkt_1	PersK	KSt. A	5	1	1	5,00
Fkt_1	SachK	KSt. A	1	2	1	2,00
Fkt_2	PersK	KSt. B	*4*	*0,5*	*1*	*2,00*
Fkt_3	PersK	KSt. B	*20*	*1*	*0,4*	*8,00*
Fkt_4	PersK	KSt. A	10	0,5	0,6	3,00
Summe:						20,00

Monat 1 / PLAN

Abb. 6: Prozeßkalkulation

Für die Prozeßkalkulation wird die EPK verwendet. Entsprechend sind in der daraus generierten Kalkulationstabelle alle Funktionen aufgeführt, die zu einem Geschäftsprozeß gehören. Für die Prozeßkalkulation werden von allen Funktionen die auf den Gesamtprozeß bezogenen Mengen, die Einsatzfaktoren (EF), mit dem Prozeßkostensatz (PKS) multipliziert und die sich ergebenen Prozeßkosten (PK) über alle Funktionen addiert. Als Maßgröße der Prozeßmengen wird wieder der Cost Driver verwendet. Zur Ermittlung der Prozeßkosten eines Prozesses kann der Prozeßkostensatz$_{lmi}$ oder der Gesamtprozeßkostensatz einer Funktion verwendet werden. Entsprechend werden die Prozeßkosten lmi oder gesamt bestimmt.

Mehrstufige Geschäftsprozesse werden in ARIS-Promt über einen Funktionsbaum beschrieben. Dabei sind den dargestellten Funktionen weitere Prozeßmodelle als EPKs zugeordnet. Zur Geschäftsprozeßbewertung wird dann die mehrstufige Hauptprozeßkalkulation verwendet, die die Hauptprozeßkosten einer Funktion aus den der Funktion zugeordneten EPK ermittelt und auf einen Hauptprozeß-Cost Driver bezieht. Zur Kalkulation eines Hauptprozesses werden die Hauptprozeßkostensätze mit den Hauptprozeßmengen multipliziert und entsprechend der Funktionsbaumstruktur aggregiert. Im ARIS-Toolset lassen sich die Funktionsbäume für mehrstufige Hauptprozesse automatisch generieren, indem die hierarchische Modellstruktur ausgewertet wird.

5 Vorgehen bei der Bewertung von Immobilienleasing-Geschäftsprozessen

5.1 Ziele und Voraussetzungen

Als methodischer Ansatz für die Geschäftsprozeßanalyse wurde ein Lebenszyklusmodell der Produkte entwickelt. Die Lebenszyklen aller einzelnen Verträge bilden von der Akquisition bis zur Ausübung des Ankaufsrechts durch den Leasingnehmer bzw. bis zum Ende der Vertragslaufzeit das gesamte operative Geschäft der DIL ab.

Für die Beschreibung in ARIS wurden die Produkte der DIL nach Merkmalen differenziert, die sich auf die Geschäftsprozesse, deren Durchlaufzeiten und Kosten auswirken. Z.B. wurde nach der Vertragsform (Standard-, Fremdbeteiligungs- und Fondsleasing), der Art (Neubau-Leasing, Sale-and-Lease-Back, Buy-and-Lease) und der Amortisation (Teilamortisation, TA mit Mieterdarlehen) unterschieden. Den identifizierten Produkten wurden Geschäftsprozesse zugeordnet und als EPK modelliert.

Im Vorfeld der Prozeßkostenrechnung waren in der DIL bereits Funktionsanalysen kostenstellenweise durchgeführt worden. Die vorliegenden Informationen waren durch Selbstaufschreibungen, Mitarbeiterkapazitätseinschätzungen, sowie Mitarbeiterbefragungen /-interviews erhoben worden. Die Zeiterhebungen wurden nicht allein zu kostenrechnerischen Zwecken durchgeführt, sondern fanden im Rahmen eines Business Process Reengineering (BPR) statt. Es war das Ziel

1. das Bewußtsein der Mitarbeiter für die Geschäftsprozeßsicht zu stärken,

2. unrationelles Arbeiten durch eigene Einsicht aufzudecken,

3. hohe Durchlaufzeiten als Qualitätsmerkmale von Prozessen und als Indikatoren für Schnittstellenprobleme in Kernprozessen herauszufinden.

Aus dem vorliegenden Datenmaterial konnten bereits Leistungsstandards für die Funktionen der Geschäftsprozesse ermittelt werden. Im Sinne der Vorgangskostenrechnung hätten durch eine Bewertung der Leistungsstandards mit Kostenstellenkostensätzen bereits ein Ressourcenmanagement und Kostenstellen-Controlling abgeleitet werden können. Einige Punkte sprachen jedoch dagegen:

- Bei der Ermittlung der Leistungsstandards waren die im Erhebungszeitraum angefallenen Leerzeiten nur unzureichend bestimmt worden. Demnach waren die Leistungsstandards keine optimierten Zeitverbräuche, sondern durchschnittliche Istwerte für Funktionszeiten.

- Die Bestimmung von Leistungsstandards hätte eine Ergänzung der bestehenden Meßdaten auf Ebene elementarer Funktionen erforderlich gemacht. Der dazu noch notwendige Aufwand hätte hier den erwarteten Nutzen einer Genauigkeitssteigerung nicht gerechtfertigt.

- Das Ziel der Prozeßkostenrechnung besteht weniger im prozeßorientiert ermittelten Leerkostenausweis von Kostenstellen, sondern in einer abteilungsübergreifenden Bewertung von Immobilienleasing-Geschäftsprozessen, die zu einer Bewertung von Leasingverträgen und zur Etablierung von Prozeßanalyse und -steuerungswerkzeugen führt.

5.2 Prozeßbewertung am Beispiel der Produktvariante Fonds / Teilamortisation mit Mieterdarlehen

Ausgehend von der geschilderten Ausgangslage wurde für das Projekt Bewertung von Immobilienleasing-Geschäftsprozessen nach Software zur Prozeßkostenrechnung gesucht. Es existieren mittlerweile einige Software-Tools für die Prozeßkostenrechnung. Alternativ besteht auch die Möglichkeit, mit Hilfe eines Tabellenkalkulationsprogramms eigene Berechnungen zur Prozeßkostenrechnung anzustellen. Letzteres ist jedoch mit einem hohen Datenverwaltungsaufwand verbunden. Wir haben uns in dem Projekt für den Einsatz von ARIS-Promt entschieden, weil es verschiedene Methoden für die Prozeßkostenrechnung unterstützt und dabei vollständig in das ARIS-Toolset integriert ist. ARIS-Promt hat zwar in der Version 3.0b bei der Darstellung der Prozeßkostenrechnungsergebnisse unseren Forderungen nach individueller Auswertbarkeit nicht voll entsprochen, in der aktuellen Version (3.1) lassen sich jedoch Prozeßkostenrechnungsreports für individuelle Auswertungen erzeugen. Damit können die Prozeßkosten in einem Tabellenkalkulationsprogramm weiterverarbeitet werden und z.B. in Textdokumente für das Berichtswesen eingebunden werden.

Für die Bewertung von Immobilienleasing-Geschäftsprozessen konnte man die in ARIS modellierten Prozeßmodelle (für die einzelnen Produktvarianten) direkt für die Prozeßkostenrechnung nutzen.

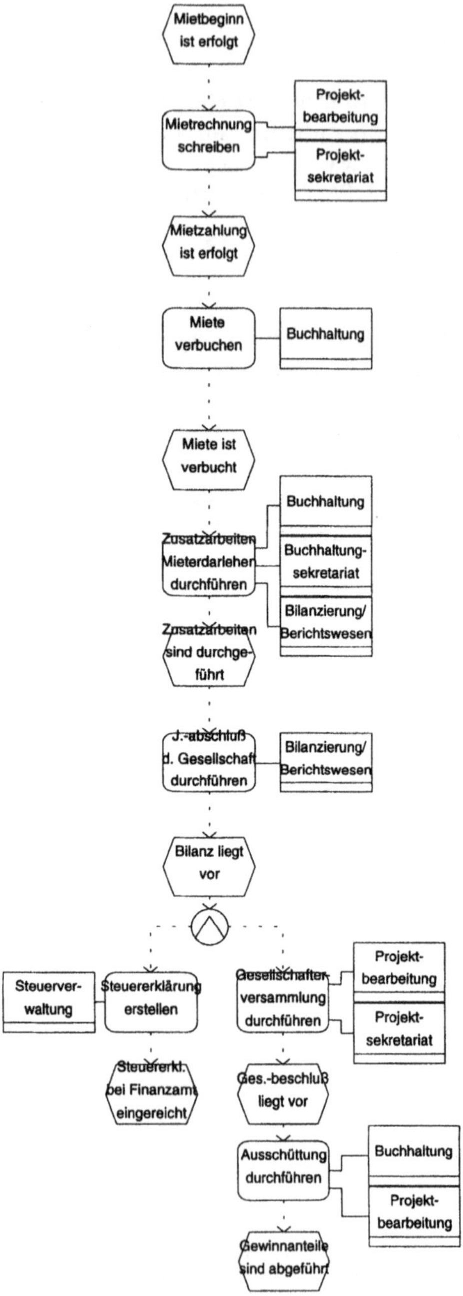

Abb 7: Hauptprozeß B Produktvariante Teilamortisation mit Mieterdarlehen / Fonds

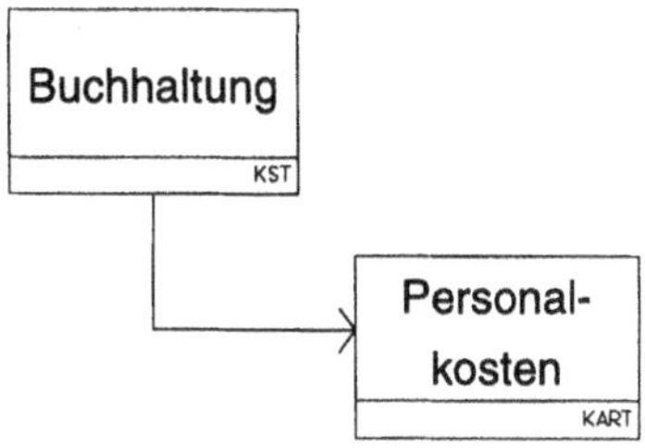

Abb. 8: BAB-Variante Buchhaltung

Am Beispiel des idealisierten "Hauptprozesses B" soll das Vorgehen bei der Prozeßkostenrechnung erläutert werden: Das Prozeßmodell für die Produktvariante Fondsleasing und Teilamortisation mit Mieterdarlehen zeigt Abbildung 7. Die Kostenstellen, die die Funktionen des Hauptprozesses B durchführen, wurden bereits integriert. Anschließend wurden BAB-Varianten für jede Kostenstelle angelegt. Wir beschränkten uns hierbei auf die Personalkosten, da diese die Kostenstrukturen dominieren. Abbildung 8 zeigt die BAB-Variante für die Kostenstelle Buchhaltung. Da hier nur Personalkosten betrachtet wurden, enthält die BAB-Variante nur die zwei Objekte Kostenstelle Buchhaltung und die ihr zugeordnete Kostenart Personalkosten. In den BAB-Tabellen wurden die Kostenstellenkosten hinterlegt. Das Bindeglied zwischen BAB-Variante und EPK ist das FA-Diagramm. Den am Hauptprozeß B beteiligten Kostenstellen wurden darin alle Funktionen zugeordnet, die diese ausführen. Gleichzeitig wurden die Kostenarten angegeben, die von den Funktionen beansprucht werden. Die Kostenstellenleistung der Kostenstellen wird auf die Hauptprozesse A und B verwendet. Da hier nicht näher auf den Hauptprozeß A eingegangen werden soll, haben wir dessen Funktionen nicht differenziert, sondern durch einen Restprozeß berücksichtigt. So sind in jedem FA-Diagramm zwei Funktionen entstanden, die nicht in dem Prozeßmodell des Hauptprozesses B enthalten sind. Unter der Funktion "Kostenstelle leiten" sind die leistungsmengenneutralen Tätigkeiten, wie Leitung, Administration, etc., zusammengefaßt. Die "Restfunktion HP A ausführen" wurde gebildet, um die restlichen leistungsmengeninduzierten Funktionen des Hauptprozesses A zu berücksichtigen. Im Beispiel für ein FA-Diagramm in der Abbildung 9 wird wieder von der Kostenstelle Buchhaltung ausgegangen.

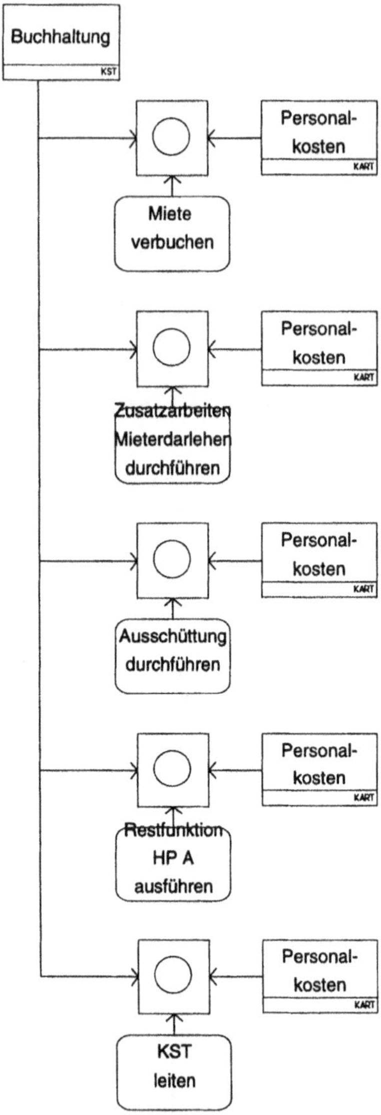

Abb. 9: FA-Diagramm Buchhaltung

Da die Cost Drivers kostenarten und -stellenspezifische Funktionsattribute sind, werden sie an den Kanten zwischen Kostenart und Kostenstellenfunktion eingepflegt. Für die Funktionen des Hauptprozesses B wurden bei der Funktionsanalyse folgende Cost Drivers identifiziert:

- Anzahl der Verträge im Bestand

- Anzahl Verträge mit Mieterdarlehen
- Anzahl Gesellschaften
- Anzahl Fondsverträge
- Anzahl der Anleger

Als Leistungsmaßstab der Prozeßleistung haben wir Stunden zugrundegelegt. Damit diese Einheit nicht für jede Funktion angegeben werden muß, wird sie in ARIS-Promt als Attribut der Kostenart beschrieben und ist somit kostenstellenübergreifend gültig. So wird ein Kostenelement grundsätzlich nach derselben Einheit verrechnet. Bei der Funktionsanalyse für die Plan-Gesamtkosten haben wir als Prozeßleistung die Leistungsstandards aus der vorliegenden Zeiterhebung eingegeben. Die Prozeßmenge haben wir ebenfalls in der Funktionsanalyse berücksichtigt, als ihre Einheit wird in ARIS-Promt der Cost Driver verwendet. ARIS-Promt hat anhand der eingegebenen Werte die Prozeßkosten, die Prozeßkostensätze, die Umlagesätze zur Berücksichtigung der Kosten von leistungsmengenneutralen Funktionen und den Gesamtprozeßkostensatz berechnet.

FUNKTION	ORG.-Einheit	PKS, lmi	PKS, ges.	EF	COST DRIVER	PK, lmi	PK, ges.
Mietrechnung schreiben	Projekt-sekretariat	20,00	25,00	4	Verträge Bestand	81,25	100,00
Mietrechnung schreiben	Projekt-bearbeitung	250,00	307,69	4	Verträge Bestand	1000,00	1230,77
Miete verbuchen	Buchhaltung	875,00	1105,26	4	Verträge Bestand	3500,00	4421,05
Zusatzarbeiten Mieterdarlehen durchführen	Bilanzierung/ Berichtswesen	412,50	507,69	1	Verträge Bestand	412,50	507,69
Zusatzarbeiten Mieterdarlehen durchführen	Buchhaltung-sekretariat	75,00	92,31	1	Verträge Bestand	75,00	92,31
Zusatzarbeiten Mieterdarlehen durchführen	Buchhaltung	500,00	631,58	1	Verträge Bestand	500,00	631,58
Jahresabschluß der Gesellschaft durchführen	Bilanzierung/ Berichtswesen	275,00	338,46	1	Gesell-schaften	275,00	338,46

FUNKTION	ORG.-Einheit	PKS, lmi	PKS, ges.	EF	COST DRIVER	PK, lmi	PK, ges.
Steuererklärung erstellen	Steuerverwaltung	360,00	443,08	1	Verträge Bestand	360,00	443,08
Gesellschafterversammlung durchführen	Projektsekretariat	32,50	40,00	1	Gesellschaften	32,50	40,00
Gesellschafterversammlung durchführen	Projektbearbeitung	125,00	153,85	1	Gesellschaften	125,00	153,85
Ausschüttung durchführen	Projektbearbeitung	12,50	15,38	200	Anleger	2500,00	3076,92
Ausschüttung durchführen	Buchhaltung	20,00	25,26	200	Gesellschaften	4000,00	5052,63

Tabelle 1: Prozeßkalkulation

Sobald für alle Kostenstellenfunktionen die Prozeßkostensätze berechnet worden waren, konnten wir auf Basis der Prozeßmodelle (EPK) die Produktvarianten kalkulieren. Hierfür haben wir die auf den Prozeß bezogenen Funktionsmengen (Einsatzfaktoren) eingegeben. ARIS-Promt hat darauf die Prozeßkosten$_{lmi}$ und die Gesamtprozeßkosten ermittelt. Für den Hauptprozeß B haben wir Prozeßkosten in Höhe von DM 16.088,34 kalkuliert. Dabei haben wir die Einsatzfaktoren bewußt auf ein Jahr bezogen.

Zur DIL-spezifischen Weiterverarbeitung der Daten haben wir die Prozeßkosten nach MS-Excel exportiert. So konnten wir die Kosten über die gesamte Leasingvertragslaufzeit unter Berücksichtigung des Barwertes kalkulieren. Nur mit Hilfe der Barwertkalkulation können die zeitlich voneinander unabhängigen Erlöse und Kosten eines Leasingvertrages sinnvoll gegenübergestellt werden.

Für den Hauptprozeß A kann man ähnlich verfahren. Bei der DIL hat sich jedoch herausgestellt, daß viele Leasingverträge des Hauptprozesses A so individuell gehandhabt werden, daß die auf diese Art ermittelten und auf Standardzeiten basierenden Planproduktkosten zwar zu für die Bemessung einer Preisuntergrenze brauchbaren Ergebnissen führen, für die Leistungsverrechnung und Nachkalkulation hingegen zu ungenau sind. Wir haben uns daher entschlossen, eine Projektkontierung in den operativen Bereichen der DIL einzuführen. Der Arbeitsaufwand für einzelne Leasingverträge wird dazu im Stundenraster festgehalten. Die Leistungsverrechnung wird dann über die Zurechnung auf Produkte und anschließend auf die Profit Center vorgenommen.

5.3 Fazit aus dem Prozeßkostenrechnungs-Projekt

Das vorrangigste Ziel der Produktkalkulation haben wir erreicht. Mit Hilfe der eingeführten Projektkontierung wird man zukünftig die in die Planprozeßkostenrechnung eingehenden Cost Driver-Mengen und Standardprozeßzeiten laufend überwachen und gegebenenfalls korrigieren können. Es können dafür zukünftig Plan-Ist-Vergleiche durchgeführt und Abweichungsanalysen daraus abgeleitet werden.

Weiter gelang es uns, Transparenz in den Gemeinkosten zu erzeugen und die maßgeblichen Kostentreiber zu identifizieren. Durch die Detaillierung der Prozeßkostenrechnung konnten wir Einflußgrößen auf die Prozeßkosten feststellen, die volumenunabhängig sind. Aus den Informationen der Prozeßkostenrechnung wurde eine differenzierte Kapazitätsplanung für die langfristige Abwicklung der Leasingverträge möglich. Ebenfalls wurden die Prozeßkosten des Hauptprozesses B für das Durchführen und Antizipieren von BPR-Maßnahmen verwendet.

In der DIL kann man insbesondere für den Hauptprozeß B von steigenden Prozeßmengen ausgehen. Daher ist durch eine Prozeßoptimierung (Prozeßkostensatzreduktion) langfristig sicherzustellen, daß die bestehenden Ressourcen auch zukünftig für die Abwicklung des Hauptprozesses B ausreichen.

Auf der anderen Seite wurde durch eine Aufgabenerweiterung einiger Kostenstellen um zusätzliche kundenorientierte Geschäftsprozesse erreicht, daß die Prozeßkostensätze sanken. Konkrete Kosteneinsparungsmöglichkeiten bestehen außerdem durch den Abbau von Überstunden, die aufgrund flexiblerer Arbeitszeitregelungen nicht mehr notwendig sind. Prozesse, deren Ressourcenbeanspruchung so abgebaut werden könnte, ließen sich mit Hilfe der Prozeßkostenrechnung direkt erkennen.

Im Rahmen des von uns angestrebten Continous Process Improvement (CPI) wird das durch die Prozeßkostenrechnung unterstützte aktive Prozeßkostenmanagement für die kunden- und engpaßorientierte Allokation der Kapazitäten weiter erfolgreich eingesetzt werden.

Unsere Prozeßkostenrechnungserfahrung läßt jedoch vermuten, daß der Aufwand, die notwendigen Cost Driver-Mengen zu erfassen, nicht immer richtig abgeschätzt werden kann. Dies vor allem dann, wenn die Geschäftsprozesse nicht durch datenliefernde DV-Systeme, wie Workflow-Management-Systeme oder Simulationssysteme, unterstützt werden. Deshalb sollte man, bevor aufwendige Erhebungen organisiert werden, die Cost Driver-Wahl überprüfen. Cooper nennt ebenfalls als Kriterium für die Cost Drivers ihre einfache und unproblematische Erfaßbarkeit. Dieses Kriterium gilt es unbedingt zu beachten. Andererseits kann auch, wie sich in der DIL in einigen Bereichen gezeigt hat, eine ergänzende Projektkontierung vorgenommen werden, so daß die Prozeßkosten quasi als Prozeßeinzelkosten verrechnet werden können.

6 Ausblick

Es ist zu erwarten, daß mit steigender Verbreitung der Prozeßkostenrechnung viele Unternehmen ihre Prozeßkostenrechnungskonzeptionen individuell ausgestalten. Daher sollten Werkzeuge für die Prozeßkostenrechnung und das Prozeßkostenmanagement möglichst flexibel gestaltet werden.

Da es kein standardisiertes Vorgehen für die Prozeßkostenrechnung gibt, werden sich in der Praxis noch viele Variationen der Prozeßkostenrechnung in Kombination mit anderen Basiskostenrechnungssystemen etablieren und funktionale Ergänzungen vorgenommen werden. Dabei wird gerade die Zeitschiene (Barwertkalkulation, mit unterschiedlichen Fristen disponible Ressourcen) für Finanzdienstleister eine wichtige Rolle einnehmen. Zukünftig ist in diesem Zusammenhang davon auszugehen, daß sich insbesondere durch das Verbreiten prozeßorientierter Standardsoftware die Datenbeschaffungsfunktionen für die Prozeßkostenrechnung signifikant reduzieren werden.

Literaturverzeichnis

[1] Berkau, C.: Vernetztes Prozeßkostenmanagement - Konzeption und Realisierung mit einem Blackboardsystem. Wiesbaden 1994.

[2] Berkau, C.; Flotow, P.: Kosten- und mengenorientiertes Management von Prozessen - mit ARIS-Promt. In: m&c Management und Computer 3(1995)3, S. 197-206.

[3] Coenenberg, A. G.; Fischer, T. M.: Prozeßkostenrechnung - Strategische Neuorientierung in der Kostenrechnung. In: DBW 51(1991)1, S. 21-38.

[4] Horváth, P.; Mayer, R.: Prozeßkostenrechnung - Der neue Weg zu mehr Kostentransparenz und wirkungsvolleren Unternehmensstrategien. In: Controlling 1(1989)4, S. 214-219.

[5] Mayer, R.: Prozeßkostenrechnung und Prozeßkostenmanagement: Konzept, Vorgehensweise und Einsatzmöglichkeiten. In: IFUA Horváth & Partner (Hrsg.): Prozeßkostenmanagement - Methodik, Implementierung, Erfahrungen. München 1991, S. 73-99.

[6] Miller, J. G.; Vollmann, T. E.: The Hidden Factory. In: HBR 63 (1985) 9/10, S. 142-150.

[7] Scheer, A.-W.: Architektur integrierter Informationssysteme - Grundlagen der Unternehmensmodellierung. 2. Aufl., Berlin et al. 1992.

[8] Scheer, A.-W.: Wirtschaftsinformatik - Referenzmodelle für industrielle Geschäftsprozesse. 6. Aufl., Berlin et al. 1995.

[9] Vikas, K.: Neue Konzepte für das Kostenmanagement - Controllingorientierte Modelle für Industrie- und Dienstleistungsunternehmen. Wiesbaden 1991.

Aspekte des Produktcontrollings in der chemischen Industrie

Dipl.-Winf. Winfried Krauth
E. Merck KGaA, Darmstadt

Inhalt

17. Saarbrücker Arbeitstagung Rechnungswesen und EDV 1996. Hrsg.: A.-W. Scheer.

1 Einleitung

1.1 Vorbemerkung

Moderne Controllingsysteme in der entscheidungsorientierten Betriebswirtschaftslehre erfordern heute den Einsatz integrierter Softwaresysteme. Nach Scheer [1] werden durch die Entwicklung der Kostenrechnungssysteme zu Entscheidungsunterstützungssysteme die Batchsysteme zu Gunsten von Dialogfunktionen abgelöst, um z.B. durch iterative Abwandlungen von ersten Ergebnissen mit weiteren Simulationen die richtigen Entscheidungen zu.

Integrierte Systeme, wie SAP, können nur noch als Standardsysteme, die für individuelle Anpassungen parametrisiert werden, mit wirtschaftlichem Aufwand entwickelt und eingesetzt werden.

Verbreitete Standard Software Systeme, die im Vordergrund den Aspekt der Integration erfüllen, sind in den Teilgebieten der Produktionsplanung und -steuerung und der damit verbunden Kostenträgerrechnung stark orientiert an der mechanischen Fertigung wie z.B. Maschinenbau und Elektrotechnik. Die Produktionsprozesse in der chemischen Industrie unterliegen im Vergleich zur mechanischen Fertigung anderen Abläufen.

Die betriebswirtschaftlichen Regelkreise in der SAP Software sind durch die Initiativen der Plaut Gruppe und durch die Arbeiten von A.-W. Scheer im Sinne der Integration und Prozessorientierung wesentlich beeinflußt worden.

Wie Müller [2] beschreibt, „hängen der Produktionsprozeß und Kostenbegriff untrennbar und unmittelbar zusammen. Die Kosten- und Leistungsrechnung hat vor allem die innerbetrieblichen Transformationsprozesse, die sich in den geplanten und den abgearbeiteten Aktivitäten der gesamten Prozeßkette des Produktionsvollzugs und der Leistungsverwertung manifestieren, möglichst zeitnah und möglichst verzerrungsfrei numerisch abzubilden".

Die Verantwortung für die Kostenträgerrechnung lag in Chemieunternehmen häufig im Finanzwesen weil keine integrierten Datenstrukturen vorhanden waren. Daten der Produktion und der Kalkulation wurden redundant gehalten, die eingesetzten Methoden und Verfahren der Kalkulation orientierten sich an den Anforderungen aus dem Finanzwesen.

1.2 Motivation

MERCK setzt heute bereits wesentliche Komponenten der Software SAP R2 (RM-Mat, RM Disposition, RM-Inst, RV, RF, RA, RK-S/A/P) ein um die Vorteile der Integration zu nutzen. Zur Vervollständigung der Integration sind z.Z. Projekte zu RK-E, RM-PPS Arbeitspläne und RK-K in Arbeit.

Diskussionen und Erfahrungsaustausch in dem Arbeitskreis „Standardanwendungssysteme" des Verbandes der chemischen Industrie (VCI) haben bestätigt, daß auch in der chemischen Industrie die Integration der Kostenträgerrechnung zu Betriebsdaten u.a. durch den Einsatz von SAP immer mehr an Bedeutung gewinnt. Allerdings werden in den Unternehmen der Chemie, bei Einsatz von SAP R2, die Produktionsdaten und die Kostenträgerrechnung noch immer mit eigenen Systemen und Schnittstellen zur Materialwirtschaft und zum Rechnungswesen verarbeitet. Für R3 zeichnet sich durch die Zusammenarbeit von SAP mit dem Verband der chemischen Industrie und durch Bildung von Branchencentern und -modellen integrierte Ansätze für chemische Produktionsprozesse mit dem Rechnungswesen ab.

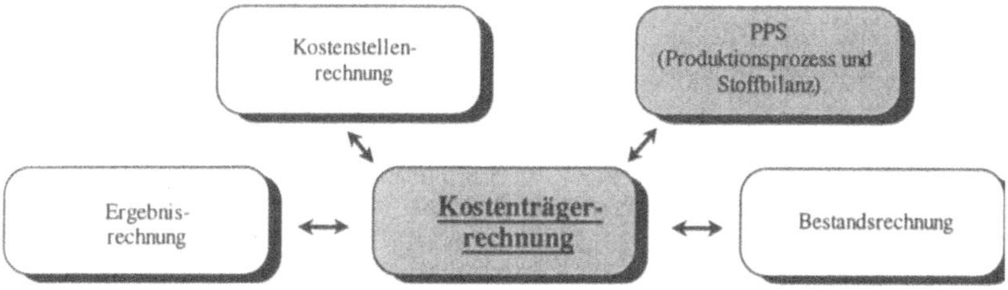

Abb. 1: Schnittstellen zur Kostenträgerrechnung

Wenn wir Überlegungen zu den Besonderheiten in der Kostenträgerrechnung der chemischen Produktionen anstellen, dann sind die wichtigsten Integrationspartner (vgl. Abb. 1) die Komponenten der Produktionsplanung uns -steuerung (PPS), der Bestandsrechnung (Bewertungsfragen) und aus dem internen Rechnungswesen (für Leistungen und Ergebnisse) die Kostenstellenrechnung und Ergebnisrechnung. Für die Beurteilung von integrierten Systemen stellt sich also die Frage, welche Besonderheiten der Chemie sind zu berücksichtigen, und welche Prozesse sind in Systemen wie SAP noch in der Entwicklung. Der Zusammenhang zwischen dem PPS und der Kostenrechnung ist dabei essentiell.

Der Aufsatz zeigt Überlegungen und Besonderheiten (aus Projekten im Hause MERCK und aus Projekten im Arbeitskreis „Standardanwendungssysteme Controlling und Rechnungswesen" des VCI) zur der Kostenträgerrechnung in der chemischen Industrie unter den Aspekt des integrierten Softwaresystems für Produkt- und Produktionscontrolling auf.

1.3 Charakteristik der chemischen Industrie

Unter dem Verband der chemischen Industrie [3] sind eine Vielzahl von heterogenen Unternehmen und Konzernen zusammengefaßt, die z.B. chemische Grundstoffe, Fein- und Spezialchemikalien, pharmazeutischen Produkten aber auch Konsumgüter und Markenartikel herstellen.

Das naturwissenschaftliche Merkmal der chemischen Industrie ist die *Stoffumwandlung*. Einsatzstoffe werden durch chemische Reaktionen zu neuen chemischen Verbindungen geändert. Häufig sind hierbei bestimmte physikalische Gegebenheiten, wie z.B. Druck und Temperatur unter Einsatz von Energien notwendig. In einzelnen Fällen entstehen auch exoterme Reaktionen, d.h. Energie wird freigesetzt, die dann von kostenrechnerischer Bedeutung sind, wenn diese genutzt werden können. Dem Prozeß der Stoffumwandlung sind häufig physikalische Prozesse (wie z.B. Mischen, Mahlen, Trennen, Trocknen usw.) vor- und nachgelagert.

2 Produktion in der chemischen Industrie

Um die Besonderheiten der chemischen Industrie für die Kostenträgerrechnung diskutieren zu können, sind als erstes die Produktionsprozesse [4] zu beachten, die für die Ermittlung von verursachungsgerechten Produkt- und Produktionskosten bewertet werden.

2.1 Fließfertigung

In der Fließfertigung (kontinuierliche Fertigung) werden ununterbrochen Ausgangsstoffe in den Produktionsprozeß eingeleitet. Ebenso verlassen die Zielprodukte kontinuierlich die Anlage. Die Anlage wird nur zur Reinigung oder Wartung angehalten und wieder neu angefahren, die Herstellung von Produkten in der Fließfertigung erfolgt über Wochen oder Monate. Die Produktionsmenge einer kontinuierlichen Fertigung kann je nach chemischem Prozeß in einer gewissen Spannbreite variieren. Manche Verfahren erlauben einen Spielraum zwischen 50% und 100 %, bei anderen Verfahren (z.B. katalytische Verfahren) ist der Spielraum wesentlich enger. Dieser Produktionsablauf findet in der Massenfertigung der Grundstoffchemie im wesentlichen Anwendung.

2.2 Chargenfertigung

In der Chargenfertigung (diskontinuierliche Fertigung) wird dagegen eine Apparatur mit eine bestimmten Menge von Reaktionspartnern gefüllt und nach Ablauf des chemischen Umwandungsprozesses wieder vollständig entleert und weiter verarbeitet. Chargenfertigungen können sowohl auf Mono- oder Einproduktanlagen als auch auf Poly- oder Mehrproduktanlagen durchgeführt werden. Die Anlagen der Polyproduktion haben den Vorteil der Produktionsflexibilität mit dem Nachteil der Umrüst- und Reinigungsaufwendungen bei Produktwechsel. Bei genügend großen Produktionsmengen werden die Herstellkosten in der Fließfertigung günstiger, als in der Chargenproduktion.

2.3 Kampagnen

Unter der Kampagne wird ein festgelegter Zeitraum verstanden, in dem eine bestimmte Produktionsmenge hergestellt werden soll. Die Produktionsabläufe können kontinuierlich und diskontinuierlich sein. Zu Beginn und am Ende der Kampagne stehen oft aufwendige Rüst- und Reinigungsvorgänge die aus der Sicht der Kalkulation dem gesamten Produktionsprozeß der Kampagne zugeordnet werden (vgl. Abb. 2).

Gründe für Kampagnenproduktionen sind Rohstoffverfügbarkeit (z.B. saisonales Angebot von Naturrohstoffen) und technisch bzw. wirtschaftlich bedingte Produktion von mehreren Chargen des gleichen Produktes in Folge auf einer Anlage.

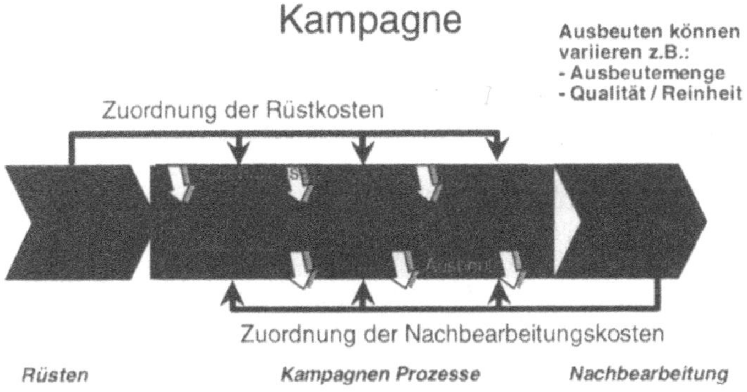

Abb. 2: Kampagnenprozeß

2.4 Produktverbund

Stoffumwandlungen der chemischen Industrie erfolgen oft in mehreren Teilschritten, d.h. für die Herstellung einer Chemikalie sind mehrere Zwischenstufen von chemischen Verbindungen aus den Ausgangsstoffen notwendig. Die Stoffmengenrelationen und Ablaufprozesse der Produktverbunds lassen sich auf 4 verschiedene Grundtypen reduzieren (vgl.: [5]).

- Reihenprozesse
- divergierende Prozesse
- konvergierende Prozesse
- verflochtene Prozesse (Kombination aus 1.,2. und 3. mit möglichen Zyklen)

Für die Kostenrechnungsprobleme der chemischen Industrie sind 2 Fälle, der divergierende Prozeß und der zyklische Prozeß, wichtig.

In den Stoffumwandungsprozessen entstehen aus einem oder mehreren Einsatzprodukten mehrere Reaktionsprodukte (divergierender Prozeß). In fast allen chemischen Stoffumwandungsprozessen treten in diesem Sinn Kuppelprodukte auf. Auf Grund der Verwendungsmöglichkeit der Reaktionsprodukte wird in der Disposition und in der Kalkulation zwischen Hauptprodukten und Nebenprodukten unterschieden.

Zyklische Produktionsprozesse existieren überwiegend in der Grundstoffchemie. Hierbei werden Produkte höherer Fertigungsstufen planmäßig in den Produktionsvollzug niedrigerer Fertigungsstufen zurück geführt.

3 Aspekte des Produktionsprozesses in der Kalkulation

3.1 Kalkulation von Kuppelprodukten

Reihenprozesse und konvergierende Prozesse zeigen für die Kalkulation kaum Schwierigkeiten auf, weil alle im Zusammenhang mit der Produktion notwendigen Ressourcen (Material, Energien, Anlagen) gemäß dem strengen Kostenzuordnungsprinzip den einzelnen Produkten zuordenbar sind. Dies gilt nicht für divergierende Produktionsprozesse der Kuppelproduktion, die vorrangig in der chemischen Industrie sind.

So gilt es im folgenden auf nachstehende Fragen eine Antwort zu finden:

1. Wie können die Herstellkosten in einem Kuppelprozeß für die einzelnen Kuppelprodukte bestimmt werden?
2. Nach welchen Kriterien hat die Zurechnung losfixer bzw. sprungfixer Kosten in der Kuppelproduktion zu erfolgen?
3. Nach welchen Kriterien sind die bei einer elastischen Verbund- bzw. Kuppelproduktion entstandenen zusätzlichen Kosten den entstehenden Kuppelprodukten zuzurechnen?

Die Kuppelproduktion ist dadurch gekennzeichnet, daß im Rahmen eines Produktionsprozesses zwangsläufig mehrere Produkte entstehen. Wie bereits oben beschrieben, ist eine Zuordnung der Kosten auf die bei der Produktion zwangsläufig entstehenden Kuppelgruppe gemäß dem strengen Kostenzuordnungsprinzip nicht möglich, da die Kuppelproduktion einen homogenen Produktionsprozeß darstellt.

Für ein effizientes Produkt- bzw. Produktionscontrolling, welches eine Basis für unternehmerische Entscheidungen bilden soll, ist es dennoch unumgänglich trotz der „Verletzung des Kostenzuordnungsprinzips" eine Kostenträgerstückrechnung (Kalkulation) für die einzelnen Kuppelprodukte durchzuführen.

In Abhängigkeit von der ökonomischen Bedeutung der bei dem Kuppelprozeß entstandenen Kuppelprodukte kommen bei der Kuppelproduktkalkulation folgende Methoden zum Einsatz:

1. Verteilungsmethode
2. Restwertmethode

3.1.1 Verteilungsmethode

Dieses Verfahren wird angewendet, wenn ein oder mehrere Zielprodukte eines Kuppelproduktpäckchens als **Hauptprodukte** angesehen werden, d. h. wenn aus dem Kuppelprozeß **gleichwertige Produkte** entstehen. Dies tritt vorwiegend in der Grundstoffchemie auf. Die zentrale Problemstellung für die Bestimmung der Herstellkosten für die einzelnen Kuppelprodukte unter Verwendung der Verteilungskalkulation resultiert aus der Festlegung der maßgeblichen Verteilungsschlüssels, mit dem die Gesamtkosten der Kuppelproduktion auf die einzelnen Hauptprodukte aufgeteilt werden sollen. In der Praxis kommen z.B. folgende Größen als Verteilungsschlüssel zum Einsatz:

- Ausbringungsmengen der einzelnen Kuppelprodukte
- Werthaltigkeit der Kuppelprodukte (z.B. Aufteilung der Gesamtkosten des Kuppelprozesses auf die einzelnen Hauptprodukte nach ihrem Wirkstoffgehalt)
- Referenzpreise (z.B. Marktpreis, Fakturawert).

3.1.2 Restwertmethode

Die Restwertkalkulation findet bei den Kuppelprozessen Anwendung, bei denen sich die im Kuppelproduktpäckchen enthaltenen Produkte in ein Hauptprodukt bzw. ein oder mehrere Neben- oder Abfallprodukte einteilen lassen. Dies ist der Fall, wenn eine Produktart hinsichtlich ihrer ökonomischen Bedeutung die anderen Produkte des Kuppelproduktpäckchens dominiert.

Zusätzlich ist, neben kostenrechnerischen Gesichtspunkten, auch die dispositive Betrachtung der Nebenausbeuten für Logistikzwecke sinnvoll oder sogar notwendig. Nebenausbeuten können in den unterschiedlichsten Ausprägungen vorkommen. Die Bandbreite reicht von verkaufsfähigen Produkten, Materialien, die in einer anderen Produktion als Rohstoff einsetzbar sind, über Stoffe, die nach Wiederaufbereitung wieder verwendet werden können (z.B. Katalysatoren) bis hin zu Abfallstoffen, die direkt entsorgt bzw. vor der Entsorgung noch aufbereitet werden müssen.

Dies hat zur Folge, daß für die Bewertung von Nebenausbeuten in Abhängigkeit von deren Verwendung unterschiedliche Wertansätze möglich sind:

- Referenzpreis (Verkaufspreis, Fakturawert)
- Kalkulationswert, wenn der Stoff mit einem alternativen Produktionsverfahren herstellbar ist
- Wert eines vergleichbaren Referenzprodukts (Substitut), das beschafft oder produziert werden kann.

Nebenausbeuten, die wertlos sind oder Abfälle, die Entsorgungskosten verursachen, werden mit Null bzw. den entstehenden Entsorgungskosten und Aufarbeitungskosten bewertet. Diese Entsorgungskosten sind bei der Restwertkalkulation mittels einer Kostenposition dem entsprechenden Zielprodukt zuzuordnen.

3.2 Kampagnen

Als Kennzeichen der Kampagnenproduktion gelten relativ hohe Rüst- und Reinigungskosten vor und nach der jeweiligen Kampagne. Während einer Kampagne erfolgen mehrere Teilablieferungen. Diese Zielprodukte können sich hinsichtlich Qualität, Materialnummern sowie Ausbeutegrade unterscheiden.

In der **Fließfertigung** sprechen wir von Kampagne, wenn nach Beendigung eines kontinuierlichen Produktionsprozesses ein Produktwechsel auf der Anlage erfolgt.

Bei einer Kampagnenproduktion, die als **Chargenfertigung** erfolgt, können ebenfalls mehrere Ansätze ohne Rüst- und Reinigungsaufwand auf einer Anlage erfolgen; die Fertigung als solche stellt sich jedoch diskontinuierlich dar.

Bei mehrstufigen Kampagnenproduktionen sind **Mischformen der Produktionsverfahren**, d.h. sowohl Fließfertigungen als auch Chargenfertigungen innerhalb einer Kampagne möglich.

Produktspezifische Rüst- und Nacharbeitungskosten (z.B. Reinigungen) sind losgrößen- bzw. kampagnenfixe Bestandteile des Produktionsprozesses und werden bei der Vor,- Plan- und Nachkalkulation der Kampagne berücksichtigt. Dementsprechend werden kalkulatorisch die Reinigungskosten pro Einheit der Produktionsmenge der gesamten Kampagne berechnet. Das Problem besteht darin, Möglichkeiten zu finden, den Reinigungs- bzw. Rüstaufwand pro kalkulierter Einheit im Kalkulationsschema zu ermitteln.

Für die Ermittlung der Herstellkosten eines oder mehrerer Produkte einer Kampagne ist es daher um so wichtiger diese in ihrer Gesamtheit mit transparenten Teilinformationen zu betrachten.

Für die Ermittlung der Ware in Arbeit stellt sich die Frage des Fortschrittes in der Kampagne, wobei ein wesentliches Problem darin besteht, daß Kampagnen über eine Abrechnungsperiode hinaus einen langen Zeitraum laufen.

3.3 Iteration bei zyklischen Produktionsfunktionen

Zyklische Prozeß sind zu unterscheiden ob sie in einstufigen Produktionsprozessen entstehen oder ob die zyklische Prozesse sich über mehrere Produktionsstufen erstrekken. Bei einstufen Prozessen geht das erzeugte Kreislaufprodukt zum Teil wieder in den eigenen Prozeß ein. Das Mengengefälle ist in der Rezeptur berücksichtigt.

Erstreckt sich der Stoffzyklus über mehrere Stufen, sind 3 möglich Ansätze von Müller [6] beschrieben. Im Normalfall sollten die gesamten Stoffbeziehungen der Produktkalkulation als Gleichungssystem definiert sein in dem die Stoffzyklen abgebildet sind. Somit kann jedes Zielprodukt in ein anderes eingehen. Die Kalkulation wird durch Iteration des Gleichungssystems ermittelt.

3.4 Rückrechnungen für Aufbereitung von Lösungsmitteln im Stoffzyklus

Hierbei kommt die Besonderheit zum Tragen, daß ausgehend von einem Markpreis eines vergleichbaren Zielproduktes ein Kuppelprodukt im Stoffzyklus „rückwärts" kalkuliert wird.

Werden in einem (teil-) zyklischen Produktionsprozeß Materialien wiederaufbereitet, wird dies in der Kalkulation als Teilprozeß mit berücksichtigt. Voraussetzung dafür ist, daß der Materialfluß bzw. die Stoffbilanz des Produktionsverfahrens und somit die Menge der wiederaufbereiteten Stoffe bekannt ist. Stoffkreisläufe dieser Art kommen u.a. bei der Erzeugung von pharmazeutischen Wirkstoffen vor. So gehen Lösungsmittel bei verschiedenen pharmazeutischen Produktionsprozessen in reiner Form als Hilfsstoffe in den Produktionsprozeß ein, und fallen in verunreinigter Form als Nebenprodukt des pharmazeutischen Produktionsprozesses wieder an.

Bei der Kalkulation des pharmazeutischen Wirkstoffes mit dem Nebenprodukt des wieder aufzubereiteten Lösungsmittels findet die Restwertmethode, aber in Form der Rückrechnung, Anwendung.

Die Methode der Rückrechnung (vgl. Abb. 3) eignet sich dafür, die aus dem Wiederaufbereitungsprozeß von verunreinigten Lösungsmitteln entstandenen Kosten bei der Bewertung des Hauptproduktes zu berücksichtigen:

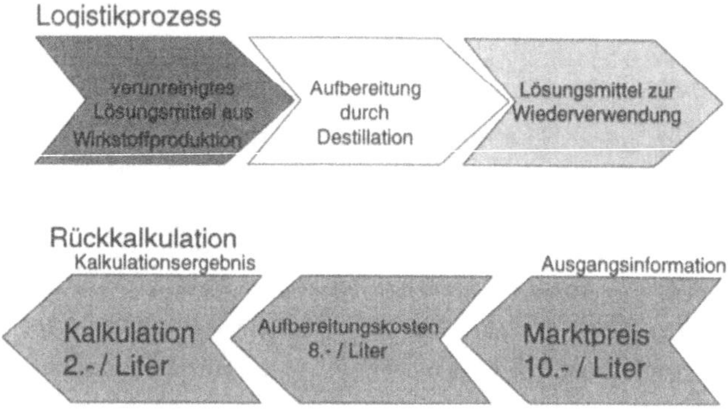

Abb. 3: Methode der Rückrechnung

In der Regel liegen die Aufbereitungskosten im Zusammenhang mit den verunreinigten Lösungsmitteln unter dem Marktpreis des wiederaufbereiteten Stoffes. In unserem Beispiel ist das aufbereitete Lösungsmittel mit dem Wert von 2,- DM (10,- DM ./. 8,- DM) in Form einer Gutschrift beim Hauptprodukt zu berücksichtigen. In Sonderfällen kann aber die Aufbereitung teuerer sein als der Marktpreis. Eine Aufbereitung wird auch in den Fällen durchgeführt, wenn die Aufbereitung wirtschaftlicher ist als die Entsorgung. In diesem Fall ist das verunreinigte Lösungsmittel mit den entsprechenden Entsorgungskosten je Mengeneinheit zu bewerten. Unabhängig davon, ob das verunreinigte Lösungsmittel aufbereitet oder entsorgt wird, sind die dabei entstandenen Kosten dem Hauptprodukt, also dem pharmazeutischen Wirkstoff zu belasten. Die Integration der Rückrechnung ist in der Iteration der Gesamtkalkulation notwendig, um den korrekten Wert des Hauptprodukts zu ermitteln.

3.5 Mischkalkulation

Die Bewertung eines Erzeugnisses mit einem Mischpreis kann aus folgenden Gründen notwendig werden:

- Ein Erzeugnis wird mittels unterschiedlicher Rezepturen bzw. Fertigungsverfahren produziert, welche jeweils zu unterschiedlichen Herstellkosten führen.
- Ein Erzeugnis wird in mehreren Werken nach dem gleichen oder unterschiedlichen Fertigungsverfahren produziert, wobei in Abhängigkeit vom entsprechenden Produktionswerk unterschiedliche Herstellkosten für ein und dasselbe Erzeugnis entstehen.

Für den Vertrieb und die Ergebnisrechnung wird ein Mischpreis angesetzt, der z:B. gewichtet über die Produktionsmengen ermittelt wird. Für das Produktionscontrolling sind die Abweichungsanalysen für das jeweils gewählte Verfahren Voraussetzung.

4 Bezugsgrößen in der Kalkulation der chemischen Industrie

4.1 Verursachungsgerechte Kostenzuordnung

Auf der einen Seite ist die Zuordnung der Stoffkosten durch Kuppelprozesse in der chemischen Industrie schwierig, auf der anderen Seite gilt dies ebenso für die verursachungsgerechte Zuordnung von allen Arten der „Eigenleistungen". Die Qualität der Instrumente des Produkt- und Produktionscontrolling steigt und fällt mit der Qualität der verursachungsgerechten Kostenzuordnung. Seit Einführung der Prozeßkostenrechung werden Gemeinkostenbereiche „verursachungsgerechter" als bisher den Produkten zugeordnet. Die Erhebung und Verwaltung von Cost Drivern der Gemeinkostenbereiche für Kostenträger muß ebenso wirtschaftlich und von Nutzen sein (vgl. [7]), wie dies auch für die direkten Bezugsgrößen des Produktionsprozesses gültig ist. Kilger [8] führt hierzu aus: „Durch eine entsprechend große Anzahl von Bezugsgrößen ist es theoretisch zwar in allen Fällen möglich, sämtliche relevanten Kosteneinflüsse richtig zu erfassen, die Plankostenrechnung ist aber nicht nur ein kostentheoretisches System, sondern ein Verfahren der Kostenrechnung, das in der Praxis funktionieren muß".

In der Kostenrechnung der chemischen Industrie sind im Vergleich zu anderen Branchen wesentlich mehr direkte Bezugsgrößen vorhanden. Die mechanische Fertigung kennt vorrangig die Maschinenstunde. In der chemischen Prozeßfertigung sind neben den Maschinenstunden auch Fertigungsstunden, direkte Prozessenergien, Bezugsgrößen des Umweltschutzes, Laborstunden für Analysen usw. vorhanden. Im folgenden werden die wesentlichen Ressourcen, die in der Kostenträgerrechnung der chemischen Produktion von Bedeutung sind, angesprochen. Die Prozessökobilanz hat hierbei eine wichtige Rolle als Informationslieferant.

4.2 Prozessökobilanz

Vergleichbar der Prozeßkostenechnung für Gemeinkostenbereiche ist die Aufstellung einer Ökobilanz von Vorteil, um verursachungsgerecht Kosten zuzuordnen. In heutigen Produktionsvorschriften sind in einer Mengen- und Stoffbilanz die Einsatzstoffe und ggf. Hilfsstoffe enthalten.

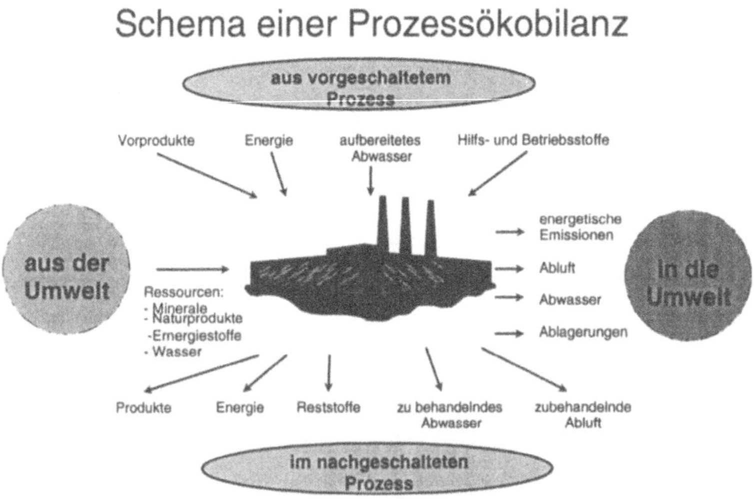

Abb. 4: Prozessökobilanz

Die Prozessökobilanz dagegen stellt alle Input- und Outputfaktoren dar (vgl. Abb. 4), die in irgend einer Form, neben den Anlagenbelegungen und Personenstunden, auch zunehmend kostenrelevant sind. Bestimmte Faktoren werden voraussichtlich in der Zukunft immer mehr an Bedeutung zunehmen. Die Berücksichtigung von Ressourcen der Prozessökobilanz (neben den heute üblichen Stücklisten/Rezepturen für den Materialeinsatz) werden im folgenden erläutert.

4.3 Ressourcen in der chemischen Produktion

4.3.1 Wasser und Abwasseraufbereitung

Wasser ist besonders in der chemischen Produktion ein wichtiger Ressourcenfaktor für Funktionen wie wäßrige Lösungen, Kühlung und Reinigung. Durch Auflagen wie Abwasserabgaben, Abgaben für Grundwasserentnahmen, Infiltrationsabgaben aber auch Anrechnung der Abgaben auf Investitionen für technologische Verbesserungen der Abwasseraufbereitungsanlagen der öffentlichen Hand werden immer stärker Hebel wirksam, die den Wasserverbrauch reduzieren und Investitionen im Umweltschutzbereich attraktiv machen. Daher ist es um so wichtiger zukünftig die Wasserkosten den verursachenden Produkten und Verfahren zuordnen zu können.

In Produktionsbetrieben und auch in zentralen Abwasseraufbereitungsanlagen werden verstärkt in Anlagen zur Vorbehandlung von Abwasser investiert, die mit dem ursächlichen Produktionsprozeß nichts mehr zu tun haben (vgl. Abb. 5). Die Vorbehandlungen folgen der Regel, daß es einfacher ist möglichst früh gezielt bestimmte Schadstoffe zu separieren, anstatt alle Schadstoffe gemischt zu sammeln und dann zu trennen und das belastete Wasser aufzubereiten.

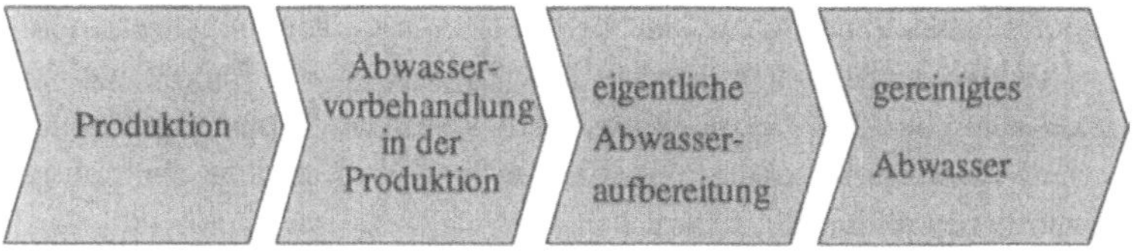

Abb. 5: Stofffluß der Abwasseraufbereitung

Unabhängig davon, ob die Verantwortung für die Vorbehandlung des Abwassers in der Produktion oder in der Abwasserwirtachaft liegt muß ein Möglichkeit geschaffen werden, die mit den Umweltschutzeinrichtungen verbundenen Kosten in der Kostenträgerrechnung als solche auszuweisen.

Aus der Prozessökobilanz lassen sich Cost Driver für sogenannte CSB Belastungen (chemischer Saustoffbedarf für z.B. Aufbereitung von Lösungsmittel im Abwasser) und Schadstoffbelastungen (wie z.B. Schwermetalle, Phosphate u.s.w.) ermitteln, womit die Belastung der Abwasseranlage meßbar wird und die Kostenverursachungsgerecht zugeordnet werden können.

Zur Einsparung von Wasserkosten werden zunehmend auch die Einsatzhäufigkeit des Brauchwassers durch Umrüsten der Anlagen erfolgt zunehmend.

4.3.2 Energie

Die chemische Produktion zeichnet sich durch hohen Bedarf an direkter Prozessenergie aus, wobei je nach chemischer Reaktion in den meisten Fällen Energie verbraucht wird. Die wichtigsten Energiearten sind Strom, Druck, Wärme (meist in Form von Dampf) und Kälte.

Es kann aber auch Energie frei gesetzt werden (exoterme Reaktionen). Wenn solche Energien in den Energiekreislauf eingeleitet werden, können sie wie Kuppelprodukte oder Nebenausbeuten kostenrechnerisch behandelt werden. Neben dem Fall der exotermen Reaktion kann auch Energie wie eine Nebenausbeute behandelt werden. Beispielsweise erfolgt die Produktion von Ruß durch Verbrennung von Erdöl, Energie in Form von Wärme wird in Strom umgewandelt und in das Stromnetz eingespeist.

Überwiegend alle Energieformen werden in der chemischen Industrie mit eigenen Anlagen erstellt, und sind somit eine Eigenleistung, die in die Produktkalkulation einfließt. Die Energieerzeugung erfolgt in der ersten Stufe durch Einsatz von Primärenergie. Sowohl die Energieerzeugung als auch die Infrastruktur (Rohrleitungen, Meß- und Regeltechnik, Instandhaltung usw.) sind Bestandteil des „Energiepreises".

Bei Stromverbräuchen kann Bedarf, der nicht mit eigenen Mitteln gedeckt wird durch Zukäufe von außen ausgeglichen werden. Die Erzeugung von Dampf und Strom ist eine prozessabhängige Kuppelproduktion. Wird eines der Kuppelprodukte (im Normalfall Strom) nicht verbraucht, so wird dieser in das öffentliche Netz eingespeist. Das Unternehmen erhält hierfür Erlöse.

Energien bzw. Energiebilanzen werden daher in der Regel in der Rezeptur (Verfahrensbeschreibung inklusive Stückliste und Arbeitsplan) als eigenständige Position geführt. Der Energiebedarf kann in bestimmten Produktionsabläufen den bei weitem höchsten Kostenfaktor darstellen. Meist erfolgt die Messung der Energieverbräuche auf Betriebsebene, die Messung de Bezugsgrößen für den einzelnen Produtionsprozeß ist heute technisch nur selten der Fall. Mit Hilfe der Energiebilanz, die Bestandteil der Prozessökobilanz ist, lassen sich Bezugsgrößen für die Kostenträger ableiten. Die Bezugsgrößen der Energieverbräuche werden in entsprechenden Einheiten (kWh, Tonne, usw.) geplant und gemessen.

4.3.3 Entsorgung und Umweltschutz

Aufgrund der ständig steigenden Verantwortung der Industrie gegenüber der Umwelt, gewinnen die Kosten, die in Verbindung mit Umweltschutzmaßnahmen entstehen, in den Unternehmen immer mehr an Bedeutung. Aus der folgenden Aufzählung werden die wichtigsten kostenwirksamen Aufwendungen im Bereich Umweltschutz aus der Prozessökobilanz ersichtlich:

1. Entsorgung von Reststoffen durch Fremde (Deponien, Verbrennungsanlagen u.s.w.).
2. Aufarbeitung von Reststoffen mit eigenen Anlagen oder durch Fremde
3. Abgabe von Reststoffen zur Weiterverwendung
4. Anlagen im Betrieb für Umweltschutzmaßnahmem
5. Betriebskosten im Zusammenhang mit Gewässer- und Lärmschutz und Maßnahmen zur Luftreinhaltung

4.3.3.1 Entsorgungskosten

Entsorgungskosten entstehen in Kuppelprozessen durch Nebenprodukte und Reststoffe die nicht weiter verwendbar sind und nicht aufbereitet werden. Bestandteile von Entsorgungskosten sind Gebühren für Deponie, Verbrennung usw. und eine zusätzlichen Abfallabgabe, die sich nach Art und Menge der Materialien richtet. Soweit diese Entsorgungskosten für einen Kuppelprozeß direkt zurechenbare Einzelkosten darstellen, sind sie bei der Ermittlung der Herstellkosten des Hauptprodukts zu berücksichtigen und somit kalkulationsrelevant.

4.3.3.2 Reststoffwirtschaft

Die Aufarbeitung und Weiterverwendung von Abfallstoffen anstelle von Entsorgung gewinnt zunehmend an Bedeutung. Die Aufarbeitung wird im eigenen Unternehmen durch geführt oder an Dritte gegeben wenn eigene Anlagen nicht vorhanden sind, die Aufarbeitung von Dritten wirtschaftlicher ist oder auch wenn die Absatzmärkte speziell von den Drittanbietern bedient werden. Im Gegensatz zur Entsorgung entfallen hier die Abfallabgaben. Für Abgabe der Abfallstoffe fallen je nach Verschmutzungsgrad Kosten an oder es werden sogar Erlöse erzielt. Somit hat des Unternehmen einen doppelten Anreiz einerseits durch den Erlös von dem Entsorgungsunternehmen bzw. den geringeren Kosten und andererseits durch die öffentliche Hand, weil Entsorgungsgebühren entfallen.

4.3.3.3 Investitionen in Anlagen aus Gründen des Umweltschutzes

Für die Neueinrichtung bzw. Aufrechterhaltung eines Produktionsprozesses aus genehmigungsrechtlichen Gründen oder aus Eigenverantwortung der Unternehmen gegenüber der Umwelt wird in Umweltschutzanlagen investiert. Die mit derartigen Anlagen (z.B. Abgasverbrennungsanlage) zusammenhängenden Kosten werden auf eigens dafür eingerichteten Kostenstellen gesammelt. Mit geeigneten Bezugsgrößen (z.B. m^3 bei der Abgasverbrennungsanlage) können Kosten auf die für die Errichtung der Anlage verantwortlichen Kostenträger (Produkte) verrechnet werden. Aus der Prozessökobilanz ist für den Produktionsprozeß erkennbar, wieviel Einheiten eines Cost Drivers verbraucht werden, um eine zu kalkulierende Menge des Zielproduktes zu erzeugen.

4.3.4 Hilfsstoffe

4.3.4.1 Katalysatoren

In der chemischen Produktion werden Katalysatoren eingesetzt, die für den Prozeß unverzichtbar sind, aber nicht in das Reaktionsprodukt eingehen. Katalysatoren werden in bestimmten Fällen zurückgewonnen und wieder aufbereitet. Zum einen würden Katalysatoren z.B. das Abwasser belasten und damit Kosten verursachen. Für eine verursachungsgerechte Kostenzuordung wird die Mengenbilanz der Katalysatoren für Einsatz und Rückgewinnung genutzt. Hieraus lassen sich Verluste des eingesetzten Katalysators und, vergleichbar dem Prinzip der Prozeßkostenrechnung, aus den rückgewonnenen Mengen Cost Driver für Aufarbeitungskosten ermitteln. Edelmetalle werden schon wegen ihres Wertes zurückgewonnen und wieder aufbereitet

4.3.4.2 Lösungsmittel

Lösungsmittel sind Trägersubstanz für Reaktionen von Stoffmischungen. Für Lösungsmittel gilt das gleiche Prinzip aus Sicht der Kostenrechnung, wie für die Katalysatoren. Katalysatoren werden häufig von Fremdfirmen in speziellen Verfahren wieder aufbereitet, die Aufbereitung von verunreinigten Lösungsmitteln dagegen erfolgt auch oft in eigenen Anlagen, die im Produktionsprozeß zyklisch eingebunden sein können.

4.4 Berechnung des Maschinenstundensatzes

Für die Kostenträgerrechnung in anlagenintensiven Produktionsprozessen ist die Planung des Verrechnungssatzes (oder Tarifs) der Maschine oder Anlage für die Bewertung der Herstellkosten wichtig, wobei die Bestimmung der Planbezugsgröße nach unterschiedlichen Kriterien für Mehrproduktanlagen und Monoanlagen erfolgt. Monoanlagen sind für einen hohen Durchsatz konzipiert, können aber nicht auf Marktschwankungen reagieren. Moderne Polyproduktionsbetriebe können schneller auf Marktänderungen reagieren, Der Produktmix und der Ablauf der Verbundprozesse machen eine „Vollauslastung" der Anlage aber kaum möglich. In der Kostenstellenrechnung bietet sich die Aufteilung der Kostenstellen in Personalpools für Betriebsbereiche (oder mehrerer Anlagen) und einzelnen Anlagenkostenstellen für unterschiedliche Produktionsanlagen in einem Betriebsbereich an.

4.4.1 Mehrproduktanlagen

In Mehrproduktanlagen werden für unterschiedlichen Produkte die Anlagenstunden und Personenstunden als vergleichbare und meßbare Einheit (gemeinsame gültige Bezugsgrößen) der Kostenstellen festgelegt. Besondere Berücksichtigung ist hier bei der Berechnung des Stundensatzes für die Kalkulation notwendig die im folgenden beschrieben werden.

4.4.1.1 Kapazitätsangebot von Anlagen und Personen

Das Kapazitätsangebot von Aggregaten einer Kostenstelle der Produktion stimmt mit der Planbezugsgröße für Maschinenstunden überein, wenn das Kapazitätsangebot dem Schichtplan des Betriebes entspricht, und Stillstandszeiten (wie z.B. Instandhaltung) bereits abgezogen sind. Die Maschine steht mit dem Kapazitätsangebot für die Produktion von unterschiedlichen Produkten zur Verfügung. Hierbei wird im Kapazitätsangebot nicht unterschieden, ob die Maschine produziert oder gerüstet, vorbereitet oder gereinigt wird. Entscheidend ist hierbei der Bezug zum Produkt.

Das Kapazitätsangebot der Personenstunden richtet sich dagegen nach dem Personal, das direkt am Produkt arbeitet.

In Betrieben der Polyproduktion sind die Bezugsgrößen Maschinenstunde und Personenstunde produktbezogen sehr unterschiedlich. Weiterhin kann der Schichtplan für Personal und Maschine unterschiedlich sein. Ein Betrieb kann z.B. die Anlagen 24 Stunden fahren, die Nachtschicht ist aber nur mit „Überwachungspersonal" zur Vorbeugung von Störfällen besetzt.

4.4.1.2 Reservekapazität für Veränderungen des Produktionsmix

In einem Betrieb der Polyproduktion sind durch den Produktionsverbund mehrere unterschiedliche Teilanlagen erforderlich, die produktbezogen unterschiedlich belegt werden. Daher variiert je nach Produktmix der Engpaß, bestimmte Teilanlagen sind dann nicht vollständig ausgelastet. Um einen Produktionsplan abarbeiten zu können sind daher Reservekapazitäten notwendig (vgl. Abb. 6). Reservekapazitäten dürfen aber nicht mit Leerkosten in einem Betrieb verwechselt werden, denn gewollte Reserven sind aus technischen Gründen notwendig.

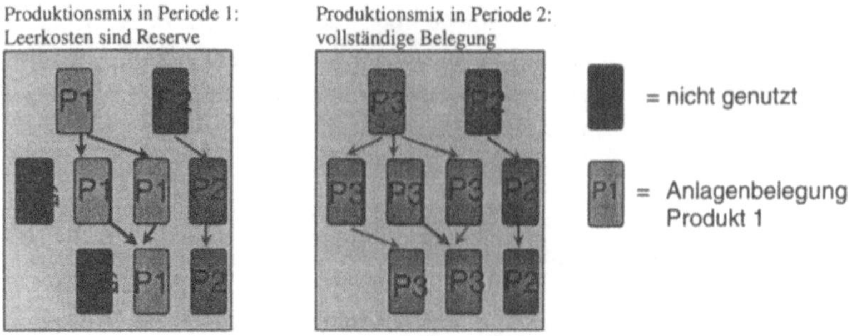

Abb. 6: Reservekapazitäten bei variierendem Produktionsmix

Die Unterauslastung eines Betriebes oder einer Teilanlage aus Marktgründen werden dagegen als Leerkosten in einer Planergebnisrechnung und monatlichen Ergebnisrechnung separat ausgewiesen.

4.4.1.3 Problem des Verbundes in der Polyproduktion

Eine weitere Besonderheit der Kalkulation kommen bei den Stoffverbund in der Polyproduktion besonderen zu tragen. Durch z.B. 2 verbundene Produktionsschritte in einer chargenweisen Kampagne können bei unterschiedlichen Anlagenbelegungsscenarien unterschiedliche Produktionskosten entstehen, die in einer Kalkulation aufgezeigt werden sollen (vgl. Abb. 7). Im Beispiel ist die Reaktionsdauer doppelt so lang, wie der darauffolgende Destillationsschritt. Die Stillstandszeiten (der nicht genutzten Anlagen) kann aber nicht anderweitig genutzt werden. Erfolgt dagegen (bei gegebener Anlagenstruktur) die optimale Verwendung von zwei Reaktionskesseln, so können Stillstandskosten vermieden werden, die zu Lasten von zusätzlichen Rüst- und Reinigungskosten für den zweiten Reaktionskessel gehen.

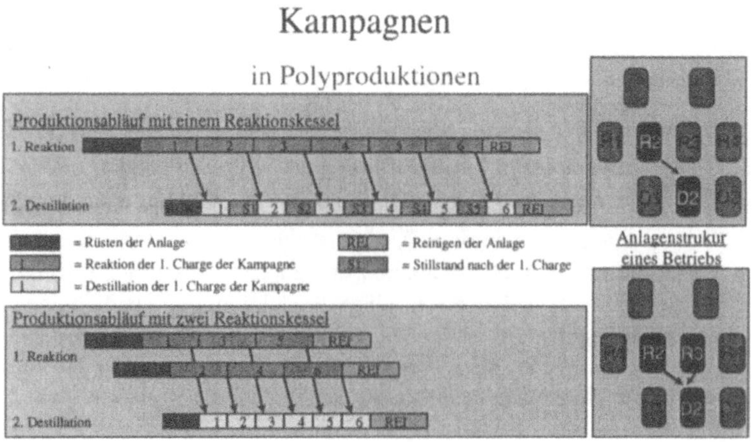

Abb. 7: Kostenoptimierung im Verfahrensvergleich

Die Optimierung muß natürlich im Gesamtzusammenhang unter Berücksichtigung aller parallel laufenden Produktionsprozesse eines Betriebes erfolgen.

4.4.1.4 Kapazitätsangebot der Investitionsplanung

In bestimmten Fällen werden Anlagen beschafft, die z.B. spezielle Kundenwünsche erfüllen und laut Investitionsplan nicht voll ausgelastet sind. In diesem Fall wird die Planauslastung gemäß dem Investitionsplan, die erheblich von dem Kapazitätsangebot aus Betriebssicht abweichen kann, zur Tarifberechnung als Planbezugsgröße herangezogen. Verändern sich die Produktionsplane für eine solche Anlage nach oben, können die Planbezugsgrößen angepaßt werden: Würden sie sich dagegen nach unten verändern, so erfolgt auch hier ein Leerkostenausweis dann in Bezug zur Planbezugsgröße des Investitionsplanes.

4.4.2 Monoanlagen

Monoanlagen sind, wie oben bereits erwähnt, ausschließlich zur Produktion eines Zielproduktes oder Kuppelproduktes ausgerichtet. Alle Kosten der Anlage können (bei wirtschaftlicher Auslastung ohne Leerkostenbetrachtung) dem Produkt verursachungsgerecht zugeordnet werden. Die Kalkulation des Zielproduktes ist „relativ einfach". Die Zielbezugsgröße in der Kalkulation könnte bei organisatorisch eindeutig abgegrenzten Kostenstellen die produzierte Menge ein. Dies wäre natürlich nur eine sehr einseitige Sichtweise, denn die Anwendung von Bezugsgrößen wie Maschinenstunden, Personalstunden bezogen auf eine Produktmenge ist für Vergleichbarkeiten und betriebswirtschaftliche Aussagen natürlich von Vorteil. Kostenplanungen und Reaktionen auf z.B. veränderte Verfahren werden besser transparent.

Für Monoanlagen muß nicht die Komplexität des Produktionsmixes, wie es für Polyproduktionen beschrieben ist, berücksichtigt werden. Die Anlage ist für einen bestimmten Produktionsablauf konzipiert in dem in der Regel eine gleichmäßige Auslastung aller Teilaggregate erfolgt.

Dennoch ist die Unterscheidung zwischen Fließfertigung und Chargenfertigung von Bedeutung.

Monoanlagen in einer kontinuierlichen Fertigung zeichnen sich dadurch aus, daß Anlage nicht beliebig unterbrochen werden kann. Die Produkt- und Produktionskosten einer Mengeneinheit werden auch in der Fließfertigung aus den Mengengerüsten und Verbräuchen mit Maschinen- und Personenstunden ermittelt.

Wird die Fertigung dagegen in einer Chargenfertigung unterbrochen, können die Stillstandskosten als Leerkosten separat ausgewiesen werden.

Wird, wie in der klassischen Divisionskalkulation, als Planbezugsgröße nicht Maschinen- und Personenstunden verwendet, sondern die geplante und produzierte Erzeugnismenge, dann liegt keine getrennte Information über Kostenstellen- und Kostenträgerabweichungen mehr vor. Alle Kosten der Kostenstelle mit verbrauchten Material werden den hergestellten Produktmengen gegenübergestellt. Beschäftigungsabweichungen der Kostenstellen, Leerkosten oder Verbrauchsabweichungen können nicht mehr getrennt werden, sondern gehen in einer Gesamtabweichung unter.

5 Bewertungsansätze und Abweichungsanalysen

5.1 Gesamter Wertefluß

Die Controllingobjekte im herkömmlichen Sinn sind die Kostenträgerstück- und Kostenträgerzeitrechnung. Durch den Zusammenhänge des Produktionsprozesses mit der Kostenbetrachtung wird diese bisher isolierte Betrachtung abgelöst durch den ganzheitlichen Gedanken des Werteflusses und Abweichungsanalysen. Prozeßketten im Unternehmen werden Hilfe von eigenen (Informations-) Prozeßketten im innerbetriebliche Rechnungswesen und Controlling dargestellt und bewertet (vgl. Abb. 8).

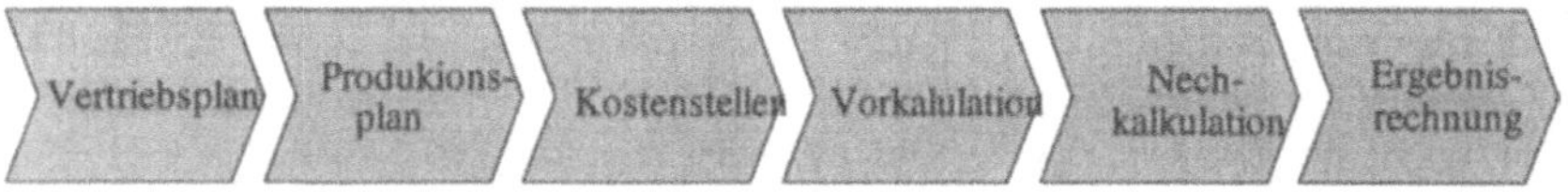

Abb. 8: Wertefluß im Produkt- und Produktionscontrolling

Die typischen Prozeßketten der Lagerfertigung, Kundenfertigung und Kundeneinzelfertigung sind auch für die Chemieunternehmen gültig. Primäre Teilprozesse wie Beschaffung, Lagerung, Transport, Produktion, Expedition usw. stehen im Vordergrund.

5.2 Bewertungsansätze

Preis- und Bewertungsansätze stellen ein wichtiges Steuerungskriterium im Controlling dar. Die chemischen Industrie unterliegt bei hohen Stoffeinsatzkosten starken Preisschwankungen am Weltmarkt. Für die Controllingprozesse, mit Schwerpunkt des Produkt- und Produktionscontrollings, werden im Wertefluß 3 Bewertungsansätze verwendet.

5.2.1 Standard auf Basis Plan (SP)

Der Ansatz der Bewertung zum „Standard auf Basis Plan“ (SP) stellt die Preisansätze zum Zeitpunkt der operativen Gesamtplanung der Organisation dar. Die operative Gesamtplan erfolgt üblicherweise jährlich und gilt für ein Geschäftsjahr. In der Produktergebnisrechnung dient der Bruttoertrag zu Herstellkosten auf der Basis SP zur Beurteilung des Vertriebsergebnisses.

5.2.2 Standard auf Basis Wiederbeschaffungspreis (WP)

Der Ansatz der Bewertung zum „Standard auf Basis Wiederbeschaffungspreis“ (WP) stellt die Preisansätze zum aktuellen Zeitpunkt für die kurzfristige Ergebnisrechnung im Vergleich zur Gesamtplanung der Organisation dar. Der Wiederbeschaffungspreis eines Rohstoffes ist der aktuelle Beschaffungspreis, für Eigenerzeugnisse wird die Kalkulation des aktuellen Mengengerüstes herangezogen. Der Grundgedanke des Wiederbeschaffungspreises ist die Ermittlung aktueller Ergebnisse nach den Prinzip der *Substanzerhaltung*. Die Frage „was würde mich heute mit aktuellen Preisen die Produktion des Produktes kosten“ ist die Motivation des Wiederbeschaffungspreises. Für die Kontinuität des Werteflußmodelles und der Controllinginstrumente wird der Wiederbeschaffungspreis für mindestens eine Periode als zukünftig gültiger Wert festgehalten.

5.2.3 Standardisiertes Ist (SI)

Ein fortgeschriebener Bewertungspreis der sich aus einem Verfahren der gleitenden Durchschnittspreise in der Bestandsführung ergibt, stellt einen standardisierten Istwert dar. Zielprodukte werden mit den tatsächlichen Rohstoffpreisen und den entstandenen Kosten des tatsächlichen Produktionsverfahrens bewertet. Der fortgeschriebene Bewertungspreis zu standardisierten Istwerten (SI) ist aber nicht mit Istkosten zu verwechseln, denn Abweichungen aus den Kostenstellen (Beschäftigung und Budgetabweichungen) und Verbrauchsabweichungen der Produktion sind nicht Bestandteil der Produktkosten. Hier gehen nur Preisabweichungen des Materials und Verfahrensabweichungen der Produktion ein.

5.2.4 Bewertungsansätze für die Ergebnisrechnung

Die Gegenüberstellung des Warenerlöses in der Ergebnisrechnung zu den entsprechend unterschiedlichen Preisansätzen aus der Kalkulation haben somit vom Grundgedanken her folgende Aussagen:

- Bruttoergebnis zu SP: Vertriebsergebnis des Produktes bei konstanten Herstellkosten
- Bruttoergebnis zu WP: Produktergebnis unter dem Aspekt der Substanzerhaltung

5.3 Leerkosten

Der Leerkostenausweis hat in der chemischen Industrie eine gesonderte Bedeutung durch den Produktionsverbund und die besonderen Kostenstellenstrukturen. Häufig sind die Betriebe mit einem Personalpool ausgestattet, der mehrere Teilanlagen (in Form von Maschinenkostenstellen) betreut. Leerkosten können jetzt in bestimmten Teilbetrieben durch Minderauslastungen entstehen. Die Bewertung der Kostenstellenleistungen erfolgt mit der Verrechnungssätzen (zu Standard) der Kostenstelle. Die Ansätze der flexiblen Plankostenrechnung, die in den Produktionskostenstellen von Planbezugsgrößen des Produktionsplanes ausgeht, werden um den Aspekt des Leerkostenausweises erweitert. Wir gehen von einer Planbezugsgröße aus, die der Beschäftigung der Kostenstelle nach normalen, technisch möglichen Beschäftigung entspricht. Eine Unterbeschäftigung geht nicht zu Lasten des Produktes sondern diese werden als Leerkosten, d.h. nicht gedeckte Fixkosten, bereits in der Kostenstellenplanung und Ergebnisplanung ausgewiesen. Für den Istausweis der Leerkosten ist eine periodische Betrachtung mit kumulierten Leerkosten unverzichtbar.

5.4 Abweichungskategorien in der Kostenträgerechnung

Der Kostenträger im Produkt- und Produktionscontrolling stellt den wesentlichen Bestandteil im Wertefluß der Prozeßkette dar. Wir unterscheiden hier zwischen der auftragsneutralen Kalkulation (zu SP und WP), der Auftragskalkulation und Auftragsabrechnung.

Die unterschiedlichen Kalkulationen werden zum einen in der Ergebnisrechnung verwendet, und sind für Abweichungsanalysen und für darauffolgende die Auftragsabrechnung notwendig. Die bedeutenden und typischen Abweichungskategorien in die chemische Industrie sind die Preisabweichungen und Verfahrensabweichungen.

5.4.1 Preisabweichungen

Der Ausweiß der Preisabweichungen ist aus den oben genannten Gründen, der schnellen Veränderungen im Rohstoffmarkt, wichtig. Die Preisabweichung resultiert aus der Preisveränderung der verbrauchten Einsatzstoffe für den Auftrag. Durch die Definition der Bewertungsansätze ergibt sich daher bei der Preisabweichung eine Aufsplittung in 2 Bestandteile:

1. Preisabweichung A) = PJ - WP * verbrauchte (IST-) Mengen
2. Preisabweichung B) = WP - SI * verbrauchte (IST-) Mengen

Somit wird getrennt zwischen den Preisabweichungen zur Jahresplanung (also Abweichungen zur operativen Planung) und den aktuellen Preisabweichungen zwischen aktuellem Plan und tatsächlichen Kosten.

5.4.2 Spezifikationsabweichung

In der chemischen Produktion kommt es vor, daß Produkte gezielt in unterschiedlichen Qualitäten hergestellt werden können oder besondere Spezifikationen wie z.B. Konzentration oder Reinheit erreicht werden sollen (z.B. Feinchemikalien, hochreine Lösungsmittel oder Chemikalien für die Elektronikindustrie). Wird am Ende eines Produktionsprozesses bzw. bei Ablieferung in das Lager, bei der Qualitätsprüfungen festgestellt, daß ein Teil der hergestellten Produkte nicht die erforderlichen Qualitätskriterien erfüllt, sind in Abhängigkeit vom Produkt grundsätzlich folgende Konsequenzen möglich: das Produkt

1. ist in minderer Qualität verwendbar
2. wird solange aufbereitet, bis es die Anforderungen erfüllt
3. wird entsorgt.

Ist bei einem Produktionsprozeß ein Produkt von minderer Qualität entstanden, das aber dennoch verwendbar ist, resultiert daraus ein besonderes Problem bezüglich der Abweichungsermittlung bzw. -verrechnung.

Unter der Spezifikationsabweichung sind die im Zusammenhang mit einem Produktionsprozeß entstandenen Mehrkosten zu verstehen, die auf das Verfehlen der angestrebten Spezifikation zurückzuführen sind.

Folgendes Beispiel soll die Problematik verdeutlichen:

Plankosten je Produkteinheit

Qualität A (höhere Qualität)	Qualität B (niedrigere Qualität)
1000,- DM	800,- DM

Die Kalkulation für Qualität A beträgt 1000.- DM und für Qualität B 800.- DM. Bei der Produktion das Zielproduktes von Qualität A wurde nur Qualität B erreicht. Die dabei angefallenen Produktionskosten, unter Zugrundelegen von Produktionsverfahren A, betrugen 1.050,- DM anstatt der 1000,- DM pro Produkteinheit. Einige Punkte sind bei der Ermittlung der Spezifikationsabeichung im folgenden zu berücksichtigen.

a) Spezifikationsabweichung ohne Nacharbeit:

Da das Produktionsziel A nicht erreicht werden konnte, kann nur Qualität B an das Lager abgeliefert werden. Damit hat der für die Nichterreichung der Qualität verantwortliche Bereich die aus der Fehlcharge resultierenden Mehrkosten von 250,- DM (1.050 DM - 800 DM) zu tragen. Die Produktionsmenge, die nur Qualität B erreicht hat, ist zu den Plankosten der Qualität B (800,- DM) an das Lager abzurechnen. Die gesamte Abweichung von 250,- DM läßt sich in unterschiedliche Abweichungskategorien aufteilen:

1. Die Differenz zwischen den Plankosten der Produktion von Qualität A (1000,- DM) und den tatsächlich angefallenen Istkosten (1.050,- DM) in Höhe von 50,- DM stellt eine Preis- bzw. Verbrauchsabweichung dar.
2. Hingegen läßt sich die Differenz zwischen den Plankosten von A (1000,- DM) und den Plankosten von B (800,- DM) in Höhe von 200,- DM nicht in die herkömmlichen Abweichungskategorien einordnen. Um jedoch diesen Tatbestand gerecht zu werden, ist eine neue Abweichungskategorie zu definieren, nämlich die sogenannte **Spezifikationsabweichung,** die in diesem Fall der Qualität A zu belasten ist.

b) Spezifikationsabweichung mit Nacharbeit

Im folgenden wird angenommen, daß das Produkt in Form von Qualität B solange aufbereitet wird, bis es die Qualität A erreicht hat. Aus den dazu notwendigen Nacharbeitungsprozessen, mit denen zusätzliche Mehraufwendungen an Ressourcen einhergehen, resultieren zusätzliche Kosten. Auch hier stellt sich die Frage, wie diese Mehrkosten (z. B. Fertigungsstunden und Analysestunden) auszuweisen bzw. wem sie zuzurechnen sind. Die daraus resultierende Problematik soll wiederum anhand eines Zahlenbeispiels verdeutlicht werden:

	Plan	Ist	Nacharbeit	Ist(kumuliert)
Material	1000,-	1000,-		
Fertigungsstd.	100,00	105,00	20,00	125,00
Analysestunden	10,00	11,00	10,00	21,00

Produktion und Analyse liegen häufig in unterschiedlichen Verantwortungsbereichen. Daher ist es erforderlich, daß die Kostenabweichungen entsprechend ihrer Verursachung zugeordnet werden. So ist im oben angeführten Zahlen-beispiel folgendes zu beachten:

Laut Tabelle ergibt sich aus den oben angeführten Daten bei den Analysestunden eine Abweichung von Plan zu Ist in Höhe von 11 Stunden, die auf den ersten Blick voll das Labor zu verantworten hat. Wie bei genaueren Hinsehen festgestellt werden kann, hat das Labor jedoch nur eine Abweichung von 1 Stunde zu verantworten. Die anderen 10 zusätzlichen Analysestunden beruhen auf der Tatsache, daß nach gewissen Nacharbeitungsmaßnahmen eine abermalige Analyse notwendig wird, mit dem Ziel zu überprüfen, ob das Produkt inzwischen den Qualitätsstand A erreicht hat. Demzufolge ist dieser zusätzliche Analyseaufwand dem Produktionsbereich zuzuordnen, der anstatt der angestrebten Qualität A nur Qualität B erzeugt hat. Auch die bei der Aufbereitung der Produkte von Qualität B zu Qualität A entstandenen Mehrkosten (in unserem Beispiel sind dies die in der Spalte „Nacharbeit" ausgewiesenen zusätzlichen Fertigungs- und Analysestunden) stellen analog der oben angeführten Abweichungsinterpretation eine **Spezifikationssabweichung** dar.

Nichtsdestotrotz sollte eine Möglichkeit gefunden werden, einen solchen außerordentlichen Mehraufwand im Fertigungsauftrag explizit auszuweisen.

Im Falle der Entsorgung ist im Einzelnen zu prüfen, wer die Verantwortung für die Fehlproduktion trägt und wem somit in der Ergebnisrechnung die hierbei entstandenen Kosten zu belasten sind. Aus diesem Grund muß die Übernahme in die Ergebnisrechnung flexibel gestaltet sein.

5.4.3 Verfahrensabweichungen

In keiner anderen vergleichbaren Branche können Produkte in dieser Weise nach unterschiedlichen Verfahren hergestellt werden. Für die chemische Industrie sind besonders technologische Veränderungen hervorzuheben, da Verfahrensverbesserungen ein wesentlicher Faktor in Produktivitätsverbesserungen darstellt. Verfahrensabweichung haben somit in der chemischen Industrie besondere Bedeutung.

Kilger [8] geht detailliert auf die Verfahrensabweichungen in der Kostenträgerrechnung unter dem Kapitel der „Speziellen Abweichungen zwischen Kostenstellen und Kostenträgerrechnung" ein.

In Ergänzung zu Kilgers Aufstellung seien daher besonders für die chemische Industrie folgende Kategorien ergänzt oder hervorgehoben

- der Einsatz alternativer Materialien

- Abweichungen durch Mischkalkulationen bei technologisch unterschiedlichen Produktionsprozessen, die parallel eingesetzt werden.
- Ausbeuteabweichungen
- Spezifikationsabweichung
- Verfahrensverbesserung und -optimierung
- Kampagnengrößen

5.4.4 Verbrauchsabweichungen

Verbrauchsabweichungen sind keine chemiespezifische Besonderheit und ergeben sich sachlich, wie auch in anderen Branchen, aus der Differenz der tatsächlich verbrauchten Mengen und der Sollverbrauchsmengen des Auftrages gemäß dem aktuellen Mengengerüst.

Die im Produkt- und Produktionscontrolling gezeigten Verbrauchsabweichungen entstehen nach Erfassung von Istverbräuchen der eingesetzten Ressourcen. Die Zurechenbarkeit auf einen Fertigungsauftrag, ein Produkt, eine Produktgruppe oder einem anderen Verantwortungsbereich in der Fertigung hängt somit von der Ebene der Istdatenerfassung ab. Allerdings ist in der Prozeßfertigung der chemischen Industrie die Erfassung der Daten häufig nur periodisch je Werk oder Betrieb.

6 Datenmodell zur chemischen Produktion

6.1 Kalkulation von MERCK mit SAP R2

Die Tabelle 1 zeigt die Komplexität der Bezugsgrößen in dem Kalkulationsschema, das im Hause Merck mit SAP R2 / RK-K eingesetzt werden soll.

Elemente	**Datenherkunft**	**Bemerkung / Bezugsgröße**
Rohstoffe / Zwischenprodukte	Stücklisten	Einstandspreise / Kalkulation
Verpackungsmaterial	Stücklisten	Einstandspreise
Maschinenstunden Personalstunden	fertigungsprozeßkonforme Arbeitsvorgänge im Arbeitsplan	losgrößenfixe und lösgrößenproportionale Rüst-, Produktions- und Reinigungsvorgänge
Direkte Prozessenergie	Sonderpositionen im Arbeitsplan	Energiemengen von 18 Energiearten (z.B. kWh, Tonne Dampf usw.)
Umweltschutz-ressourcen (Entsorgung und Aufbereitung)	Sonderpositionen im Arbeitsplan, die aus Stoffbilanzen abgeleitet sind	CSB Werte, Abfallstoffe die mit Preisen je Mengeneinheit bewertet werden
Labor- und Untersuchungsprozesse (Analyseverfahren)	Positionen im Arbeitsplan für Inprozessuntersuchungen und Endkontrolluntersuchungen	Laborstunde mit individuellen Verrechnungssätzen oder Festpreise für Untersuchungsmethoden
Beschaffungsprozesse	Sonderpositionen im Arbeitsplan	Prozeßkosten für Logistikprozesse
sonstige MGK und FGK	klassische Zuschlagssätze	
Gutschriften aus Nebenprodukten und der Reststoffwirtschaft	Stückliste (Stoffbilanz)	Festpreise oder Kalkulationen

Tabelle 1: SAP - RK/K bei MERCK: Bezugsgrößen und Datenherkunft

Bezugsgrößen, wie direkte Energieverbräuche oder CSB Werte für Kostenverrechnungen der Abwasseraufbereitungsanlage, werden im Arbeitsplan des PPS hinterlegt, obwohl diese Daten mit der ursächlichen Produktionsplanung und -steuerung nichts zu tun haben. Wir behelfen uns hiermit, weil Datenstrukturen und Abläufe im R2 in diesem Sinn nicht vorhanden sind. Eine Reihe vor Schnittstellen sind hierbei notwendig. Bezugsgrößen des Umweltschutzes, wie die Abfall- und Reststoffwirtschaft werden z.B. aus Stoffbilanzen, die gesetzlich vorgeschrieben sind, gewonnen. Die Bezugsgrößen für Laborprozesse werden aus Labor Informationssystemen übernommen.

Um die Abläufe der chemischen Industrie darzustellen sind die Datenstrukturen in R2 / R3 um die Ressourcen z.B. der Energie und des Umweltschutzes, die ganz anderen Verantwortungsbereichen und Eigenarten unterliegen, zu erweitern. Der Gedanke der Prozeßkostenrechnung kommt hier mit zum tragen, aber in diesem Fall nicht mit Cost Driver für Gemeinkostenbereiche, sondern mit Cost Driver für weitere Produktionsressourcen neben dem eigentlichen Produktionsbetrieb.

Kalkulationen von Kuppelprodukten sind in R2 mit RK-K nicht möglich. Im Hause Merck werden wir den, in der Integration zwischen RK/RF/PPS nicht vollständig durchgängigen, Ansatz der Restwertmethode anwenden und durch eigene Erweiterungen gravierende Lücken schließen.

6.2 Datenstrukturen für produktionsprozessorientiertes Produkt- und Produktionscontrolling

Das heutigen System SAP R2 ist konzipiert für konkrete Fertigung mit Stückliste und Arbeitsplan. In R3 Release 3.0 gibt es erste Ansätze mit PP PI für die Prozessindustrie, in denen der Prozeßgedanke eingegangen ist. Die Integration zu den Controllinginstrumenten liegt dagegen noch in der Zukunft.

In zukünftigen Integrationsmodellen zur Kalkulation für die chemische Industrie werden Produktionsschritte, die den stofflichen Veränderungsprozeß darstellen, eine wesentliche Datenbasis sein. Außerdem werden die vielfältigen Ressourcen mit verursachungsgerechten Cost Driver zukünftig in modernen Kalkulationen berücksichtigt werden (vgl. Abb. 9).

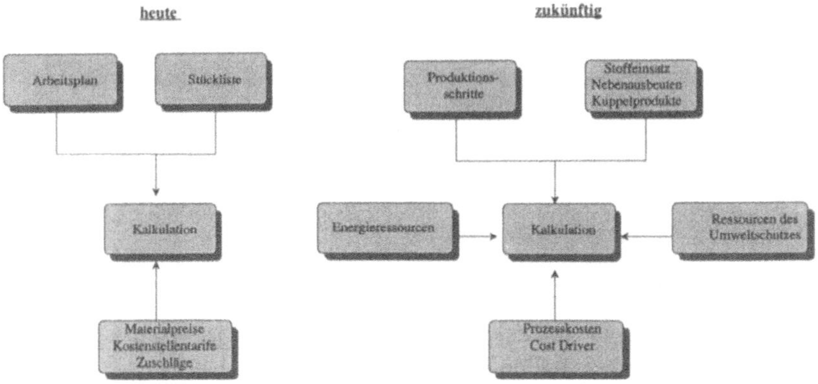

Abb. 9: Heutiger und zukünftiger Informationsfluß zur Kalkulation

7 Fazit

Die Integration der Produktionsplanungs- und Steuerungssysteme mit den Systemen der Kostenrechnung wird auch in der chemischen Industrie erfolgen. Die Produktionsabläufe. unterliegen im Vergleich zur mechanischen Fertigung den naturwissenschaftlichen Gesetzen der Chemie. Nur wenn wir die chemischen Produktionsabläufe in den Informationssystemen für Produktion und Controlling gemeinsam abbilden, besteht die Chance der Bewertungen und kostenrechnerischen Analysen im Rechnungswesen und Controlling.

Mit der Entwicklung von Stücklisten und Arbeitsplänen (mit Maschinenstunden und Fertigungsstunden) wurden durch Verursachungsgerechte Bezugsgrößen Verfahren wie Divisionskalkulation oder Äquivalenzzifferrechnungen abgelöst. In der chemischen Industrie liegt eine wesentlich komplexere Struktur von Bezugsgrößen vor, die es in einem entscheidungsorientierten Controlling zu berücksichtigen gilt.

Die Gestaltung der zukünftigen Kostenrechnungssysteme der chemischen Industrie, und insbesondere der Kostenträger-rechnung, werden daher durch

- Normierte Rezepturfahrweisen
- Prozessökobilanzen
- Prozeßketten in Systemen des Produktionsprozesses und Systemen des Controllings

geprägt sein.

Für Anbieter von Standardsoftware, wie SAP, liegt die Herausforderung auf der Hand sich mit diesen Entwicklungstendenzen auseinander zu setzten.

Literaturverzeichnis

[1] Scheer, A.-W.: Wirschaftsinformatik: Informationssysteme im Industriebetrieb, Berlin/Heidelberg: Springer 1988, S. 546)

[2] Müller,H.: Prozeskonforme Grenzplankostenrechnung: Stand, Nutzanwendungen, Tendenzen, Wiesbaden: Gabler 1996,Vorwort zur 1. Auflage IX f.

[3] Betriebswirtschaftlicher Ausschuß des Verbandes der chemischen Industrie e.V.: Kostenrechnung in der chemischen Industrie, Wiesbaden 1962, S16f.

[4] Betriebswirtschaftlicher Ausschuß des Verbandes der chemischen Industrie e.V.: Kostenrechnung in der chemischen Industrie, Wiesbaden 1962, S62f.

[5] Betriebswirtschaftlicher Ausschuß des Verbandes der chemischen Industrie e.V.: Kostenrechnung in der chemischen Industrie, Wiesbaden 1962, S63ff

[6] Müller,H.: Prozeskonforme Grenzplankostenrechnung: Stand, Nutzanwendungen, Tendenzen, Wiesbaden: Gabler 1996,S. 422

[7] Horvath/Mayer: Prozeßkostenrechnung - Konzeption und Entwicklung, in: Sonderdruck Kostenrechnungspraxixs Sonderheft 2/93,Gabler S.18

[8] Kilger,W.: Flexible Plankostenrechnung und Deckungsbeitragsrechnung, 10. Auflage,Wiesbaden: Gabler 1993, S. 313

III Informationsmanagement

Kundenorientierung durch Einsatz eines Workflow-Management-Systems

Dr. Helge Heß
IDS Prof. Scheer GmbH, Saarbrücken

Inhalt

17. Saarbrücker Arbeitstagung Rechnungswesen und EDV 1996. Hrsg.: A.-W. Scheer.

1 Einführung

In dem Beitrag wird deutlich gemacht, wie Workflow-Management-Systeme eingesetzt werden können, um Ergebnisse von Projekten zur Geschäftsprozeßoptimierung als Grundlage der Steuerung des betrieblichen Ablaufs zu verwenden. Neben der Reduzierung der Durchlaufzeiten resultiert daraus insbesondere eine Transparenz der Abläufe, die zu einer verbesserten Auskunftsbereitschaft und einer auf die Kundenanforderungen angepaßten Bearbeitung genutzt werden kann.

2 Schwachstellen bei der Bearbeitung von Geschäftsprozessen

In den letzten Jahren hat in vielen Unternehmen ein Nachdenken über die Abwicklung zentraler Geschäftsprozesse stattgefunden, das das Bewußtsein für die Ursachen von Kosten-, Zeit- und Qualitätsproblemen neu geschärft hat. Trotz vorherrschenden funktionsorientierten Gliederungsformen in Organisationen und Informationssystemen (Vertrieb, Produktion, Beschaffung usw.) ist eine prozeßorientierte Sichtweise besonders geeignet, die betriebswirtschaftlichen Entscheidungs- und Ablaufzusammenhänge bei der Erstellung und dem Vertrieb von Produkten und Leistungen zu dokumentieren, da dies die Sicht ist, die ein Kunde von außen auf das Unternehmen hat (vgl. Abbildung 1). Das Globalziel der Steigerung des wirtschaftlichen Erfolgs eines Unternehmens ist somit eng mit der Optimierung von Abläufen, die auch eine prozeßorientierte Gestaltung der Informationssysteme des Unternehmens nach sich zieht, verbunden (vgl. [1]).

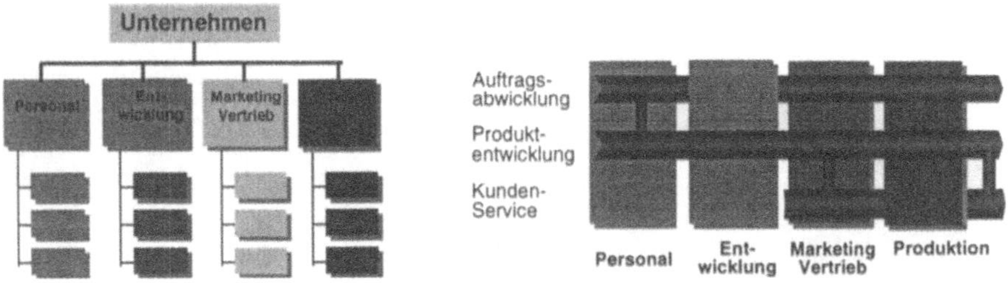

Abbildung 1: Prozeßorientierte statt funktionsorientierte Gliederung eines Unternehmens

Voraussetzung dazu ist zunächst jedoch eine Festlegung der Unternehmensziele, um deutlich zu machen, nach welchen Kriterien Ist-Abläufe bewertet und verbessert werden sollen. Sehr wichtig ist es hierbei, Ziele nicht nur zu benennen, sondern mit Hilfe quantitativer Kenngrößen bewertbar zu machen. Als Beispiel wäre etwa für das Ziel der Reduzierung der Lieferzeiten die Durchlaufzeit (als Summe von Einarbeitungs-, Liege-, Informationsübertragungs- und Bearbeitungszeit) entlang des Geschäftsprozesses von Kundenauftragseingang bis zur Verfügbarkeit des Produktes beim Kunden zu nennen. Enthalten in einer solchen Zieldefinition sollte das angestrebte Ergebnis und das betroffene Segment sein. So könnte etwa eine Reduzierung der Durchlaufzeit von 8 auf 3 Tagen bis zum 1. Quartal 1996 für die Großkundenaufträge definiert werden. Wenn solche Kenngrößen erfaßt bzw. berechnet sind, liegt es nahe, diese Ergebnisse im Sinne eines Benchmarking zum Unternehmensvergleich innerhalb einer Branche heranzuziehen, woraus dann Rückschlüsse über die Effizienz des betrachteten Unternehmens gezogen werden können.

Wege zur Erreichung angestrebter zeitlicher Ziele werden in den wenigsten Fällen darin bestehen, die Bearbeitungszeit innerhalb eines einzelnen Bearbeitungsschritts zu reduzieren. Fast immer ist es lohnender, die Struktur des Gesamtprozesses zu untersuchen, so daß typische Schwachstellen wie organisatorische Brüche, DV-technische Brüche oder Medienbrüche in den Mittelpunkt der Betrachtung rücken (vgl. Abbildung 2) (vgl. [2]).

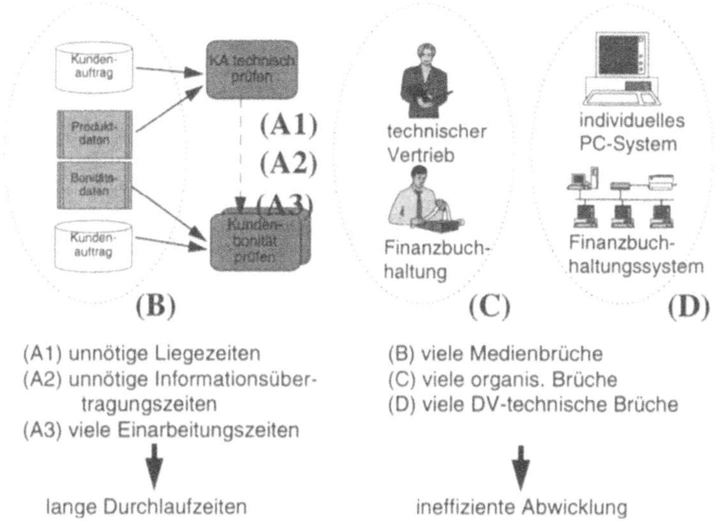

Abbildung 2: Typische Schwachstellen in Geschäftsprozessen

3 Ziele des Einsatzes von Workflow-Management-Systemen

Die Notwendigkeit einer prozeßorientierten Organisation ist in vielen Unternehmen bereits erkannt worden, um ein kundenorientiertes Arbeiten zu etablieren. Workflow-Management sorgt dafür, daß diese Bemühungen nicht auf halbem Weg steckenbleiben, sondern die erwünschte Effizienzsteigerung ihre betriebliche Umsetzung findet.

Der Einsatz eines Workflow-Management-Systems ermöglicht die unternehmensweite Koordination von Prozessen, um damit (vgl. [3], [4])

- die Durchlaufzeiten, insbesondere Übertragungs- und Liegezeiten wesentlich zu senken,
- Papier-, Kopier- und Transportkosten zu reduzieren,
- Transparenz in die Abläufe zu bringen und die Auskunftsbereitschaft zu verbessern,
- Fehlerquellen durch eine Vereinheitlichung der Bearbeitung auszuschließen,
- aber auch eine Zeitersparnis durch eine DV-gestützte Ausnahmebehandlung zu erreichen,
- und nicht nur eine Lösung für Standardabläufe, sondern auch für teamorientiertes Arbeiten und Ad-hoc-Bearbeitungen zu bieten.

Beim Einsatz von Workflow-Systemen liefert deren Ablaufsteuerung Informationen, die im Rahmen eines Monitoring analysiert und verwendet werden können, um die Definition der Prozesse zu optimieren (vgl. [5]). Damit kann ein Kreislauf über die Definition, Ausführung, Analyse und Optimierung der Prozesse geschlossen werden, der eine kontinuierliche Verbesserung von Abläufen zum Ziel hat (vgl. Abbildung 3 [3]).

Existierende Anwendungssysteme werden unter dem Ziel der Prozeßorientierung integriert; die Mitarbeiter des Unternehmens werden gemäß der modellierten Verantwortlichkeiten in die Prozeßbearbeitung eingebunden; Dokumente und Datensätze werden automatisch von Arbeitsschritt zu Arbeitsschritt weitergereicht.

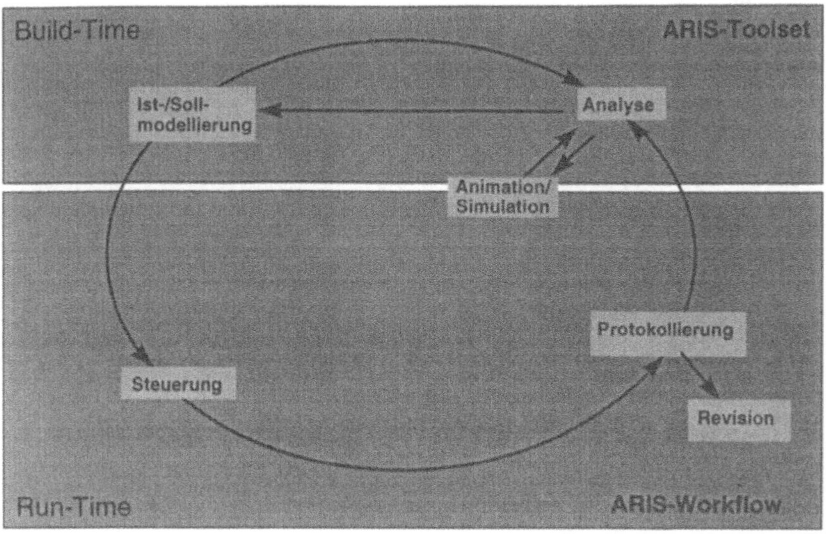

Abbildung 3: Kreislauf einer kontinuierlichen Geschäftsprozeßoptimierung

Für den **Bearbeiter** von Prozeßschritten ergibt der Vorteil der Konzentration auf die eigentliche betriebswirtschaftliche Aufgabe, ohne sich um EDV-Details wie Suche nach den richtigen Dokumenten oder passenden EDV-Anwendungen kümmern zu müssen.

Der **Prozeßverantwortliche** erhält Werkzeuge, um nicht nur die Behandlung eines Geschäftsvorfalls festlegen, sondern auch die eigentliche Bearbeitung zu überwachen und u.U. korrigierend eingreifen zu können.

Änderung der Architektur von Anwendungssystemen

In den allermeisten betriebswirtschaftlichen Standardsoftwaresystemen ist die Ablaufsteuerung eng mit der eigentlichen betriebswirtschaftlichen Funktionalität verstrickt. Dies hat zur Folge, daß es fast nur für Systemexperten möglich ist, gewünschte Änderungen bzgl. des Ablaufs zu realisieren, und dies auch entsprechend viel Zeit in Anspruch nimmt. Wenn Prozesse nicht über Jahre hinweg festzementiert sein sollen, muß eine Trennung von Ablaufwissen und eigentlicher Funktionalität angestrebt werden, wie sie Grundlage des Einsatzes von Workflow-Management-Systemen ist (vgl. Abbildung 4). Damit ist eine hohe Flexibilität bei der Anpassung von Abläufen gegeben, da ein Workflow-System i.a. eine grafische Beschreibungssprache anbietet, um die Prozeßbeschreibung zu modifizieren. Damit wird auch eine Fachabteilung in die Lage versetzt, ihre Anforderungen in sehr einfacher Art und Weise umzusetzen.

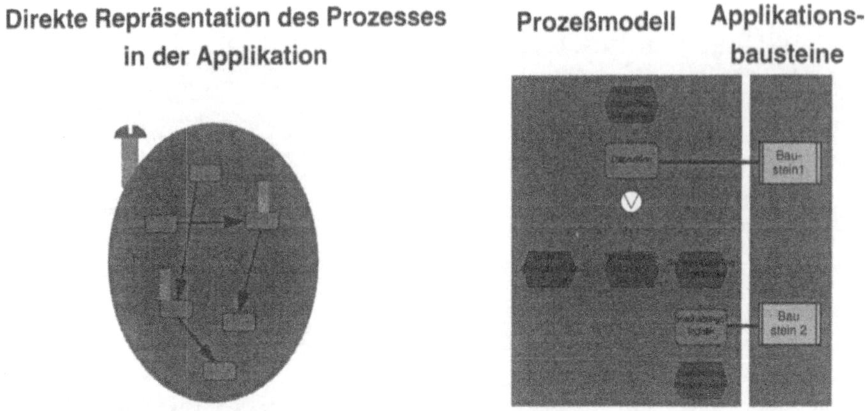

Abbildung 4: Änderung der Architektur von Anwendungssystemen

Aus der beschriebenen Funktionalität und Zielsetzung folgt, daß ein Workflow-System insbesondere für Unternehmen interessant ist, in denen eine große Menge von Dokumenten und Informationen bewegt wird und wo Prozesse ablaufen, denen eine gewisse Wiederholungsrate, Strukturiertheit und Arbeitsteiligkeit attestiert werden kann. Die letzteren Eigenschaften werden sehr oft zur Abgrenzung gegenüber Groupware-Systemen verwendet; in Zukunft kann erwartet werden, daß die beiden Klassen von Systemen sich aufeinander zu bewegen werden.

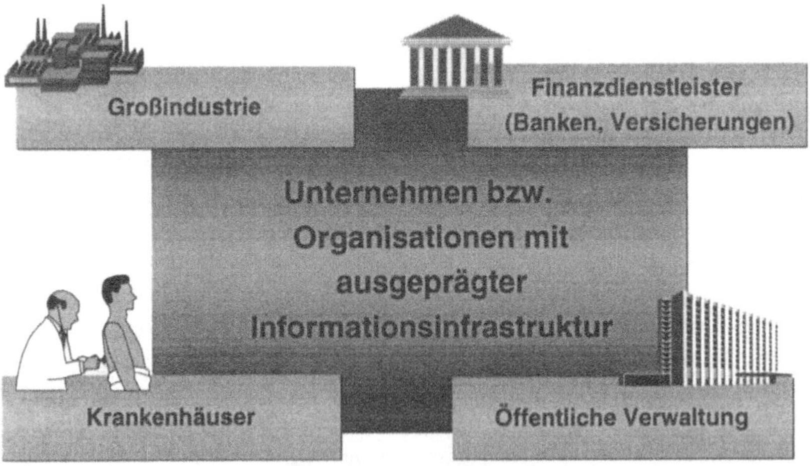

Abbildung 5: Typische Anwender

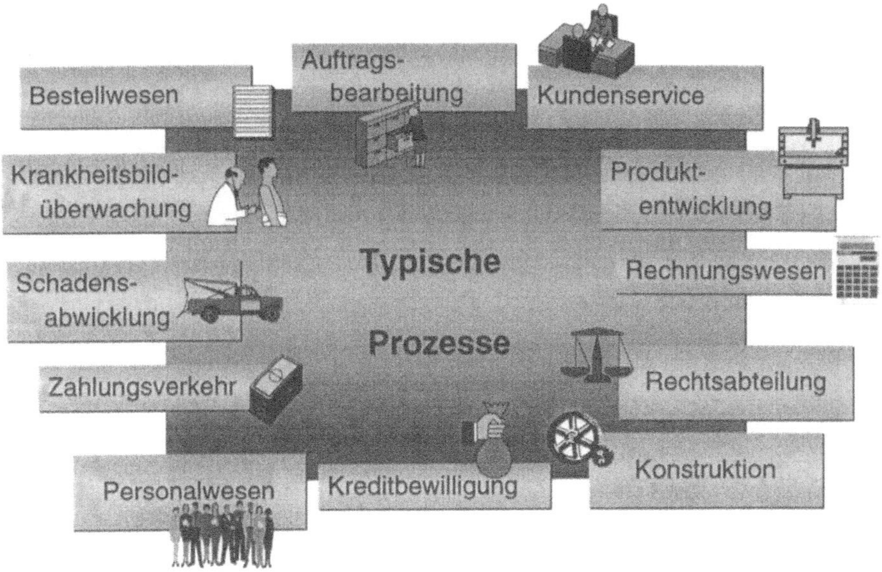

Abbildung 6: Typische Workflow-unterstützte Prozesse

4 Funktionsweise eines Workflow-Management-Systems

Im folgenden wird beschrieben, wie Abläufe mit Hilfe von Workflow-Funktionalitäten gesteuert, überwacht und statistisch analysiert werden können.

4.1 Steuerung der Abläufe

Analyse des Kontrollflusses

Die Beschreibung des fachlichen Kontrollflusses ist die Grundlage, um die Steuerung der Abläufe dem Workflow-System zu übertragen. Diese Prozeßbeschreibung ist dann die Grundlage, um die Bearbeitung konkreter Geschäftsvorfälle des Unternehmens zu steuern, wobei dann von der allgemeinen Prozeßdefinition zur Prozeßinstanz übergegangen wird (vgl. [6], [7]). Unter einer Prozeßinstanz versteht man die Ausprägung einer Prozeßdefinition, d.h. die konkrete Ausführung eines auf der Typebene definierten Ablaufs zu einem konkreten Zeitpunkt mit konkreten Daten(instanzen). Wenn beispielsweise mit Hilfe eines Modellierungswerkzeugs der Ablauf der Kreditantragsbearbeitung innerhalb eines Unternehmens dokumentiert wird, so ist jede Bearbeitung eines konkreten Kreditantrags als Instanz dieser Prozeßdefinition zu sehen. Zwischen der Menge der Prozeßdefinitionen und der Prozeßinstanzen besteht somit eine 1:n-Beziehung, da die Definition als Schablone angesehen werden kann, aus der beliebig viele Instanzen generiert werden können.

Das Workflow-System ermittelt, welche Arbeitsschritte in welcher Reihenfolge bearbeitet werden sollen. Insbesondere Parallelbearbeitungen ermöglichen es, die Gesamtdurchlaufzeit zu reduzieren. Die automatische Auswertung von Fallunterscheidungen erlaubt ein Reagieren auf den speziellen Einzelfall.

Ein Vergleich unterschiedlicher Metamodelle zur Unterstützung verschiedener Vorgangstypen findet sich bei [8].

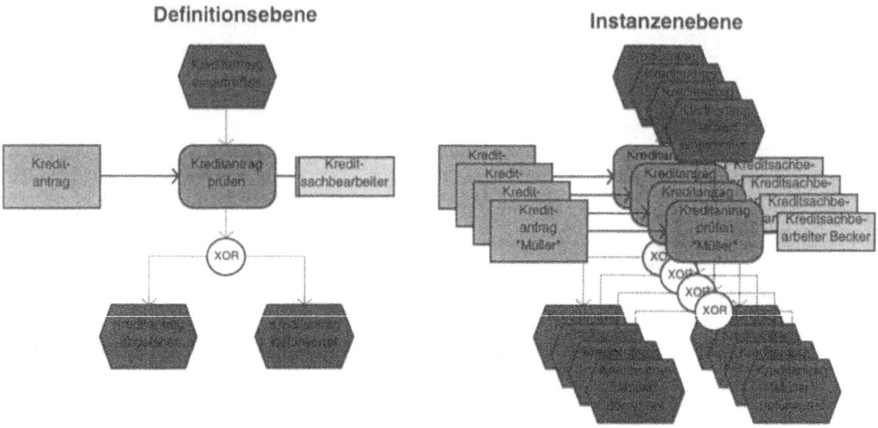

Abbildung 7: Prozeßbeschreibungen auf Definitions- und Instanzenebene (vgl. [9])

Beachtung der Aufbauorganisation

Die Beschreibung der Aufbauorganisation des Unternehmens ist unverzichtbare Grundlage, um die anstehenden Aufgaben auf die verantwortlichen Mitarbeiter zu verteilen. Vorgesetzten- und Vertreterbeziehungen werden ausgewertet, um eine zügige Bearbeitung zu erreichen. Bei der Verteilung der anstehenden Aufgaben auf Mitarbeiter können auch unterschiedliche Planungsstrategien eingesetzt werden, um eine Optimierung der Bearbeitung aller anstehenden Prozeßinstanzen bzgl. Durchlaufzeiten, Kosten oder ähnlicher Kriterien zu erreichen.

Unterstützung des Datenflusses und Einbindung von Anwendungssystemen

Auch das umständliche Suchen nach Dokumenten und Datensätzen gehört der Vergangenheit an. Die als Input bzw. Output modellierten Datenobjekte werden dem Mitarbeiter automatisch auf den Bildschirm geladen und anschließend den Bearbeitern der nachfolgenden Funktionen zur Verfügung gestellt. Workflow-Management zielt nicht darauf ab, die existierenden Anwendungssysteme abzulösen, sondern in einem prozeßorientierten Sinne zu integrieren.

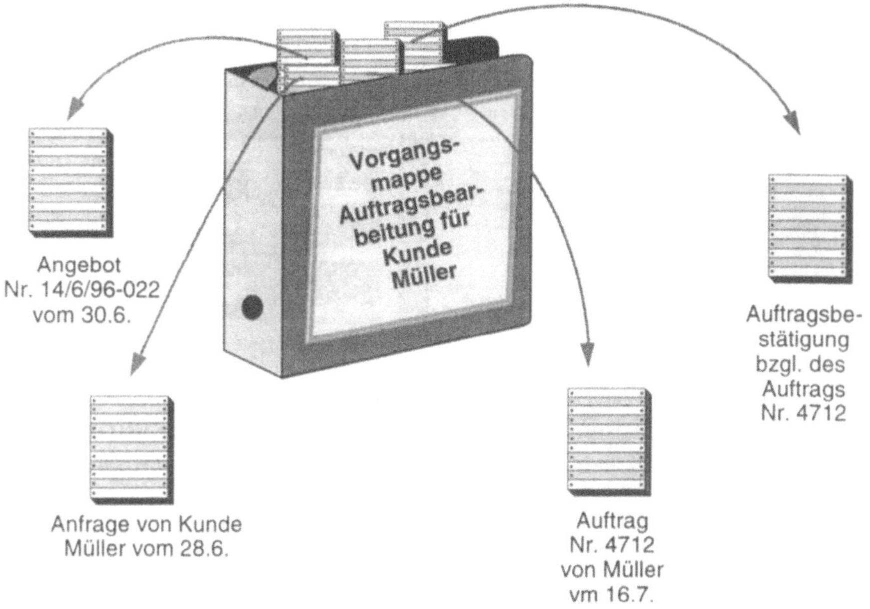

Abbildung 8: Verwendung von elektronischen Vorgangsmappen

Auch in EDV-Angelegenheiten unerfahrenen Mitarbeitern wird durch die möglichst intuitive Oberfläche die Gelegenheit gegeben, ihre fachliche Kompetenz bei der Bearbeitung von Prozeßschritten einzubringen, ohne Zeit mit der Suche nach dem geeigneten Softwaremodul oder Dokument zu vergeuden. Die Arbeitsumgebung ist in hohem Maße konfigurierbar, um den persönlichen Vorlieben gerecht zu werden und auch Kommunikationswerkzeuge wie Fax oder Mail zu integrieren.

Insgesamt sind neben der Beschreibung des Kontrollflusses, der Dokumentation der Aufbauorganisation und der daraus resultierenden Verantwortlichkeiten, die Input- und Outputbeziehungen zwischen Daten und fachlichen Funktionen sowie die zur Bearbeitung notwendigen Anwendungssysteme die wesentliche Aspekte, die die Steuerung von Vorgängen durch ein Workflow-Management-System bestimmen (vgl. Abbildung 9) (vgl. [10]).

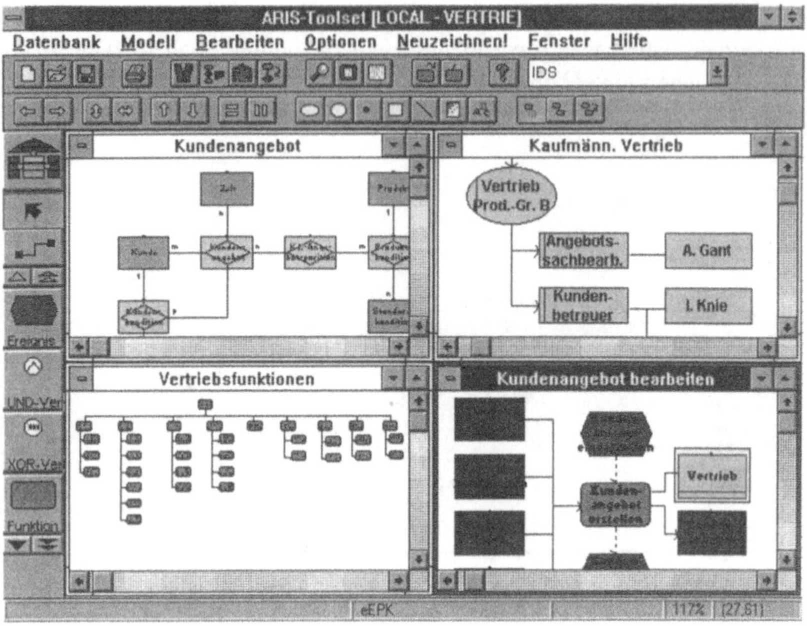

Abbildung 9: Modellierung unterschiedlicher Unternehmensaspekte (Daten, Organisation, Funktionen, Prozesse) als Grundlage einer Vorgangssteuerung

Ermöglichung von Ausnahmebehandlungen

Die Vorgabe eines Prozeßmodells liefert einen wesentlichen Beitrag zur standardisierten Bearbeitung von Geschäftsvorfällen unabhängig vom konkreten Verantwortlichen im Unternehmen. Für die Akzeptanz beim Anwender bleibt jedoch von zentraler Wichtigkeit, daß nicht alle Bearbeitungen stur nach dem gleichen Schema abgewickelt werden müssen, sondern Freiheitsgrade bestehen. Dies ist notwendig, da nicht alle abweichenden Abläufe vorgedacht werden können und auch schwach formalisierte Vorgänge unterstützt werden sollten. Typische Ausnahmebehandlungen sind beispielsweise:

- Stellen einer Rückfrage bei einem vorherigen Bearbeiter
- Vorzeitiges Abbrechen der Prozeßinstanz
- Mappe vom nächsten Bearbeiter zurückholen
- Reihenfolge des Ablaufs ändern (z.B. Funktion überspringen, einfügen o.ä.)
- Nichtzuständigkeit erklären

Zur Abgrenzung zwischen Groupware und Workflow-Management siehe auch [11].

Einbindung der Geschäftspartner in die Abläufe

In der Realität machen die wenigsten Abläufe an der Unternehmensgrenze halt; sehr oft sind externe Geschäftspartner (Kunden, Lieferanten) in den Prozeß eingebunden. Auch dieser Anforderung sollte ein Workflow-Management-System Rechnung tragen, was bedeutet, daß Teile angestossener Prozesse extern unter der Verantwortlichkeit des Geschäftspartners ablaufen können. Beispielsweise wird die Funktion Angebot erstellen bei den Lieferanten des Unternehmens ausgeführt, um die resultierenden Angebote zurück zu übertragen und letztlich den Lieferanten auszuwählen (vgl. Abbildung 10).

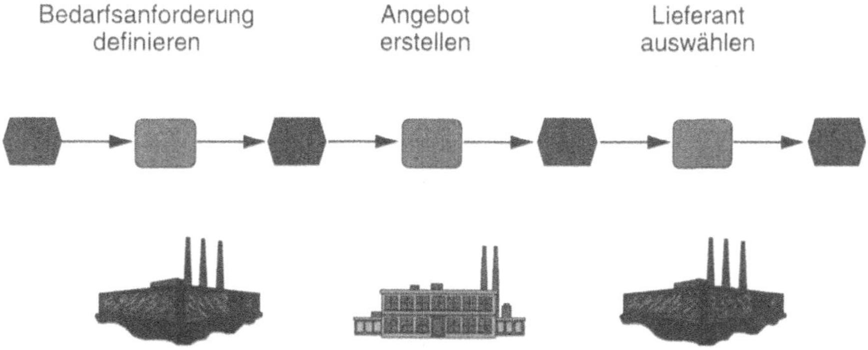

Abbildung 10: Steuerung auch überbetrieblicher Abläufe

4.2 Monitoring der aktuellen Unternehmenssituation

Prozeßverantwortliche oder auch Mitarbeiter mit direktem Kundenkontakt sind oftmals gefordert, unmittelbar Auskunft über den Stand einer Bearbeitung geben zu können. Die Monitoring-Komponente eines Workflow-Systems macht die aktuelle Situation transparent:

- Welche Prozeßinstanzen sind zur Zeit in Bearbeitung?
- Welche Mitarbeiter bearbeiten welche Prozeßinstanzen mit welchen Daten?
- Können die geplanten Termine eingehalten werden?
- Wie ist die Auslastung der verschiedenen Stellen und Organisationseinheiten?

Erst ein solcher Online-Zugriff auf die aktuelle Unternehmenssituation macht ein rasches Eingreifen z.B. durch Umverteilung von Ressourcen, Verschiebung von Prioritäten und Terminen möglich.

Beim Monitoring von Geschäftsprozessen ist man zum einen an der Darstellung der Zustände der aktuell in Bearbeitung befindlichen Abläufe interessiert; zum anderen liegt ein wesentliches Bedürfnis in der statistischen Analyse verdichteter Daten.

Für einen Mitarbeiter, der für einen bestimmten Ablauf im Unternehmen (z.B. Kreditantragsbearbeitung, Einkaufsabwicklung) verantwortlich ist, ist es unerläßlich, einen stets aktuellen Überblick über den Stand der Bearbeitung zu erhalten, um etwa steuernd einzugreifen oder auf Anfragen Auskunft geben zu können. Eine wesentliche Forderung an eine Monitoring-Komponente liegt daher in der Auflistung der aktuellen Prozeßinstanzen (vgl. Abbildung 11), wobei eine Reihe von Attributen, wie z.B. Datum der Instanziierung, Prozeßstatus, aktueller Bearbeiter, aktuell anstehende Funktion u.ä. von Interesse sind.

Prozeßtyp	AZ	Datum der Instanziierung	Aktuelle Funktion	Prozeßstatus	Aktueller Bearbeiter	Datum letzte Bearbeitung
Reklamationen bearbeiten	„Müller 2/95"	2.7.95	Schadens-summe prüfen	in Bearbeitung	Schmidt	8.7.95
Reklamationen bearbeiten	„Maier 435/95"	19.11.95	Gutachter aussuchen	in Bearbeitung	Schmidt	24.11.95
Kreditantrag bearbeiten	„Schmidt 111/96"	2.3.96	Bonität prüfen	noch nicht begonnen	Becker	----

Abbildung 11: Übersicht über aktuelle Prozeßinstanzen

Es sollte dem Benutzer möglich sein, diese Liste nach verschiedenen Selektionskriterien zu durchforsten (z.B. Anzeige aller Prozeßinstanzen vom Typ „Reklamationen bearbeiten", deren Instanziierung schon länger als eine Woche zurück liegt) bzw. zu sortieren, um möglichst schnell und übersichtlich die gewünschten Informationen zu erhalten.

Für einzelne Prozeßinstanzen ist dann auch eine grafische Darstellung sinnvoll, um zum einen die bisherige Bearbeitung nachvollziehen zu können, zum anderen aber auch den aktuellen Zustand zu visualisieren. Eine Liste von möglichen Zuständen von Funktionsausprägungen ist bei [12] zu finden. Abbildung 12 gibt beispielhaft eine Übersicht über die möglichen Zustände von Aktivitäten bzw. Prozeßinstanzen.

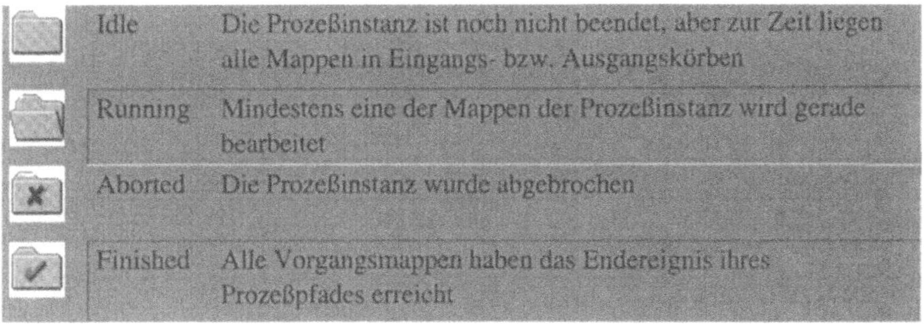

Abbildung 12: Zustände von Prozeßinstanzen

Abbildung 13 zeigt, wie mit Hilfe dieser Zustandsinformationen eine Online-Visualisierung eines Prozeßablaufs aussehen kann, wobei in diesem Beispiel das linke Ereignis der Verzweigung zu *false* evaluiert wurde und die Prozeßkette daher im rechten Pfad ihren Abschluß findet.

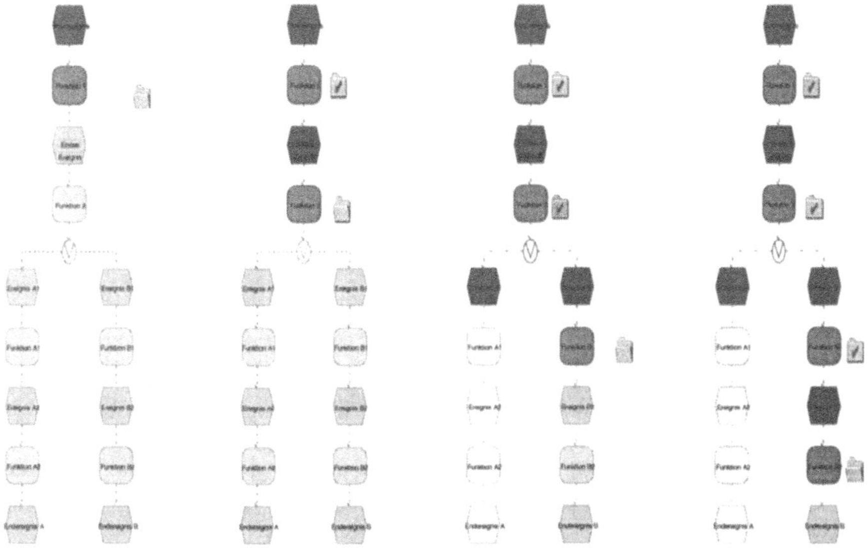

Abbildung 13: Monitoring des aktuellen Status von Prozeßinstanzen

Auch aggregierte Darstellungen des aktuellen Zustandes machen Sinn. Die Kriterien zur sinnvollen Verdichtung ergeben sich aus den bei Prozeßinstanzen verwalteten Informationen. Insbesondere Aggregationen bzgl. des Prozeßtyps, des Instanziierungsdatums oder des aktuellen Zustands (vgl. Abbildung 14) werden wesentliche Erkenntnisse über die aktuelle Situation im betrachteten Unternehmensbereich bringen.

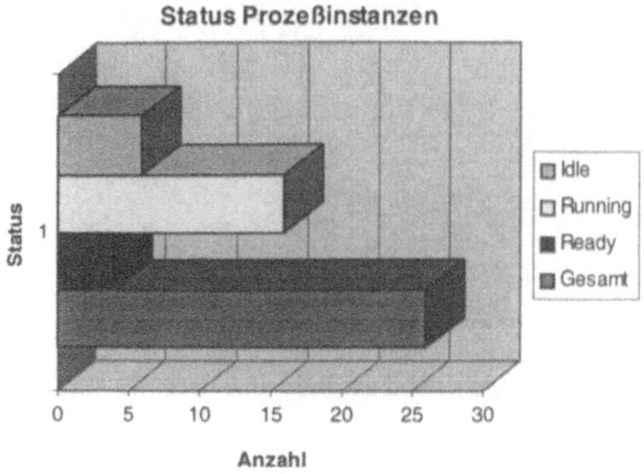

Abbildung 14: Aggregation des aktuellen Status von Prozeßinstanzen

Neben der grafischen Darstellung des aktuellen Zustands stellt sich die Frage, welche weiteren Informationen die Ablaufsteuerung eines Workflow-Systems liefern kann, die für eine spätere Bewertung von Bedeutung sind. Insbesondere Zeitinformationen lassen sich für die Funktionsausprägungen gewinnen:

- Instanziierungszeitpunkt (für übergeordnete Funktionen bzw. Prozeßinstanzen)
- Startzeitpunkt
- Endezeitpunkt
- Liegezeit
- Bearbeitungszeit

Für Ereignisausprägungen ist es interessant, den Zeitpunkt und das Ergebnis der Evaluierung festzuhalten, um beispielsweise zu überprüfen, ob auf Definitionsebene vergebene Wahrscheinlichkeiten (etwa bei Fallunterscheidungen) der Realität entsprechen. Auch sollten Zuordnungen von Funktionsausprägungen zu Organisationseinheiten bzw. Mitarbeitern und auch zu Dateninstanzen protokollierbar bzw. visualisierbar sein, um auch Optimierungspotentiale im Hinblick auf Auslastungen, Datenredundanzen u.ä. ausschöpfen zu können.

Hier ist anzumerken, daß sehr viele dieser Erfassungen und Analysen natürlich mitbestimmungspflichtig sind und daß eine möglichst frühe Beteiligung des Betriebsrates zur genauen Festlegung und Konfiguration der zu protokollierenden Daten dringend anzuraten ist.

4.3 Verdichtung und statistische Analyse von Laufzeitdaten

Im Hinblick auf die Zielsetzung einer kontinuierlichen Verbesserung ist nicht nur eine Darstellung des aktuellen Zustands, sondern auch eine zeitliche Verdichtung dieser Daten notwendig. Verdichtung bedeutet dabei, daß Einzelinformationen, wie sie beim Betrieb der Workflow-Engine anfallen, in periodischen Abständen zu aggregierten Daten zusammengefaßt werden (vgl. Abbildung 15). Die Zeitpunkte, zu denen eine Verdichtung stattfindet, wie auch die Art und Weise der Aggregation müssen frei konfigurierbar sein.

In sehr vielen Fällen wird man nicht daran interessiert sein, die Laufzeitdaten jeder abgeschlossenen Prozeßinstanz über Jahre hinweg zu speichern, vielmehr möchte man wahrscheinlich signifikante Kenngrößen (Bearbeitungszeit, Wahrscheinlichkeiten von Fallunterscheidungen (z.B. Ergebnisse von Qualitätsprüfungen)) nur wochen-, monats- oder quartalsweise aufbewahren.

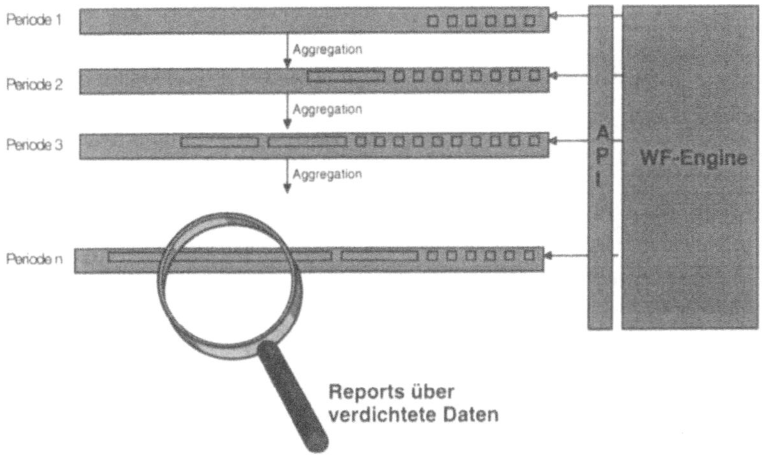

Abbildung 15: Verdichtung von Laufzeitdaten der Workflow-Engine

Wichtig bei dieser Konfiguration ist auch die Angabe des eingesetzten Verdichtungsalgorithmus, beispielsweise wird aus den Bearbeitungszeiten jeder einzelnen Funktionsausprägung mit Hilfe der Minimumfunktion die minimale Bearbeitungszeit pro Stunde, Woche oder Monat ermittelt. Um die Wahrscheinlichkeiten von Ereignisausprägungen zu ermitteln, wird eine Funktion benötigt werden, die den Quotient aus der Summe der True-Evaluierungen und der Gesamtsumme ermittelt. Im Rahmen der Konfiguration der Verdichtungsvorgänge sollten diese ständig benötigten Funktionen als Auswahl angeboten werden.

Die Auswertung der verdichteten Daten sollte im optimalen Fall mit den gleichen Report-Werkzeugen des Modellierungstools erfolgen, wie sie auch für die Analyse der eigentlichen Prozeßbeschreibungen benutzt werden. Auch wenn im Referenzmodell der Workflow Management Coalition (WfMC) keine Schnittstelle zwischen Modellierungs- und Monitoring-Werkzeug definiert ist (vgl. [13]), ist für den Anwender eine enge Integration von großem Vorteil (vgl. [14]). Der Geschäftsprozeßverantwortliche arbeitet damit innerhalb *einer* Systemumgebung und ist nicht gezwungen, zur Realisierung des angestrebten Zyklus von Prozeßdefinition, Überwachung, Auswertung von Laufzeitdaten und Optimierung der Prozeßdefinition verschiedene Werkzeuge einzusetzen.

5 Zusammenfassung

Zusammengefaßt seien die wesentlichen Vorteile des Einsatzes von Workflow-Management-Systemen im Hinblick auf eine angestrebte Kundenorientierung genannt:

- Reduzierung der Durchlaufzeiten
- Standardisierung der Bearbeitung
- Flexibilität bei der Modifikation von Abläufen
- Einbindung des Kunden in die Bearbeitung
- EDV-Unterstützung von Ausnahmebehandlungen
- Erhöhung der Auskunftsbereitschaft durch Monitoring-Funktionen

Die Marktforschungsunternehmen, die sich mit Workflow-Management-Technologien beschäftigen, sind bzgl. der weiteren Entwicklung äußerst optimistisch. Zur Zeit sind viele typische Anwender noch in einer Pilotphase, in vielen Untersuchungen wird für 1997 der unternehmensweite Einsatz von Workflow-Management-Systemen auf breiter Front vorhergesagt. Bis zum Jahr 2000 wird ein jährliches Umsatzwachstum an Workflow-Lizenzen von mehr als 50% prognostiziert.

Literaturverzeichnis

[1] Scheer, A.-W.: Wirtschaftsinformatik - Referenzmodelle für industrielle Geschäftsprozesse. 6. Aufl., Berlin et al. 1995, S. 4-10.

[2] Bungert, W.; Heß, H.: Objektorientierte Modellierung von Geschäftsprozessen. In: Information Management, 10 (1995) 1, S. 52-63.

[3] Heilmann, H.: Workflow Management: Integration von Organisation und Informationsverarbeitung. In: HMD - Theorie und Praxis der Wirtschaftsinformatik, 31 (1994) 180, S. 8-21.

[4] Jablonski, S.: Workflow-Management-Systeme: Motivation, Modellierung, Architektur. In: Informatik-Spektrum, 18 (1995) 1, S. 13-24.

[5] Heß, H.: Monitoring von Geschäftsprozessen. In: ZWF Zeitschrift für wirtschaftlichen Fabrikbetrieb, 91 (1996) 3, S. 76-79.

[6] Galler, J.; Scheer, A.-W.: Vom Geschäftsprozeßmodell zur unternehmensspezifischen Workflow-Anwendung. In: Information Management, 10 (1995) 1, S. 20-27.

[7] Rose, T.: Vorgangsmanagementsysteme: Modellierungs- und Implementierungskonzepte. In: Becker, J.; Vossen, G. (Hrsg.): Geschäftsprozeßmodellierung und Workflow-Management. Bonn et al. 1996, S. 319-334.

[8] Schwab, K.: Koordinationsmodelle und Softwarearchitekturen für die Auswahl und Spezialisierung von Workflow-Management-Systemen. In: Becker, J.; Vossen, G. (Hrsg.): Geschäftsprozeßmodellierung und Workflow-Management. Bonn et al. 1996, S. 295-317.

[9] Heß, H.; Jost, W.: Vorgehensmodell mit ARIS. Von der Geschäftsprozeßmodellierung zum ganzheitlichen Geschäftsprozeßmanagement. In: Karl, R.: Workflow Management integriert in betriebswirtschaftlichen Anwendungssystemen. Pfaffenhofen 1996, S. 21-58.

[10] Scheer, A.-W.: Architektur integrierter Informationssysteme - Grundlagen der Unternehmensmodellierung. 2. Aufl., Berlin et al. 1992.

[11] Schulze, W.; Böhm, M.: Klassifikation von Vorgangs- und Dokumentverwaltungssystemen. In: EMISA-Forum, Mitteilungen der GI-Fachgruppe „Entwicklungsmethoden für Informationssysteme und deren Anwendung“, Heft 1 1995, S. 87-90.

[12] Roller, D.: Verifikation von Geschäftsprozessen durch grafische Animation. In: : EMISA-Forum, Mitteilungen der GI-Fachgruppe „Entwicklungsmethoden für Informationssysteme und deren Anwendung“, Heft 1 1995, S. 69-71.

[13] Workflow - Glossary and Reference Model. Workflow Management Coalition (WfMC) 1994.

[14] Heß, H.: Geschäftsprozeßmodellierung und Vorgangsbearbeitung. In: ZWF Zeitschrift für wirtschaftlichen Fabrikbetrieb, 90 (1995) 7-8, S. 347-350.

Groupware enabled Data Warehousing in Dienstleistungsunternehmen

Prof. Dr. Andrea Back,
Universität St. Gallen
Dipl.-Kfm. Andreas Seufert,
Dres. Fürst & Partner GmbH, Nürnberg

Inhalt

17. Saarbrücker Arbeitstagung Rechnungswesen und EDV 1996. Hrsg.: A.-W. Scheer. © Physica-Verlag Heidelberg 1996

1 Einleitung

1.1 Know-how Unternehmen als spezielle Form der Dienstleistungsunternehmung

Als Dienstleistungsunternehmen werden traditionellerweise Unternehmen bezeichnet, die immaterielle Güter produzieren oder verkaufen. Fokussiert man statt der Branchenorientierung (Handelsunternehmen, Banken, Versicherungen etc.) die Art der Leistungserstellung, so läßt sich das Spektrum des Dienstleistungssektors folgendermaßen beschreiben.

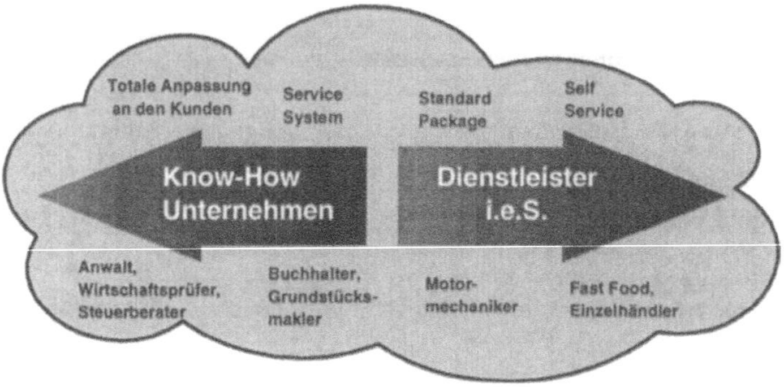

Abb. 1: Spektrum des Dienstleistungssektors[10]

Als Know-how Unternehmen gelten dabei Unternehmen, die mit komplexen Problemlösungen beschäftigt sind. Die einzelnen Operationen lassen sich nur schwer standardisieren. Da Know-how Unternehmen Wissen verkaufen, das andere Unternehmen oder Institutionen wiederum als Input für ihre eigene Leistungserstellung verwenden, müssen sie sich mit ihren Leistungen ganz dem Bedarf des Kunden anpassen. Know-how Unternehmen weisen eine Reihe charakteristischer Eigenschaften auf, die nachfolgend kurz skizziert werden sollen, indem sie Schlüsselbegriffen aus dem Bereich der Industrie gegenübergestellt werden [10].

- ***Güterfluß ⇔ Information:*** Der Output von Know-how Unternehmen ist wissensangereicherte Information, die die Leistungsfähigkeit des Kunden/ Mandanten verbessert.
- ***Maschine ⇔ Mensch:*** Know-how Profis arbeiten, indem sie ihr Know-how verwerten. Ihre Arbeit ist kaum automatisierbar. Die Menschen sind die „Maschinen" der Know-how Unternehmen und auch deren Manager. Je mehr Menschen in einer Unternehmung dieser Art arbeiten, desto höher ist die Kapazität.

- ***Kapital, Anlagevermögen ⇔ Know-how:*** Das Wissen der Menschen entscheidet über die Rentabilität des Kapitals. Know-how Kapital wächst mit Erfahrung und Ausbildung; es schrumpft beim Weggang eines Mitarbeiters. Da das Know-how größtenteils personengebunden ist und damit die Leistungsfähigkeit im wesentlichen den verfügbaren Personenstunden entspricht, sind diese Unternehmen in besonderer Weise auf ein funktionierendes Zeit- und Kapazitätsmanagement angewiesen.
- ***Investition ⇔ Rekrutierung, Ausbildung:*** Know-how Unternehmen müssen ausbilden, um ihre Kapazität auszubauen und zu unterhalten. Ausbildung ist ein zentraler Managementaspekt. Personalentscheide zählen mit zu den wichtigsten Entscheiden.

Die Beratungsbranche gilt als klassischer Vertreter von Kow-How Unternehmen [10]. Aufgrund unserer konkreten Projekterfahrungen in der Wirtschaftsprüfungs- und Steuerberatungsbranche, soll die nachfolgende Konzeption eines Groupware enabled Data Warehouses anhand des Know-How Unternehmens Wirtschaftsprüfungs-/ Steuerberatungskanzlei veranschaulicht werden. Das Projekt befindet sich zum gegenwärtigen Zeitpunkt in der ersten Implementierungsphase. In dieser Phase werden zunächst die strukturierten Informationen (SQL-Server) sowie Teilbereiche der Dienstleistungsproduktionssysteme in eine lauffähige Umgebung implementiert. Die Integration semistrukturierter Informationen mittels der Groupware-Plattform Lotus-Notes wird derzeit im Rahmen von Prototypen vorbereitet.

1.2 Know-How Unternehmen Wirtschaftsprüfungs-/ Steuerberatungskanzlei

Der Wirtschaftsprüfungs- und Steuerberatungsmarkt befindet sich seit einigen Jahren in einem Umbruch [2,8]. Als Ursachen lassen sich hierbei im wesentlichen ein erhöhter Konkurrenzdruck und ein veränderter Beratungsbedarf der Mandanten identifizieren. Der erhöhte Konkurrenzdruck kann v. a. auf folgende Gründe zurückgeführt werden:

- Kontinuierlicher Anstieg der Berufsträger.
- Zusätzliche Konkurrenz außerhalb des Berufsstandes.
  - Lohnsteuerhilfevereine und Bilanzbuchhalter übernehmen klassische Aufgaben der Steuerdeklarationsberatung.
  - Rechtsanwälte drängen aufgrund zunehmender Beschäftigungsprobleme massiv in die Bereiche Steuer- und Gesellschaftsrecht.
  - Unternehmensberater und Kreditinstitute versuchen sich immer stärker durch die Beratung des Mittelstandes, traditionell Klientel der Steuerberater, zu profilieren.

Der veränderte Beratungsbedarf seitens der Mandanten äußert sich im wesentlichen durch:

- Verluste bei traditionellen Umsatzträgern (Steuerdeklarations- und -durchsetzungsberatung).
- Forderung nach Full-Service-Beratung, d. h. Wirtschaftsprüfung, Steuer-, Rechts- und betriebswirtschaftliche Beratung aus einer Hand.
- Insbesondere verstärkte Nachfrage nach betriebswirtschaftlicher Beratung.
- Zunehmende Internationalisierung des Beratungsgeschäftes.

Die Veränderungen am Beratungsmarkt äußern sich für die Wirtschaftsprüfungs- und Steuerberatungskanzleien zum einen in stagnierenden Erträgen aus traditionellen Dienstleistungsgebieten, zum anderen in steigenden Kosten aufgrund der zunehmenden Komplexität der Beratung und damit erhöhten Anforderungen an die Mitarbeiter. Vor diesem Hintergrund gewinnen eine betriebswirtschaftliche Kanzleiführung sowie das Ausnützen von Rationalisierungspotentialen an Bedeutung.

2 Konzeptionelle Grundlagen

2.1 Data Warehouse

Der Begriff Data Warehouse [9] umschreibt ein Konzept zur Informationsversorgung, bei dem dem Anwender entscheidungsrelevante Daten aus unterschiedlichen Quellen in einer einheitlichen Systemumgebung zur Auswertung zur Verfügung gestellt werden. Im Gegensatz zu früheren benutzerzentrierten Ansätzen, bei denen die spezifischen Anforderungen einiger weniger Adressaten im Mittelpunkt standen (z. B. klassische EIS-Ansätze [1]), stehen heute der Zugriff breiter Anwenderschichten und eine hohe Flexibilität bei der Auswertung der Daten im Mittelpunkt.

Da die Anforderungen der Anwender häufig nicht antizipiert werden können und sich der Informationsbedarf des Anwenders daher nur selten durch vorgedachte Abfragen befriedigen läßt, soll der Anwender in die Lage versetzt werden, selbständig die gewünschten Informationen aus dem System zu extrahieren und mehrdimensional zu analysieren. Im Zentrum des Data Warehousing steht dabei meist die Verdichtung und Katalogisierung von Unternehmensdaten, die aus operativen und externen Systemen zur Verfügung gestellt werden. Auf diese Meta-Daten kann der Anwender mit einer einfachen und verständlichen Benutzungsoberfläche zugreifen, die die Benutzeranfragen in SQL-Statements übersetzt, und ad-hoc komplexe multidimensionale Auswertungen durchführen. Abb. 2 beschreibt die Data Warehouse-Konzeption.

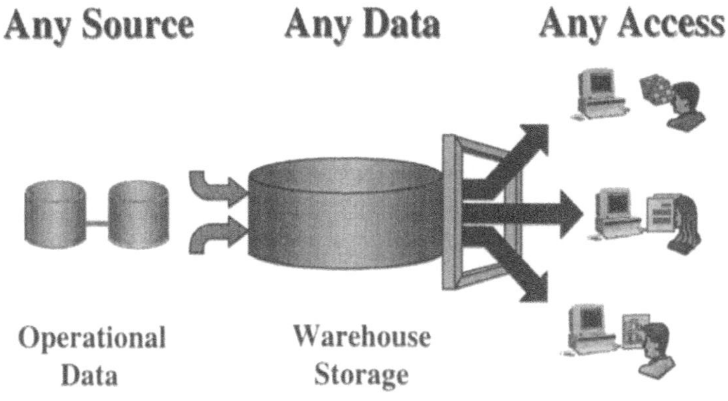

Abb. 2: Data Warehouse

2.2 Groupware enabled Data Warehouse

Die Bearbeitung von Büro-Prozessen findet zunehmend computerunterstützt kooperativ durch Mitglieder eines oder mehrerer Teams statt, die sich gegenseitig in ihren Aufgabenfeldern ergänzen und unterstützen. Da komplexe Beratungsvorgänge - wie z. B. die Erstellung eines Bewertungsgutachtens - häufig nicht im „Ein-Mann-Verfahren" bearbeitet werden, sondern eine intensive Zusammenarbeit benötigen, muß dieses Teamwork durch innovative Konzepte und korrespondierende Informationstechnolgien unterstützt werden. Die Skala der möglichen Zusammenarbeit kann dabei von vollständig strukturierter Gruppenarbeit bis hin zu offener und unstrukurierter Tätigkeit reichen, die gemeinsamer Abstimmungsprozesse bedarf.

Aus diesem Grund wird das oben beschriebene Data Warehouse-Konzept durch den Einbau von Groupware-Konzepten erweitert. Als Eckpfeiler dieser Konzepte werden dabei v. a. verstanden:

- ***Verteilte Datenbanken:*** Das Management der Daten erfolgt auf der Basis replizierbarer Datenbanken, die die Handhabung konsistenter Datenbestände auf Servern und mobilen wie stationären Arbeitsplätzen der Endbenutzer ermöglicht.
- ***Prozeß- und Teamunterstützung:*** Neben gut strukturierten Abläufen werden insbesondere auch unstrukturierte und semi-strukturierte Vorgänge unterstützt, wobei eine Ad-Hoc-Modifikation und flexible Reaktionen auf gegebene reale Umstände dezentral von den bearbeitenden Mitarbeitern durchgeführt werden können.
- ***Object Store:*** Da ein Großteil der Informationen in Nicht-SQL-Datenbeständen vorhanden ist, müssen eine Integration semi-strukturierter Datenbestände (Texte, Tabellen, Grafiken, etc.) sowie das Zusammenspiel zwischen semi-strukturierten und strukturierten (SQL-) Datenbeständen gewährleistet sein.

- ***Dokumentenmanagement:*** Erforderlich sind v. a. Transaktionskonzepte für eine gezielte Dokumenten(weiter)verarbeitung.
- ***Verfügbarkeit und Sicherheit:*** Aufgrund der Abhängigkeit von elektronischen Systemen müssen sowohl eine hohe Betriebssicherheit als auch die aktuelle Verfügbarkeit der Daten/ Informationen gewährleistet sein. Zur Sicherung der Vertraulichkeit sind differenzierte Zugriffsschutzmechanismen nötig.

Durch die Ergänzung dieser Groupware-Konzepte sollen zusätzlich zu den Zielsetzungen des Data Warehouse-Konzeptes insbesondere folgende Anforderungen erfüllt werden:

- Ganzheitlicher Informationszugriff auf strukturierte und semi-strukturierte Daten.
- Rationellere Dienstleistungsproduktion aufgrund der durchgängigen Unterstützung semi-strukturierter Geschäftsprozesse.
- Unterstützung der Arbeitsteilung im Teamarbeit.
- Monitoring von Geschäftsabläufen zur Gewinnung von Führungsinformationen.

Die Erweiterung um Groupware-Konzepte bezieht sich dabei auf alle Ebenen des Data Warehouses. Für die Beschreibung der einzelnen Bestandteile werden - wie Abb. 3 veranschaulicht - nachfolgend die Begriffe Basissysteme, Repository und Controllingsysteme verwendet.

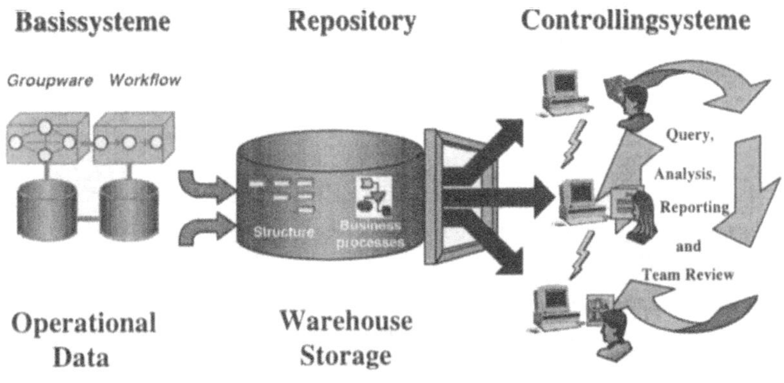

Abb. 3: Groupware enabled Data Warehouse

3 Bestandteile eines Groupware enabled Data Warehouses für Wirtschaftsprüfungs-/ Steuerberatungskanzleien

3.1 Basissysteme

Die Aufgabe der Basissysteme liegt zum einen in der Abwicklung von Aufträgen (Funktionale Sicht), zum anderen dienen sie als Informations- und Datenlieferant für die Controllingsysteme.

Um den Anforderungen einer umfassenden Informationsverfügbarkeit zu entsprechen, werden sowohl strukturierte Informationen als auch semi-strukturierte (Dokument-) Informationen für die Controllingsysteme bereitgestellt. Für eine möglichst hohe Auswertungsflexibilität ist dabei insbesondere darauf zu achten, daß die Informationen nicht durch eine an einzelnen Informationszwecken ausgerichtete Verdichtung verlorengehen, sondern möglichst zweckneutral abgelegt werden (Grundrechnungsprinzip) [11].

In Wirtschaftsprüfungs- und Steuerberatungskanzleien können traditionell zwei Arten von DV-Systemen unterschieden werden. Einerseits unterstützt spezielle Software die Mitarbeiter bei der Ausübung ihrer fachlichen Tätigkeiten, d. h. der Dienstleistungsproduktion (z.B. Steuererklärungen, Finanz-, Lohnbuchhaltung, Jahresabschluß, Steuergestaltung, Gutachten, Unternehmensbewertung). Andererseits werden über DV-Systeme die betriebswirtschaftlichen Auswirkungen der fachlichen Tätigkeiten auf die Kanzlei erfaßt (Zeit-/ Leistungserfassung, Kostenrechnung, Erlösrechnung).

Da der Austausch gemeinsamen Wissens einen wesentlichen Erfolgsfaktor für Know-how Unternehmen darstellt, müssen diese beiden Bereiche mit Systemen zur Unterstützung der Kooperation und Koordination gekoppelt werden. Damit soll insbesondere sichergestellt werden, daß Informationen, die an verschiedenen Stellen des Unternehmens von verschiedenen Beteiligten erzeugt und aktualisiert werden, allen Prozeßbeteiligten zur Verfügung stehen. Zu diesem Zweck ist eine integrierte elektronische Dokumenten- und Vorgangsbearbeitung zu verwirklichen, bei der die elektronisch abgebildeten Umlaufmappen von einer bearbeitenden Stelle zur nächsten weitergeleitet werden und während dieser Bearbeitung sukzessive um Informationen angereichert werden. Die hierfür erforderlichen Prozeßregeln werden im Repository abgebildet (vgl. hierzu Abschnitt 3.2). Abb. 4 skizziert die Konzeption der Basissysteme.

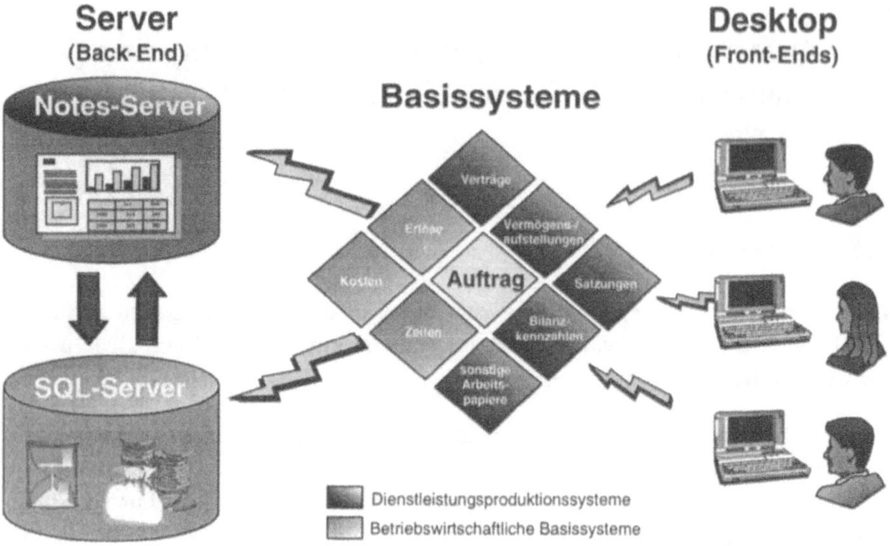

Abb. 4: Überblick Basissysteme

3.1.1 Dienstleistungsproduktionssysteme

Die Systeme zur Unterstützung der Dienstleistungsproduktion beinhalten Hilfsmittel, die für die Mandantenberatung eingesetzt werden. Die Tätigkeitsbereiche können je nach Kanzleityp sehr stark variieren. Grundsätzlich umfaßt das Tätigkeitsfeld von Wirtschaftsprüfern und Steuerberatern folgende Segmente[1]:

- Prüfungstätigkeit
- Gutachter-/ Treuhandtätigkeit
- Steuerberatung
- Unternehmensberatung

Die Planung und Dokumentation der Beratungs- und Prüfungsaufträge erfolgt i. d. R. in sog. Arbeitspapieren. Sie fungieren gegenüber Dritten der Dokumentation und dem Nachweis einer ordnungsgemäßen Auftragsdurchführung und dienen zusätzlich kanzleiintern der laufenden Überwachung und Qualitätssicherung. Bei Wiederholungsaufträgen (z. B. Jahresabschlußerstellung bzw. Handelsrechtlicher Jahresabschlußprüfung) können sie darüber hinaus als Planungsgrundlage für Folgeaufträge herangezogen werden. Hinsichtlich des Inhaltes können laufende Arbeitspapiere und Dauerakten unterschieden werden. Dabei beinhalten laufende Arbeitspapiere auftragsbezogene Informationen, während in der Dauerakte grundsätzliche auftragsübergreifende und langfristig gültige Mandanteninformationen abgelegt sind. Sie soll die Einarbeitung noch nicht mit dem Unternehmen vertrauter Mitarbeiter unterstützen und als gemeinsamer Informationspool für verschiedene Mitarbeiter, die u. U. an unterschiedlichen

Aufträgen desselben Mandates arbeiten, dienen. Beispielsweise werden hier Vertragsänderungen im Zuge der Unternehmensnachfolge eingestellt, die Auswirkungen auf die Prüfung des Jahresabschlusses haben. Abb. 5 veranschaulicht beispielhaft Arbeitspapiere einer Jahresabschlußprüfung.

Abb. 5: Arbeitspapiere in WPG/ StBG[2]

Bei dem Inhalt der Arbeitspapiere handelt es sich weniger um strukturierte Daten im klassischen DV-Sinne, sondern sehr stark um semi-strukturierte Informationen (z. B. Satzungen, Verträge, Protokolle, Memos, Berechnungen/ Aufstellungen), die als Compound Documents beliebig Text, Business Grafik, Tabellen und andere multimediale Datentypen enthalten können. Als Realisierungsplattform bietet sich daher eine Kombination aus Desktop/ Lotus Notes Applikation an.

Desktop Applikationen (Textverarbeitung, Spreadsheet, Grafik) dienen dabei als den Mitarbeitern vertrautes und einfach zu bedienendes Front-End. Sie werden als Editoren für die Bearbeitung und Aktualisierung der Arbeitspapiere in der üblichen Arbeitsumgebung verwendet.

Lotus Notes fungiert als Object Store, das den Mehrbenutzerzugriff, den Zugriffsschutz, die Aktualisierung und Versionskontrolle sowie das Prozeßmanagement übernimmt. Auf diese Weise sind für unterschiedliche Benutzer der Zugriff und die Änderungsmöglichkeit auf verteilte Dokumente möglich. Durch spezielle Sichten auf die in Notes gespeicherten Daten lassen sich die relevanten Informationen leicht wieder auffinden (ergänzend können auch Volltext-Recherchen durchgeführt werden). Zusätzlich kann durch die datenbankgestützte Dokumentenablage eine sehr hohe Unabhängigkeit bezüglich der Speicherung und Auswertung der Daten erreicht werden. Abb. 6 beschreibt das Zusammenspiel zwischen Desktop-Clients und dem Server Back-End.

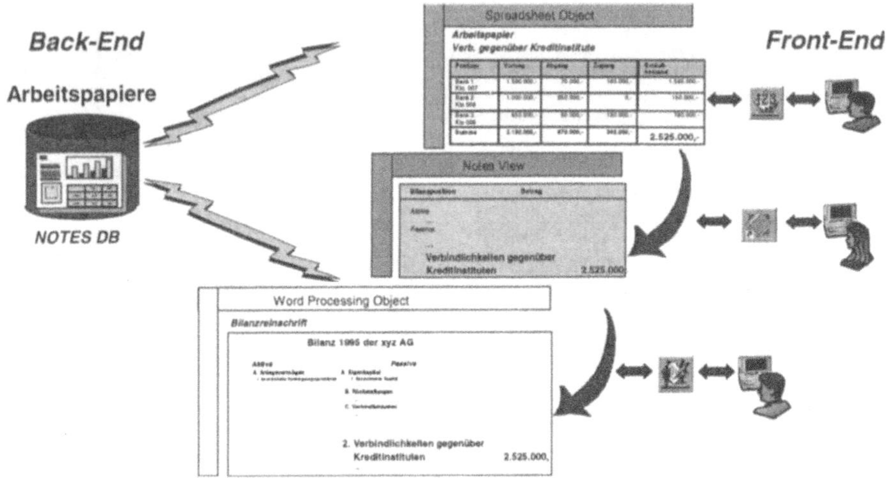

Abb. 6: Client-/ Server Architektur der Dienstleistungsproduktionssysteme

3.1.2 Betriebswirtschaftliche Systeme

Um möglichst vielseitige Auswertungsrechnungen zu ermöglichen, werden begleitend zur laufenden Auftragsbearbeitung die betriebswirtschaftlichen Auswirkungen der Beratungstätigkeiten auf dem jeweils untersten Aggregationsniveau erfaßt. Die betriebswirtschaftlichen Basissysteme umfassen die Bereiche Zeit-/ Kapazitätsrechnung, Kosten- und Erlösrechnung. Da hierbei im wesentlichen strukturierte Massendaten verarbeitet werden, erfolgt die Realisierung auf einem SQL-Server.

3.1.2.1 Zeit-/ Kapazitätsrechnung

Die Zeit-/ Kapazitätsrechnung spielt bei Wirtschaftsprüfungs-/ Steuerberatungsgesellschaften eine zentrale Rolle. Sie beinhaltet die in Zeiteinheiten abgebildeten geplanten und tatsächlichen Ressourcenverbräuche des wichtigsten Einsatzfaktors „Mitarbeiter“. In Verbindung mit den Mitarbeiterkostensätzen ist sie darüber hinaus Voraussetzung für die monetäre Bewertung des Ressourceneinsatzes.

Im Rahmen der Planungsrechnung werden die gesamten Netto-Personalkapazitäten, d. h. die effektiv für Beratungsleistungen zur Verfügung stehenden Kapazitäten (Sollarbeitszeit abzüglich geplante Fehlzeiten, beispielsweise aufgrund von Feiertagen, Urlaub, Fortbildung), und ihre Aufteilung auf die geplanten Aufträge ermittelt. Zu diesem Zweck sind die Netto-Mitarbeiterkapazitäten unter Berücksichtigung der für einen Auftrag erforderlichen Qualifikation mit dem geplanten Auftragsvolumen abzugleichen. Um die Planung zu vereinfachen, ist hierzu ein Rückgriff auf die entsprechenden Ist-Datenbestände des Vorjahres bzw. bei Erst-Aufträgen auf vergleichbare Auftragstypen[3] möglich.

Die Erfassung der Ist-Zeitverbräuche erfolgt durch detaillierte Zeitaufschriebe. Hierbei verbucht jeder Mitarbeiter - wie Abb. 7 verdeutlicht - täglich seine gesamten erbrachten Leistungen unter Angabe des zugrundeliegenden Auftrages und des jeweiligen Zeitverbrauches.

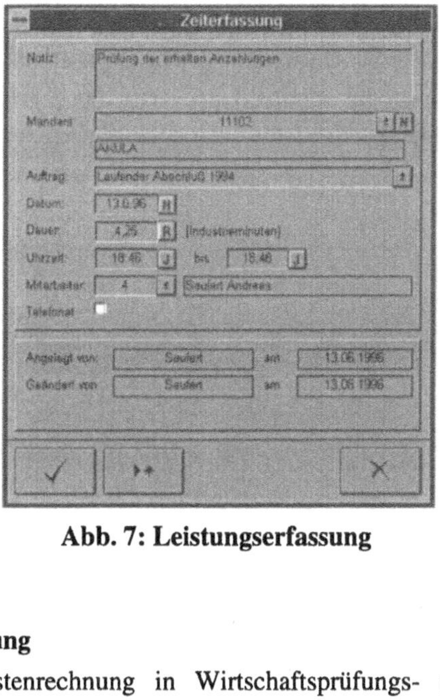

Abb. 7: Leistungserfassung

3.1.2.2 Kostenrechnung

Typisch für die Kostenrechnung in Wirtschaftsprüfungs- und Steuerberatungskanzleien sind:

- ***Geringes Ausmaß an variablen Kosten:*** Die Hauptkostenblöcke [3], wie beispielsweise Personal, DV, Gebäude, Kfz, Versicherungen und Beiträge, schwanken nicht unmittelbar mit der Veränderung der Leistungserbringung, sondern müssen vorgehalten werden.
- ***Dominanz des Faktors Personal:*** Die Mitarbeiter stellen den größten Kostenblock dar, repräsentieren aber auch die Leistungspotentiale und das Know-how, das Beratungsleistungen erst ermöglicht.
- ***Orientierung an Allowable Costs:*** Die Kostenrechnung dient in den meisten Fällen nicht der Ermittlung des Verkaufspreises. Die Honorare für Beratungsleistungen sind meist anhand von Gebührentabellen - die Umsatzgrößen oder Bilanzsummen als Berechnungsgrundlage vorschreiben - oder aufgrund von vor Auftragserteilung getroffenen Honorarvereinbarungen (z. B. bei Jahresabschlußprüfungen üblich) fixiert. Das bedeutet, es existieren bereits vor Auftragsbeginn für jeden Auftrag Zielkosten. Aus diesem Grund ist die jederzeitige Abrufbarkeit von Informationen über den Bearbeitungsstand und von bislang aufgelaufenen Kosten eines Auftrages von besonderem Interesse.

Um nicht nur die Höhe einzelner Kostenpositionen, sondern auch deren zeitliche Disponierbarkeit planen und steuern zu können, erfolgt daher aufgrund der Dominanz fixer Kosten für Zwecke der Kostenplanung der Rückgriff auf eine Vertragsdatenbank. Sie enthält sowohl die einzelnen Verträge (Grundlage der Verpflichtung zur Leistung) als auch kostenrechnerisch interessante Zusatzinformationen, wie z. B. Vertragsart, betroffene Kostenart/ Kostenstelle, Vertragslaufzeit/ Kündigungsfristen und Zahlungsmodi. Auf diese Weise lassen sich mittels der zugrundeliegenden Arbeits-, Miet-, Leasing, Wartungsverträge, etc. wesentliche Kostenpositionen effizient steuern und die Auswirkungen bestimmter Entscheidungen auf die Kostenvolumina simulieren. Abb. 8 veranschaulicht die der Kostenplanung zugrundeliegende Vertragsdatenbank.

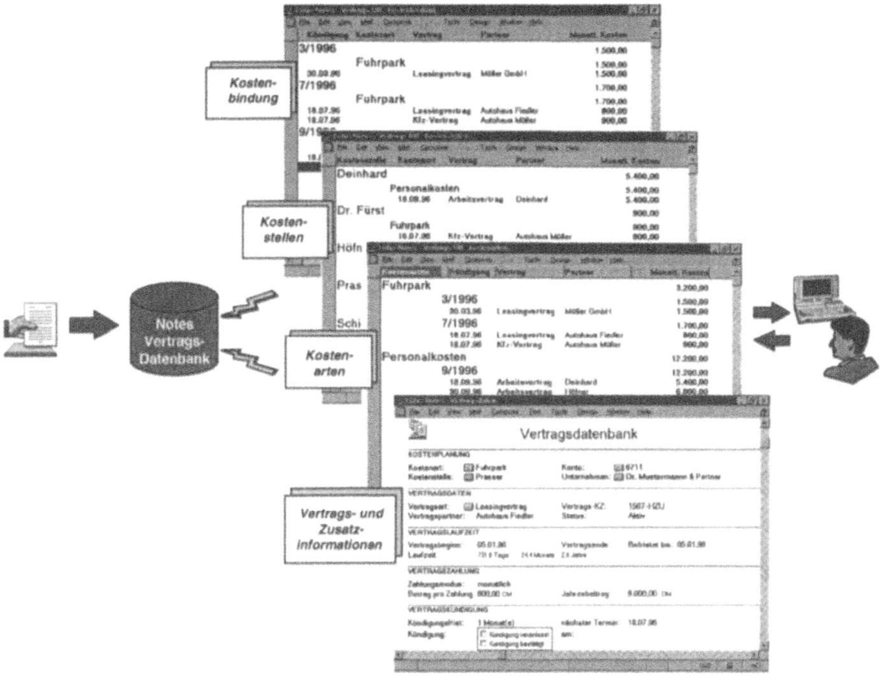

Abb. 8: Vertragsbasierte Kostenplanung

In Wirtschaftsprüfungs- und Steuerberatungskanzleien als typischem Know-how Unternehmen wird der Ressourceneinsatz und -verbrauch wesentlich durch die Inanspruchnahme der Know-how-Träger beeinflußt. Neben dem direkten Personalaufwand, der je nach Größe und Kanzleityp zwischen 40 - 70 % der Gesamtkosten ausmacht, werden weitere wesentliche Kostenpositionen, wie beispielsweise Kosten der Aus-/Weiterbildung, Informationsbeschaffung (Literatur, Datenbanken) oder die für die Beratungstätigkeit erforderliche Arbeitsplatzausstattung, durch den Haupteinsatzfaktor Personal determiniert.

Aus diesem Grund erfolgt die Messung des Ressourcenverbrauchs durch Mitarbeiterstundensätze i. V. m. mit dem tatsächlichen Zeitaufwand. Um differenzierte Auswertungsrechnungen vornehmen zu können, werden je Mitarbeiter folgende Kostensätze abgespeichert:

- Personalkostensatz (direkte Kosten des Mitarbeiters).
- Arbeitsplatzkostensatz (direkt durch Auftragsbearbeitungen verursachte Kosten).
- Vollkostensatz (Gesamtkosten).

Die Ermittlung dieser Kostensätze erfolgt zunächst im Rahmen der Planungsrechnung - auf der Basis der geplanten Kapazitäten je Mitarbeiter laut Kapazitätsrechnung und der geplanten Kosten laut Vertragsdatenbank - und erfährt im Zuge der Nachkalkulation eine Anpassung an die tatsächlichen Gegebenheiten (Ist-Kapazitäten und Ist-Kosten).

Durch Verknüpfung dieser Elementarbausteine (Kostensatz je Mitarbeiter x Zeiterfassungssatz) lassen sich damit Kosteninformationen über entsprechende Aggregationen entlang der im Repository abgelegten Bezugsobjekthierarchien abrufen.

3.1.2.3 Erlösrechnung

Die Erlösrechnung in WPG/ StBG adressiert v. a. folgende Bereiche:

- ***Erlösquellenrechnung:*** Erfassung der Erlöse nach absatzwirtschaftlichen Potentialen (Mandaten/ Mandatsgruppen).
- ***Erlösträgerrechnung:*** Erfassung der Erlöse nach Kalkulationsobjekten (Produkte/ Produktgruppen).
- ***Erlösstellenrechnung:*** Zuordnung der Erlöse zu den erlöswirksamen-, leistungenerstellenden Kanzleibereichen (Profit-Center).

Entsprechend der anfangs eingeführten Anforderung nach einer möglichst unverdichteten Erfassung relevanter Informationen (Grundrechnungsprinzip) beziehen sowohl die Erlösquellen- als auch die Erlösträgerrechnung ihre Ausgangsdaten aus den zugrundeliegenden Aufträgen.

Im Rahmen der Erlösstellenrechnung werden die auftragsbezogen erfaßten Erlöse auf die leistungserstellenden Einheiten, d. h. die an einem Auftrag beteiligten Mitarbeiter aufgeteilt. Grundlage der Verteilung ist hierbei der Anteil der erbrachten Leistung an der für den Auftrag erbrachten Gesamtleistung. Als Mengenindikator dient der erbrachte Zeitaufwand. Um die unterschiedliche Wertigkeit der Tätigkeiten zu berücksichtigen, werden die einzelnen Zeitverbräuche der Mitarbeiter mit ihrem jeweiligen Personalkostensatz multipliziert. Dadurch wird implizit unterstellt, daß höherqualifizierte und damit teurere Mitarbeiter einen qualitativ höheren Beitrag zur Leistungserstellung beigesteuert haben. Die einzelnen Beträge werden - wie Abb. 9 zeigt - vom System automatisch als Verhältnis der mit den Personalkostensätzen bewerteten Zeitverbräuche des jeweiligen Auftrages generiert und zur Verteilung vorgeschlagen.

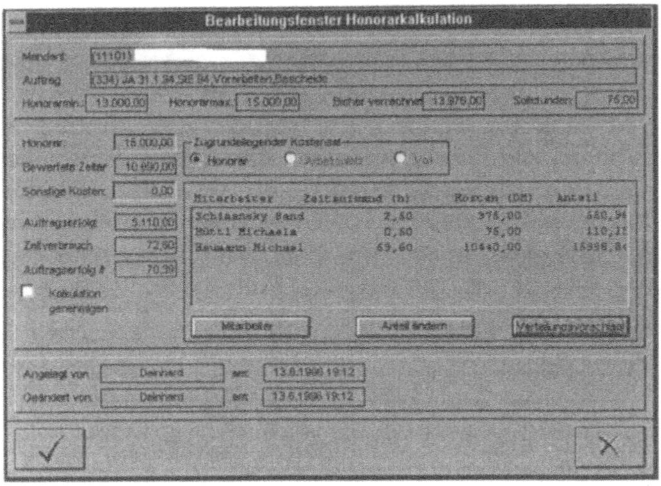

Abb. 9: Erlösaufteilung auf die Erlösstellen

Diese Erlösanteile je Mitarbeiter werden bei Annahme des Vorschlages in einer eigenen SQL-Tabelle abgelegt, um dem Grundrechnungsprinzip zu genügen.

3.2 Repository

Die Aufgabe des Repositorys besteht in der betriebswirtschaftlichen Verknüpfung aller für das Kanzleiinformationssystem benötigten strukturierten und unstrukturierten Daten. Es beinhaltet daher einerseits Strukturinformationen, die sich auf die grundsätzliche Kanzleiorganisation beziehen, andererseits umfaßt es Strukturinformationen, die die für die Business Processes relevanten Informationen beinhalten. Sie werden nachfolgend als Struktur- und Steuerungsinformationen bezeichnet.

3.2.1 Structure Repository

In den **Strukturinformationen** des Repositorys werden die Bezugsobjekthierarchien und deren Verknüpfungen für die späteren Abrufe strukturierter und unstrukturierter Informationen angelegt. Dabei können folgende Hierarchien unterschieden werden:

- Mandatshierarchie
- Kanzleihierarchie
- Dienstleistungscluster
- Konten- und Kostenkategorien

Mandatshierarchie

In der Mandatshierarchie sind die Zusammenhänge zwischen Mandaten und zugehörigen Mandatsgruppen hinterlegt. Da insbesondere bei mittelständischen Mandanten häufig enge wirtschaftliche und rechtliche Verflechtungen zwischen verschiedenen Familienangehörigen und deren Unternehmen bzw. privater Engagements bestehen, dient die Mandatshierarchie dem Überblick über das Gesamtengagement einer Mandatsgruppe. Durch die Kenntnis dieser Zusammenhänge kann beispielsweise die Beurteilung des Auftrages eines Mandanten hinsichtlich seines Erfolgsbeitrages zum Kanzleiergebnis in einem gänzlich anderen Licht erscheinen, als dies bei einer isolierten Betrachtung des einzelnes Auftrages der Fall wäre.

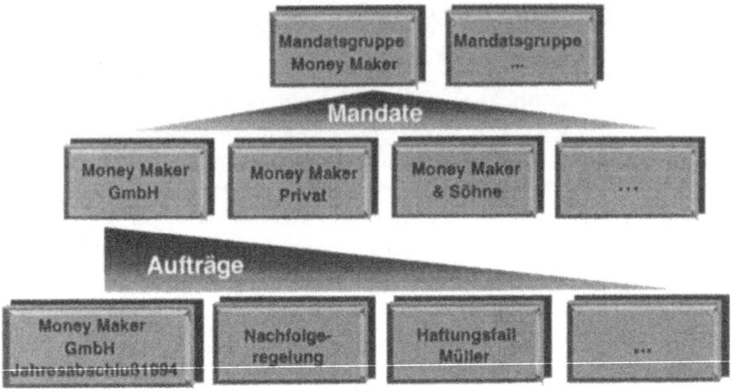

Abb. 10: Beispiel Mandatshierarchie

Kanzleihierarchie

Die Kanzleihierarchie beschreibt die Zugehörigkeit einzelner Mitarbeiter zu einer Gruppe bzw. Abteilung und deren Zuordnung zu einer Niederlassung und einem Unternehmen. Letztere Unterscheidung wurde deshalb getroffen, da bei größeren Beratungsgesellschaften die Bereiche Wirtschaftsprüfung, Steuerberatung und Betriebswirtschaftliche Beratung i. d. R. in rechtlich selbständige Unternehmen ausgeliedert werden, um einzelne standesrechtliche Beschränkungen, wie z. B. das Werbeverbot für Steuerberater, zu vermeiden.

Dienstleistungscluster

Dienstleistungscluster umfassen das gesamte Spektrum der von der Kanzlei angebotenen Dienstleistungen und deren hierarchische Verkettung in Produktbereiche, Produkte und Auftragstypen. Diese Dienstleistungscluster umfassen neben den externen, mandatsgerichteten Dienstleistungen, auch interne Dienstleistungen, wie z. B. Gruppenleitung oder DV-Support. Abb. 11 skizziert beispielhaft die Struktur eines Dienstleistungsclusters.

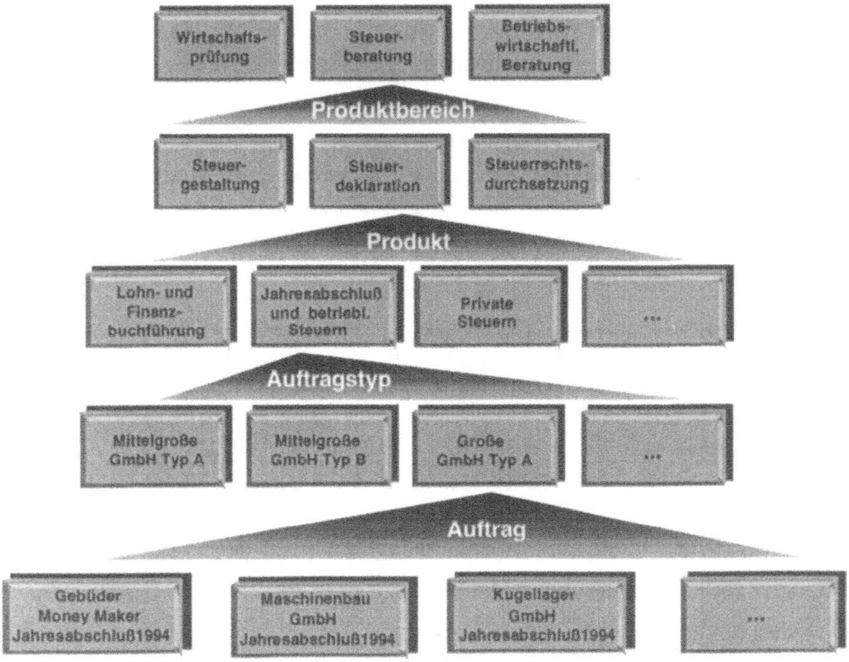

Abb. 11: Beispiel der Struktur eines Dienstleistungsclusters

Die Definition der Dienstleistungscluster geht jedoch über die Beschreibung der hierarchischen Abhängigkeiten hinaus. Sie umfaßt darüber hinaus die inhaltliche Fixierung des Produktangebotes (Inhalt des Auftragstyps „Jahresabschluß Mittelgroße GmbH Typ“ im Unterschied zu „Typ B“) sowie eine Beschreibung des Prozeßablaufes und des Ressourceneinsatzes.[4]

Konten- und Kostenkategorien

Die Konten- und Kostenkategorien beinhalten zum einen die Verdichtungsstufen der Konten (Kontengruppe, Erlöse ⇔ Kosten/ Bilanz ⇔ Guv), um im Rahmen der aus der Finanzbuchführung bestückten Ist-Kostenrechnung Auswertungsrechnungen[5] durchführen zu können, wie beispielsweise eine kurzfristige Erfolgsrechnung oder den Verbindlichkeitenstand Mandatsgruppe x (i.V. mit der Mandatshierarchie). Zum anderen erfolgt für die Kostenkonten eine Zuordnung nach ihrer zeitlichen Disponierbarkeit. Unterschieden werden hierbei Monats-, Quartals-, Jahres- und überjährige Einzelkosten.

Die Verkettung der einzelnen Bezugsobjekthierarchien erfolgt über die im Auftragsstamm hinterlegten untersten Beschreibungselemente der einzelnen Hierarchiestrukturen:

- Der Auftrag ist Bestandteil eines Mandates.
- Der Auftrag wird inhaltlich durch seine Zuordnung zu einem Auftragstyp beschrieben.
- Der Auftrag wird laut Auftragsplanung von einem Mitarbeiter oder einem Team von Mitarbeitern bearbeitet.

Zusätzlich zu diesen Informationen enthält der Auftragsstamm Plandaten über die Höhe des vereinbarten Honorares, den Endtermin, den geplanten Zeitverbrauch sowie die geplanten Auftragskosten. Letztere ergeben sich als Rechengröße aus dem geplanten Zeitverbrauch je Mitarbeiter multipliziert mit dem jeweiligen Plankostensatz.

Im Zuge der laufenden Auftragsbearbeitung wird der Auftrag mit den entsprechenden Ist-Daten aus der Honorarabrechung und der Zeiterfassung bebucht. Die Ist-Kosten des Auftrages ergeben sich durch Multiplikation des tatsächlichen Zeitverbrauches der beteiligten Mitarbeiter mit ihren jeweiligen aktuellen Kostensätzen. Da die Kostensätze der einzelnen Mitarbeiter mit Zeitstempeln versehen werden, können etwaige Gehaltsänderungen unmittelbar in die Berechnung der laufenden Ist-Auftragskosten (vgl. Mitaufende Kalkulation/ Allowable Costs) einfließen. Abb. 12 veranschaulicht zusammenfassend die Zusammenhänge.

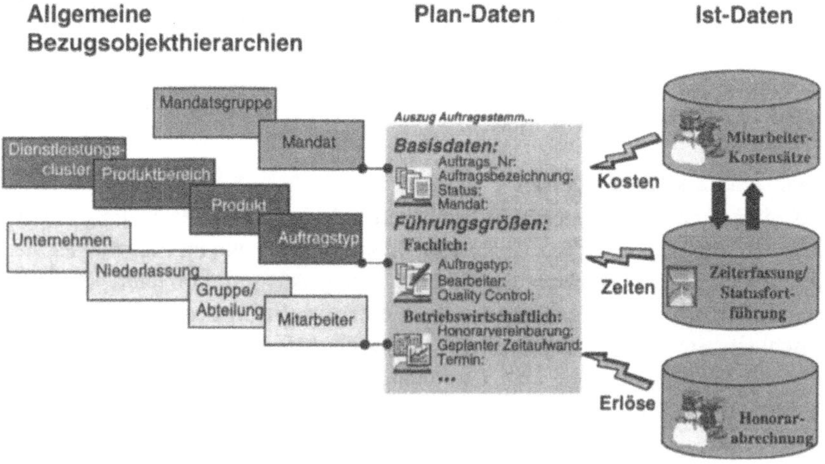

Abb. 12: Zusammenhang der Bezugsobjekthierarchien

3.2.2 Business Process Repository

Die komplexen Abläufe in Wirtschaftsprüfungs- und Steuerberatungskanzleien stellen aufgrund der für Know-how Unternehmen typischen intensiven Kommunikations- und Kooperationsbeziehungen bei der Leistungserstellung (hohe Flexibilität/ kaum starre Standardworkflows, Unterstützung des räumlich verteilten Arbeitens aufgrund häufiger Außendiensttätigkeit beim Mandanten) besondere Anforderungen an die Gestaltung eines Workflow-Managementsystems.

Aus diesem Grund basiert das Workflow-Management auf der Basis der Groupware-Plattform Lotus Notes. Dies ermöglicht einerseits - wie in Abbildung 13 dargelegt - die Implementierung eines skalierbaren Workflow-Managements, andererseits können auf diese Weise die in Lotus Notes gegebenen Möglichkeiten der Unterstützung des Informationsmanagements von verteilt tätigen Arbeitsgruppen genutzt werden.

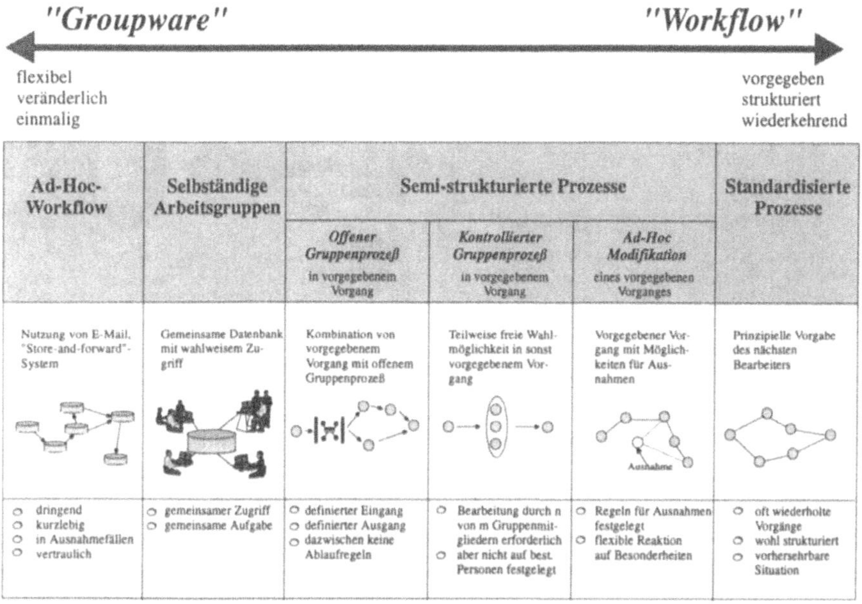

Abb. 13: Workflow Kontinuum (Quelle: *Hilpert, W.* (1994), S. 3.)

Das Business Process Repository enthält, ergänzend zu den Strukturinformationen des Structure Repository, die für die Ablauforganisation erforderlichen Steuerungsinformationen. Auf diese Weise erfahren o. g. Dienstleistungscluster auf Auftragstyp-Ebene ihre Konkretisierung hinsichtlich Produkt-/ und Prozeßinformationen. In Übereinstimmung zur hierarchischen Einordnung einzelner Auftragstypen in das Dienstleistungscluster der Kanzlei sind hier abgelegt:

- die Struktur von Workflows,

- die zu bearbeitenden Aufgaben,
- die beteiligten Personen,
- die benötigten Ressourcen und Formulare.

Die Abbildung dieser Prozeßinformationen erfolgt in einer speziellen Notes Datenbank. Während der Modellierung kann dabei auf eine zusätzliche Datenbank zurückgegriffen werden, in der die für die Bearbeitung eines speziellen Auftragstyps benötigten Formulare abgelegt sind. Dies geschieht wie - Abb. 14 veranschaulicht - über die in der Produktdatenbank hinterlegten zu einem Auftragstyp gehörenden Arbeitspapiere.

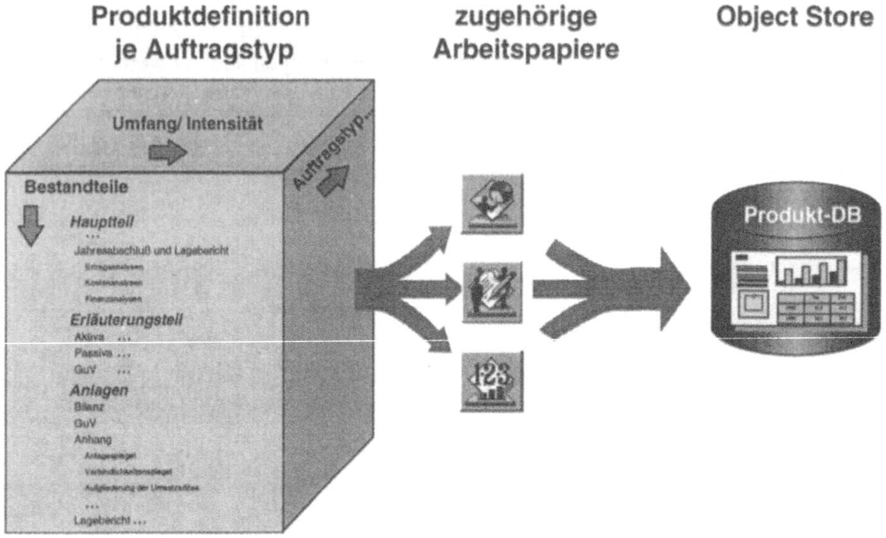

Abb. 14: Abbildung der Produktinformationen

Umfaßt beispielsweise die Erstellung eines „Jahresabschlußes Typ A für eine mittlere GmbH"[6] laut Produktdefinition die Erstellung von Ertrags-, Kosten- und Finanzanalysen, so sind die entsprechenden Spreadsheet-Templates automatisch diesem Auftragstyp zugeordnet.

Durch den modularen Aufbau aus den entsprechenden Desktop-Templates (Word Processor, Spreadsheet) mit Notes als Object Store Back-End, das das Routing und die Synchronisierung bei verteilter Teamarbeit steuert, lassen sich die in Wirtschaftsprüfungs- und Steuerberatungskanzleien dominierenden semi-strukturierten Workflows abbilden.

Neben der Flexibilität während der Abarbeitung des Business Processes ist durch den modularen Aufbau des Systems insbesondere auch die schnelle und leichte Änderbarkeit sowie Wartbarkeit derartiger Workflow-Applikationen gewährleistet. Beispielsweise können die immer häufiger stattfindenden Steuergesetzänderungen aufgrund der einfachen Anpaßbarkeit der betroffenen Arbeitspapiere i. d. R. durch die Enduser selbst erfolgen.

Abb. 15 zeigt abschließend das Beispiel eines typischen semi-strukturierten Workflows „Erstellung eines Jahresabschlusses". Hierbei müssen innerhalb einer fixierten Makro-Struktur auf der Mikro-Ebene flexible Ablaufstrukturen abgebildet werden.

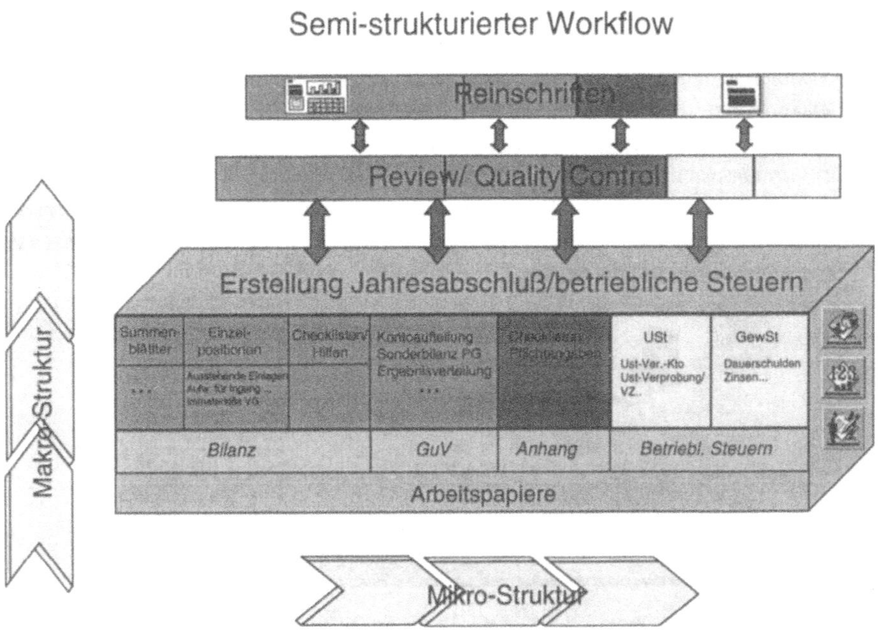

Abb. 15: Beispiel eines semi-strukturierten Workflows

3.3 Controllingsysteme

Controllingsysteme fokussieren primär nicht die fachliche Beratungstätigkeit, sondern sie dienen v. a. der Vorbereitung von Entscheidungen. Ihre Aufgabe besteht darin, Informationen der Basissysteme und des Repositorys für Führungszwecke zur Verfügung zu stellen. Aufgrund der für Know-how Unternehmen charakteristischen hohen Eigenverantwortlichkeit des einzelnen Mitarbeiters, findet der Controllingprozeß jedoch nicht nur auf oberster Führungsebene statt, sondern bezieht alle Mitarbeiter ein.

Der Controllingprozeß kann hierbei als Zyklus aus Query, Analyse, Reporting und Team Review beschrieben werden. Er zeichnet sich - wie Abb. 16 verdeutlicht - durch folgende Charakteristika aus:

- **Answer the „What" Question:** Der Benutzer hat einen Informationsbedarf.
- **Answer the „Why" Question (Step 1):** Zur Ursachenforschung kann das vorhandene Zahlenmaterial mehrdimensional analysiert werden (Drill Down/ Slice and Dice on structured Data).
- **Answer the „Why" Question (Step 2):** Da eine tiefergehende Ursachenforschung häufig eine genaue Sachverhaltskenntnis erfordert, die sich u. U. nicht ausschließlich aus der Analyse von „Hard Facts" wie Erlös-, Kosten-, Ergebnis- oder Zeitinformationen ergeben, können im Sinne eines umfassenden Informationsmanagements bei Bedarf neben strukturierten Daten auch semi-strukturierte Daten in den Controllingprozeß einbezogen werden.
- **Information Sharing & Team-Review:** Die Erkenntnisse können neben Ad-Hoc Informationsabrufen in Reportingprozesse eingebunden werden, bei denen die einzelnen Mitglieder des Teams verteilt Ergänzungen (Szenarios, Kommentare, etc.) beitragen. Individuelle Ergänzungen können anschließend begutachtet und bei Bedarf konsolidiert werden.

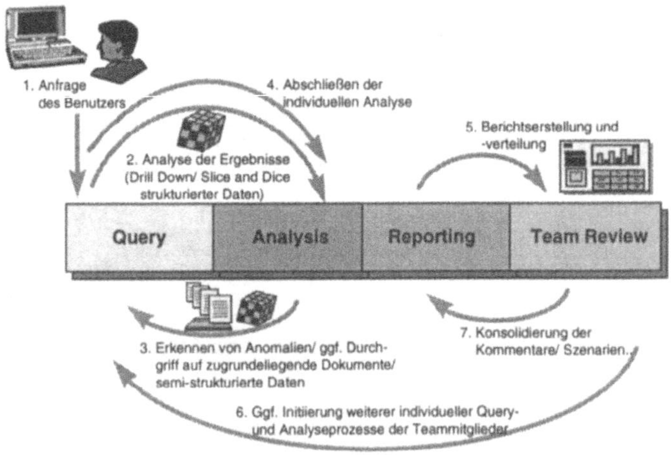

Abb. 16: Controllingzyklus

3.3.1 Auswertung strukturierter Informationen

Die Auswertung strukturierter Informationen basiert auf den in den Basissystemen gesammelten Daten, die durch das Structure Repository miteinander verknüpft wurden. Da die Benutzer i. d. R. nicht über tiefgreifende SQL-Kenntnisse verfügen, erfolgt die Informationsbereitstellung über ein Front-End, das die zugrundeliegende Datenbankstruktur vor dem Benutzer verbirgt und für die Informationsrepräsentation Geschäftsbegriffe aus dessen täglichem Arbeitsumfeld verwendet. Auf diese Weise kann - wie Abb. 17 veranschaulicht - der Benutzer neben dem Abruf vordefinierter Standardauswertungen beliebig Geschäftsobjekte miteinander verknüpfen und mehrdimensional analysieren [5].

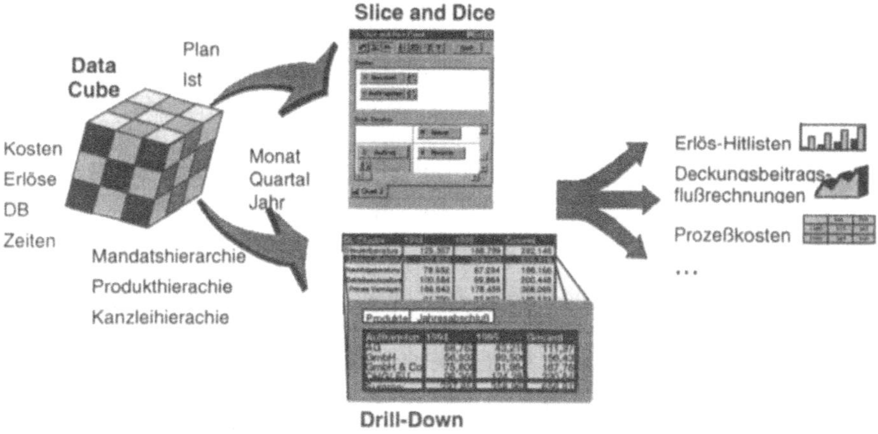

Abb. 17: Slice and Dice/ Drill-Down Analyse

3.3.2 Auswertung semi-strukturierter Informationen

Zusätzlich zur Analyse strukturierter Daten kann im Bedarfsfall auf die den Sachverhalten zugrundeliegenden Dokumente durchgegriffen werden. Auf diese Weise lassen sich einzelne Symptome genauer hinsichtlich ihrer Ursachen - kanzleiinterne oder mandatsbedingte Gründe bzw. Änderungen in der Gesetzgebung - hin analysieren und entsprechende Gegenmaßnahmen einleiten.

Dabei können beispielsweise durch die Analyse von Mandats-/ Auftragshistorien folgende Informationen gewonnen werden und ergänzend zur Analyse strukturierter Informationen zur Ursachenklärung beitragen:

- Die Terminüberschreitung bei der Auftragsbearbeitung ist darauf zurückzuführen, daß der Mandant seine Unterlagen trotz wiederholter Aufforderung nicht fristgerecht abgeliefert hat.
- Die Kanzlei kann nachweisen, daß sie den Mandanten auf eine rechtlich bedenkliche Gestaltung hingewiesen hat und sich damit gegen evtl. rechtliche Konsequenzen absichern.
- Aus der Mandatshistorie wird ersichtlich, daß die erbrachten Leistungen nicht mehr durch die ursprünglich vereinbarte Auftragsspezifikation gedeckt sind. Auf-

grund der bisher aufgelaufenen Kosten wird deutlich, daß neue Honorarvereinbarungen nötig werden.

Ergänzend zu diesen Informationsinhalten des Dokumentes selbst, wie z. B. Vertragstexte, Besprechungsprotokolle, Kostenaufstellungen, können auch Verwaltungsinformationen über Dokumente (Erstellungs-, Änderungsdatum, Versionsstand) zur Ursachenanalyse herangezogen werden.

Durch entsprechende Views auf die in Notes-Datenbanken gespeicherten Dokumente lassen sich darüber hinaus neben der geschilderten mandatsorientierten Betrachtungsweise ebenso wertvolle Informationen über andere Bezugsobjekte, wie z. B. Mitarbeiter (Gründe für häufige Terminüberschreitungen, Sorgfalt bei der Bearbeitung von Aufträgen) oder Produkte (Ursachen für häufige rechtliche Auseinandersetzungen bei bestimmten Produkten, Gründe für das Ansteigen von Bearbeitungszeiten bei bestimmten Leistungserstellungsprozessen) gewinnen.

Eine weitere Anwendungsmöglichkeit dieser mehrdimensionalen Auswertbarkeit der Dokumenten-Datenbank ist der Aufbau einer dynamischen, d. h. durch die laufende Bearbeitung neuer Aufträge automatisch bestückten Knowledge-Base, die die Ergebnisse bzw. Arbeitspapiere erfolgreich abgeschlossener Beratungsaufträge gegliedert nach Dienstleistungsclustern enthält. Sie kann sowohl als Know-how Pool für kommende Beratungsaufträge dienen als auch mittels des Zugriffs auf die Verwaltungsinformation „Autor" Auskunft über die Know-how Träger (Spezialgebiete, praktische Beratungserfahrung oder dergleichen) zur Verfügung stellen. Der Informationsabruf dieser Dokumentinformationen kann dabei über Drill-Downs in mehreren Verdichtungsstufen erfolgen, so daß über entsprechende Überblicksinformationen einerseits bereits Informationen gewonnen werden, andererseits die gewünschte Detailinformation sehr schnell lokalisiert werden kann.

3.3.3 Team Review

Die während der individuellen Analyse gewonnenen Informationen werden anschließend im Rahmen des Reporting verteilt. Dieses Reporting ist jedoch nicht als One-Way Kommunikation zu verstehen, sondern die Ergebnisse können einem Team-Review unterzogen werden. Hierbei lassen sich verteilt Ergänzungen und Kommentare beisteuern. Grundlage hierfür ist, wie bei der Dienstleistungsproduktion, die Arbeitsteilung zwischen Object Store als Back-End und Desktop-Applikation als Front-End. Auf diese Weise kann eine verteilte Bearbeitung der Report-Informationen mittels Word Processing- oder Spreadsheet-Applikation stattfinden, während die Routing-, Versions-, und Autoreninformationen im Object Store gespeichert werden. Im Ergebnis lassen sich dadurch die verschiedenen Versionen der einzelnen Autoren komfortabel in ein endgültiges Compound Document konsolidieren.

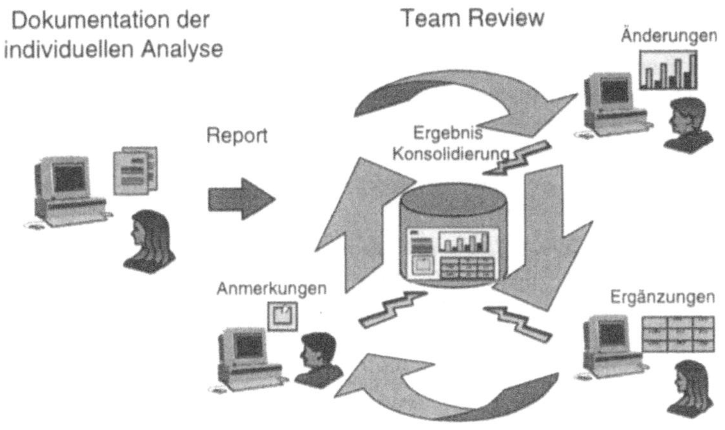

Abb. 18: Team Review

Fußnoten

1. Auf eine Unterscheidung in gesetzliche Vorbehaltsaufgaben und vereinbare Tätigkeiten soll an dieser Stelle verzichtet werden, da hier lediglich das Tätigkeitsspektrum von Wirtschaftsprüfungs- bzw. Steuerberatungsgesellschaften aufgezeigt werden soll. Vgl. hierzu jeweils die entsprechenden Gesetze § 2 WPO bzw. §§ 2,3,4 StBerG.
2. Für eine detailliertere Beschreibung vgl. *Institut der Wirtschaftsprüfer* (1996), S. 1437-1441.
3. Zur Strukturierung des Dienstleistungsangebotes vgl. Abschnitt 3.2.1.
4. Vgl. hierzu Abschnitt 3.2.2 Steuerungsinformationen.
5. Dabei ist ein Durchgriff bis auf Einzelbuchungssatzebene möglich.
6. Dabei ist zwischen gesetzlichen Mindestanforderungen und Zusatzleistungen aufgrund spezieller Auftragsvereinbarung mit dem Mandanten zu unterscheiden.

Literaturverzeichnis

[1] Back-Hock, A. (1991): Unterstützung von Controlling-Aufgaben mit Executive Information System-Generatoren und -Anwendungen, in: Scheer, A.-W. (Hrsg.): Rechnungswesen und EDV, 12.Saarbrücker Arbeitstagung. Heidelberg: Physica Verlag 1991, S. 36 - 59.

[2] Bundessteuerberaterkammer (1991): Der Steuerberater auf dem Weg in das 21. Jahrhundert - Herausforderungen und Empfehlungen, Bonn 1991.

[3] Dechant, J./ Lorch B. (1995): Kostenstruktur der steuerberatenden und wirtschaftsprüfenden Berufe, in DSWR 7/95, S. 1-16.

[4] Eyrich, H.-J. (1996): Einfluß und Auswirkungen der Informationstechnologie auf die Organisation kleiner und mittelgrosser Wirtschaftsprüfungsgesellschaften, Dissertation Universität St. Gallen, St. Gallen 1996.

[5] Hayem, M. (1996): OLAP The Next Generation, Tagungsbeitrag, Teamorientierung im Management - Management Support goes Groupware, 4. MSS-Workshop 29.02-01.03.1996, St. Gallen 1996.

[6] Hilpert, W. (1994): Workflow Management im WAN und LAN: Architekturen und Lösungen für flexible Prozeßketten, Arbeitsbericht Universität-GH Paderborn, Paderborn 1994.

[7] Institut der Wirtschaftsprüfer (1996): Wirtschaftsprüfer-Handbuch 1996, 11. Aufl., Düsseldorf 1996.

[8] Jacobs, M. (1990): Die Steuerberatung in der EG, Freiburg 1990.

[9] Lochte-Holtgreven, M. (1996): Data Warehouse - Planungshilfe für das Management, in: Business Computing, Heft 4/96, S. 24-28.

[10] Pfiffner, M./ Stadelmann, P. D. (1995): Arbeit und Management in der Wissensgesellschaft, Dissertation St. Gallen, St. Gallen 1995.

[11] Riebel, P. (1994): Einzelkosten- und Deckungsbeitragsrechnung, 7. Aufl., Wiesbaden 1994.

Nutzung der Internet-Dienste bei der BASF - Nutzen und Risiken

Dr. Hans-Stephan Jansohn
BASF AG, Ludwigshafen

Inhalt

17. Saarbrücker Arbeitstagung Rechnungswesen und EDV 1996. Hrsg.: A.-W. Scheer. © Physica-Verlag Heidelberg 1996

1 Einleitung

Das Internet durchlebt zur Zeit eine rasante Wachstumsphase, die hauptsächlich durch den Dienst World Wide Web (WWW) getrieben wird. Seine Entwicklung begann im März 1989 im CERN bei Genf. Ziel war ein Hypertext-System, das einen effizienten und einfach zu handhabenden Informationsaustausch zwischen geographisch getrennten Forschungsteams ermöglichen sollte. Nach etwa zwei Jahren Entwicklungsarbeit war es dann soweit: 1991 war WWW mit dem einfachen, zeichenorientierten Browser *www* verfüg- und nutzbar. Aber erst 1993 als das graphische WWW-Front-End *Mosaic* vom National Center for Supercomputing Applications (NCSA) als Alpha-Version freigegeben wurde, begann die stürmische Entwicklungsphase des Dienstes World Wide Web, in der wir uns noch immer befinden.

Durch die einfache Bedienbarkeit mit der Maus (point and click) machen graphische WWW-Browser das Internet für einen Personenkreis zugänglich, der vorher durch die dazu erforderlichen kryptischen Befehle davon abgeschreckt wurde. Waren vor fünf Jahren die Internetnutzer noch allesamt „Freaks", da man ohne fundiertes Wissen einen Internet-Zugang weder schalten noch bedienen konnte, so hat sich das Bild heute vollkommen geändert: Auch EDV-Laien können ohne große Probleme Zugang zum Internet erhalten und die Internet-Dienste wie WWW oder E-Mail benutzen. Dementsprechend drängen immer mehr Anbieter ins Internet. Seine Kommerzialisierung ist in vollem Gange.

Ein internationales Großunternehmen, wie die BASF, kann die Internet-Dienste in dreifacher Hinsicht nutzen: Zum ersten kann man sie innerhalb des eigenen abgeschlossenen Corporate Network, dem sogenannten **Intranet**, für rein interne Zwecke einsetzen. WWW bietet sich als Medium zur Informationsverteilung innerhalb des Unternehmens geradezu an. Zum zweiten kann man das Internet nutzen, um den Kundenkontakt zu verbessern. In dem Maße, in dem immer mehr Kunden und Konkurrenten über einen Internet-Zugang verfügen, wächst der Druck, selbst im Internet präsent zu sein, um auf Dauer am Markt bestehen zu können. Zum dritten schließlich stellt das Internet eine riesige Wissensbasis dar, die man nicht mehr ignorieren kann und darf. Die Forschungsabteilungen werden daher ohne Internet-Zugang nicht mehr auskommen können.

2 Das Internet und seine Dienste

Das Internet verzeichnet derzeit ein rasantes Wachstum. Abb. 1 zeigt, daß seit 1990 die Anzahl der angeschlossenen Systeme (Internet-Hosts) sich etwa jährlich verdoppelt. Man rechnet damit, daß die Anzahl der Internet-Nutzer von ca. 38 Mio. heute auf 199 Mio bis Ende des Jahrzehnts ansteigen wird.

Das Aufkommen des Internet-Dienstes World Wide Web ist eine der Hauptursachen für diesen Internet-Boom. Es handelt sich um ein Client-Server-Produkt zum Abfragen und Abholen von Informationen. Der entfernte Server hält die in Seiten strukturierte Daten zum Abruf bereit; der lokale Client, der sogenannte WWW-Browser, bereitet sie für die Präsentation auf dem Bildschirm auf. Jede Seite ist durch eine Adresse, die URL (Universal Resource Locator) genannt wird, eindeutig gekennzeichnet und kann unter dieser URL weltweit abgerufen werden.

Die auf den Servern angebotenen Daten umfassen alles von Texten und Dokumenten über Bücher, Audio und Bilder bis hin zu Video. Es handelt sich somit um einen multimedialen Dienst. Thematisch wird alles Mögliche und Unmögliche abgedeckt. In Texten oder Bildern können Verweise auf andere Server enthalten sein. Durch Klicken mit der Maus auf diese Hyperlinks navigiert sich der Nutzer einfach durch das Web hindurch. Die Bedienung graphischer WWW-Browser mit der Maus ist einfach und intuitiv (point und click). Dies erklärt den großen Erfolg des WWW.

Die WWW-Browser integrieren mittlerweile auch andere Internet-Dienste [6], wie z.B. Internet News, ftp zur Dateiübertragung und E-Mail für elektronische Post. Der Trend zum allgemeinen Internet-Browser ist unverkennbar.

Die Voraussetzung zur Nutzung des World Wide Web sind ziemlich gering: man benötigt einen PC mit Modem, ISDN- oder Netzwerk-Karte, Windows, TCP/IP und einen WWW-Browser, z.B. Netscape Navigator. In Deutschland verfügen bereits etwa 30% aller Haushalte über einen PC, aber nur ca. 4% nutzen bereits das Internet oder andere Online-Dienste [1]. Dies zeigt deutlich das Wachstumspotential. Man erwartet deswegen, daß 1999 in Deutschland ca. 16 Mio. Haushalte über einen Internet-Zugang verfügen werden.

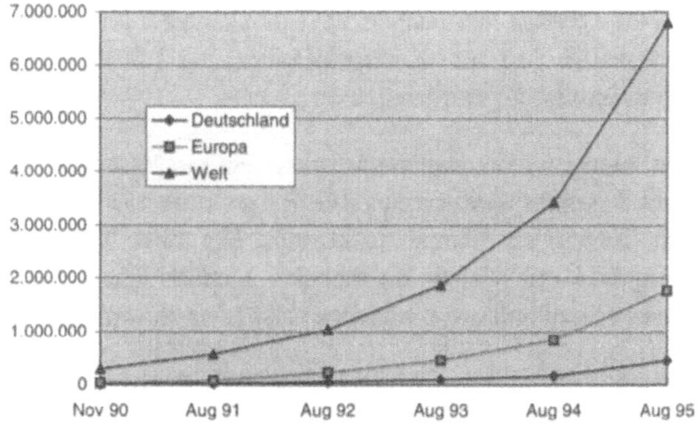

Abb. 1: Wachstum des Internet / Anzahl Internet-Hosts

2.1 Formen und Kosten einer Internet-Anbindung

Bezüglich der Internet-Anbindung lassen sich zwei Formen unterscheiden:

- **Internet-Zugang**
- **Internet-Anschluß**

Ein **Internet-Zugang** kommt für Privatleute und auch für kleine Firmen in Betracht. Hierfür wird der mit Modem bzw. ISDN-Karte ausgestattete PC über eine Telefonwählleitung mit dem nächstgelegenen Einwählpunkt des Internet-Providers bzw. Online-Dienstes verbunden. Bei dieser Konstruktion kann der Anwender am PC die im Internet angebotenen Dienste nutzen, jedoch ist es nicht möglich, selbst Dienste im Internet anzubieten.

Als Kosten entstehen zum einen die Telefonkosten, die an die Deutsche Telekom zu entrichten sind, und zum zweiten die Nutzungskosten, die der Internet-Provider bzw. Online-Dienst-Anbieter verlangt. Die Gebührenmodelle sehen i.d.R. eine monatliche Grundgebühr und eine von der Online-Zeit bzw. vom übertragenen Datenvolumen abhängige Nutzungsgebühr vor. So können für 10 Stunden Nutzung im Monat durchaus Kosten zwischen 50 DM und 300 DM anfallen, abhängig davon, für welchen Provider man sich entscheidet, wo sich dessen nächster Einwählpunkt befindet und zu welcher Tageszeit man die Dienste nutzt. Der für regelmäßige Nutzung günstigste Fall ist i.d.R. dann gegeben, wenn der Einwählpunkt im Ortsbereich liegt, die Nutzung durch eine monatliche Pauschalgebühr abgegolten wird und man die Dienste vor 8 Uhr, nach 18 Uhr oder am Wochenende nutzt.

Im Hinblick auf Sicherheit ist ein Internet-Zugang dieser Bauart ziemlich unkritisch: Da PC Einzelbenutzer-Systeme nur zeitweise eingeschaltet sind, ist ein Eindringen über das Netz so gut wie gar nicht möglich. Man sollte lediglich daran denken, sein Modem so zu konfigurieren, daß eingehende Anrufe nicht angenommen werden!

Vorsicht ist allerdings beim Download von Dateien oder deren Empfang via E-Mail angebracht, denn die könnten virenverseucht sein. Das trifft auf ausführbare Dateien (.EXE-Files) genauso zu wie auf Winword-Dokumente (.DOC-Files). Der Einsatz eines Virenscanners ist deshalb dringend zu empfehlen.

Ein **Internet-Anschluß** ist dann angebracht, wenn ein lokales Netzwerk mit mehreren PC an das Internet angeschlossen werden soll. Er gestattet zusätzlich zu einem Internet-Zugang, auch Dienste im Internet anzubieten. Für diese Nutzungsform ist eine Telefonwählleitung i.d.R. nicht mehr ausreichend, sondern eine Anbindung über eine Mietleitung mit einer Bandbreite von mindestens 64 kbps notwendig.

Im lokalen Netzwerk muß für einen Internet-Anschluß ein sogenannter Router installiert werden, der über die Mietleitung mit einem Router des Internet-Providers verbunden wird. Für eine solche Lösung muß mit monatlichen Kosten von über 5.000 DM gerechnet werden, bei höherer Anschlußbandbreite entsprechend mehr. Hinzu kommt, daß man sich tunlichst überlegen sollte, wie man sein lokales Netzwerk gegenüber möglichen Eindringversuchen aus dem Internet schützt, d.h. der installierte Router sollte unbedingt als sogenanntes Firewall-System konfiguriert werden.

2.2 Umgangsregeln im Internet: Netiquette

Die Nutzung des Internet unterliegt gewissen Regeln und Umgangsformen, der sogenannten Netiquette, die sich im Laufe der Zeit implizit zwischen seinen Benutzern entwickelt hat. Sie wurde durch keine Gesetzgebung festgelegt und ist auch nicht vor einem Gericht einklagbar. Es wird momentan zwar in einigen Ländern daran gearbeitet, gesetzliche Regeln zur Nutzung der Internet- und Online-Dienste zu erlassen, jedoch muß man sich fragen, inwieweit nationale Festlegungen für eine internationale Ressource überhaupt sinnvoll und durchsetzbar sind. Trotzdem sollte man sich tunlichst an die Netiquette halten, ansonsten riskiert man, entweder vom Internet abgehängt oder mit E-Mails zugeschüttet zu werden.

THE TEN COMMANDMENTS FOR COMPUTER ETHICS
from the Computer Ethics Institute

1. Thou shalt not use a computer to harm other people.
2. Thou shalt not interfere with other people's computer work.
3. Thou shalt not snoop around in other people's files.
4. Thou shalt not use a computer to steal.
5. Thou shalt not use a computer to bear false witness.
6. Thou shalt not use or copy software for which you have not paid.
7. Thou shalt not use other people's computer resources without authorization.
8. Thou shalt not appropriate other people's intellectual output.
9. Thou shalt think about the social consequences of the program you write.
10. Thou shalt use a computer in ways that show consideration and respect.

Abb. 2: Die 10 Gebote des Internet

In Abb. 2 sind die 10 Gebote des Computer Ethics Institutes aufgeführt, die die Grundlagen der Netiquette bilden. Weitere Regeln sind im Internet unter der URL http://www.fau.edu/rinaldi/net/index.html nachzulesen.

2.3 Nutzen durch das Internet und World Wide Web

Das Internet ist ein einzigartiges Kommunikations- und Informationsmedium. Es ermöglicht, Informationen weltweit innerhalb von Minuten zu verteilen bzw. zugreifbar zu machen. Nach der Bereitstellung der Information auf einem WWW-Server im Internet ist sie sofort weltweit von Millionen von Nutzern abrufbar. Gegenüber dem Drucken und Verschicken von Broschüren ergibt sich dadurch ein beachtlicher Zeit- und Kostenvorteil. Außerdem werden Medienbrüche vermieden. Die bereitgestellte Information kann von den Nutzern direkt, d.h. ohne erneute Datenerfassung, elektronisch weiterverarbeitet werden.

Eine mit elektronischer Post (E-Mail) im Internet verschickte Mitteilung ist i.d.R. binnen weniger Minuten weltweit zugestellt und kostet deutlich weniger als ein Standardbrief. Gegenüber einem Fax hat man den Vorteil, daß es keine Qualitätseinbußen gibt. Auch Weiterverteilung, elektronische Ablage und Suche sind möglich.

WWW gestattet ferner, eine Interaktion mit dem Nutzer durchzuführen. Bei konsequenter Ausnutzung dieser neuen Möglichkeiten lassen sich deutliche Verbesserungen im Kunden/Lieferanten-Verhältnis erzielen.

2.4 Risiken durch das Internet

Die Nutzung des Internet birgt allerdings auch mögliche Sicherheitsprobleme. So besteht die Gefahr, daß Informationen durch Einbrüche in Rechnersysteme bzw. Anzapfen von Leitungen ausspioniert werden. Informationen könnten auch verfälscht oder zerstört werden. Importierte Dateien oder E-Mail-Nachrichten können mit Viren oder mit Trojanischen Pferden verseucht sein. E-Mail-Absender können fingiert sein. Fehlinformation kann gezielt verbreitet werden. Durch „E-Mail-Bombing" lassen sich Teilnetzwerke und einzelne Server so unter Last setzen, daß ein ordnungsgemäßes Arbeiten nicht mehr möglich ist und nur noch Abschalten der Systeme als letzte Möglichkeit verbleibt.

Sicherheitsprobleme entstehen allerdings oft aus Nachlässigkeit. Um sie zu vermeiden, das Sicherheitsrisiko zu verringern bzw. das Schadensausmaß im Falle eines Falles zu begrenzen, muß man rechtzeitig daran gehen, ein Sicherheitskonzept auszuarbeiten und umzusetzen.

Das World Wide Web bietet ferner die Gefahr der Ablenkung durch das große Informations- und Unterhaltungsangebot. Wenn man nicht konsequent Selbstdisziplin übt, läuft man Gefahr, Stunden mit „Websurfen" zu verbringen, ohne das zu erreichen, was man sich vorgenommen hat.

Oftmals weiß man auch nicht, wo man das finden kann, was man eigentlich sucht und verirrt sich im Web. Dieses Phänomen wird mit „lost in cyberspace" bezeichnet. Da das Internet nicht von einer einzigen Organisation betrieben und gepflegt wird, gibt es zwar keinen zentralen Informationsindex aber mittlerweile mehrere umfangreiche Kataloge und Suchhilfen, z.B. unter den URLs http://www.altavista.digital.com und http://www.lycos.com.

Durch das schnelle Wachstum des Internet kommt man stellenweise mit dem Ausbau der Leitungskapazitäten nicht mehr nach. Das resultiert in langen Übertragungszeiten bzw. -abbrüchen besonders zu den Hauptverkehrszeiten. Gemeinhin spricht man dann vom „Stau auf der Datenautobahn".

2.5 Chancen durch das Internet

Durch die neuen Möglichkeiten eröffnen sich auch neue Geschäftsfelder. Es entstehen virtuelle Warenhäuser, die 24 Stunden am Tag geöffnet sind und bei denen man wie aus einem Versandhauskatalog am Bildschirm Waren aussuchen und bestellen kann.

Das Medium ist ideal für elektronische Bibliotheken und Informationsdienste, Online-Bücher, Online-Lehrgänge und elektronische Lexika. Es gibt sogar schon eine Universität, die nur im Web existiert.

Das Internet ermöglicht eine effektive Zusammenarbeit auch über größere Entfernungen hinweg. So sind virtuelle Firmen denkbar, deren Mitarbeiter geographisch verteilt sind und übers Netz zusammenarbeiten. Auch gewinnt Heimarbeit (Teleworking, Telecommuting) immer mehr an Bedeutung. Verkehr auf den Autobahnen wird durch umweltfreundlichen Verkehr auf den Datenautobahnen ersetzt.

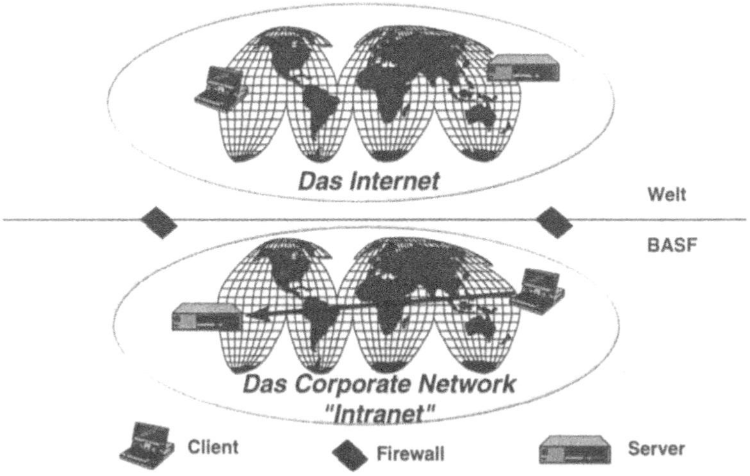

Abb. 3: Unternehmensinterne Nutzung des World Wide Web

3 Unternehmensinterne Nutzung des World Wide Web

Was im großen im Internet einsetzbar ist, läßt sich problemlos auch für geschlossene Unternehmensnetze, den sogenannten Intranets, nutzen. Aufgrund der einfachen und intuitiven Bedienung eignet sich WWW ganz hervorragend zum Einsatz innerhalb eines Unternehmens. Es ist ideal für die Verteilung von Informationen, die für einen größeren Nutzerkreis bestimmt sind oder die sich oft ändern. Beispiele hierfür sind:

- Elektronische Handbücher und Broschüren
- Adreß-, Telefon- und Faxverzeichnis
- Softwareverteilung
- Elektronischer Seminarkatalog
- Veranstaltungskalender
- Liste von Ansprechpartnern

Auf die ersten drei dieser Anwendungsfälle wird in den folgenden Abschnitten näher eingegangen.

Generell wichtig ist, daß auf solche Daten von außerhalb des Unternehmens nicht zugriffen werden kann. Dies ist durch die Abgeschlossenheit des Unternehmensnetzwerkes gewährleistet und in Abb. 3 dargestellt.

3.1 Elektronische Handbücher

Bei gedruckten Handbüchern sind die Verteilung und die Aktualisierung problematisch. Durch Loseblattsammlungen kann man versuchen, dies in den Griff zu gekommen. Allerdings ist das Versenden und Einsortieren der regelmäßigen Nachlieferungen zeitaufwendig, daher kostenintensiv und wird oft nur ungern oder nicht erledigt.

Ferner ist die Suche in gedruckten Handbüchern mühsam. Eine gute Gliederung und ein ausführlicher Index können da etwas helfen, aber eine Volltextsuche nicht ersetzen.

Beide Probleme lassen sich durch eine elektronische, online-verfügbare Version eines Handbuches lösen. Als Anwendungsfälle im Unternehmen lassen sich vorstellen:

- Qualitätsmanagementhandbücher
- Technische Dokumentation
- Verfahrensanweisungen und allgemeine Regelwerke

3.2 Adreß-, Telefon- und Faxverzeichnis

Die Verfügbarkeit aktueller Telefon- und Faxnummern sowie E-Mail-Adressen ist für jedes Unternehmen sehr wichtig. Diese Daten fallen in einem großen Unternehmen dezentral an den verschiedenen Standorten an und müssen zusammengebracht werden.

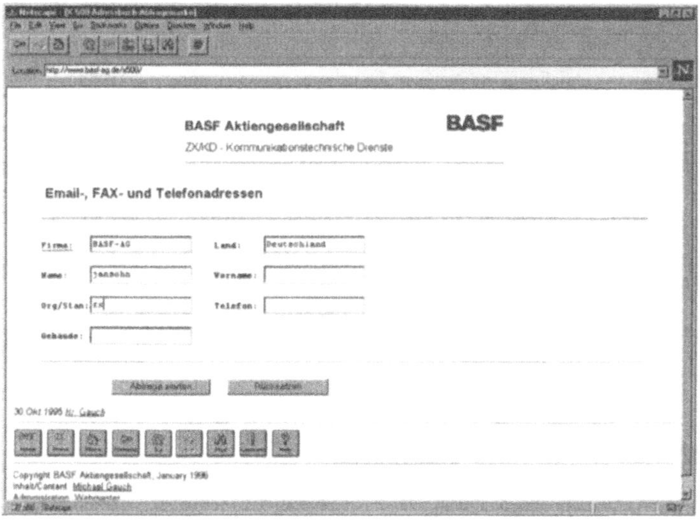

Abb. 4: WWW-Formular zur Adreßabfrage

Eine Methode, dies zu erledigen, besteht im Einsatz von X.500 [7] als Datenhaltungssystem und LDAP [8] als Abfrageschnittstelle. Das Abspeichern der Daten kann aber auch in üblichen Datenbanksystemen erfolgen. Wird die Adreßabfrage über ein WWW-Formular implementiert, so kann jeder, der über einen WWW-Browser verfügt, die Adreßsuche nutzen. Spezielle Programme für den Datenbankzugriff sind an den Arbeitsplätzen dabei nicht mehr erforderlich.

Die BASF hat zur Abfrage der Adreßinformation aus dem X.500 das in Abb. 4 gezeigte WWW-Formular implementiert. Das Suchergebnis ist in Abb. 5 dargestellt.

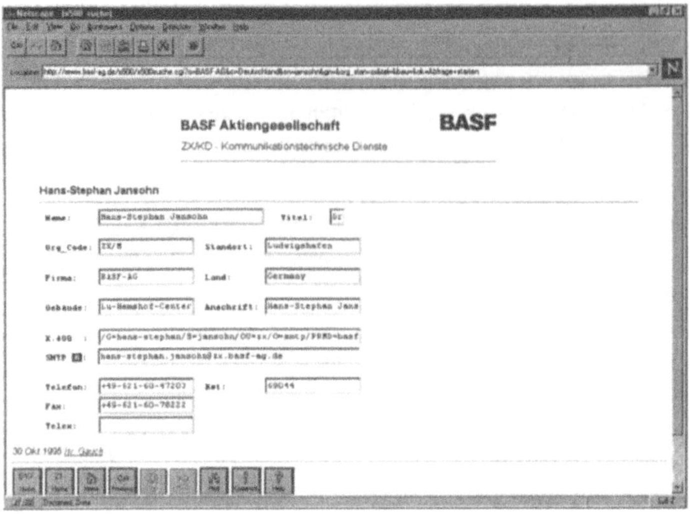

Abb. 5: Ergebnis der Adreßabfrage aus Abb. 4

3.3 Softwareverteilung

Software wird heute an Großkunden nur noch selten auf Disketten geliefert. Statt dessen erhält man eine Master-CD-ROM und darf die Verteilung im Unternehmen selbst erledigen. Die so ausgegebenen Lizenzen werden quartalsweise abgerechnet. Die Softwarehersteller sparen sich dadurch eine Menge Aufwand ein und geben diese Einsparungen in Form von Rabatten weiter. Dafür muß man innerhalb des Unternehmens einen Distributionsweg aufbauen.

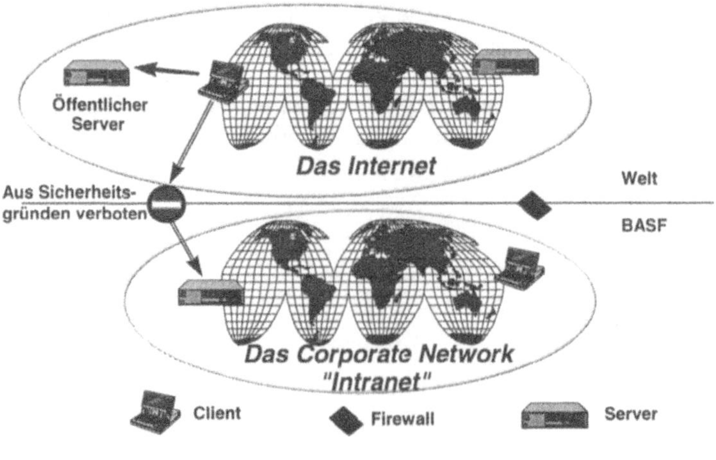

Abb. 6: Bereitstellung von Informationen für Kunden im Internet

Über WWW kann man diese Verteilung recht einfach erledigen. Die Liste der angebotenen Software wird dem Benutzer gezeigt, der durch Anklicken den Download startet. Anschließend kann er die Software auf die gewohnte Weise, z.B. per setup-Programm, installieren. Jeder Download wird in einem Logfile notiert.

Dieser Ansatz löst die Verteilproblematik recht gut, bietet aber natürlich keinen Ersatz für eine weitergehende Systemmanagementlösung an.

Den Personenkreis, der diesen Dienst nutzen darf, kann man eng eingrenzen (z.B. auf die LAN-Administratoren), indem man eine Autorisierung über User-Identifikation und Paßwort beim Zugriff verlangt. So wird erreicht, daß die zur Nutzung der Software erforderlichen Lizenzen auch tatsächlich beschafft werden.

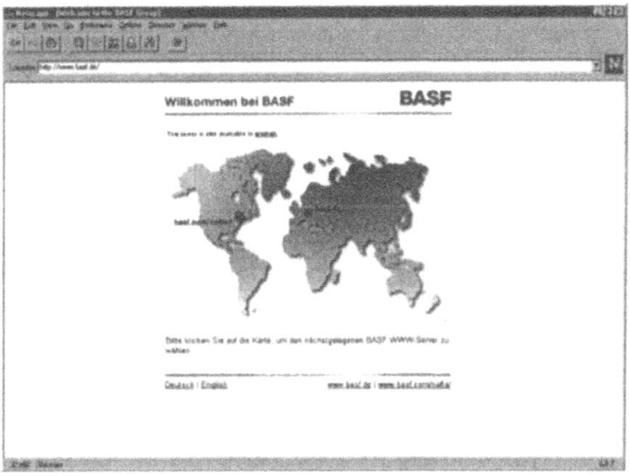

Abb. 7: Willkommen bei der BASF im Internet (http://www.basf.de)

4 Bereitstellung von Informationen für Kunden im Internet

Die Bereitstellung von Informationen für Kunden im Internet wird zunehmend wichtiger, da - wie oben dargestellt - immer mehr Personen das Internet nutzen, um sich solche Informationen zu beschaffen. Dieser Weg ist interessant und wichtig für Marketing- und Produktinformation. Geschäftsberichte, Umweltberichte, usw. Sie lassen sich so einfach und schnell weltweit publizieren. Durch Auswertung der Zugriffsstatistiken kann man problemlos herausfinden, welche Seiten auf viel und welche auf wenig Interesse stoßen. Hierdurch werden Schwachstellen im Angebot bzw. der Marketingstrategie aufgedeckt.

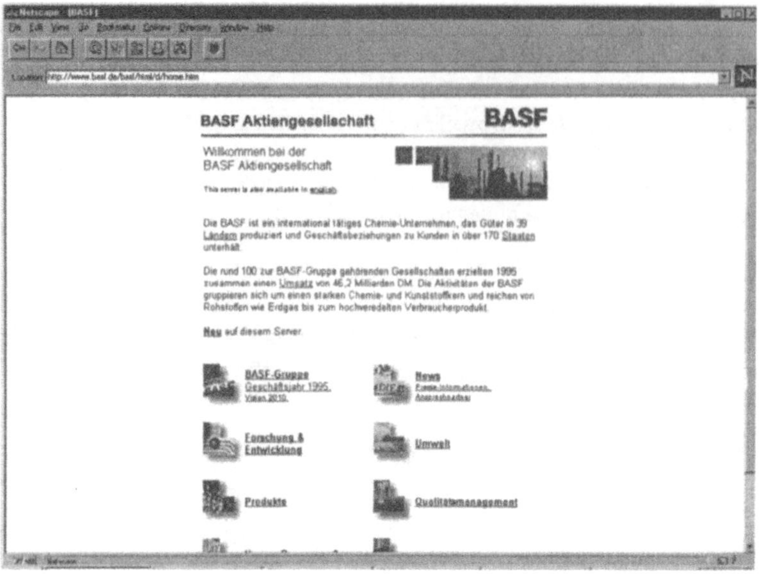

Abb. 8: Die Einstiegsseite der BASF in Internet

Aus Sicherheitsgründen muß natürlich auf eine klare Trennung zwischen internen und öffentlichen zugänglichen Daten eines Unternehmens gesorgt werden. Deswegen wird empfohlen, den öffentlichen WWW-Server eines Unternehmens direkt im Internet anzusiedeln und nicht innerhalb des Corporate Network. Dies ist in Abb. 6 schematisch dargestellt. Die Firewallsysteme gewährleisten, daß Zugriffe vom Internet auf die WWW-Server im Intranet nicht stattfinden können.

Präsenz im Internet und WWW wird für Unternehmen immer wichtiger, um auf Dauer am Markt bestehen zu können. Viele deutsche Unternehmen verfügen schon über WWW-Server oder sind z.Zt. dabei, solche aufzubauen. Die BASF ist unter den URLs **http://www.basf.de** und **http://www.basf.com** im Internet vertreten. Die Einstiegsseiten sind in den Abb. 7 und 8 gezeigt.

5 Nutzung der Information aus dem Internet

Interessant und zunehmend wichtiger für Unternehmen ist WWW zur Erschließung der Informationsquellen im Internet. So veröffentlichen Universitäten und Forschungseinrichtungen ihre Forschungsergebnisse im Web. Bibliotheken stellen ihre Kataloge auf diesem Wege zur Verfügung. Konferenzankündigungen und -anmeldungen erfolgen verstärkt über WWW.

Die Europäische Kommission und andere öffentliche Stellen publizieren ihre Pläne, Broschüren und Förderprogramme zunehmend im WWW. Firmen stellen Produktinformationen auf diesem Weg bereit. Für den EDV-Bereich sind Updates/Patches, neue Treiberversionen, Produktdokumentationen, etc. so zugänglich.

Abb. 9 stellt den Zugriff auf einen WWW-Server im Internet schematisch dar. Die Verbindung ist indirekt und muß über ein Firewall-System geleitet werden. Dies geschieht für den Nutzer vollkommen transparent und bietet darüberhinaus die Möglichkeit, die Zugriffe im Detail zu kontrollieren.

Es soll aber nicht verschwiegen werden, daß es oft recht mühsam ist, die für einen relevante Information überhaupt zu finden. Suchmaschinen, wie in Abschnitt 2.4 erwähnt, leisten hierbei wertvolle Unterstützung.

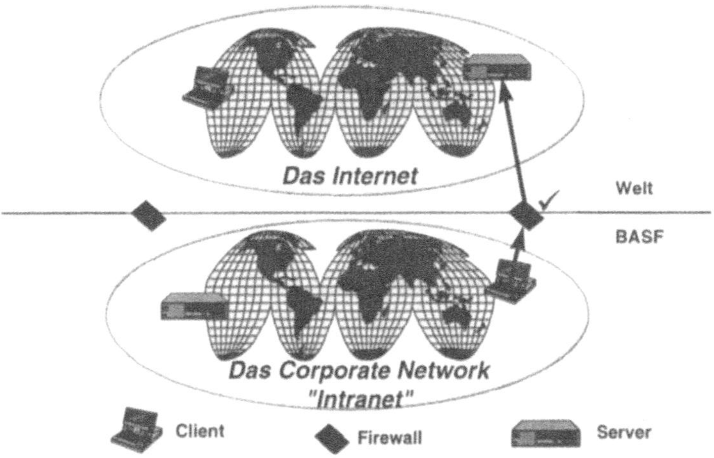

Abb. 9: Nutzung der Information aus dem Internet

6 Probleme bei der Einführung von WWW

Bei der Einführung von WWW in einem Unternehmen ist - wie bei der Einführung jeder neuen Technologie - mit einigen Anfangsproblemen zu rechnen. Sie gilt es, um den Erfolg nicht zu gefährden, möglichst schnell in den Griff zu bekommen.

Die Werkzeuge für die Erstellung von Pflege von WWW-Seiten sind heute noch nicht ausgereift. Es wird aber zunehmend einfacher - auch für Laien - WWW-Seiten zu erstellen und zu pflegen. Einige vielversprechende Produkte sind bereits von verschiedenen Herstellern angekündigt, aber es muß sich zeigen, ob es ihnen gelingt, ihre Versprechungen zu erfüllen.

Wenn die Menge der WWW-Seiten auf einem Server angewachsen ist, merkt man, daß die Verwaltung der Seiten sowie der Verweise (Links) zwischen des Seiten, ihre Strukturierung und Aktualisierung immer mehr Zeit in Anspruch nehmen. Werkzeuge zur Unterstützung dieser Tätigkeiten werden dringend benötigt. Auch muß man den Geschäftsprozeß zur Freigabe der WWW-Seiten festlegen.

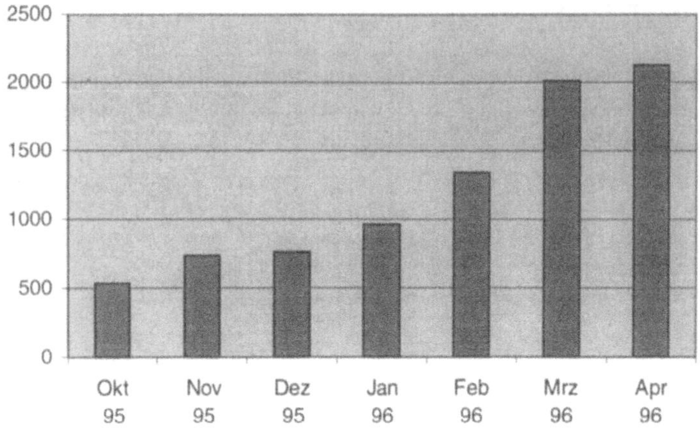

Abb. 10: Nutzungsstatistik: Anzahl Endsysteme

Online-Bücher müssen, da sie interaktiv am Bildschirm gelesen werden sollen, ganz anders aufgebaut werden als gedruckte Bücher. Deswegen ist ein Umdenken bei den Autoren erforderlich. In der Übergangszeit wird man darüber hinaus nicht umhin kommen, eine gedruckte und eine Online-Version zu erstellen. Dies bedeutet Mehraufwand.

Einfache, aber effiziente Suchmöglichkeiten innerhalb des WWW müssen geschaffen werden. Je mehr Seiten auf einem Server bereitgestellt werden, desto schwieriger wird es für einen Nutzer, sich einen Überblick über die angebotenen Informationen zu verschaffen. Um Hilfestellung zu geben, damit der Nutzer schnell das findet, was er sucht, ist die Implementierung von Suchmasken unerläßlich.

Schließlich muß die Infrastruktur zur Nutzung von WWW aufgebaut werden. Dies bedeutet, daß TCP/IP als Netzwerkprotokoll und DNS als zugehöriger Namensdienst im Unternehmen flächendeckend eingeführt und unterstützt werden müssen.

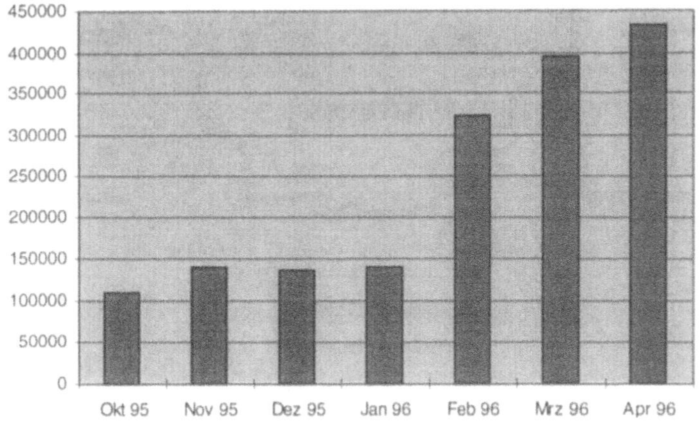

Abb. 11: Nutzungsstatistik: Anzahl Zugriffe

In den Abb. 10 und 11 wird die Entwicklung der Nutzung der Intranet-Dienste bei der BASF Aktiengesellschaft in den letzten 7 Monaten aufgezeigt. Abb. 10 gibt die Anzahl der verschiedenen Endsysteme (PC) wieder, die im jeweiligen Monat die Intranet-Dienste genutzt haben; Abb. 11 zeigt die Gesamtzahl der Zugriffe auf. Jeder Abruf einer Seite wird dabei als ein Zugriff gezählt. Dem deutlichen Wachstum ist zu entnehmen, wie positiv diese Dienste im Unternehmen aufgenommen werden.

7 Zukünftige Entwicklungen

Aufgrund des stürmischen Wachstums des Internets besteht derzeit eine beeindrukkende Dynamik bei der Entwicklung neuer Dienste und Protokolle im Internet. Auf zwei dieser Entwicklungen, die Programmiersprache Java und elektronisches Geld, soll aufgrund ihrer zu erwartenden Bedeutung hier kurz näher eingegangen werden. Im Anschluß wird die Frage des Verhältnisses zwischen World Wide Web und Groupware diskutiert.

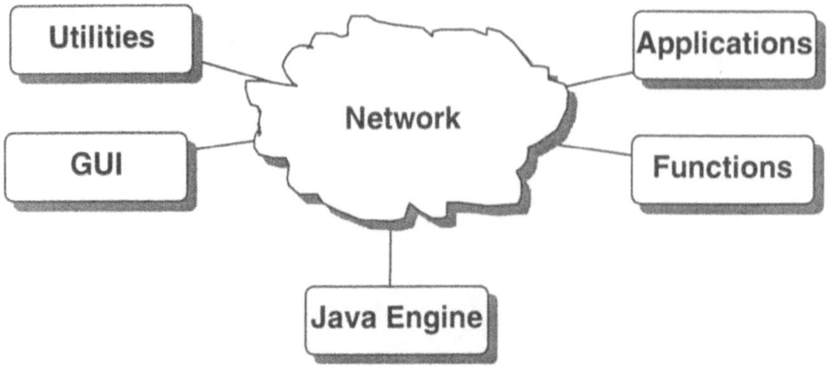

Abb. 12: Network Computing mit Java

7.1 Network-Computing: Java

Bei Java handelt es sich um eine objektorientierte Programmiersprache, die von Sun entwickelt wurde. Java ist eng mit C++ verwandt, meidet aber maschinenabhängige Sprachkonstrukte, wie z.B. die Adreßarithmetik. Java wird vom Compiler in eine klar definierte maschinenunabhängige Zwischensprache übersetzt, die der Browser interpretiert [2,9].

Durch diesen Ansatz ergeben sich völlig neue Möglichkeiten. So können Programme bzw. Programmteile im Internet, wie bisher Dokumente, bereitgestellt werden. Durch Anklicken werden sie über das Netzwerk geladen und im WWW-Browser ausgeführt. Da die Programme nicht in einer bestimmten Maschinensprache vorliegen, können sie auf verschiedenen Rechnersystemen ohne Änderungen interpretiert, d.h. ausgeführt werden. Sun bezeichnet das als „Write Once, Run Anywhere". Java beinhaltet Sicherheitskonzepte, um z.B. gegen Viren gewappnet zu sein.

Sun hat Java bereits an mehrere Firmen lizensiert, darunter befinden sich z.B. Borland, Netscape, Microsoft, IBM und Oracle. Die neuen WWW-Browser beinhalten Java-Interpreter. Damit scheint Java sich allgemein durchzusetzen.

Es wird erwartet, daß man durch Java davon abgehen kann, Programme vorab lokal auf einem PC zu installieren. Stattdessen wird ein Programm dann, wenn man es braucht, über das Netzwerk geladen, wobei die einzelnen Programmteile von verschiedenen Servern kommen können. Dies ist in Abb. 12 schematisch dargestellt. George Gilder bezeichnet es als „The New Order of Computing":

„Your Computer will never be the same ... No longer will the programs in your machine determine the functions you can perform. The network is the computer. The computer becomes a peripheral to the Internet and the Web."

Durch diese neue Technologie ist es denkbar, den PC (Personal Computer) als Endgerät durch einen einfacheren, in Anschaffung und Unterhaltung preiswerteren NC (Network Computer) abzulösen. Apple, IBM, Netscape, Sun und Oracle erarbeiten zusammen z.Zt. die erste Spezifikation eines NC. Sie soll im August diesen Jahres fertiggestellt sein. Mindestens 70 weitere Firmen unterstützen diese Initiative. Information hierzu ist im Internet unter der URL http://www.nc.ihost.com zu erhalten.

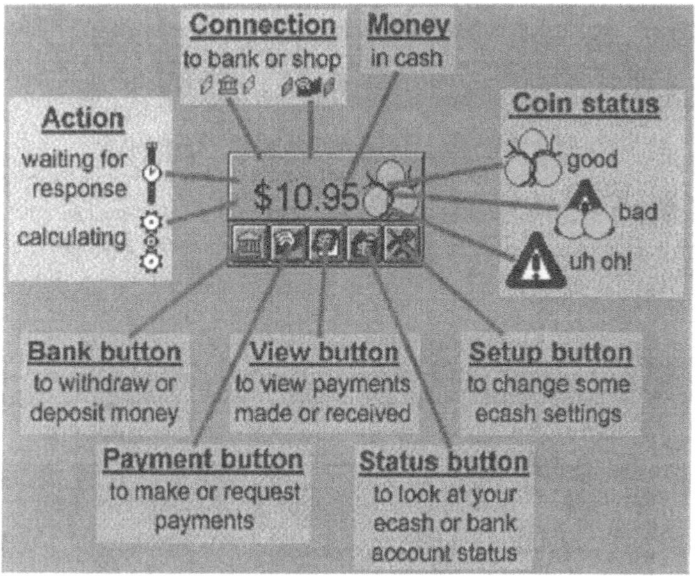

Abb. 13: Die elektronische Geldbörse auf dem PC

7.2 Elektronisches Geld

Eine wichtige Voraussetzung für kommerzielle Dienste im Internet ist die Existenz gesicherter Zahlungssysteme. Es muß möglich sein, die in Anspruch genommenen Dienstleistungen direkt Online zu bezahlen. Ein Mißbrauch dieser Zahlungssysteme muß ausgeschlossen werden können. Außerdem müssen diese Systeme auch für kleinere Geldbeträge geeignet sein.

Es gibt viele Vorschläge für solche Systeme. Eines der aussichtsreichsten ist das der Firma DigiCash. Es realisiert eine elektronische Geldbörse, die auf dem PC gehalten wird. Der Geldfluß bewegt sich im Dreieck: Bank, Kunde und Händler. Durch eine Transaktion mit einer Bank kann der Kunde seine elektronische Geldbörse (siehe Abb. 13) auf dem PC mit einem Geldbetrag füllen, der seinem Girokonto belastet wird. Mit diesem Geld können Waren und Dienste beim Händler gekauft und bezahlt werden.

Der Händler wiederum gibt sein elektronisches Geld der Bank zurück, die im Gegenzug reales Geld seinem Konto gutschreibt. Im Unterschied zu realem Geld ist eCash, wie das elektronische Geld bezeichnet wird, nicht übertragbar.

Die nötige Sicherheit erhält dieses Zahlungssystem durch die ausgeklügelte Anwendung von Verschlüsselungsverfahren. So können z.B. Betrugsversuche (Kopieren von eCash) festgestellt werden. Trotzdem bleibt die Anonymität des Kunden gewährleistet.

Abb. 14: „We accept eCash" - Logo

Die Mark Twain Bank in St. Louis, Missouri, USA gibt seit Oktober 1995 eCash in US-Dollar bereits aus. Eunet in Finnland ist im März 1996 gefolgt. Die Deutsche Bank hat angekündigt, einen Pilotversuch mit eCash durchzuführen. Einige virtuelle Geschäfte im Internet akzeptieren es. Daß eCash angenommen wird, wird durch das in Abb. 14 gezeigte Logo signalisiert.

Weitere Informationen sind im Internet unter der URL http://www.digicash.com/ zu finden.

7.3 World Wide Web und Groupware

World Wide Web und Groupware sind sich ergänzende, aber auch konkurrierende Konzepte. WWW hat seinen Schwerpunkt bei der Informationsverteilung im Großen, während Groupware auf die effektive Unterstützung von kleinen Projekt- und Arbeitsgruppen abzielt. WWW wird im Vergleich zu Groupware in den nächsten Jahren ein größeres Wachstumspotential im Internet wie auch innerhalb von Unternehmensnetzwerken, den Intranets, vorhergesagt [10].

Die Hersteller der WWW-Browser tendieren einerseits dazu, in ihre Produkte immer mehr Groupwarefunktionalität, z.B. E-Mail, Diskussionsforen, einzubauen und die Programmierbarkeit durch eine standardisierte Makrosprache zu erreichen. Auf JavaScript als Makrosprache für WWW-Browser haben sich bereits 28 Firmen geeinigt. Hierdurch verwischen sich die Unterschiede zwischen Groupware-Clients und WWW-Browsern immer mehr.

Die Groupwarehersteller andererseits sind dabei, mit Gateways die Anbindung ihrer Produkte an und deren Bedienbarkeit über WWW zu ermöglichen. Solche Groupwareprodukte stellen sich nach außen als spezielle WWW-Server dar, auf die der Benutzer mit seinem gewohnten WWW-Browser zugreifen kann. Der Vorteil des Groupwareproduktes drückt sich dann in der Funktionalität des Servers sowie bei der Erstellung und Pflege der darin abgelegten Information aus.

8 Zusammenfassung und Ausblick

World Wide Web hat, wie kein anderer Internet-Dienst zuvor, innerhalb kürzester Zeit eine enorme Popularität erreicht. Durch seine einfache und intuitive Bedienbarkeit und seine Offenheit ist er ein idealer Informationsdienst im Internet und auch innerhalb von Unternehmensnetzwerken, den Intranets, für Informationsverteilung vielfältig und vorteilhaft nutzbar. Einige Anwendungsbeispiele wurden aufgezeigt. Durch neue, sich abzeichnende Entwicklungen, wie z.B. die Programmiersprache Java, elektronisches Geld und den Network Computer, werden vollkommen neue Anwendungen der globalen Rechnernetze möglich. Aus Client-Server-Computing wird Network-Centric-Computing.

Literaturverzeichnis

[1] Oliver Greb: „MC Online-Monitor - aktuelle Mediadaten für professionelles Online-Marketing in Deutschland“, *veröffentlicht in:* Hans-Jörg Bullinger (Hrsg.), „Electronic Business - Märkte, Technologien, Erfolgsstrategien für Anbieter und Nutzer“, Fraunhofer Institut Arbeitswirtschaft und Organisation, IAO-Forum 23.November 1995, Stuttgart, S.213-240

[2] "The Java Language: A White Paper", Sun Microsystems, 1995

[3] John December, Neil Randall: "The World Wide Web Unleashed", Sams Publishing, 1994

[4] Ed Krol: "The Whole Internet, Users' Guide & Catalog", Second Edition, O'Reilly & Associates, 1994

[5] Mary E.S. Morris: "HTML: WWW effektiv nutzen", Verlag Heinz Heise, 1995

[6] Mathias Nolden,Thomas Franke: "Das Internet Buch", SYBEX-Verlag, 1995

[7] CCITT/ISO: „X.500, The Directory - overview of concepts, models and services“, CCITT X.500 / ISO IS 9495

[8] W.Yeong, T.Howes, S.Kille: „Lightweight Directory Access Protocol“, RFC 1777, March 1995

[9] T.Ritchey: „Programming with Java“, New Riders Publishing, Indianapolis, Indiana, 1995

[10] Forrester Research, Inc: „The Invasive Intranet“, Network Strategy Service, Volume 9, Number 12, November 1995

Handelsinformationssysteme und Handelscontrolling

Prof. Dr. Jörg Becker
Westfälische Wilhelms-Universität Münster

Inhalt

17. Saarbrücker Arbeitstagung Rechnungswesen und EDV 1996. Hrsg.: A.-W. Scheer.

1 Zunächst einige grundlegende Begriffe

Unter *Handel* soll im folgenden ausschließlich der Handel mit beweglichen Sachgütern (Warenhandel), nicht aber der Handel mit vermögensrechtlichen Urkunden (Wertpapier-, Effektenhandel) oder der Handel mit unbeweglichen Sachgütern (Immobilienhandel) verstanden werden. Der Warenhandel erfordert anders strukturierte Informationssysteme als der Wertpapier- oder Immobilienhandel.

In Anlehnung an den Architekturbegriff der Baukunst soll unter *Architektur* ein Generalbebauungsplan verstanden werden, der die Elemente des gesamten Unternehmens-Informationssystems und deren Beziehungen untereinander darstellt. So wie der Architekten-Plan unterschiedliche Sichten auf das Objekt eröffnet, wird eine Informationssystem-Architektur durch mehrere Sichten spezifiziert. In Anlehnung an Scheer [1] werden Daten-, Funktions- und Prozeßsicht (sowie Organisationssicht) unterschieden. Für diese Sichten werden Modelle gebildet, die auf fachkonzeptueller Ebene Ablauforganisation und Informationssysteme beschreiben.

Ein *Modell* wird verstanden als ein immaterielles Abbild der Realwelt (des Objektsystems) für Zwecke eines Subjekts. Modelle werden als Hilfsmittel zur Erklärung und Gestaltung realer Systeme eingesetzt. Erkenntnisse über Zusammenhänge und Sachverhalte bei realen Problemen können mit Hilfe von Modellen aufgrund der Ähnlichkeit gewonnen werden, die zwischen dem realen betrieblichen System und dem Modell als Abbild dieses Systems bestehen [2].

In der Literatur wird unter einem Informationsmodell i. d. R. die fachkonzeptuelle Beschreibung eines DV-technisch umsetzbaren Informationssystems verstanden[3]. Eine derart enge Anlehnung an das Ziel der Informationssystementwicklung scheint bei der vielfach konstatierten Interdependenz von Informationssystem- und Organisationsgestaltung allerdings nicht sinnvoll. Da insbesondere Prozeßmodelle einen hohen Organisationsbezug aufweisen, wird hier ein umfassenderer Geltungsanspruch bei der Erstellung von Informationsmodellen unterstellt: Ein *Informationsmodell* ist das immaterielle Abbild des betrieblichen Objektsystems aus Sicht der in diesem verarbeiteten Informationen für Zwecke des Informationssystem- und des Organisationsgestalters. Die Informationen können, müssen aber nicht in automatisierter Form vorliegen. Eine größere Nähe zur Informationstechnik besteht mit dem Begriff des *Anwendungssystemmodells* (Informations*system*modells), das nur diejenigen Informationsobjekte des Informationsmodells beinhaltet, die ihren Niederschlag in dem zu entwickelnden (entwickelten) Anwendungssystem, also im automatisierten Teil des Informationssystems, finden [4].

Ein Informationsmodell kann entsprechend seiner Konkretion entweder ein unternehmensspezifisches oder ein Referenz-Informationsmodell sein. Ein Referenz-Informationsmodell ergibt sich (induktiv) durch Abstraktion mehrerer unternehmensspezifischer Informationsmodelle sowie (deduktiv) durch den Einbezug theoretischer Erkenntnisse. Ein Anwendungssystemmodell kann differenziert werden in Unternehmens-, Referenz- und Master-Anwendungssystemmodell. Beim Master-Anwendungssystemmodell handelt es sich um ein Modell, das sich durch Komposition mehrerer Referenz-Anwendungssystemmodelle ergibt. Somit ist der Adressatenkreis eines Master-Modells erheblich größer als bei einem Referenz-Anwendungssystemmodell, welches durch einen besonderen Fokus (i. d. R. Branchenbezug) charakterisiert wird.

Eine Architektur ist demnach auch ein Modell, das sich durch einen sehr hohen Abstraktionsgrad auszeichnet und nur grundlegende Elemente darstellt. Die Informationssystem-Architektur wird in Modellen zur Daten-, Funktions- und Prozeßsicht spezifiziert (die Organisationssicht wird hier im weiteren ausgeklammert). Daten bilden die statischen Strukturen ab, Funktionen die betrieblichen (Teil-)Aufgaben und Prozesse die Abläufe. Der oftmals sehr vage definierte Prozeß-Begriff soll hier eine Konkretisierung erfahren, um insbesondere Anfang und Ende eines (Teil-)Prozesses handhabbar definieren zu können. Ein *Prozeß* stellt die zeitlich-sachlogische Abfolge der Funktionen dar, die zur Bearbeitung eines betriebswirtschaftlich relevanten Objekts notwendig sind. Dieses eine Objekt prägt den Prozeß, andere Objekte können in den Prozeß einfließen. Ein *Geschäftsprozeß* ist ein ausgezeichneter Prozeß, der eine wesentliche Geschäftsart des Unternehmens widerspiegelt und zwingend Schnittstellen zu Marktpartnern, insbesondere Kunden, aufweist. Diese Beschreibung von Prozessen legt nahe, daß Hierarchien von (über- und untergeordneten) Prozessen gebildet werden können. Auf der obersten Hierarchiestufe stehen Geschäftsprozesse, die anhand von prozeßinduzierenden betriebswirtschaftlich relevanten Objekten verfeinert werden können. Die Kopplung des Prozeßbegriffs an den Objektbegriff führt die unabhängig voneinander diskutierten Paradigmen der Objektorientierung [5] und der Prozeßorientierung [6] zusammen und zeigt die enge Verbundenheit beider Sichten auf.

2 Vorschlag für eine Architektur: das Handels-H-Modell

Der traditionell wichtigste Geschäftsprozeß des Handels ist in Erfüllung der zeitlichen und räumlichen Überbrückungsfunktion das Lagergeschäft. Das betriebswirtschaftlich relevante Objekt, das ihn prägt, ist die Ware. Auf oberster Hierarchie-Ebene besteht er aus den Teilprozessen Beschaffen – Lagern – Verkaufen. Die treibenden Objekte sind Spezialisierungen der Ware im Sinne von Einkaufsware, Lagerware und Verkaufsware. Auf der Beschaffungsseite können die Prozesse Einkauf, Disposition, Wareneingang, Rechnungsprüfung und Kreditorenbuchhaltung unterschieden werden, auf der Verkaufsseite die korrespondierenden Prozesse Marketing, Verkauf, Warenausgang, Fakturierung und Debitorenbuchhaltung. Beschaffungs- und Verkaufsprozeß werden durch das Lager gekoppelt, das vor allem die zeitliche Überbrückungsfunktion wahrnimmt (vgl. Abbildung 1).

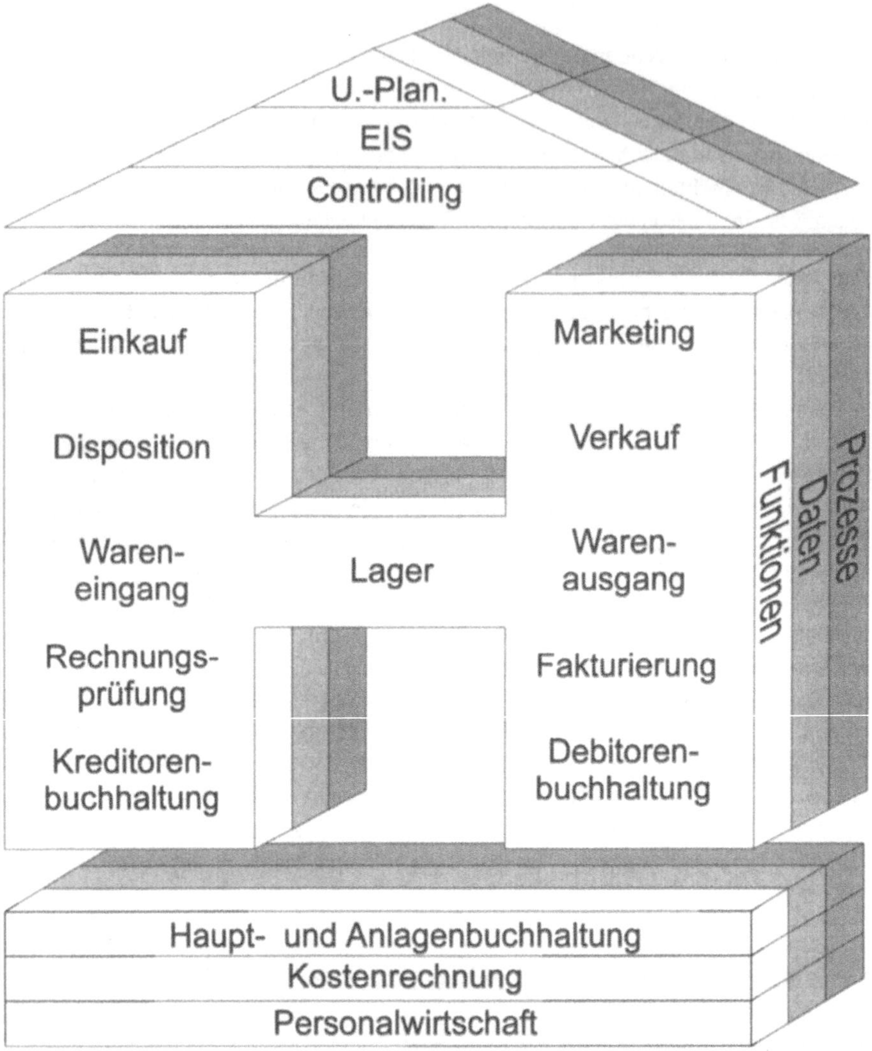

Abb. 1: Architektur für Handelsinformationssysteme: das Handels-H

Auf dieser Hierarchiestufe sind weniger die physischen Objekte (Artikel) die prozeßinduzierenden Objekte, sondern die Informationsobjekte. Der Einkauf wird geprägt durch die Rahmenvereinbarung, die Disposition durch die Bestellung, der Wareneingang durch den Lieferschein, die Rechnungsprüfung durch die Rechnung und die Kreditorenbuchhaltung durch die Zahlung.

Die *Rahmenvereinbarung* ist in einer losen Form die Dokumentation der Geschäftsbeziehung, die mit einem Lieferanten eingegangen wird. In der nächstspezifischen Rahmenvereinbarung werden darüber hinaus die Artikel festgelegt, die das Handelshaus von dem Lieferanten bezieht. Eine weitere Stufe ist gekennzeichnet durch die Vereinbarung der Konditionen mit der handelstypischen Vielfalt von Rechnungskonditionen und nachträglichen Konditionen, die an wert- und/oder zeitmäßige Trigger geknüpft sind. Schließlich umfaßt die Rahmenvereinbarung in ihrer spezifischsten Form zusätzlich die Festlegung von festen Bezugsmengen oder -werten für eine Periode, sogenannten Kontrakten, oder sogar festen Einteilungen der Mengen in geplante Lieferungen, sogenannten Lieferplänen.

Die *Bestellung* definiert den konkreten Mengenfluß durch die Festlegung des Tripels Artikel-Menge-Zeit. Typisch für den Handel ist, daß bei der Bestellung eine Rahmenvereinbarung mit einer Lieferant-Artikel-Kondition-Beziehung referenziert wird. Teilweise wird, z. B. im Aktionsgeschäft, nur auf die Lieferant-Artikel-Verbindung Bezug genommen und die (aktionsrelevante) Kondition neu festgelegt.

Der *Lieferschein* dokumentiert die Realisierung der aus der Bestellung resultierenden Mengenanforderung. Er ist das prägende Objekt des Wareneingangs. Weitere Objekte, die in den Prozeß einfließen, sind die Bestellung, gegen die der Lieferschein verprobt wird, und der Wareneingangsbeleg als Dokumentation des tatsächlich realisierten Wareneingangs. Das Festhalten aller drei Werte erleichtert die anschließende Rechnungsprüfung. Die Bestelldaten liegen aus der Disposition systemseitig vor, die tatsächlich eingegangenen Mengen müssen in jedem Fall erfaßt werden. Wenn die Lieferscheindaten per elektronischem Datenaustausch (electronic data interchange EDI) übermittelt werden, besteht also auch beim Festhalten der drei wareneingangsrelevanten Daten kein zusätzlicher Erfassungsaufwand. Das Ausmaß an EDI-Datenübertragungen nimmt stetig zu, auch wenn es hinter manch ehrgeiziger Prognose zurückbleibt.

Die Rechnungsprüfung wird ausgelöst durch den Eingang der *Rechnung*, des hier prägenden Objekts. Auch in der Rechnungsprüfung existieren weitere Objekte: die Konditionsvereinbarung des Rahmenvertrags gibt das Wertegerüst vor, die miteinander abgeglichenen Belege der Bestellung, des Lieferscheins und des Wareneingangs das Mengengerüst. Bei Übereinstimmung des Rechnungsendbetrages mit der Summe der bewerteten Wareneingänge ist die Rechnungsprüfung unproblematisch und kann vollständig automatisiert werden. Bei Abweichungen zwischen der Summe der bewerteten Wareneingänge (welche die Grundlage der Rechnungsstellung sein sollten) und dem Rechnungsendbetrag ist zu klären, ob sich diese auf Mengen- oder Werte-Abweichungen beziehen. Wenn zwar nicht der bewertete Wareneingang, wohl aber die bewertete Bestellung oder der bewertete Lieferschein mit dem Rechnungsbetrag übereinstimmt, basiert die Abweichung wahrscheinlich auf einer Mengenabweichung. Diese ist dann leicht zu klären, wenn das Informationssystem alle drei wareneingangsbezogenen Werte vorhält und gegen den Rechnungswert abgleicht. Sollte die Rechnung per EDI an das Handelshaus übertragen werden, ist nicht nur – wie heute meist üblich – ein automatischer Vergleich auf Rechnungsbetragssumme möglich, sondern auf Rechnungspositionsebene, so daß Abweichungen automatisiert spezifischer festgestellt werden können.

Die Bildung des Offenen Postens stellt den Übergang von der Rechnungsprüfung zur Kreditorenbuchhaltung dar. Er wird durch die *Zahlung*, das prägende betriebswirtschaftliche Objekt der Kreditorenbuchhaltung, ausgeglichen. Die Zahlungsmodalitäten einer Lieferantenbeziehung sind meist über längere Zeit konstant und in der Rahmenvereinbarung hinterlegt, auf die bei Rechnungsausgleich referenziert wird (Zeitpunkt der Zahlung, Art der Zahlung, zahlungsbezogene Konditionen wie Skonto).

Strukturanalog zur Abbildung der Prozesse auf der Beschaffungsseite ist die Vertriebsseite aufgebaut.

Dabei soll Marketing hier als (klassisches) Absatzmarketing und weniger als Beschaffungsmarketing (diese Aktivitäten fallen in den Bereich Einkauf) verstanden werden. Von den 4 „Marketing-Ps" (product, price, promotion und physical distribution) sollen im Verkaufsprozeß vor allem die taktisch-operativen Aufgaben „product" und „price", also Sortimentsgestaltung und Verkaufspreiskalkulation informationssystemseitig unterstützt werden. Zentrales betriebswirtschaftliches Objekt (für den Großhandel bzw. den mehrstufigen Handel) ist die *Listung*, in der festgelegt wird, welcher Kunde (welche Filiale) welchen Artikel in welcher Zeit beziehen kann. Der Zeitaspekt ist deswegen von Bedeutung, da bestimmte Artikel grundsätzlich zeitabhängig (z. B. Saisonware) oder filialbezogen zeitabhängig (z. B. Aktionsware) gelistet sein können.

Wie die Leistung sind auch die weiteren Prozesse der Verkaufsseite vor allem großhandels- bzw. versandhandelsspezifisch. Im stationären Einzelhandel entfällt eine explizite Auftragsbearbeitung, die Prozesse Warenausgang, Fakturierung und Debitorenbuchhaltung fallen mit dem Kassiervorgang am Point of Sale (POS) zusammen. Allerdings sind z. B. mit der Verbreitung von Kundenkreditkarten auch im stationären Einzelhandel die Prozesse Warenausgang und Fakturierung voneinander getrennt, und es existiert eine kundenbezogene Debitorenbuchhaltung.

Die prozeßprägenden Objekte, die analog zur Beschaffungsseite identifiziert werden können, sind der *Auftrag* für die Auftragsbearbeitung, der *(WA-) Lieferschein* für den Warenausgang, die *(WA-) Rechnung* für die Fakturierung und der *Zahlungseingang* für die Debitorenbuchhaltung.

Die beiden Schenkel des H sind (bis auf die Kopplung Lager) *getrennt* nebeneinander, da Beschaffungs- und Verkaufsaktivitäten (im Normalfall) operativ relativ unabhängig voneinander ablaufen. Die Beobachtung des Lagers und auf Vergangenheitsentwicklungen prognostizierte Zukunftsentwicklungen des Lagerabgangs, seien sie manuell oder mit mathematisch-statistischen Verfahren durchgeführt, steuern die Beschaffungsaktivitäten, insbesondere die Disposition. Die Verkaufsseite wird maßgeblich durch Aufträge (Groß- und Einzelhandel) oder Warenentnahme und Kassiervorgang (Einzelhandel) beeinflußt.

Die beiden Schenkel stehen *parallel*, da in beiden strukturanaloge Sachverhalte abgebildet werden. Beispielsweise werden bei der Rechnungsprüfung durch die Bewertung des Wareneingangs die gleichen Aktivitäten durchgeführt wie bei der Erstellung der Faktura durch die Bewertung des Warenausgangs.

Die prozeßorientierte Anordnung bedeutet, daß die unteren Bereiche das Durchlaufen der oberen voraussetzen. Dies impliziert für das Datenmodell, daß die Entitytypen, die beispielsweise für die Prozesse im Einkauf benötigt werden, existenzunabhängiger sind als die Objekte, die in der Kreditorenbuchhaltung verwendet werden.

Die Hauptbuchhaltung und die Kostenrechnung halten auf aggregierter Ebene die operativen Vorgänge in ihrem wertmäßigen Abbild fest – die Buchhaltung aus Sicht der externen Rechnungslegung, die Kostenrechnung aus Sicht der internen Rechnungslegung. Die Abstraktion von den operativen Vorgängen und die Schaffung der Gleichnamigkeit in Wertansätzen erfolgt durch das Konstrukt des *Kontos*. Alle Bewegungen, die es wertmäßig abzubilden gilt, finden im Konto ihren Niederschlag. Auch wenn der Objektbezug im Rechnungswesen, da es sich hier weitgehend um abgeleitete Daten handelt, weniger zwingend ist als in den warenflußorientierten Bereichen, erscheint es sinnvoll, das Konto als das für den Bereich Rechnungswesen prägende Objekt zu definieren.

Einfacher fällt die Festlegung des die Personalwirtschaft prägenden Objekts; es ist das *Personal*, das aus abrechnungsbezogener Sicht und organisatorischer Sicht im Personalwirtschaftssystem abgebildet wird. Aus abrechnungsbezogener Sicht geht es um die Ermittlung von Brutto- und Nettobezügen, aus organisatorischer Sicht um Stellenbildung und Stellenbesetzung, um fachliche und organisatorische Unter- und Überordnung, um Qualifikationsanforderungen von Stellen und Qualifikationsprofile von Mitarbeitern, um Karriereplanung und -entwicklung und schließlich um Aus- und Weiterbildung incl. Schulungsmaßnahmen.

Die Informationssysteme im „Dach" des Handels-H aggregieren Daten der mengenorientierten und der wertorientierten Ebene zu aussagekräftigen Kennzahlen, welche die Basis unternehmerischer Lenkungsentscheidungen bilden. Wegen der unmittelbaren Nähe zu den Lenkungsentscheidungen dominiert hier der Zielbezug den Objektbezug.

3 Die Sichten

Alle Bereiche innerhalb des Handels-Hs können aus unterschiedlichen Sichten betrachtet werden. Die *Funktionssicht* listet alle (Elementar-) Funktionen auf, die in den Bereichen Beschaffung, Lager, Verkauf, betriebswirtschaftlich-administrative und taktisch-strategische Aufgaben anfallen. Sie hat dokumentierend-klassifizierenden Charakter und ist innerhalb einer Handelstypen-Geschäftsarten-Warentyp-Klasse weitgehend einheitlich (Eine solche Klasse sei z. B. das Tripel genossenschaftlich organisierter Großhandel-Lagergeschäft-Hartwaren).

Die statischen Strukturen finden ihren Niederschlag in den *Datenmodellen*, die z. B. im Preis- und Konditionengefüge, in der Verwaltung mehrstufiger Lieferantenhierarchien (Kontore), im Aufteiler (Festlegung von Mengen für Warenempfänger, z. B. Filialen, aufgrund (vergangenheitsorientierter) Aufteilungsvorschriften) und im Aktionsgeschäft (Aktionsname, Aktionsgültigkeit, Aktionskondition zur Lieferanten- und Kundenseite, Aktionsartikel, Aktionslogistik intern und extern) handelstypische Besonderheiten aufweisen.

Die *Prozesse* legen die zeitlich-sachlogische Abfolge von Funktionen fest. Handelstypisch ist z. B. der Prozeß der Zweistufigkeit von Rechnungserfassung und Rechnungsprüfung, die bei der Vielzahl an Transaktionen die Erzielung von Größendegressionseffekten ermöglicht. Bei der Rechnungserfassung erfolgt oft nur eine Eingabe der Rechnungsendsumme, die innerhalb des Rechnungsprüfungslaufs mit der Summe der bewerteten Wareneingänge verglichen wird. Liegen – wie oben erwähnt – alle drei Belege zum Wareneingang systemseitig vor (was heute selten der Fall ist), können auftretende Differenzen oft systemseitig schon erkannt werden, ohne daß eine manuelle Überprüfung der Rechnungspositionen mit den bewerteten Wareneingangspositionen stattfinden muß.

Eine vollständige Beschreibung der Funktionen, Daten und Prozesse von Handelsinformationssystemen findet sich in [7].

4 Die Geschäftsarten

Die im Handels-H aufgeführten Prozesse sind typisch für das klassische *Lagergeschäft* mit den Aufgaben Beschaffen – Lagern – Verkaufen. Das Handelsunternehmen nimmt die warenflußbezogenen logistischen und die betriebswirtschaftlich-informationsbezogenen Aufgaben der Disposition und des Werteflusses zur Lieferanten- und zur Kundenseite hin wahr. Daneben sind weitere Geschäftsarten kennzeichnend für den Handel.

Beim *Streckengeschäft* erfolgt der logistische Warenfluß direkt zwischen Lieferant und Kunde, der dispositionsbezogene Informationsfluß und der Wertefluß spielen sich weiterhin zwischen Kunde und Handelsunternehmen resp. Handelsunternehmen und Lieferant ab.

Im *Zentralregulierungsgeschäft* (mit oder ohne Übernahme des Delkredere) schließlich ist das Handelsunternehmen nur beim Wertefluß involviert, der logistische Warenfluß und der dispositionsbezogene Informationsfluß erfolgen in direkter Abstimmung zwischen Kunde und Lieferant mit der Besonderheit, daß die rechtliche Forderung des Lieferanten gegenüber dem Kunden besteht, die Regulierung der Forderung aber durch das Handelsunternehmen erfolgt.

Die vierte wichtige Geschäftsart, die orthogonal zu den vorherigen drei steht, ist das *Aktionsgeschäft.* Hier rücken – bildlich gesprochen – die beiden Schenkel des Handels-Hs (die im Lagergeschäft ja deswegen voneinander entfernt nebeneinander stehen, weil die Aktivitäten relativ unabhängig voneinander, eben nur gekoppelt durch das Lager und die Entwicklung des Lagerbestandes, durchgeführt werden) so nahe zusammen, daß sie sich berühren. Marketing- und Einkaufsmaßnahmen (Aktionskonditionen zur Einkaufs- *und* zur Verkaufsseite) werden interdependent geplant und durchgeführt, vorhandene Aktionsaufträge (Bestätigung der Teilnahme der Aktion und Spezifizierung einer festen Ordermenge) der Kunden/Filialen führen zur Festlegung der Dispositionsmenge zur Lieferantenseite hin, im Lager werden die eingegangen Mengen nicht auf den gewöhnlichen Reserveplätzen eingelagert, sondern sofort aufgeteilt und der Warenausgangszone zugeführt (sogenannter aktiver Bypass), der Wertefluß (Rechnungsprüfung und Kreditorenbuchhaltung einerseits sowie Fakturierung und Debitorenbuchhaltung andererseits) wird durch die Aktionskonditionen zur Einkaufs- und Verkaufsseite gesteuert. Die Aktion zieht sich sogar durch die betriebswirtschaftlich-administrativen Systeme, insbesondere die Kostenrechnung, und die taktisch-strategischen Aufgaben des Controlling als betriebswirtschaftlich relevantes Objekt (Aktionserfolgsrechnung) hindurch.

Die fünfte Geschäftsart ist das *Dienstleistungsgeschäft.* Hier ist natürlicherweise die Dienstleistung das Objekt, das den Prozeß prägt. Sie wird meist additiv zu der eigentlichen Handelsfunktion angeboten und ist als eine die Warenlogistik ergänzende Funktion anzusehen. Dienstleistungen, die Handelsunternehmen ihren Kunden/Filialen anbieten, können vielfältig sein und beziehen sich z. B. auf Marktauftritt, Marketing, Layoutgestaltung im Betrieb, Beratung in Rechts- und Steuerfragen oder personalwirtschaftlichen Fragen. Dienstleistungsgeschäfte werden zwar vielfach von Handelsunternehmen angeboten (institutioneller Aspekt), sind aber keine Handelsgeschäfte im engeren Sinne, in denen eine zeitlich-räumliche Überbrückungsfunktion für Leistungen wahrgenommen wird, die von einem Lieferanten bezogen und an Kunden weitergegeben werden (funktionaler Aspekt). Genaugenommen erstellt das Handelshaus die betriebliche Leistung (z. B. die Beratung) selbst und ist damit eher Produzent als Händler.

Die fünf Geschäftsarten haben maßgeblichen Einfluß auf die Ausgestaltung der Prozesse, der sicherlich größer ist als der, der sich aus klassischen Einteilungen von Handelsunterehmen (Großhandel – Einzelhandel, filialisierender – kooperierender Handel, mehrstufiger – einstufiger Handel) ergibt.

5 Funktionsmodell des Controllings

Ohne die kontroverse Diskussion um den richtigen Controlling-Begriff aufrollen zu wollen [8], sei hier – in Übereinstimmung mit einem weitverbreiteten Begriffsverständnis – unter Controlling „eine durch Rechnungswesen gestützte Koordinations- und Kontrollhilfe“ [9] verstanden. Controlling erfüllt damit im Kern die Aufgabe, das die Entscheidungen der Unternehmensführung unterstützende, auf rationale Überlegungen gegründete Informationssystem eines Unternehmens so zu gestalten, daß die Entscheidungsträger innerhalb der Unternehmung die zur Erfüllung der jeweiligen Aufgaben erforderlichen Informationen in wirtschaftlicher Form erhalten [10].

Aus Sicht der Informationssystemgestaltung sind über diese betriebswirtschaftliche Definition von Controlling hinaus Differenzierungskriterien erforderlich, die eine Einteilung der Informationssysteme zu Zwecken der Informationsversorgung des Managements erlauben:

- Nach dem mit dem Informationssystem unterstützten Planungsproblem können im Hinblick auf den Fristigkeitsgrad Systeme zur Unterstützung strategischer, taktischer und operativer Aufgabenstellungen unterschieden werden. Je langfristiger die Planungsprobleme sind, desto mehr externe Informationen müssen einbezogen werden [11].
- Der Grad der Verdichtung von Daten und der damit verbundenen Nutzung dieser Daten von Führungspersonen steigt von den Controllingsystemen über die Executive Information Systeme bis zu Systemen der Unternehmensplanung [12].
- Außerdem können Informationssysteme nach dem Grad der Strukturiertheit des zugrundeliegenden betriebswirtschaftlichen Entscheidungsproblems unterschieden werden.

Einerseits ist es möglich, den Controlling-Begriff so aufzufassen, daß er die strategischen, taktischen und operativen Aufgaben umfaßt (Controlling i.w.S.), andererseits findet sich ein Begriffsverständnis, das dem Controlling die regelmäßig wiederkehrenden Aufgaben zuweist (Controlling i.e.S.) und daneben Executive Information Systeme und die Aufgaben der Unternehmensplanung mit sporadischem Charakter stellt.

In der Dreiteilung sind die Verdichtung von Daten, das Bilden von Kennzahlen sowie intertemporale und interkategoriale (Betriebstypen-, Standort-, Konkurrenz-, Größen-, Marktauftritt-bezogene) Vergleiche identifizierende Merkmale.

Executive Information Systeme besitzen, mit den anderen Systemen verglichen, eine stärkere Betonung der methodischen Konzepte, mit denen mögliche Konsequenzen von Entscheidungen „durchgespielt“ werden können [13]. Weitere Begriffe, die im Umfeld der hier verwendeten Terminologie liegen, sind MIS (Management Information System), ESS (Executive Support System), DSS (Decision Support System) mit weiteren Untergliederungen wie MCDSS (Multi Criteria Decision Support System), GDSS (Group Decision Support System), MPS (Mathematical Planning System), die sich nur durch ihren jeweiligen Fokus, wie Gruppenunterstützungsprozesse oder Anwendung mathematischer Optimierungsverfahren zur Entscheidungsunterstützung, unterscheiden.

Für die drei Begriffe, wie sie hier vorgeschlagen werden, wird eine Funktionszuordnung vorgenommen, welche die Datenverdichtung als ein Kriterium nimmt, darüber hinaus bei den Controlling-Funktionen den temporalen Aspekt, beim EIS zusätzlich den kategorialen Aspekt und beim Unternehmensplanungs-Unterstützungssystem die geringe Wiederholhäufigkeit der Planung (der Eintritt in ein neues Geschäftsfeld oder das Verlassen eines Geschäftsfelds sind Entscheidungen von unternehmensweiter Reichweite, die nur fallweise getroffen werden) in den Vordergrund stellt.

Damit ergibt sich die im Funktionsdekompositionsdiagramm in Abb. 2 vorgenommene Funktionszuordnung.

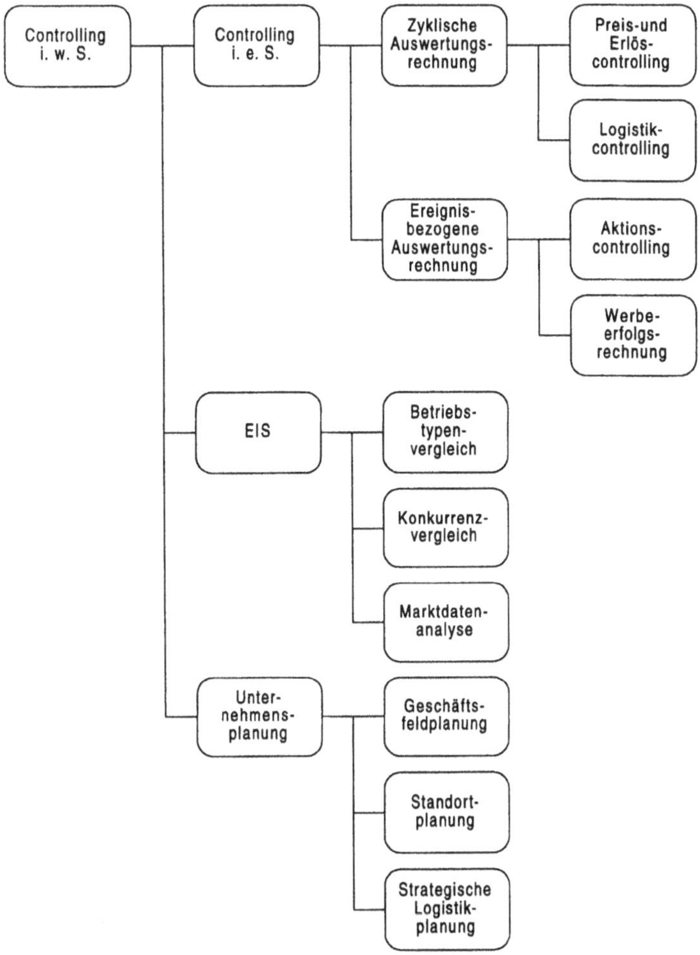

Abb. 2: Funktionsdekompositionsdiagramm Controlling, EIS und Unternehmensplanung

Controlling

Die Aufgaben des Controllings bauen unmittelbar auf den Auswertungsrechnungen der Kostenrechnung auf, wobei eine überschneidungsfreie Zuordnung von Auswertungsfunktionen zur Kostenrechnung oder zum Controlling nicht immer möglich ist.

Bei den *zyklischen Auswertungsrechnungen* werden Einzelaspekte der Kosten und Erlöse betrachtet. Insbesondere die Analyse der Werte im Zeitablauf besitzt eine hohe Aussagekraft. Bei den intertemporalen Vergleichen des Controllings wird im Rahmen des *Preiscontrollings* analysiert, wie sich die Preissensibilität der Artikel verändert und welche warenkorbtypischen Schwächen im Vergleich zum Konkurrenzpreisniveau gegeben sind [14]. Beim *Erlöscontrolling* werden die zeitliche Entwicklung der Gesamterlöse und deren Bestandteile analysiert.

Gegenstand des *Logistikcontrollings* ist insbesondere die Wirtschaftlichkeitskontrolle aller logistischen Aktivitäten [15]. Zu diesem Zweck sind neben Kosten- und Erlösdaten auch Leistungskennzahlen zu berücksichtigen. Beispielsweise sind zur Beurteilung der Wirtschaftlichkeit des Wareneingangsbereichs in einem Zentrallager Kennzahlen wie „Anzahl Wareneingänge“ oder „Anzahl bei der Einlagerung beschädigter Artikel“ notwendig.

EIS

Executive Information Systemehaben insbesondere zum Ziel, dem „information overload“ durch die Informationsverdichtung und eine selektive Informationsbereitstellung Rechnung zu tragen. Aus diesem Grunde gewinnen Systeme zur Ausnahmeberichterstattung (*Exception Reporting*)an Bedeutung, die Informationen erst bei der geplanten oder tatsächlichen Über- oder Unterschreitung kritischer Werte bereitstellen [16]. Durch die Definition von Regeln (z. B. Unterschreiten der Soll-Spanne in einer Filiale um 10 % in den vergangenen 3 Monaten) kommt es zu einer erheblichen Reduzierung des Analyseaufwands.

Inhaltlich-funktional sind von EIS insbesondere interkategoriale Vergleiche zu unterstützen. Als Kategorien können insbesondere Betriebstypen, konkurrierende Unternehmen und Märkte genannt werden.

Der *Vergleich der Betriebstypen*im Handel, der auch mit dem modernen Begriff des Benchmarking belegt werden kann, dient dem Aufzeigen von Stärken/Schwächen der Betriebstypen im Zeitablauf. Eine Analyse verschiedener Betriebstypen ist notwendig, um schnell auf ein verändertes Kundenverhalten reagieren zu können. Die hohe Imitationsgeschwindigkeit der Marktleistung eines Handelsunternehmens unterstützt den Prozeß der Anpassung.

Eng verbunden mit dem Betriebstypenvergleich sind *Analysen der Konkurrenz*.Beim Konkurrenzvergleich stehen organisatorische Aspekte im Vordergrund, indem die Erfolgsdaten des eigenen Unternehmens mit denen der Konkurrenz verglichen werden.

Die Betriebstypen- und Konkurrenzvergleiche haben ihre Ursache nicht zuletzt in der Erkenntnis, daß sich das eingesetzte Kapital zu einer alternativen Kapitalmarktanlage rentieren muß.

Die *Marktdatenanalyse* widmet sich dem unternehmensübergreifenden Sortimentsvergleich, indem für die einzelnen Regionen und Unternehmenstypen Aussagen über das abgesetzte Sortiment gewonnen werden sollen. Bei der Marktanalyse spielen Aspekte des Database Marketing eine große Rolle, um folgende Fragen analysieren zu können:

- Welchen Gesamtumsatz hat der Abnehmer, und wieviel Prozent seines Umsatzes nimmt der Abnehmer vom betrachteten Unternehmen ab?
- Welche Kundengruppen beziehen die Ware bei welchen Betriebstypen?

Unternehmensplanung

Aufgabe der strategisch ausgerichteten Unternehmensplanungim Handel ist die Ermittlung der relativen Wettbewerbsposition sowie das Aufzeigen zukünftiger Erfolgsmöglichkeiten. Zu diesem Zweck ist die derzeitige Situation des Unternehmens mit denen anderer Unternehmen und einem Idealprofil zu vergleichen. Hierzu können Stärken-/Schwächeprofile der Unternehmen herangezogen werden, die Aufschluß über die Situation des Unternehmens geben und somit Möglichkeiten zur Verbesserung aufzeigen.

Die *Geschäftsfeldplanung* stellt den ersten Schritt zur Festlegung von Marketingstrategien eines Unternehmens dar, die zugleich das Bindeglied zur Unternehmensplanung darstellt [17]. Die Geschäftsfelder einer Unternehmung sollten durch spezifische Aufgaben charakterisiert werden und einen hohen Erfolgsbeitrag liefern.

Die *Standortplanung* stellt insbesondere im Einzelhandel eine bedeutende Entscheidung dar, die ausgehend von der Kaufkraft in einer Region die Auswahl des optimalen Standorts durchführt [18].

Zur strategischen Logistikplanung gehören Überlegungen über Eigenerstellung oder Fremdbezug der Logistikleistung (eigener Fuhrpark oder Spedition), über die Standorte von Verteilzentren, die Ausgestaltung der Lager und die Vorteilhaftigkeit von Speditionslagern.

Zur Unterstützung dieser Planungsaufgaben sind unterschiedliche Szenarien zu betrachten, um die Erfolgsbeiträge der einzelnen Kombinationen von Handlungsalternativen und Umweltsituationen miteinander vergleichen zu können.

6 Datenmodell des Controllings

Da die Informationssysteme im „Dach" des Handels-H-Modells vor allem dadurch gekennzeichnet sind, daß sie Daten teils für regelmäßige, teils für fallweise (ad hoc) Auswertungen zur Verfügung stellen, aber nicht operative Abläufe durch einen Informationsfluß unterstützen, ist auf die Daten besonderes Augenmerk zu richten. Es handelt sich vor allem um Kennzahlen, die mehrere hochverdichtete Daten in Beziehung setzen. Die Ausgangsdaten, die den Datenverdichtungen zugrunde liegen, sind die des Warenwirtschaftssystems und der betriebswirtschaftlich-administrativen Systeme.

Anforderungen, die an die Daten für Controlling-, für Entscheidungsunterstützungs- und Unternehmensplanungszwecke gestellt werden, sind Richtigkeit, Relevanz, Aktualität, Verständlichkeit und Übereinstimmung mit den individuellen Bedürfnissen der Entscheidungsträger.

Diese Anforderungen gelten auch für die operativen Systeme, haben in den Systemen im Dach des „H" aber, da dessen Daten Verdichtungen über den Daten der operativen Systeme darstellen, einen besonderen Fokus:

Richtigkeit: Voraussetzung für die Richtigkeit der verdichteten Information ist, daß die zugrundeliegenden unverdichteten, atomistischen Daten richtig, d. h. zutreffend, den tatsächlichen Sachverhalt unverfälscht wiedergebend und durch den Benutzer nicht manipuliert sind. Richtigkeit bedeutet weiterhin, daß die Bildungsvorschrift zur Herleitung der verdichteten Daten in korrekter Weise angewandt wird. Unter Richtigkeit ist auch zu verstehen, daß Verdichtungen aus unterschiedlichen Bereichen (Vertrieb, Kostenrechnung, Personal) den Verdichtungsbereich in identischer Weise abbilden. Gerade hier fehlt in vielen Handelshäusern noch eine einheitliche Struktur. Aus Sicht der Warenwirtschaft wird z. B. ein Bereich „Lebensmittel" aus der Zusammenfassung mehrerer Warengruppen gebildet, für die Kennzahlen wie Umsatz pro Periode ermittelt werden. Aus Sicht der Kostenrechnung werden Kostenstellen definiert, die organisatorische Einheiten umfassen. Diese sind auch stark an der Warengruppensystematik orientiert, halten sie aber nicht genau ein, so daß hier bestimmte Kosten zusätzlich in den Kostenstellenbereich „Lebensmittel" fallen, die aus einer streng warengruppenorientierten Sicht im Bereich „Hartwaren" anfallen.

Aus Sicht der Personalwirtschaft werden organisatorische Einheiten, also Abteilungen und Stellen gebildet, in denen auch eine Verdichtungsstufe „Lebensmittel" existiert, die aber wieder leicht differierend gebildet sein kann. Dieses Beispiel unterstellt eine individuelle Festlegung von Begriffen und Auswertungskonstrukten aus Sicht der betroffenen Fachbereiche. Daher ist es nicht verwunderlich, wenn ein Entscheidungsträger den vom Controlling vorgelegten Kennzahlen „Umsatz pro Monat im Lebensmittelbereich", „Kosten pro Monat im Lebensmittelbereich", „beschäftigte Mitarbeiter im Lebensmittelbereich", oder – hier wird es noch auffallender – „Umsatz pro Mitarbeiter im Lebensmittelbereich" und „Flächenrentabilität im Lebensmittelbereich" mißtraut.

Relevanz: Die vom Controlling bereitgestellten Informationen müssen nicht nur richtig sein, sondern für die betriebswirtschaftliche Fragestellung, zu deren Klärung sie einen Beitrag liefern sollen, in einem engen sachlich-logischen Zusammenhang stehen.

Aktualität: Die verdichteten Daten müssen einen angemessenen Aktualitätsgrad aufweisen, das heißt aber nicht in jedem Fall, daß alle Änderungen in den atomistischen Daten auch sofort in den verdichteten Daten ihren Niederschlag finden. In vielen Fällen ist ein periodischer Update (stündlich, täglich, wöchentlich oder monatlich) der verdichteten Daten sowohl aus betriebswirtschaftlicher Sicht (Vergleichbarkeit einer Auswertung, die morgens angefertigt wurde, mit einer, die mittags erstellt wurde) als auch aus EDV-technischer Sicht (siehe die Diskussion weiter unten) vorteilhaft.

Verständlichkeit: Die Semantik, die hinter bestimmten Auswertungen steckt, muß intersubjektiv in gleicher Weise interpretiert werden, d. h. der Bildungsalgorithmus ist nachvollziehbar sowie intersubjektiv überprüfbar und wird als zutreffend angesehen.

Eine Kenngröße Flächenrentabilität z. B. muß unternehmensweit einheitlich definiert werden und von allen Entscheidungsträgern in gleicher Weise interpretiert werden. Weitere Kennzahlen, bei denen das Problem Verständlichkeit evident ist, sind – um nur einige zu nennen – Spanne, Lagerreichweite, Bestandswert, ROI, Aktionserfolg, Werbewirkung, Logistikkostenanteil, Verwaltungskostenanteil und Lieferantendeckungsbeitrag.

Übereinstimmung mit den individuellen Bedürfnissen der Entscheidungsträger: Die Vereinheitlichung von Definitionen und Kennzahlen läßt sich nur begrenzt realisieren, da sich interpersonelle und intertemporale Unterschiede in der Ausgestaltung eines Controlling-Kennzahlensystems nicht vermeiden lassen. Dieses gilt um so mehr, als bestimmte Auswertungen nicht standardisiert sind, sondern fallweise durchgeführt werden.

Die Informationssysteme, die heute vor allem unter dem Begriff EIS angeboten werden, unterstützen diese Anforderungen nur unzureichend. Sie erlauben insbesondere die Abfrage, die Manipulation, das Neu-Zusammenfassen und die graphische Aufbereitung von Daten für Vergleiche und in eingeschränkten Umfang für Frühwarnsysteme. Dem Benutzer werden Möglichkeiten geboten, die denen von Datenbank-Abfragesprachen, in Ergänzung mit Graphik-Tools, entsprechen.

Die Schnittstelle zwischen den operativen Systemen und dem EIS ist dadurch geprägt, daß die atomistischen Daten zum großen Teil noch einmal erfaßt (aus Listen der „Groß-EDV" abgetippt) oder per periodischem Batch-Input in die Datenbasis des EIS übertragen werden. Der Bezug zwischen den Datenbeständen in den operativen Systemen und Executive Information Systemengeht vollständig verloren. Nachträgliche Änderungen in den Daten der operativen Systeme, die in dem bereits übertragenen Datenbestand stattfinden, werden nicht nachvollzogen, neuere Daten (z. B. Daten der aktuellen Periode) sind im EIS nicht erkennbar, Rückverfolgungen der Entstehung der verdichteten Daten aus den atomistischen Daten sind nicht möglich.

Es ist also eine Situation zu beobachten, in der die atomistischen Daten, die den operativen Systemen zugrunde liegen, und die verdichteten Daten der EIS strikt voneinander getrennt sind. Um es bildlich auszudrücken: Eine Integration des „H" mit dem „Dach" des H ist heute eher Wunsch denn Realität.

Erschwerend kommt hinzu, daß Executive Information Systeme häufig unter Umgehung der EDV-Abteilung eingesetzt werden. Die Verantwortlichkeit liegt bei der Fachabteilung, deren Modellierung der Daten sich stark an den gewünschten Auswertungen orientiert. Einer „sauberen" Modellierung der Daten, die einen konsistenten Datenbestand sicherstellt, wird zu wenig Aufmerksamkeit geschenkt. Im Prinzip werden hier die gleichen Fehler begangen wie vor vielen Jahren bei der Gestaltung der operativen DV-Systeme: Die Datenstrukturen werden für bestimmte Anwendungen entworfen. Die Verwendung der Daten für andere Programme ist dadurch eingeschränkt.

Da die Modellbildung für Daten und Prozesse in der Gestaltung von Informationssystemen die derzeit erfolgreichste Strategie darstellt, wird auch für die Daten des Controllings, der Entscheidungsunterstützungssysteme und der Planungssysteme ein Datenmodell entworfen.

Da verdichtete Daten auf dem Datenmodell der atomistischen Daten basieren, sollte das bekannte Datenmodellierungsinstrumentarium so weit wie möglich auf die Konzeptionierung von aggregierten Daten angewandt werden [19]. Dazu sind nur geringfügige Erweiterungen des Instrumentariums der Entity-Relationship-Diagramme notwendig.

Darüber hinaus sollte aber erkenntlich sein, über welchen atomistischen Daten die verdichteten Daten Zusammenfassungen darstellen. Dies ist insbesondere dann von Bedeutung, wenn der Bezug zwischen den verdichteten und den atomistischen Daten beibehalten werden soll. Dies ist beispielsweise bei Abweichungsanalysen der Fall, die auf verdichteten Daten beruhen und bei denen für bestimmte Abweichungen die Rückverfolgung bis auf Urbelegs-Ebene möglich sein soll.

Aus der Aufgabenstellung der Modellierung und Speicherung verdichteter Daten lassen sich folgende Anforderungen an das Instrumentarium ableiten:

1. Das Instrumentarium zur Darstellung verdichteter Daten sollte denselben Informationsgehalt bieten wie das der atomistischen Daten, d. h. es sollte ersichtlich sein, welche Informationen sich auf Entities beziehen, welche auf Beziehungen zwischen ihnen und welches die Schlüsselattribute sind.
2. Es sollte erkenntlich sein, daß es sich um verdichtete Daten handelt, und die Ausgangsrelation, auf der die verdichtete Relation aufbaut, sollte identifiziert werden können.

3. Ein Zugriff auf die verdichteten Daten sollte in gleicher Art und Weise möglich sein wie der Zugriff auf die atomistischen Daten.

Die erste Forderung läßt sich noch ohne Erweiterung des Entity-Relationship-Ansatzes erfüllen. Wenn Umsätze für Artikel pro Periode verfolgt werden sollen, läßt sich das im Entity-Relationship-Diagramm direkt wiedergeben (Abb. 3a). Die zweite Forderung bedingt eine Erweiterung des ER-Diagramms.

Wenn als Ausgangsrelation einer Umsatzrelation Rechnungspositionen angenommen werden, ergibt sich das ER-Diagramm gemäß Abb. 3b.

Der durchgezogene und zusätzlich gestrichelte Pfeil (Verdichtungspfeil im rechten Bereich) zeigt an, aus welchem Entitytyp mit atomistischen Daten welcher Entitytyp mit verdichteten Daten entsteht. Die zusätzliche Strichelung im uminterpretierten Relationshiptyp Artikelumsatz deutet auf verdichtete Daten hin.

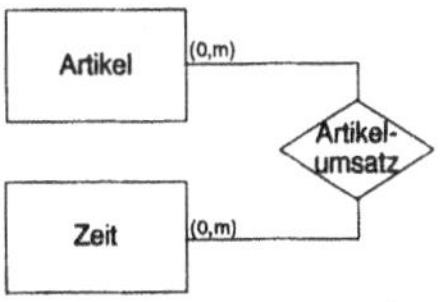

a) ERM für aggregierte Daten (Artikelumsatz)

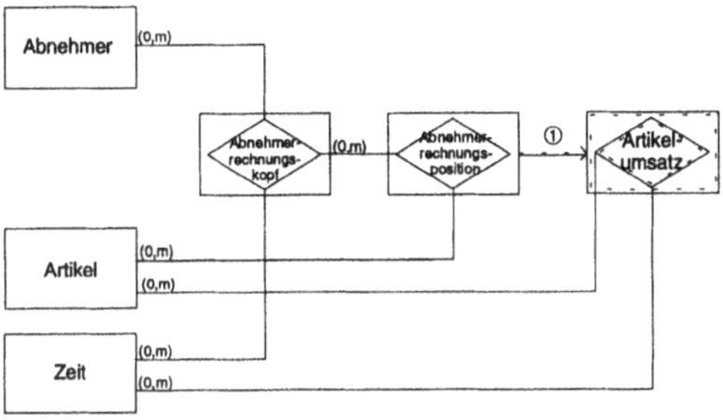

① G: Zeit; V: Abnehmer

b) ERM für atomistische und aggregierte Daten

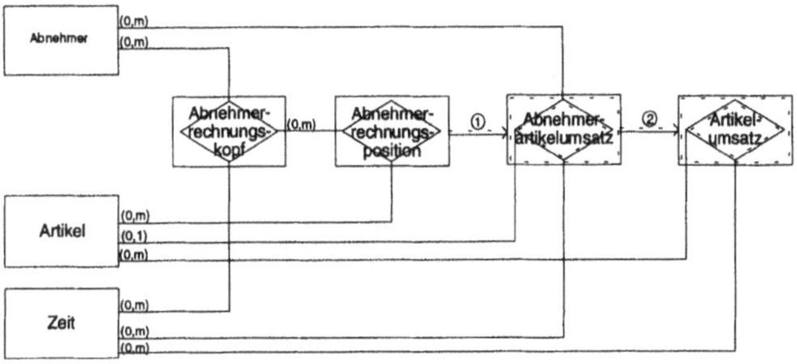

① G: Zeit ② V: Abnehmer

c) ERM für atomistische und mehrfach aggregierte Daten

Abb. 3: Modellierung verdichteter Daten

Die Zusatzbemerkungen zum „Verdichtungspfeil" geben die Verdichtungsattribute an (hier: „Zeit" und „Abnehmer"). Mehrere Instanzen der Auftragsposition, die zu einem übergeordneten Zeitbegriff (z. B. September 1996) gehören, werden zusammengefaßt, d. h. es findet eine *Gruppierung* über die Zeit statt (daher der Buchstabe G). Der Abnehmerbezug ist in der verdichteten Relation nicht mehr vorhanden, d. h. es wird über *alle* Abnehmer verdichtet (vollständige Verdichtung: V). Deswegen ist auch keine Verbindung zwischen dem Entitytypen Abnehmer und dem Artikelumsatz mehr vorhanden, die Abnehmernummer ist kein Schlüssel von Artikelumsatz.

Teilweise sind auch Verdichtungen über mehrere Stufen sinnvoll, die analog modelliert werden (Abb. 3c). Zusammenfassungen können auch über Attribute gebildet werden, die in der atomistischen Relation nicht Schlüsselattribut sind (Beispiele dazu in Abb. 4).

Die aufgestellten Forderungen 1 und 2 sind erfüllt. Die Schlüssel der verdichteten Daten sind durch die Verbindungen zu den schlüsselbildenden Entitytypen erkennbar. Aus welchen Ausgangsdaten die verdichteten Daten gebildet werden, gibt der Verdichtungspfeil an, der um die zusätzlichen Informationen, welches die Verdichtungsattribute sind, ergänzt wird.

Das vorgestellte Instrumentarium erlaubt es, für die verdichteten Daten nicht benötigte atomistische Daten auszublenden und damit eine Sicht auf den gesamten verdichteten Datenbestand zu bieten, die nur die relevanten Informationen enthält und damit übersichtlich bleibt.

Aus diesen Überlegungen folgernd, zeichnet sich ein gutes Informationssystem für das Controlling, ein EIS oder ein Unternehmensplanungs-Unterstützungssystem vor allem dadurch aus, daß es die *Navigation* durch den Datenbestand anhand des Datenmodells wirkungsvoll unterstützt, und zwar sowohl innerhalb einer Ebene der Verdichtung als auch über die verschiedenen Ebenen der Verdichtung hinweg.

Die dritte Forderung, daß der Zugriff auf verdichtete Daten in gleicher Weise erfolgen soll wie auf die atomistischen Daten, betrifft die Ebene des Datenbankmodells. Hier sei unterstellt, daß die atomistischen Daten in einer relationalen Datenbank abgelegt seien, was dem Ist-Zustand in vielen Unternehmungen entspricht oder sich zumindest auf breiter Front durchsetzt. Der Zugriff auf die atomistischen Daten erfolgt über die Datenbanksprache; bei relationalen Systemen ist dies im Standardfall die Sprache SQL (Structured Query Language). Manche Datenbankhersteller bieten eine höhere Abfragesprache oder graphische Unterstützung zum Definieren von Abfragen an, die beide auf SQL aufgesetzt sind. Damit ein gleichartiger Zugriff möglich ist, sollten die verdichteten Daten ebenso wie die atomistischen in einer relationalen Datenbank abgelegt sein. Die Abfrage der Daten sollte unabhängig davon sein, ob sie nur virtuell (als Sichten) oder physisch vorhanden (materialisiert) sind. Dies ist in relationalen Datenbanksystemen, auf deren Daten mit SQL zugegriffen wird, gewährleistet. In der Anweisung „SELECT Attribute FROM Tabelle WHERE Bedingung" kann „Tabelle" eine physische Relation oder eine Sicht sein. Damit ist es für den betrieblichen Anwender unerheblich, ob die verdichteten Daten, die er benötigt, als Relation oder als Sicht vorliegen. Er bezieht sich ausschließlich auf das Datenmodell im ER-Diagramm. Der Datenbankadministrator dagegen hat die Frage zu klären, inwieweit eine Materialisierung der verdichteten Daten notwendig ist, also die Frage, ob sie als Relationen physisch vorhanden sind oder Views auf die atomistischen Daten darstellen.

Abb. 4 stellt einen Ausschnitt aus dem Informationssystem zum Erlöscontrolling dar.

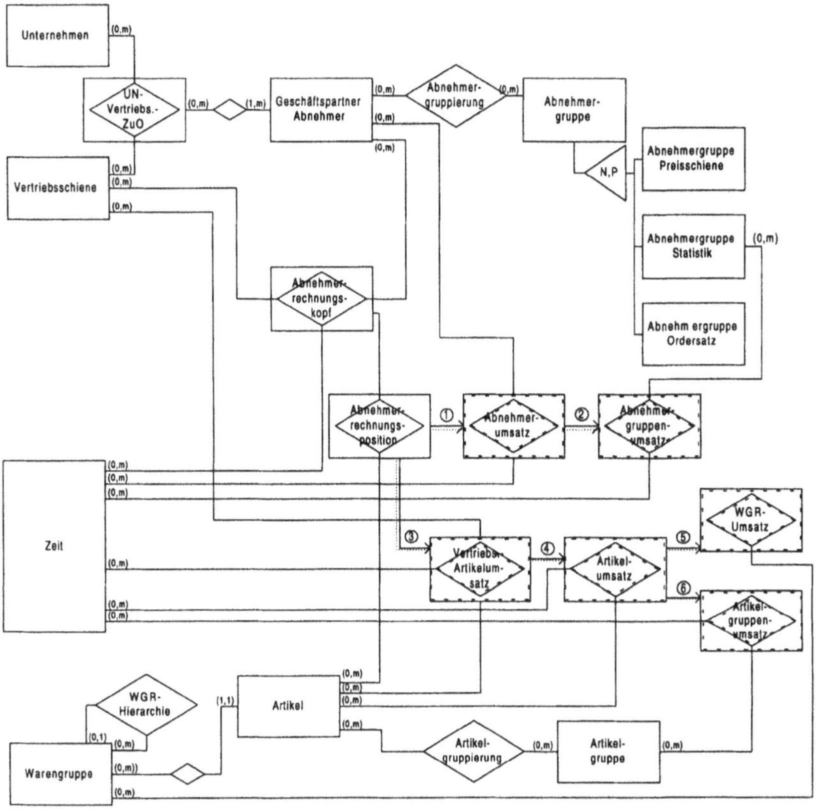

① V:Artikel, G:Zeit, V:Vertriebsschiene ② G:Abnehmer ③ G:Zeit, V:Abnehmer

④ V:Vertriebsschiene ⑤ G:Artikel ⑥ G:Artikel

Abb. 4: Verdichtetes Datenmodell zur Umsatzanalyse

Aus einer solchen Datenstruktur können Informationen gewonnen wie:

- Wie hoch war der Umsatz des Artikels „Somat Klarspüler 250 ml" in den einzelnen Monaten des Jahres 1996?
- Wie hoch ist die prozentuale Abweichung des Umsatzes des Artikels „Somat Klarspüler 250 ml" in jedem Monat des Jahres 1996 vom entsprechendem Monat des Jahres 1995?
- Welcher Abnehmer hat 1996 den größten Umsatz mit der Zentrale getätigt?
- Wie verändert sich der prozentual mit der Zentrale getätigte Umsatz der Vertriebsschiene 1 im Vergleich zur Vertriebsschiene 2?
- Welcher Artikel hat in welcher Abnehmergruppe den größten Umsatz erzielt.
- Wie hoch war der Umsatz in der Warengruppe x, wie hoch der in der Warengruppe y, wie hoch in der Warengruppe z?
- Welche Warengruppe ist in welcher Vertriebslinie die erfolgreichste?
- Wie hoch war der getätigte Umsatz insgesamt?
- Wie hoch war der getätigte Umsatz in den einzelnen Warengruppen? Und wie hoch summiert über alle Warengruppen? Der Umsatz, summiert über alle Warengruppen, muß dem Umsatz der obigen Abfrage „Umsatz insgesamt" entsprechen.
- Wie hoch war der getätigte Umsatz in den einzelnen Artikelgruppen und summiert über alle Artikelgruppen?

Der Umsatz, summiert über alle Artikelgruppen, entspricht im Normalfall *nicht* dem „Umsatz insgesamt", da – laut Datenmodell – aufgrund der (0,m)-Kardinalität beim Artikel in Bezug auf die Artikelgruppe einige Artikel keiner Artikelgruppe, andere Artikel dagegen mehreren Artikelgruppen zugeordnet sein können.

Ebenso ist Vorsicht geboten bei der Interpretation von Abnehmergruppen-Umsatz und Vertriebschienen-Artikel-Umsatz. Die Summe aller Vertriebsschienen-Artikel-Umsätze ergibt den Umsatz insgesamt, da laut Datenmodellierung Doppelzählungen ausgeschlossen sind. Zwar kann ein Abnehmer mehreren Vertriebsschienen zugeordnet sein, aber jede Rechnungsposition ist eindeutig einer Unternehmens-Vertriebsschiene zugeordnet. (Das heißt, der Abnehmer 1 kann den Artikel 1 in Vertriebsschiene 1 kaufen, derselbe Abnehmer denselben Artikel in Vertriebsschiene 2, die Summe der beiden Umsätze ergibt den Gesamtumsatz). Die Summe aller Abnehmergruppen-Umsätze ist *nicht* gleich dem Gesamtumsatz, da ein Abnehmer mehreren Abnehmergruppen zugeordnet sein kann. Die Summe aller Abnehmerumsätze wiederum ist gleich dem Gesamtumsatz (da Doppelzählungen aufgrund der modellierten Verdichtung von Abnehmer-Umsatz aus Abnehmer-Rechnungsposition nicht möglich sind).

Eine genaue Kenntnis des Datenmodells ist also vonnöten, um unsinnige Aussagen zu vermeiden und keine Fehlentscheidungen aufgrund fehlerhafter Interpretationen der Auswertungen der Datenbasis zu treffen.

7 Prozeßmodell des Controllings

Da es sich bei den Funktionen im „Dach“ des Handels-H-Modells vorwiegend um schlecht-strukturierte Entscheidungsvorgänge handelt, kann ein allgemeingültiges Problemlösungs-Vorgehen nicht vorgegeben werden, es sei denn, der Ablauf würde in seiner abstraktesten Form als Folge von „Entscheidungssituation ist eingetreten“ → „Führe Abfrage des verdichteten Datenbestandes durch“ → „Informationsbasis für zu treffende Entscheidung ist gegeben“ modelliert.

Spezifische Aussagen sind zum Prozeß der Anlage des verdichteten Datenmodells zu machen. Erstens ist die Entscheidung zu treffen, ob die Daten als Relationen in der Datenbank gehalten oder ob sie zur Laufzeit als views generiert werden, und zweitens ist die Periodizität des Updates zu bestimmen, wenn die verdichteten Daten als eigene Relationen geführt werden. Diese Entscheidungen sind nicht nur von EDV-technischem Interesse, sondern letztlich auch für den Benutzer wichtig, da die Periodizität des Updates maßgeblich für die Aktualität des verdichteten Datenbestands ist. Wird z. B. einmal monatlich der Update des verdichteten Datenbestandes durchgeführt, ist dessen Aktualitätsstand der des vorangegangenen Monatsletzten.

Voraussetzung zur Bildung eines verdichteten Datenbestands ist, daß bestimmte Anfragen („Warengruppenumsatz pro Monat“) im vorhinein bekannt sind, damit ein sinnvoll verdichteter Datenbestand gebildet werden kann. Ist dies der Fall, muß geklärt werden, ob die atomistischen Daten für den Zeitraum, für den Anfragen auf den verdichteten Datenbestand durchgeführt werden sollen, online zur Verfügung stehen. Wenn die Massendaten nur sechs Monate im Online-Zugriff gehalten werden, ehe sie archiviert werden, die Betrachtung der Entwicklung über die Zeit, z. B. Jahresvergleiche oder Monatsvergleiche über Jahre hinweg, aber gerade von Interesse ist, *müssen* die verdichteten Daten als eigene Relation gehalten werden.

Wenn die atomistischen Daten über lange Zeiträume im Online-Zugriff sind, ist unter Wirtschaftlichkeitskriterien abzuwägen, ob Views oder Relationen für die verdichteten Daten gebildet werden. Die Ereignisgesteuerte Prozeßkette Prozeßmodell Auswahl atomistischer oder verdichteter Datenhaltung gibt hierzu Anhaltspunkte (vgl. Abb. 5).

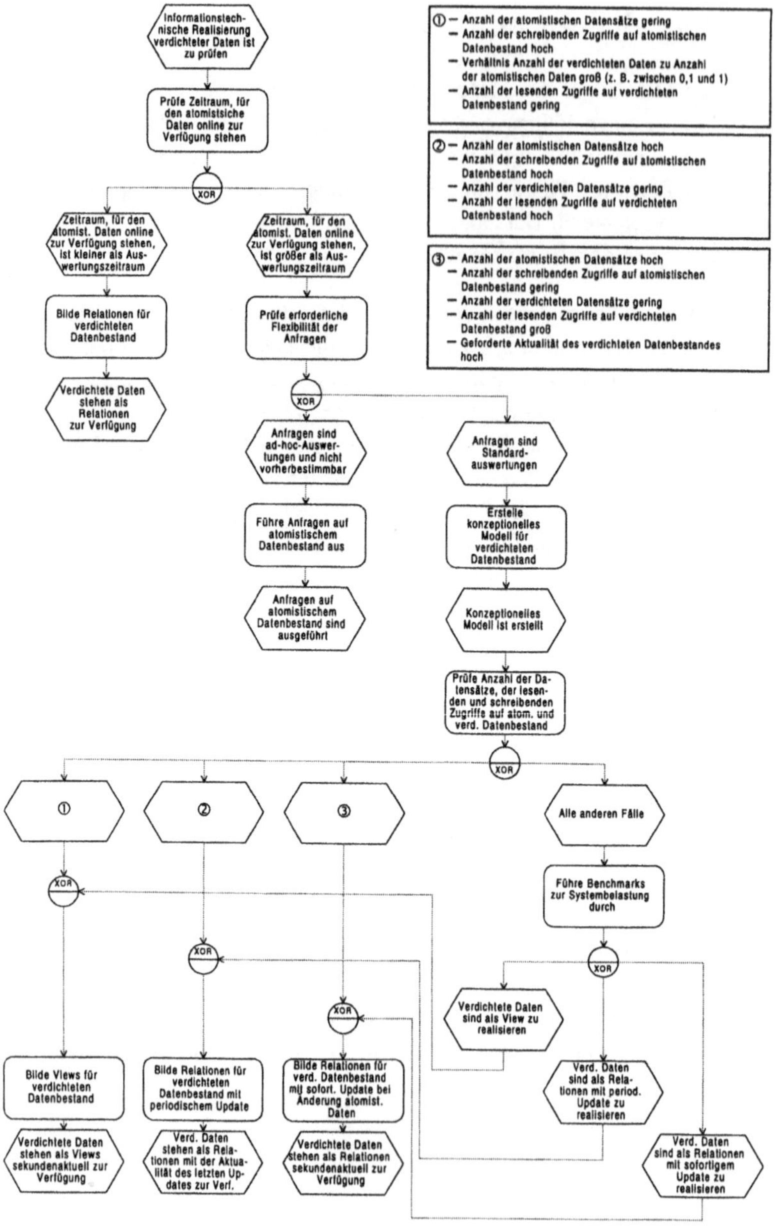

Abb. 5: Prozeßmodell Auswahl atomistischer oder verdichteter Datenhaltung

Literaturverzeichnis

[1] Scheer, A.-W.: Architektur integrierter Informationssysteme. 2. Aufl., Berlin u. a. 1992.

[2] Adam, D.: Planung und Entscheidung. Modelle – Ziele – Methoden. 3. Aufl., Wiesbaden 1993.

[3] Vgl. Scheer, A.-W.: Wirtschaftsinformatik. Referenzmodelle für industrielle Geschäftsprozesse. 6. Aufl., Berlin u. a. 1995.

Klein, J.: Vom Informationsmodell zum integrierten Informationssystem. Information Management, 5 (1990) 2, S. 6-16.

Loos, P.; Scheer, A.-W.: Vom Informationsmodell zum Anwendungssystem – Nutzenpotentiale für den Einsatz von Informationssystemen. In: Wirtschaftsinformatik '95. Hrsg.: W. König. Heidelberg 1995, S. 185-201.

Picot, A.; Maier, M.: Ansätze der Informationsmodellierung und ihre betriebswirtschaftliche Bedeutung. zfbf, 46 (1994) 1, S. 107-126.

[4] Ferstl, O.K.; Sinz, E.J.: Grundlagen der Wirtschaftsinformatik. Band 1. 2. Aufl., München u. a. 1994.

[5] für die BWL vgl. allg. z. B. Frese, E.: Grundlagen der Organisation. 5. Aufl., Wiesbaden 1993, produktionsbezogen z. B. Corsten, H.; Will, T.: Wettbewerbsstrategien und Produktionsorganisation. In: Handbuch Produktionsmanagement. Hrsg.: H. Corsten. Wiesbaden 1994, S. 259-273;

aber auch Objektbegriff in der Informatik: siehe Booch, G.: Object-oriented Analysis and Design with Applications. Redwood 1994; Coad, P.; Yourdon, E.: Object-Oriented Analysis. 2. Aufl. Englewood Cliffs 1991; Coad, P.; Yourdan, E.: Object-Oriented Design. Englewood Cliffs 1991.

Objektorientierung in der Wirtschaftsinformatik vgl. Ferstl, O. K.; Sinz, E. J.: Objektmodellierung betrieblicher Informationssysteme im Semantischen Objektmodell (SOM). Wirtschaftsinformatik, 32 (1990) 6, S. 566-581; Becker, J.: Objektorientierung – eine einheitliche Sichtweise für die Ablauf- und Aufbauorganisation sowie die Gestaltung von Informationssystemen. In: Integrierte Informationssysteme. Hrsg.: H. Jacob; J. Becker; H. Krcmar. Wiesbaden 1991, S. 135-152.

[6] Gaitanides, M.: Prozeßorganisation: Entwicklung, Ansätze und Programme prozeßorientierter Organisationsgestaltung. München 1983; Hammer, M.; Champy, J.: Reengineering the Corporation. A Manifesto for Business Revolution. New York 1993.

[7] Becker, J.; Schütte, R.: Handelsinformationssysteme. Landsberg/Lech 1996.

[8] Einen Überblick über diverse Definitionsansätze zum Controlling finden sich u. a. bei Ossadnik, W.: Controlling. München-Wien 1996, S. 25ff.; Weber, J.: Einführung in das Controlling. 6. Aufl., Stuttgart 1995, S. 23ff.; Schneider, D.: Versagen des Controlling durch eine überholte Kostenrechnung. Der Betrieb, 44 (1991) 15, S. 765-772.

Zu Thesen zum Selbstverständnis des Controlling, die zu einer intensiven Diskussion in der Literatur geführt haben, vgl. Küpper, H.-U.; Weber, J.; Zünd, A.: Zum Verständnis und Selbstverständnis des Controlling. ZfB, 60 (1990) 3, S. 281-293.

[9] Schneider, D.: Betriebswirtschaftslehre. Band 2: Rechnungswesen. München 1994, S. 331.

[10] Vgl. Schildbach, T.: Begriff und Grundlagen des Controlling aus betriebswirtschaftlicher Sicht. In: Controlling: Grundlagen-Informationssysteme-Anwendungen. Hrsg.: K. Spremann, E. Zur. Wiesbaden 1992, S. 21-36.

[11] Vgl. auch Horváth, P.: Controlling. 4. Aufl, München 1991, S. 361.

[12] Vgl. Koreimann, D.S.: Methoden der Informationsbedarfsanalyse. Berlin-New York 1976, S. 53.

[13] Vgl. Heinrich, L. J.: Wirtschaftsinformatik – Einführung und Grundlegung. München 1993, S. 177 ff.

[14] Vgl. auch Witt, F.-J.: Handelscontrolling. München 1992, S. 142.

[15] Zum Logistikcontrolling vgl. u. a. Weber, J.: Logistikcontrolling. Stuttgart 1991.

[16] Vgl. u. a. Zahn, E.: Informationstechnologie und Informationsmanagement. In: Allgemeine Betriebswirtschaftslehre. Bd. 2: Führung. Hrsg.: F.-X. Bea, E. Dichtl, M. Schweitzer. 5. Aufl. Stuttgart 1991, S. 222-289. Vgl. auch Hoffmann, H.: Computergestützte Planung als Führungsinstrument. Grundlagen-Konzept-Prototyp. Wiesbaden 1993, S. 98.

[17] Vgl. Meffert, H.: Marketing-Management. Analyse-Strategie-Implementierung. Wiesbaden 1994, S. 31.

[18] Zur Standortplanung Falk, B.; Wolf, J.: Handelsbetriebslehre. 11. Aufl., Landsberg/Lech 1992, S. 288ff. Zur qualitativen Standortplanung vgl. Tietz, B.: Der Handelsbetrieb. 2. Aufl., München 1993, S. 222ff., und die dort zitierte Literatur.

[19] Vgl. Rauh, O.: Überlegungen zur Behandlung ableitbarer Daten im Entity-Relationship-Model (ERM). Wirtschaftsinformatik, 34 (1992) 3, S. 294-306.

Konfiguration betriebswirtschaftlicher Anwendungssysteme

Dr. Gerhard Keller,
Dipl. Wirtsch.-Ing. Gerd Schröder,
SAP AG, Walldorf

Inhalt

17. Saarbrücker Arbeitstagung Rechnungswesen und EDV 1996. Hrsg.: A.-W. Scheer.

1 Vergangenheit - Dominanz der Methoden

Prozeßgestaltung spielt zum einem innerhalb der Management- und Organisationslehre eine zentrale Rolle, zum anderen wird mit dem Einsatz von DV-Systemen versucht, das Ergebnis der Prozeßgestaltung durch eine integrierte Informationsverarbeitung in den Unternehmen zu unterstützen.

Unter historischen Gesichtspunkten kam der Anstoß zur Entwicklung von EDV-Konzepten nicht von der Wissenschaft, sondern primär von der Seite der Hersteller der Hard- und Software. Durch sie ergaben sich neue Möglichkeiten des effizienten EDV-Einsatzes, welche die betriebliche Seite nutzen konnte und wollte. Geschlossene Hardwarearchitekturen erlaubten allerdings lediglich die Entwicklung eng an den Betriebssystemen angelehnter Softwarelösungen. Inkompatibilitäten zwischen den DV-Systemen der verschiedenen Anbieter führten zu sogenannten "Insellösungen". Die vorhandenen, proprietären Systeme wirkten kontraproduktiv zu dem angestrebten Ziel der "Integrationsnutzung" und konnten nur zum Teil die funktionalen Anforderungen erfüllen.

Mit der zunehmenden Entkopplung von Hard- und Software wurden erste Schritte beim Abbau von proprietären DV-Systemen erreicht. Das Aufkommen integrierter Datenbanksysteme und Netzwerke sollte die Integrationsprobleme der 70er Jahre reduzieren.

1.1 IT-orientierte Methoden

Mit der Entwicklung konzeptioneller Datenmodelle sollten die in den Unternehmen vorherrschenden Probleme der Datenredundanz und Dateninkonsistenz gelöst werden. Eine Vielzahl von Wissenschaftlern und Praktikern befaßten sich mit der Unternehmensdatenmodellierung gemäß dem Entity-Relationship-Ansatz nach Chen. Die erstellten betriebswirtschaftlichen Anwendungsdatenmodelle zeigten ihren Nutzen bei der Entwicklung von redundanzarmen Informationssystemen. Sie konnten ebenso Anbieter und Anwender für datenstrukturelle Aspekte bei der Betrachtung von Schnittstellen und Integrationszusammenhängen sensibilisieren, einen entscheidenden Durchbruch zur Softwareauswahl erreichten sie allerdings nicht. Auch blieben sie aufgrund der komplexen Notation einem kleinen Kreis von Experten der Wirtschaftsinformatik und der Informatik vorbehalten, glichen häufig mehr internen Schaltstrukturen und konnten die Anforderungen der Fachanwender nur begrenzt abbilden.

Die Defizite in den Datenmodellen veranlaßten einige Wissenschaftler sich mit der prinzipiellen Frage der Bildung von Modell- bzw. Unternehmensarchitekturen, z. B. ARIS, CIM-OSA, GERAM [1, 3, 15, 24, 26] zu befassen. Die funktionalen Defizite in der Standardsoftware der achtziger Jahre nahm eine Gruppe von Werkzeugherstellern zum Anlaß, mit der Entwicklung von computergestützten Werkzeugen zur Softwareentwicklung (CASE) zu beginnen. IT-orientierte Methoden, wie z. B. Structured Analysis (SA), Structured Analysis /Real Time (SA/RT), Structured Analysis and Design Technique (SADT), Programmablaufpläne (PAP), Petrinetze, Funktionsbäume usw. [8, 24] fanden Eingang in Tools zur Beschreibung von funktionalen und prozeduralen Aspekten.

Fehlende Anwenderfreundlichkeit an der Oberfläche, mangelnde Integration zur physischen Implementierung, fehlende Berücksichtigung des organisatorischen Wandels und eine schwerfällige Handhabung der CASE-Werkzeuge begrenzten die Anwendbarkeit auf eine kleine Anzahl von IT-orientierten Nutzern. Fehlendes Verständnis der IT-Ingenieure für die betrieblichen Anforderungen der Endanwender sowie unzureichendes Wissen über betriebswirtschaftliche Lösungen, wie sie z. B. eine Vielzahl von SAP-Kunden in das R/3-System eingebracht haben, führten häufig zu Ruinen in den Unternehmen - den sogenannten "CASE-Ruinen".

1.2 BWL-orientierte Methoden

Wesentlich früher als die Informatik befaßte sich die Betriebswirtschaftslehre mit unterschiedlichen Darstellungsmitteln zur Beschreibung von Organisationen. Innerhalb der Gestaltung von Unternehmensstrukturen spielt der Begriff der Aufgabe eine dominante Rolle. Ebenso wie die Betrachtung der Organisationslehre von der Aufgabe heraus, ist die Unterscheidung von Nordsieck in Aufbau- und Ablauforganisation für die weitere deutschsprachige Organisationsforschung von prägendem Einfluß. Als Aufbauorganisation wird von Nordsieck die Erfassung der Aufbaubeziehungen, als Ablauforganisation die Betrachtung der Abläufe im Betrieb bezeichnet. Während die Gestaltung der Aufbauorganisation primär die Gliederung des Betriebes in aufgabenteilige funktionsfähige Einheiten und deren Koordination betrachtet, ist die Ablauforganisation primär auf die raum-zeitliche Strukturierung der zur Aufgabenerfüllung erforderlichen Arbeits- und Bewegungsvorgänge ausgerichtet.

Die Gestaltung der Aufbau- und Ablauforganisation vollzieht sich nach den Prinzipien der Zerlegung (von Aufgaben- bzw. Arbeitskomplexen) und deren Zusammenfassung.

Die Vielzahl der in der Organisationslehre entstandenen Darstellungstechniken können prinzipiell differenziert werden in

- verbale Darstellungstechniken, z.B. mündliche Vorträge, Präsentationen schriftliche Berichte, Organisationsanweisungen,
- tabellarische Darstellungstechniken, z.B. Kommunikationstabellen, Kommunikationsmatrizen, Soziomatrizen und

- grafische Darstellungstechniken, z.B. Organigramme, Ablaufdiagramme, Netzpläne, Entscheidungsbäume.

Zur Gestaltung der Aufbauorganisation werden als Hilfsmittel Aufgabengliederungspläne, Organigramme, Stellenbeschreibungen und Stellenpläne, Funktionendiagramme und Kommunikationsdiagramme angeboten. Die Ablauforganisation wird mit Arbeitszergliederungsplänen, verbalen Ablaufbeschreibungen, Arbeitsplatzbeschreibungen, Arbeitsanweisungen und verschiedenen Ablaufdiagrammen (Arbeitslaufkarten, Belegflußdarstellungen, Harmonogramme, GANTT-Diagramme, Blockdiagramme, Datenflußpläne und Programmablaufpläne) beschrieben. Der Ansatz von Nordsieck wurde 1962 von Kosiol weiter verfolgt und in ein aufgabenorientiertes Konzept integriert, das heute noch Gültigkeit besitzt. Ebenso wie Nordsieck sieht auch Kosiol die Formulierung und Definition der Aufgabe als zentralen Ansatzpunkt für die organisatorische Gestaltung in Unternehmen. Nach Kosiol ist bei gegebenem Arbeitsteilungsgrad die Prozeßstrukturierung erst nach der Stellenbildung durchzuführen. Die Ablauforganisation folgt also bei diesem Konzept der Aufbauorganisation. Dieses häufig in die Praxis umgesetzte Konzept hat mit dazu geführt, daß in vielen Unternehmen innerhalb der ganzheitlichen Aufgabenbearbeitung eine Vielzahl von organisatorischen und informationstechnischen Schnittstellen zu überwinden sind (Taylor-Prinzip). Heute ist allerdings aufgrund der veränderten Anforderungen die Prozeßstrukturierung in den Vordergrund zu stellen, d.h. die Aufbauorganisation sollte primär dem Gedanken der optimierten Ablauforganisation folgen. [5, 6, 8, 9, 16, 17, 19, 20].

2 Gegenwart - Dominanz der Modelle

Der Ansatz der Praktiker, aus einer größeren betriebswirtschaftlichen Anforderungsbeschreibung mit Hilfe eines CASE-Werkzeuges beim Kunden eine Softwarelösung zu fertigen, ist gescheitert. Der Ansatz der Wissenschaftler, eine Architektur für durchgängige Softwareentwicklungsprojekte bereitzustellen, ist in den Kinderschuhen stecken geblieben. Das potentiell mögliche betriebswirtschaftliche Lösungsspektrum der Praxis führte darüber hinaus dazu, daß die häufig isoliert forschenden Wissenschaftler an der Aufgabe "Geschäftsprozeßgestaltung" scheiterten und nur unzureichende praxisgerechte Gestaltungsempfehlungen erarbeiteten.

War die Modellierung von Informationssystemen einer kleinen Expertengruppe vorbehalten, erfordert die Geschäftsprozeßgestaltung eine Kommunikation zwischen IT-Anbietern, IT-Management, Organisationsplaner und Endanwender über Abteilungsgrenzen hinweg. Ebenso ist es erforderlich, daß Vertreter unterschiedlicher Fachdisziplinen, wie Betriebswirtschaftslehre, Ingenieurwissenschaft, Wirtschaftsingenieurwesen, Informatik, Wirtschaftsinformatik usw., miteinander diskutieren.

2.1 Anforderungen an betriebswirtschaftliche Modelle

Die Forderung, daß mit Hilfe des R/3-Referenzmodells Personen mit unterschiedlichsten Berufsausbildungen und Fachkenntnissen kommunizieren sollen, veranlaßte die SAP AG zur Festlegung folgender Prämissen:

- **Definition der absolut notwendigen Elemente** zur Beschreibung und Darstellung von Geschäftsprozessen.
- **Erzielung einer einfachen Darstellung** durch eine Minimierung der Symbole und der dahinter liegenden Semantik.
- **Festlegung eines Rahmens für die logische und grafische Anordnung der Geschäftsprozeßelemente**, um eine eindeutige Nachvollziehbarkeit des Prozesses durch alle Beteiligten zu erreichen. Besonderen Wert wurde darauf gelegt, daß das Prozeßmodell von Personen, die nicht bei der Erstellung beteiligt waren, gelesen und analysiert werden kann.
- **Aufbau einer Struktur zur Darstellung des Modells auf unterschiedlichen Detaillierungsstufen**, um eine anwendergetriebene Navigation zu unterstützen. Eine Unterteilung des Referenzmodells in verschiedene Ebenen ermöglicht dem Kunden ausgehend von Wirtschaftszweigen, über Unternehmensprozeßbereiche, über Szenarien bis hin zu den R/3-Prozeßbausteinen einen einfachen Einstieg. Die Visualisierung der Szenarien und R/3-Prozeßbausteine in Form der „Ereignisgesteuerten Prozeßkette (EPK)" kann durch vier Strategien unterstützt werden (vollständige EPK, EPK ohne Input/Output, EPK ohne organisatorische Einheit, EPK ohne Input/Output und ohne organisatorische Einheit).

Hierzu hat die SAP AG 1990-1992 in Kooperation mit dem Institut für Wirtschaftsinformatik die Methode der "Ereignisgesteuerten Prozeßkette (EPK)" entwickelt, mit deren Hilfe Geschäftsprozesse einfach, übersichtlich und trotzdem eindeutig dargestellt werden können. Die Grundlagen zur EPK-Methode sind umfassend beschrieben [8, 9, 11, 12], deshalb soll hier auf eine detaillierte Beschreibung verzichtet werden. Mittlerweile findet die von der SAP AG entwickelte Methode der „Ereignisgesteuerten Prozeßkette" auch Eingang in Wissenschaft und Praxis [4, 25].

Die EPK beschreibt den zeitlich-sachlogischen Ablauf von Ereignissen und Aufgaben (Funktionen) bzw. Ereignissen und Prozessen und besitzt die in Abbildung 1 gezeigten Elemente:

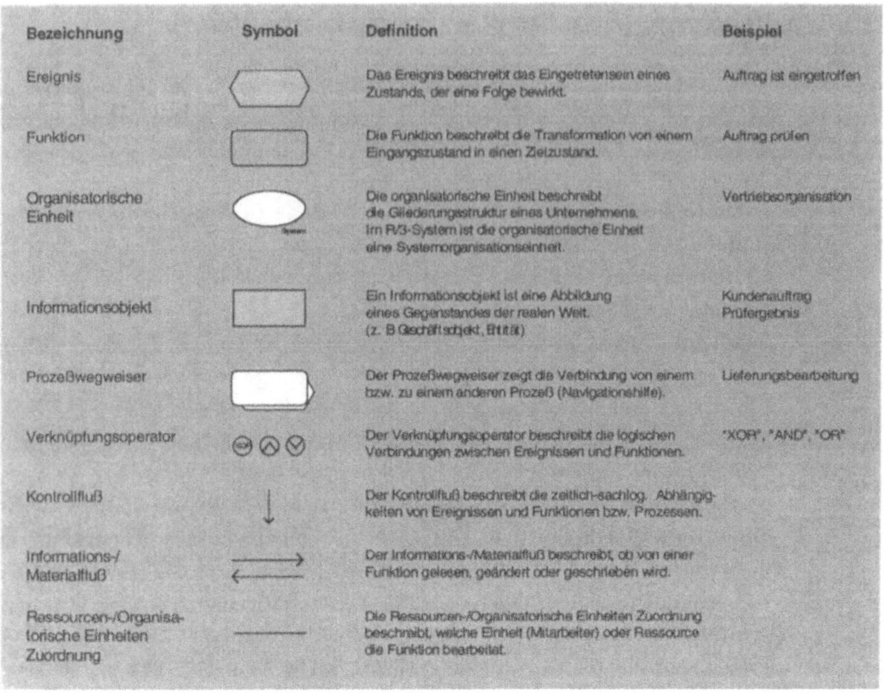

Bezeichnung	Symbol	Definition	Beispiel
Ereignis		Das Ereignis beschreibt das Eingetretensein eines Zustands, der eine Folge bewirkt.	Auftrag ist eingetroffen
Funktion		Die Funktion beschreibt die Transformation von einem Eingangszustand in einen Zielzustand.	Auftrag prüfen
Organisatorische Einheit		Die organisatorische Einheit beschreibt die Gliederungsstruktur eines Unternehmens. Im R/3-System ist die organisatorische Einheit eine Systemorganisationseinheit.	Vertriebsorganisation
Informationsobjekt		Ein Informationsobjekt ist eine Abbildung eines Gegenstandes der realen Welt. (z. B Geschäftsobjekt, Entität)	Kundenauftrag Prüfergebnis
Prozeßwegweiser		Der Prozeßwegweiser zeigt die Verbindung von einem bzw. zu einem anderen Prozeß (Navigationshilfe).	Lieferungsbearbeitung
Verknüpfungsoperator		Der Verknüpfungsoperator beschreibt die logischen Verbindungen zwischen Ereignissen und Funktionen.	"XOR", "AND", "OR"
Kontrollfluß		Der Kontrollfluß beschreibt die zeitlich-sachlog. Abhängigkeiten von Ereignissen und Funktionen bzw. Prozessen.	
Informations-/ Materialfluß		Der Informations-/Materialfluß beschreibt, ob von einer Funktion gelesen, geändert oder geschrieben wird.	
Ressourcen-/Organisatorische Einheiten Zuordnung		Die Ressourcen-/Organisatorische Einheiten Zuordnung beschreibt, welche Einheit (Mitarbeiter) oder Ressource die Funktion bearbeitet.	

Abbildung 1: Elemente der "Ereignisgesteuerten Prozeßkette"

Die methodische Festlegung der Prozeßgrenzen über Start- und Endereignisse erlaubt es, Prozesse als Prozeßbausteine zu dokumentieren, die eine

- innere Struktur besitzen: Die innere Struktur zeigt die Variationsmöglichkeiten eines Prozeßbausteins aus der Anbietersicht heraus. Eine Ausfilterung der gewünschten funktionalen Anforderungen des Kunden erfolgt durch Reduktions- und Selektionstechniken. Der Anbieter zeigt hier die abwählbaren Funktionen auf, die Verwendung des Prozeßbausteins bleibt jedoch trotz der Deaktivierung gewährleistet.
- externe Struktur besitzen: Die externe Struktur zeigt die Kombinationsmöglichkeiten der Kopplung von Prozeßbausteinen aus der Anbietersicht heraus. Die Bildung von kundenbezogenen Wertschöpfungsketten (Szenarios) erfolgt durch Zusammenfügen der Prozeßbausteine. Der Anbieter zeigt hier die Verträglichkeit der angebotenen Prozeßbausteine und gibt somit einen Gestaltungsrahmen für die Bildung betriebswirtschaftlich sinnvoller Wertschöpfungsketten.

Die umfassende Beschreibung von Prozessen, die im R/3-System als kombinierbare "Bausteine (Prozeßbausteine)" abgelegt sind und für unterschiedlichste Wertschöpfungsketten als Prozeßbausteine wiederverwendet werden können, ermöglicht, daß der Kunde die Inhalte analysieren und verifizieren kann, ohne sofort Einstellungen im

System vorzunehmen. Anstelle der traditionellen CASE-Werkzeuge, die fertigungsorientiert im Sinne einer Softwaregenerierung waren, tritt eine neue Epoche der Softwarekonfiguration - die schnelle Montage (Zusammenfügen) von Software auf Basis von konfigurierbaren Prozeßbausteinen, die in einer Prozeßbausteinbibliothek (R/3-Modellrepository) liegen, nach dem LEGO-Prinzip (**Computer Aided Software Assembly**).

Zentrales Element zur Beschreibung der R/3-Referenzprozesse ist die „Ereignisgesteuerte Prozeßkette (EPK)", die Beziehungen der EPK-Objekte sind als Metamodell beschrieben und im R/3-Repository abgelegt. Die R/3-Referenzmodelle werden auf zwei Detaillierungsebenen - als Prozeßbaustein und Szenario - beschrieben. Ein Prozeßmodell zeigt die Variationsbreite möglicher Prozeßwege im R/3-System. Ein Prozeßmodell kann ein Prozeßbaustein sein und stellt dann in der Regel die möglichen Wege innerhalb einer Transaktion dar. Dieses entspricht häufig der Bearbeitung einer Aufgabe eines Sachbearbeiters am Arbeitsplatz. Ein Prozeßmodell kann ein Szenario sein, dem Prozeßbausteine zugeordnet sind. Ein Szenario bildet die Abfolge von Prozeßbausteinen ab, d. h. Wege über die Transaktionsgrenzen hinaus. Szenarioprozesse als auch Prozeßbausteine beinhalten Ereignisse, Funktionen bzw. Prozesse, Verknüpfungsoperatoren, Kontrollflußkanten, Geschäftsobjekte (Business Objects) und Systemorganisationseinheiten in ihrer logischen Struktur, d.h. der "Ereignisgesteuerten Prozeßkette".

Die Vielzahl der angebbaren Attribute zu einem Prozeßmodell führen dazu, wenn sie immer komplett in einer Prozeßdarstellung ausgewiesen werden, daß der Betrachter vor dem Problem der Informationsüberlastung stehen würde.

Deshalb können mit der EPK-Methode verschiedene Darstellungsstrategien verfolgt werden. Will der Geschäftsprozeßanalytiker den Geschäftsprozeß in seiner gesamten Varianz unabhängig von organisatorischen Restriktionen betrachten, so empfiehlt es sich, in einer "schlanken Geschäftsprozeßanalyse" zunächst den Kontrollfluß mit den Ereignissen, Funktionen/Prozesse und Verknüpfungsoperatoren (evtl. noch den Prozeßwegweisern) zu betrachten. Werden organisatorische Fragestellungen behandelt, so sollten die Organisationseinheiten zusätzlich aufgeführt werden (z.B. bei der Analyse eines Workflows). Soll der Informationsfluß analysiert werden, so müssen die ein- und ausgehenden Informationsobjekte ausgewiesen werden.

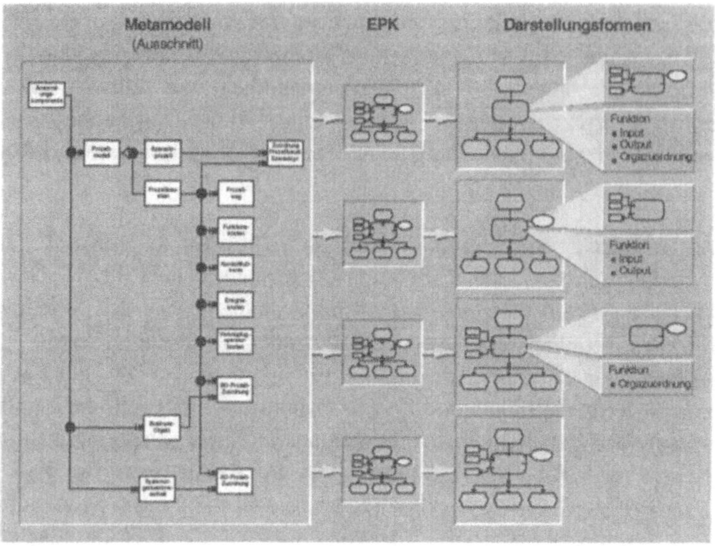

Abbildung 2: Metamodell zur EPK-Struktur und Darstellungsstrategien

2.2 Inhalte des R/3-Referenzmodells

Mit der Entwicklung von Client/Server-Lösungen für betriebswirtschaftliche Anwendungen, ergaben sich auch neue Ansatzpunkte der organisatorischen Gestaltung in den Unternehmen. [2, 7, 10, 21, 22, 23, 27]. Die neuen Gestaltungsmöglichkeiten führen allerdings auch zu einer gesteigerten Entscheidungskomplexität bei der Erstellung und dem Einsatz des DV-gestützten Informationsverarbeitungskonzeptes.

Diese Notwendigkeit veranlaßte die SAP AG Ende 1992 dazu, eine Methodendiskussion über die Darstellung von Geschäftsprozessen abzuschließen und schnellstmöglich mit der Entwicklung der Prozeßinhalte des R/3-Systems zu beginnen. Die Präsentation ausgewählter Beispiele auf der internationalen Computermesse CeBIT'93 und die überwiegend positive Resonanz des Fachpublikums bestätigten den eingeschlagenen Weg. Sukzessive wurden mit den R/3-Releases 2.1, 2.2 und 3.0 auch die R/3-Referenzprozesse ausgeliefert. Das aktuelle Referenzmodell zum Release 3.0 ist in Englisch und Deutsch erhältlich. [10, 11, 13, 14]. Es umfaßt die Prozesse zu den Anwendungskomponenten:

Logistik

- Vertrieb (Terminauftrags-, Kontrakt-, Lieferplan-, Strecken-, kostenlose Lieferungs-, Kundenkonsignations-, Sofortauftrags-, Barverkaufs-, Mietvertrags- und dezentrale Versandabwicklung),

- Materialwirtschaft (Lagermaterial-, Verbrauchsmaterial-, Konsignations-, Lohnbearbeitungs-, Umlagerungs- und Dienstleistungsabwicklung),
- Produktionsplanung (Los-, Serien-, Einzel- und Prozeßfertigung),
- Projektsystem (Projektbezogene Kundeneinzelfertigung, Investitionsprojekte),
- Qualitätsmanagement (QM in der Beschaffung, QM begleitend zur Fertigung, QM bei Wareneingang zur Fertigung und QM im Vertrieb),
- Instandhaltung (Technisches Anlageninformationssystem, schadensbedingte Instandhaltung, geplante Instandhaltung, projektbezogene Instandhaltung und Servicemanagement).

Rechnungswesen

- Finanzbuchhaltung (Kreditoren-, CPD-Kreditoren-, Kreditor-Filialen-, Debitoren-, CPD-Debitoren, Debitor-Filialen-, Einkaufsverbandabwicklung für Debitor, Hauptbuchabwicklung, Konsolidierung, spezielles Ledger und Cash-Management),
- Anlagenwirtschaft (Sachanlagen-, geringwertige Güter- (GWG) und Leasingabwicklung),
- Investitionsmanagement (Einzelmaßnahmen-, projektbezogene Maßnahmen- und Fremdbeschaffungsabwicklung),
- Controlling (Gemeinkosten-Controlling bei Kostenumlageverfahren, bei Gemeinkostenzuschlagsrechnung, bei starrer Plankostenrechnung und bei Grenzplankostenrechnung; Kostenträgerrechnung bei immateriellen Gütern, bei Serienfertigung, bei Losfertigung (Werkstattfertigung), bei Prozeßfertigung und bei Kundenauftragsfertigung; Vertriebs-Controlling bei Kostenumlageverfahren, bei Gemeinkostenzuschlagsrechnung, bei starrer Plankostenrechnung und bei Grenzplankostenrechnung).

Personalwirtschaft

- Personal- und Organisationsmanagement,
- Mitarbeitermanagement,
- Bedarfsermittlung und Beschaffung,
- Personaleinsatzplanung,
- Veranstaltungs-, Reisekosten- und Abrechnungsabwicklung,
- Vergütungs- und Arbeitgeberleistungsverwaltung,
- Zeitwirtschafts- und internationale Abrechnungsabwicklung.

2.3 Verwendung des R/3-Referenzmodells

Projekte zur Geschäftsprozeßgestaltung können von verschiedenen Ausgangspunkten und Rahmenbedingungen aus gestartet werden (organisationsgetriebene Analyse, anwendungsbereichsgetriebene Analyse, geschäftsprozeßgetriebene Analyse) [10, 11, 13, 14, 18]. Unabhängig von den genannten drei Grundansätzen ist es wichtig, daß vor der Detailgestaltung der Geschäftsprozesse zunächst ein Überblick über das zu betrachtende „Geschäfts(prozeß)feld" geschaffen wird. Zum einen muß der Softwareanbieter den Geschäftsbereich des Kunden und die vorhandenen Anforderungen verstehen, zum anderen muß der Kunde ein schnelles und gutes Bild über die von dem Softwaresystem prinzipiell unterstützbaren Geschäftsprozesse bekommen. Hierzu werden drei prinzipielle Schritte empfohlen:

Analyse des Geschäftsfeldes

Zur Unterstützung der Geschäftsprozeßanalyse wurde eine „Prozeßauswahlmatrix" konzipiert, die zunächst die im R/3-Referenzmodell vorkommende Prozesse namentlich benennt und klassifiziert. Zum einen sind in der linken Spalte sogenannte „Hauptprozesse" (Prozeßbausteine) aufgeführt, die prinzipiell in einem Anwendungsbereich vorkommen können. Zum anderen sind in dieser Spalte auch „Hauptprozesse" aus anderen Anwendungsbereichen aufgeführt, die in enger Beziehung zu dem betrachteten Bereich stehen. So ist z.B. in der Prozeßauswahlmatrix des Anwendungsbereichs „Vertrieb" auch der Hauptprozeß „Erzeugniskalkulation" aus dem Bereich „Controlling" aufgeführt. Je nach betriebswirtschaftlicher Anforderung kann es zu den Hauptprozessen unterschiedliche Varianten (Prozeßbausteinvarianten) geben. Hierzu wurden in der Kopfzeile sogenannte „Szenarien" deklariert. Je nach Anwendungsbereich sind unterschiedliche Kriterien für die Ausgestaltung der Szenarien relevant. So sind es z.B. im Vertrieb die „Auftragsarten", in der Materialwirtschaft „die Bestell- und Bestandsarten", im Gemeinkosten-Controlling die „Kostenrechnungsverfahren". Ziel ist es, daß der Kunde anhand der Prozeßauswahlmatrix sich einordnet und die zu analysierenden Geschäftsprozesse festlegt. Sind die Geschäftsprozesse aus der Prozeßauswahlmatrix selektiert, ist im ersten Schritt für jede ausgewählte Zeile die Szenario-EPK im Überblick zu betrachten. Hier wird der angestrebte Zielprozeß über Abteilungsgrenzen hinweg definiert.

Die Prozeßauswahlmatrix dient somit dem Anwender des R/3-Referenzmodells als Einstieg in die Prozeßmodelle des R/3-Systems und beantwortet die Frage nach der Ausprägung der jeweiligen Geschäftsprozesse und deren logisch-zeitlichem Ablauf innerhalb der definierten Szenarien. Durch alleiniges Selektieren (z. B Markieren mit Textmarkern innerhalb eines Workshops) in den Prozeßauswahlmatrizen und in den EPK auf Szenarioebene können somit sehr schnell und inhaltlich konsistent die Rahmenbedingungen innerhalb der Geschäftsprozeßgestaltung abgestimmt werden.

Definition und Gestaltung einer Wertschöpfungskette

Im nächsten Schritt werden zunächst auf Basis der selektierten Prozeßbausteine des R/3-Referenzmodells die in Frage kommenden Anforderungen diskutiert. Hierzu ist es erforderlich, daß der Kunde grob sein Geschäftsfeld erläutert und die wichtigsten Stationen der Wertschöpfungskette mit den wesentlichen funktionalen Anforderungen in einem Workshop einbringt.

Der R/3-Berater muß dann in der Diskussion mit den Workshopteilnehmern die Zuordnung zu den Prozeßbausteinen des R/3-Referenzmodells verifizieren. Dazu ist es punktuell notwendig, daß der Berater die wesentlichen Charakteristika eines Prozeßbausteins dem Kunden darstellt und Spezifika des R/3-Systems erläutert.

Im nächsten Schritt werden die ausgewählten Prozesse grob in einer zeitlich-sachlogischen Reihenfolge angeordnet. Parallel hierzu werden die an der Wertschöpfungskette beteiligten Unternehmensbereiche bzw. Abteilungen festgehalten, um damit erste Ansatzpunkte für eine Verbesserung der Organisation festzuhalten. Mit den im Workshop gesammelten Informationen erstellt der Berater aufgrund der im R/3-Referenzmodell vorhandenen Prozeßverbindungsmöglichkeiten (Start- und Endereignisse, Prozeßwegweiser) das sogenannte Szenario, d.h. die Wertschöpfungskette mit Ereignissen, Verknüpfungsoperatoren etc.

Die Grafik ist somit der Input für die nächste Sitzung. Hier werden die Prozeßverbindungen verifiziert, d.h. die potentiell vorkommenden Start- und Endereignisse des R/3-Referenzmodells auf das für die betrachtete Produktgruppe notwendige Mindestmaß reduziert. Besonderen Wert ist hier auf die Betrachtung von benachbarten Bereichen zu legen.

Liegt die logische Struktur mit ihren einzelnen „Prozeßbausteinen" auf Szenarioebene vor und ist sie von den betroffenen Bereichen in ihrem Grundprinzip freigegeben worden, so sind zum einen die organisationsrelevanten und informationsrelevanten Aspekte, zum anderen die Detailanforderungen der betroffenen Bereiche in der detaillierten EPK-Struktur zu betrachten.

Prüfung der funktionalen Möglichkeiten eines Prozeßbausteins.

Mit der Freigabe der Wertschöpfungskette erfolgt die Analyse der funktionalen Möglichkeiten der ausgewählten Prozeßbausteine. Hierzu werden auf die ausgewählten Prozeßbausteine bezogene, kleinere Arbeitsgruppen von zwei bis vier Personen gebildet. Diese selektieren die benötigten "Wege" innerhalb der R/3-Referenzprozeßbausteine, halten die funktionalen Anforderungen fest und bringen die ermittelten Ergebnisse in ein Abstimmungsreview ein.

Der erste Schritt in der Analyse des Prozeßbausteins liegt in der Untersuchung der benötigten Einstiegsmöglichkeiten über die Startereignisse. Der zweite Schritt liegt in der Analyse der einzelnen Prozeßstationen innerhalb eines Prozeßbausteins.

Durch alleiniges Identifizieren und Selektieren können somit in interdisziplinären Arbeitsgruppen die kundenbezogenen Prozesse konfiguriert werden. Der Kunde kann auf Grundlage der Variationsmöglichkeiten des R/3-Prozeßbausteins zielgerichtet seinen gewünschten Prozeßweg herausfiltern (Redlining, d. h. Markieren der benötigten Ereignisse, Funktionen etc.). Anschließend werden die für die definierte Wertschöpfungskette konfigurierten Prozeßbausteine auf ihre Verträglichkeit hin verifiziert und als "zusammengesetzte Legobausteine" als Basis für die spätere Einrichtung des R/3-Systems freigegeben.

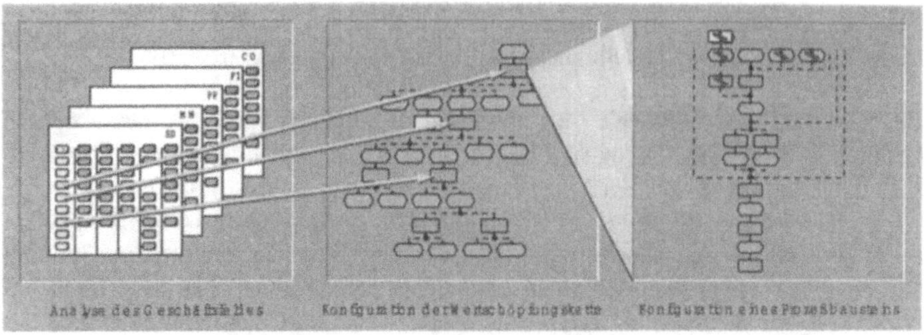

Abbildung 3: Konzeptionelle Navigation in den R/3-Referenzprozessen

3 Zukunft - Epoche der industriellen Templates?

3.1 Architektur industriespezifischer Geschäftsprozesse

Modelle sind per Definition vereinfachte Abbildungen der realen Welt. Welches ist denn nun die reale Welt bei Geschäftsprozeßmodellen in oder für Standardsoftwaresysteme? Ist das real existierende Standardsoftwaresystem mit seiner Funktionsfülle, die sich in einer Vielzahl von Prozessen niederschlägt die reale Welt, die es in einem Modell vereinfacht abzubilden gilt oder ist die Fülle der Erkenntnisse der Betriebswirtschaftslehre zum Thema Geschäftsprozesse die vermeintlich reale Welt, sind es die praktizierten Geschäftsprozesse in einer konkreten Unternehmung, sind es die „üblichen" Geschäftsprozesse einer ganzen Branche, und wie ist Branche definiert? Eine Fülle von Fragen, die sich nur zielorientiert beantworten lassen und deren Beantwortung gleichzeitig die Grundlage einer neuen Architektur der Geschäftsprozeßmodelle liefert.

Zunächst zum Ziel: In Standardsoftwaresystemen integrierte Geschäftsprozeßmodelle haben eine klar umrissene Aufgabe, sie sollen

1. die spontane inhaltliche Identifikation des Interessenten mit dem Lösungsangebot der Software ermöglichen,
2. die Funktionalität der Software in ihrer gesamten Varianz prozeßorientiert darstellen,
3. die aktive und softwarekonforme Gestaltung von Geschäftsprozeßketten durch den Anwender unterstützen,
4. Leitfaden und Stellgröße für die Softwareadaption an die individuellen Anforderungen des Benutzers sein.

Eine Analyse dieser Ziele macht deutlich, daß in Standardsoftwaresystemen integrierte Geschäftsprozeßmodelle eben nicht nur die Aufgabe der Abbildung **einer** realen Welt haben, sondern daß sie vielmehr als Kommunikationsröhre zwischen der realen Welt der Unternehmung und der realen Welt des existierenden Softwaresystems dienen sollen. An einem Ende dieser Kommunikationsröhre erlaubt die Architektur des Industriespezifischen Geschäftsprozeßmodells des R/3-Systems den Blick auf die Funktionalität der Software in ihrer gesamten Varianz, am anderen Ende fängt es den auf eine konkrete industrietypische Abwicklung fokussierten Blick des Interessenten und Anwenders ein. Die Kommunikationsröhre wird in zwei Modi betrieben werden müssen, einmal im Modus der Softwareevaluation und der Komponentenauswahl, hier steht der Erklärungsnutzen des Modells im Vordergrund, zum anderen im Modus der Prozeßgestaltung und der Softwareadaption, dort steht der Gestaltungsnutzen des Modells im Vordergrund.

Industriespezifische Geschäftsprozeßmodellierung basiert auf der allgemeinen Geschäftsprozeßmodellierung des R/3-Systems. Dort werden betriebswirtschaftliche Aufgaben, die vom Anwender des R/3-Systems in einem nicht zu unterbrechenden Arbeitsfluß erledigt werden können, durch zeitlich-sachlogische Anordnung von **Ereignissen** und **Funktionen** zu **Prozeßbausteinen** modelliert. Solche abgeschlossene betriebswirtschaftliche Aufgaben werden in der R/3-Software dank der Integration in der Regel mit einer einzigen Transaktion abgebildet. Den Funktionen entsprechen in der R/3-Software mächtige, generische, gekapselte Funktionsbausteine, die systemweit mehrfach benutzt werden. Die Tabelle 1 beschreibt Abgrenzung und Zusammenhang von Funktion und Prozeßbaustein.

Prozeßbaustein	Funktion				
	Kreditlimit prüfen	Konditionen finden	Verfügbarkeit prüfen	Bestand buchen	...
Auftragsbearbeitung	×	×	×	×	
Lieferungsbearbeitung	×		×	×	
Fakturabearbeitung		×			
Warenausgangsbearbeitung	×		×	×	
Bestellungsbearbeitung		×			
Wareneingangsbearbeitung				×	
...					

Tabelle 1: Funktionsauswahlmatrix

Die industriespezifische Geschäftsprozeßmodellierung spezialisiert die generischen Funktionen in der Modellebene weiter nach verfahrensabhängigen **Funktionsvarian-**

ten. In der Implementierungsebene entsprechen die Funktionsvarianten einer charakteristischen Ausprägung eines Sets von Customizingparametern. Bezogen auf die Funktion „Verfügbarkeit prüfen" können beispielsweise folgende Funktionsvarianten gebildet werden:

- gegen gebuchte Bestände,
- gegen geplante Bestände eines bestimmten Termins,
- gegen Baugruppenvorplanung,
- gegen geplante Bestände zum frühest möglichen Termin.

Der Prozeßbaustein spiegelt mit seiner Vielzahl an- bzw. abwählbarer Funktionen in unterschiedlichen Funktionsvarianten die Mächtigkeit und die Vielfalt der Ablaufvarianz der R/3-Transaktion wider. Wegen der daraus resultierenden Komplexität ist er als Referenz für eine kundenindividuelle Funktionsauswahl nicht geeignet. Beispielsweise zeigt der Prozeßbaustein Auftragsbearbeitung alternative Ablauflogiken im projektorientierten Vertrieb, im variantenorientierten Vertrieb und im Vertrieb von Massengütern an industrielle Abnehmer, Handelsunternehmen und Endverbraucher.

Der Prozeßbaustein an einem Ende der Kommunikationsröhre erlaubt den Blick auf die Funktionalität der Software in ihrer gesamten Varianz und dient damit Ziel Nummer 2.

Bottom-up bis zur Ebene der Prozeßbausteine folgt die Modellierung redundanzfrei der Architektur der Software mit ihren generischen Bausteinen.

Für eine intuitive Prozeß- und Funktionsauswahl muß der potentielle Anwender jedoch Top-down an das R/3-Referenzmodell herangeführt werden. Typische Branchengliederungen sind hierfür nicht brauchbar, da sie zu einseitig auf den Rohstoff ausgerichtet sind. Außerdem postulieren sie unternehmensprozeßbereichsübergreifend brancheneinheitliche Geschäftsprozesse wie sie in der Praxis nicht vorkommen.

Eine größere Trennschärfe läßt sich erreichen, wenn nach einer groben Gliederung in **Wirtschaftszweige** (Industrie, Handel, Dienstleistung) und **Unternehmensprozeßbereiche**, in der Industrie beispielsweise in

- Produktentwicklung und Marketing/Erlös- und Kostencontrolling,
- Beschaffung/Externes Rechnungswesen,
- Produktion/Anlagenmanagement,
- Vertrieb/Personalwesen

nach **industriespezifischen Szenarien** differenziert wird.

Szenarien werden ebenfalls als „Ereignisgesteuerte Prozeßketten" modelliert und beschreiben den zeitlich-sachlogischen Ablauf von Ereignissen und Prozeßbausteinen. Die Szenarien sind das Herzstück der industriespezifischen Geschäftsprozeßmodellierung. Sie erlauben die spontane Identifikation des Betrachters mit seinen eigenen Geschäftsprozessen. Tabelle 2 zeigt einige Beispiele für Szenarien aus den Unternehmensprozeßbereichen Produktion, Vertrieb und Erlös- und Kostencontrolling des Wirtschaftszweiges Industrie.

Produktion	Vertrieb	Erlös-/Kostencontrolling
Einzelfertigung ...Projektfertigung ...Kundenauftragsfertigung ...Kundenauftragsbezoge-ne Montage Massenfertigung ...Losfertigung ...Serienfertigung Prozeßfertigung ...Batch-Fertigung ...Kontin. Fertigung ...Diskrete Abfüllung	Projektabwicklung Kundenauftragsfertigung Kundenauftragsmontage Lagerverkauf an ...Industrielle Abnehmer ...Handel ...Endverbraucher ...Interne Abnehmer ...Konsignationsnehmer Zulieferung ...direkt ...über externe Dienstlei-ster	Projektfertigung ...Grenzplankosten-rechnung ...Starre Plankostenrech-nung ...GK-Zuschlagsrechnung Einzelfertigung ...Grenzplankosten-rechnung ...Starre Plankostenrech-nung ...GK-Zuschlagsrechnung Werkstattfertigung ...Grenzplankosten-rechnung ...Starre Plankostenrech-nung ...GK-Zuschlagsrechnung Prozeßfertigung ...Grenzplankosten-rechnung ...Starre Plankostenrech-nung ...GK-Zuschlagsrechnung Serienfertigung ...Grenzplankosten-rechnung ...Starre Plankostenrech-nung ...GK-Zuschlagsrechnung

Tabelle 2: Szenarien in der Industrie

Die Szenarien differenzieren nach einer betriebswirtschaftlichen oder praxeologischen Typologie. Redundanz wird im Gegensatz zur Modellierung der Prozeßbausteine bei der Szenarienmodellierung zugunsten einer intuitiven Einordnung des Anwenders bewußt in Kauf genommen. Während die Prozeßbausteine ihre Entsprechung in der R/3-Software finden, entsprechen die Szenarien den in der Praxis vorkommenden Geschäftsprozessen.

Auf den ersten Blick mag die Gliederung nach Unternehmensprozeßbereichen wie Beschaffung, Produktion, Vertrieb etc. funktionalen Charakter haben. Tatsächlich beinhalten aber beispielsweise die unterschiedlichen Szenarien des Unternehmensprozeßbereichs Produktion alle den Produktionsprozeß begleitenden Prozesse der Planung, der Kalkulation, der Materialwirtschaft, der Qualitätssicherung und der Abrechnung. Die Szenarien des Erlös- und Kostencontrolling umfassen die Prozesse der Planung, der Planungsintegration von Vertriebscontrolling, Produktkostencontrolling und Gemeinkostencontrolling, der Kosten- und Leistungsverrechnung, des Periodenabschlusses und der Abweichungsanalyse.

Die Szenarien als vertikale Differenzierung der Unternehmensprozeßbereiche beschreiben im Sinne einer konsequenten Geschäftsprozeßorientierung umfassende und vollständige Geschäftsprozesse. Sie bilden mit ihrem Beziehungswissen bezüglich Prozeßvarianten und zulässiger Funktionsvarianten das wesentliche Merkmal des industriespezifischen Referenzmodells.

Eine Softwareeinführung entlang dieser Szenarien verspricht eine Minimierung von Schnittstellen und eine durchgängige Geschäftsprozeßgestaltung (Lean Manangement).

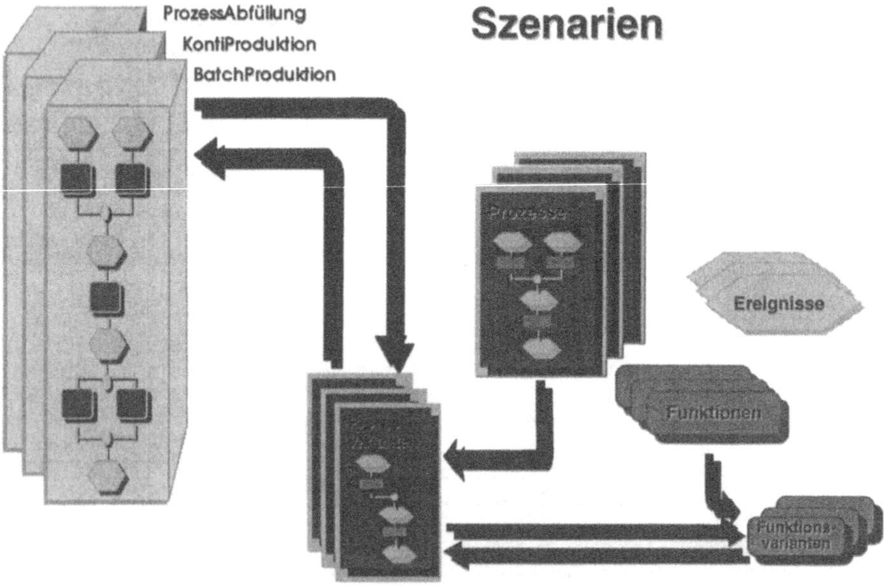

Abbildung 4: Szenariomodellierung

In Szenarien wird nicht nur die zeitliche und sachlogische Anordnung von Ereignissen und Prozessen modelliert, sondern auch die Spezialisierung von Prozessen. Die einzelnen Prozesse werden untersucht und durch Reduktion von Funktionen und Ereignissen szenariospezifische Prozeßvarianten gebildet. Eine weitere Spezialisierung ergibt sich durch eine szenariospezifische Reduktion der zulässigen Funktionsvarianten. Tabelle 3 zeigt die Unterschiede in der Prozeß- und Funktionsauswahl von typischen Szenarien im Unternehmensprozeßbereich Vertrieb.

Prozeß Funktion *Funktionsvariante*	Szenario Kundenauftragsmontage	Szenario Zulieferung	Szenario Lagerverkauf an Handelsunternehmen
Angebotsbearbeitung	x	x	-
Kontraktbearbeitung	-	x	-
Auftragsbearbeitung	x	x	x
Kreditlimitprüfung	x	-	-
Statisch	-	-	x
Dynamisch	x	-	x
Preisfindung	x	x	x
einfache Preisfindung	-	x	-
für konfig. Materialien	x	-	-
günstigster Preis	-	-	x
Verfügbarkeitsprüfung	x	x	-
gegen gebuchte Bestände	-	-	-
gegen geplante Bestände	-	x	-
gegen Baugruppenvorplanung	x	-	-
Listungsprüfung	-	-	x
Fakturierungsplan anlegen	-	-	-
Lieferungsbearbeitung	x	x	x
Rechnungslistenbearbeitung	-	-	x

Tabelle 3: Szenarien im Vertrieb

Szenarien am anderen Ende der Kommunikationsröhre des industriespezifischen Geschäftsprozeßmodells des R/3-Systems fangen den auf eine konkrete industrietypische Abwicklung fokussierten Blick des Interessenten und Anwenders ein. Sie ermöglichen die spontane Identifikation des Interessenten mit dem Lösungsangebot der Software und dienen damit Ziel Nummer 1.

3.2 Prozeßkonfiguration

Das R/3-Geschäftsprozeßmodell ist ein industriespezifisches Referenzmodell auf Basis von Unternehmensprozeßbereichen. Es steht damit im Gegensatz zu den monolithisch gebauten Branchenmodellen und der darin modellierten Software anderer Hersteller.

Dies ist das Ergebnis einer sorgfältigen und langjährigen Analyse von Geschäftsprozessen in Unternehmen gleicher und unterschiedlicher Branchen. Darin hat sich gezeigt, daß die Geschäftsprozesse in Unternehmen gleicher Branche ebenso stark voneinander differieren können wie sie sich in Unternehmen unterschiedlicher Branchen gleichen können. Eine Homogenität der Prozesse über alle Prozeßbereiche der Unternehmen hinweg ist wenn überhaupt nur bei einer sehr feinen Klassifikation der Branche möglich. Wir finden homogene Prozesse beispielsweise nicht in Unternehmen der Nahrungs- und Genußmittelindustrie sondern allenfalls bei Brauereien, Molkereien der Zigarettenindustrie, Herstellern von Tiefkühlkost, Herstellern von Backwaren, Schlachthöfen, fleischverarbeitenden Betrieben, etc. Aber auch hier spielen der Industrialisierungsgrad, die Fertigungstiefe, der Grad der Arbeitsteilung im eigenen Unternehmensverbund, sofern ein solcher existiert, Struktur und Größe des zur Verfügung stehenden Beschaffungsmarktes und der darin befindlichen Geschäftspartner und schließlich Struktur und Größe des zu erreichenden Absatzmarktes und der darin befindlichen Geschäftspartner eine wesentliche Rolle bei der Gestaltung der Geschäftsprozesse.

Der vorliegende Ansatz einer Navigation durch das Referenzmodell über industriespezifische Geschäftsprozeßszenarien an Stelle monolithischer Branchen bietet eine bessere Gegenüberstellung von individueller Problemstellung und Lösungsangebot. Die Kombinations- und Gestaltungsmöglichkeiten sind letztlich Voraussetzung für den integrierten Einsatz in diversifizierten Unternehmen. **In einem mehrstufigen Prozeß von intuitiver Selektion, Reduktion und Konfiguration relevanter betriebswirtschaftlicher Prozesse und Funktionen wird das Zielsystem modelliert.**

Zusätzlich zur Konfiguration der Geschäftsprozeßszenarien ist noch ein Modellierungsschritt erforderlich, nämlich das Zusammenfügen der Szenarien zu einem Unternehmensprozeßmodell. Das Unternehmensprozeßmodell wird als eine oder mehrere „Ereignisgesteuerte Prozeßketten" mit den Elementen Ereignis und Szenario kundenindividuell modelliert. Es beschreibt die Integration der Szenarien über die Unternehmensprozeßbereiche hinweg. Dabei wird ebenfalls über Beziehungswissen die Konsistenz beim Zusammenspiel der einzelnen Szenarien geprüft. Das gesamte Unternehmensmodell besteht mithin kaskadenförmig aus

- individuell modelliertem Unternehmensprozeßmodell,
- individuell reduzierten Szenarien,
- individuell reduzierten szenariospezifischen Prozeßvarianten,
- individuell selektierten Funktionsvarianten.

Das individuelle Unternehmensmodell begleitet den gesamten Lebenszyklus der R/3-Installation. Änderungen der Geschäftsprozesse werden zunächst am Unternehmensmodell simuliert und Konsistenzprüfungen durchgeführt, bevor die zugeordneten Customizingänderungen abgeleitet und in die Implementierungsebene übernommen werden. Damit wird dem Anwender die Möglichkeit gegeben, das R/3-System permanent den veränderten und/oder gestiegenen Geschäftsprozeßanforderungen anzupassen. Dies erfolgt ausschließlich über eine betriebswirtschaftliche Prozeß- und Funktionsauswahl.

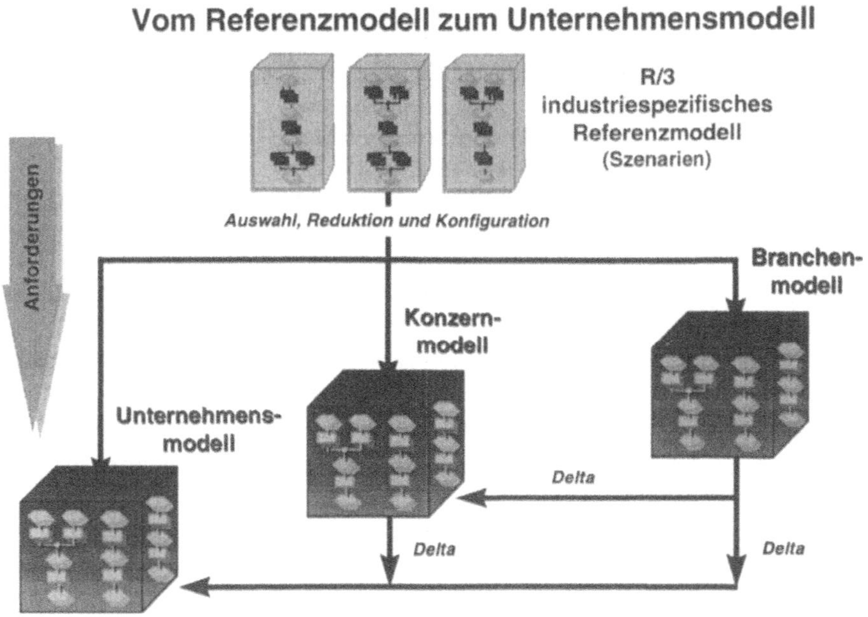

Abbildung 5: Vom Referenzmodell zum Unternehmensmodell

Das zuvor beschriebene Konzept erlaubt es nicht nur dem Einzelunternehmen, sein individuelles Unternehmensmodell zu beschreiben und permanent anzupassen, es erlaubt ebenso dem Konzern die Beschreibung eines Konzernmodells als reduziertes R/3-Referenzmodell und seine individuelle Anpassung bei den Tochtergesellschaften. Der SAP und ihren Partnern erlaubt es schließlich die Beschreibung eines Branchenmodells als reduziertes R/3-Referenzmodell und seine Anpassung an die individuellen Geschäftsprozesse des einzelnen Unternehmens. Dabei wird das Branchenmodell nicht wie sonst üblich als monolithischer Block modelliert, sondern ebenso wie das Unternehmensmodell durch Selektion und Reduktion aus dem allgemeinen R/3-Referenzmodell konfiguriert.

Die Konfigurierbarkeit der Geschäftsprozeßszenarien im R/3-Referenzmodell erlaubt die aktive und softwarekonforme Gestaltung von Geschäftsprozeßketten durch den Anwender und erfüllt damit Ziel Nummer 3.

3.3 Integration zum R/3-System

Soll das Referenzmodell nicht nur Erklärungsnutzen, sondern im Rahmen eines geschäftsprozeßorientierten Customizings auch Gestaltungsnutzen bringen, muß es mit der Implementierungsebene verbunden werden.

Die Steuerung der Funktionsbausteine des R/3-Systems erfolgt

- prozeßabhängig, d.h. in Abhängigkeit der sie rufenden Transaktionen,
- abhängig von den Daten, auf denen sie ablaufen,
- abhängig von betriebswirtschaftlichen Verfahren, die über charakteristische Parameter eingestellt werden können und
- abhängig von einer Feinjustierung, die ebenfalls über Parameter eingestellt wird.

Dies soll am Beispiel der Verfügbarkeitsprüfung erläutert werden. Die Parametrisierung der Funktion „Verfügbarkeit prüfen" ist prozeßabhängig, d.h. die rufende Transaktion Auftragsbearbeitung, Lieferungsbearbeitung, etc. hat einen parametrisierenden Einfluß auf den Ablauf der Funktion. Die Parametrisierung der Funktion „Verfügbarkeit prüfen" ist objektabhängig, d.h. das Objekt mit seiner eigenen Parametrisierung hat seinerseits parametrisierenden Einfluß auf den Ablauf der Funktion. Die Objekte sind beispielsweise

- Werksmaterial,
- Lagerortmaterial,
- Sonderbestandsmaterial

und können ihrerseits unterschiedliche Parametrisierungen besitzen:

- verbrauchsgesteuert,
- plangesteuert,
- nicht disponiert.

Der Ablauf der Funktion „Verfügbarkeit prüfen" ist verfahrensabhängig, d.h. es werden parametergesteuert mehrere Verfahren des Ablaufs gewählt:

- gegen gebuchte Bestände,
- gegen geplante Bestände eines bestimmten Termins,
- gegen Baugruppenvorplanung,
- gegen geplante Bestände zum frühest möglichen Termin.

Neben der Auswahl dieser charakteristischen Verfahren erfolgt ebenfalls parametergesteuert eine Feinjustierung unter

- Berücksichtigung der WE-Sperrbestände,
- Berücksichtigung der Bestellanforderungen.

In der Modellierung werden die charakteristischen Verfahren über eine Spezialisierung der Funktionen in **Funktionsvarianten** abgebildet. Die Feinjustierung findet keine Entsprechung in der Modellierung, sie ist Bestandteil des Restcustomizings wie weiter unten noch gezeigt werden wird.

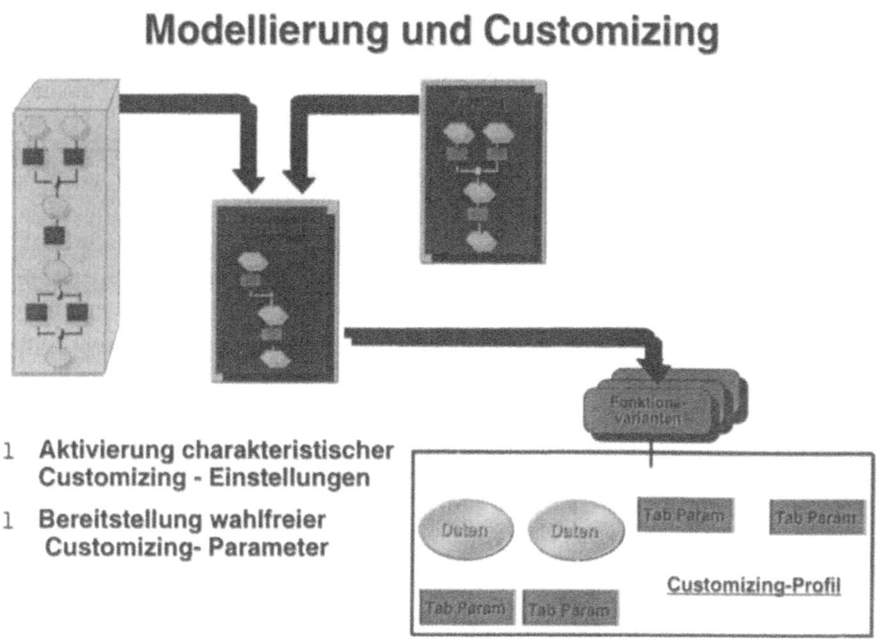

Abbildung 6: Modellierung und Customizing

Jeder Funktionsvariante wird im Kontext von Prozeß und Szenario ein charakteristisches Customizing-Profil bestehend aus Tabellen- und Datenparameterausprägungen zugeordnet, das die Steuerung der Funktion in ihrem Kontext übernimmt. Dieses Customizing-Profil besteht aus fixierten Parametern, die zwingend erforderlich sind, damit die Funktion in der gewählten Variante und im Kontext von Prozeß und Szenario ablauten kann, und aus Parametern, die ergänzende Optionen der Feinjustierung des Funktionsablaufes anbieten. Eine Änderung der Parameter im Rahmen des Customizing ist nicht mehr zulässig, sie würde das Verfahren verfälschen. Die Zuordnung erfolgt über ein in der Modellebene abgelegtes Beziehungswissen, dessen Auswertung einer definierten Reihenfolge der Abarbeitung bedarf. In Abbildung 7 wird beispielsweise der Funktionsvariante „gegen gebuchte Bestände" der Funktion „Verfügbarkeit prüfen" im Kontext des Prozesses „Lieferungsbearbeitung" und des Szenarios „Lagerverkauf an industriellen Abnehmer" ein Customizing-Profil zugeordnet.

Auf Basis des vorstehenden Konzeptes läßt sich der Einführungsprozeß grundsätzlich neu gestalten. Industriespezifische Szenarien sind im R/3-Referenzmodell als umfassende Prozeßketten abgelegt. Sie geben dem Anwender einen ersten Überblick über die Auswahlmöglichkeiten und die Zusammenhänge des R/3-Systems. In der Präsentations- und Schulungsebene (IDES) ist das den Szenarien zugeordnete Customizing inklusive Beispieldaten abgelegt. Diese erlauben dem Anwender ein spontanes Look and Feel des Ablaufs der Szenarioprozesse über die abstrakte Modellebene hinaus. In der Modellebene ist weiterhin ein umfangreiches Beziehungswissen zur Selektion, Reduktion und Konfiguration der Szenarien, ihrer Prozesse, Funktionen und Funktionsvarianten abgelegt. Dies erlaubt dem Anwender top-down eine Anpassung der Szenarien an seine individuellen Anforderungen und eine permanente Prüfung der Konsistenz der dabei konfigurierten Geschäftsprozesse. Jeder einzelne Anpassungsschritt reduziert die Varianz der nachfolgenden Ebene. Eine zweite Beziehungswissenschicht verbindet die Modellebene mit der Implementierungsebene und beschreibt die der konfigurierten Modellebene zugeordneten charakteristischen Customizing-Profile sowie die im Rahmen einer Feinjustierung änderbaren Customizingparameter. **Die Einstellung der wesentlichen das R/3-System charakteristisch steuernden Customizingparameter wird damit von der systemtechnischen Ebene des Parametercustomizing auf eine betriebswirtschaftliche Ebene der Prozeß- und Funktionsauswahl verlagert.**

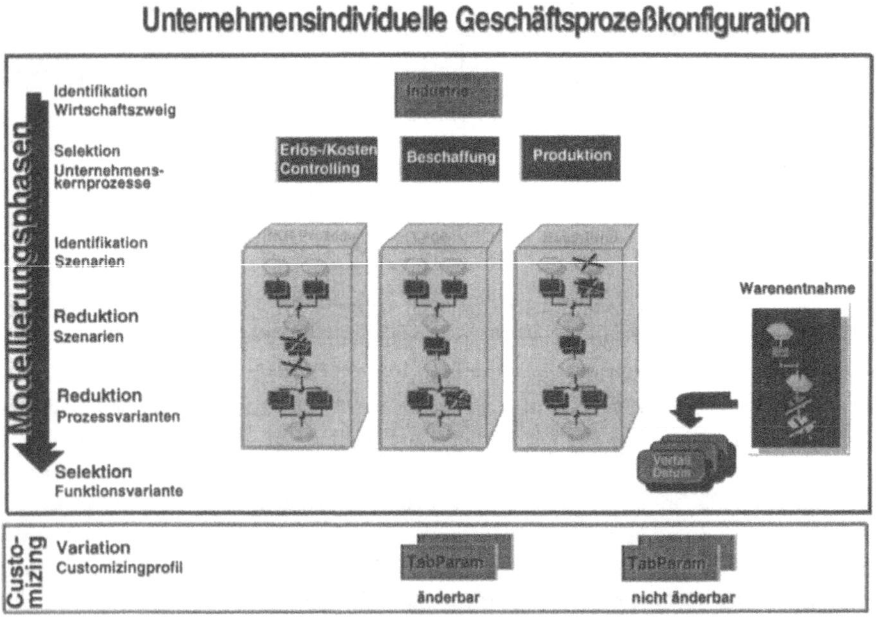

Abbildung 7: Unternehmensindividuelle Geschäftsprozeßkonfiguration

Der Anwender identifiziert sich beispielsweise zunächst als Industrieunternehmen und selektiert für ein konkretes R/3-Projekt die Unternehmensbereiche Erlös- und Kostencontrolling, Produktion und Vertrieb. Aus den angebotenen Szenarien wählt er Batch-Produktion für Prozeßfertiger, starre Plankostenrechnung für Prozeßfertiger und Lagerverkauf an industrielle Abnehmer. Im nächsten Schritt reduziert er die Szenarien um einzelne für seine individuelle Geschäftsabwicklung bzw. sein konkretes Projekt nicht relevante Prozesse, beispielsweise die Anfrage- und Angebotsbearbeitung im Vertrieb. In den beiden nächsten Schritten werden die aus der Szenarienselektion und -

reduktion konfigurierten Prozeßvarianten auf die Relevanz ihrer Funktionen und Funktionsvarianten hin untersucht. Beispielsweise werden aus dem Prozeß „Lieferungsbearbeitung“ die Funktion „Touren ermitteln“ gestrichen und die Funktionsvariante „gegen gebuchte Bestände“ aus der Funktion „Verfügbarkeit prüfen“ gewählt. Auf Basis dieses betriebswirtschaftlich orientierten Auswahlprozesses wird ein charakteristisches Customizingprofil abgeleitet und die für eine optionale Feinjustierung freigegebenen Customizing-Parameter angeboten. Damit wird schließlich Ziel Nummer 4 erreicht.

Literaturverzeichnis

[1] *Bernus, P.; Nemes, L.:* A framework to define a generic enterprise reference architecture. In: ICARCV'94 - Proceedings of the International Conference on Automation, Robotics and Computer Vision. Singapore 1994, S. 88-92.

[2] *Buck-Emden, R.; Galimow, J.:* Die Client/Server-Technologie des Systems R/3. 2. Auflage. Bonn et al. 1995.

[3] *ESPRIT Consortium AMICE:* CIMOS - Open System Architecture for CIM. 2. Auflage. Berlin et al. 1993.

[4] *Grob H.-L.; Volck, S.:* Abbildung von Geschäftsprozessen mit ereignisgesteuerten Prozeßketten. In: WIST. (1995) 11, S. 604-608.

[5] *Grochla, E.:* Automation und Organisation. Wiesbaden 1966.

[6] *Grochla, E.:* Einführung in die Organisationstheorie. Stuttgart 1978.

[7] *Kagermann, H.:* Client-Server-Modelle: Chancen oder Risiko für ein effektives Controlling. In: Management und Computer - Fachzeitschrift für EDV-orientierte Geschäftsprozesse. 1 (1993) 4, S. 273-280.

[8] *Keller, G.:* Informationsmanagement in objektorientierten Organisationsstrukturen. Wiesbaden 1993.

[9] *Keller, G.:* Eine einheitliche betriebswirtschaftliche Grundlage für das Business Reengineering. In: Brenner, W.; Keller, G. (Hrsg.): Business Reengineering mit Standardsoftware. Frankfurt, New York 1995, S. 45-66.

[10] *Keller, G.; Malt, D.:* Gestaltung von Controllingprozessen mit SAP R/3. In: Controlling. 7 (1995) 4, S. 234-249.

[11] *Keller, G.; Meinhardt, S.:* SAP R/3-Analyzer - Optimierung von Geschäftsprozessen auf Basis des R/3-Referenzmodells. Hrsg.: SAP AG. Walldorf 1994.

[12] *Keller, G.; Nüttgens, M.; Scheer, A.-W.:* Semantische Prozeßmodellierung auf der Grundlage "Ereignisgesteuerter Prozeßketten (EPK)" In: Scheer, A.-W. (Hrsg.): Veröffentlichungen des Instituts für Wirtschaftsinformatik. Heft 89. Saarbrücken 1992.

[13] *Keller, G.; Popp, K.:* Gestaltung von Geschäftsprozessen als betriebliche Aufgabe. In: Management und Computer - Fachzeitschrift für EDV-orientierte Geschäftsprozesse. 3 (1995) 1, S. 35-42.

[14] *Keller, G.; Popp, K.:* Referenzmodelle für Geschäftsprozesse. In: HMD - Theorie und Praxis der Wirtschaftsinformatik. 33 (1996) 187, S. 94-117.

[15] *Kosanke K.:* CIMOSA: Offene System Architektur. In: Scheer, A.-W. (Hrsg.): Handbuch Informationsmanagement: Aufgaben-Konzepte-Praxislösungen. Wiesbaden 1993, S. 113-141.

[16] *Kosiol, E.:* Organisation der Unternehmung. Wiesbaden 1962.

[17] *Küpper, H.-U.:* Ablauforganisation. Stuttgart, New York 1982.

[18] *Meinhardt, S.; Teufel, T.:* Business Reengineering im Rahmen einer prozeßorientierten Einführung der SAP-Standardsoftware R/3. In: Brenner, W.; Keller, G. (Hrsg.): Business Reengineering mit Standardsoftware. Frankfurt, New York 1995, S. 69-94.

[19] *Nordsieck, F.:* Die schaubildliche Erfassung und Untersuchung der Betriebsorganisa- tion Stuttgart 1932.

[20] *Nordsieck, F.:* Rationalisierung der Betriebsorganisation. 2. Auflage. Stuttgart 1955.

[21] *Plattner, H.:* Client/Server-Architekturen. In: Scheer, A.-W. (Hrsg.): Handbuch Informationsmanagement: Aufgaben-Konzepte-Praxislösungen. Wiesbaden 1993, S. 923-938.

[22] *Plattner, H.:* Der Einfluß der Client-Server-Architektur auf kaufmännische Anwendungssysteme. In: Schriften zur Unternehmensführung. Band 44. Wiesbaden 1991, S. 102-109.

[23] *Plattner, H.; Kagermann, H.:* Einbettung eines Systems der Plankostenrechnung in ein EDV-Gesamtkonzept. In: Scheer, A.-W. (Hrsg.): Grenzplankostenrechnung - Stand und aktuelle Probleme. 2. Auflage. Wiesbaden 1991, S. 137-178.

[24] *Scheer, A.-W.:* Architektur integrierter Informationssysteme. 2. Auflage. Berlin et al 1992.

[25] *Scheruhn, H.:* Referenzmodelle - Hilfe bei der Einführung von Standardsoftware In: iX. Heft 1. 1996.

[26] *Vernadat, F.:* CIMOSA - A European development for Enterprise Integration. Part 2: Enterprise Modeling. In: Petrie, C. J. (Hrsg.): Enterprise Integration Modeling. Cambridge, Mass. 1992, S. 189-204.

[27] *Zencke, P.:* Softwareunterstützung im Business Process Reengineering. In: Schriften zur Unternehmensführung. Band 53. Wiesbaden 1994, S. 63-76.

Das Konzept des Open Information Warehouse

Dr. Jürgen Hörtig
Degussa AG, Frankfurt

Inhalt

17. Saarbrücker Arbeitstagung Rechnungswesen und EDV 1996. Hrsg.: A.-W. Scheer.

1 Einführung

Die Erwartungen an Informationssysteme für das Management sind sehr differenziert und häufig unzureichend definiert. Mit der wachsenden Anzahl neuer Begriffe für Systeme, die sich in ihrer Konzeption wenig unterscheiden, steigen auch die Erwartungen der Endanwender auf ein hohes Niveau.

Solche Informationssysteme richten sich an das Management im Unternehmen, auch an das Top-Management. Sie beinhalten Informationen über die Stellung des Unternehmens am Markt und über wesentliche unternehmensinterne Steuerungsgrößen, die sich an den kritischen Erfolgsfaktoren des Unternehmens orientieren. Ein derartiges System ist ein Informationsangebot an Controlling- und Managementfunktionen. Je nach Unternehmenskultur entwickeln sich Arbeitsstil und Informationsbedürfnisse in den Unternehmen unterschiedlich. Der Aufbau eines Informationssystems hat die konkrete Unternehmenskultur zu berücksichtigen. Inhalte und Ausprägung eines Open Information Warehouse sind unternehmensspezifisch und können nicht auf andere Unternehmen übertragen werden. Dagegen sind die technischen Instrumente von der Informationsbeschaffung über die Aufbereitung bis zur Präsentation standardisierbar und damit übertragbar.

Unabhängig davon sind die Erwartungen an die Leistungsfähigkeit und an den Komfort extrem hoch.

Im folgenden wird erläutert, wie ein Open Information Warehouse in einem Industrieunternehmen konzipiert und welche praktischen Erfahrungen bei der Einführung der ersten Stufen gesammelt wurden.

2 Trends in Industrieunternehmen

Bei deutschen Industrieunternehmen mit internationaler Aktivität sind zum Ende dieses Jahrhunderts verschiedene Trends zu beobachten:

Internationalität

Die Unternehmen operieren in einer größeren Anzahl von Regionen.
Faßt ein Unternehmen in einer neuen Region mit einer Vertriebsgesellschaft Fuß, so wird sie anschließend durch Anwendungsberatung unterstützt, werden Konfektionierungs- bzw. Abpackanlagen ergänzt bis hin zum Aufbau einer eigenständigen Produktion mit späterer Etablierung selbständiger Forschungsabteilungen.

Multinational Führungsstrategie

Gleichzeitig verändert sich die Führungsstrategie dieser Unternehmen. Es sind prinzipiell zwei konträre Strategien zu unterscheiden, einmal eine „globale" Strategie, bei der die internationalen Märkte vom Mutterhaus aus gesteuert werden: dies erfordert standardisierte Produkt- und Dienstleistungen sowie einen hohen Koordinationsaufwand zwischen den einzelnen Aktivitäten. Demgegenüber bearbeitet die „multinationale" Strategie mit regional angepaßten Produkten, mit Hilfe dezentraler Ressourcen und regional autonomer Kompetenz den Markt. Hier ist zu beobachten, daß die globale Strategie zu Gunsten der multinationalen Strategie verlassen wird.

Diese Trends bedingen sich gegenseitig:
Bei der zunehmenden Internationalisierung entstehen nationale Tochtergesellschaften mit allen unternehmerischen Teilfunktionen. Gleichzeitig wird die Koordination dieser Unternehmen vom Mutterhaus aus schwieriger. Sie ist auch nicht mehr erforderlich, da die dezentralen Einheiten nach dem Aufbau ihrer unternehmerischen Teilfunktionen über die erforderliche fachliche Kompetenz verfügen. Diese Änderungen in der Struktur international operierender Unternehmen hat zwangsläufig Konsequenzen für ihre Informatikstrategie.

Während in den klassischen, zentral organisierten internationalen Unternehmen ein wesentlicher Teil der zur operativen Steuerung der Unternehmenseinheiten erforderlichen Informationen im Mutterhaus anfällt, fallen bei der globalen Steuerung eine Vielzahl von Informationen über das laufende operative Geschehen in den einzelnen Gesellschaften an. Die Dezentralisierung des operativen Geschäfts in die unterschiedlichen Märkte, verbunden mit einer multinationalen Strategie, führt in den Mutterhäusern zu einem steigenden Bedarf an Informationen aus den einzelnen Landesgesellschaften, die für die Steuerung des gesamten Konzerns geeignet zusammengefaßt werden müssen.

Es wird erforderlich, die für die Unternehmenssteuerung wesentlichen Informationen aus den Beteiligungsgesellschaften den Entscheidungsträgern in der Zentrale zur Verfügung zu stellen und dort aufzubereiten. Inhalt und Detaillierungsgrad dieser Informationen orientieren sich an der Intensität der Steuerung. So erfordert die Optimierung der unternehmensübergreifenden Verbundproduktion in der chemischen Industrie Informationen über Kapazität, produzierte Mengen, Auftragsbestand etc. in der Zentrale.

Ablauf- und Strukturorganisation

Parallel zur Internationalisierung der Unternehmen sind auch Änderungen in der Ablauf- und Strukturorganisation zu beobachten.

In klassischen Organisationen war sowohl in der Fertigung als auch in der Administration eine sehr intensive Arbeitsteilung zu beobachten. Einfache lineare Prozesse wurden in viele Einzelschritten zerlegt, um möglichst hohe Vorteile aus den

„Economies of Scale“ zu erzielen. Die Zerlegung administrativer Tätigkeiten in einzelne Teilschritte führte dazu, daß die Gesamtverantwortung für einen Vorgang relativ weit oben in der Unternehmenshierarchie wieder zusammengeführt werden konnte.

Hier ist eine deutliche Reduzierung der intensiven Arbeitsteilung zu beobachten: Der in klassischen Organisationen ausgeprägte Taylorismus wird deutlich reduziert. Er wird ersetzt durch eine Integration einzelner Funktionen, durch eine stärkere Focusierung auf den Gesamtprozeß im Unternehmen und auf eine Intensivierung der Teamarbeit.

Die Fokusierung auch auf übergreifende Prozeßketten in den Unternehmen - über Abteilungsgrenzen hinweg - erfordert eine intensivere Informationsversorgung durch integrierte komplexe Informationssysteme.

Neben diesen Änderungen in der Ablauforganisation sind auch - z.T. durch diese ausgelöst - Trendänderungen bei der Strukturorganisation zu beobachten.

Die Konzentration auf komplexe Prozeßketten (Wareneingang, Produktion, Ausgangslager, Lieferung an den Kunden, Zahlungsverhalten des Kunden) führt konsequenterweise dazu, daß die einzelnen Teilprozesse nicht mehr - wie in klassichen Organisationen - verschiedenen zentralen Fachabteilungen organisatorisch zugeordnet werden, sondern daß die Verantwortung für eine gesamte Prozeßkette funktional und disziplinarisch einer organisatorischen Einheit zugeordnet wird, nämlich der Sparte. Klassische Funktionen von Zentralbereichen, wie Beschaffungslogistik, Engineering, Kundenkontokorrent, Marketing etc. werden zunehmend den einzelnen Sparten zugeordnet. So gerät das Produkt in den Fokus des Spartencontrollings, - und zwar über den gesamten Prozeß - von der Entwicklung bis zur Vermarktung.

Damit werden in den Unternehmen immer mehr Zentrifugalkräfte sichtbar; ehemalige „Fachabteilungen“ konzentrieren ihre Kompetenz auf Führungsaufgaben im Unternehmen, übernehmen Dienstleistungsfunktionen für die Sparte oder werden in die Sparten dezentralisiert.

Zur Führung eines solchen Unternehmens mit stärkerer Ausprägung der Spartenverantwortung ist eine klare Definition der Aufgaben erforderlich, die für die Führung des Gesamtunternehmens erforderlich sind. Zentrale Führungskompetenz in den Unternehmen erfordert aber auch die Unterstützung durch Informationen aus den Sparten. Die Vereinbarung geeigneter Ziele und ihr Abgleich mit dem erreichten Ist zwischen der Unternehmensleitung und den einzelnen Sparten erfordert einen Informationsfluß aus den Sparten in die Unternehmensführung zurück. Sie braucht eine geeignete Informationsbasis über die mit den Sparten vereinbarten Ziele und ihre Zielerreichung; die spartenspezifischen Informationen müssen zu den Daten des Gesamtunternehmens verdichtet und um Daten ergänzt werden, die nicht spartenspezifisch ermittelt werden können. Die kritischen Erfolgsfaktoren werden aus den unternehmensweiten Zielen abgeleitet, müssen aber für das Spartenmanagement operationalisiert werden.

Damit werden den Zentrifugalkräften (aus der Dezentralisierung von Teilfunktionen in die Sparten) Zentripetalkräfte entgegengesetzt. Die Konzernführung benötigt eine verbindliche Unternehmensdatenbank, die eine verläßliche Datenbasis zur Unterstützung ihrer Führungsaufgaben abgibt.

Diese Funktion übernimmt das Open Information Warehouse, das sowohl den verschiedenen Management-Ebenen die für sie erforderlichen Informationen in adäquater Verdichtung zur Verfügung stellen, gleichzeitig aber auch ermöglicht, globale Unternehmensdaten entlang der Hierarchie nach unten zu differenzieren.

Die aktuell zu beobachtende deutliche Nachfrage nach effizienten Management-Informationssystemen ist durch die Trendänderungen in der Internationalisierung, aber auch in der Ablauf- und Strukturorganisation der Unternehmen begründet.

3 Informationen zur Konzernführung

In erster Linie orientieren sich die Informationen zur Konzernführung an den Bedürfnissen des oberen Managements bzw. der ihr zugehörenden Stäbe.

Die Grundgesamtheit der Informationen setzt sich zusammen aus:

- Informationen über das Umfeld des Unternehmens (z.B. Kurse, Zinsen, Wachstumsraten)
- Informationen, die die wirtschaftliche Entwicklung des Unternehmens in seiner Gesamtheit widerspiegeln (cash flow, Ergebnis vor Steuern)
- Informationen über kritische Erfolgsfaktoren einzelner operativen Einheiten des Unternehmens, (z.B. Umsatz einer Sparte, Investitionssumme in einer Gesellschaft)

Daraus wird deutlich, daß wesentlichen Bestandteile der Konzernführungsinformationen nicht allein an das strategische Management adressiert sein dürfen. Diese Informationen müssen den sie betreffenden organisatorischen Einheiten (Sparten, Unternehmen oder Regionen) in gleicher Aufbereitung zur Verfügung stehen, damit eine effiziente Kommunikation zwischen dem strategischen und dem operativen Management möglich ist. Führungsinformationen sind also nicht nur Informationen für die Führungsebene selbst, sondern gleichzeitig Informationen für die „Geführten“.

Für eine effiziente Kommunikation über kritische Erfolgsfaktoren im Unternehmen müssen diese Basisinformationen allen Beteiligten gleichermaßen zur Verfügung stehen.

4 Anforderungen an ein Open Information Warehouse

In den Unternehmen existieren üblicherweise EDV-Systeme, die die Funktionen der operativen Ebene (Beschaffung, Wareneingang, Kostenarten- und Kostenstellenrechnung, Kostenträgerrechnung, Bestandsrechnung, Fakturierung etc.) unterstützen. Sie erfassen und liefern Informationen über spezifische unternehmerische Teilfunktionen. Die Anforderungen an diese Systeme werden zunehmend von Standardsoftware erfüllt.

Aufbauend auf diesen operativen Systemen existieren häufig Informationssysteme für einzelne Teilfunktionen; so findet man in der Praxis - auf Basis der Kostenrechnung - ein Kosteninformationssystem, das die wesentlichen Kostenstrukturen im Unternehmen transparent abbildet. Oder es wird auf Basis eines Fakturiersystems ein sog. Vertriebs-Informations-System aufgebaut, das über diese spezielle Teilfunktion gut strukturierte Informationen enthält.

Diese konventionellen Systeme erlauben Verdichtungen nach ausgewählten Gesichtspunkten, es fehlt jedoch grundsätzlich die Möglichkeit, die Sub-Informationssysteme zu verknüpfen und zu einem integrierten Gesamtsysteme über alle Teilfunktionen des Unternehmens zu verdichten (vgl. Abb. 1). Sie erzwingen redundante Datenhaltung und basieren häufig auf unterschiedlichen Softwaresystemen. Übergreifende Unternehmensstrukturen können nicht durchgehend abgebildet werden. Änderungen in der Unternehmensstruktur bzw. in der Abfolge unternehmerischer Prozesse führen zu aufwendigen Änderungen in der Datenstruktur und zu Inkonsistenzen.

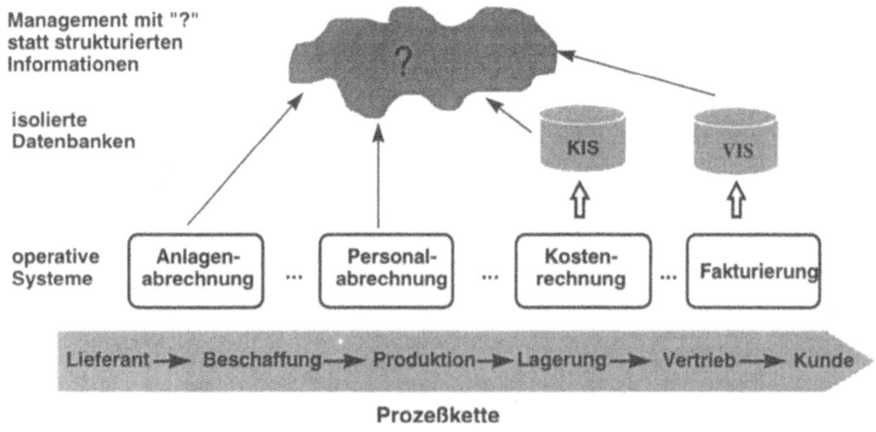

Abb 1: Charakteristika konventioneller Systeme

Diese Defizite kann ein Open Information Warehouse (OIW) ausfüllen, das sowohl spezifische Informationen den verschiedenen Management-Ebenen in adäquater Verdichtung zur Verfügung stellt, gleichzeitig aber auch ermöglicht, globale Unternehmensdaten entlang der Unternehmenshierarchie nach unten zu detaillieren.

Ein OIW bezieht seine wesentlichen Konzerninformationen aus den Systemen, die zur Unterstützung der operativen Unternehmensfunktionen installiert sind. Diese Datenbasis wird ergänzt durch unternehmensexterne Daten (Marktanalysen etc.).

Ein wesentlicher Schritt für die Ausgestaltung eines OIW ist die Selektion der relevanten Kennzahlen aus den Basissystemen. Dazu sind effiziente Beschaffungs-Tools erforderlich, die den regelmäßigen Update der Datenbank effizient sicherstellen.

Bei der Integration der operativen Informationen in eine gemeinsame Datenbank ist ihre konsequente Strukturierung erforderlich. Die Auswahl der relevanten Informationen ist ein unternehmensspezifischer, dynamischer Prozeß mit einer Vielzahl an Auswahlkriterien. Es gibt aber einige Kerninformationen - im wesentlichen aus dem Finanzwesen - die in einem OIW für das Top-Management mindestens enthalten sein sollten. So sind in den Management-Informationssystemen bei einer Reihe von deutschen Konzernunternehmen die folgenden betriebswirtschaftlichen Kennziffern enthalten:

1. Konsolidierter Umsatz mit Mengen-, Preis- und Währungseinflüssen
2. Operatives Ergebnis
3. Ergebnis vor EE-Steuern
4. Konsolidierte Herstellkosten
5. Ausgewählte Kostenarten (Personal, Reparaturen, ...)
6. Vorräte, Forderungen
7. Investitionen
8. Finanzbedarf
9. Cash Flow
10. Mitarbeiter

Weiteres wesentliches Charakteristikum eines OIW ist die Integration der relevanten Kennzahlen in möglichst nur eine Datenbank oder ein Tool für ihre Verknüpfung, ebenso wie die freie Recherche in den Datenbeständen.

Die heute am Markt verfügbaren Informationssysteme für das Management sind häufig dadurch gekennzeichnet, daß ihre Bedienung wiederum Expertenwissen voraussetzt und damit in den Organisationen eine ineffiziente Arbeitsteilung zwischen Management und Stäben erfordert. Gerade die Informationsbedürfnisse des Managements sind innovativ und dadurch weniger vorstrukturierbar. Deswegen hat für die Effizienz und Akzeptanz eines solchen Systems die Management-orientierte Benutzeroberfläche einen hohen Stellenwert.

5 Informationspyramide

Bei der Konzeption des OIW in unserem Unternehmen orientierten wir uns an dem Modell der Informationspyramide mit drei logischen Systemebenen (vgl. Abb. 2).

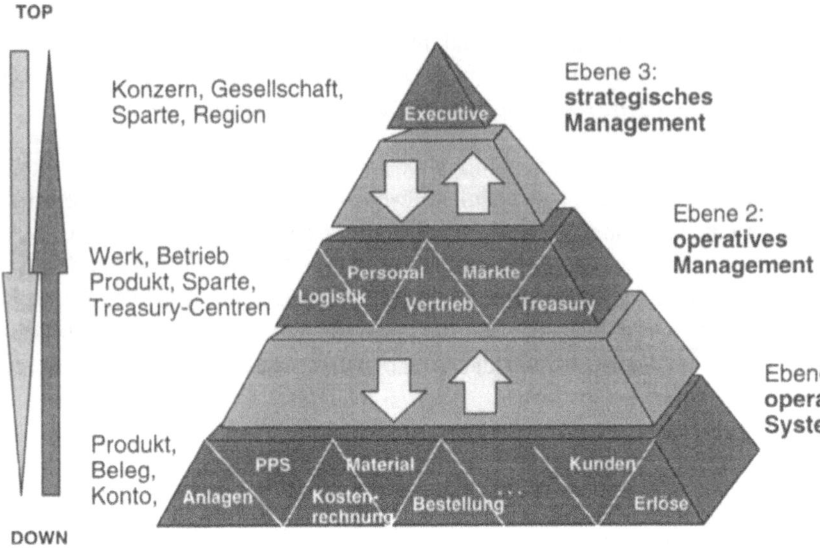

Abb. 2: Informationspyramide

Auf der Ebene 1 sind die operativen Systeme angesiedelt, die innerhalb eines jeden Unternehmens im Konzern die Anforderungen der operativen Funktionen (Beschaffung, Fakturierung etc.) erfüllen. Hier werden auf der Ebene des Einzelbelegs, der Produktsorte oder des Kontos spezifisch für die jeweilige Funktion Einzeldaten erfaßt und verdichtet.

Im Gesamtkonzept des OIW ist es unwesentlich, welcher Hersteller für die Software der operativen Systeme im Einzelunternehmen verantwortlich ist. Auch kann eine effiziente Koexistenz von Individual- und Standardsoftware vorliegen. Wesentlich ist vielmehr die geeignete Strukturierung der Daten in allen Ebenen.

In der mittleren Ebene 2 der Pyramide werden die Daten der Ebene 1 für das operative Management verdichtet. So erhält z.B. der Betriebsleiter aus den unterschiedlichen operativen Einzelsystemen alle Daten für seinen Verantwortungsbereich „Betrieb" geeignet komprimiert, in nur einer Benutzeroberfläche zur Verfügung gestellt: z.B. Vorräte, Mitarbeiter, Fehlzeiten, offene Aufträge etc., oder der Produktmanager erhält in einer Datenbank die für ihn relevanten Informationen über Kunden, Vorräte, offene Aufträge, Kosten, Erlöse, Marktanteil, Vertriebskosten, Kapazitäten in der Produktion, die er für seine Zwecke verknüpfen kann.

Die Ebene 3 des Open Information Warehouse orientiert sich an den Erwartungen des strategischen Managements. Hier liegen i.w. verdichtete Informationen für den Konzern vor, die nach Gesellschaften, Sparten oder Regionen differenziert werden.

Wesentlich für ein OIW ist die Konsistenz der Daten und Strukturen zwischen den drei Ebenen. Eine globale interne Unternehmenskennzahl der Systemebene 3 muß im Prinzip über alle Ebenen der Unternehmenshierarchie nach unten bis auf die Einzelinformation im Beleg der Ebene 1 differenziert werden können und umgekehrt.

6 Strukturen und ihre Dimensionen

Unternehmensinterne Kennzahlen bilden den Nukleus eines OIW. Sie können nahezu alle nach mindestens drei unterschiedlichen Dimensionen strukturiert werden:

- Sparte
- Gesellschaft
- Region

Jede einzelne Dimension ist weiter nach den Ebenen zu differenzieren, die im jeweiligen Unternehmen ausgeprägt sind. Damit ist jedes OIW-Datum eindeutig in einem (mindestens) dreidimensionalen Vektorraum lokalisiert. Beispielhaft seien folgende Ausprägungen für eine solche Datenstrukturierung genannt:

Sparte mit den Untergliederungen	(vgl. Abb. 3.1)
Gesellschaft mit den Untergliederungen	(vgl. Abb. 3.2)
Region mit den Untergliederungen	(vgl. Abb. 3.3)

Jede unternehmensinterne Information, die in ein OIW eingebaut werden soll, ist also in diese drei Dimensionen auszuprägen. Dabei können nicht alle Informationen der jeweils niedrigsten Ebene zugeordnet werden. So sind z.B. innerhalb einer Matrixorganisation die Mitarbeiter einer Fachabteilung nicht unmittelbar einem Arbeitsgebiet zuzuordnen.

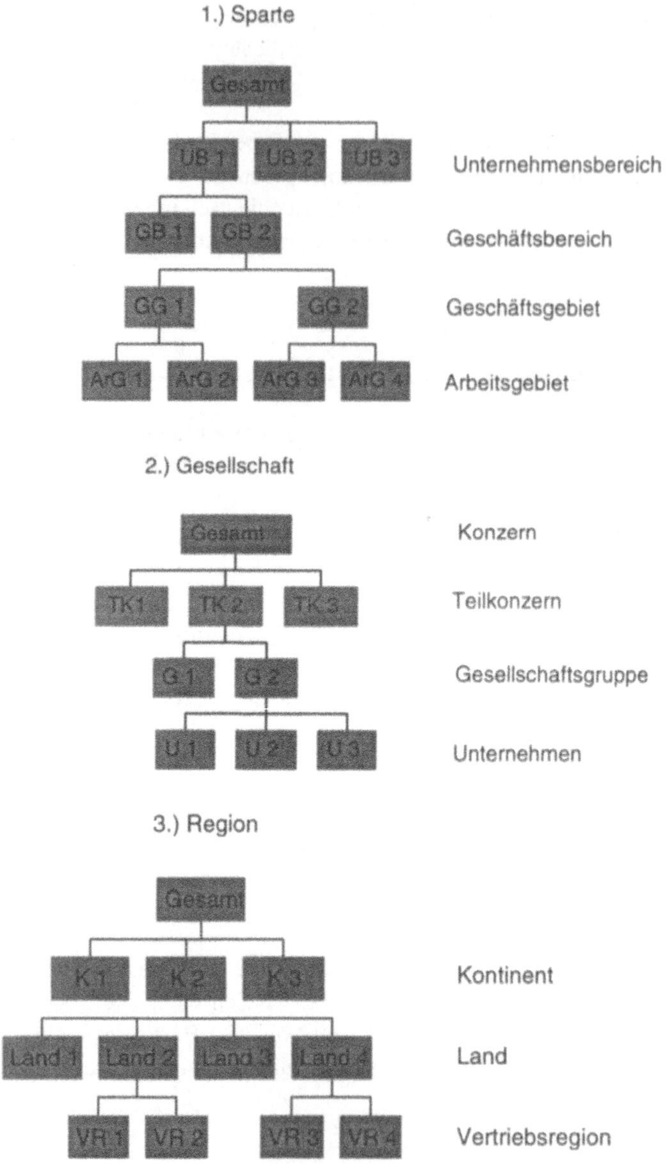

Abb. 3: Strukturierungsdimensionen

Daneben gibt es unternehmensinterne Kennzahlen, zu deren Charakterisierung weitere Dimensionen sinnvoll sein können, z.B.:

- Umsatz nach Branchen oder Kundengruppen
- Mitarbeiter je Werk.

Über diese sachorientierte Dimensionierung heraus ist jede OIW-Information auch nach der Dimension „Zeit“ zu strukturieren. Es können zeitpunkt- bzw. zeitraumbezogene Daten vorliegen. Bei der zeitlichen Strukturierung ergibt sich mind. eine Gliederung der Daten in die Ausprägungen

- Vorjahr,
- lfd. Geschäftsjahr,
- Planjahr.

Mit diesen drei sachbezogenen Dimensionen und der Zeitdimension ist eine Minimalstruktur für ein OIW vorgegeben. Dies ist sowohl für den Aufbau der Datenbank als auch für das Verständnis des Endanwenders wesentlich. Es hat sich als zweckmäßig gezeigt, diese Datenstruktur als Würfel zu erläutern; der Endanwender kann sich mit beliebigen Fragestellungen dem OIW von allen Seiten des „Würfels“ nähern (vgl. Abb. 4).

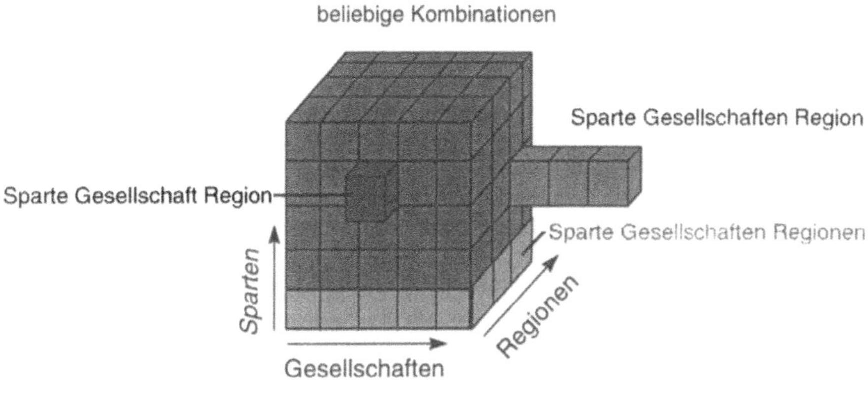

Abb. 4: Dimensionen

7 Auswahl der kritischen Erfolgsfaktoren

Nach der Festlegung der Strukturen besteht der nächste Schritt in der Auswahl der kritischen Erfolgsfaktoren. Wesentliche Voraussetzung für die Akzeptanz eines OIW ist, daß die selektierten Informationen betriebswirtschaftlich eindeutig und nachvollziehbar definiert sind. Hier empfiehlt sich eine dem Endanwender (Kunden) verständliche Beschreibung des unternehmerischen Sachverhalts.

Ein Katalog von eindeutigen Definitionen ist zu erstellen, der verbindlichen Charakter hat und im Unternehmen konsequent durchgesetzt werden muß. Z.B. ist festzulegen, ob bei der Kennziffer „Umsatz“ die Linzenzerträge mit berücksichtigt werden sollen, oder ob bei der Abgrenzung der Regionen der Wirtschaftsraum Nordamerika zu NAFTA erweitert werden soll.

Häufig scheitern aufwendig konzipierte Systeme daran, daß Produktnummern nicht konzerneinheitlich festgelegt sind, daß jede Sparte ihre Märkte regional anders abgrenzt, oder daß die Konzerngesellschaften ihre Produkte den Sparten anders zuordnen.

Weiterhin ist für die ausgewählten Dateninhalte festzulegen, auf welchen Ebenen der einzelnen Dimensionen sie erfaßt werden sollen. So kann es sinnvoll sein, auf der Ebene „Betrieb" die betriebswirtschaftlichen Inhalte Wiederbeschaffungwert, Mitarbeiter und Reparaturen abzulegen.

Wesentlich ist, daß diese betriebswirtschaftlichen Definitionen der Dateninhalte und ihre Zuordnung zu den einzelnen Dimensionsebenen als verbindliche Vereinbarungen verabschiedet werden und auch im Unternehmen durchgesetzt werden.

8 Methodenauswahl

Neben Strukturen, Dimensionen und klarer Definition betriebswirtschaftlicher Inhalte sind die Algorithmen zur Selektion der Daten aus den Basissystemen und zur Verknüpfung der Dateninhalte ein wesentliches Charakteristikum eines OIW.

Dies sind zum einen elementare Rechenmethoden (z.B. Vorzeichen bei der Prozentsatzermittlung), Fragen der Methodenauswahl bei mathematisch-statistischen Verfahren (z.B. Trendermittlung oder Verfahren zur saisonalen Glättung) bis hin zu betriebswirtschaftlichen Methoden ggf. mit handels-/steuerrechtlicher Auswirkung. So gibt es Spielräume bei der Methode der Binnenumsatzkonsolidierung, die im Konzern festgelegt sind aber nicht zwangsläufig mit den Verfahren in den Teilkonzernen übereinstimmen müssen. Erhebliche Methodenvielfalt gibt es auch bei der Währungsumrechnung zur „Konzernwährung".

Ein grundsätzliches weiteres Problem stellt sich bei organisatorischen Änderungen im Konzern; diese können alle drei Strukturdimensionen betreffen.

- In der Spartenstruktur kann dies die Zuordnung eines Arbeitsgebiets zu einem anderen Geschäftsgebiet im Planjahr sein.
- In der Gesellschaftstruktur werden zwei Einzelgesellschaften fusioniert oder zu einem zusätzlichen Teilkonzern zusammengefaßt.
- In der regionalen Struktur hatte die Gründung der NAFTA bei vielen Unternehmen zu einer Änderung in der Berichtserstattung geführt. Hier wird nicht mehr über Nordamerika, sondern über die erweiterte Region berichtet.

Bei all diesen Änderungen in der Struktur des Unternehmens entsteht die Frage der rückwirkenden Anpassung von Vergangenheitszahlen. In Abhängigkeit von einer konkreten Fragestellung kann es sinnvoll sein, die Vergangenheitszahlen der aktuellen Struktur anzupassen.

Wesentlich bei diesen Überlegungen ist, daß eine Konvention zur „Bewältigung der Historie" vereinbart wird, die sich in einer verbindlichen Grundrechnung niederschlägt. Modernere Informatiksysteme erlauben, daß parallel zu dieser Grundstruktur mehrere alternative Strukturen vorgehalten werden.

9 Kommunikationsmanager

Der Aufbau eines OIW im Unternehmen macht eine neue Funktion erforderlich: den Kommunikationsmanager. Er hat die Aufgabe, die betriebswirtschaftlichen Inhalte klar zu formulieren und im Unternehmen zu vereinbaren, er ist verantwortlich für die Sicherstellung der Datenkonsistenz und für die Durchsetzung semantischer Klarheit. Damit befindet er sich auf der Schnittstelle zwischen Informatik und Management und ist auch verantwortlich für die klare und richtige Interpretation der Inhalte des OIW. Er sorgt für die kontinuierliche Weiterentwicklung des Systems, er wirkt als Katalysator für Veränderungen mit einem kräftigen Gespür für Innovation, ist Informationsberater und gleichzeitig zuständig für die Sicherstellung der erforderlichen EDV-Ressourcen.

10 Organisation der Informationsbeschaffung

Die Produktion von Informationen in einem Konzern ist als komplexe Prozeßkette darstellbar. Nahezu alle Abteilungen eines Unternehmens sind in die Erstellung der Basisinformationen der operativen Ebene 1 involviert. Zusätzlich zu den komplexen Sachfragen treten Kompetenzfragen auf, wer Informationen an hierarchisch übergeordnete Stellen weitergeben darf.

Um die in den o.g. Punkten genannten Voraussetzungen effizient zu erfüllen, stellt sich die Informationsbeschaffung in das OIW als organisatorische Herausforderung.

Die nachfolgenden einzelnen Grundsätze sind - isoliert gesehen - trivial, ihre Nichtbeachtung führt jedoch häufig zur Irritation des Endanwenders bis hin zur Resignation über die Datenvielfalt.

Grundsätze

a) Für einen betriebswirtschaftlichen Sachverhalt (Investition, Umsatz, Mitarbeiterzahl) ist nur eine Kennzahl zulässig.

b) Für die Ermittlung einer betriebswirtschaftlichen Kennzahl zu einem Objekt im Unternehmen (Betrieb, Werk, Einzelgesellschaft, Arbeitsgebiet etc.) ist ein kompetenter Datenlieferant zu autorisieren.

c) Für jede betriebswirtschaftliche Kategorie ist ein Zeitpunkt für die Informationsbereitstellung und die Qualität der Information zu vereinbaren (geschätzter Umsatz, bzw. fakturierter Umsatz oder Umsatz lt. G+V).

d) In den Unternehmen stehen vielfach mehrere technische Wege für die Informationsübermittlung zur Verfügung: Papier, E-Mail, Fax etc. Hier ist es sinnvoll, nur einen „offiziellen" technischen Weg zuzulassen.

e) Die so beschafften Informationen müssen in der vorgegebenen Struktur vorliegen.

Es hat sich in der Praxis gezeigt, daß für eine effiziente Informationsbeschaffung ein verständliches Manual beim Datenlieferanten vorliegen sollte; eine „intelligente" Plausibilitätsprüfung im Datenerfassungssystem reduziert Rückfragen und aufwendige Fehlerkorrekturen.

11 Realisierung

Bei der Konzeption eines OIW kann man häufig die gleichen Fehler beobachten:

1. Der Projektleiter erhöht primär die Effizienz der Informationserstellung anstatt die Entscheidungsträger im Unternehmen zu unterstützen.

2. Eine klare Analyse des Informationsbedarfs wird aus Aufwandsgründen vermieden; häufig wird auch im Top-Management eine klare Festlegung umgangen.

3. Bei der Systemkonzeption werden die aktuellen Probleme, die Anlaß für die Generierung eines OIW sind, überbetont.

4. Ein OIW ist - im Gegensatz zu anderen Informatikprojekten, die operative Funktionen unterstützen - nie endgültig abgeschlossen. Es ist inhaltlich und organisatorisch laufend den sich ändernden Anforderungen anzupassen.

Innerhalb des TOP-Managements muß ein echter Bedarf vorhanden sein, bevor ein OIW-Projekt gestartet werden kann; außerdem sollte mindestens ein Mitglied des Vorstandes als Sponsor gewonnen werden. Nach der Festlegung von Projektteam und

Steering-Committee empfiehlt sich die Formulierung eines Konzeptes, in dem die betriebswirtschaftlichen Inhalte, die Adressaten des OIW und die Informatiklösung formuliert werden. Im Gegensatz zu klassischen Informatik-Projekten erfordert die Einführung beim Anwender einen wesentlich größeren Aufwand. Hier empfehlen wir eine Einführung in kleinen Schritten, damit der Endbenutzer des OIW in „seinem" System heimisch werden kann. Ein OIW-Projekt ist nie endgültig abgeschlossen; nach der Realisierung der ersten Anforderungen übernimmt der Kommunikations-Manager die kontinuierliche Weiterentwicklung.

Migration zu R/3 in einem Telekommunikationsunternehmen

Dr. Marcus Eul,
E-Plus Mobilfunk GmbH, Düsseldorf

Inhalt

17. Saarbrücker Arbeitstagung Rechnungswesen und EDV 1996. Hrsg.: A.-W. Scheer.

1 Einführung

In der Datenverarbeitung werden seit Ende der 80er Jahre hinsichtlich der Systeminfrastruktur (Hardware, Betriebssystem) intensive Diskussionen über ein sog. „Downsizing“ bzw. „Rightsizing“ von Systemen geführt. Diskussionsinhalt ist vornehmlich die Frage, inwieweit es vorteilhaft ist, zentrale Host- oder Mainframe-Systeme durch eher dezentral orientierte Client-Server-Systeme zu ersetzen. Noch bis in die frühen 90er Jahre herrschte durchaus Unklarheit über diese Vorteilhaftigkeit. Heute aber hat sich die Meinung weitgehend durchgesetzt, daß Client-Server-Systemen die Zukunft gehört. Ergo begannen Unternehmen mit den Bemühungen, Ihre Anwendungssysteme für die geänderten Welten tauglich zu machen bzw. Neuentwicklungen aufzusetzen, die die Vorzüge von Client-Server-Umgebungen nutzen können.

Ein treffliches Beispiel für diese Entwicklung stellt auch die SAP AG dar. In den 80er Jahren gelang es ihr, mit der mainframe-basierten Standardsoftware SAP R/2 beachtliche Marktanteile im Software-Markt zu erzielen. Der oben angesprochenen Diskussion entsprechend wurde Ende der 80er Jahre mit der Entwicklung der Client-Server-basierten R/3-Software begonnen, die 1992 erstmalig ausgeliefert wurde. Dabei ging das Unternehmen zunächst von einer längerfristigen Koexistenz beider Systeme aus, die marketingmäßig möglichst deutlich gegeneinander abgegrenzt werden sollten [1]. Erst durch den weitgehenden Erfolg der Client-Server-Umgebungen (und natürlich auch den Absatzerfolg des R/3-Systems) stellt sich die Situation heute so dar, daß das R/3-System das strategische Produkt der SAP repräsentiert und der Weiterentwicklung von R/2 enge Grenzen gesetzt sind [2].

Das wiederum hat zur Folge, daß sich heutige R/2-Kunden mittelfristig mit dem Gedanken an einen Systemwechsel zu R/3 - sprich: einer Migration - auseinandersetzen müssen, d.h. sie müssen prüfen, ob es auch für sie mit Ihren unternehmensspezifischen Rahmenbedingungen sinnvoll ist, den Wechsel aus der Host-basierten R/2-Welt in die Client-Server-orientierte R/3-Welt mitzugehen.

Im folgenden soll am Beispiel des Mobilfunkanbieters E-Plus gezeigt werden, auf welchem Wege eine Migrationsentscheidung vorbereitet und wie das anschließende Migrationsprojekt aufgesetzt bzw. durchgeführt wurde.

2 Entscheidungsfindung für die Migration

2.1 Ausgangssituation bei E-Plus Mobilfunk

Die unternehmensspezifischen Rahmenbedingungen sind wesentliche Einflußfaktoren für die Vorteilhaftigkeit einer Migration R/2 nach R/3. Sie sollen daher in diesem Abschnitt kurz charakterisiert werden.

2.1.1 Überblick über das Unternehmen „E-Plus"

E-Plus wurde 1993 gegründet und ist nach der DeTeMobil und Mannesmann Mobilfunk das dritte Unternehmen in Deutschland, das ein Mobilfunknetz - das E1-Netz - errichtet. Das Kerngeschäft von E-Plus besteht darin, die Leistungen dieses Netzes, die sogenannte „Air-Time"- zu vertreiben. Daneben wird aber auch ein Handelsgeschäft betrieben, d.h. Mobilfunkequipment wie Handies, Ladegeräte, Autoeinbausätze etc. werden von E-Plus bei Herstellern erworben und an Händler weiterveräußert.

E-Plus setzt sich aus zwei rechtlich selbständigen Gesellschaften zusammen: Die E-Plus Mobilfunk GmbH hat vereinfacht dabei die Aufgabe, das E1-Netz aufzubauen, zu betreiben und die „Air-Time" an sog. Service-Provider wie Debitel, Talkline oder Dekratel weiterzuveräußern, die ihrerseits über Händler an die eigentlichen Endkunden herantreten. Die E-Plus Service GmbH als Tochter der E-Plus Mobilfunk GmbH ist ein solcher Service-Provider, der ausschließlich Leistungen für das E1-Netz vertreibt. E-Plus-Mobilfunk gliedert sich in die Hauptverwaltung Düsseldorf und neun Netzbetriebe. In der Hauptverwaltung werden die kaufmännischen Funktionen wie Rechnungswesen/ Controlling, Materialwirtschaft, Vertrieb der Handelsware vorgenommen. Darüber hinaus werden zentrale technische Funktionen wie bspw. der Test und die Beschaffung von Systemkomponenten sowie die Netzplanung ausgeübt. Die in Deutschland verteilten Netzbetriebe sind mit dem regionalen Aufbau und Betrieb sowie der Instandhaltung des E1-Netzes betraut. E-Plus Service hat seinen zentralen Sitz in Potsdam und betreibt diverse Außenstellen für den Kundenservice. Die folgende Abbildung gibt einen Überblick über die für die Migration relevanten Unternehmenseinheiten:

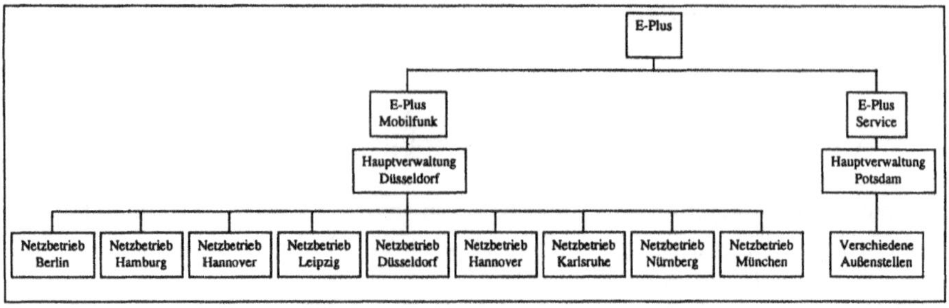

Abb. 1: Unternehmenseinheiten von E-Plus

2.1.2 Überblick über die vorhandene Systeminfrastruktur

Die Anwendungssystemarchitektur bei E-Plus ist trotz des verhältnismäßig geringen Alters des Unternehmens durch eine Vielzahl verschiedener Anwendungen geprägt. Aus kaufmännischer Sicht steht dabei SAP R/2 (Releasestand 5.0f) im Mittelpunkt, das zur Unterstützung der Finanz- und Anlagenbuchhaltung (SAP R/2-Module RF und RA), des Controllings (RK-S, RK-P, RK-A), der Materialwirtschaft (RM-Mat) und des Vertriebs (RV) in den Hauptverwaltungen Düsseldorf und Potsdam sowie den Netzbetrieben von ca. 250 Usern genutzt wird. Durch die zentrale Rolle des Systems sind eine Reihe von Schnittstellen zu beachten, wobei zu den wichtigsten die zum Telefonabrechnungssystem CASS, die zum Anwendungssystem des Logistikpartners (die Lagerhaltung wird fremdbetrieben) und die zum Personalabrechnungssystem PAISY zählen.

E-Plus hat seit der Gründung konsequent auf die Client Server-Technologie gesetzt, d.h. alle eigenbetriebenen Anwendungssysteme basieren auf dieser Plattform. Das SAP R/2-System wird ebenso wie das PAISY-System zentral von einem Outsourcer zur Verfügung gestellt. Alle Standorte, also die Hauptverwaltung in Düsseldorf , die Netzbetriebe und E-Plus Service in Potsdam sind lokal durch Ethernet vernetzt; überregional sind alle Lokalitäten in Abhängigkeit von der jeweiligen Anwendung über Datenleitungen verschiedener Art verknüpft. Jeder Anwender verfügt an seinem Arbeitsplatz über einen 4/86- oder Pentium-PC.

2.2 Entscheidungsvorbereitende Schritte

Wird in der Praxis erwogen, ein neues DV-System einzuführen, so werden zu einer Beurteilung der Vorteilhaftigkeit dieser Systemeinführung üblicherweise Nutzen-/ Kostenanalysen vorangestellt [3]. Da eine Migration von R/2 nach R/3 prinzipiell nichts anderes als die Einführung eines neuen DV-Systems ist, empfiehlt es sich, auch bei der Auseinandersetzung mit der Migrationsthematik Nutzen- und Kostenüberlegungen als Grundlage für eine Migrationsentscheidung anzustellen. Bei E-Plus wurden diese Überlegungen in zwei Schritten durchgeführt:

In einem ersten Schritt wurde in einer Einsatzstudie zunächst ausschließlich die Machbarkeit aus technischer Perspektive untersucht sowie Kostenvergleiche zwischen der bestehenden R/2- und einer möglichen R/3-Lösung angestellt. Die Untersuchung wurde auf Grundlage von Angaben der relevanten Hardwareanbieter und der SAP AG durchgeführt und führte zu dem Ergebnis, daß die Einbindung eines SAP R/3-System in die bei E-Plus betriebene Infrastruktur unkritisch erscheint und darüber hinaus zu beträchtlichen Kostenvorteilen führt.

Aufgrund dieser positiven Ergebnisse wurde eine Detailuntersuchung auf Basis einer E-Plus-eigenen R/3-Testinstallation durchgeführt. Die Zielsetzung war in technische, fachinhaltliche und kostenbezogene Aspekte trennbar. Gegenstand der technischen Untersuchung war die Verifizierung der Aussagen von Hardwareherstellern aus der Einsatzstudie und somit der Test, wie SAP R/3 in die infrastrukturellen Rahmenbedingungen bei E-Plus einbindbar ist und welchen Aufwand der R/3-Betrieb für das Unternehmen bedeutet. In der fachinhaltlichen Untersuchung wurde analysiert, wie ausgesuchte, kritische E-Plus-Prozesse in R/3-abzubilden sind und welche Vorteile gegenüber der produktiven R/2-Anwendung dadurch erzielt werden können. In der Kostenuntersuchung wurden die Ergebnisse der Einsatzstudie präzisiert bzw. aktualisiert.

2.3 Enscheidungsgrundlagen

Die Ergebnisse der Detailuntersuchung waren prägnante Aussagen, warum eine Migration für E-Plus sinnvoll ist, d.h. welche Migrationsmotivation besteht. Darüber hinaus konnte anhand der gewonnenen Informationen eine Empfehlung für die Vorgehensweise eines Migrationsprojektes gegeben werden

2.3.1 Migrationsmotivation

Die Migrationsmotivation ergab sich aus dem fachinhaltlichen und technischem Nutzen sowie den erwarteten Kostenvorteilen:

- Fachinhaltlicher Nutzen: Der aktuelle Nutzen setzt sich zusammen aus Vorteilen, wie einem verbessertem Handling (z.B. Kommunikationsmöglichkeiten zwischen SAP und Windows-Applikationen), unfangreicheren, komfortableren und wirtschaftlicheren Möglichkeiten der Berichterstattung sowie punktuellen funktionalen

Vorteilen, wie z.B. einer leistungsfähigeren Textverarbeitung, einer leichteren Rechnungserfassung, einer erleichterten Stammdatenpflege im Controlling etc.

Der erwartete zukünftige Nutzen liegt - wie eingangs bereits angesprochen - darin, daß funktionale Verbesserungen und Erweiterungen im strategischen Produkt R/3 und nicht im R/2 zu erwarten sind.

- Technischer Nutzen: Der aktuelle Nutzen resultiert daraus, daß die für den Einsatz von SAP R/3 erforderliche technische Architektur kompatibel mit der bei E-Plus eingesetzten Infrastruktur ist. Die Administration kann effizient über zentrale, ohnehin vorhandene Werkzeuge erfolgen, Betriebssystem- und Datenbankspezifische Kenntnisse sind vorhanden und brauchen nicht extra aufgebaut zu werden. Durch diese Konformität auf Hardware-, Betriebssystem- und Datenbankseite wird eine wesentliche Voraussetzung zur Erzeugung und Nutzung von Synergieeffekten geschaffen. Für die R/3-Systementwickler wird zudem eine größere Effizienz durch die moderne R/3-Entwicklungsumgebung erwartet.

  Ähnlich wie auf der fachinhaltlichen Seite wird ein zukünftiger Nutzen dadurch erwartet, daß die für SAP R/3 erforderliche Datenbank bzw. das erforderliche Betriebssystem den aktuellen Entwicklungslinien entspricht und Innovationen vornehmlich im Client Server-Bereich zu erwarten sind.

- Kosten: Ein Kostenvergleich konnte insbesondere durch die mit dem Outsourcing verbundene Kostentransparenz auf R/2-Seite präzise durchgeführt werden. Vor allem durch die erwarteten Synergieeffekte im technischen Bereich wird von deutlichen Kostenersparnissen ausgegangen.

2.3.2 Migrationsstrategie

Bei der Festlegung der Migrationsstrategie sind zum einen der Migrationspfad und zum anderen die Migrationsweise zu klären.

Hinsichtlich des Migrationspfades bestehen zwei grundsätzliche Alternativen:

- Schrittweise Migration: Dabei wird das R/2-System in einzelnen Teilen in das R/3-System migriert. Diese Teile können sich an Systemfunktionen bzw. anwendungsspezifischen Bereichen oder an Organisationseinheiten orientieren. Beispielsweise ist es denkbar, in einem ersten Schritt mit der Finanz- und Anlagenbuchhaltung in das R/3 zu wechseln und erst im zweiten Schritt die logistischen Anwendungen zu migrieren. Eine andere Möglichkeit besteht darin, mit einer Organisationseinheit wie z.B. einem Netzbetrieb als Pilotprojekt zu beginnen und dann schrittweise die übrigen Netzbetriebe sowie die Hauptverwaltungen nachzuziehen. Bei der schrittweisen Migrationen werden die alte und die neue Anwendung parallel gefahren, wobei i.d.R. temporäre Schnittstellen erforderlich sind.
- „Big Bang“: Das R/2-System wird in einem Schritt durch das R/3-System abgelöst.

Der Big Bang ist die wirtschaftlichere Lösung, weil Einmalaufwände z.B. zur Schnittstellenkonzeption und -umsetzung zwischen dem alten und dem neuen System und darüber hinaus Aufwände aufgrund der doppelten Systembetreibung vermieden werden. Die schrittweise Migration ist nur zu empfehlen, wenn ein Big Bang nicht durchführbar ist oder als zu riskant eingestuft wird. Die Detailuntersuchung führte zu dem Ergebnis, daß für E-Plus aufgrund

- der betriebswirtschaftlichen Mengengerüste,
- der Anwenderzahlen in den Hauptverwaltungen und Netzbetrieben,
- des Komplexitätsgrades der R/2-Anwendungen und
- der bereits vorhandenen Infrastruktur

die Migration in einem Schritt als „Big Bang" vollziehbar ist.

Hinsichtlich der Migrationsweise bestehen drei unterschiedliche Vorgehensmethoden:

- technische Migration
- betriebswirtschaftliche Migration als „Business Process Improvement"
- betriebswirtschaftliche Migration als „Business Process Reengineering"

Die technische Migration beinhaltet eine strenge 1:1-Übernahme der R/2-Funktionalität in die R/3-Welt und ist insbesondere deshalb mit Risiken verbunden, weil beide Systeme nicht identisch, sondern z.T. deutlich unterschiedlich sind. Im Rahmen einer betriebswirtschaftlichen Migration als „Business Process Improvement" werden diese Unterschiede genutzt, um in einem eingeschränkten Bereich Optimierungen durchzuführen. Bei E-Plus wurde beispielsweise geprüft, ob durch die differenzierteren Organisationsstrukturen im Vertriebsmodul SD in Verbindung mit den neuen Auswertungsinstrumenten des R/3 die Berichtserstattung neu konzipiert und organisiert werden kann. Eine betriebswirtschaftliche Migration als „Business Process Reengineering" stellt die Geschäftsprozesse vor allem aus Systemsicht fundamental in Frage [4] und könnte z.B. die Übernahme von Funktionalitäten anderer Systeme - z.B. der des Personalabrechnungssystems PAISY - in das R/3-System beinhalten.

Als der für E-Plus vorteilhafteste Weg wurde eine Migration auf Basis des „Business Process Improvement" erachtet. Zum einen werden hier die Risiken einer technischen Migration vermieden und eine stabile Grundlage geschaffen, um anschließend eine weitergehende Optimierung - wie z.B. die Ablösung des Instandhaltungssystems - zu ermöglichen. Zum anderen wird ein Business Process Reengineering aufgrund der hohen Akzeptanz der bestehenden Abläufe beim Anwender für nicht erforderlich gehalten. Darüber hinaus wird im Hinblick auf dringende Folgeprojekte eine möglichst kurze Projektdauer angestrebt, die im Rahmen eines Business Process Reengineering-Projektes i.d.R. nicht zu gewährleisten ist.

3 Realisation der Migration in einem Migrationsprojekt

3.1 Projektproblematik und Besonderheit einer „systeminternen" Migration

Es stellt sich nun die Frage, worin die Problematik eines Migrationsprojektes besteht, d.h. welche Arbeitsschritte bzw. Phasen zu seiner Abwicklung erforderlich sind. Wie angesprochen sollte bei E-Plus im Rahmen der Migration ein „Business Process Improvement" durchgeführt werden. Das bedeutete, daß in einem ersten Schritt fachinhaltliche Themen zu klären sind, auf deren Grundlage dann in einem zweiten Schritt die R/3-Systemeinstellungen vorgenommen und integrativ getestet werden können. Das Ergebnis ist ein anforderungsgerecht konzipiertes SAP R/3-System. Nun ist zu klären und in einem Übernahmekonzept zu fixieren, auf welchem Wege die Daten aus dem produktiven R/2-System übernommen werden können. Die ermittelten „Wege" werden realisiert und auf ihre Tauglichkeit getestet. Im weiteren soll bei diesen Aktivitäten von Migrationskonzeption, Migrationsrealisierung und Migrationstest gesprochen werden. Der letzte Schritt ist die letztendliche „scharfe" Datenübernahme. Parallel sind die produktiven Schnittstellen und Auswertungen umzusetzen sowie die Anwenderschulungen durchzuführen (vgl. Abbildung 2).

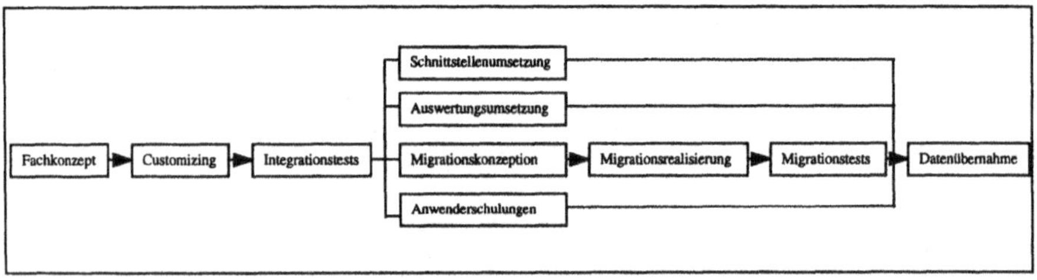

Abb. 2: Projektphasen

Hält man sich diese vereinfacht dargestellten Migrationsphasen vor Augen, dann ist zu fragen, worin die Besonderheiten eben einer Migration zwischen zwei SAP-Systemen gegenüber einer tatsächlichen Systemneueinführung liegen. Diese Besonderheiten ziehen sich durch die gesamten aufgeführten Projektabschnitte: In der fachinhaltlichen Konzeption wie auch bei den Schulungen fällt die Kommunikation zwischen Informationsmanagement und Fachabteilungen leicht: Die Terminologie zwischen R/2 und R/3 ist weitgehend unverändert geblieben. Beim Customizing des R/3-Systems fällt dem Entwickler - insbesondere in der Finanz- und Anlagenbuchhaltung, weniger im Projektsystem und im Vertrieb - auf, daß zu großen Teilen dieselben Tabellen wie im R/2 mit häufig identischen Tabellennamen einzustellen sind. Der vielleicht auffälligste

Unterschied zu einer Systemneueinführung liegt im Bereich der Datenübernahme: Hier stellt die SAP AG Werkzeuge zur Verfügung, die einen Datentransfer zwischen dem R/2 und dem R/3 unterstützen und vereinfachen sollen, auf die bei einer Systemneueinführung üblicherweise nicht zurückgegriffen werden kann.

3.2 Projektorganisation

Hinsichtlich der Projektorganisation ergeben sich wenige Besonderheiten gegenüber einer Systemneueinführung. In Anlehnung an die R/2- bzw. R/3-Module wurden die Teilprojekte „Basis", „Materialwirtschaft", „Vertrieb", „Finanz-und Anlagenbuchhaltung" und „Controlling/ Projekte" gebildet. Die inhaltliche Bearbeitung der Schnittstellen erfolgte in diesen modulbezogenen Teilprojekten. Für die zentrale Koordination inklusive Konzeption und Programmierung wurde ein eigenes Teilprojekt „Schnittstellen" aufgesetzt. Durch die Entscheidung, ein Business Process Improvement und kein Business Process Reengineering durchzuführen, erfuhren entwicklungstechnische Aspekte eine stärkere Betonung. Daher wurde die Gesamtprojektleitung ebenso der Organisationseinheit „Informationsmanagement" zugeteilt wie die Federführung der Teilprojekte. Die inhaltliche Kontrolle des Projektes wurde durch ein „Projektkoordinationsteam" wahrgenommen, die formale Projektentscheidungshoheit lag bei einem Lenkungsausschuß. Abbildung 3 zeigt die praktizierte Projektorganisation für die Migration:

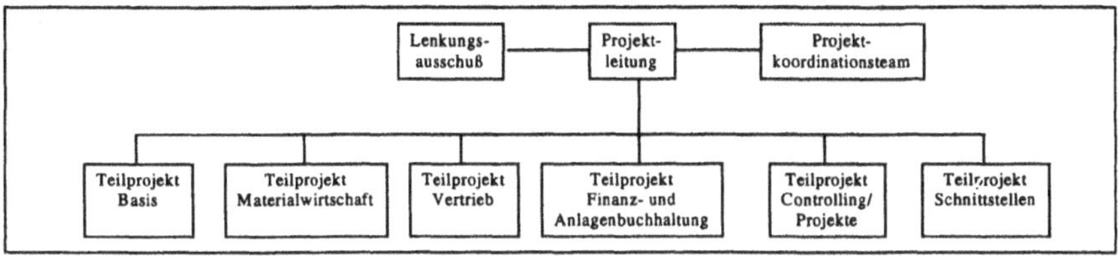

Abb. 3: Projektorganisation

3.3 Projektphasen aus Anwendungssicht

In dieser Abhandlung soll die Migration R/2 nach R/3 aus Anwendungssicht betrachtet werden, d.h. auf die Darstellung infrastruktureller Besonderheiten und Aktivitäten wird weitestgehend verzichtet. Wie bereits ausgeführt, sind die wesentlichen Projektphasen

- die Erstellung eines Fachkonzeptes, die Vornahme von Systemeinstellungen im Rahmen des "Customizings" sowie die Integrationstests,
- die Migrationskonzeption, die Migrationsrealisierung und der Migrationstest,

- die eigentliche Datenübernahme,
- die Schnittstellen- und Auswertungsumsetzung sowie
- die Schulung der Fachabteilungen.

Im folgenden soll auf diese Phasen näher eingegangen werden.

3.3.1 Fachkonzept, Customizing und Integrationstests

Zielsetzung der Phase "Erstellung von Fachkonzepten" ist die Klärung von fachinhaltlichen Themen und ihre Fixierung in einem mit der Fachabteilungen abgestimmten Dokument. An dieser Stelle werden die Voraussetzungen für die nachfolgenden Aktivitäten Customizing, Integrationstest sowie Schnittstellenkonzeption und Migrationskonzeption gelegt. Die Fachkonzepte wurden bei E-Plus für jedes der Teilprojekte separat und gemeinsam von Fachabteilungen und Informationsmanagement erstellt. Da die SAP-Systeme integrative Systeme sind, ist es sinnvoll, auch auf Fachkonzeptebene vor dem Start die "kritischen" Themenbereiche als diejenigen Inhalte zu evaluieren, die für mehrere Teilprojekte von Bedeutung sind, um eine terminlich und inhaltlich abgestimmte Vorgehensweise zu gewährleisten. Dies sind beispielsweise die Festlegung der R/3-Organisationsstruktur, die Definition des Sachkonten- und Kostenstellenstamms oder die Nummernkreisvergabe für Belegarten.

Die Fachkonzepte bestehen im wesentlichen aus vier Komponenten:

- Im Abschnitt "Geschäftsprozesse" werden diejenigen Geschäftsvorfälle für jedes Modul (und auch modulübergreifend) aufgeführt und dokumentiert, die durch das System unterstützt werden sollen. Außerordentlich wichtig ist dabei, daß nicht nur die Standardgeschäftsvorfälle erkannt werden, sondern auch die "Ausnahmen", um Überraschungen nach Produktiosstart zu verhindern.
- Bei den "Systemeinstellungen" werden diejenigen Inhalte aufgearbeitet, die sich im Vergleich zum produktiven R/2-System ändern sollen. Die Gliederung orientiert sich dabei am R/3-Einführungsleitfaden ("IMG"): Für die Bestandteile des Leitfadens, an denen Änderungen angestrebt werden, ist die aktuelle Abwicklung im R/2-System kurz zu skizzieren sowie die neue Unterstützung durch das R/3-System mit den erwarteten Vorteilen aufzuführen.

  Systemeinstellungen sind in der Regel nicht Bestandteil von Fachkonzepten, sondern erst in DV-Konzepten zu berücksichtigen. Im Rahmen einer Migration von R/2 nach R/3 ist das Zielsystem aber bereits zum Zeitpunkt der Definition des Fachkonzeptes bekannt. Eine Orientierung an den Systemeinstellungen und damit an den Möglichkeiten und Fähigkeiten des angestrebten Systems kann die nachfolgende Aktivität Customzing vorbereiten bzw. vereinfachen. Aus diesem Grunde wurde bei E-Plus die dargelegte Vorgehensweise gewählt.

- Im Abschnitt "Datenübernahme" wird auf betriebswirtschaftlicher Ebene aus Sicht der Fachabteilungen festgelegt, welche Informationsobjekte aus dem produktiven R/2-System übernommen werden sollen. "Welche" bedeutet zum einen, daß modulweise eine Listen verschiedener Übernahmeobjekte - wie z.B. "Bestellungen" - zusammengestellt wird. Zum anderen ist zu klären, in welchem Umfang diese Objekte zu übernehmen sind, also z.B. die Jahrgänge von Bestellungen. Die Ergebnisse finden als Grundlage für die nachfolgende Projektphase "Migrationskonzeption" Verwendung.
- Im Rahmen der "Schnittstellenbetrachtungen" werden kurz die relevanten Schnittstellen mit ihrem betriebswirtschaftlichen Funktionsumfang charakterisiert. Eine detailliertere Konzeption bzw. die eigentliche Programmierung erfolgt in der Phase "Schnittstellenumsetzung".

Die nachfolgende Abbildung soll nochmals die zentrale Rolle der Fachkonzepte im Migrationsprojekt dokumentieren:

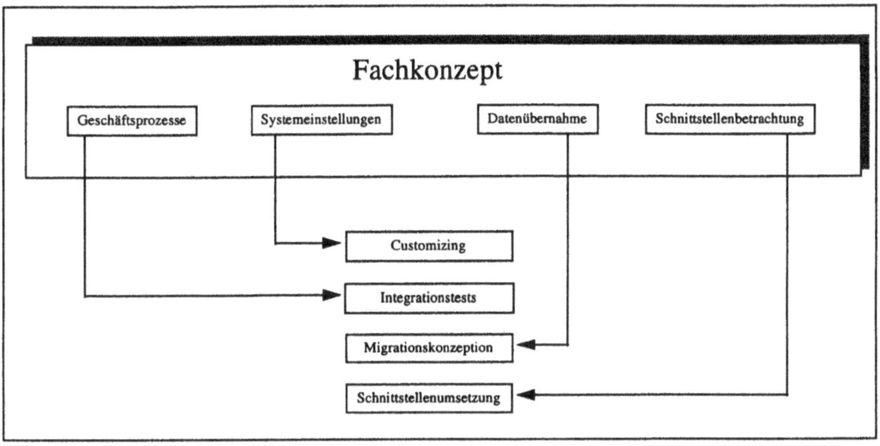

Abb. 4: Zentrale Rolle des Fachkonzeptes

Wie bereits erwähnt, werden im Customizing die im Fachkonzept fixierten Systemeinstellungen umgesetzt. Die Fachkonzepterstellung und das Customizing wurden bei E-Plus nicht strikt getrennt. Der Grund lag darin, daß den Fachabteilungen nicht seriös Vorschläge für Systemeinstellungen unterbreitet werden können, ohne die systemseitigen Auswirkungen zu kennen bzw. diese getestet zu haben. Daher wurde parallel zur Erstellung des Fachkonzeptes bereits damit begonnen, Systemeinstellungen in einem Evaluierungsmandanten zu testen.

Nach Abschluß des Customizings wurden von den Fachabteilungen zentrale Integrationstests durchgeführt. Als Grundlage für die Tests wird für jeden im Fachkonzept definierten Geschäftsprozeß ein Testblatt erstellt, auf dem die erwarteten Systemunterstützungen und ihre Abweichung im Ist dokumentiert werden. Die Abweichungen werden in teilprojektbezogenen Mängellisten zusammengefaßt und bis zum Beginn der Migrationsrealisierung soweit beseitigt, daß die Geschäftsprozesse abwickelbar sind. Das "Feintuning" im Customizing dagegen wird fortlaufend bis zum Produktivstart betrieben und von den Anwendern bei Bedarf getestet.

3.3.2 Migrationskonzeption, -realisierung und -test

Ziel der Migrationskonzeption ist die Klärung der Frage, welche Daten aus dem produktiven Quellsystem SAP R/2 in das Zielsystem SAP R/3 zu übernehmen sind und auf welche Weise die Übernahme erfolgen soll. Die SAP strukturiert diese Überlegungen mit der Bildung von sogenannten "Migrationsobjekten". Darunter ist ein Oberbegriff für Datenstrukturen zu verstehen, die im R/2- und R/3-System den gleichen betriebswirtschaftlichen Sachverhalt widerspiegeln [5]. Ein Beispiel ist das Migrationsobjekt "Bestellungen", das die Datenstrukturen "BSBK/ Bestellkopf", "BSPS/ Bestellposition inklusive Kontierung" und "BSEW/ Bestellentwicklung" im SAP R/2 sowie (u.a.) "EKKO/ Bestellkopf", "EKAN/ Lieferantendaten" und "EKPO/ Bestellposition" im SAP R/3 beinhaltet.

Die Grundlage für die Identifizierung der relevanten Migrationsobjekte bilden die Ausführungen im Fachkonzept zum Thema "Datenübernahme", die allerdings auf Vollständigkeit zu überprüfen sind. Als Prüfungskriterien können dabei zum einen die verwendeten Tabellen/ Dateien des produktiven SAP R/2-Systems dienen. Zum anderen liefert die SAP AG eine Übersicht über die zu migrierenden Objekte, die allerdings (noch) nicht vollständig ist. Ergebnis ist eine modulweise aufzuteilende Liste der Migrationsobjekte als Basis für die weiteren Aktivitäten.

Zur Vorbereitung bzw. Konzeption der Migration ist die Sammlung einer Reihe von Informationen für jedes Migrationsobjekt erforderlich. Es empfiehlt sich dabei, diese Informationen zentral für das gesamte Projektteam zugänglich und zur Förderung der Verständlichkeit in einer einheitlichen Form abzulegen. Eine Systematisierung erfolgte bei E-Plus durch die Verwendung von Stammblättern, die während der gesamten Projektdauer für jedes Migrationssobjekt als Medium zur Evaluierung und Strukturierung der erforderlichen Informationen geführt werden. Ein solches Stammblatt setzt sich aus verschiedenen Bestandteilen zusammen:

Im ersten Teil werden zunächst die Migrationsobjektbezeichnung und der für die Bearbeitung verantwortliche Mitarbeiter festgelegt. Weiter ist zu fixieren, auf welche Weise das Migrationsobjekt übernommen werden soll. Diese Festlegung der Datenübernahmestrategie ist ein wesentlicher Punkt der Migrationskonzeption. Dabei sind drei grundsätzliche Alternativen zu unterscheiden:

- Verwendung der von der SAP AG gelieferten Migrationswerkzeuge: Mit Hilfe der Migrationswerkzeuge können Stammdaten, Bewegungsdaten und ausgewählte Customizing-Tabellen mit Stammdatencharakter (wie z.B. die Einkaufsgruppen) migriert werden. Änderungsbelege, Archive, ABAP-Programme oder Matchcodes werden auf diese Weise nicht migriert. Zudem unterstützen die Werkzeuge noch nicht alle Migrationsobjekte. Die wesentlichen Vorteile der Migrationswerkzeuge liegen darin, daß die Zeitdauer der Datenübernahme durch das unmittelbare Füllen der Data Dictionary-Tabellen vergleichsweise kurz ist und die Pflege der Umsetzvorschriften in den Migrationswerkzeugen i.d.R. weniger Aufwand verursacht als die Batch-Input-Programmierung.
- Verwendung des Batch-Input-Verfahrens: Beim Batch-Input-Verfahren werden auf der Grundlage von ABAP-Programmen im SAP R/3 die Transaktionen für jeden Datensatz im Hintergrund abgewickelt. Wesentlicher Vorteil dabei ist, daß - wie bei der "normalen" Transaktionsausführung - alle Plausibilitätsprüfungen der Anwendungen greifen und dadurch das Risiko einer fehlerhaften Datenübernahme vergleichsweise gering ist. Ein großer Nachteil ist die hohe Laufzeit und der u.U. große Programmieraufwand.
- Manuelle Datenübernahme: Vorteil der manuellen Datenübernahme ist der nicht entstehende Aufwand für die Pflege der Umsetzvorschriften bzw. die Programmiertätigkeiten. Diese Strategie empfiehlt sich vor allem für Migrationsobjekte mit geringem Datenvolumen.

Darüber hinaus ist im Stammblatt unter "Objektverwendung" festzulegen, in welcher Form bzw. durch welche Transaktionen das Migrationsobjekt Verwendung findet. Unter dem Punkt "Objektstrukturen" werden die im Migrationssobjekt enthaltenen R/2- und R/3-Tabellen aufgeführt. Die nachstehende Abbildung zeigt auszugsweise diesen ersten Teil des Stammblattes am Beispiel des Migrationsobjektes "Bestellung":

Stammblatt BEST				
Objekt:	Bestellungen BEST		Strategie:	Migrationswerkzeuge
Objektverantwortung:	Fr. Meier			
Objektverwendung	Bestellarten:			
	# Normalbestellungen auf Lager			
	# Kontierte Bestellungen auf Projekte			
	# Kontierte Bestellungen auf Kostenstelle			
	Bestellaktionen:			
	# Bestellungen anlegen			
	# Bestellungen ändern			
	# Bestellungen anzeigen			
Objektstrukturen	R/2-Tabellen		R/3-Tabellen	
	BSBK	Bestellkopf	EKKO	Bestellkopf
	BSPS	Bestellpos., inkl. Kontierung	EKAN	Lieferantendaten (CPD)
	BSEW	Bestellentwicklung	EIKP	Im-/ Exportdaten zum Bestellkopf
			EKPO	Bestellposition
			EKET	Einteilungen zur Bestellposition
			EKKN	Kontierungsdaten Bestellung
			EIPO	Im-/ Exportdaten zur Bestellposition
			EKBE	Bestellentwicklung
			EKBZ	Bezugsnebenkosten
			RESB	Reservierung/ Sekundärbedarf
			PRPS	Projektstrukturplanelement Stammdaten
			EKUB	Index für Umlagerungsbestellungen
			EKKI	Einkauf Konditionsindex
			RSDB	Index zum Direktbeschaffungselement

Abb. 5: Erster Teil eines Migrationsstammblattes

Im zweiten Teil werden die Migrationsanweisungen hinterlegt, die in der Migrationsrealisierung zu beachten sind. Beim Migrationsobjekt Bestellungen war bei E-Plus z.B. zu beachten, daß sich die Nummernkreise in SAP R/3 gegenüber denen im SAP R/2 ändern sollten bzw. mußten. Außerdem gestalten sich die Schlüsselfelder für Organisationseinheiten unterschiedlich. So sind die zweistelligen Lagerorte aus R/2 mit zusätzlich zwei führenden Nullen zu versehen, um die vierstelligen Lagerorte im R/3 zu füllen. Beispiele für Migrationsanweisungen für das Migrationsobjekt "Bestellungen" zeigt die folgende Tabelle:

Migrations-anweisungen	Bkrs 02	wird umgesetzt in	Bkrs 0002
	Werk 01	wird umgesetzt in	Werk 0010
	Lagerort xx	wird umgesetzt in	Lagerort xx
	Belegart NB	wird umgesetzt in	Belegarten N1 (EPM) und N2 (EPS)
	Belege ab 1.1.96 sind zum Produktivstart umzusetzen		
	Belege aus 1995 sind zum 01.01.97 umzusetzen		
	Belege aus 1994 sind reorganisiert und werden nicht umgesetzt		

Abb. 6.: Zweiter Teil eines Migrationsstammblattes

Im dritten Teil eines Migrationsstammblattes werden zum einen die Voraussetzungen für das betreffende Migrationsobjekt im SAP R/2- und SAP R/3-System dokumentiert, die vor der Datenübernahme zu schaffen sind. Für Bestellungen sind beispielsweise im R/3 bereits im Vorfeld der Datenübernahme, also noch im R/2-System, die Verteilungskennzeichen bei Mehrfachkontierungen zu ändern. Im R/3-System sind bestimmte Customizing-Einstellungen vorzunehmen, für Bestellungen z.B. die zum R/2-System analoge Abbildung von Einkäufergruppen.

Unter dem Punkt "Nacharbeiten in R/3" werden die Aktivitäten aufgeführt, die nach Abschluß der Datenübernahme noch zu verrichten sind. Beim Migrationsobjekt "Bestellungen" ist das z.B. die Vervollständigung der Bestellentwicklungsdaten. Als Grundlage für die Konzeption der Übernahmereihenfolge werden abschließend diejenigen Migrationsobjekte aufgeführt, die vor dem betrachteten Migrationsobjekt zu migrieren sind. Bei den Bestellungen handelt es dabei um den Materialstamm, die Bestellanforderungen und die Einkaufsinfosätze (siehe Abbildung 7).

Migrationsplan	Aktivität	Kommentar
Aktionen in R/2	Verteilungskennzeichen bei Mehrfachkontierung ändern	
	Streckenbestellungen evaluieren (Anlieferungsadresse)	
	Belegänderungen drucken um offene Änderungen zu schließen	
Customizing in R/3	Einkaufsorganisation anlegen	abgeschlossen
	Einkäufergruppen anlegen (wie in R/2)	abgeschlossen
	(siehe Migrationsanweisung)	s. Migrationsanweisung
	Kontierungstypen in der R/3-Tabelle T163K anlegen	
	SAP-Standardeinträge für Bestellentwicklungstypen	
Nacharbeiten in R/3	Vervollständigung der Bestellentwicklungsdaten	Nachbearbeitungsreport
	(Ergänzung aus Material- und Buchhaltungsbelegen)	
Vorher zu migrierende Objekte	MARA	(Materialstamm)
	BANF	(Bestellanforderungen)

Abb. 7.: Dritter Teil eines Migrationsstammblattes

Ergebnis der Migrationskonzeption ist ein Migrationsprofil, aus dem auf oberster Ebene die Datenübernahmestrategie als Basis für die Migrationsrealisierung entnommen werden kann. Abbildung 8 zeigt ein solches Migrationsprofil für das Modul MM (Materialwirtschaft):

Migrationsobjekte Materialwirtschaft			
Nummer	*SAP-Bez.*	*Bezeichnung*	*Datenübernahmestrategie*
MM01	MARA	Materialstamm	Migrationswerkzeuge
MM03	MBWT	Materialbewertung	Migrationswerkzeuge
MM07	BEST	Bestellungen	Migrationswerkzeuge
MM14	KNTR	Kontrakte	Migrationswerkzeuge
MM02	MRES	Materialreservierungen RM/ RV	Migrationswerkzeuge
MM04	MVER	Materialverbräuche	Migrationswerkzeuge
MM05	MBEL	Materialbelege	Migrationswerkzeuge
MM09	PENT	Preisentwicklung	Migrationswerkzeuge
MM10	EINF	Einkaufsinfo	manuell
MM11	EKSE	Einkaufsstatistik Einzelsätze	Migrationswerkzeuge
MM12	EKSS	Einkaufsstatistik Summensätze	Migrationswerkzeuge

Abb. 8: Migrationsprofil für die Materialwirtschaft

In der Migrationsrealisierung werden die Vorgaben aus der Migrationskonzeption umgesetzt. Für diejenigen Migrationobjekte, deren Übernahme durch Migrationswerkzeuge unterstützt werden, ist zunächst der Datenexport aus dem R/2 über ein Generierungsprogramm, das Bestandteil der Migrationswerkzeuge ist, vorzunehmen. Die Einstellung der Migrationsanweisungen wird in sog. Umsetzvorschriften auf der R/3-Seite als Voraussetzung für den ebenfalls durch ein Generierungsprogramm unterstützten Datenimport vorgenommen. In diesen Umsetzvorschriften werden tabellenfeldweise auf der Basis von Domänen die Regeln für die Datenübernahme definiert. Wurde als Datenübernahmestrategie für ein Migrationobjekt das Batch Input-Verfahren gewählt, sind entsprechende Export-Programme im R/2 und die eigentlichen Batch Input-Programme auf der R/3-Seite in ABAP zu programmieren.

Von Bedeutung ist an dieser Stelle die Reihenfolge, in der die Realisierungstätigkeiten für die Migrationsobjekte angegangen werden. Ziel an dieser Stelle ist es, einen konsistenten Datenbestand aufzubauen, der Tests überhaupt erst zuläßt. Zu beginnen ist entsprechend mit den Stammdaten, es folgen diejenigen Bewegungsdaten, die keine anderen Bewegungsdaten als Voraussetzungen benötigen (z.B. Anfragen in der Materialwirtschaft) bevor abhängige Bewegungsdaten folgen (Bestellungen beziehen sich z.B. unter Umständen auf Bestellanforderungen). Diese Vorgehensweise ist insbesondere für Batch Inputs zwingend erforderlich: Die in den Transaktionen hinterlegten Plausibilitätsprüfungen erfordern zwingend die abhängigen Daten, beispielsweise erfordert eine Bestellung den zugehörigen Material- und Lieferantenstammsatz.

Migrationstests haben die Qualitätsprüfung des übernommenen Datenbestandes zum Ziel. Migrationsrealisierung und Migrationstests wurden bei E-Plus nicht streng sequentiell getrennt. Vielmehr wurden nach realisierenden Aktivitäten wie z.B. der Konfiguration der Umsetzvorschriften für ein Migrationsobjekt ständig (kleinere) Datenmengen übernnommen, um unmittelbar die Wirkungen von Veränderungen zu überprüfen. Nach Abschluß der Realisierungsaktivitäten und einer vollständigen (probeweisen) Datenübernahme können zentrale Testaktivitäten beginnen; spätestens dann müssen die Fachabteilungen zur Abnahme der Migrationsaktivitäten involviert sein.

3.3.3 Datenübernahme

Nach Abschluß von Migrationskonzeption, -realisierung und -test erfolgt die eigentliche Datenübernahme. Im Mittelpunkt der Betrachtungen steht dabei das "kritische Zeitfenster". Dabei handelt es sich um den Zeitraum, in dem beide Systeme, also sowohl das SAP R/2- als auch das SAP R/3-System für das Tagesgeschäft nicht zur Verfügung stehen. Üblicherweise wird dieses Zeitfenster so klein sein, daß in der zur Verfügung stehenden Zeit nicht alle Daten übernommen werden können. Daher gilt es, das Datenvolumen und die Komplexität in diesem kritischen Zeitfenster soweit wie möglich zu reduzieren. Dazu müssen die Fragen beantwortet werden,

- welche Daten vor dem kritischen Zeitfenster migriert werden können,
- welche Daten nachträglich migriert werden können,
- welche Daten verzichtbar bzw. archivierbar sind.

Vorher können beispielsweise diejenigen Stammdaten migriert werden, deren Transaktionen im R/2 geschlossen sind. Existieren keine im R/2-System geschlossenen Stammdatentransaktionen, dann ist abzuwägen, ob die Stammdaten dennoch vorher übernommen werden und der Aufwand der doppelten Stammdatenpflege in R/2 und R/3 für den Fachbereich zumutbar ist. Nachträglich migrierbar sind z.B. Archive, Informationssystemdaten und Historien sowie abgeleitete Daten wie Matchcodes.

3.3.4 Schnittstellen- und Auswertungsumsetzung

Ein wesentlicher Unterschied zwischen R/2 und R/3 ist die zugrundeliegende Datenstruktur. Während SAP R/2 auf einer hierarchischen Datenstruktur aufbaut, basiert SAP R/3 auf einer relationalen Datenstruktur. Kurz: Durch diese Änderungen sind alle in ABAP programmierten Schnittstellen und Auswertungen im SAP R/3 neu zu programmieren. Werkzeuge für eine maschinelle Umsetzung sind - wie bereits erwähnt - nicht vorhanden.

Auf Seiten der Auswertungen empfiehlt es sich - insbesondere aufgrund der deutlich verbesserten Reportmöglichkeiten des R/3- gegenüber dem R/2-System - in einem ersten Schritt zu prüfen, ob die bestehenden Auswertungen durch Standardberichte abgebildet werden können. Desweiteren sollten vor der Entscheidung für eine Neuprogrammierung von Auswerte-ABAP´s mit Hilfe einer ABAP-Nutzungstabelle geprüft werden, wie häufig diese tatsächlich noch verwendet werden. Die Erfahrungen zeigen, daß i.d.R. auf einen Großteil von Auswertungen verzichtet werden kann.

Für die verbleibenden Auswertungen ist darüber hinaus festzulegen, ob sie bereits zum Produktivstart vorhanden sein müssen, oder ob eine später - nach Abschluß des Migrationsprojektes - zu erfolgende Übernahme ausreicht. Das gilt insbesondere für Auswertungen, die stichtagsbezogen ausgeführt werden, z.B. zur Unterstützung von Jahresabschlußauswertungen. Aus diesem Grunde wurde bei E-Plus eine Kategorisierung in A-Auswertungen (zum Produktivstart), B-Auswertungen (ein Quartal später), C-Auswertung (mehr als ein Quartal später) durchgeführt.

3.3.5 Schulung der Fachabteilungen

Möglichst nahe zum Zeitpunkt der Produktionsumsetzung sind die Fachabteilungen hinsichtlich der Bedienung des R/3-Systems zu schulen. In einem ersten Schritt sind als Voraussetzungen für die weitere Planung die R/2-Anwender und zukünftigen R/3-Anwender als zu schulende Mitarbeiter zu evaluieren. Parallel ist das Kursangebot mit Kursinhalten und der Kursdauer aufzustellen. Dabei ist zu beachten, daß die Besonderheit einer "systeminternen" Migration straffe Kurse in Form von Delta-Schulungen durchaus zuläßt. Auf dieser Grundlage lassen sich die Mengengerüste für die Verwendung verschiedener Schulungsprinzipien abwägen. Insbesondere folgende Fragen sind von Bedeutung:

- Wie gestaltet sich das Mengengerüst hinsichtlich der Anzahl der Schulungen, wenn alle Anwender geschult werden?
- Wie verändert sich das Mengengerüst, wenn nach dem Partner- oder Multiplikatorprinzip nur ausgewählte Anwender geschult werden, die dann ihr Wissen (in organisierter Form) weitergeben?

Zusätzlich ist zu prüfen,

- welche Schulungsräume intern im betrachteten Zeitraum zur Verfügung stehen und
- ob die Schulungen durch eigene Mitarbeiter oder externe Trainer durchgeführt werden sollen.

Ein besonderer Vorteil wird bei E-Plus in der Verwendung eigener Mitarbeiter für die Durchführung der Schulungen gesehen, weil das Know How für die unternehmensspezifischen Abläufe und Besonderheiten als ein wesentlicher Faktor für die Qualität einer Schulung eingeschätzt wird. Da diese Mitarbeiter durchweg Modulverantwortung im Migrationsprojekt besitzen, muß es das Bestreben sein, den Schulungszeitraum so kurz wie möglich zu halten, um durch ihre Abwesenheit nicht den Ablauf der Migration zu gefährden. Daher wurde sich gegen die Schulung der gesamten Anwender und - in Abhängigkeit des jeweiligen Kurses - für das Partner- und Multiplikatorenmodell entschieden: Dabei wird nur eine ausgewählte Gruppe von Anwendern geschult, die in ihrer Rolle als Multiplikatoren für eine Weitergabe des Wissens an einen („Partner") oder mehrere genau definierte Kollegen verantwortlich sind. Auf diese Weise wurde zusätzlich die Möglichkeit eröffnet, die Schulungen intern durchzuführen - bei einer Gesamtschulung hätten die räumlichen Ressourcen in den Netzbetrieben und den Hauptverwaltungen nicht ausgereicht.

4 Vorläufiges Fazit

Folgende Punkte sollen als vorläufiges Fazit Erwähnung finden:

- Die infrastrukutrellen Voraussetzungen sind ein entscheidender Kosten-, Zeit- und Erfolgsfaktor, d.h. ohne Erfahrungen im Client-Server-Bereich beim migrierenden Unternehmen steigen Kosten, Zeit und Risiko eines Migrationsprojektes.
- Ein weiterer Erfolgsfaktor ist die Wahl der Projektorganisation. Die Projektverantwortung lag bei E-Plus bei den Modulverantwortlichen. Wenn eine Reduzierung des R/2-Tagesgeschäftes gelingt, dann erscheint diese Projektorganisationsform gegenüber der "reinen Projektorganisation" [6], bei der z.B. neu eingestellte Mitarbeiter ausschließlich im Projekt involviert sind, aufgrund des Know Hows hinsichtlich des Tagesgeschäfts und der R/2-Erfahrung deutlich vorteilhaft.
- Besonders kritisch ist die Migration im engeren Sinne, also die Vorbereitung und Realisierung der Datenübernahme. Hier liegt ein Großteil des Aufwandes und des Risikos in einem Migrationsprojekt.
- Ein weiterer wesentlicher Teil des Aufwands ist durch die Umstellung der Schnittstellen und Auswertungen im Programmierbereich zu erwarten.
- Die Migrationswerkzeuge bieten - insbesondere im Vertriebsmodul SD - (noch) keine vollständige Unterstützung für die Datenübernahme. Somit ist man bei "normalen" Datenvolumina auf das Batch-Input-Verfahren angewiesen. Das wiederum birgt Konsistenzprobleme, wenn andere Migrationsobjekte mit den Werkzeugen übernommen werden. Eine abgestimmte Datenübernahme zwischen verschiedenen Datenübernahmeverfahren ist zwingend zu gewährleisten.

Literaturverzeichnis

[1] O.V.: Vertriebsbremse gelöst. Partnerschaften: R/2 und R/3. In: Online, Ausgabe 06/93, S.22-24

[2] Kagermann, H.: Strategie Migration R/2 nach R/3, S.5. In: SAP AG (Hrsg.): Migration R/2 nach R/3. Unterlagen zur Tagung in Wiesloch vom 12.04.-13.04.96

[3] Eul, Marcus; Bachmann, Rainer; Hannemann, Udo: Strategie-orientierte Software-Auswahl, S. 44. In: Online, Ausgabe 06/93, S.44-47

[4] Hammer, Michael; Champy, James: Business Reengineering. Die Radikalkur für das Unternehmen. Frankfurt, New York 1994

[5] Hilgarth, Klaus: Entwicklungsstand Migration im Rechnungswesen und Personalwirtschaft, S. 13. In: SAP AG (Hrsg.): Migration R/2 nach R/3. Unterlagen zur Tagung in Wiesloch vom 12.04.-13.04.96

[6] Frese, Erich: Grundlagen der Organisation. Die Organisationsstruktur der Unternehmung. Wiesbaden 1987

Modification Management unter Wirtschaftlichkeitsaspekten

Diplom-Betriebswirt (FH) Jürgen König
BASF AG, Ludwigshafen

Inhalt

17. Saarbrücker Arbeitstagung Rechnungswesen und EDV 1996. Hrsg.: A.-W. Scheer. © Physica-Verlag Heidelberg 1996

1 Einleitung

Mit der Einführung einer Standardsoftware sind in der Regel wirtschaftliche und strategische Ziele verbunden. Diese sind insbesondere, daß bestimmte Anforderungen in einem Unternehmen standardisiert werden sollen und die Wartung und Weiterentwicklung der Standardsoftware durch eigene Mitarbeiter auf ein Minimum reduziert wird.

Im Idealfall sollten die Funktionalitäten der Standardsoftware ausreichen, um die Chancen einer verbesserten Ablauf- und Aufbauorganisation zu nutzen. Die Absicht, Standardsoftware einzuführen setzt voraus, daß

a) in dem Unternehmen die Bereitschaft besteht, die Geschäftsprozesse zu überprüfen und anzupassen

b) man sich innerhalb des Unternehmens restriktiv an den Standard hält und sich bei Modifikationen äußerste Zurückhaltung auferlegt.

Eine Modifikation liegt vor, wenn das standardmäßig ausgelieferte System durch programm- oder systemtechnische Maßnahmen so verändert wird, daß bei einem Release- oder Put-Wechsel diese Veränderungen ohne zusätzliche Aktivitäten wieder verloren gehen würden.

Unternehmen, die sich bei Modifikationen eher großzügig verhalten, bekommen dies spätestens dann zu spüren, wenn ein Releasewechsel nur mit sehr hohem Aufwand oder im Extremfall wegen des hohen Aufwandes gar nicht durchgeführt werden kann.

Aufgrund dieser Erfahrungen wurde im Verband der chemischen Industrie (VCI) 1992 ein Verfahren zur Bewertung von Modifikationen ausgearbeitet.

Bei der BASF AG wurden in einem Projekt zum 1.1.1995 bzw. 1.1.1996 die R/2 Module RF bzw. RK-A, RK-P, RK-S und RA eingeführt.

Basierend auf dem VCI-Verfahren wurde in diesem Projekt ein Modifikation Management installiert, welches nachfolgend erläutert werden soll.

Dabei sollen die Ziele (s. Punkt 2), die Vorgehensweise (s. Punkt 3) und die gemachten Erfahrungen (Punkt 4) dargestellt werden.

2 Ziele des Modification Management

Mit dem Modification Management sollen insbesondere folgende Ziele erreicht werden:

1. Möglichst vollständiger Verzicht auf Modifikationen, die nicht standardwürdig sind

2. Reduzierung des Aufwandes bei der Einführung der Standardsoftware

3. Minimierung des Umstellungsaufwandes bei Release- oder Putwechsel

zu 1.: Möglichst vollständiger Verzicht auf nicht standardwürdige Modifikationen

Schon im Vorfeld des Projektes wurde deutlich, daß die Standardsoftware unter R/2 im Release 5.0 nur dann für ein international operierendes Unternehmen von der Größe einer BASF AG in Betracht kommt, wenn bei SAP die Bereitschaft besteht, bestimmte Defizite zu beseitigen und diese spätestens im nächsten Release in den Standard zu übernehmen.

SAP und die BASF AG vereinbarten deshalb, dieses Projekt gemeinsam zu bestreiten und wie folgt vorzugehen:

Phase 1:
Durchführung einer Machbarkeitsstudie mit dem Ziel, die Defizite zwischen den Funktionalitäten der BASF AG und denen von SAP herauszuabeiten.

Phase 2:
Verbindliche Vereinbarung zwischen SAP und BASF AG, welche Defizite von SAP beseitigt und in den Standard übernommen werden.

Phase 3:
Entscheidung der BASF AG über den Umfang und den Termin der Einführung.

Zur Erläuterung der einzelnen Phasen:

Ziel dieses Vorgehens war es, schon relativ früh die Unterschiede in den Funktionalitäten herauszuarbeiten und sich dabei aus Sicht des einführenden Unternehmens die Frage zu stellen, ob Funktionen und Arbeitsabläufe überhaupt und wenn ja, in welchem Umfang benötigt werden.
Die Einführung einer Standardsoftware ist nur dann möglich und sinnvoll, wenn in dem Unternehmen auch die Bereitschaft besteht, die bestehenden Geschäftsprozesse auf Herz und Nieren zu überprüfen und bei Bedarf zu ändern.
Die eigenentwickelte Software ist auch ein Resultat der sich im Laufe der Jahre verän-

derten Geschäftsprozesse. Die Funktionalitäten und Arbeitsläufe sind das Ergebnis einer jahrelang gewachsenen Organisation.

So sind in diesen Abläufen und der entsprechenden Software auch eine Vielzahl von Anforderungen enthalten, die den Geschäftsprozeß immer komplexer gestaltet und somit unnötig aufgebläht haben. Darin liegt vielerorts auch das Problem bei der Einführung einer Standardsoftware. Zum großen Teil sind auch die Personen, die die eigenentwickelte Software vorangetrieben haben, auch in den Projekten beteiligt und führen eine Vielzahl von Argumenten an, warum eine Standardsoftware gerade in diesen Unternehmen nicht eingeführt werden kann.

Dieser zum großen Teil fehlende Wille einer dringend notwendigen Umgestaltung kann dadurch gefördert werden, daß die Top-Management-Ebene dies frühzeitig erkennt und im Rahmen der Einführung einer Standardsoftware auch die Anpassung der Geschäftsprozesse mit in Auftrag gibt. Wenn die Geschäftsprozesse generell in Frage gestellt und somit auch standardisierte Anforderungen erlaubt sind, ist die Grundvoraussetzung für die Einführung einer Standardsoftware unter weitestgehendem Verzicht von Modifikationen gegeben.

Bereits bei der Machbarkeitsstudie konnte eine Vielzahl von unnötigen Prozessen bereinigt werden bzw. es wurde erkannt, daß die Arbeitsabläufe verändert werden müssen. Diese veränderten Abläufe wurden mit den SAP-Funktionen abgeglichen. Die erkannten Defizite wurden in der Phase 2 nach A-, B- und C-Modifikation klassifiziert:

Klasse A: Beseitigung des Defizits durch SAP und Aufnahme in den Standard

Klasse B: Beseitigung des Defizits durch SAP und Aufnahme in den Standard, wenn mindestens 6 Kunden die Funktionalität ebenfalls nutzen

Klasse C: Beseitigung des Defizits durch SAP und keine Aufnahme in den Standard

Die Einordnung der Erweiterungen in die unterschiedlichen Klassen wurde in gemeinsamen Gesprächen zwischen SAP und BASF AG festgelegt. Bei den Modifikationen der Klasse A handelte es sich um Erweiterungen, die von SAP u.a. auch deshalb vorgenommen wurden, weil dadurch der Funktionsumfang unter R/2 und R/3 qualitativ verbessert werden konnte. Bei den Modifikationen der Klasse C handelte es sich um kundenspezifische Erweiterungen, die aus Sicht von SAP von anderen Kunden nicht benötigt werden. Auf Basis dieser Festlegungen wurde dann die Entscheidung getroffen, die Einführung der o. g. Module vorzunehmen.

zu 2.: Reduzierung des Einführungsaufwandes

Der Einführungsaufwand für Modifikationen bezieht sich auf die Kosten der Realisierung und die Test durch die Fachabteilung. Der Aufwand für einzelne Erweiterungen ist insbesondere dann beachtlich, wenn es sich um funktionale Erweiterungen handelt, da aufgrund der Integration meist eine Vielzahl von Objekten (Tabellen, Programme, Dynpros u.a.) geändert, gelöscht oder hinzugefügt werden müssen. Erweiterungen im Berichtswesen, die durch ABAPs abgedeckt werden, sind in der Regel weniger aufwendig.

zu 3.: Minimierung des Umstellungsaufwandes bei Release oder Putlevel-Wechsel

Anpassungen und Ergänzungen erfordern bei Putlevel- und Releasewechseln einen erheblichen Pflegeaufwand. Dies kann dazu führen, daß ein Releasewechsel wegen des hohen Aufwandes gar nicht oder nur mit einem hohen zeitlichen Vorlauf durchgeführt werden kann. Der Aufwand besteht darin, daß jede Modifikation manuell nachgezogen und getestet werden muß. Dies gilt auch für kleinere Modifikationen, die zwar im Einzelfall leicht zu pflegen sind, aber in ihrer Summe einen sehr hohen Pflegeaufwand darstellen können. Dementsprechend sind auch solche einfachen Modifikationen daraufhin zu untersuchen, ob diese überhaupt notwendig sind bzw. mit SAP-Standardmitteln gelöst werden können. Bei Releasewechseln erhöht sich der Anpassungsaufwand insbesondere dann, wenn die SAP-Datenstrukturen verändert wurden.

3 Durchführung des Modification Management

3.1 Genehmigungsverfahren des Modification Management

Bei dem nachfolgenden beschriebenen Verfahren wurden alle von der R/2-Einführung betroffenen Einheiten mit einbezogen:

- die Abteilungen Betriebsabrechnung, Finanzbuchhaltung, Externe Rechnungslegung sowie Geld- und Kapitalmarkt
- die Bereiche Finanzen und Rechnungswesen
- die Informatik

Das Modification Management wird in einem mehrstimmigen Genehmigungsverfahren (s. Abbildung 1) durchgeführt. Das Verfahren läßt sich in 4 Stufen unterteilen:

1. Erstellung des Modifikationsantrages durch die zuständige Fachabteilung

2. Bewertung der Modifikation durch den Arbeitskreis Bewertung

3. Genehmigung des zuständigen Abteilungsleiters

4. Genehmigung durch den Lenkungsausschuß

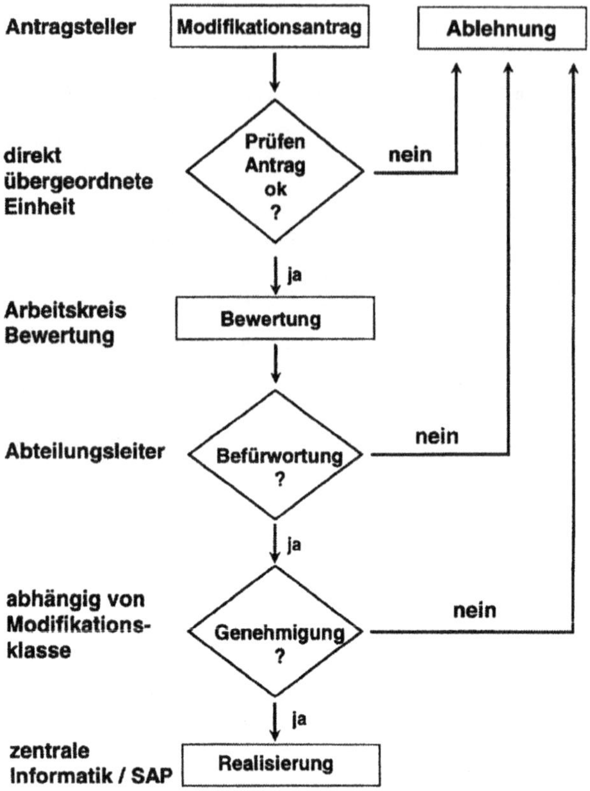

Abb. 1: Modification Management - Genehmigungsverfahren

Die verschiedenen Stufen und deren Inhalte sollen nachfolgend beschrieben werden:

Stufe 1: Erstellung des Modifikationsantrages

Die Erstellung des Modifikationsantrages erfolgt durch die zuständige Fachabteilung in Abstimmung mit der Informatik. In diesem Antrag sind aufzuführen:

- Beschreibung der Art der Modifikation
- Begründung der Notwendigkeit
  Die Notwendigkeit einer Erweiterung leitet sich insbesondere ab aus
  - gesetzlichen oder von außen vorgegebenen Regeln oder Richtlinien
  - internen Regelungen oder Vorschriften
  - Funktionalen Verbesserungen oder Ergänzungen
- Darstellung der Alternativen
- Darstellung der Konsequenzen bei Nichtrealisierung

(z. B. Nichterfüllung von internen Vorschriften oder erhöhter Personalaufwand)

Diese formale Beantragung einer Modifikation hat den Vorteil, daß die Fachabteilung von Anfang an gezwungen ist, sich sehr intensiv Gedanken darüber zu machen, ob die Erweiterung tatsächlich notwendig ist.

Stufe 2: Bewertung des Modifikationantrages

Bewertet wurden alle Modifkationen, unabhängig welcher Genehmigungsklasse sie angehören. Modifikationen der Klasse A und B wurden als bereits genehmigt angesehen und hatten lediglich Stufe 1 und 2 zu durchlaufen. Das Genehmigungsverfahren der Stufen 3 und 4 gilt somit nur für C-Modifikationen. Die Bewertung der Modifikation erfolgt durch ein unabhängiges Gremium, bestehend aus Mitarbeitern der Fachabteilung , der Informatik und SAP. Zur Beurteilung der Tragweite einer Modifikation wurden folgende Faktoren berücksichtigt:

a) Realisierende Einheit (SAP oder Informatik)
b) Entwicklungsaufwand/-kosten
c) Zukünftiger Wartungsaufwand bei Put- /Releasewechsel
d) Betriebsrisiko

Das Betriebsrisiko wird deutlich, wenn man den Umfang der betroffenen Objekte (Tabellen, Programme, Dynpros, Data Dictionary) kennt. Je mehr Objekte betroffen sind, desto größer ist das Risiko. In Abhängigkeit von den betroffenen Objekten wurde von dem Arbeitskreis des VCI ein Bewertungskatalog ausgearbeitet, der bei dem Projekt der BASF AG angewandt wurde (s. Abbildungen 2 und 3).

Objekt	Eigenentwicklung			SAP			
	Neu	Änd.	Lös.	Änd.	Lös.	Vorab entw.	Vorab korr.
Tabellen							
Stammdaten	0	0	0	0	0	0	0
Steuerung techn.	4	4	4	8	8	4	1
Steuerung betriebswirtsch.	0	0	0	0	0	2	0
SSB	0	0	0	0	x	0	0
Programme							
ABAP							
Listreport	0	0	0	16	x	4	1
Modulpool (Dialog)	8	8	4	16	x	8	4
Modulpool (Verbuchung) *)	64	64	32	128	x	32	4
INSERT/UPDATE/DELETE	32	32	8	128	x	32	4
*)	2	2	0	8	x	2	0
Erstellen Batch-Input	4	16	8	64	x	16	4
Funktionsbaustein							
Assembler	32	32	0	64	x	16	4
Batchlisten	x	x	x	64	x	16	4
PG (Dialog)	x	x	x	64	x	16	4
EATAB	x	x	x	128	x	16	4
VB	x	x	x	128	x	16	4
Basisprogramme	x	x	x	128	x	16	4
Interfaceprogramme	64	64	0	64	x	16	4
Batch-Update							
Dynpros							
Assemblerdynpro							
Dynpro komplett	16	x	4	x	x	4	2
HEADER Macro	x	4	x	4	x	4	2
MSTEP Macro	8	8	8	8	8	4	2
IMAGE/SSTEP Macro	8	8	8	8	x	4	2
Tabellendynpro (Screenpainter)	0	x	2	x	x	2	2
Dynpro komplett	x	2	x	4	x	2	2
allgemeine Daten	2	2	2	8	x	2	2
Felder	2	2	2	8	x	2	2
Ablauflogik							
Anwendungsdynpro (Screenp.)	8	x	4	x	x	4	2
Dynpro komplett	x	2	x	4	x	4	2
allgemeine Daten	4	4	4	8	x	4	2
Felder	4	4	x	8	x	4	2
Ablauflogik							

*) doppelter Wert bei Eigenentwicklung und SAP-Standardfeldern

Abb. 2: Bewertungskatalog für SAP-Modifikationen für Tabellen, Programmen und Dynpros (Quelle: AK Standardanwendungssysteme im VCI, AG Informatik)

Objekt	Eigenentwicklung			SAP			
	Neu	Änd.	Lös.	Änd.	Lös.	Vorab entw.	Vorab korr.
Data Dictionary							
Globals	8	64	8	128	x	64	16
Domänen (Ausn. z. B. MATCONY)							
komplett	0	x	16	x	x	1	1
Formate	x	16	x	128	x	32	8
Längen	x	16	x	128	x	32	8
Globalname	x	8	8	128	128	32	8
Memory-ID	x	4	4	16	x	8	8
Beschreibung	x	1	x	4	x	4	2
Prüftabelle	x	16	16	64	64	32	8
Konvertierungsroutine	x	16	16	64	x	32	8
Unterstrukturen							
komplett							
Gruppe	0	x	16	x	x	8	8
Feld in vorh. Feldgruppe	8	8	16	32	x	8	8
Tabellen	8	8	16	32	x	8	8
DLIB							
ATAB	x	x	x	x	x	32	8
komplett							
Schlüsselfelder	0	x	4	x	x	x	4
Funktionsfelder	x	8	8	32	32	8	4
Pool	x	4	4	16	16	8	4
Pool anlegen							
Tabelle in Pool anlegen	32	x	16	x	x	32	8
Schlüssel	16	x	8	x	x	16	4
Funktionsfeld	16	16	8	64	64	16	4
ABEZ	8	8	8	64	64	16	4
Schlüssel							
Feld in Reservebereich	x	x	x	x	x	64	32
Satzbett	x	x	x	64	64	64	32

*) doppelter Wert bei Eigenentwicklung und SAP-Standardfeldern

Abb. 3: Bewertungskatalog für SAP-Modifikationen im Data Dictionary (Auszug) (Quelle: AK Standardanwendungssysteme im VCI, AG Informatik)

Zur Erläuterung des Katalogs:
Die einzelnen Objekte und deren Unterteilungen sind in den Zeilen dargestellt. Durch Eigenentwicklung können die Objekte neu erstellt, geändert oder gelöscht werden. Ebenso können auch alle SAP-Objekte geändert oder gelöscht werden, die gilt auch für die von SAP gelieferte Vorab-Entwicklungen oder -Korrekturen. Die Matrixfelder des Bewertungskatalogs enthalten die eigentliche Bewertung nach Punkten. Die Bewertung gibt die Einschätzung des für die Zukunft verbundenen Aufwands und Risikos für die Wartungsfähigkeit und Stabilität des Systems wider. Ein "X" drückt die Unmöglichkeit im Sinne von "nicht erlaubt" oder "nicht möglich" aus. Bei der Bewertung müssen zunächst einmal alle betroffenen SAP-Objekte fest-gestellt werden. Die Anzahl der betroffenen Objekte wird dann mit den Punkten lt. Bewertungskatalog

multipliziert und ergeben die Gesamtpunktzahl (s. Abb. 4).

```
=========================================================================
I IRIS              I       Modifikationsbewertung          I   Seite 1   I
I SAP-Einführung    I                                       I   21.7.94   I
I                   I                                       I             I
I ----------------------------------------------------------------------- I
I                                                                         I
I  Modifikation:       Erfassungshilfen für Storno etc.                   I
I                                                                         I
I  Modifikationsnr. :  Sachkontenbezeichnung          E101470             I
I                      Buchen mit Referenztechnik     E101049             I
I                                                                         I
I  Anwendung :         RF-Sachkonten                                      I
I                                                                         I
I ----------------------------------------------------------------------- I
I                                                                         I
I  Modifikationsklasse:  A                                                I
I                                                                         I
I  Vorabentwicklung:   ( X ) ja    (  ) nein                              I
I                                                                         I
I  Aufwand bei                                                            I
I  Put-/ Releasewechsel:  1 PT     bis  2 PT                              I
I                                                                         I
I ----------------------------------------------------------------------- I
I                                                                         I
I  Punktebewertung:                                                       I
I                                                                         I
I     I Objekttyp                I Anzahl  I Punkte  I Summe  I           I
I     I                          I         I         I        I           I
I     I Assemblerdynpro          I   3     I   4     I   12   I           I
I     I Assemblerprogramme       I   5     I  16     I   80   I           I
I     I Assemblerprogramm -EATAB I   2     I  16     I   32   I           I
I     I Mehrstufige DB - Feld im I   1     I  16     I   16   I           I
I     I Reservebereich           I         I         I        I           I
I     I                          I         I         I        I           I
I     I__________________________I_________I_________I________I           I
I                                          Gesamtsumme 140                I
I                                                                         I
I_________________________________________________________________________I
```

Abb. 4: Punktebewertung einer Modifikation

Aufgrund der Gesamtpunktzahl und dem Entwicklungsaufwand werden die Modifikation in 3 Klassen unterteilt:

Klasse 0
Einfache Maßnahmen, wie z. B. Auswertungs-ABAPs mit einem Entwicklungsaufwand von weniger als 3 Tagen und einer Gesamtpunktzahl von weniger als 16.
Diese Erweiterungen sind nicht genehmigungspflichtig durch den Abteilungsleiter und den Lenkungsausschuß (Stufen 3 und 4), sondern müssen lediglich dokumentiert werden.

Klasse 1
Mittelschwere Modifikationen, mit bereits erheblichen Konsequenzen bei Put- bzw. Releasewechsel. Darunter fallen alle Erweiterungen von 16 bis 128 Punkte. Diese sind vom Abteilungsleiter der zuständigen Fachabteilung zu genehmigen (Stufe 3).

Klasse 2
Schwerwiegende Modifikationen mit erheblichen Eingriffen in den Standard (z.B. Veränderung von Buchungsprogrammen oder Änderung von Assemblerprogrammen). Hierzu zählen alle Erweiterungen mit mehr als 128 Punkten. Diese sind durch den zuständigen Abteilungsleiter und den Lenkungsausschuß zu genehmigen.

Stufe 3: Genehmigung durch den zuständigen Abteilungsleiter
Nach der Bewertung ist für Modifikationen der Klasse 1 und 2 die Zustimmung des zuständigen Abteilungsleiters erforderlich. In der Praxis hatte diese Stufe durchaus ihre Wirkung:
Besonders Modifikationen der Klasse 2 wurden vom Einheitenleiter noch einmal kritisch hinterfragt und teilweise abgelehnt. Schließlich muß der Einheitenleiter diese Modifikation im Lenkungsausschuß vertreten und somit auch die innere Überzeugung ob der Notwendigkeit einer solchen Erweiterung vorhanden sein.

Stufe 4: Genehmigung durch den Lenkungsausschuß
Der Lenkungsausschuß setzt sich aus einem Gremium der Anwendergemeinschaft zusammen:
Dazu zählen die Abteilungsleiter der betroffenen Fachabteilungen, die Bereichsleiter und der Leiter der Informatik. Die Modifikationen sind einstimmig zu genehmigen. Wird keine Einstimmigkeit erzielt, so entscheidet die "Berufungsinstanz", bei der BASF AG der jeweilige Ressortleiter (= Vorstandsmitglied). In der Praxis wurden vom Lenkungsausschuß mehrere Modifikationen abgelehnt, ohne daß die "Berufungsinstanz" angerufen wurde.

3.2 Realisierung der Modifikationen

Im Rahmen des Projektes durfte mit der Realisierung erst **nach** der Bewertung bzw. Genehmigung begonnen werden.

Um den Projektverlauf durch dieses Genehmigungsverfahren nicht zu beeinträchtigen, wurden die Sitzungen im Lenkungsausschuß in regelmäßigen Abständen im Vorhinein festgelegt.

Bei der Realisierung stellte eine Qualitätssicherung sicher, daß die Regeln und Standards, die für die spätere Wartung unerläßlich sind, eingehalten werden. Sobald die technische Realisierung durch die Informatik oder SAP abgeschlossen war, erfolgte der Test durch die Fachabteilung. Lagen keine Beanstandungen mehr vor, so wurde die Modifikation mit der Erstellung des Abnahmeberichtes durch die Fachabteilung abgeschlossen.

Beim Releasewechsel müssen alle Modifikationen überprüft werden. Durch Änderungen des Standards (Funktionserweiterungen, Aufnahme in den Standard) können Modifikationen entfallen oder müssen angepaßt werden. Alle Modifikationen werden in einem Verzeichnis mit Verweis auf die einzelnen Objektänderungen geführt.

3.3 Dokumentation der Modifikationen

Das gesamte Genehmigungsverfahren mit den einzelnen Stufen sowie die Realisierung der Modifikation bis hin zum Abnahmebericht wurden von den betroffenen Einheiten dokumentiert. In dem SAP-Dokumentations-Tool IMW wurde hierfür ein eigener Funktionsbereich "Modifikationen" eingerichtet (s. Abbildung 5).

```
MS05  Einführungsprojekt strukturieren IRIS SAP-Einführung
----------------------------------------------------------------------------------------

  Funktionsbereich  92 MOD      Modifikationen                    *   *
    Hauptfunktion    5 RF- Modifikationen                         *
        Funktion     5 Sachkonten                                 *
          Teilfkt.  15 Erfassungshilfen für Storno etc.

--------------------Akt ----------------------------------------Task  S ---A-E-D---T-1-2
                    910 Fachkonzept entwerfen                   001
                    920 Modifikation genehmigen                 001               *
                    930 Technisches Konzept entwerfen           001
                    940 Modifikation testen                     001               *
                    950 Abnahmebericht erstellen                001               *

--------------------------------------------------------------------Anzeigen Aktivitäten

G9 _    PF:  2=Task    3= Back  8= Text (T) 9=TskB  10= Elem (E) ...        1- 200
```

Abb. 5: Dokumentation einer Modifikation im IMW

Dadurch wird gewährleistet, daß alle Modifikationen nach einem einheitlichen Verfahren dokumentiert sind und sich alle Beteiligten jederzeit über den aktuellen Stand der Modifikation informieren können.

4 Erfahrungen und Ausblick

Das dargestellte Verfahren hat sich **während des Projektes** hervorragend bewährt und hat entscheidend dazu beigetragen, die erwähnten Ziele zu erreichen. Die Zahl der nicht standardfähigen Modifikationen konnte soweit reduziert werden, daß der Anpassungsbedarf bei Releasewechseln für alle Modifikationen bei ca. 3 Personenmonaten liegen wird.

Wesentliche Erfolgsfaktoren waren:

a) Das mehrstufige Genehmigungsverfahren

Durch die Art der Genehmigung wurde sichergestellt, daß der Ausfilterungsprozeß von unten nach oben stattfand. In den Facheinheiten wurden vor der Antragstellung sehr ausführlich und leidenschaftlich über die Notwendigkeit von Modifikationen diskutiert. Dabei wurden auch die Geschäftsprozesse, die bisher lieb und teuer waren, in Frage gestellt. Als Ergebnis wurden die Abläufe häufig so gestaltet, daß diese auch durch den Standard abgebildet werden konnten. Dies führte meist zu vereinfachten Abläufen bei gleichbleibender Datenqualität.

Im Laufe des Projektes wurde in den Facheinheiten der Mut zu Veränderungen dadurch gefördert, daß die Entscheidungsgremien (Abteilungsleiter, Lenkungsausschuß) verschiedene Modifikationen mit der Begründung ablehnten, daß bestimmte Funktionalitäten nicht für erforderlich gehalten werden.

b) Einbindung aller beteiligten Stellen in den Entscheidungsprozeß

Durch den Einigungszwang wurde sichergestellt, daß sich alle Beteiligten auch mit den Problemen von fremden Einheiten auseinandersetzten und das integrierte System als eine gemeinsame Anwendung angesehen wurde. Dadurch wuchs das Verständnis für die Probleme und die Arbeitsweise der anderen Einheiten. Außerdem wurden nur die Erweiterungen durchgeführt, bei denen alle Entscheidungsträger von der Notwendigkeit überzeugt waren.

c) Transparenz des Bewertung

Durch den Bewertungskatalog, der allen Beteiligten bekannt war, wurde die Bewertung objektiviert und somit sichergestellt, daß die Bewertung und die Einordnung in Genehmigungsklassen für alle Erweiterungen nach einem einheitlichen Schema vorgenommen wurde. Die Bewertung und die Anzahl der genehmigten Erweiterungen konnte von allen Interessierten eingesehen werden.

Das Modification Management ist eine permanente Aufgabe innerhalb des Unternehmens; deshalb ist es zwingend, die geschilderte Vorgehensweise auch nach einer erfolgreichen Einführung beizubehalten. Eine Abschaffung nach Projektende hätte zur Folge, daß die Zurückhaltung bei den Modifikationen aufgegeben wird. Dadurch wären die strategischen Ziele der Nutzung einer Standardsoftware auf Dauer gefährdet.

Modellbasierte Standardsoftware: Ein Weg zur Kundenorientierung

Dipl.-Kfm. Helmut Kruppke,
IDS Prof. Scheer CAM GmbH
Christiane Nelles,
Stadtwerke Hannover AG

17. Saarbrücker Arbeitstagung Rechnungswesen und EDV 1996. Hrsg.: A.-W. Scheer.

1 Neue Generation von prozeßorientierten und workflow-integrierten Branchenlösungen

Zwischen Geschäftsprozeßmodellierung, Anwendungsentwicklung und Workflowmanagement besteht eine Kluft. Für jede Aufgabe werden unterschiedliche Methoden und Werkzeuge eingesetzt. Wie die drei Teilbereiche zu einem umfassenden Geschäftsprozeßmanagement zusammenwachsen können, zeigt der Ansatz der IDS Prof. Scheer GmbH. Ergebnis ist eine wirklich kundenorientierte Standardsoftware - modellbasiert, prozeßorientiert und workflow-integriert.

Warum wurde in den vergangenen Jahren soviel Energie und auch Geld in Reorganisationsprojekte investiert? - Um seine Leistungen billiger anbieten zu können und sich damit vom Wettbewerb absetzen zu können? - Zweifellos ein wichtiges Ziel. Noch wichtiger waren dabei jedoch Erfolgsfaktoren wie die Verbesserung der Qualität im Hinblick auf Produkte und Leistungen eines Unternehmens. Zu den Unternehmensleistungen gehören z.B. auch Liefertermine, Auskünfte zu Fragen des Kunden nach seinem Auftrag, Schnelligkeit der Reaktionen auf Anfragen und Bestellungen.

Um hier zu optimieren, haben zahlreiche Unternehmen im Rahmen von Business Process Reengineering-Projekten organisatorische Sollkonzepte entwickelt und mit Hilfe von Analyse- und Modellierungswerkzeugen wie dem ARIS-Toolset ihr Unternehmensmodell beschrieben. Die Modelle enthalten alles, was für eine Geschäftsprozeßoptimierung erforderlich ist: eine Abbildung der Geschäftsprozesse, Organisationseinheiten, Funktionen und Datenstrukturen. In einem Beispiel wird deutlich, daß bei der Umsetzung modellierter Organisationsstrukturen die Informationsverarbeitung eine zentrale Rolle spielt: Um die Zeit zwischen Kundenanfrage und Angebot wirksam verkürzen zu können, ist es zum einen notwendig, die beteiligten Organisationseinheiten, z.B. Vertrieb, Kalkulation, technische Entwicklung usw. zusammenzufassen und als Prozeß zu beschreiben. Wie kann jedoch die Informationsverarbeitung diese optimierten und damit individualisierten Geschäftsprozesse wirksam unterstützen?

2 Individual- oder Standardsoftware?

Hier stoßen die bisherigen Lösungen - trotz vieler Vorteile - an ihre Grenzen.

Der Vorzug individuell erstellter Software ist zweifellos, daß die Lösungen exakt auf die Geschäftsprozesse des jeweiligen Anwenders zugeschnitten sind. Weiterhin ist es von Vorteil, daß das im Unternehmen vorhandene Know-How über derzeitige und zukünftige Abläufe direkt genutzt und umgesetzt werden kann. Eine Abhängigkeit von Zulieferern von Business-Know-How und Adaptationsprobleme der entsprechenden

Philosophien und Techniken bestehen nicht. Die Implementierung von Verbesserungen in kleinen Schritten (Continuous Process Improvement) ist oft leichter zu realisieren und besser zu terminieren als beim Einsatz von Standardsoftware.

Bei Individualsoftware muß jedoch jede (noch so triviale) betriebswirtschaftliche Logik programmiert werden. Damit halten Komplettlösungen, auch wenn sie mit modernen Programmiertechniken erstellt werden, einer Kosten-Nutzenrechnung nur schwer stand. Erschwerend kommt hinzu, daß bei selbstentwickelter Firmensoftware Technologiesprünge (Datenbank, Oberflächen-, Kommunikationstechnologien, zukünftige Betriebssysteme) extrem aufwendig, teilweise sogar unmöglich sind. Weitere Aspekte, die auf der Minusseite zu Buche schlagen, sind: lange Realisierungszeiträume, schwierige Dokumentation der Anwendung, eingeschränkte Möglichkeit späterer Systemänderungen und großer Aufwand bei Wartung und Pflege.

Diese Nachteile bei Individualsoftware haben den Trend zu betriebswirtschaftlicher Standardanwendungssoftware eingeläutet, die in aller Regel kostengünstiger ist. Doch auch hier müssen Einschränkungen in Kauf genommen werden. So ist die Einführung meist mit einem hohen Implementierungsaufwand verbunden. Durch die meist funktionale Orientierung geben diese Softwarepakete eine Unternehmensorganisation vor, die sich nur teilweise modifizieren und auf das Anforderungsprofil des Anwenders übertragen läßt. Dadurch entsteht für die Anwender eine nicht unproblematische Abhängigkeit vom Anbieter und dessen betriebswirtschaftlichem Verständnis. Viele Anwender klagen über die ständig wachsende und schwer zu beherrschende Komplexität der Systeme, den hohen Aufwand bei nachträglichen Änderungen und den immensen Datenpflegeaufwand.

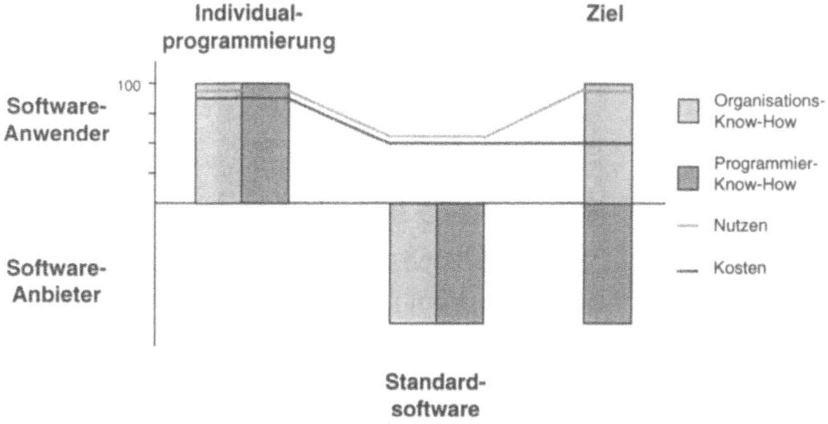

Abb. 1: Die Entwicklung von Anwendungssoftware

Weder Individual- noch dic heutige Standardsoftware sind geeignet, die Ziele und Organisationsmodelle, die in Reengineering-Projekten ausgearbeitet wurden, direkt zu verwerten und umzusetzen. Die heutigen Anwendungssysteme sind Hemmnisse für ein flexibles Geschäftsprozeßmanagement.

3 Der neue Weg

Neue Lösungswege sind also gefragt, um die in Reorganisationsprojekten definierten Unternehmensziele auch informationstechnisch zu unterstützen. Die Gartner Group hat in einer kürzlich veröffentlichten Studie prognostiziert, daß bis in 1999 Business Process Reengineering, Anwendungsentwicklung und Workflow zusammenwachsen werden. Die IDS Prof. Scheer hat sich dieser Herausforderung gestellt und eine Produktfamilie entwickelt, die sich direkt aus den branchenbezogenen ARIS-Referenzmodellen ableiten und durch Prozeßmodellierung schnell und einfach auf unternehmensspezifische Besonderheiten anpassen läßt.

Basis dieser Anwendungen ist das „ARIS - House of Business Engineering", eine 4-Ebenen-Architektur, die Process Design, Process Workflow, Process Management und Process Application integriert und ein in sich geschlossenes Geschäftsprozeßmanagement ermöglicht.

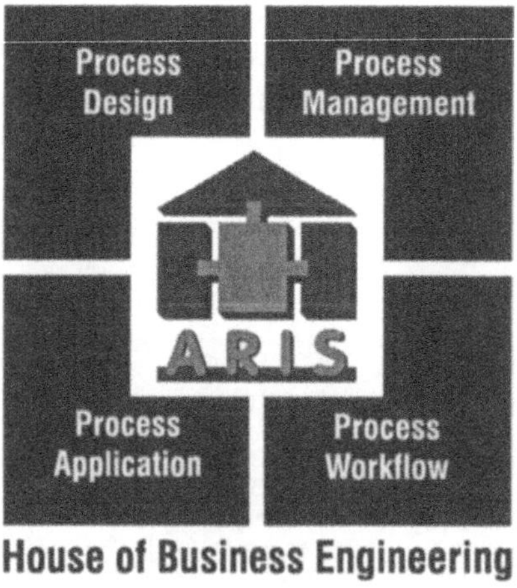

Abb. 2: House of Business Engineering

Die vier Bereiche zeigen die Notwendigkeit, operative Bereiche (Workflow und Anwendungssysteme) inhaltlich und technologisch mit der Spezifikations- und Managementebene für Geschäftsprozesse zu verbinden.

Nur so können Bereiche zwischen Design- und Ausführungsebene vermieden werden und nur so ist eine kontinuierliche Weiterentwicklung von Geschäftsprozessen und Organisation kosten- und zeitmäßig wirtschaftlich zu unterstützen.

Das 'House of Business Engineering' läßt sich informationstechnisch auf eine 4-Ebenen-Software-Architektur übertragen, in der die Beziehungen zwischen den Softwarekomponenten zu Design, Management, Steuern und Ausführen von Geschäftsprozessen deutlich wird.

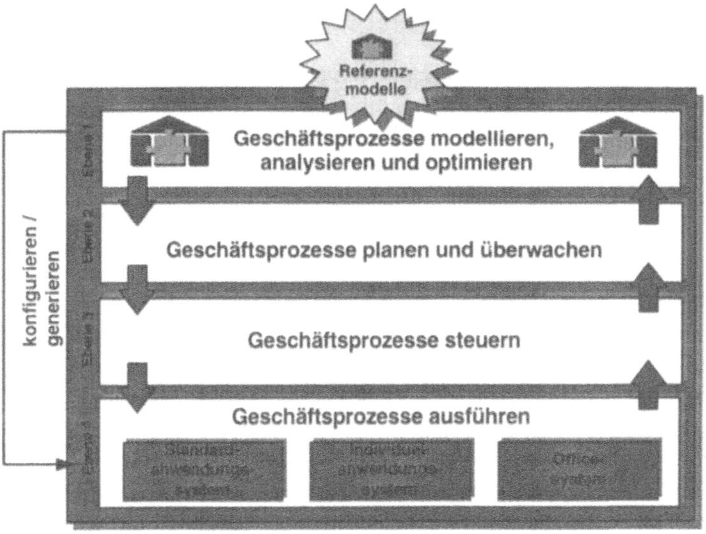

Abb. 3: Ganzheitliches Geschäftsprozeßmanagement

In Ebene 1 wird der Geschäftsprozeß beschrieben. Auf der Ebene 2 analysiert und plant der Process Owner die für einen Zeitraum auszuführenden Geschäftsvorfälle im Hinblick auf Prozeßkosten und -ressourcen. Die 3. Ebene beschreibt die funktionsübergreifende Steuerung des Workflows und auf der 4. Ebene schließlich stehen die zur Funktionsausführung benötigten Anwendungen zur Verfügung. Dreh- und Angelpunkt aller Aktivitäten sind die Prozeß-Modelle. Hier wird auf betriebswirtschaftlicher Ebene festgelegt, wie die Anwendungsprogramme konfiguriert werden und hier werden Änderungen zur Verbesserung der Geschäftsprozesse vorgenommen, die sich auf der Workflowebene direkt umsetzen lassen.

Diese neue Generation von Anwendungssoftware verbindet die Vorteile von Individual- und Standardsoftware:

- die Lösung basiert auf kompakten, vordefinierten Referenzmodellen
- die Funktionen und Abläufe lassen sich durch Modellierung schnell und einfach den individuellen Anforderungen anpassen
- durch die Integration von modellbasierter Beschreibung und Anwendungssystem entsteht eine lückenlose und stets aktuelle Dokumentation

- der Workflow ist über die Anwendungsgrenzen hinaus ereignisgesteuert integriert
- Daten und Anwendungen können auf verschiedene Organisationsbereiche frei verteilt werden
- heterogene Systemlandschaften werden integriert
- bei Bedienung, Anschaffung, Implementierung und Systemadministration wird eine hohe Gesamtrentabilität erzielt
- Wartung und Support-Leistungen wie bei Standardsoftware
- neue Technologien, wie z.B. Internet-Anwendungen können jederzeit eingebunden werden

4 Kundenorientierung durch Montage von Anwendungskomponenten für individuelle Lösungen

So entstehen auf Basis dieser Architektur kundenspezifische Anwendungslösungen für die Unterstützung bestimmter Geschäftsprozesse: Auf Basis eines ARIS-Referenzmodells, das Best-Practice-Beispiele einer Branche enthält, wird mit Hilfe des ARIS-Toolsets das unternehmensindividuelle Soll-Modell entwickelt. Dabei konfiguriert der Anwender Art und Umfang der Nutzung von Daten, Funktionen und Prozessen. Die für die Unternehmensziele relevanten Anwendungsprozesse werden ausgewählt, alternative Pfade/Funktionen selektiert, Reihenfolgen geändert und Funktionseinheiten den Organisationseinheiten zugeordnet. Auf der Datenseite ändert der Anwender Tabellen- und Attributnamen, ergänzt Spezialisierungen und definiert neue oder löscht vorhandene Attribute.

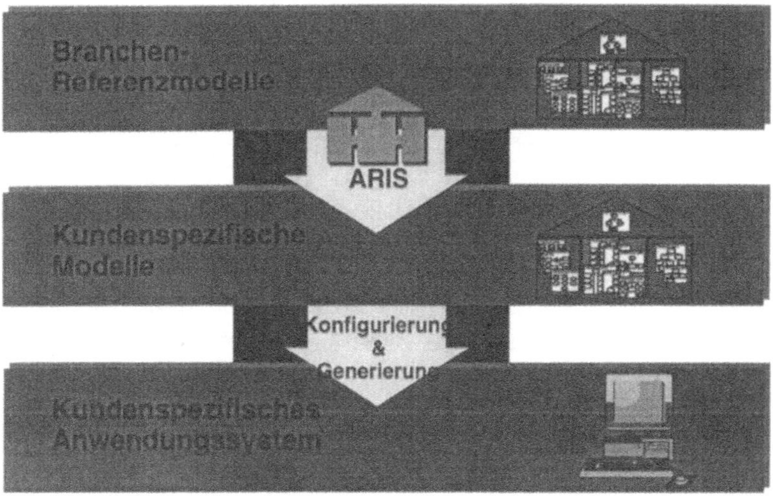

Abb. 4: Vom Referenzmodell zum Anwendungssystem

Diese Arbeiten am Modell können sowohl von der EDV-/Org.-Abteilung oder externen Unternehmensberatern als auch von organisationsorientierten Mitarbeitern des Anwenders durchgeführt werden. Damit erreicht der Anwender die Unabhängigkeit bei der Realisierung seiner individuellen Anforderungen, die bereits seit langer Zeit gefordert wird.

Um das Modell in eine Anwendungssoftware umsetzen zu können, stehen ein Build-Time-System, eine Klassenbibliothek und ein Meta-Modell zur Verfügung. Das Build-Time-System setzt das firmenspezifische Modell auf der Grundlage objektorientierter Programmierung in ein operatives Anwendungssystem (Run-Time-System) um. Dabei greift es auf eine Klassenbibliothek zu, die aus vordefinierten betriebswirtschaftlichen und dv-technischen Objekten besteht.

Die Bearbeitungsregeln für die Umsetzung sind im Meta-Modell hinterlegt. Diese Regeln gewährleisten die dv-technische Umsetzung der Modelle und der ERM-Objekte (ERM = Entity-Relationship-Modell) in Datenbankobjekte, die Beschreibung der Datenbankobjekte sowie die Verbindungen zwischen externen und internen Bezeichnern (z.B. für Tabellen und Spalten).

Das modellgestützte Customizing ermöglicht neben der Beeinflussung der Ablaufregeln die Anpassung oder Erweiterung von Datenmodellen, Dialogmasken und der Ablauforganisation. Somit wird die Anwendung direkt aus dem Prozeßmodell des Unternehmens abgeleitet und aus Business-Objekten nach dem täglichen Bedarf konfiguriert.

5 Prozeßunabhängigkeit durch Workflowintegration

Neben dem modellbasierten Customizing der Anwendungssoftware auf die Belange des Kunden hin muß auch eine Entzerrung zwischen der Ablauflogistik der Geschäftsprozesse und der unterstützenden Anwendungssoftware erfolgen.

Anwendungssoftware, die funktional und datenbezogen die erforderlichen Instrumente für den Anwender bereitstellt, sollte nicht auch noch die Gestaltung des Ablaufs, in dem diese Instrumente genutzt werden, beeinflussen. Gleiches gilt für die Verteilung von Funktionen auf Organisationseinheiten. Dazu ist es notwendigk die ablaufbezogenen Aspekte der Anwendung aus der Anwendungssoftware herauszulösen und modellbasiert über ein Workflowsystem einstellen oder im Zeitablauf ändern zu können. Dies verursacht dann aber keine Anpassungsaufwände in der Anwendungssoftware und dient damit ebenfalls einer kundenorientierten Unterstützung des Continuous Process Improvement Ansatzes.

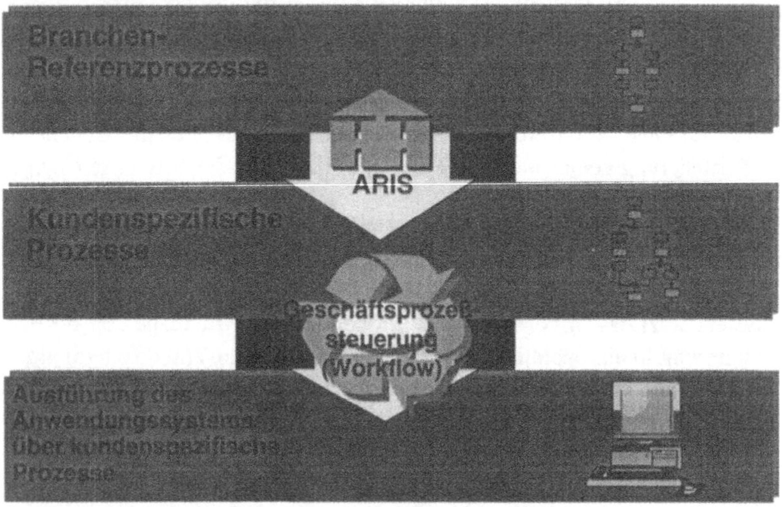

Abb. 5: Prozeßorientiertes Anwendungssystem

In die ARIS-Applications ist eine Workflowkomponente integriert. Dadurch ist eine durchgängige, ereignisbasierte Steuerung von Prozeßabläufen über Systemgrenzen hinaus gewährleistet. Bei der Ausführung von Geschäftsprozessen können vorhandene Anwendungssysteme eingebunden werden.

6 Unternehmensübergreifende Kommunikation

Für die unternehmensübergreifende Kommunikation gilt prinzipiell die gleiche Anforderung wie für die Gestaltung der Anwendungssysteme und der Ablaufsteuerung der Geschäftsprozesse: Sie muß sich den Herausforderungen des Continuous Process Improvement stellen, d.h. Aufbau und Änderungen von Kommunikationsverbindungen, sowohl interaktiv als auch im Sinne von Datenweitergabe, müssen jederzeit kostengünstig durchführbar sein.

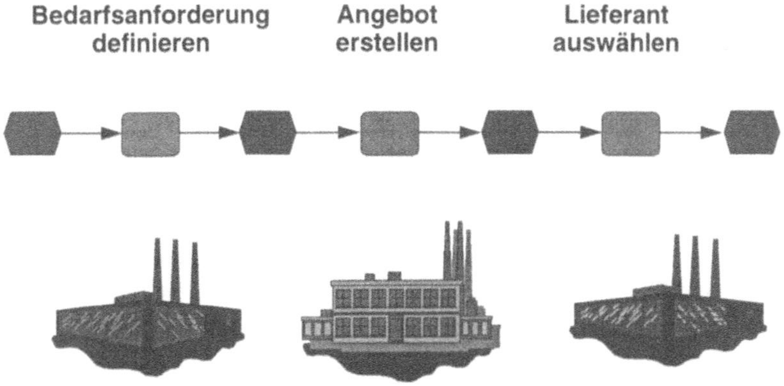

Abb. 6: Unternehmensübergreifende Prozeßbearbeitung (Ebene 3)

Hier bietet sich die Nutzung des Internet an, weil es Unternehmen grundsätzlich von Überlegungen zur Verteilung von Daten und Anwendungen freimacht.

In eine modellbasierte und workflowintegrierte Anwendungssoftware müssen deshalb ebenso modellgestützte Mechanismen für den Remote-Zugriff auf Anwendungsfunktionen bzw. Daten über Internet aufgenommen werden. In den ARIS-Applications der IDS wird die modellgestützte Generierung von Dialogmasken im Internet für die Anwendung in Internet- und Intranet-Umgebungen als zentrales Kommunikationsinstrument integriert.

7 Anwendungsbeispiel: Geschäftsprozeßunterstützung mit ARIS-Applications bei den Stadtwerken Hannover AG

Durch den Einsatz von ARIS-Applications und ARIS-Workflow erhöhen die Stadtwerke Hannover AG die Kundenzufriedenheit und steigern die Arbeitseffizienz.

Verbesserung des Services für die Kunden der Stadtwerke sowie eine schnellere und kostengünstigere Bearbeitung bei der Erstellung von Hausanschlüssen: Dies sind die wesentlichen Ziele für das Projekt „Integrierte Geschäftsprozeßabwicklung", das die Stadtwerke Hannover AG in Zusammenarbeit mit der IDS Prof. Scheer GmbH durchführt. Dieses Projekt soll zur Steigerung der Wettbewerbsfähigkeit des Unternehmens beitragen.

In Zusammenarbeit mit den betroffenen Fachabteilungen wurde im Rahmen eines Pilotprojektes der Vorgang „Hausanschlußerstellung für Norm-Kunden Strom/Gas/ Wasser" unter die Lupe genommen. Die Analyse zeigte verschiedene Probleme auf. So können die am Prozeß beteiligten Abteilungen nicht auf gemeinsam benötigte Informationen und Daten zugreifen, solange der Vorgang in einem anderen Zuständigkeitsbereich liegt. Weiterhin führt die bisherige Arbeitsweise zu einem hohen Zeit- und Kostenaufwand.

Um die Zufriedenheit der Kunden in Zukunft zu steigern, kann jederzeit über den aktuellen Bearbeitungsstand informiert werden. Der Einsatz von ARIS-Workflow/ ARIS-Applications ermöglicht eine Transparenz über den gesamten Prozeß. Gleichzeitig wird die Vorgangsbearbeitung schneller und kostengünstiger. Um den unvermeidbaren Austausch und die Weitergabe von Daten zu vereinfachen, arbeiten alle beteiligten Bereiche künftig mit den gleichen Informationssystemen.

Zu den Lösungen für die gefundenen Probleme gehören somit organisatorische Verbesserungen im Ablauf des Prozesses und der Einsatz neuer, einheitlicher, DV-gestützter Informationssyteme, die eine prozeßorientierte Arbeitsweise unterstützen. Zusätzlich ermöglicht die Flexibilität von ARIS-Workflow modellorientiert die Umsetzung von ablauforganisatorischen Änderungen.

Im Rahmen einer Produktauswahl wurde zunächst das ARIS-Workflow als Tool zur Steuerung des Pilot-Geschäftsprozesses ausgesucht. Bei der Auswahl des zweiten Produktes, eines Kundeninformations- und Kundenangebotssystemes zeigte sich, daß die derzeit am Markt angebotenen DV-Systeme die definierten Anforderungen nicht erfüllen. Dies führte zur Entscheidung, ein geeignetes Kundeninformations- und Kundenangebotssystem auf Basis von ARIS-Applications durch die IDS entwickeln zu lassen. Somit haben sich die Stadtwerke Hannover für die zukünftige Unterstützung ihrer Geschäftsprozesse mit ARIS-Workflow und ARIS-Applications entschieden.

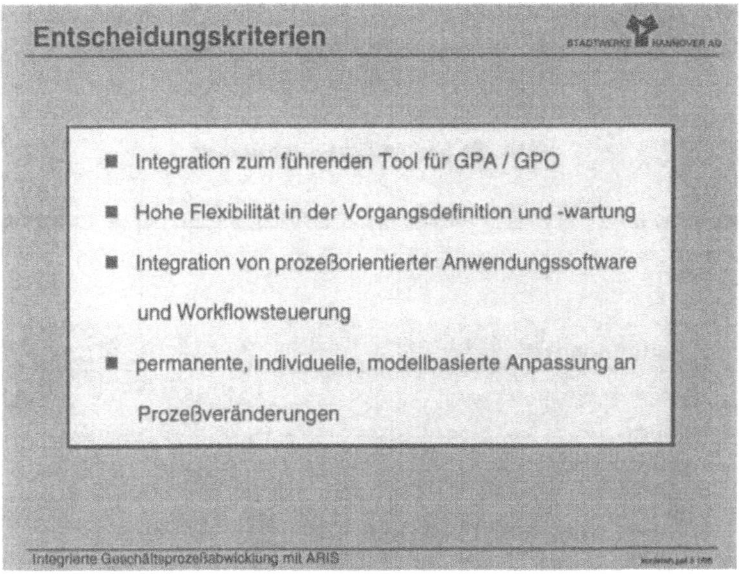

Abb. 7: Gründe für ARIS-Workflow/-Application

Das Zusammenspiel der einzelnen Anwendungskomponenten zeigt folgende Graphik:

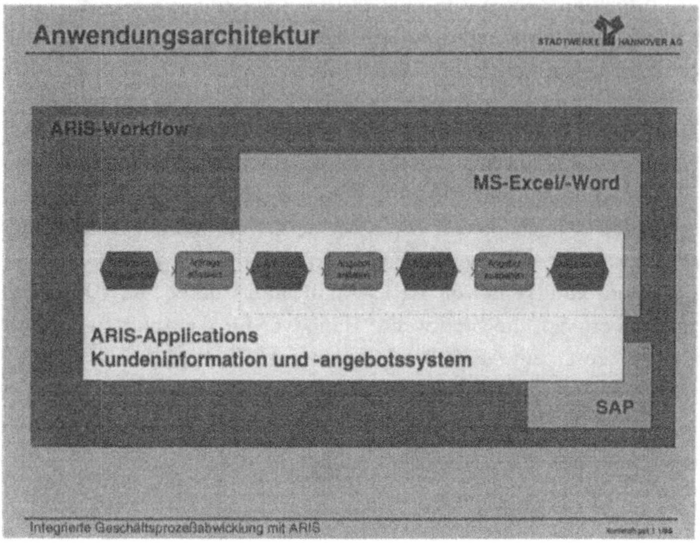

Abb. 8: Anwendungsarchitektur

Die Funktionalität der zukünftig einzusetzenden Informationssysteme ist im folgenden beschrieben:

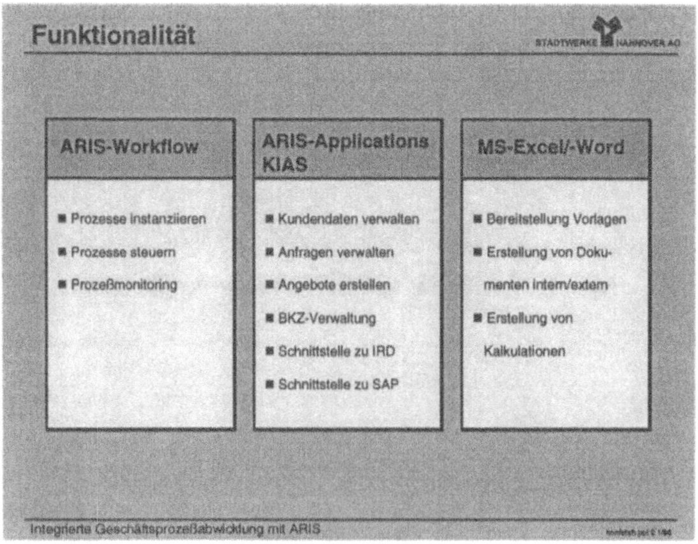

Abb. 9: Funktionalitäten

Die Abwicklung des ersten Teils des Pilot-Geschäftsprozesses wird hauptsächlich durch das Zusammenspiel von ARIS-Workflow mit dem Kundeninformations- und Kundenangebotssystem bestimmt. Einen beispielhaften Ausschnitt aus dem Prozeßablauf stellen die folgenden Abbildungen dar.

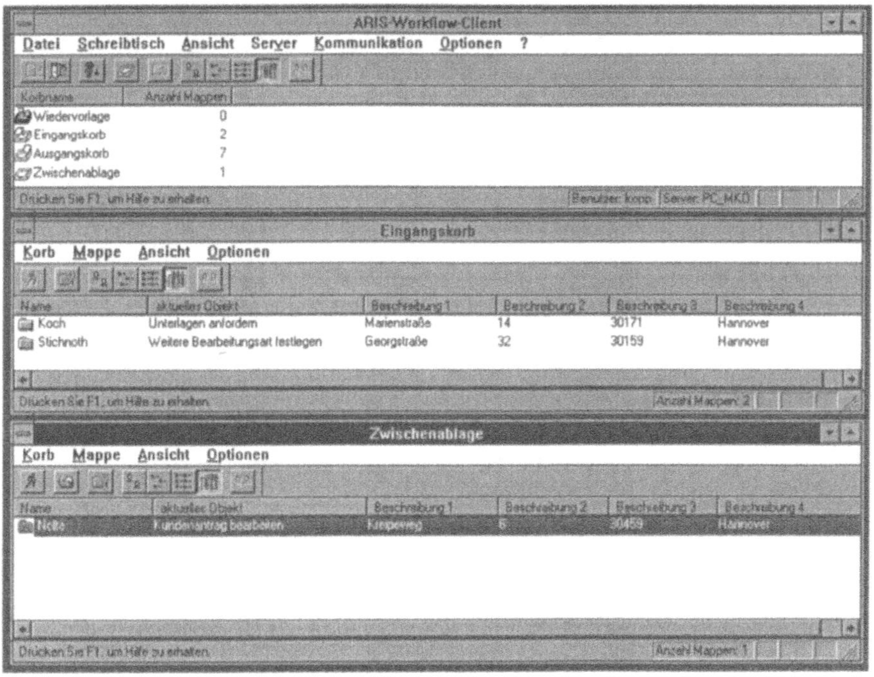

Abb. 10: Vorgang starten mit ARIS-Workflow

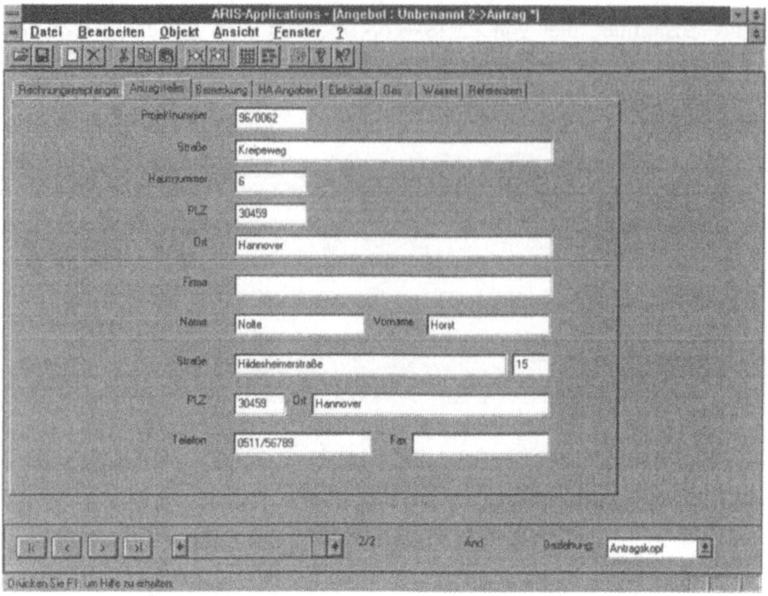

Abb. 11: Bildschirmmaske Angebotskopf Kundeninformations- und Kundenangebotssystem

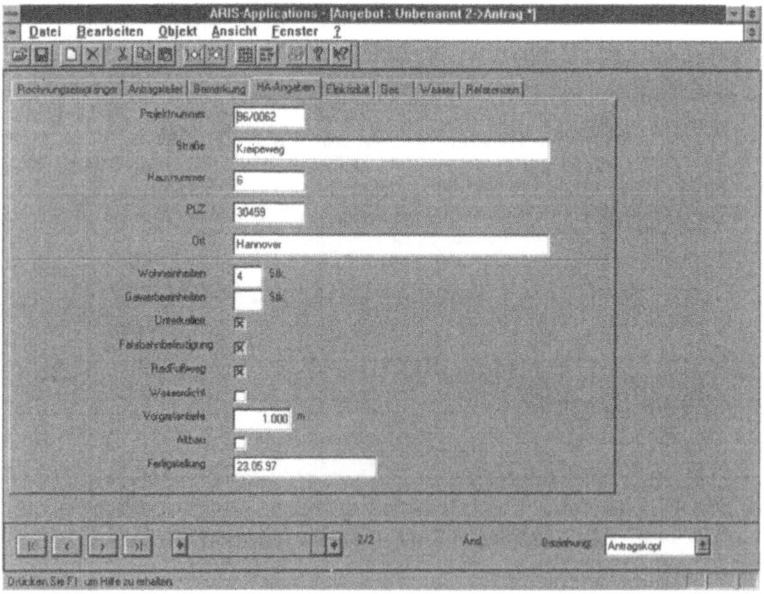

Abb. 12: Bildschirmmaske Angebot - Detail

8 Fazit

Durch die Integration von Applications, Modellierung und Workflow kann die Anwendung leicht an geänderte Abläufe angepaßt werden. Die Prozeßmodelle dienen sowohl der Konfiguration der ARIS-Applications als auch der Steuerung des Workflow. Die Abläufe werden konsequent aus dem operativen Anwendungssystem herausgelöst. Damit verfügt der Anwender über eine Basis zur kontinuierlichen Optimierung der Geschäftsprozesse - im Hinblick auf schnelle und richtige Informationen an seine Kunden.

Aus diesen Beispielen wird deutlich, daß die ARIS-Applications für eine optimierte Kundenorientierung in den verschiedensten Branchen eingesetzt werden können. Zur Zeit entstehen aus Kundenprojekten Referenzmodelle für die Bereiche Fertigungsindustrie, Gesundheitswesen, Energieversorger, Öffentliche Verwaltungen und Finanzdienstleister.

IV Verwaltungsmanagement

Verwaltungsreorganisation mit Referenzmodellen

Dr. Andreas Engel
Forschungsstelle für Verwaltungsinformatik (FVI),
Universität Koblenz-Landau

Inhalt

17. Saarbrücker Arbeitstagung Rechnungswesen und EDV 1996. Hrsg.: A.-W. Scheer.

1 Verwaltungsreorganisation, Prozeßorientierung und it-gestützte Vorgangsbearbeitung

1.1 Grundhaltungen zum Reformpotential der Informationstechnik

Der Einsatz von Informationstechnik in der öffentlichen Verwaltung wird seit Jahren begleitet von einer intensiven Diskussion über das Reformpotential der je nach Entwicklungsstand immer wieder zunächst "neuen" Technologien. Dabei können grundsätzlich zwei Richtungen der Reformdiskussion unterschieden werden mit jeweils einer extremen bzw. moderaten Position.

Der reformoptimistische Ansatz versteht Informationstechnik mehr oder weniger unhinterfragt als Auslöser organisatorischer Innovationen und geht von grundsätzlich positiven Wirkungen des Technikeinsatzes auf die Effizienz und Effektivität des Verwaltungshandelns aus. Gerade im Hinblick auf Workflow-Management-Systeme ist diese Einschätzung bei Anbietern sehr verbreitet und führt bei Anwendern nicht selten zu enttäuschten Erwartungen.

Der reform-euphorischen Haltung steht eine Position entgegen, die die Gefahren und negativen Folgen von Informationstechnik auf die Aufgabenerledigung der öffentlichen Verwaltung beschwört. Weite Teile der Datenschutzdiskussion verlaufen nach diesem Muster, aber auch manche Organisatoren führen die Regeln und hergebrachten Grundsätze der bürokratischen Organisation als Garanten der verfassungsgemäßen Erfüllung des staatlichen Auftrags der öffentlichen Verwaltung gegen die Einführung der it-gestützten Vorgangsbearbeitung ins Feld. Durch Veränderungen, die mit der elektronischen Unterstützung der Verwaltungsarbeit einhergehen, wird das bürokratische Organisationsmodell als im Kern gefährdet angesehen, weil zentrale Organisationsfunktionen wie z.B. die Transparenz, Nachvollziehbarkeit und Verantwortlichkeit des Verwaltungshandelns sowie seine politische Steuerung in Frage gestellt seien.

Eine moderat kritische Einschätzung des Innovationspotentials der Informationstechnik in der öffentlichen Verwaltung spiegelt sich in der These vom Produktivitätsparadoxon der Informationstechnik wider, die konstatiert, daß den hohen Investitionen keine nennenswerten Effizienzsteigerungen gegenüberstehen (vgl. [10, S. 126]). Vor allem die Einführung von Bürokommunikationssystemen wird immer wieder als Beleg für die These herangezogen, daß mit ihrem Einsatz - nicht nur im öffentlichen Bereich - die Produktivität im Büro kaum nennenswert gesteigert werden konnte. Auf die Einführung von Group- und Workflow-Management-Systemen übertragen wird dann auch für diese Werkzeugklasse kaum ein Effektivitätsgewinn prognostiziert.

Eine gemäßigt optimistische Haltung hinsichtlich der organisatorischen Änderungsmöglichkeiten durch Informationstechnik vertritt der "enabling view" - auch als Gestaltungsansatz bezeichnet. Nach ihm eröffnet der Einsatz moderner Anwendungsprogramme lediglich Optionen der organisatorischen Änderung [7], die allerdings auch nur eintreffen, "*wenn* Menschen es wollen - und auch nur, *wie* Menschen es wollen." [10, S. 383] In dieser Gestaltungsperspektive wird in bezug auf die Einführung der it-gestützten Vorgangsbearbeitung hervorgehoben, daß mit der Technikeinführung lediglich ein organisatorischer Gestaltungsprozeß abgesichert werden kann, der mit der Neugestaltung der Verwaltungsprozesse beginnen muß.

1.2 Maßnahmen zur Verwaltungsreorganisation und Prozeßorientierung

Wie auch immer die Akzentuierung bei den Globalzielen der Reformbemühungen im einzelnen aussehen mag, sei es Wirtschaftlichkeit, Bürgerorientierung oder Mitarbeiterorientierung (um nur die wichtigsten zu nennen) - zur Umsetzung der Reformziele kommt der Neugestaltung der Prozeßorganisation (Business Process Reengineering) eine besondere, strategische Bedeutung zu.

Prozeßorientierung meint in diesem Zusammenhang die Ist-Analyse bestehender Arbeitsprozesse mit dem primären Ziel, Verbesserungen auf der Ablaufdimension zu erreichen bzw. Verwaltungsprozesse radikal neu zu gestalten. Typische Maßnahmen dieser Art sind z.B. die Konzentration von Zuständigkeiten mit dem Ziel einer ganzheitlichen Aufgabenerledigung bei Reduzierung der prozeßbezogenen Arbeitsteilung. Insgesamt sollen prozeßorientierte Reorganisationsmaßnahmen organisationsintern vor allem der Verminderung von Kooperations- und Koordinationskosten, einschließlich Liege-, Transport- und Rüstzeiten dienen und extern zur stärkeren Orientierung am Kunden, also am Bürger, führen (vgl. [6]).

Um zu untersuchen, welchen Beitrag die Einführung von Vorgangsunterstützungswerkzeugen zur prozeßorientierten Verwaltungsreorganisation leisten kann, sind im Sinne des "enabling view" folgende vier Analyseschritte zu leisten:

1. Rekonstruktion der zentralen Verwaltungsprozesse
2. Ist-Analyse der Schwachstellen
3. Definition der Anforderungen an die Reorganisation sowie an die Einführung von Informationssystemen zur Unterstützung der Vorgangsbearbeitung
4. Umsetzung der Maßnahmen

Voraussetzung für den Erfolg des prozeßorientierten Reorganisationsansatzes ist die Identifikation und Rekonstruktion der zentralen Verwaltungsprozesse als Kernprozesse der Aufgabenerledigung.

2 Rekonstruktion zentraler Verwaltungsprozesse

Im Unterschied zu Produktionsbetrieben bzw. privaten Dienstleistungsunternehmen, die meist einen begrenzten Produktkatalog und mehr oder weniger klar profilierte Zielgruppen aufweisen, anhand derer die zentralen Geschäftsprozesse als wiederholte Erstellung gleichartiger Dienstleistungen bzw. Produkte identifiziert werden können, ist dies für die öffentliche Verwaltung weitaus schwieriger und zum Teil auch nicht möglich [6, S. 73]. Dies liegt zum einen an der besonderen Struktur der öffentlichen Verwaltung als organisatorischem Makrosystem mit einer funktionalen Arbeitsteilung zwischen Behörden verschiedener Verwaltungsebenen, an der bürokratischen Struktur der Behördenorganisation und an den spezifischen Steuerungsmechanismen, die in der bürokratischen Verwaltungsorganisation eingesetzt werden.

2.1 Prozeßorientierung im organisatorischen Makrosystem der Verwaltung

Die institutionelle Gliederung der öffentlichen Verwaltung wird im wesentlichen bestimmt durch das Bundesstaatsprinzip und das Prinzip der kommunalen Selbstverwaltung. Nach diesen Verfassungsgrundsätzen hat sich ein komplexes Gefüge relativ selbständiger Organisationen auf und zwischen den drei Verwaltungsebenen Bund, Länder und kommunale Ebene herausgebildet, die bei der Ausführung der Verwaltungsaufgaben oft arbeitsteilig vorgehen. Das Grundmuster der institutionellen verwaltungsinternen Arbeitsteilung besteht darin, "daß auf der Ortsstufe der Verwaltung, d.h. dem Ort des eigentlichen Lebensraums des Bürgers, eine möglichst hohe Einheit der funktionalen und organisatorischen Verwaltungstätigkeit bestehen soll." [1, S. 188] Dies hat zur Folge, daß Bundes- und Landesgesetze entweder durch nachgeordnete Bundes- und Landesbehörden oder durch kommunale Verwaltungseinheiten ausgeführt werden. Oberste Bundes- und Landesbehörden übernehmen in diesem Prozeß vor allem planende und vollzugsvorbereitende Aufgaben, d.h. die Steuerung und Kontrolle des administrativen Vollzugs durch die zuständigen nachgeordneten Behörden. Institutionell schlägt sich dies nieder in einem komplizierten Geflecht von Dienst-, Fach- und Rechtsaufsichten, die zu einer großen Anzahl interner Verwaltungsprozesse führen, deren Ziel es letztendlich ist, die Anwendung der Gesetze auf der Ausführungsebene zu regeln.

In bezug auf die Rekonstruktion der zentralen Verwaltungsprozesse ist daraus zweierlei zu folgern: zum einen entfällt für den gesamten Bereich der planenden und vollzugsvorbereitenden Verwaltungstätigkeiten in den obersten Bundes- und Landesbehörden nahezu vollständig das Kriterium der Bürgerorientierung als Maßstab für die Abgrenzung von Kernprozessen der Aufgabenerledigung. Statt dessen existiert in diesem Bereich eine große Anzahl einzelner Koordinierungsprozesse, deren Ziel in der (teils kooperativen) Entwicklung, Anordnung und Überprüfung genereller Regelungen zur Durchführung der Verwaltungsprozesse auf den unteren Verwaltungsebenen besteht. Daher ist es zweitens im Hinblick auf die weitere Analyse wichtig, die Steuerungsmechanismen zu untersuchen, die diesen internen Verwaltungsprozessen zugrunde liegen.

2.2 Grundmerkmale der bürokratischen Organisation und Prozeßorientierung

Die bürokratische Organisationsform gilt seit Max Weber als rationalste Form der Ausübung legaler Herrschaft. Hauptmerkmale sind die Bindung des Verwaltungshandelns an das Recht ("regelgebundener Betrieb von Amtsgeschäften"), klar abgegrenzte Zuständigkeiten und Kompetenzen in einer funktional gegliederten Aufbauorganisation, eine feste Amtshierarchie und die Aktenmäßigkeit der Amtsführung. All diese organisatorischen Strukturmerkmale sollen die Nachvollziehbarkeit und Überprüfbarkeit des Verwaltungshandelns erhöhen und es sowohl für Auftraggeber - politischen Entscheidungsinstanzen - wie für Adressaten - Bürger, Unternehmen, gesellschaftliche Organisationen, aber auch andere Behörden - berechenbar machen.

Entgegen einer weit verbreiteten Annahme führen die organisationsstrukturellen Merkmale der bürokratischen Organisationsform jedoch keineswegs zu einem einheitlichen Typ stark zentralisierter, formalisierter und standardisierter Verwaltungsprozesse. Es wird vielmehr ein Handlungsrahmen abgesteckt, der je nach Aufgabe und Einzelfall mehr oder weniger Freiheiten in der Ausführung konkreter Verwaltungsaufgaben läßt. Die dazu eingesetzten Steuerungs- und Regulierungsmechanismen können nach dem Grad ihrer rechtlichen Verbindlichkeit auf drei Stufen angeordnet werden.

2.2.1 Prozeßsteuerung durch legislative Programmierung

Der dominante Mechanismus politischer Steuerung des Verwaltungshandelns ist die legislative Programmierung. Nach Niklas Luhmann können zwei Grundformen der Programmierung durch gesetzliche Vorgaben unterschieden werden: zweck- und konditionalprogrammiertes Verwaltungshandeln, für die Becker [1, S. 449-457] weitere Mischformen unterscheidet.

Die reinste Form der Zweckprogrammierung ist demnach die Finalprogrammierung, bei der lediglich Ziele bzw. erwartete Ergebnisse vorgegeben werden und dem ausführenden Organ die Definition von Anwendungssituationen, die Entscheidung über Maßnahmealternativen und die Art der Ausführung überlassen bleiben. Auf der anderen Seite stehen vollprogrammierte Entscheidungen, bei denen sämtliche Entscheidungsbedingungen des Verwaltungsvollzugs vorgegeben sind. Dazwischen liegen konditionalisierte Suchprogramme mit einer Auswahlmöglichkeit zwischen verschiedenen Maßnahmenalternativen und konditionale Auswahlprogramme mit gewissen Freiheitsgraden in der Ausführung einer vorgegebenen Maßnahme. Während die

Zweckprogrammierung eher für komplexe Aufgaben bei sich ändernder Problemsituationen angewendet wird, eignen sich klar definierte Entscheidungssituationen eher für die konditionale Handlungsprogrammierung.

2.2.2 Prozeßsteuerung durch generelle Regelungen zum Geschäftsgang

Unterhalb der Ebene der legislativen Steuerung des Verwaltungshandelns regeln Geschäftsordnungen, Geschäftsverteilungspläne, Aktenpläne und Dienstanweisungen als allgemeine Standards die Behandlung beliebiger Geschäftsvorfälle in einzelnen Behörden. Der Sinn dieser allgemeinen Regelungen des Handlungsablaufs ist die "Generalisierung gleichartiger Entscheidungen. Indem sie verallgemeinert werden, erübrigt sich eine immer wieder erneute jeweilige Einzelentscheidung." [8, S. 53].

Je nach dem Konkretisierungsgrad allgemeiner Verwaltungsvorschriften kann das Verwaltungshandeln bis auf die Ebene des Geschäftsgangs für mehrere gleichartige Geschäftsvorfälle festgelegt werden. Dabei schreibt ein *Geschäftsgang* - vereinfacht gesprochen - den Weg der Bearbeitung von Geschäftsvorfällen auf der Handlungsebene vor und konkretisiert, welche Stellen in welcher Reihenfolge und Funktion, d.h. mit welchen Zuständigkeiten, Verpflichtungen und Verantwortlichkeiten, an der Bearbeitung eines Geschäftsvorfalles zu beteiligen sind.

2.2.3 Prozeßsteuerung im Ablauf

Auf der Ebene der konkreten Abläufe haben vor allem Leitungsstellen die Möglichkeit, im Rahmen ihrer Weisungsbefugnisse durch Geschäftsgangsvermerke korrigierend auf die durch die allgemeinen Regelungen vorgegebenen Ausführungsbestimmungen einzugreifen. In Verbindung mit Verfügungen als einer weiteren Form der Arbeitsanweisung steht damit ein Instrumentarium zur Verfügung, das geeignet ist, einen Geschäftsgang zu definieren, selbst wenn für bestimmte Einzelfälle oder Planungsaufgaben keine prozeßspezifischen Regelungen in Form von Dienstanweisungen existieren. Dies trifft für die meisten Koordinierungsprozesse zwischen (vor- und nachgeordneten) Behörden zu und innerhalb der Behörden für Planungsaufgaben sowie oftmals für Geschäftsgänge der Querschnittsverwaltung (z.B. die Haushaltsmittelbewilligung).

Die Festlegung des Geschäftsgangs für den einzelnen Geschäftsvorfall ist in der öffentlichen Verwaltung folglich eine Aufgabe, die besonders von Leitungsstellen während der Bearbeitung von Geschäftsvorfällen wahrzunehmen ist. Deshalb liegt der Ansatzpunkt für Reorganisationsmaßnahmen in der öffentlichen Verwaltung vor allem bei den Inhabern von Leitungspositionen, die durch eine entsprechende Definition des Bearbeitungsweges die Prinzipien und Ziele der Reorganisation verwirklichen müssen.

2.3 Klassifikation von Verwaltungsprozessen nach den angewendeten Steuerungsmechanismen

Unter einem *Verwaltungsprozeß* soll im folgenden die Bearbeitung einer Menge gleichartiger Vorgänge verstanden werden, wobei ein Vorgang als Erledigung eines Geschäftsvorfalls ohne weitere Charakterisierung der Steuerungsmechanismen verstanden wird. Im Hinblick auf die Rekonstruktion zentraler Verwaltungsprozesse ist dann zu untersuchen, ob für einen Verwaltungsprozeß

1. ein vordefinierter Geschäftsgang existiert, nach dem konkrete Geschäftsvorfälle einer bestimmten Art erledigt werden können *(standardisierte* bzw. *konditional-programmierte Vorgangsbearbeitung)*, oder
2. ob der Geschäftsgang erst im Verlauf der Vorgangsbearbeitung definiert wird *(generische bzw. zweckprogrammierte Vorgangsbearbeitung)*.

Ohne eine Quantifizierung im einzelnen belegen zu können, kann festgestellt werden, daß in der planenden Verwaltung nahezu ausschließlich der Typus der Verwaltungsprozesse vorherrscht, bei dem Geschäftsgänge erst während der Bearbeitung definiert werden. Und selbst in der gesetzesausführenden bzw. -anwendenden Verwaltung, wo für die meisten Anwendungsfälle der Geschäftsgang geregelt ist, ist aufgrund der notwendigen verwaltungsinternen Koordinierungsprozesse der Typus der generischen Vorgangsbearbeitung auch noch relativ häufig anzutreffen.

2.4 Ziel des Beitrags und Vorgehen

Im Gegensatz zur standardisierten Vorgangsbearbeitung, für die mit Workflow-Management-Systemen marktreife Produkte zur Verfügung stehen und im Einsatz sind, ist für die Unterstützung der generischen Vorgangsbearbeitung in der öffentlichen Verwaltung weder ein schlüssiges Konzept vorhanden, noch eine Installation bekannt, die erfolgreich erprobt ist [3, S. 36]. Der vorliegende Beitrag entwirft deshalb ein fachliches Referenzmodell der generischen Vorgangsbearbeitung, an dem die Anforderungen an eine entsprechende Vorgangsunterstützungsumgebung analysiert werden können. Es baut auf den Begriffen und Regelungen der Gemeinsamen Geschäftsordnung der Bundesministerien, Allgemeiner Teil (GGO I) - Stand: Juli 1991 - auf, ist aber so gehalten, daß es Allgemeingültigkeit beanspruchen kann.

Das Modell besteht aus zwei Teilen: einer konzeptuellen, statischen Beschreibung der Vorgangsbearbeitung in Form eines objektorientierten Datenmodells und einem Funktionenmodell, das für die zentralen Rollen der Vorgangsbearbeitung Operationen und Handlungszusammenhänge beschreibt. Zur Entwicklung des Referenzmodells wird dabei folgendermaßen vorgegangen.

Im ersten Schritt werden die für die Vorgangsbearbeitung zentralen Objekte und deren abstrakte Beziehungen untereinander definiert, ohne daß auch Attribute bestimmt würden (vgl. Kap. 3).

Im zweiten Schritt werden zu den für einen Gegenstandsbereich zentralen Objektklassen *Operationen* definiert. Operationen beschreiben "das Verhalten" von Objekten anhand von Funktionen, die hier natürlich-sprachlich erläutert werden (vgl. Kap. 4). Im Gegensatz zu klassischen Funktionsbeschreibungen - etwa in Form von Datenflußdiagrammen - werden hier die identifizierten Funktionen (Operationen) einzelnen Objektklassen zugeordnet, was eine stärkere Modularisierung des Entwurfs zur Folge hat.

Im dritten Schritt wird das Verhalten der einzelnen Objekttypen als Folge von Aktivitäten (Operationsaufrufen) beschrieben. Auf den Prozeß der Vorgangsbearbeitung übertragen entspricht dies der Modellierung einzelner, unabhängig voneinander auszuführenden Vorgangsphasen, die graphisch als ereignisgesteuerte Prozeßketten in der Notation nach Scheer [12, S. 49-52] beschrieben werden.

3 Objekte der Vorgangsbearbeitung [1]

Unter dem für die IT-Unterstützung zentralen Aspekt der Informationsverarbeitung besteht ein `Vorgang` als konkrete Ausführung eines Verwaltungsprozesses aus einer Folge von `Vorgangsschritten`, in denen Inhaber von `Stellen` Informationen verarbeiten (vgl. Abb. 1 - Die in der Abbildung definierten Objektklassen sind im Text typographisch hervorgehoben). Die im Verlauf der Vorgangsbearbeitung relevanten Informationen sind hinsichtlich ihrer Funktion für die Vorgangsbearbeitung unterscheidbar nach Primär- bzw. Sachinformationen (`Dokumenteninhalt`) und Meta- bzw. Kontextinformationen (`Arbeitsanweisungen` und `Erledigungsvermerke`).

3.1 Sach- und Bearbeitungsinformationen

Sachinformationen (Primärinformationen) beschreiben den im Vorgang behandelten Sachverhalt. Sie bilden die entscheidungsrelevanten Aspekte eines Geschäftsvorfalls ab. *Kontextinformationen* betreffen die Merkmale des Geschäftsgangs, in dem Sachinformationen verarbeitet werden. Sie beschreiben den Arbeitsprozeß, in dem sie gleichzeitig als `Arbeitsanweisung` und `Erledigungsvermerk` Steuerungs- und Dokumentationsfunktionen übernehmen.

Der Begriff `Arbeitsanweisung` wurde als Oberbegriff für `Geschäftsgangsvermerke` und `Verfügungen` eingeführt. `Geschäftsgangsvermerke` sind teils durch Geschäftsordnungen standardisiert, teils bestehen sie aus frei formulierten und auf den Dokumenten niedergeschriebenen Anweisungen zur geschäftsmäßigen Behandlung eines Sachverhalts. Die wichtigsten, in der Gemeinsamen Geschäftsordnung der Bundesministerien (GGO-Bund) festgelegten Geschäftsgangsvermerke sind der Zeichnungsvorbehalt, die Bitte um Vortrag, Rücksprache bzw. telefonische Rücksprache, der Kenntnisvorbehalt vor Abgang/nach Abgang, die Eingabe eines Dokuments in den Geschäftsgang und der Unterschriftsvorbehalt (vgl. Paragraph 18 GGO-Bund I (Allgemeiner Teil)). `Verfügungen` sind Anweisungen zur Bearbeitung eines Vorgangs. Mittels Verfügungen wird das Verfahren der Entscheidungsfindung geplant, es werden die zu erledigenden Vorgangsschritte festgelegt und Entscheidungsvorschläge formuliert.

Der Vollzug von Arbeitsanweisungen durch die an der Vorgangsbearbeitung beteiligten `Stellen` wird durch Sicht- oder `Erledigungsvermerke` zu `Verfügungen` oder `Geschäftsgangsvermerken` dokumentiert.

Da `Verfügungen`, `Geschäftsgangs-` und `Erledigungsvermerke` in der Regel auf den Texten dokumentiert werden, auf die sie Bezug nehmen, repräsentiert ein Schriftstück im herkömmlichen Sinn mehrere Bearbeitungsphasen oder -schritte. Im Referenzmodell wird dagegen jeder einzelne Bearbeitungsschritt durch ein (oder mehrere) Element(e) der Objektklasse `Dokument` dargestellt. Das Schriftstück im herkömmlichen Sinn wird also im Modell durch genau so viele Objekte des Typs `Dokument` abgebildet, wie Bearbeitungsschritte bzw. Zustandsänderungen stattgefunden haben.

Ist davon auszugehen, daß aufgrund der Beteiligung mehrerer Stellen ein Text im Verlauf der Bearbeitung voraussichtlich geändert werden muß, ist ein `Entwurf` anzufertigen (Paragraph 29 GGO-Bund I). Der `Entwurf` nimmt im Rahmen der Vorgangsbearbeitung eine besondere Rolle ein. Da er als durchnumerierte Liste von Verfügungen aufgebaut ist, enthält er die zusammenfassende Darstellung der zu einem Schriftstück gehörenden `Verfügungen`. Mit dem ersten Verfügungspunkt wird immer der Adressat eines Dokuments bestimmt und der letzte, die sogenannte Schlußverfügung, legt die abschließende Verwahrung des Schriftstücks fest. Die gebräuchlichsten, in der GGO-Bund im Anhang aufgeführten Schlußverfügungen sind die Wiedervorlage ("Wv am ..."), zum Vorgang ("ZVg"), zur Sammlung ("ZSg"), zu den Akten ("ZdA") und Weglegen ("Wgl"). Die "Weglegen"-Verfügung führt bei Schriftstücken von geringerer Bedeutung zum Vernichten nach einem Jahr und nicht zum Aufbewahren in den Akten. Ansonsten werden `Dokumente` entsprechend der Schlußverfügung einer (oder mehreren) `Akte(n)` beigegeben.

Die `Reinschrift` dokumentiert schließlich den nach außen sichtbaren Abschluß eines Geschäftsvorfalls. Sie enthält den Inhalt des Entwurfs ohne die darauf vermerkten Arbeitsanweisungen bzw. Verfügungspunkte. Ihr `Adressat` kann innerhalb oder außerhalb der Behörde sein.

3.2 Akten und Dokumente

Dokumente können im Rahmen der Vorgangsbearbeitung grundsätzlich danach unterschieden werden, ob sie während des Vorgangs bearbeitet werden oder lediglich dem Vorgang beigefügt sind (beigefügte Dokumente bzw. Bearbeitungsdokumente).

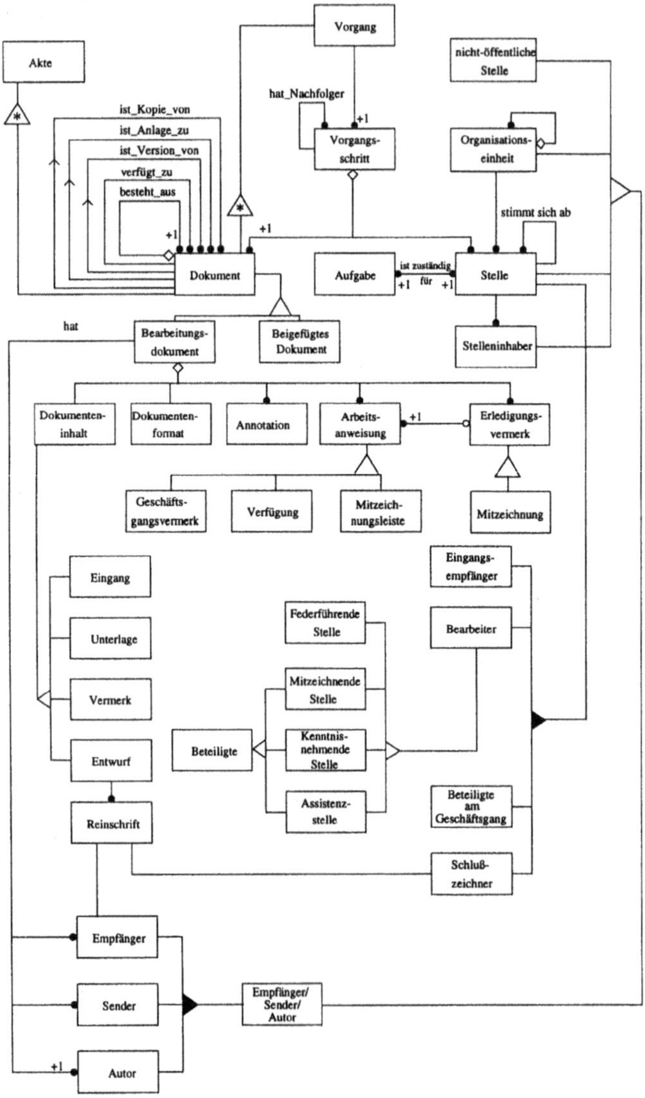

Abb. 1: Objektmodell der Vorgangsbearbeitung (Notation in Anlehnung an Rumbaugh et al. [11])

Dokumente (im allgemeinen Verständnis) können entweder Anlagen zu anderen Dokumenten sein, oder sie sind Versionen ein und desselben Dokuments. Eine neue Version entsteht beispielsweise dann, wenn eine Arbeitsanweisung erledigt und ein Erledigungsvermerk angebracht wurde. Jeder veränderte Zustand eines Dokuments wird im Modell als neue Version aufgefaßt.

Von Kommentaren, die als eigenständige Dokumente in die Vorgangsbearbeitung eingehen, sind Annotationen zu unterscheiden, die Anmerkungen zum Dokumenteninhalt auf demselben Dokumentenobjekt darstellen. Annotationen reichen von Hervorhebungen bzw. Markierungen über Texteinfügungen bzw. Streichungen bis hin zu textuellen Ergänzungen in Form von Randnotizen. Art und Formen von Annotationen sollen hier nicht weiter differenziert werden.

3.3 Stellen und Vorgangsrollen

Während ein Vorgangsschritt die elementare Bearbeitungseinheit beschreibt, soll unter einer *Vorgangsrolle* die Zusammenfassung mehrerer Vorgangsschritte verstanden werden, die von einer oder mehreren Stellen ausgeführt werden. Mit dem Rollen-Konzept werden also Handlungszusammenhänge identifiziert, die mehrere Vorgangsschritte zusammenfassen.

Nach der Geschäftsordnung können die Rollen des Eingangsempfängers, Bearbeiters und Schlußzeichners (Unterzeichner, formeller Absender) unterschieden werden, wobei Bearbeiter nochmals differenziert werden in federführende Bearbeiter, kenntnisnehmende oder mitzeichnende Bearbeiter und Assistenzstellen. Assistenzstellen sind im Kontext der Vorgangsbearbeitung vor allem die Poststelle und die Registratur, die - im Gegensatz etwa zu den Spezialisierungen der Rolle des Bearbeiters - als Organisationseinheiten institutionalisiert sind.

Es ist üblich, daß ein Stelleninhaber je nach Geschäftsvorfall bzw. Bearbeitungsstand unterschiedliche Rollen wahrnimmt. Ein Vorgesetzter kann z.B. in dem einen Fall Eingangsempfänger sein und die Vorgangsbearbeitung an Referenten bzw. Sachbearbeiter delegieren. Im anderen Fall kann derselbe Stelleninhaber alle Rollen selbst übernehmen und den Vorgang abschließend erledigen.

Der Schlußzeichner übernimmt die Verantwortung für den gesamten Vorgang. Es ist in der Regel der federführende Bearbeiter oder ein Vorgesetzter, der sich die Zeichnung vorbehalten hat.

Assistenzkräfte (z.B. Boten, Registratoren, Schreibkräfte oder Sekretariatsmitarbeiter) übernehmen die Ausführung bestimmter Arbeitsanweisungen. Ihre Aufgaben sind in der Regel der Ansatzpunkt für die informationstechnische Unterstützung der Vorgangsbearbeitung.

4 Funktionen bzw. Phasen der Vorgangsbearbeitung

Die Bearbeitung eines Geschäftsvorfalls geschieht mittels Operationen, die auf einem oder mehreren Dokumenten ausgeführt werden. Wenn an dieser Stelle allgemein von Operationen die Rede ist, so soll darauf hingewiesen werden, daß im fachlichen Referenzmodell nur solche Funktionen angesprochen sind, die unabhängig von der Art ihrer Implementierung erfüllt werden müssen. Es werden also keine Funktionen beschrieben, die nur bei bestimmten Techniken der Vorgangsbearbeitung notwendig sind, wie etwa das Scannen von Papierdokumenten für die elektronische Vorgangsunterstützung, bei der auch papiergebundene Informationen anfallen.

Die im folgenden erläuterten Operationen der Vorgangsbearbeitung dürfen allerdings nicht isoliert betrachtet werden, sie stehen im realen Arbeitsprozeß immer in funktionalen Zusammenhängen mit anderen Operationen. Die auf diese Weise konstituierten Handlungs- bzw. Funktionszusammenhänge werden mitunter auch als Phasen der Vorgangsbearbeitung betrachtet, die im folgenden nach den im Objektklassenmodell definierten Vorgangsrollen operational voneinander abgegrenzt werden. Dieses Vorgehen hat den Vorteil, daß der Gesamtablauf der Vorgangsbearbeitung - ein Geschäftsgang - als (vorherbestimmter bzw. nicht vorherbestimmter) Wechsel von Vorgangsrollen beschrieben werden kann.

In Abhängigkeit von den im Objektklassenmodell beschriebenen Vorgangsrollen kann die Bearbeitung eines Vorgangs in folgende Phasen unterteilt werden, die sich im übrigen auch weitgehend mit in der Literatur beschriebenen Einteilungen deckt (vgl. [8,5]). In Klammern sind die entsprechenden Vorgangsrollen aus dem Objektklassenmodell angegeben:
1. Empfang externer Eingänge (`Poststelle`)
2. Eingangsbehandlung (`Eingangsempfänger`)
3. Weiterleiten im Geschäftsgang (`Beteiligte im Geschäftsgang`)
4. Entwurfserstellung und -abstimmung (`federführende Stelle`)
5. Entwurfskommentierung und Mitzeichnung (`mitzeichnende Stelle`)
6. Registrieren (`Registratur`)
7. Schlußbehandlung (`Unterzeichner`)
8. Postausgang (`Poststelle`)

In jeder Phase werden vorgangsrelevante Informationen in spezifischer Form und mit spezifischen Intentionen und Funktionen aufbereitet bzw. verarbeitet.

4.1 Annahme externer Eingänge als Funktionen der Poststelle

Wird ein Vorgang durch ein externes Schreiben, ein Fax oder eine E-mail angestoßen, so ist der Eingang zunächst mit einem Eingangsvermerk (Eingangsstempel) zu versehen, auf die "Zugehörigkeit zum Geschäftsbereich der Dienststelle" zu überprüfen und entweder als Irrläufer zu identifizieren oder entgegenzunehmen und an den nach der

Geschäftsordnung vorgesehenen Eingangsempfänger, die Registratur oder an persönlich adressierte Organisationsmitglieder weiterzuleiten. Darüber hinaus kann das Anbringen von Vermerken notwendig sein, etwa bei Dringlichkeit, Vertraulichkeit oder offensichtlicher Unvollständigkeit der Eingänge. Wenn eine Eingangsbestätigung verlangt wird, ist die Poststelle für die Ausstellung zuständig.

Zum Teil werden diese Funktionen direkt auf den Dokumenten ausgeführt, zum Teil durch Arbeitsanweisungen oder Annotationen auf bzw. zu den Dokumenten erledigt. Separate schriftliche Vermerke sind einem Eingang als Anlage beizufügen.

In den folgenden Abbildungen werden die Vorgangsphasen als ereignisgesteuerte Prozeßketten beschrieben [12], in denen Ereignisse als Sechsecke und Funktionen als abgerundete Rechtecke dargestellt werden. Die Abfolge von Ereignissen und Funktionen wird durch direkte gerichtete Kanten notiert. Bei Bedarf kann zusätzlich ein Verknüpfungsknoten spezifiziert werden, der in Form eines zweigeteilten runden Knotens zwischen Ereignissen und Funktionen steht. Im oberen Teil des Verbindungsknotens werden die Ausgangsbedingungen für Ereignisse und Funktionen angegeben, im unteren Teil die Art der Folgewirkung, wobei Bedingungen und Folgen durch "und" ($\wedge$), "oder" ($\vee$) bzw. "exklusives oder" ($\underline{\vee}$) verknüpft werden können [12, S. 49].

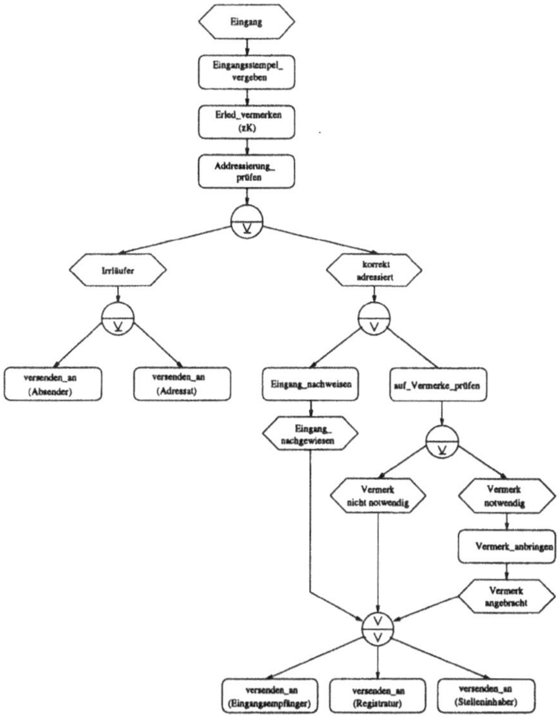

Abb. 2: Funktionszusammenhang: Externe Eingänge annehmen

4.2 Eingangsbehandlung als Funktionen des Eingangsempfängers

Ziel der Eingangsbehandlung ist die "Zuteilung der Federführung" für einen Vorgang, für den der Anstoß entweder über einen externen Eingang oder als interner Eingang aus der Behörde erfolgt. Der Eingangsempfänger nimmt den Eingang zur Kenntnis, überprüft die Zuständigkeit, ermittelt nach dem Geschäftsverteilungsplan den zuständigen Bearbeiter, weißt den Bearbeiter zu und leitet den Eingang zur Bearbeitung weiter.

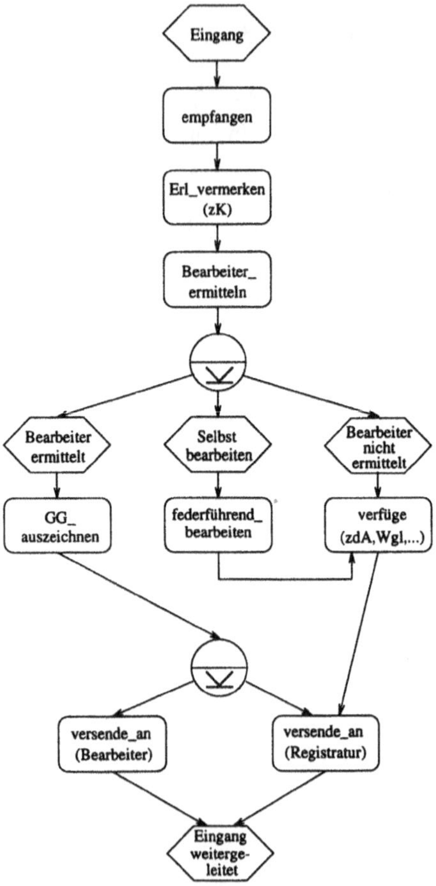

Abb. 3: Funktionszusammenhang: Eingang der federführenden Stelle zuteilen

4.3 Zuweisen und Weiterleiten im Geschäftsgang als Funktionen der Beteiligten im Geschäftsgang

Das Zuweisen und Weiterleiten eines Dokuments im Geschäftsgang dient einerseits der Information auf dem Dienstweg, andererseits der Feststellung, wer auf dem Dienstweg in welcher Weise die Verantwortung für die Entscheidung in der Sache übernimmt. Mit Hilfe von Geschäftsgangsvermerken kann jeder Beteiligte im Geschäftsgang im Rahmen seiner Weisungsbefugnisse nachgeordneten Stellen Beteiligungswünsche verbindlich kundtun. Die Rechte der Beteiligten im Geschäftsgang reichen von der Kenntnisnahme nach Abgang, über die vor Abgang bis hin zur Anordnung der Rücksprache und dem Vorbehalt der Zeichnung, durch die verschiedene Grade der Mitverantwortung für die sachliche Richtigkeit übernommen werden. Weitere Gründe für die Übernahme der Verantwortung durch die Leitung können "die politische Brisanz oder Einheitlichkeit des Auftretens nach außen" sein. [8, S. 66]

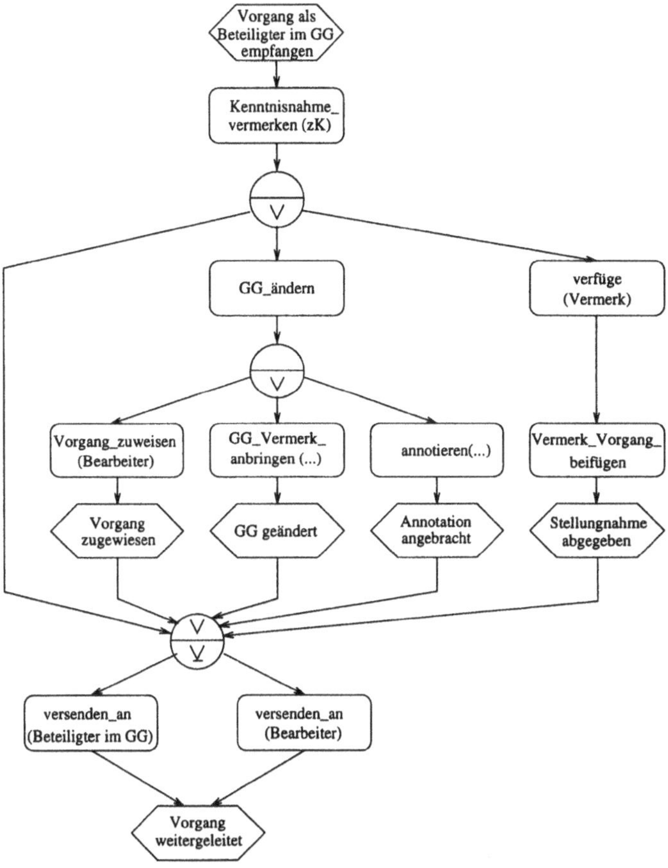

Abb. 4: Funktionszusammenhang: Am Geschäftsgang (GG) mitwirken

Nachgeordnete Stellen haben dagegen die Möglichkeit, durch den Vortrag beim Vorgesetzten gerade in wichtigen Angelegenheiten Rückendeckung für den erarbeiteten Entscheidungsvorschlag einzuholen.

4.4 Entwurfserstellung und -revision als Funktionen der federführenden Stelle

Die federführende Stelle erkennt durch die Bearbeitung eines Vorgangs die eigene Zuständigkeit an und übernimmt die Verantwortung für dessen Erledigung. Es ist die Aufgabe der federführenden Stelle, einen Entwurf für einen Entscheidungsvorschlag zu erarbeiten. Dabei ist zu berücksichtigen, daß alle in der Sache betroffenen Verwaltungsstellen an der Entscheidung zu beteiligen sind. "Ziel ist ein den Erfordernissen der Entscheidungsvorbereitung angemessenes Verfahren. Es muß geplant und durchgeführt werden." [8, S. 68]

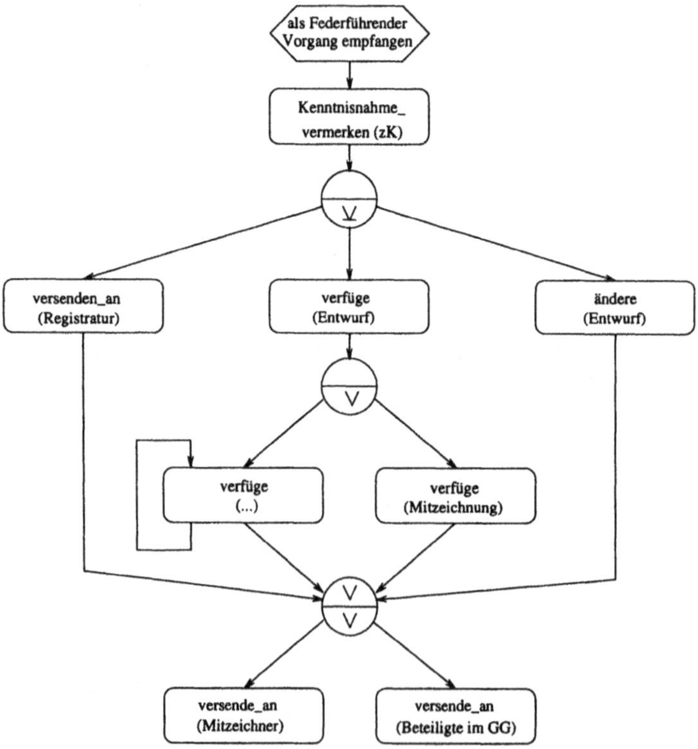

Abb. 5: Funktionszusammenhang: Vorgang federführend bearbeiten

Die Beteiligung an der Entscheidung wird durch Mitzeichnungsverfügungen zu einem Entscheidungsentwurf angestoßen. Bei mehreren Beteiligten wird die Mitzeichnungsverfügung oft als Mitzeichnungsleiste realisiert, in der die Mitzeichnenden von rechts nach links aufgeführt werden, was gleichzeitig die vorgesehene Reihenfolge ihrer Beteiligung angibt. Wird eine Mitzeichnung verweigert oder nur unter Vorbehalt gegeben, ist es Aufgabe der federführenden Stelle, einen Konsens in der Sache zu erreichen, unter Umständen durch Beteiligung der Vorgesetzten.

4.5 Entwurfskommentierung und Mitzeichnung als Funktionen der mitzeichnenden Stelle

Mitzeichnende Stellen übernehmen durch ihre "Mitwirkung den ihrem Kompetenzbereich entsprechenden Anteil an der Gesamtverantwortung." [8, S. 68]. Daher ist es zunächst die Aufgabe einer mitzeichnenden Stelle, ihre eigene Zuständigkeit zu prüfen, und bei fehlender Zuständigkeit die federführende Stelle entsprechend zu informieren.

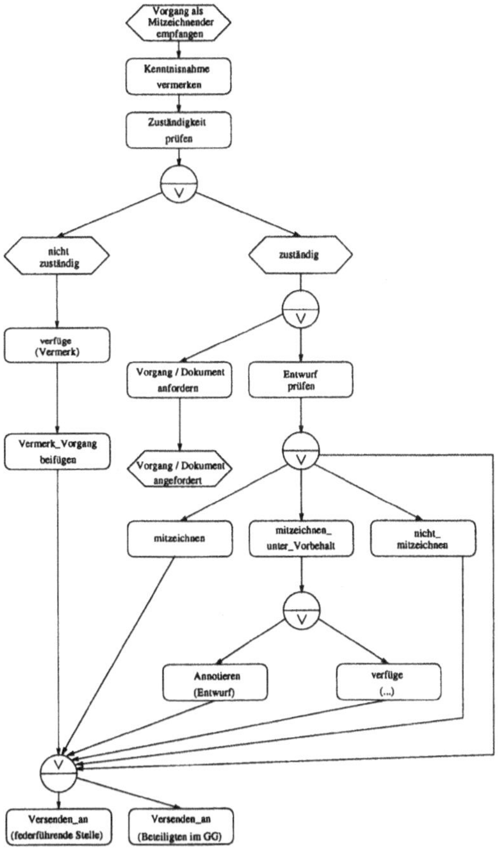

Abb. 6: Funktionszusammenhang: Mitzeichnen

Hauptaufgabe der mitzeichnenden Stelle ist die fachliche Beteiligung und die Beurteilung des von der federführenden Stelle erarbeiteten Entscheidungsvorschlags. Die Mitwirkung kann auf verschiedene Art geschehen. Sie kann darin bestehen, Informationen beizusteuern, Stellungnahmen abzugeben oder auch Teile eines Entwurfs (neu) zu formulieren. Im Ergebnis führt sie zur fachlichen Zustimmung bzw. Ablehnung eines Entwurfs. Werden an dem vorgelegten Entwurf Änderungen oder Ergänzungen für notwendig gehalten, so können diese als Annotationen zum Entwurf oder als separate schriftliche Stellungnahmen und Vorschläge für Alternativentwürfe dem Vorgang hinzugefügt werden.

Mit der Beteiligung an der Vorgangsbearbeitung übernimmt die mitzeichnende Stelle nicht nur die Mitverantwortung für die sachbezogene Entscheidung, sondern ebenso für das Verfahren. Daher kann sie in Abstimmung mit der federführenden Stelle eine Erweiterung des Beteiligtenkreises vornehmen. Abschließend stellt die mitzeichnende Stelle anhand der Mitzeichnungsverfügung den nächsten Beteiligten fest und leitet den Vorgang an diesen weiter.

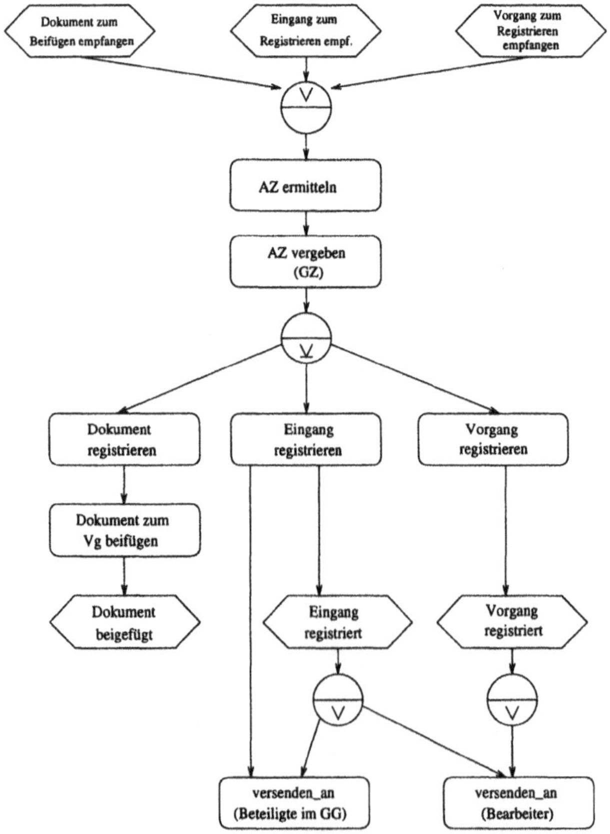

Abb. 7: Funktionszusammenhang: Registrieren

4.6 Ordnen, Ablegen, Aufbewahren, Bereitstellen von Schriftgut als Funktionen der Registratur

Aufgabe der Registratur ist das Verwalten des behördeninternen Schriftguts. Die Rolle der Registratur kann organisatorisch als eigenständige Organisationseinheit oder als Sachbearbeiterregistratur verankert sein. Und auch im Geschäftsgang kann die Registratur praktisch in allen Phasen nach dem Posteingang und vor dem Postausgang involviert werden. Ihre Hauptfunktion ist das Registrieren von Schriftgut. Dazu gehört das Anlegen neuer Vorgänge, das Zuordnen eines Schriftstücks in die Ablagesystematik, d.h. die Vergabe des Aktenzeichens auf Anweisung oder in Abstimmung mit dem Eingangsempfänger oder einer Bearbeiter-Stelle, und das Aufzeichnen und Dokumentieren des Verbleibs von Dokumenten während der Bearbeitung.

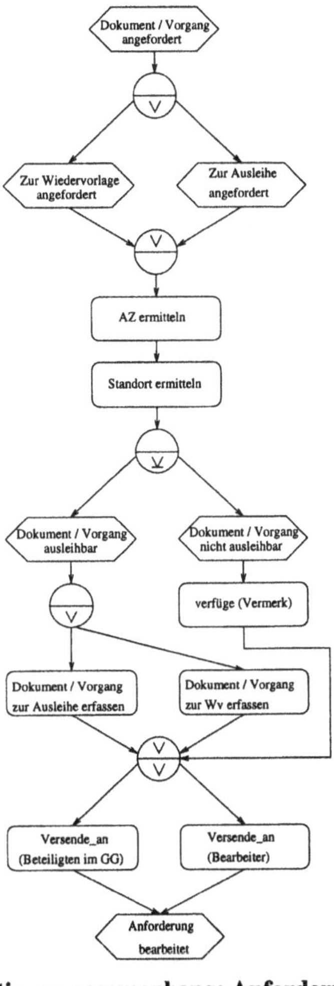

Abb. 8: Funktionszusammenhang: Anfordern/Bereitstellen

Vom Registrieren ist das Bereitstellen von Schriftgut zu unterscheiden. Je nachdem, ob eine Stelle den Vorgang unmittelbar zur Ausleihe anfordert oder zur Wiedervorlage verfügt, muß die Registratur das angeforderte Schriftgut bereitstellen bzw. die anfordernde Stelle über den Verbleib unterrichten.

Nach dem Abschluß der Bearbeitung eines Vorgangs bzw. nachdem Versand eines Schreibens kommt der Vorgang an die Registratur zurück, wo er gemäß der Schlußverfügung entweder zu den Akten oder in die Wiedervorlage abgelegt wird.

4.7 Schlußbehandlung als Funktion des Unterzeichners

Der Unterzeichner prüft und bestätigt mit seiner Unterschrift, "daß die vorliegende Fassung dem Entwurf und den Verfügungen entspricht und so abgesandt werden kann. Gleichzeitig wird unter dem Konzept die Schlußverfügung zdA oder WV angebracht. Damit wird der Registratur der Abschluß - bei WV der vorläufige Abschluß - der Sache mitgeteilt." [8, S. 73]Mit dem unterschriebenen Ausgang wird der Vorgang an die Poststelle zum Versand weitergeleitet. (Für diese und die folgende kurze Handlungssequenz kann auf eine grafische Illustration verzichtet werden.)

4.8 Postausgang als Funktion der Poststelle

Der Postausgang kommt über den Unterzeichner an die Poststelle und wird zunächst auf Vollständigkeit geprüft, die mit einem entsprechenden Vermerk auf dem Entwurf dokumentiert wird. Unvollständige Unterlagen müssen an den Unterzeichner bzw. die federführende Stelle zurückgeschickt werden. Der vollständige Abgang wird versandt und der Vorgang samt Entwurf an die Registratur zur Ausführung der Schlußverfügung weitergeleitet.

5 Schwachstellen der Vorgangsbearbeitung und Ansätze zur Unterstützung

Mit der Beschreibung einzelner Rollen und entsprechender Handlungszusammenhänge der Vorgangsbearbeitung werden typische Prozeßsequenzen skizziert, die Ansatzpunkte für eine informationstechnische Unterstützung der generischen Vorgangsbearbeitung als Gesamtprozeß liefern. Dazu sollen zunächst die Schwachstellen in der Ablaufgestaltung anhand der beschriebenen Teilprozesse erläutert werden.

Medienbrüche bei Annahme externer Eingänge Bei der Annahme in der Poststelle führt mittlerweile die Verschiedenartigkeit der Informationsträger (Briefpost, Fax, E-Mail etc.) zum Problem des lückenlosen Nachweises externer Eingänge. Als

Konsequenz wird daher schon teilweise der Anspruch aufgegeben, sämtliche Eingänge zu erfassen. Unter dem Gesichtspunkt einer möglichst vollständigen Transparenz der Behandlung eines Geschäftsvorfalls wäre ein integriertes Erfassungssystem für sämtliche Arten von Eingängen wünschenswert. Im übrigen ist das Auftreten von Medienbrüchen bei der Eingangsstelle nur ein Hinweis auf ein den gesamten Prozeß begleitendes Problem der Koexistenz bzw. Integration verschiedener Arten von Schriftgut.

Überlastung der Eingangsempfänger Das zentrale Problem der Eingangsbehandlung ist die Überlastung der Eingangsempfänger. Ist die Rolle des Eingangsempfängers in der Organisationshierarchie zu hoch eingestuft, wird er mit einer großen Anzahl ihm unwichtiger Vorgänge beschäftigt, die auch direkt an den Bearbeiter weitergeleitet werden könnten. Bei Abwesenheiten oder zu Spitzenzeiten kann es auch schnell zu einer Verzögerung in der Weiterleitung kommen, bevor die eigentliche Beschäftigung mit der Sache begonnen hat. Hier wäre es von Vorteil, wenn Eingänge, die etwa aufgrund des Geschäftszeichens eindeutig zuzuordnen sind, direkt von der Poststelle an den Bearbeiter weitergeleitet werden könnten. Entsprechendes gilt für Antworten im Mitzeichnungsverfahren, bei denen Adressat und Zuordnung zum Vorgang eindeutig feststehen. Andererseits wäre es auch keine Lösung, grundsätzlich das voraussichtlich zuständige Referat von der Poststelle direkt adressieren zu lassen, weil auch dieses Verfahren zu Verzögerungen beim Klären der endgültigen Zuständigkeiten führt.

Zuweisen und Weiterleiten im Geschäftsgang: zu viele Beteiligte, zu lange Wege
Das Zuweisen und Weiterleiten im Geschäftsgang hat vor allem den Zweck, Leitungsstellen in allen Phasen über den Stand der Erledigung zu informieren und die Möglichkeit zu geben, auf den Geschäftsgang korrigierend Einfluß zu nehmen. Auch diese Regelung führt sehr schnell zur Überlastung der vertikalen Kommunikationswege und zu Verzögerungen im Gesamtverlauf.

Abhilfe würde hier eine stärkere Delegation der Verantwortung auf die Bearbeitungsstellen schaffen und ein weitgehender Verzicht von Leitungsstellen auf Zeichnungs- und Unterschriftenvorbehalte [8, S. 82]. Der damit verbundene Verlust an Informationen über den Stand der Bearbeitung könnte kompensiert werden durch einen leichteren, direkten Zugriff auf die Vorgangsakten. Damit könnten auch Rücksprachen vermieden werden, die nur zum Sachstandsbericht anberaumt werden. Dem Instrument des Vortrags vom Bearbeiter beim Vorgesetzten würde dagegen eine größere Bedeutung zukommen, um die Leitungsebene bei wichtigen Entscheidungen einzubeziehen.

Entwurfserstellung und -abstimmung: Entlastung des Federführenden bei der Planung und Durchführung des Abstimmungsverfahrens In der Vorgangsbearbeitung nimmt die federführende Stelle eine zentrale Koordinationsfunktion wahr, weil sie die Beteiligung der Mitzeichnenden und die Abstimmung des Entscheidungsentwurfs mit den Vorgesetzten organisieren muß. Engpässe liegen hier beim Zugang zu Informationen, die über die Registratur oder von anderen Beteiligten angefordert werden müssen, bei der Verteilung der notwendigen Unterlagen, bei der Koordination der Beteiligung (Reihenfolgen, Fristen, Verzögerungen etc.) und bei der Verwaltung verschiedener Versionen von Entwürfen, die zum Teil wieder in den Umlauf gebracht werden müssen.

Die federführende Stelle könnte entlastet werden, wenn sie bei der Planung und Durchführung der Beteiligung unterstützt werden könnte. So wäre es sinnvoll, immer dann, wenn es von der Sachlage und dem Entscheidungsverfahren her vertretbar ist, Unterlagen sternförmig zu verteilen und parallel zu bearbeiten. Gleichfalls muß aber auch die Möglichkeit gewahrt bleiben, gezielt die Bearbeitungsreihenfolge zu planen und zu steuern. Schließlich wäre es von Vorteil, wenn den Beteiligten nicht nur der aktuell zu beurteilende Entwurf, sondern auch Teile des Vorgangs zur Erläuterung des Entscheidungskontexts ohne größere Umstände beigefügt werden könnten. Und eine mündliche Verständigung über den Entwurf im vorhinein könnte oft Irritationen und weitere Iterationen im schriftlichen Abstimmungsprozeß ersparen.

Entwurfskommentierung und Mitzeichnung: aktiveBeteiligung der mitzeichnenden Stellen Die mitzeichnende Stelle wird in die Vorgangsbearbeitung hauptsächlich eingebunden, um eine fachliche Stellungnahme abzugeben und einem Entscheidungsentwurf zuzustimmen, der auch ihren Kompetenzbereich betrifft. Dabei ist sie auf die aktive Information und das Angebot zur Beteiligung durch die federführende Stelle angewiesen. Eine Verkürzung der Abstimmungswege könnte durch die Einrichtung von temporären Gruppenablagen erreicht werden, in denen für die Zeit des Abstimmungsprozesses die benötigten Unterlagen allen Beteiligten zur Einsicht zur Verfügung stünden.

Registrieren: frühe Beteiligung am Geschäftsgang und selbständige Recherche durch bearbeitende Stellen Der Zeitpunkt, zu dem die Registratur in die Vorgangsbearbeitung eingebunden wird, liegt oft erst nach der Bearbeitung. Im Sinne einer systematischen und kontinuierlichen Dokumentation des Bearbeitungsprozesses wäre es jedoch wünschenswert, wenn die Registratur möglichst schon während der Eingangsbehandlung das Aktenzeichen bestimmen würde, zu dem die Unterlagen begleitend zur Erledigung des Vorgangs eingeordnet und jeweils als vollständige Sammlung weitergeleitet und bereitgestellt werden könnten [8, S. 76].

Seitens der bearbeitenden Stellen wäre ein direkter Zugang zur Registratur wenigstens zu Recherchezwecken im "eigenen" Aktenbestand hilfreich, und das Finden und Bereitstellen von Schriftstücken könnte verbessert werden, wenn außer dem Aktenzeichen und allgemeinen kontextbezogenen Recherchemerkmalen auch ein inhaltsbezogenes Suchen möglich wäre.

Schlußbehandlung und Postausgang Da die Schlußbehandlung und der Postausgang in erster Linie der technischen Abwicklung des Vorgangs dienen, kann hier lediglich eine Beschleunigung der Bearbeitung durch eine Verkürzung der Zustellwege erreicht werden.

6 Ein Architekturvorschlag für die Unterstützung generischer Verwaltungsprozesse

Die Beschreibung der Funktionen bzw. Schwachstellen der generischen Vorgangsbearbeitung hat verdeutlicht, daß die informationstechnische Unterstützung weniger auf Automatisierung abzielen, als vielmehr zu Werkzeugen führen sollte, die den Bearbeitern eine flexible Gestaltung der Prozesse erlauben (vgl. [2, S. 89]). Es sollte auch klar geworden sein, daß Vorgangsunterstützung nicht mit einem einzigen Anwendungsprogramm realisiert werden kann, sondern nur durch eine modular aufgebaute Vorgangsunterstützungsumgebung, die auf unterschiedliche Anforderungen spezialisierte Soft- und Hardwarekomponenten integriert. Die folgenden Überlegungen skizzieren deshalb eine Systemarchitektur, mit der die generische Vorgangsbearbeitung unterstützt werden kann, ohne die Anforderungen an die einzelnen Komponenten der Vorgangsunterstützungsumgebung schon im einzelnen zu definieren. Die Reihenfolge der Darstellung impliziert jedoch eine gewisse funktionale Logik in den Ausbaustufen.

Voraussetzung für die informationstechnische Unterstützung der generischen Vorgangsbearbeitung ist die Realisierung von Basisfunktionen der Informationsverarbeitung, wie sie durch moderne Bürokommunikationswerkzeuge bereitgestellt werden. Dazu gehören vor allem leistungsfähige Textverarbeitungssysteme, Grafik- und Annotationswerkzeuge, Konvertierprogramme und Browser für das Lesen und Bearbeiten verschiedener Dokumentenformate am Arbeitsplatz. Zur Infrastruktur gehört auch ein Netzwerk zur Übermittlung von am Arbeitsplatz erstellten Dateien (Dateitransfer). Sind diese Grundfunktionen der Informationstransport- und Informationsbearbeitungsfähigkeit [2, S. 87-88] realisiert, besteht der nächste Schritt im Aufbau einer Vorgangsunterstützungsumgebung im Bereitstellen eines auf die Verwaltungsanforderungen angepaßten Systems zum Schriftgutmanagement (Schriftgutmanagement-Komponente).

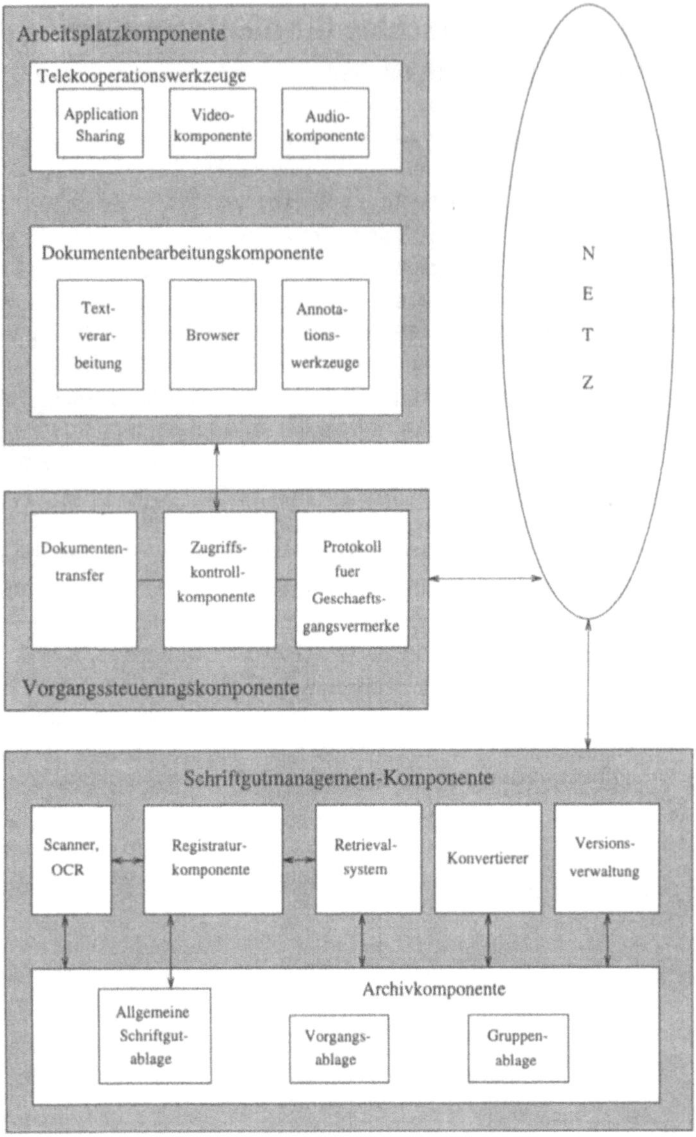

Abb. 9: Architekturvorschlag für eine Vorgangsunterstützungsumgebung

Das Schriftgutmanagement-System besteht aus mehreren Komponenten, die auf einzelne Aufgaben der Registratur spezialisiert sind.

Die *Registraturkomponente* dient dazu, Attribute bzw. Metainformationen zu elektronischen und nicht elektronisch gespeicherten Dokumenten und Vorgängen zu erfassen und eine strukturierte Recherche über die erfaßten Merkmale zuzulassen. Da die Registraturkomponente die zentrale Schnittstelle zur integrierten Verwaltung von Papier-

und Elektronikschriftgut darstellt, wird ihr auch die Funktionalität von Scannern und Texterkennungskomponenten (OCR) zugeordnet.

Die *Archivkomponente* dient der Speicherung der Primärinformationen elektronisch erzeugter Dokumente, zunächst in Form einer elektronischen Ablage für das allgemeine Schriftgut (*Allgemeine Schriftgutablage*). Recherche und Zugriff auf die allgemeine Schriftgutablage ist sowohl über die Registraturkomponente als auch über ein *Volltextretrievalsystem* möglich.

Eine Weiterentwicklung der Archivkomponente könnte in der Differenzierung des Ablagesystems für elektronische Dokumente bestehen, das - von Bearbeitern konfigurierbar - vor allem das kooperative Arbeiten unterstützen würde, indem es differenzierte Zugriffsberechtigungen auf Teilbestände des Schriftguts (Dokumente, Vorgänge) erlaubt. Nützlich wären etwa eine *Vorgangsablage*, die den Beteiligten den direkten Zugriff auf alle Dokumente zu einem Vorgang erlauben würde, oder die Einrichtung einer *Gruppenablage*, welche die gemeinsamen Dokumente und Vorgänge mehrerer Stellen enthält.

Mit dieser Systemarchitektur können Dokumente, die in der Arbeitsplatzumgebung erstellt worden sind, zunächst in der persönlichen Ablage der Bürokommunikation gespeichert und dann von dort in das elektronische Archiv der Schriftgutmanagement-Komponente transferiert werden. Einmal archivierte Dokumente können dann nicht mehr verändert werden, jedoch können Kopien in die Arbeitsplatzumgebung rücktransferiert und weiterverarbeitet werden. Bei jedem Übergang von der Arbeitsplatzumgebung ins Archiv ist eine Registrierung von Metainformationen zu Dokumenten in der Schriftgutverwaltung vorzunehmen, und mit dem Textretrievalprogramm können Dokumente sowohl über Metainformationen als auch Primärinformationen recherchiert werden.

Die *Vorgangssteuerungskomponente* erweitert die Funktionalität der Vorgangsunterstützungsumgebung um das gezielte Versenden von Dokumenten (*Dokumententransfer*), um die Definition partieller Laufwege im Geschäftsgang mit Ausführung bestimmter Geschäftsgangsvermerke (*Protokoll der Geschäftsgangsvermerke*) sowie um eine Komponente zur Steuerung des Zugangs zu den Daten und Diensten der Vorgangsunterstützungsumgebung (*Zugriffskontrollkomponente*).

Eine erste Stufe der Vorgangssteuerung kann auf der Basis des konfigurierbaren Ablagesystems entwickelt werden. Die Verteilung von Dokumenten würde dann über eine Änderung von Zugriffsberechtigungen und Benachrichtigungen über E-Mail realisiert.

In der nächsten Stufe könnten Funktionen zur Laufwegsteuerung beim Transfer zwischen verschiedenen Ablagesystemen angeboten werden. Vorstellbar wären "aktive" Dokumente, die beispielsweise eine elektronische Mitzeichnungsleiste enthielten, in der die Reihenfolge der Bearbeiter bzw. Bearbeiterinnen eingetragen werden könnte. Diese Dokumente würden nach ihrer Bearbeitung in den entsprechenden Arbeitsplatzablagen automatisch an den richtigen Empfänger weitergeleitet, wobei es jedem berechtigten Benutzer möglich sein müßte, die Mitzeichnungsleiste auch zwischendurch zu ändern. Hier treten vor allem die Probleme der automatischen Registrierung von Eingängen in verschiedenen Ablagen und die Protokollierung von Bearbeitungsfunktionen auf.

In einer weiteren Ausbaustufe könnte die Vorgangsbearbeitung durch *Telekooperationswerkzeuge* (*application sharing, Audio- und Videokomponente*) unterstützt werden, mit denen zwei oder mehrere Bearbeiter zeitgleich ein Dokument betrachten, bearbeiten, annotieren und darüber reden können. Wenn Telekooperationswerkzeuge eingesetzt werden sollen, muß eine leistungsfähige "Transportschicht mit hoher Kapazität für Sprach-, Daten-, Festbild- und Bewegtbildübertragung" hinzukommen [2, S. 87].

Die skizzierten Komponenten und Ausbaustufen einer Vorgangsunterstützungsumgebung sind so voneinander abgegrenzt, daß jede Ausbaustufe als zusätzliche Integration einer weiteren Komponente gedacht werden kann. Insofern kann die Realisierung einer Vorgangsunterstützungsumgebung auch als Komplettierung eines Werkzeugkastens zur Vorgangsunterstützung verstanden werden, dessen Einzelkomponenten nach und nach eingeführt werden, sofern vorher die Schnittstellen zur Integration genau definiert sind.

7 Zusammenfassung

Die Reorganisation der generischen Vorgangsbearbeitung - wie sie in dem fachlichen Referenzmodell und der dazugehörigen Vorgangsunterstützungsumgebung dargestellt worden ist - ist vor allem als Führungs- und Organisationsaufgabe zu begreifen. Durch allgemeine Regelungen für den Geschäftsgang und vor allem während der Bearbeitung eines Vorgangs ist auf die Definition des Geschäftsgangs so einzuwirken, daß die Prinzipien einer effizienten und effektiven Aufgabenerledigung auch in generischen Verwaltungsprozessen verwirklicht werden.

Dabei kann eine Vorgangsunterstützungsumgebung helfen, nicht nur die Dienst- und Bearbeitungswege zu verkürzen, sondern auch die mit der Verkürzung der Vorgangsbearbeitung einhergehenden Informations- und Einflußdefizite - besonders der Leitungsstellen bzw. der Beteiligten im Geschäftsgang - zum Teil wieder auszugleichen bzw. zu kompensieren.

1. Das in Kap. 3 vorgestellte statische Objektklassenmodell wurde in einer Unterarbeitsgruppe der KoopA ADV-Arbeitsgruppe "IT-gestützte Vorgangsbearbeitung" unter Leitung des Autors und Mitwirkung von K.P. Göller (Landesamt für Informationstechnik, Berlin), P. Niebergall (Hessische Zentrale für Datenverarbeitung), Th. Nigbur (Ministerium für Schule und Weiterbildung, Nordrhein-Westfalen), U. Scharfenberger (Ministerium für Schule und Weiterbildung, Nordrhein-Westfalen),

G. Voss (Innenministerium des Landes Schleswig-Holstein) und K.D. Wenzel (Sächsisches Staatsministerium des Innern) entwickelt. Es wurde erstmals auf dem 33. Erfahrungsaustausch ADV Bund-Länder-Kommunaler Bereich am 7./8. März 1996 in Magdeburg vorgestellt und ist Teil eines "Handlungsleitfadens 'IT-gestützte Vorgangsbearbeitung'", der z.Zt. von der o.g. Arbeitsgruppe für den KoopA ADV (Kooperationsausschuß ADV) Bund - Länder - Kommunaler Bereich erarbeitet wird.

Literaturverzeichnis

[1] Bernd Becker: Öffentliche Verwaltung. Lehrbuch für Wissenschaft und Praxis, Percha 1989

[2] Heino Kaack: Öffentliche Verwaltung im Informationsverbund: Der Informationsverbund Berlin-Bonn (IVBB) als Beispiel besonderer Art, in: F. Huber-Wäschle, H. Schauer, P. Widmayer (Hrsg.). GISI 95. Herausforderungen eines globalen Informationsverbundes für die Informatik. 25. GI—Jahrestagung und 13. Schweizer Informatikertag, Zürich, 18.-20. September 1995, Berlin u.a. 1995, S. 84-91

[3] Rainer Grell: Elektronische Bearbeitung schwach strukturierter Vorgänge, in: Office Management (1995) 6, S. 34-38

[4] Gudrun Klee-Kruse/Klaus Lenk: BürgerBüros als innovative kommunale Serviceagenturen. Qualitätssteigerung öffentlicher und kommerzieller Dienste durch multimediale Telekooperation. Heidelberg 1995 (Schriftenreihe Verwaltungsinformatik, Band 12)

[5] Theo Kusemann: Geschäftsordnung und IT-gestützte Vorgangsbearbeitung, in: Online (1996) 2, S. 76-81

[6] Klaus Lenk: "Business Process Re-Engineering": Sind die Ansätze der Privatwirtschaft auf die öffentliche Verwaltung übertragbar?, in: Online (1995) 2, S. 67-75

[7] Klaus Lenk, Roland Traunmüller: The changing roles of information systems in public administration, in: M. Looijen, P., A., H., M. Mantelaers. Organisatie van de informatievoorziening: verschuivende en transparente grenzen. Liber Amicorum aangeboden aan Prof. drs. B.K. Brussaard. Deventer 1995

[8] Angelika Menne-Haritz: Akten, Vorgänge und elektronische Bürosysteme: mit Handreichungen für die Beratung von Behörden. Marburg 1996 (Veröffentlichungen der Archivschule)

[9] Heinrich Reinermann: Anforderungen an die Informationstechnik: Gestaltung aus Sicht der Neuen Verwaltungskonzepte, in: Heinrich Reinermann (Hrsg.): Neubau der Verwaltung. Informationstechnische Realitäten und Visionen, Heidelberg 1995, S. 382—403 (Schriftenreihe Verwaltungsinformatik, Bd. 11)

[10] Heinrich Reinermann: Perspektiven einer Verwaltungsreform mittels Informationstechnik, in: Roland Traunmüller (Hrsg.): Geschäftsprozesse in öffentlichen Verwaltungen. Neugestaltung mit Informationstechnik, Heidelberg 1995, S. 125—139 (Schriftenreihe Verwaltungsinformatik, Bd. 13)

[11] James Rumbaugh, Michael Blaha, William Premerlani, Frederick Eddy, William Lorensen: Object-Oriented Modeling and Design. Englewood Cliffs 1991.

[12] August-Wilhelm Scheer: Wirtschaftsinformatik. Referenzmodelle für industrielle Geschäftsprozesse. 5., durchgesehene Aufl., Berlin et al. 1994

[13] A.-W. Scheer/V. Zimmermann: Gestaltung von Verwaltungsprozessen, in: KoopA ADV. 33. Erfahrungsaustausch ADV Bund-Länder-Kommunaler Bereich am 7./8. März 1996 in Magdeburg. Tagungsmappe.

Controlling in öffentlichen Verwaltungen

Prof. Dr. Dietrich Budäus
Hochschule für Wirtschaft und Politik, Hamburg

Gliederung

17. Saarbrücker Arbeitstagung Rechnungswesen und EDV 1996. Hrsg.: A.-W. Scheer.

1 Problemstellung und Gang der Untersuchung

Die Modernisierung des öffentlichen Sektors ist in den letzten zehn Jahren in der Bundesrepublik Deutschland nicht nur durch Begriffe wie "New Public Management" [22], "Public Management" [1], "Reinventing Government" [24] oder "Neues Steuerungsmodell" [25]- um nur einige wenige Beispiele zu nennen - geprägt, sondern ganz konkret auch durch die Empfehlung und Einführung von Managementinstrumenten. Dabei spielt Controlling sowohl in der Literatur als auch in der Verwaltungspraxis - vor allem auf kommunaler Ebene [16] - eine ganz entscheidende Rolle. Es handelt sich hierbei offensichtlich nicht nur um einen Begriff, mit dem alte Probleme neu angegangen werden (sollen), sondern, so die Ausgangsthese, um ein zentrales Element in der nationalen und internationalen Entwicklung und Durchsetzung von Verwaltungsreform.

Vor diesem Hintergrund wird - unter Beschränkung auf die kommunale Ebene - im folgenden Controlling zunächst in das New Public Management (NPM) eingeordnet und inhaltlich gekennzeichnet. Dabei geht es vor allem um die Verknüpfung von internen und externen Reformelementen des NPM. Unter Rückgriff auf die internationale Diskussion wird dann das sogenannte 3-E-Konzept mit den Ebenen Effektivität, Effizienz und Kostenwirtschaftlichkeit skizziert und dessen inhaltliche und informationsmäßige Ausgestaltung als Gegenstand eines Verwaltungscontrolling verdeutlicht. Dieser konzeptionelle Bezugsrahmen ermöglicht eine Charakterisierung der aktuellen Reformschwerpunkte sowie einer notwendigen Erweiterung durch die Einbeziehung der Effektivitäts-, aber auch Prozeßebene.

2 Controlling als Element eines New Public Management

2.1 Zum Verständnis von New Public Management und Public Management

Die nationale und internationale Diskussion, aber auch die praktischen Bemühungen um eine Rekonstruktion und Rückgewinnung von Handlungsspielräumen von Staat und Verwaltung sind geprägt durch die Begriffe "New Public Management" (NPM) [1,3,21,23] und "Public Management" (PM) [1,24]. Diese beiden Begriffe stehen für einen grundlegenden Wandel öffentlicher Verwaltungen und ihrer Aufgaben [4,12,21,29]. Ging es im klassischen idealtypischen Bürokratiemodell von Max Weber - und damit beim klassischen Paradigma von Verwaltungshandeln - um die effiziente über Recht gesteuerte Ausübung legaler Herrschaft, so geht es beim NPM und PM generell um eine neue auch ökonomisch definierte Rolle von Staat und Verwaltung [1,21,22,26]. Damit steht nicht mehr (wie in früheren Reformdiskussionen) eine Verbesserung und Anpassung des Bürokratiemodells im Vordergrund, sondern faktisch die Überwindung dessen Dominanz für Verwaltungshandeln. Dies bedeutet, daß neben die Steuerung durch Recht und Politik ergänzend die Steuerung durch Ökonomie tritt - in öffentlichen Verwaltungen sollen Knappheitsprobleme systematisch transparent und damit einer möglichen Berücksichtigung erschlossen werden [3].

NPM kann - vereinfachend - in zwei Bereiche unterteilt werden [3,22]. Zum einen handelt es sich um die Veränderung externer Bedingungen und Daten von Verwaltungshandeln, zum anderen um die Binnenmodernisierung öffentlicher Verwaltungen. Die Änderung externer Rahmenbedingungen bezieht sich unter Rückgriff auf Ansätze der Public - Choice - Theorie auf die Entwicklung von Konzepten zur Institutionalisierung von Wettbewerb oder Wettbewerbssurrogaten zwischen öffentlichen Verwaltungen sowie zwischen öffentlichen Verwaltungen und privaten Unternehmen. Wettbewerbssurrogate bzw. Wettbewerbsäquivalente finden sich beispielsweise in ersten Ansätzen eines Benchmarking durch internationale und nationale Vergleiche, etwa auf kommunaler Ebene (best practice). Daneben ist in die externe Modernisierung auch die bisher inhaltlich und organisatorisch noch sehr wenig ausgeprägte Bürgerorientierung einzubeziehen.

Die Binnenmodernisierung bezieht sich unter Rückgriff auf Ansätze und Erkenntnisse der Managementlehre auf die Umgestaltung der internen Strukturen, Verfahren und personellen Qualifikationen sowie Handlungsorientierungen in öffentlichen Verwaltungen [1,24]. Referenzmodell ist dabei das privatwirtschaftliche Unternehmen, ein Sachverhalt, der in Begriffen wie "Unternehmen Stadt", "Konzern Stadt" u.ä.m. zum Ausdruck kommt [zur Kritik: 10,14,18,19].

Mit dieser Terminologie werden Städte nun keineswegs zu privatwirtschaftlichen, gewinnorientierten Einrichtungen, auch nicht im normativen Sinne. Vielmehr soll sie Ausdruck sein für eine Neuorientierung öffentlicher Verwaltungen in Richtung auf Flexibilität und Innovation, Transparenz und eines Wandels von der Binnenorientierung hin zu einer Leistungs- und Bürgerorientierung. "Unternehmen Stadt" steht als Symbol für eine derartige neue Entwicklungsphase öffentlicher Verwaltungen.

In der Bundesrepublik Deutschland konzentriert sich diese Entwicklung bisher schwerpunktmäßig auf die kommunale Ebene unter dem Begriff "Neues Steuerungsmodell" [25]. Die Änderung der Organisationsstrukturen modernisierter Verwaltungen bedarf einer Modernisierung der Verfahren/Instrumente sowie einer entsprechenden Qualifikation und Motivation im Personalbereich. Überlagert ist die Modernisierung von Strukturen, Verfahren und Personen durch eine grundlegende Änderung der Verwaltungskultur, die etwa in der normativen Forderung nach einem Dienstleistungsmanagement zum Ausdruck kommt [1]. Geänderte Verwaltungsstrukturen, Verfahren und Personen als Teil der Managementorientierung im Rahmen des NPM schlagen sich dann auch konkret in den einzelnen Merkmalen des sogenannten Neuen Steuerungsmodells nieder, die sich teilweise in der Umsetzung befinden, teilweise im Rahmen der aktuellen Diskussion als Forderungen normativ in die derzeitige Entwicklung eingebracht werden [25]:

- Dezentralisierung,
- Kongruenz von Ressourcen- und Fachkompetenz,
- globale Budgetierungskonzepte,
- Kosten- und Leistungsrechnungen,
- Controlling,
- Personalentwicklung,
- Kontraktmanagement und
- Kunden-/Bürgerorientierung.

Es geht somit beim NPM um eine grundlegende Änderung der Rahmenbedingungen des Handelns von Staat und Verwaltung zum einen und um die Einführung eines Public Management als Änderung der verwaltungsinternen Steuerungsinstrumente und diesen Instrumenten zugrunde liegenden Handlungsorientierungen zum andern.

Zwischen der Schaffung von Wettbewerbsbedingungen bzw. Wettbewerbsäquivalenten und der internen Managementorientierung besteht ein unmittelbarer, wechselseitiger Zusammenhang. Die Schaffung oder Aufrechterhaltung leistungsfähiger Verwaltungseinheiten unter Wettbewerbsbedingungen bzw. bei Institutionalisierung von Wettbewerbsäquivalenten erfordert eine systematische Umsetzung der Erkenntnisse der Managementlehre bezogen auf die internen Verfahren, Instrumente, Strukturen und Personen. Umgekehrt wird Managementorientierung nur dann zu den notwendigen Anpassungsprozessen und Leistungssteigerungen führen, wenn auch eine wettbewerbsadäquate positive bzw. negative Sanktionierung von Verwaltungshandeln gewährleistet ist. So bleibt - um nur ein Beispiel anzuführen - die Einführung einer Kostenrechnung in öffentlichen Verwaltungen dann ohne Wirkung, wenn keine systematischen zwischenbetrieblichen Kostenvergleiche durchgeführt werden und eine kostengünstigere Bereitstellung öffentlicher Leistungen im Vergleich zu kostenungünstigeren entsprechend positiv sanktioniert wird und umgekehrt. Die Einführung von Wettbewerbsäquivalenten, etwa in Form eines Benchmarking durch interkommunale Vergleiche, wiederum setzt systematische Verfahren zur Erfassung und Dokumentation von Vergleichsgrößen voraus.

NPM mit der geänderten externen Konzeption und der internen PM-Konzeption zielt ab auf die Verbesserung von Effektivität, Effizienz und Kostenwirtschaftlichkeit [3,6,7]. Die Ausrichtung auf diese drei Formalziele macht deutlich, daß es beim NPM gerade nicht um eine entpolitisierte nur ökonomisch bzw. rein betriebswirtschaftlich verstandene Modernisierung öffentlicher Verwaltungen geht und gehen kann. Vielmehr handelt es sich, wie im folgenden noch zu zeigen sein wird, auf der Grundlage der Orientierung an Effektivität, Effizienz und Kostenwirtschaftlichkeit um ein integriertes Managementkonzept, bei dem das Controlling eine ganz entscheidende Rolle spielt.

2.2 Die allgemeine Funktion des Controlling im Rahmen eines New Public Management

Im Rahmen des NPM ist Controlling Teil der Managementorientierung und hier wiederum Teil innovativer Verfahren und Instrumente in öffentlichen Verwaltungen. Es steuert und unterstützt den Managementprozeß generell durch Bereitstellung, Verdichtung und Auswertung von Informationen. Das Controlling entwickelt das Informationssystem (systembildende Funktion) und nutzt dieses zur unterstützenden Steuerung des Managementprozesses (systemsteuernde Funktion) [15,30]. Für das Controlling steht dabei die Erfassung, Dokumentation, Analyse und Steuerung von Kosten und Leistungen sowie Maßnahmen (Produkte) und Ziele im Mittelpunkt. Diese Funktion und dessen produktive Wahrnehmung kommt in der Art und Struktur des Informationssystems und des Berichtswesens zum Ausdruck.

Die allgemeine Beschreibung von Controlling für öffentliche Verwaltungen erfordert nun aber eine weitergehende, konzeptionelle und inhaltliche Kennzeichnung. Dabei wird in der aktuellen Reformentwicklung die notwendige Wahrnehmung der Koordinationsfunktion durch das Controlling unabdingbar. Bei einer dezentralen Grundstruktur und globaler Budgetierung bedarf es einer Substitution der bisherigen administrativen Koordination. Die klassische (Negativ-) Koordination durch hierarchische Organisationsstrukturen sowie durch einen nach Titeln, Kapiteln und Einzelplänen gegliederten verbindlichen Haushaltsplan entfällt mit dem Abbau von Hierarchie und detaillierter Haushaltsplanung im Rahmen eines NPM. Zwangsläufig kommt es zu einem Koordinationsvakuum, das durch neue Konzepte - hier das Controlling - ausgefüllt werden muß. Somit soll Controlling - idealtypisch - durch die Anwendung spezifischer Informationssysteme sowie durch Informationsverdichtung ein in sich konsistentes Leistungsprogramm und ein auf dieses Leistungsprogramm ausgerichtetes Budget bei dezentraler Grundstruktur gewährleisten. Dies beinhaltet die in der neueren Literatur dem Controlling zugewiesene Funktion, über Informationen die im Managementprozeß wahrzunehmende Führungsfunktionen Planung, Organisation, Personal und Kontrolle zu koordinieren. Die klassische inputorientierte Negativkoordination von Verwaltungshandeln durch Hierarchie und Haushaltspläne wird ersetzt durch ein integratives, zielorientiertes Steuerungs- und Koordinationskonzept in Form des Controlling.

3 Das 3 E-Konzept als Bezugsrahmen für die inhaltliche Ausgestaltung eines Controlling in öffentlichen Verwaltungen

Die skizzierte Koordinations- und Informationsfunktion des Controlling schlägt sich in der bisherigen Diskussion in einer Vielzahl teilweise sehr heterogener Controllingbegriffe und Controllingansätze in öffentlichen Verwaltung nieder. Diese Begriffe und

Ansätze sind umfangreich in der Literatur dokumentiert und sollen hier nicht im einzelnen referiert werden [vgl. 9, speziell für den öffentlichen Sektor 2,8,20,27,28]. Erwähnt sei gleichwohl, daß nach wie vor vieles mit dem Etikett Controlling versehen wird, das im Vergleich zu älteren Veröffentlichungen kaum etwas neues in sich birgt. Begriffe wie Projektcontrolling, Investitionscontrolling, Baucontrolling, Kostencontrolling, Finanzcontrolling, Aufgabencontrolling, Beteiligungscontrolling sowie Personalcontrolling, um nur einige Beispiele zu nennen, stehen eher für die Notwendigkeit, sich mit dem Controlling auseinanderzusetzen als für ein integratives Steuerungskonzept. Positiv gewendet ist diese neue Begrifflichkeit gleichwohl Ausdruck für die Erkenntnis von Änderungsnotwendigkeiten und auch für das Bemühen um Anpassungsmaßnahmen. Neue Begriffe können durchaus erste notwendige, wenn auch keineswegs hinreichende Schritte zur Einleitung von Innovationen sein. Um dabei nicht in eine Reformrhetorik zu verfallen, bedarf es dann aber auch konkreter Umsetzungsmaßnahmen und deren Einordnung in Gesamtzusammenhänge.

Das Wissen und auch der wissenschaftliche Erkenntnisstand sind heute faktisch ausreichend vorhanden. Es gilt von daher primär, sich mit den Fragen einer Umsetzung im Rahmen eines Gesamtkonzeptes zu beschäftigen. Nicht der Mangel an Informationen erscheint das Problem [20]. Es gibt nämlich so gut wie nichts, was nicht irgendwo in einer Verwaltung bekannt ist. Sehr häufig ist es aber so, daß diese Informationen auf bestimmte Personen oder Organisationseinheiten bewußt oder unbewußt begrenzt und damit nicht allgemein und systematisch verfügbar sind. Hier sei an das Problem der Datenfriedhöfe erinnert, die sich trotz oder gerade wegen der verfügbaren Informationstechnologien eher zu vergrößern scheinen, denn funktional genutzt und in ein Gesamtsystem integriert werden. Nirgends wird in Verwaltungen an unterschiedlichen Stellen das verfügbare Wissen zusammengebracht und koordiniert mit der Folge, daß weder ein Gesamtüberblick noch entsprechende Transparenz besteht. Entscheidend ist somit die sukzessive Realisierung von Integrationskonzepten und die entsprechende Anpassung und Strukturierung des Informations-, aber auch des Entscheidungssystems. Als ein derartiger konzeptioneller Bezugsrahmen, der die notwendige Integration von operativer Verwaltungstätigkeit und politischen Programmen und Zielen zum Gegenstand hat, bietet sich das sogenannte 3 E-Konzept mit den Größen Effektivität (Effectiveness), Effizienz (Efficiency) und Kostenwirtschaftlichkeit (Economy) (vgl. Abb. 1) [1,3,5,6,7] an.

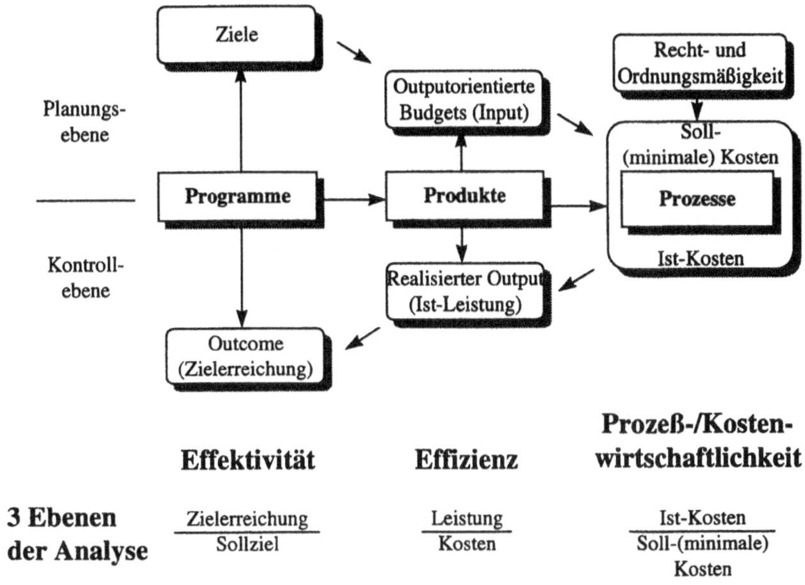

Abb. 1: Effektivität, Effizienz, und Prozeß-/Kostenwirtschaftlichkeit im Modernisierungsprozeß

Controlling steuert und integriert Verwaltungshandeln in dezentralen Verantwortungszentren auf drei unterschiedlichen Ebenen:

1. Auf der Ebene der Effektivität durch das System des Kontraktmanagements als Abstimmung zwischen Verwaltung und Politik.
2. Auf der Ebene der Effizienz, wo Produkte/Leistungen/Maßnahmen zur Zielerreichung und die hierfür erforderlichen Ressourcen festgelegt und operabel formuliert werden.
3. Auf der Ebene der Kostenwirtschaftlichkeit, wo es um die konkrete Ausgestaltung des Leistungsprozesses und damit um die direkte Steuerung des Ressourcenverbrauchs geht.

Controlling öffentlicher Verwaltungen erfordert somit die inhaltliche und organisatorische Ausgestaltung eines Informationssystems, das die drei Größen Effektivität, Effizienz und Kostenwirtschaftlichkeit erfaßt, abbildet, steuert und kontrolliert.

Effektivität ist das Verhältnis geplanter Ziele (Outcome) zu dem Zielerreichungsgrad. Die Messung von Effektivität erfordert die Festlegung von Meßgrößen, in denen der Zielerreichungsgrad erfaßt werden soll. Bei der Ermittlung der Effektivität handelt es sich in der Regel um sehr schlecht strukturierte Probleme, die durch eine sukzessive Entwicklung von Meßindikatoren sowie Situationsdefinitionen im Rahmen von Lernprozessen strukturiert werden müssen.

Bei der Effizienz handelt es sich um das Verhältnis von Produkten/Leistungen /Maßnahmen zu den hierfür erforderlichen Ressourcen. Die Bewertungssituation ist im Vergleich zur Effektivität besser strukturiert. In zahlreichen Fällen können die Produkte/Leistungen quantitativ und möglicherweise auch qualitativ abgegrenzt werden. Gewisse Probleme resultieren daraus, den tatsächlichen Ressourcenverbrauch in Form von Kosten den Produkten zuzuordnen. Weitere Probleme ergeben sich aus den notwendigen Qualitätsdefinitionen und -standards für Produkte.

Vergleichsweise gut strukturiert ist der konkrete Realisationsprozeß. Hier sind im Idealfall die Produkte und ihre qualitativen Standards als Datum vorgegeben und es geht "lediglich" darum, das Minimumprinzip des ökonomischen Prinzips umzusetzen (eine vorgegebene Leistung mit möglichst geringem Ressourceneinsatz zu erzielen). Von daher kann hier tendenziell von einer gut strukturierten Situation gesprochen werden. Es geht um die kostenminimale Durchführung von Realisationsprozessen. Das Problem besteht primär in der Ermittlung eines Vergleichsmaßstabes, also den Sollkosten, um Aussagen darüber zu machen, inwieweit der Realisationsprozeß wirtschaftlich vollzogen worden ist.

Die Effektivitätsebene tangiert unmittelbar die Zuständigkeit von Politik für Zielvorgaben und Programme. Politischer Erfolg kommt in der Relation von geplanten Zielen und dem realisierten Outcome (Zielerreichungsgrad) zum Ausdruck. Erforderlich ist bei der Zielplanung für die Effektivitätsmessung im Grunde genommen nicht nur die Festlegung von Zielgrößen, sondern auch die der Meßindikatoren für die Erfassung des Zielerreichungsgrades. Die Zuständigkeit für die Bereitstellung von Leistungen/Produkten i.S. von Maßnahmen zur Zielerreichung liegt eindeutig bei den einzelnen Verwaltungseinheiten. Die Schnittstelle zwischen Politik und Verwaltung konzentriert sich auf die Ebene der Effizienz, und hierbei vor allem auf die Festlegung von Produkten. Es handelt sich hier insoweit um eine Schnittstelle, da in der Regel keine eindeutige Transformationsfunktion i.S. der Abbildung der Zielwirkung einzelner Produkte besteht. Kostenwirtschaftlichkeit und teilweise auch Effizienz beziehen sich auf die operative Ebene und damit auf eine Form des operativen Controlling. Effektivität und wiederum Teilaspekte der Effizienz hingegen beziehen sich auf den strategischen Bereich und damit auf das strategische oder auch das politische Controlling.

Controlling erfordert ein Informationssystem, das Ziele einschließlich deren Meßindikatoren, Produkte, Kosten der Produkterstellung, realisierte Produkte und realisierte Zielerreichungsgrade dokumentiert und Abweichungsanalysen ermöglicht. Dies bedeutet zunächst einmal eine größere Transparenz durch eine systematische Rechenschaftslegung über das Verwaltungshandeln nach innen gegenüber internen Entscheidungsträgern und gegenüber anderen Verwaltungseinheiten, aber auch nach außen. Daneben bedeutet es aber auch die weitaus schwieriger umzusetzende Abgrenzung und gleichzeitige Integration von Politik und Verwaltung.

4 Aktuelle Entwicklungsperspektiven und Problemfelder des Controlling

Nun hat sich im Rahmen der Diskussion um ein Public Management in der Bundesrepublik Deutschland inzwischen durchaus auch auf dem Informationssektor und dem Controlling eine Änderung und positive Entwicklung vollzogen [8,16, zur kritischen Einschätzung 20]. So ist kaum eine Kommune mehr anzutreffen, die sich nicht in irgendeiner Form mit Controlling beschäftigt und Controlling in der Verwaltung - welcher Art auch immer - eingeführt hat. [z.B. die einzelnen Beiträge in 13] Besonders hervorzuheben sind dabei erste Ansätze, die konkret Ziele vorgeben und/oder bemüht sind, Produkte und deren Kosten zu erfassen und zu dokumentieren. Beispielsweise hat die Stadt Offenbach im Rahmen ihrer Stadtentwicklungsziele festgelegt bis 1996 10.000 Arbeitsplätze überwiegend im gehobenen Dienstleistungsbereich innerhalb der Stadt anzusiedeln. Der Zielerreichungsgrad soll im jährlich erscheinenden Haushaltssanierungskonzept und zusätzlich auch im unterjährigen zentralen Berichtswesen dokumentiert werden. Weiterhin wird als Ziel vorgegeben, für die Stadt zu einer ausgewogeneren Bevölkerungsstruktur zu kommen. Im Rahmen des strategischen Controlling wird versucht, die Änderung der Bevölkerungsstruktur anhand von Alterstruktur, Zuzug, Wegzug, Nationalitäten, Arbeitslosigkeit etc. zu dokumentieren. Offensichtlich handelt es sich hier um erste Ansätze der Effektivitätserfassung und Dokumentation.

Gleichwohl konzentriert sich der Schwerpunkt des Controlling zur Zeit auf die Ebene der Effizienz. Hier herrschen Bestrebungen vor, durch Produktdefinitionen und den diesen Produkten zugeordneten Kosten zunächst einmal Transparenz über die Effizienz zu schaffen und mögliche Änderungsmaßnahmen einzuleiten. Dies gilt nicht nur für klassische Betriebseinheiten wie Schwimmbäder u.a.m., sondern inzwischen auch für Leistungen und Produkte aus dem Bereich der Kernverwaltung (vgl. hierzu Abb. 2) bis hin zu Hoheitsverwaltung (vgl. Abb. 3).

Beispiele	Kostenträger	Menge	Einheit	Einzelkosten inkl. Gemeinkosten (DM)	Einzelerlöse (DM)	Einzelzuschuß (DM)
Amt 34 (Standesamt)	Eheschließung	754	Eheschließung/Aufgebote	516	80	436
	Familienbuch-Antrag	80	Anträge	1.082	—	1.082
	Geburt	1.557	Geburten	153	10	142
	Sterbefall	1.640	Sterbefälle	178	21	157
	Stammbuchverkauf	700	Stammbücher	37	23	14
Amt 43 (Volkshochschule)	Einzelveranstaltungen	138	Veranstaltungen	209	29	180
	Ausstellungen	1	Ausstellung	5.780	—	5.780
	Kursangebote	780	Kurse	4.365	1.916	2.449
			Nutzer (7.009)	486	213	273
Amt 12 (Amt für Stadtentwicklung)	Fachplanungen	15	Projekte	22.243	83	22.160
	Meldeangelegenheiten	90.957	Vorgänge	11	1	10
	Ausweispapiere	18.851	Ausweise	53	15	38
	Lohnsteuerkarten	130.100	Lohnsteuerkarten	3	0	3
	Auskünfte	64.959	Auskünfte	6	2	4
Amt 61 (Stadtplanungsamt)	Bauberatung	1.179	Bauanträge	171	—	171
	Untere Denkmalpflege	162	Kulturdenkmale	936	—	936
	Stadträtliche Gremien	49	Stellungnahmen	6.188	—	6.188

Abb. 2: Beispiel für Kostentransparenz [13]

Output-Kennzahlen	Ist		Veränderung	
Darstellung der Einzelbereiche (DM)	**1993**	**1992**	**DM**	**%**
1. Ruhender Verkehr				
1.1 Kosten gesamt	4.724.814	4.625.539	99.275	2,15
1.2 Erlöse gesamt	4.449.975	4.875.468	- 425.493	- 8,73
1.3 Durchschnittliche Kosten je Verwarnung/Anzeige	25,12	22,48		
1.4 Durchschnittliche Erlöse je Verwarnung/Anzeige	23,65	23,69		
1.5 Über-/Unterdeckung	- 274.839	249.929		
1.6 Kostendeckungsgrad (%)	**94,18**	**105,40**		
2. Geschwindigkeitskontrolle				
2.1 Kosten gesamt	1.460.098	1.178.832	281.266	23,86
2.2 Erlöse gesamt	1.968.995	1.301.290	667.705	51,31
2.3 Durchschnittliche Kosten je Verwarnung/Anzeige	31,23	31,39		
2.4 Durchschnittliche Erlöse je Verwarnung/Anzeige	42,11	34,65		
2.5 Überdeckung	508.897	122.458		
2.6 Kostendeckungsgrad (%)	**134,85**	**110,39**		
3. Rotlichtkontrolle				
3.1 Kosten gesamt	436.693	448.695	- 12.002	- 2,67
3.2 Erlöse gesamt	406.280	776.064	- 369.784	- 47,65
3.3 Durchschnittliche Kosten je Verwarnung/Anzeige	81,50	74,58		
3.4 Durchschnittliche Erlöse je Verwarnung/Anzeige	75,83	129,00		
3.5 Über-/Unterdeckung	- 30.413	327.369		
3.6 Kostendeckungsgrad (%)	**93,04**	**172,96**		
4. Allgemeine Ordnungswidrigkeiten				
4.1 Kosten gesamt	485.729	402.862	82.867	20,57
4.2 Erlöse gesamt	171.670	159.984	11.686	7,30
4.3 Durchschnittliche Kosten je Verwarnung/Anzeige	338,49	356,52		
4.4 Durchschnittliche Erlöse je Verwarnung/Anzeige	119,63	141,58		
4.5 Unterdeckung	- 314.059	- 242.878		
4.6 Kostendeckungsgrad (%)	**35,34**	**39,71**		

Erläuterungen:
Im Bereich ruhender Verkehr, dessen Kostendeckungsgrad auf 94 % zurückgegangen ist, war 1993 ein Außendienstmitarbeiter weniger tätig. Aus diesem Grund und teilweise wegen des Einsatzes zu Sonderüberwachungsmaßnahmen wurden rund 17.500 Verwarnungen weniger erteilt.

Abb. 3: Beispiel für Kostentransparenz [13]

Auffallend ist in der deutschen Entwicklung allerdings, daß die aktuelle Diskussion sich weitgehend auf die flächendeckende Erarbeitung und Definition von Produkten und Produktkatalogen konzentriert [17]. Demgegenüber ist die Entwicklung einer flächendeckender Kostenrechnung zumindest nicht in gleichem Maße fortgeschritten. Produkt bzw. Leistungs- und Kostenerfassung stellen jedoch notwendigerweise eine

Einheit dar, um die erwähnten interkommunalen Vergleiche durchführen zu können. Als ein Problem fällt dabei auf, daß Produkte und Produktkataloge tendenziell auf der Grundlage vorhandener Organisationsstrukturen und der hiervon geprägten Realisationsprozesse entwickelt werden. Dieser Sachverhalt birgt die Gefahr in sich, auf der Grundlage vorhandener Organisationsstrukturen, personeller Ressourcen und praktizierter Abläufe durch die Definition von Produkten und Leistungen den vorhandenen Ist-Zustand zu legitimieren und für die Zukunft fortzuschreiben. Vernachlässigt wird bei diesem Vorgehen der Zusammenhang von Produkten und deren Kosten einerseits und Organisationsstruktur und -abläufen andererseits. So ist es durchaus denkbar, daß bestimmte Produkte erst als Folge vorhandener Kapazitäten, vorhandenen Personals etc. auftauchen.

Es kann nicht darum gehen, vorhandene Produkte und Leistungen aufgrund vorhandener Strukturen und Abläufe zu legitimieren. Vielmehr steht die Notwendigkeit im Vordergrund, Produkte aus übergeordneten Zielen, politischen Programmen und/oder Rechtsnormen abzuleiten und - sofern die Produkte notwendig sind - kostengünstige Strukturen und Prozesse für deren Realisation zu entwickeln. Nur so läßt sich das Problem von Effektivität, Effizienz und Kostenwirtschaftlichkeit integrativ handhaben.

Weiterhin wird bisher vernachlässigt, daß die Kosten von Produkten nur "indirekt" durch das Produkt selbst, "direkt" aber durch den Prozeß als Gesamtheit aller für das Produkt notwendigen Aktivitäten (und Materialien) verursacht werden (vgl. hierzu Abb. 4).

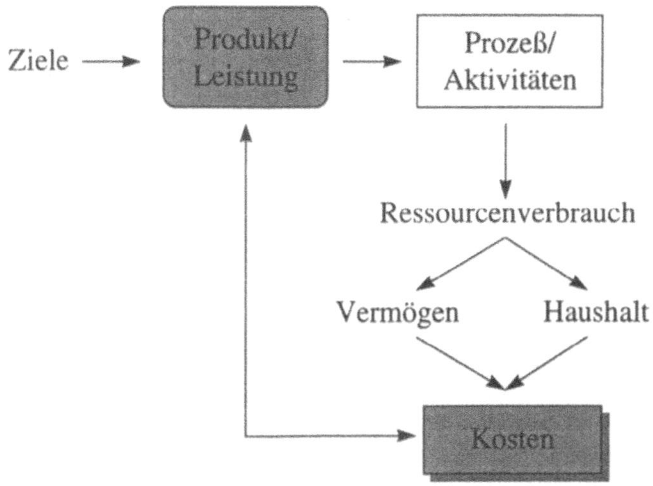

Abb. 4: Produkt, Prozeß und Kosten

Die Erfassung und Analyse der internen Prozesse ist für die verursachungsgerechte Zuordnung der Kosten und ihre Steuerung, aber häufig auch für die Beeinflussung der Qualität von Produkten unabdingbar. Produkt und Prozeßorientierung sind somit keine alternativen Ansätze, sondern bedingen einander. Produkte als Ergebnis des Verwaltungshandelns erfordern ein Bündel von Aktivitäten/Einzelleistungen. Die Ausgestaltung dieser Wertschöpfungsprozesse bestimmt Art und Umfang des Ressourcenverbrauchs. Die Ermittlung der Produktkosten ist von daher nicht ohne die Analyse der zu dem Produkt führenden Prozesse möglich. Dieser Sachverhalt wird bekannterweise zunehmend durch Ansätze eines Prozeß- bzw. Workflowmanagements Rechnung getragen. Dabei ist eine klare Produktdefinition (Quantität und Qualität) Voraussetzung für eine kostengünstige Prozeßsteuerung.

Der Verzicht auf die Einbeziehung der Prozeßebene und damit der Kostenwirtschaftlichkeit, d.h. eine Beschränkung auf die Effizienzebene, birgt für Verwaltungen eine besondere Gefahr in sich. Im Sinne eines statischen Konzepts werden Kosten und Leistungen/Produkte ermittelt, ohne den Zugang zu günstigeren Kostensituationen zu erschließen. Dies wiederum führt zu einer Stabilisierung des Status quo, verbunden mit einer Tendenz der Privatisierung. Nicht der Verzicht auf Produktdefinition und entsprechender Kostenerfassung wird diesem Aspekt gerecht (Wegner Wissenschaftszentrum), sondern die Einbeziehung der Prozeßanalyse.

Neben der bisherigen Vernachlässigung der Prozeßebene findet auch die Effektivitätsebene kaum eine systematische Berücksichtigung in der derzeitgen Diskussion, geschweige denn in praktischen Gestaltungsempfehlungen. Dies bedeutet, daß Politik konzeptionell nicht in den derzeitigen Umstrukturierungsprozeß des öffentlichen Sektors eingebunden ist, wenngleich dieser Sachverhalt immer wieder gefordert wird. Hier scheint der größte praktische Bedarf an einer inhaltlichen Ausgestaltung eines politischen bzw. strategischen Controlling zu liegen.

5 Schlußfolgerungen

Controlling ist als wesentliches Element im Rahmen des New Public Management zur Rekonstruktion und Wiedergewinnung von Handlungsmöglichkeiten von Staat und Verwaltung zu begreifen. Es besitzt in dem derzeitigen Modernisierungsprozeß einen hohen Stellenwert [3]. Dabei fällt allerdings auf, daß eine konzeptionelle Verknüpfung zwischen den im 3-E-Konzept aufgezeigten Ebenen in der deutschen Diskussion und Entwicklung bisher so gut wie nicht besteht. Die inhaltliche Ausgestaltung des Controlling konzentriert sich schwerpunktmäßig auf die 2. Ebene des 3-E-Konzepts und damit auf Bestrebungen zur Planung und Erfassung von Kosten und Leistungen in Form von Produkten.

Auffallend sind die Bemühungen, mit Hilfe des Controlling die Mittelrationalisierung in öffentlichen Verwaltungen zu perfektionieren, während die Politikorientierung und damit die Effektivität sich zunehmend konfuser darstellt. Dies bedeutet konkret, daß nicht das Regieren, sondern das (fraktale) Verwalten immer mehr in den Vordergrund tritt. Anders formuliert: Die Reform in der Bundesrepublik Deutschland beinhaltet die

Tendenz zur Substitution von Politik durch Verwaltung. Notwendig ist hingegen, durch die Einführung eines leistungsstarken, auf dem 3-E-Konzept basierenden integrativen Verwaltungscontrolling Politik durch Verwaltung zu entlasten, um mehr Freiräume für die eigentliche politisch-strategische Aufgabe zu schaffen.

Zwar wird durch Produktkataloge und produktorientierte Haushalte und entsprechender Kostenzurechnungen mit Hilfe eines Controlling ein grundlegender Modernisierungsschritt getan. Allerdings bedarf es weiterer Schritte in Form der erwähnten notwendigen Einbeziehung auch der Effektivitätsebene. Zudem besteht die Gefahr, daß versucht wird, über die Anzahl von Produkten die Wichtigkeit der einzelnen Verwaltungseinheit im Gesamtzusammenhang zu dokumentieren. Dies wiederum verbunden mit der Formalisierung von Produktdefinitionen ist aber bereits der erste Schritt in eine neue Produkt- bzw. Reformbürokratie.

Ein weiteres, bereits angedeutetes Problem liegt darin, daß Controlling in der derzeitigen Finanzkrise zunehmend in Verbindung mit der Globalbudgetierung als Instrument zur Haushaltskonsolidierung angesehen wird. Es fehlt bisher an der Thematisierung des mittelfristigen Zusammenhangs zwischen Verwaltungsreform, Haushaltskonsolidierung und Controlling. Die kurzfristige Instrumentalisierung aller innovativen Verfahren und Strukturen ausschließlich zur Bewältigung der Haushaltskrise stellt mittelfristig die notwendige Modernisierung von Verwaltungen einschließlich einer konzeptionellen Anwendung von Controlling in Frage.

Abschließend bleibt festzuhalten, daß mit Hilfe des dargelegten 3-E-Konzepts als Basis eines Verwaltungscontrolling zunächst einmal die Diskussions- und Analyseprozesse klarer strukturiert und systematisiert werden können. Zudem lassen sich auf dieser Grundlage die in der Bundesrepublik Deutschland bereits praktizierten Reformansätze weiterentwickeln und in einer neuen Reformphase die Effektivitätsebene, aber auch die Prozeßebene stärker integrieren. Schließlich sind bei Orientierung an diesem Konzept übliche Fehlentwicklungen durch eine einseitige Orientierung auf die Effizienzebene zu vermeiden.

Literaturverzeichnis

[1] Budäus, D., Public Management. Konzepte und Verfahren zur Modernisierung öffentlicher Verwaltungen, 3. Aufl., Berlin 1995.

[2] Budäus, D., Controlling in der öffentlichen Verwaltung, in: Archiv für Kommunalwissenschaften, 32. Jg. (1993), I. Halbjahresband, S. 134-162.

[3] Budäus, D./Buchholtz, K., A Comparative Investigation into Managerial Accounting Systems of Local Government, in: Lüder, K. (ed.), Recent Developments in Comparative International Governmental Accounting Research, Speyerer Forschungsberichte 159, S. 95-128.

[4] Budäus, D./Engelhardt, G. (Hrsg.), Großstädtische Aufgabenerfüllung im Wandel, Baden-Baden 1996.

[5] Buschor, E./Schedler, K. (eds.), Perspectives on Performance Measurement and Public Sector Accounting, Bern/Stuttgart/Wien 1994.

[6] Carter N./Klein, R./Day, P., How Organisations Measurement Success: The Use of Performance Indicators in Government, London/New York 1992.

[7] Care, M./Kogan, M./Smith, R. (eds.), Output and Performance Measurement in Government: The State of the Art, London 1990.

[8] Eichhorn, P., Verwaltungscontrolling, in: Horvárth, P./Reichmann, T. (Hrsg.), Vahlens Großes Controllinglexikon, München 1993, S. 125 f.

[9] Eschenbach, R. (Hrsg.), Controlling, Stuttgart 1995.

[10] Grunow, D., Auf dem Wege zur "neuen Fehlsteuerung"? Bürgernähe in der Sozialverwaltung, in: Mercher, J./Schwapper, C. (Hrsg.), Münster 1996, S. 32 ff.

[11] Horváth, P., Controlling, 5. Aufl., München 1994.

[12] Jann, W., Moderner Staat und effiziente Verwaltung. Zur Reform des öffentlichen Sektors in Deutschland. Gutachten erstattet für die Friedrich-Ebert-Stiftung, Bonn 1994.

[13] Hill, H./Klages, H. (Hrsg.), Controlling im Neuen Steuerungsmodell, Stuttgart u.a. 1996.

[14] König, K., Zur Kritik eines neuen öffentlichen Managements, Speyerer Forschungsberichte 155, Speyer 1996.

[15] Küpper, H.-U., Controlling, Stuttgart 1995.

[16] KGSt-Bericht Nr. 15/1994, Köln 1994.

[17] KGST-Bericht Nr. 8/1994, Köln 1995.

[18] Laux, E., Die Privatisierung des Öffentlichen: Brauchen wir eine neue Kommunalverwaltung? - Visionen und Realitäten neuer Steuerungsmodelle - ,Der Gemeindehaushalt 1994.

[19] Laux, E., "Neue Steuerungsmodelle" - brauchbare Ansätze zur Verwaltungsmodernisierung, in: Merchl, J./Schrapper, C. (Hrsg.), Neue Steuerung, Münster 1996, S. 129 ff.

[20] Lüder, K., Verwaltungscontrolling, in: Die öffentliche Verwaltung 46 (1993), H. 7.

[21] Naschold, F./Budäus, D./Jann, W./Mezger, E./Oppen, M./Picot, A./Reichard, C./Schanze, E./Simon, N., Leistungstiefe im öffentlichen Sektor, Berlin 1996.

[22] Naschold, F./Oppen, M./Tondorf, K./Wegener, A., Neue Städte braucht das Land. Public Governance: Strukturen, Prozesse und Wirkungen kommunaler Investitionsstrategien in Europa. Eine Projektskizze, Wissenschaftszentrum Berlin FS II, 94-206, Berlin 1994.

[23] OECD, Governance in Transition: Public Management Reforms in OECD Countries, Paris 1995.

[24] Osborne, D./Gaebler, T., Reinventing Government: How the Entrepreneurial Spirit is Transforming the Public Sector, Reading/Mass. 1992.

[25] Reichard, C., Umdenken im Rathaus - Neue Steuerungsmodelle in der Kommunalverwaltung, Schriftenreihe Modernisierung des öffentlichen Sektors, Bd. 3, Berlin 1994.

[26] Reinermann, H., Ein neues Paradigma für die öffentliche Verwaltung? Was Max Weber heute empfehlen dürfte, Speyerer Arbeitshefte Nr. 97, Speyer 1993.

[27] Reinermann, H., Controlling in mittleren und kleineren Kommunalverwaltungen, in: Die Betriebswirtschaft, Jg. 1984, H. 1, S. 85 ff.

[28] Schmidberger, J., Controlling für öffentliche Verwaltungen: Funktionen - Aufgabenfelder - Instrumente, Wiesbaden 1993.

[29] Schedler, K., Ansätze einer wirkungsorientierten Verwaltungsführung, 2. Aufl., Bern/Stuttgart/Wien 1995.

[30] Weber, J., Einführung in das Controlling, 5. Aufl., Stuttgart 1994.

Neue Bürgernähe durch Reorganisation

Dr. Matthias Wiechers
Stadtcontroller, Ludwigshafen am Rhein

Inhalt

17. Saarbrücker Arbeitstagung Rechnungswesen und EDV 1996. Hrsg.: A.-W. Scheer.

1 Handlungsdruck auf kommunaler Ebene

Die aktuelle Entwicklung der Kassenlage bedroht die Handlungsfähigkeit der öffentlichen Hand. Bund, Länder und Kommunen sind sich einig in der Notwendigkeit, ihre Haushalte entlasten zu müssen ohne auf zusätzliche Hilfen des anderen vertrauen zu können. Die Kommunen sehen sich dabei in der Zwickmühle, immer höhere Anforderungen mit immer knapper werdenden Mitteln befriedigen zu sollen.

Allein im Sozialetat der Stadt Ludwigshafen ist eine Steigerungsrate von jährlich 8% seit Ende der 80er Jahre belegbar, ohne daß entsprechende Einnahmesteigerung entgegenstehen. Im Gegenteil führten wegbrechende Einnahmebestandteile zu einem Haushaltsdefizit in dreistelliger Millionenhöhe bei einer spürbar wachsenden Verschuldung um mehr als 200 Mio. DM seit Anfang der 90er Jahre. Der Erhalt der vielfältigen freiwilligen Leistungen der Stadt, z.B. Angebote von kulturellen und sportlichen Veranstaltungen, Angebote besonderer, vormals als beispielhaft gewürdigter Einrichtungen wie Jugendfarm und Wildpark war ebenso grundsätzlich in Frage gestellt wie der weitere Betrieb von Stadttheater, Stadion. oder Schwimmbad.

1994 trafen Rat und Verwaltung der Stadt mehrere Grundsatzentscheidungen, um durch eine konsequente Neuorientierung der gesamten Verwaltung ihre Handlungsfähigkeit auch in dieser schwierigen Lage unter Beweis zu stellen. Zum einen wurde die Schaffung eines Stadtcontrolling beschlossen, zum anderen fiel die Entscheidung, das Projekt "Ludwigshafen 2000 - Langfristige Absicherung der politischen und wirtschaftlichen Handlungsfähigkeit" durchzuführen und die Dienste einer erfahrenen, leistungsfähigen Unternehmensberatung in Anspruch zu nehmen. Die Projektleitung auf städtischer Seite wurde dem Stadtcontroller übertragen.

Erste Analysen belegten überdeutlich die Probleme der öffentlichen Verwaltung: Finanziell gesehen haben Kommunen geringe Einflüsse auf die Einnahmen, absehbar weiter steigende Ausgaben, eine wachsende Verschuldung und sehen sich dem drohenden Verlust disponierbarer Mittel gegenüber.

Organisatorisch ist ein großer Aufgabenumfang zu bewältigen und komplexe Strukturen gilt es zu beherrschen.

Bürger und Unternehmen haben vielfältige Erwartungen bei einem wachsenden Dienstleistungsbewußtsein. Medien werden verstärkt öffentlichkeitswirksam tätig.

2 Grundlegender Reformansatz der Stadt Ludwigshafen

2.1 Zielbewußtes Handeln

Prognoserechnungen belegten, daß im Hinblick auf realistische Erwartungen einer möglichen Entwicklung der wichtigsten Steuereinnahmen in Ludwigshafen nur durch eine 30%-ige Personal- und Sachausgabenreduzierung bei gleichzeitiger Halbierung der Investitionstätigkeit ein ausgeglichener Haushalt künftig darstellbar ist. Damit wurde klar, daß nur einschneidende Veränderungen erfolgversprechende Ergebnisse erwarten lassen.

Die Ergebnisse der Prognoserechnungen wurden konsequent in verbindliche Zielvorgaben für den weiteren Veränderungsprozeß festgeschrieben. Rd. 30 % Ausgabeneinschränkung bedeuteten eine Zielvorgabe von 110 Mio. DM für die Verantwortlichen für Personal- und Sachausgaben des Verwaltungshaushaltes.

Darüber hinaus erhielt ein Sonderteam die Vorgabe, das Investitionsprogramm der Stadt so zu überarbeiten, daß dauerhaft mit halbierter Investitionssumme agiert wird und dabei die Substanzerhaltung des bestehenden Vermögens ebensowenig vernachlässigt wird wie die weitere Wahrnehmung von bedeutsamen Investitionen für die künftige Entwicklung der Stadt.

Der Gesamtzielbetrag von 110 Mio. DM Ausgabeneinsparung wurde zunächst unter der vom Stadtrat gewählten Verwaltungsführung, den Dezernenten, entsprechend ihrem Anteil an den Ausgaben des Verwaltungshaushaltes aufgeteilt. Diese gaben ihrerseits die Zielvorgaben an die nächste Hierarchie der Verantwortlichen weiter, wobei eine abweichende Differenzierung der Verteilung ihnen vorbehalten blieb.

In nachfolgenden Verhandlungen wurde die Zielrichtung für die geplante Erarbeitung von Konzepten und Maßnahmen dahingehend verändert, daß auch zurechenbare Einnahmen als Ergebnisverbesserung zugelassen sind. So wurde unterstrichen, daß viele Aufgaben der Verwaltung nur im Hinblick auf Kosten und Leistungen sowie damit verbundene Ausgaben und Einnahmen gestaltbar sind.

Allerdings mußte dazu zunächst eine produktbezogene Kostenrechnung, also eine Kostenträgerrechnung durchgeführt werden, ein Unterfangen, daß i.d.R. aufgrund unzureichender Datengrundlage aus dem kameralen Rechnungswesen ein sehr aufwendiger Prozeß ist. Für insgesamt 400 Verwaltungsprodukte wurden erstmals Gesamtkosten ermittelt und unter Berücksichtigung zurechenbarer Erlöse Kostendeckungsgrade bzw. Zuschußbedarfe errechnet.

Die Erkenntnisse der Kostenrechnung wurden in den Prozeß der Neuorganisation des Verwaltungshandelns eingebracht, so daß z.B. der zuvor kaum berücksichtigte Werteverzehr durch Flächenverbrauch in bester Innenstadtlage ebenso Berüchsichtigung fand wie Ruhestandskosten beschäftigter Beamten oder der zurechenbare Kapitaldienst für Investitionen.

In gesamtheitlicher Sicht galt es in einem Prozeß der Neukonzeptionierung und Maßnahmendefinition zur Effizienzsteigerung des Verwaltungshandelns die Wirtschaftlichkeit der Leistungserstellung zu erhöhen, die Geschwindigkeit der Aufgabendurchführung zu steigern und dabei die Qualität der Leistung zu verbessern. Dahinter stand die Überzeugung, daß in der Verwaltung noch erhebliche Rationalisierungspotentiale erschließbar sowie in Einzelfällen zusätzliche Zahlungsbereitschaften für bedeutende Leistungen nutzbar sind, bevor Ausgabensenkungen mit Leistungseinschränkungen zwingend verbunden werden müssen.

2.2 Das Gesamtkonzept

Tiefgreifend waren die Beschlüsse des Stadtrates Ende 1994, als das Gesamtkonzept "Ludwigshafen 2000" einstimmig verabschiedet wurde. Es besteht aus einem Leitbild, einem neuen Aufgabenverständnis, einem neuen Führungskonzept und einer neuen Organisationsstruktur. Seine Verabschiedung schaffte die Grundlage für eine zielorientierte Neugestaltung der Gesamtverwaltung.

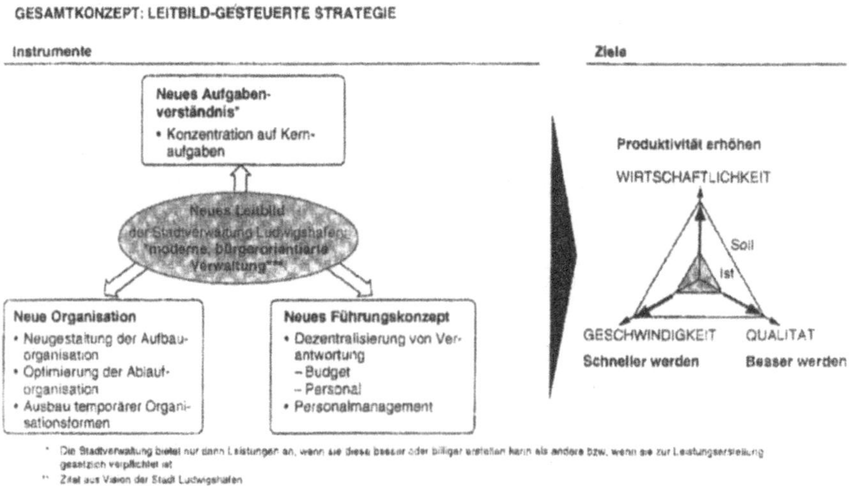

Abb. 1: Gesamtkonzept: Leitbild-gesteuerte Strategie

2.2.1 Leitbild der Verwaltungsreform

Die moderne, bürgerorientierte Verwaltung ist der Kern des neuen Leitbildes der Verwaltung. Darin bekennt sich die Verwaltung zu ihrem Selbstverständnis, günstige Bedingungen für Industrie und Gewerbe zu bieten, für eine lebenswerte Stadt Sorge zu tragen, Bildung und Kultur zu fördern und dabei in sozialer Verantwortung zu handeln. In der Überzeugung, heute bereits die Zukunft zu gestalten, ist die Stadtverwaltung bereit, ihre Leistungsfähigkeit unter Beweis zu stellen. Alle Aktivitäten einzelner Bereiche haben ihren Beitrag zur Umsetzung dieses Leitbildes zu belegen, eine einseitige Belastung einzelner Bereiche gibt es nicht, Ziel ist eine ausgewogene Gestaltung des Leistungsprogramms trotz der Sparzwänge.

"Unsere Aufgabe als bürgerorientierte Verwaltung ist es, Dienstleistungen für den Bürger als Kunden und nicht als Bittsteller rechtmäßig, kostengünstig und möglichst unbürokratisch zu erbringen. Wir ermöglichen Ausländern entsprechend den gesetzlichen Regelungen den Aufenthalt in Deutschland und fördern deren Integration." So formuliert beispielsweise der Fachbereich Sicherheit, Ordnung und Bürgerdienste sein Leitbild. "Sicherheit, Ordnung und bürgernahe Dienstleistungen sind ein wesentlicher Teil der Lebensqualität in unserer Stadt. Wir wollen dies gewährleisten."

2.2.2 Das neue Aufgabenverständnis

In einem neuen Aufgabenverständnis wird ein ausgewogener Mix von Eigen- und Fremdleistung angestrebt. Entsprechend rechtlicher Maßgabe oder politischem Auftrag will die Verwaltung neben der Auftragsvergabe und Durchführungssteuerung die Ausführung der Leistung künftig nur noch dann anbieten, wenn sie diese nachweislich besser oder billiger als andere erstellen kann, oder wenn sie zu dieser Leistung gesetzlich verpflichtet ist.

Damit unterstreicht die Verwaltung, ihre Leistungsfähigkeit unter Beweis stellen zu wollen. Leistungsbeziehungen können durchaus innerhalb einer Organisation wirtschaftlich sein, wenn eine angemessene Auslastung sichergestellt ist, Transaktionskosten in Form von z.B. Auswahl-, Verhandlungs- und Vertragskosten mit externen Anbietern entfallen und Umsatzsteuerzahlungen ohne Möglichkeit zum Vorsteuerabzug vermieden werden.

2.2.3 Neuorganisation

Die Verabschiedung der neuen Aufbauorganisation dokumentiert den Willen zu einschneidender Neugestaltung. Sie besteht aus 5 statt vormals 6 Dezernaten, denen insgesamt 10 Fachbereiche und 3 Sonderbereiche anstatt vormals 45 Ämter zugeordnet sind. Die Leiter der Fach- und Sonderbereiche sind, als Ergebnis eines Ausschreibungswettbewerbs, neu ernannte Verwaltungsmanager, die sich zur zielgerechten Erarbeitung von Konzepten und Maßnahmen verpflichtet haben und deren Umsetzung verantworten. Damit erfolgte ein erster Schritt zu einem Kontraktmanagement zwischen politisch getragener Verwaltungsspitze und dem sachverantwortlichen Verwaltungsmanagement.

Mit der Neuorganisation wurde auch die aufbauorganisatorische Voraussetzung geschaffen, unabhängig von historisch gewachsenen Strukturen und Machtpositionen eine neue Qualität von organisatorischer Zusammengehörigkeit und -zuständigkeit schaffen zu können. Damit verbunden sind i.d.R. schnellere Erfolge für spürbare Ergebnisverbesserungen. Verwaltungsabläufe wurden gestrafft und vereinfacht, wo sinnvoll und wirtschaftlich mit modernen Kommunikations- und Informationsmitteln unterstützt und damit erhebliche Zeiteinsparungen für Verwaltungsakte erreicht und die Reaktionsgeschwindigkeit deutlich verbessert.

Insgesamt umfaßt die Organisation heute rd 170 Führungskräfte anstatt der zuvor eingesetzten 375 leitenden Mitarbeiter. Die Konzentration von Zuständigkeiten bewirkt eine spürbare Klärung von Zuständigkeiten. Die Rollen von Auftraggeber und Auftragnehmer sind auch bei interner Leistungsverflechtung klar getrennt. Damit verbunden ist eine höhere Motivation zur Steigerung von Wirtschaftlichkeit und Geschwindigkeit des Verwaltungsdurchlaufes von Vorgängen, z.T. bei deutlicher Steigerung der Qualität. Was das für den Bürger konkret bedeutet, darauf nehmen einzelne Beispiele nachfolgend bezug.

2.2.4 Neues Führungskonzept

Das klassische Verwaltungshandeln kennzeichnet eine zersplitterte Verantwortung sowie die Trennung von Fach- und Ressourcenverantwortung innerhalb der Verwaltung ebenso wie im Zusammenspiel von Rat und Verwaltung. Das Fachamt erreicht erst in Abstimmung mit Haupt- und Personalamt sowie Kämmerei oder Bauamt volle Handlungsfähigkeit bezüglich Personal- und Finanzmitteleinsatz sowie Organisation. Eine klare Trennung von Auftragnehmer und Auftraggeber fehlte häufig, so daß eine abgewogene Entscheidung über den Bedarf von internen Leistungen und deren Kosten nicht sichergestellt war. Der Einsatz von Personal erfolgte häufiger gemäß dem Motto, "die sind ja eh da".

Soweit politische Zustimmung erforderlich ist, waren Entscheidungen je nach Zuständigkeit vom Fach-, Personal-, Bau- und Grundstücks- oder Hauptausschuß einzuholen, soweit nicht der Stadtrat selbst sich die Entscheidung vorbehalten hatte. Da die einzelnen Gremien i.d.R. unterschiedlich besetzt und geleitet sind, waren abgewogene Entscheidungen in ihren Auswirkungen auf dieselbe Leistung nicht systematisch sichergestellt.

Das neue Führungskonzept zielt auf eine Konzentration von Fach- und Ressourcenverantwortung quasi in einem Profit-, Cost- oder Effizienzzenter. In Entscheidungen sind weniger Personen involviert, die Verantwortung wird klar zugewiesen. Entscheidungen über den Ressourceneinsatz erfolgen vom Fachverantwortlichen und es liegt an ihm, inwieweit er die Unterstützung von zentralen Kompetenzzentren z.B. in Fragen des Tarifrechts, der Datenverarbeitung oder der Organisation in Anspruch nimmt. Allerdings fordert eine solche Neuordnung der Kompetenzen eine zentrale Vorgabe von Zielen und Rahmenvorgaben sowie ein steuerungsorientiertes Berichtswesen. Ansprüche, auf die bisher die Verwaltung nicht vorbereitet war und zu deren Erfüllung ein ganz neues Daten- und Berichtswesen vom Stadtcontrolling aufzubauen ist.

In derselben Weise fordert der Ansatz eine Konzentration der politischen Steuerung. Jedem Fachbereich soll künftig genau ein Fachausschuß zugeordnet sein, der entsprechend der politischen Willensbildung das fachliche Leistungsprogramm der Verwaltung grundsätzlich bestimmt und den damit verbundenen Ressourceneinsatz bestätigt. Darüber hinaus empfiehlt ein zentraler Steuerungsausschuß die Verteilung der insgesamt zur Verfügung stehenden Finanzmasse auf die Fachbereiche dem Stadtrat zur Zustimmung. Damit wird die Rolle der Rates als dem Organ, das für den Bürger stellvertretend als Auftraggeber und Qualitätssteuerer wirkt, unterstrichen.

Mit dem Ziel, die bestehende Haushaltslücke zwischen Einnahmen und Ausgaben zu schließen, hat die Verwaltung im Zusammenwirken mit dem Berater ein neues Programmmix erarbeitet und dem Rat zur Zustimmung vorgelegt. Rat und Verwaltung sind nun in der Lage, ihre eigenständige Handlungsfähigkeit zurück zu einer ausgeglichenen Haushaltswirtschaft zu belegen.

2.3 Vorläufige Ergebnisse im Überblick

Allein 1995 haben mehr als 400 Beschäftigte in über 1200 Teamsitzungen rd. 70.000 Arbeitsstunden investiert, um mit klaren Konzepten ein ausgewogenes Maßnahmenprogramm mit rd. 1800 Einzelmaßnahmen zu entwickeln. Statt zunächst angestrebter Ergebnisverbesserung von 110 Mio. DM kann die Umsetzung aller Maßnahmen tatsächlich mehr als 120 Mio. DM haushaltswirksamer Ergebnisverbesserungen erzielen und zusätzlich noch gebührenfinanzierte Leistungen um rd. 20 Mio. DM entlasten.

Beispiele einschneidender Maßnahmen mit Ergebnisverbesserungspotentialen von mindestens 3 Mio. DM sind beispielsweise einschneidende Änderungen im Spielplan des Stadttheaters, in dem bei Aufrechterhaltung der nachgefragten Abo-Strukturen deutlich weniger Raum bleibt für künstlerisch anspruchvolle und kostspielige, aber in der Zuschauergunst deutlich schwächer besuchte Produktionen; eine Neuordnung der städtischen Grünflächenpflege unter Verwendung deutlich pflegeleichterer Pflanzen und Senkung von Pflegestufen; eine Neuorganisation und damit verbundene Reduktion des Einsatzpersonals der Berufsfeuerwehr unter Nutzung von Kooperationsmöglichkeiten mit benachbarten Feuerwehren sowie Werksfeuerwehren; eine regionale Budgetierung der Heimkosten für Kinder und systematische Nutzung kostengünstiger Betreuungsalternativen wie betreutes Wohnen, auf die nachfolgend detailliert eingegangen wird.

Infolge dieses tiefgreifenden Programms der Ergebnisverbesserung sind 805 Stellen abzubauen. Dennoch können verschiedenste Leistungen deutlich bürgerorientierter und leistungsbewußter als früher angeboten werden. Besonders beachtet wurde das Ergebnis, daß die meisten sogenannten freiwilligen Einrichtungen und Angebote aufrechterhalten werden können. Die nachfolgend aufgeführten Beispiele werden dies belegen.

3 Beispiele bürgerorientierter Gestaltung

3.1 Einrichtung eines Bürgerservice

Inspiriert durch erste Erfolge anderer Städte hat sich die Stadtverwaltung Ludwigshafen frühzeitig in einem speziellen Team mit der Thematik der Einrichtung eines Bürgerservice befaßt. Die Idee des Bürgerservice beinhaltet die Dienstleistungsphilosophie "one face to the customer". Mit Einführung des Bürgerservice besteht für den Bürger die Möglichkeit, für eine Vielzahl von Behördengängen statt vieler Ämter künftig nur noch eine Stelle aufzusuchen. Beispielsweise bei der Geburt eines Kindes war früher der Gang zu drei Ämtern notwendig, um Geburtsurkunde, Paß und Erziehungsgeldantrag zu erhalten. Heute sind alle drei Aktivitäten an einer Stelle bei dem gleichen Mitarbeiter abwickelbar.

Darüber hinaus kommt die Verwaltung verstärkt auf den Bürger zu durch die Einrichtung neuer und Stärkung bestehender Vorortverwaltungen, in denen der Bürger sein Anliegen abwickeln kann, ohne einen aufwendigen Behördenlauf starten zu müssen. Soweit spezielle Bearbeitungen nicht direkt vor Ort durchgeführt werden können, erfolgt eine Trennung der Antragsannahme und Prüfung der Vollständigkeit einerseits und Antragsbearbeitung andererseits, ohne daß der Bürger selbst davon betroffen ist.

Untermauert wurde die Entscheidung der Dezentralisierung des Bürgerservice durch Bürgerbefragungen betreffend ihrer örtlichen und zeitlichen Präferenzen. Bestätigt wurde die Einschätzung der politisch Verantwortlichen, daß die Bürger Standorte in ihren Vororten eindeutig präferieren. Ebenso eindeutig waren die Präferenzen bezüglich der Öffnungszeiten, die nur unwesentlich von den gegebenen Öffnungszeiten abwichen.

Die Zeit, in der der Bürger einem Bittsteller ähnlich beim Behördengang behandelt wurde, ist abgelöst von einem neuen Verständnis der Behörde als Dienstleister. Für die Mitarbeiter werden durch die Arbeit in kleinen Teams, durch abwechselungsreichere Tätigkeiten, durch den intensiveren Kontakt mit den Bürgern und durch eine Flexibilisierung der Arbeitszeit bei angemessener Dotierung deutliche Verbesserungen der Arbeitsbedingungen erreicht.

Der konsequenten Integration ausländischer Mitbürger dient die Integration des Ausländerwesens in die Räume des Bürgerservice. Damit wird offensiv eines der deutlichsten Organisationsprobleme der Verwaltung angegangen, nämlich eine professionelle, motivierte Dienstleistung gegenüber den ausländischen Mitbürgern darzubieten. Angesichts des künftigen Wahlrechts der EG-Bürger ist eine konsequente Integration auch aus politischen Gründen zwingend notwendig.

Gegenüber der bislang über viele Ämter verteilten Leistungserstellung ist die Einrichtung eines Bürgerservice nicht mit Mehrkosten verbunden. Entgegen bisheriger Schätzungen können sogar Einsparungspotentiale erschlossen werden, wenn durch einen konsequenten DV-Einsatz die Prozesse optimiert und aufgrund der höheren Motivation der Mitarbeiter Leistungssteigerungen realisiert werden.

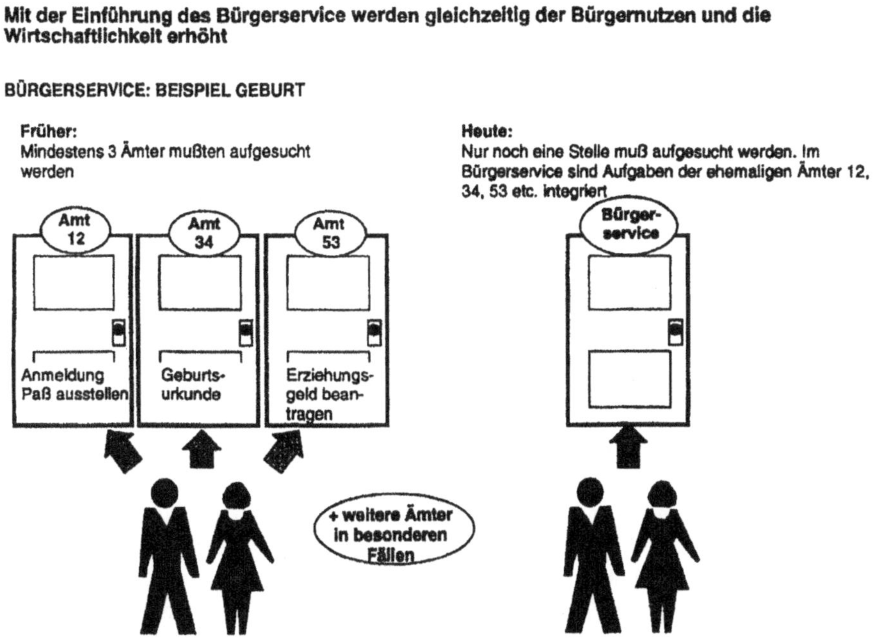

Abb. 2: Bürgerservice am Beispiel einer Geburt

3.2 Steigerung der Angebotsqualität trotz Budgetkürzungen, das Beispiel Bibliothek

Erste Ansatzpunkte zu Haushaltsmitteleinsparungen werden häufig in Positionen wie beispielsweise dem Anschaffungsetat für neue Medien gefunden. Dabei bestimmt gerade diese Position die Angebotsqualität von Bibliotheken. Eine Einschränkung des Anschaffungsetats führt zwangsläufig dazu, daß die Aktualität des Medienbestandes abnimmt, damit Werke des Zeitgeistes nicht rechtzeitig zur Verfügung gestellt werden.

Die Analyse der Aufgabendurchführung in der Stadtbibliothek führte zu der Erkenntnis, daß erhebliche Einsparungen möglich sind, wenn auf die eigenständige Durchführung einiger administrativer Tätigkeiten unter Nutzung von Fremdleistungen verzichtet wird und so neben einem zielgerechten Beitrag zur Ergebnisverbesserung Finanzmittel frei werden, die den Ankaufetat von Medien zu erhöhen ermöglichen.Grundsätzlich ist zu erwarten, daß der Bürger darauf vertraut, daß die Verwaltung selbst so rationell arbeitet, daß nicht Finanzmittel unnötig innerhalb der Verwaltung verbraucht werden, ohne einen klaren Bezug zu den Leistungen für Bürger und Unternehmen belegen zu können. Allerdings wird der Bürger aufgrund der enormen Finanzmittelknappheit auch Leistungseinschränkungen hinzunehmen haben. Entsprechend der Vorgabe eines Ergebnisverbesserungsziels von 1,6 Mio. DM sahen sich die Verantwortlichen der Bibliothek dazu gezwungen, Öffnungzeiten zu reduzieren und für Erwachsene eine Benutzungsgebühr einzuführen. Damit hat in Ludwigshafen die Nutzung der Bibliotheken erstmals einen Preis für den Bürger.

3.3 Beschleunigung von Verwaltungsakten am Beispiel Bauanträge

Die offensichtlich bestehende Komplexität des Genehmigungsverfahrens für Bauanträge und die bestehende Unklarheit über eine termingerechte Abwicklung mag mit Anlaß zu einem Rechtsakt gewesen sein, der heute den Kommunen vorschreibt, daß Bauanträgen die Rechtsgültigkeit zuerkannt wird, wenn seitens der Verwaltung nicht innerhalb von 4 Wochen reagiert wird.

Ludwigshafen war auf diesen Rechtsakt vorbereitet, weil frühzeitig im Rahmen organisatorischer Regelungen erkannt wurde, daß anstelle der vormals seriell abgewickelten Bearbeitung von Bauanträgen, die also von einem Schreibtisch zum nächsten wanderten, mit der Einrichtung einer Bauantragskonferenz die Normalfälle i.d.R. innerhalb zweier Sitzungen entscheidbar sind. Dazu ist es notwendig, alle relevanten Entscheidungsträger an einen Tisch zu bringen um frühzeitig offene Fragen zu erkennen, damit diese dann in einem vorgegebenen Terminraster, wo möglich parallel, sonst eindeutig aufeinander abgestimmt, geklärt werden.

Heute gelingt es, unproblematische Bauanträge ebenso in der Hälfte der früher benötigten Zeit zu entscheiden wie auch Bauanträge mit internem oder externem Klärungsbedarf ähnlich beschleunigt zu einem Ergebnis geführt werden. Die zurechenbaren Kosten der Bearbeitung sanken um durchschnittlich 25%. Bürger wie Investoren können heute mit verläßlichen Terminabsprachen ihre Projekte im Zusammenwirken mit der Verwaltung planmäßig vorantreiben, gewöhnlich innerhalb von 3 Wochen werden Bauanträge mittlererweile beschieden.

3.4 IGAZHU - das Konzept zur Vermeidung von Heimunterbringung

Detaillierte Kostenuntersuchungen zeigen sehr deutlich, daß die Heimunterbringung von Kindern mit rd. 6000 DM pro Monat die bei weitem kostspieligste Alternative des Vollzugs der gesetzlichen Schutzpflicht von Kindern und Jugendlichen ist, die Kinder aber aus ihrer gewohnten Umgebung vollständig herausreißt. Angesichts verschiedenster Möglichkeiten vom teilbetreuten Wohnen bis hin zur Durchführung einer ambulanten Betreuung, soweit diese in einem Gesamtkonzept systematisch eingesetzt und regelmäßig auf ihre Wirksamkeit geprüft werden, kann auch aus sozialpädagogischen Erwägungen heraus eine wirtschaftlichere Wahrnehmung der Jugendhilferechtsverpflichtung durch die Kommunen angestrebt werden. Dazu gehört eine systematische Prüfung auch bereits durchgeführter Heimeinweisungen auf alternative Betreuungschancen hin.

Die Zielsetzung der Ergebnisverbesserung um rd. 20 Mio. DM im Bereich Kinder, Jugend und Familie konnte allein durch solche Maßnahmen zu rd. 1/3 als realisierbar dargelegt werden. Dabei wird eine konsequente organisatorische Regionalisierung aller wesentlichen Hilfe- und Betreuungseinrichtungen des Sozialbereiches eine besser als bisher koordinierte Unterstützung von sozial schwachen Mitbürgern ermöglichen.

3.5 Verstärkung der Bürgerselbstverantwortung am Beispiel Seniorentreff

Kennzeichnend für die gesellschaftliche Entwicklung ist inzwischen ein hohes Maß an Individualisierung, die Familie als Mittelpunkt der Lebensgestaltung hat an Bedeutung ebenso abgenommen wie die aktive Einbindungsbereitschaft in gesellschaftliche wie kirchliche Gemeinschaften. Üblich ist ein hoher Organisationsgrad unpersönlicher Hilfestellung über Versicherungen, Schutzbriefgemeinschaften oder staatlicher Angebote.

Erst Sparzwänge zwingen dazu, eine Rückbesinnung auf die Chancen und Vorteile selbstverantwortlicher, ehrenamtlicher Tätigkeit vorzunehmen. Die Stadtverwaltung Ludwigshafen hat bisher Seniorentreffpunkte sowohl mit der Zurverfügungstellung von Räumlichkeiten und Einrichtungsgegenständen als auch mit dem Betreiben durch eigenes Personal getragen. In Verhandlungen mit den angesprochenen Bürgern konnte erreicht werden, daß künftig der Betrieb von den Senioren selbst übernommen wird.

Diese relativ kleine und offensichtlich ohne größere Umstände umsetzbare Maßnahme verringert die Ausgaben des städtischen Haushaltes um immerhin rd. 0,5 Mio. DM. Andererseits könnte sie Aktivitäten von Bürgern auslösen, die u.a. zu einem besser auf die Betroffenen zugeschnitten Programm in den Seniorentreffs beitragen kann.

4 Resümee und Ausblick

Die finanzielle Notlage der Kommunen bedroht viele sogenannte freiwillige Leistungen, deren Angebot durch die öffentliche Hand nicht gesetzlich vorgeschrieben ist, deren Existenz aber von vielen Bürgern geschätzt wird.

Deshalb sah sich Ludwigshafen veranlaßt, einschneidende Veränderungen von Führungsverantwortung, Organisation und damit verbundener Art der Aufgabendurchführung vorzunehmen, um ein ausgewogenes Programm zur Sicherung der politischen und wirtschaftlichen Leistungsfähigkeit zu erarbeiten. So wurde ein tiefgreifendes Maßnahmenprogramm erarbeitet, demzufolge einerseits die Leistungserstellung der Verwaltung deutlich stärker nach wirtschaftlichen Grundsätzen erfolgt , andererseits einige Leistungen, die bisher entgeltlos dem Bürger dargeboten wurden, einen Preis erhalten oder Einschränkungen der Nutzbarkeit erfolgen. Allerdings, wie die dargelegten Beispiele belegen, das Programm hat nicht unbedingt negative Konsequenzen für den Bürger, häufiger konnten Personal- und Finanzmittel gezielter für eine hohe Leistungsqualität eingesetzt oder Eigeninitiative der Bürger neu entfacht werden. Durch eine Leitbild-orientierte Gesamtkonzeption wurde die Ausgewogenheit des Programms im Hinblick auf klar umrissene Ziele sichergestellt und so in vielen Fällen trotz weniger Finanzmittel eine bessere Qualität als früher erreicht. Entgegen ersten Befürchtungen konnte eine Vielzahl von freiwilligen Leistungen erhalten bleiben.

Interne Leistungsbeziehungen werden heute konsequent nach ökonomischen Maßstäben ausgerichtet, so daß künftig besser als bisher ein bewußt gesteuerter, wirtschaftlicher Finanzmitteleinsatz in der Verwaltung möglich ist. Je weniger aufwendig interne Leistungsbeziehungen durchgeführt werden, desto mehr Finanzmittel stehen für die Darbietung von Leistungen für den Bürger zur Verfügung.

Ein neues Berichtswesen, daß künftig nicht nur Ausgaben bezogen auf Art der Verwendung und Verantwortlichkeit darlegt sondern auch die Leistungen und damit die Produkte des Verwaltungshandelns beschreibt und deren Kosten belegt sowie mit den Ergebnissen anderer vergleicht, ein solches Berichtswesen wird mit dazu beitragen, daß die Verwaltung selbst, aber auch die Kommunalpolitik wie der Bürger das Leistungsspektrum der Verwaltung besser zu steuern vermag. Ludwigshafen hat diesen Weg bewußt eingeschlagen, ihn konsequent fortzusetzen sind alle Beteiligten aufgerufen.

Reformen zur Steuerung von Kommunalverwaltungen

Dr. Peter Blönnigen,
Dr. Uwe Kassner
Kommunale Gemeinschaftsstelle zur Verwaltungsvereinfachung, Köln

Inhalt

17. Saarbrücker Arbeitstagung Rechnungswesen und EDV 1996. Hrsg.: A.-W. Scheer.

1 Einleitung

In der Öffentlichkeit wird immer wieder die angeblich mangelnde Fähigkeit der Öffentlichen Verwaltung gebrandmarkt, nach wirtschaftlichen Gesichtspunkten handeln zu können. Darüber hinaus ärgern sich die Bürgerinnen und Bürger, wenn sie von ihrer Verwaltung schlechte oder zu wenig Dienstleistung erfahren. Die derzeitige Finanzkrise gibt den Verwaltungen die Chance, ihr organisatorisches Instrumentarium und die Wirksamkeit ihrer Führung und Steuerung nachhaltig zu verbessern.

Der Anstoß, die Öffentliche Verwaltung zu reformieren, um sie für die Bewältigung zukünftiger, neuer Aufgaben zu befähigen, ging in unserem dreigliedrigen Staatsaufbau zunächst von den Kommunalverwaltungen aus. Dort, wo die Bürgerinnen und Bürger den meisten Kontakt zu ihren Verwaltungen haben - nämlich in ihren Gemeinden oder Städten -, muß der Anspruch auf hinreichende Dienstleistungsqualität unter Beachtung strenger Wirtschaftlichkeit am ehesten erfüllt werden. Deshalb haben sich in den letzten Jahren zahlreiche Kommunen auf den Weg einer umfassenden Verwaltungsreform begeben, die unter dem Schlagwort „Neues Steuerungsmodell“ (NSM) von der KGSt (Kommunale Gemeinschaftsstelle) seit Anfang der 90-er Jahre angeregt und nachfolgend vertiefend in vielen Veröffentlichungen beschrieben wurde [1].

2 Das Neue Steuerungsmodell (NSM)

2.1 Grundzüge des Neuen Steuerungsmodells

Das Neue Steuerungsmodell liefert die führungstechnisch-organisatorische Grundlage für das „Dienstleistungsunternehmen Kommunalverwaltung“, das gemäß dieser Bezeichnung außen- und nachfrageorientiert agiert und dessen Anstrengungen den Bürgerinnen und Bürgern sowie sonstigen Leistungsabnehmern zugute kommen.

Es gibt insofern Unterschiede zu privaten Dienstleistern, als auch Gemeinwohlorientierung und Behördenfunktion zu beachten sind und die Steuerung über die Politik und deren politische Rationalität erfolgt. Kein Unterschied besteht dagegen bei den Leistungskriterien Effektivität und Effizienz. Hier muß sich die Kommunalverwaltung wie ein Marktteilnehmer verhalten. Gleichwohl ist das Neue Steuerungsmodell keinesfalls nur ein Instrumentenkoffer, aus dem man sich bei Bedarf bedient. Vielmehr geht mit ihm eine Einstellungsänderung einher, die von allen Betroffenen - den Politikern, den Führungskräften und den Bediensteten - beachtet und umgesetzt werden muß, wobei externe „Leistungsverstärker“ genutzt werden, siehe Abbildung 1.

Abb. 1: Leistungsverbesserung durch Mobilisierung

Die Grundzüge des Neuen Steuerungsmodells werden beschrieben durch:

- klare Verantwortungsabgrenzung zwischen Politik und Verwaltung,
- zentrale Steuerung neuer Art,
- Steuerung von der Leistungsseite her: output-orientierte Steuerung,
- Führung durch Leistungsabsprachen (Kontraktmanagement) und
- dezentrale Gesamtverantwortung für den Ressourcen-Einsatz.

2.2 Die Bedeutung kommunaler Produkte

Kernelement ist das Produkt als Träger aller für Planung, Vollzug und Rechenschaftslegung relevanten Informationen - siehe Abbildung 2. Produkt ist, was eine Organisationseinheit an Dritte liefert oder für sie leistet, womit ein Bedarf Dritter gedeckt wird und wofür grundsätzlich ein Preis gezahlt werden müßte. Für alle Aufgaben, die Kommunalverwaltungen wahrzunehmen haben, wurden in den letzten Jahren die Produktbeschreibungen erarbeitet. Auf dieser Grundlage können sowohl Aufbau- wie Ablauforganisation neu gestaltet werden, bis hin zur Neugestaltung produktabhängiger Geschäftsprozesse (siehe Ziffer 4.4), die auf die Aufbauorganisation zurückwirken.

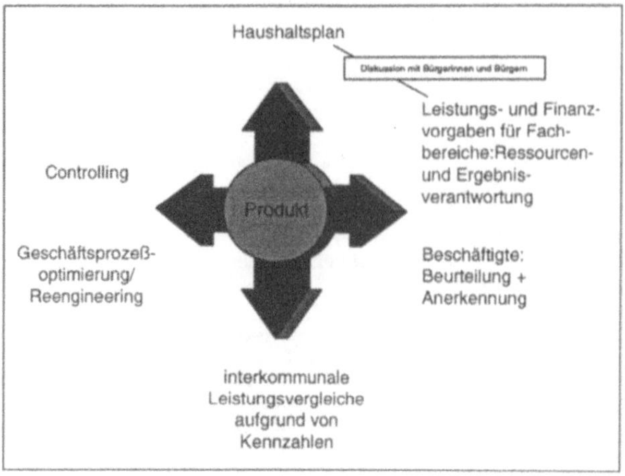

Abb. 2: Produkte als Informationsträger

Die Haushaltsplanung erfolgt auf der Grundlage von Produktbeschreibungen mit dem Ziel, den Fachbereichen für die vereinbarten Leistungsziele - im Rahmen eines Kontraktmanagements - ein Budget vorzugeben: output-orientierte Planung. Das Rechungswesen kann - darauf Bezug nehmend - neu gestaltet werden, um die für die Steuerung relevanten Informationen zu liefern und die Zielerreichung mit Hilfe eines Controllings zu messen.

Damit sind die Instrumente genannt, die im Neuen Steuerungsmodell eingesetzt werden, siehe Abbildung 3.

Von den hier genannten Elementes werden im folgenden vertiefend einige Hinweise zum kommunalen Rechnungswesen und zur Technikunterstützte Informationsverarbeitung (TuI) im NSM gegeben.

Abb. 3: Elemente des Neuen Steuerungsmodells

3 Reformüberlegungen zum kommunalen Rechnungswesen

Mit dem Wandel der Verwaltung zu einer weitgehend dezentralisierten, auf Innovation und permanente Verbesserung angelegten Dienstleistungsorganisation wachsen die Anforderungen an die Transparenz der zukünftig outputorientierten Zielerreichung hinsichtlich Qualität, Kosten und Leistungen. Zukünftig werden die Überlegungen zur Verwaltungsorganisation stärker als bisher von der Gestaltung dynamischer, produktabhängiger Geschäftsprozesse statt von der statischen, aufgabenbezogenen Verwaltungsgliederung geprägt. Dies hat Auswirkungen auf das Kostenmanagement. Es muß zukünftig produktorientiert sein; hierzu fehlen bisher wichtige Voraussetzungen.

Insbesondere die Verfügbarkeit neuzeitlicher Finanzmanagementsysteme wird als limitierend für den Erfolg des Neuen Steuerungsmodells angesehen [2]. Finanzmanagement umfaßt den gesamten Prozeß der Planung, Durchführung und Überwachung der Verwaltung aus finanzwirtschaftlicher Sicht.

Die Qualität kommunaler Verwaltungsführung ist im Kern abhängig von

- der zeitgerechten Verfügbarkeit und der Güte der entscheidungsrelevanten Informationen,
- der methodischen Kompetenz zur Analyse, Prognose und Bewertung von Handlungsmöglichkeiten sowie
- der Fähigkeit, den Prozeß der Entscheidungsfindung in komplexen Institutionen effizient zu gestalten.

Im Rahmen dieses Beitrages werden nur die beiden ersten Punkte behandelt. Hinsichtlich der effizienten Gestaltung von Entscheidungsprozessen in Gruppen sei auf weiterführende Literatur verwiesen [3]. Bei der Neugestaltung des Haushalts- und Rechnungswesens geht es um Informationen für folgende Zwecke:

- Planung, Entscheidung und Kontrolle des Haushalts in den politischen Gremien,
- Sicherstellung der langfristigen finanziellen Überlebensfähigkeit der Kommune,
- Beurteilung der Recht- und Ordnungsmäßigkeit des Finanz- und Wirtschaftsgebahrens,
- Beurteilung der Effektivität und Wirtschaftlichkeit des Verwaltungshandelns,
- Kostenrechnung als Grundlage für die Kalkulation von Entgelten u.ä.,
- Analyse von Auswirkungen auf die Volkswirtschaft.

Wenngleich das derzeitige im Kern auf Einnahmen und Ausgaben beruhende Haushalts- und Rechnungswesen für volkswirtschaftliche Analysen sowie zur kurzfristigen Auswertung des Finanzstatus ausreicht, so fehlen wesentliche Informationen zur Steuerung; dies gilt gleichermaßen für Politikentscheidungen über Prioritäten und Posteriorităten und für die Beurteilung der Wirtschaftlichkeit des Verwaltungshandelns durch das Verwaltungsmanagement. Das Haushalts- und Rechnungswesen muß die stärkere Orientierung auf Effektivität und Effizienz widerspiegeln, indem es dispositive Informationen liefert sowohl zur Beurteilung des Finanzstatus als auch zur Entscheidung über den Einsatz ökonomischer Ressourcen. Dies setzt voraus, daß der Haushaltsplan und die Haushaltsrechnung über den gesamten Ressourcenbestand und -verbrauch informieren, über die Politik und Verwaltungsmanagement zu entscheiden haben.

Die Anforderungen an ein ressourcenverbrauchsorientiertes Haushalts- und Rechnungskonzept bedingen den Ansatz kalkulatorischer Kosten (Abschreibungen bei Anlagevermögen, kalkulatorische Zinsen bei gebundenem Kapital) und die Berücksichtigung zukünftiger Ausgabeverpflichtungen (z.B. durch Pensionszusagen, unterlassene Instandhaltung). Darüber hinaus ist für die Berechnung der produktbezogenen Erfolgssituation die flächendeckende Verrechnung interner Leistungen erforderlich.

Dieses Vorgehen erfordert die Neuformulierung der Deckungsgrundsätze und der Grundsätze für den Haushaltsausgleich sowohl im Hinblick auf die Einzelabschlüsse als auch auf den Gesamtabschluß.

Bezüglich des zu verwendenden Rechnungsstils ist festzustellen: Sicherlich kann die heute meist verwendete Verwaltungskameralistik so weiterentwickelt werden, daß sie nicht nur die Zahlungsströme abbildet und den Haushaltsvollzug dokumentiert, sondern auch andere Daten verarbeitet und damit anderen Rechnungszielen dient; dies ist z.B. zum Zwecke der Kostenrechnung in der „Erweiterten Kameralistik" geschehen [4]. Dennoch empfiehlt die KGSt den Übergang zur kaufmännischen, doppelten Buchführung (Doppik) [5]. Folgende Vorteile sprechen dafür:

- Die Doppik ist ein systematischer Verbund von Erfolgs- und Vermögensrechnung, der formal konsistent ist.
- Das Ressourcenverbrauchskonzept wird in der Doppik vollstandig abgebildet.
- Der bestehende Dualismus der Rechnungssysteme kann aufgehoben werden.
- Software zum technikunterstützten Rechnungswesen ist aufgrund des größeren Marktes als Standardsoftware kostengünstiger zu beschaffen gegenüber der Eigenentwicklung.

Es sind Ergänzungen zur und Abweichungen von der herkömmlichen Doppik notwendig, um den Erfordernissen der Kommunalverwaltung Rechnung zu tragen. Diese beziehen sich auf:

die Umgestaltung des Verwaltungshaushaltes, der sich zukünftig an der handelsrechtlichen „Gewinn- und Verlustrechnung" orientieren wird:

- Im neuen Verwaltungshaushalt werden die Informationen über Ressourcenaufkommen und Ressourcenverbräuche wertmäßig und produktbezogen geliefert (Einzelplan, Abschnitt bzw. Unterabschnitt). Der Verwaltungshaushalt geht damit über die handelsrechtliche Zielsetzung der Lieferung für den Jahresabschluß relevanter Informationen hinaus (Gesamtabschluß).
- die Veränderung des Vermögenshaushalts:
  Er weist im Prinzip wie bisher die geplanten Investitionen und deren Finanzierung aus.
- die Neukonzeption der Bilanz:
  Sie ist zukünftig als umfassender Nachweis von Vermögen und Kapital konzipiert und bildet die systemnotwendige Ergänzung zum Verwaltungshaushalt neuer Art.

Die Vorteile dieses ressourcenverbrauchsorientierten Konzeptes liegen für Politik und Verwaltung zunächst in einer effizienteren Informationsversorgung durch vollständige, produktorientierte Buchungen. Darüber hinaus werden die Entscheidungen fundierter durch die Einbeziehung der Folgekosten von Investitionen, sie erlauben mehr Langfristorientierung in Politik und Verwaltung. Produktverantwortliche Führungskräfte in der Verwaltung können zeitnahe Informationen über den Budgetstatus ihres Verantwortungsbereiches erlangen. Nicht zuletzt erleichtert ein systematisches, alle relevanten Aspekte einbeziehendes Rechnungswesen die Kontrolle der Ordnungsmäßigkeit des Finanzgebahrens.

4 Entwicklungstrends in der Technikunterstützten Informationsverarbeitung (TuI)

4.1 Softwarearchitektur

Die Reform der Kommunalverwaltungen im Sinne des Neuen Steuerungsmodells ist ohne Technikunterstützte Informationsverarbeitung (TuI) nicht denkbar [6]. TuI ermöglicht, daß eine Verwaltung die bei ihr ablaufenden Arbeits- oder Geschäftsprozesse neu gestalten kann - auf der Grundlage einer verwaltungsweit einheitlich geplanten informationstechnischen Infrastruktur, in der der Zugriff auf alle für einen Arbeitsablauf benötigten Daten ebenso möglich ist wie der Zugriff auf wesentliche Daten zur Steuerung der Verwaltung. Die informationstechnische Infrastruktur bildet den gemeinsamen Rahmen für den Einsatz von Informationstechnik sowohl der Gesamtverwaltung wie der einzelnen Fachbereiche. Die Informationsverarbeitung erfolgt innerhalb dieses Rahmens. Das ist auch bei dezentraler Wahrnehmung von IT-Verantwortlichkeiten in den Fachbereichen zu beachten.

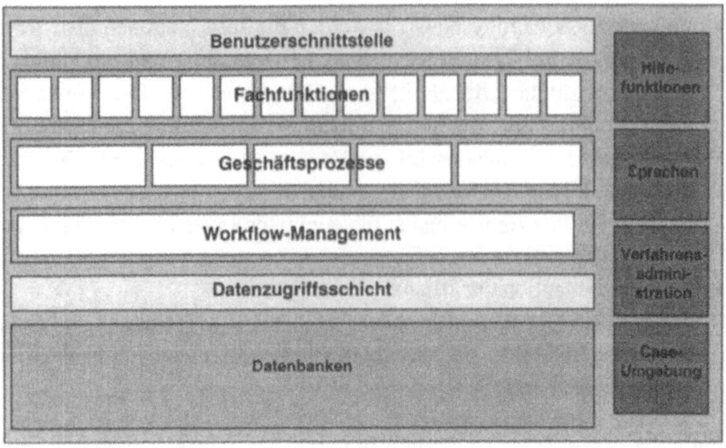

Abb. 4: Struktur moderner Anwendungssoftware

Wenn das Ziel angestrebt wird, zwischen den verschiedensten Anwendungen den medienbruchfreien Austausch von Informationen zu ermöglichen, müssen Hardware und Software vereinbarten Strukturen genügen, die über standardisierte Schnittstellen miteinander verknüpfbar sind - siehe Abbildung 4.

Software, die dieser Struktur genügt, ist am ehesten geeignet, die Reformanstrengungen der Kommunalverwaltungen zu unterstützen.

4.2 Softwaretrends zum kommunalen Rechnungswesen

Das kommunale Finanzwesen ist zur Zeit geprägt durch das kamerale Rechnungswesen sowie eine Kosten- und Leistungsrechnung, die insbesondere für die Gebührenkalkulation kostenrechnender Einheiten eingesetzt wird, die aber zugleich Teil eines modular aufgebauten doppischen Rechnungswesens ist. Kommunen, die sich im Rahmen des Neuen Steuerungsmodells mit Budgetierung, dezentraler Ressourcenverantwortung und Produktorientierung befassen, reichen die Möglichkeiten dieser Instrumente nicht mehr aus. Sie benötigen ein geändertes Haushaltsplanungs- und Rechnungssystem, das sich an der Neubestimmung der Anforderungen an den Informationsgehalt, an die Strukturierung und Präsentationsform der Informationen orientiert und letztlich dazu zwingt, sich auch mit der Frage: „Kameralistik oder Doppik?", also mit dem Rechnungsstil zu beschäftigen.

Immer mehr Kommunen experimentieren deshalb mit Neuerungen im Haushalts- und Rechnungswesen. Typisch für die Entwicklung sind örtliche Entscheidungen, neue „Haushaltsmanagementsysteme", flächendeckende Kosten- und Leistungsrechnung, die „optimierte Kameralistik" oder gar direkt die Doppik einzuführen.

Die Nachfrage nach geeigneter Software, die diesen Anforderungen genügt, steigt deutlich. Im folgenden werden einige zur Zeit laufende Projekte aufgezählt, ohne daß damit Vollständigkeit oder gar eine Bewertung beabsichtigt ist [7]:

- Gemeinschaftsprojekt der WIBERA und einer Reihe von Städten und Kreisen (Münster, Leverkusen, Hildesheim, Waldkirch, Kreis Borken und andere): „Kosten- und Produktmanagement - KPM".
- Gemeinschaftsprojekt der SAP AG und einer Reihe von Städten (Köln, Bonn, Wuppertal, Essen, Gelsenkirchen, Solingen und andere). Gegenstand des Projektes ist die gemeinsame Formulierung kommunalspezifischer Anforderungen an das Finanz- und Rechnungswesen. Ziel der SAP AG ist es, auf der Grundlage von R/3 ein Programm zum kommunalen Haushalts- und Rechnungswesen zu entwickeln.
- Gemeinschaftsprojekt der ifs GmbH (Informationstechnik für Systeme, eine 100 %ige Tochter des RWE), der Stadt Düsseldorf und der kommunalen Gebietsrechenzentren Iserlohn, Moers und Neuss. Grundlage des Projekts ist eine weiterentwickelte Version des Produkts „Integriertes Rechnungs- und Planungssystem" (IRP 2, früher Schumann AG) der ifs GmbH. Die zu entwickelnde Lösung soll die parallele Nutzung beider Buchhaltungssysteme (Doppik und Kameralistik) mit einer Dateneingabe und -haltung ermöglichen. Zur Zeit wird von den Beteiligten eine Machbarkeitsstudie erstellt [8].
- Stadt Wuppertal: Gemeinschaftsprojekt mit der Stadt Mannheim zur Entwicklung eines neuen Personenkontenverfahrens als Baustein für eine neue integrierte Lösung zur Technikunterstützung des Haushalts-, Kassen- und Rechnungswesens in Großstädten. Im Vorfeld der Kooperation beider Städte hat die Stadt Wuppertal durch eine methodische Vorgehensweise auf der Basis eines Daten- und Funktionenmodells Branchensoftware und kommunale Lösungen auf ihre Eignung für das HKR der Stadt Wuppertal untersucht.
- Stadt Mannheim: Neben dem Gemeinschaftsprojekt mit der Stadt Wuppertal hat die Stadt Mannheim das Projekt „Informationssystem Neues Steuerungsmodell" (NESSY) aufgesetzt. Ziel dieses Projektes ist es, den Umbau der Verwaltung im Sinne des Neuen Steuerungsmodells umfassend durch ein modular aufgebautes Informationssystem zu unterstützen. Vorgesehen bzw. bereits realisiert sind zunächst die Module „Produktbeschreibung", „Kosten- und Produktmanagement", Controlling", „Informationen zum Unternehmen Stadt" und „Strukturinformationen zur Region".
- Die Datenzentrale Schleswig-Holstein bietet mit ihrem Finanzinformationssystem ein umfassendes „klassisches" Verfahren für das öffentliche Finanzwesen auf Client-Server-Basis an. In Projekten mit schleswig-holsteinischen Kommunen wurde dies ergänzt durch ein Modul, das die Budgetierung unterstützt, sowohl im Bereich der Haushaltsplanung als auch

für Controlling und Berichtswesen. Integrativer Bestandteil des Finanzinformationssystems ist ein Modul zur Kosten- und Leistungsrechnung.

- Die Landeshauptstadt München entwickelt gegenwärtig für ihre Verwaltung ein neues Rechnungswesen auf der Basis der kaufmännischen Buchführung. Der Weg geht über ausgewählte Pilotvorhaben. Die Entwicklung schließt notwendigerweise die Konzeption und Vorbereitung des angestrebten gesamtstädtischen Verfahrens mit ein.
- Stadt Duisburg: Für den „optimierten Regiebetrieb" Entsorgungsbetriebe wurde eine doppelte kaufmännische Buchführung (mit Unterstützung und auf der Basis des bei den Stadtwerken laufenden SAP-Programms) eingeführt.
- Stadt Oberhausen: Die Stadt Oberhausen führt für die Gesamtverwaltung ein SAP R/3-gestütztes kaufmännisches Rechnungswesen ein. Insofern wird die Kameralistik komplett abgelöst; sie wird allerdings über einen Umsteigeschlüssel in ihrer Grundstuktur für finanzstatistische Zwecke weiterhin abgebildet. Das Projekt umfaßt die Teilmodule Finanz- und Anlagenbuchhaltung, Kostenrechnung/Controlling und Materialwirtschaft.
- Stadt Wiesloch: Im Auftrag des Landes Baden-Württemberg wird in Wiesloch im Rahmen eines Modellprojektes zur Neugestaltung des Haushalts- und Rechnungswesens ein Rechnungssystem auf doppischer Grundlage eingeführt. Als Software-Produkt kommt R/3 der SAP AG zum Einsatz.
- Die Stadt Passau führt derzeit in 21 Bereichen der Verwaltung parallel zur kameralistischen eine kaufmännische doppelte Buchführung durch. Hierzu bedient sie sich einer Standardsoftware zur Finanzbuchhaltung, welche auf PC-Ebene eingesetzt wird.
- Die Stadtgemeinde Salzburg (A) setzt das Verfahren „Betriebswirtschaftlich-kameralistisches Finanzsystem (BKF)" ein. Dieses Verfahren stellt eine gemeinsame Entwicklung der Stadt Salzburg und des Rechenzentrums Habeler, München dar. Es handelt sich um ein Verfahren, welches bei einfacher Dateneingabe sowohl die kamerale als auch die doppische Finanzbuchhaltung unterstützt und abbildet.

4.3 Data Warehouse-Konzepte zur Verbesserung der Führung

Für die Steuerung des Gesamtsystems Kommunalverwaltung wie für die Steuerung einzelner Fachbereiche werden Steuerungsinformationen benötigt, die einerseits aus dem operativen Geschäft der Verwaltung abzuleiten sind, andrerseits aber auch „von außen" erhoben und aufbereitet werden müssen. Die Informationsversorgung erfolgt im Rahmen eines einzurichtenden Informationsmanagements. Das datentechnische Fundament ist die Einrichtung und der Betrieb eines Data Warehouse.

Gespeicherte Daten binden erhebliches Kapital, das nicht nur für operationale Zwecke, sondern auch für die Steuerung der Verwaltung genutzt werden muß. Auf der Grundlage eines verwaltungsweiten Datenmodells wird aus den Daten des automatisierten Verwaltungsvollzugs, daneben auch aus Daten, die aus externen Quellen ermittelt werden, schrittweise ein „Strategischen Informationssystem“ (SIS) [9] aufgebaut. Unter Federführung der Statistikstelle der Stadt Köln wurde ein solches SIS inzwischen als Planungs- und Führungsinformationssystem realisiert und befindet sich im praktischen Einsatz.

Die Daten aus den verschiedensten Anwendungen können für die Zwecke des Data Warehouse deshalb zusammengeführt werden, weil

- standardisierte und plausibilisierte Daten und Schlüssel,
- ein mehrdimensionales Datenmodell und
- ein umfassendes Metadatensystem, in dem neben den technischen auch detaillierte fachliche Hinweise gegeben werden,

bereitstehen. Die heute verfügbare Version ist geeignet, nicht nur die strategische Informationsbasis einer Kommunalverwaltung systematisch aufzubauen, zu pflegen sowie flexibel und schnell für unterschiedliche Informationsanforderungen auszuwerten. Sie bildet zugleich den Kern eines stadt- bzw. unternehmensweiten Informationsmanagements.

4.4 Workflow-Management

Nachdem jetzt bis auf wenige Teilbereiche für alle kommunalen Produkte die Produktbeschreibungen vorliegen [10], werden sich die Anstrengungen der Verwaltungen auf die Optimierung der produktbezogenen Geschäftsprozesse konzentrieren. Dieser Teilaspekt des Neuen Steuerungsmodells wurde bisher nur in Einzelfällen angegangen und realisiert, läßt jedoch erhebliche Rationalisierungspotentiale erwarten. Die dazu notwendige informationstechnische Unterstützung im Rahmen eines Workflow-Managements umfaßt unterschiedliche Komponenten wie Dokumentenmanagement, elektronische Post, Volltextrecherche in Informationsdatenbanken, aktuellen Zugriff auf die zentralen Informationsbasen in der Verwaltung. Es zielt auf die Unterstützung mehr oder weniger stark strukturierter Geschäftsprozesse.

Hier soll lediglich auf ein inzwischen realisiertes Projekt der Stadt Bornheim hingewiesen werden [11], das die Prozesse der städtischen Gebäudeverwaltung mit einem Workflow-System unterstützt. Bemerkenswert ist, daß auch Daten aus bereits seit langem laufenden Verfahren integriert werden, u.a. aus dem kommunalen Finanzwesen. Die Grundlage wurde dadurch gelegt, daß die Prozesse, die bei der Verwaltung der städtischen Gebäude anfallen, zunächst systematisch erfaßt und beschrieben wurden. Nach Analyse und Optimierung werden inzwischen die Prozeßabläufe mit Hilfe einer am Markt angebotenen Workflow-Software routinemäßig unterstützt.

5 Zusammenfassung

Die Reform der Öffentlichen Verwaltung hat ihren Ausgangspunkt im Kommunalbereich, wo Städte, Gemeinde und Kreise zunehmend als Dienstleistungsunternehmen im Rahmen des „Neuen Steuerungsmodells" agieren. Ziel ist die outputorientierte Steuerung der Verwaltung auf der Basis kommunaler Produkte. Dazu ist die gezielte Nutzung insbesondere von in der Verwaltung intern vorhandenen, d.h. gespeicherten Informationen unverzichtbar. Auf der Grundlage von Informationen, die für die Verwaltungsführung, aber auch für die Führung von Fachbereichen oder Ämtern zeitnah und am rechten Ort zur Verfügung stehen, läßt sich der Prozeß der Steuerung erfolgreich verwirklichen. Deshalb ist jede Verwaltung, die das Neue Steuerungsmodell umsetzen will, auf die Bereitstellung solcher Informationen angewiesen: Die interne Informationsversorgung erhält zunehmende Bedeutung.

Dazu sind die Voraussetzungen zu schaffen:

1. Die informationstechnische Infrastruktur soll weitgehend die medienbruchfreie Bereitstellung der relevanten Informationen sicherstellen - diese Aufgabe ist von der DV-Stelle wahrzunehmen.

2. Die Verwaltung muß wissen, welche Informationen tatsächlich vorhanden und ggf. bereitgestellt werden können. Es wird empfohlen, ein verwaltungsweites Informationsmanagement einzuführen.

Mit der Steuerung neuer Art sind die Voraussetzungen geschaffen, die Geschäftsprozesse neu zu organisieren mit informationstechnischer Unterstützung zu optimieren.

Literaturverzeichnis

[1] KGSt-Bericht Nr. 5/1993 „Das Neue Steuerungsmodell - Begründung, Konturen, Umsetzung" und
KGSt-Bericht Nr. 10/1995 „Das Neue Steuerungsmodell - Erste Zwischenbilanz"

[2] Sander, Rolf: „Warstein: Neue Steuerung in einer mittleren Gemeinde", in: Die Innovative Verwaltung, Heft 6/1995, S. 9ff.

[3] Gomez, Peter und Gilbert Probst: „Die Praxis des ganzheitlichen Problemlösens", Bern, Stuttgart, Wien 1996

[4] KGSt-Bericht Nr. 11/1982 „Nutzen und Einsatzbereiche der Kostenrechnung", (Teil I.1 des KGSt-Gutachtens „Kostenrechnung in der Kommunalverwaltung")

[5] KGSt-Bericht Nr. 1/1995 „Vom Geldverbrauchs- zum Ressourcenverbrauchskonzept: Leitlinien für ein neues kommunales Haushalts- und Rechnungswesen auf doppischer Grundlage“, S. 13.

[6] KGSt-Gutachten „Technikunterstützute Informationsverarbeitung“, Köln 1990

[7] siehe auch KGSt-Mitteilungen 1995, S. 87 f.

[8] Weggen, Bernd: Machbarkeitsstudie zur Weiterentwicklung des kommunalen Finanzwesens“, in: AKD Aktuell, Ausgabe 40, 1996, S. 5 ff.

[9] Amt für Statistik und Einwohnerwesen der Stadt Köln (Hrsg.): Strategisches Informationssystem SIS - Die Data Warehouse Lösung der Stadt Köln“

[10] Produktbeschreibungen wurden von der KGSt in mehreren Berichten veröffentlicht. Sie stehen über Internet zur Verfügung.

[11] Ahlers, Hans-Jürgen: „“Aktuelles Fallbeispiel: Das Bornheimer Modell“, in: VOP (Verwaltung, Organisation, Personal), Heft 3-4/1996, S. 48 ff.

SAP-Branchenlösungen für die öffentliche Verwaltung

Dr. Wolfgang Teusch
SAP AG, Walldorf

Inhalt

17. Saarbrücker Arbeitstagung Rechnungswesen und EDV 1996. Hrsg.: A.-W. Scheer. © Physica-Verlag Heidelberg 1996

1 Einleitung

SAP ist einer der führenden Anbieter betriebswirtschaftlicher Anwendungssoftware. Neben den Standardprodukten sind in den letzten Jahren für eine Reihe von Branchen Lösungen entstanden oder befinden sich in der Entwicklung. Diese branchenspezifischen Lösungen fokussieren in hohem Maße die besonderen Anforderungen der betroffenen Märkte.

Seit geraumer Zeit ist die öffentliche Verwaltung mehr und mehr ins Blickfeld gerückt. Die prekäre Haushaltslage erfordert neue Steuerungsmodelle. Darüber hinaus ist die Informationstechnologie (IT) der öffentlichen Hand meist veraltet und übersteht vielfach den Jahrtausendwechsel nicht mehr.

Der weltweite Einsatz von IS-PS (Industry Solution - Public Sector) bedingt eine Differenzierung der Erfordernisse nach Marktsegmenten. Hinzu kommen noch Landesspezifika. Im Ergebnis werden unterschiedliche Rechensysteme eingesetzt. Sie reichen von einem absolut kameralen System bis hin zum rein kaufmännisch ausgeprägten Rechnungswesen. Die Reformbestrebungen tendieren in Richtung New Public Management. IS-PS ermöglicht diesen Richtungswechsel durch einen dualen Ansatz im Rechnungswesen.

Bestehende SAP-Produkte für das Beschaffungs- und Personalwesen sowie eine ausgefeilte Kosten- und Leistungsrechnung unterstützen die Bearbeitung zentraler Aufgaben öffentlicher Verwaltungen. IS-PS erweitert diese Produktpalette um Applikationen der Haushaltsplanung, der Haushaltsbewirtschaftung, der Stellenwirtschaft, des Kassenwesens und des Jahresabschlusses.

Jede der einzelnen SAP-Komponenten stellt für sich ein modernes und leistungsfähiges IT-Produkt dar, das auch isoliert eingesetzt spürbar die Produktivität der betroffenen Organisationsebenen erhöht. Jedoch erst die Integration dieser Anwendungskomponenten erlaubt es, einzelne Arbeitsschritte über organisatorische Grenzen hinweg zu verbinden. Durchgängige Ablaufprozesse in Verbindung mit voll integrierten Workflowtechniken verkürzen die Bearbeitungs- und Durchlaufzeiten ohne auf die die notwendige Verfahrenssicherheit verzichten zu müssen [10].

Öffentliche Institutionen differieren auch wegen der räumlichen Verteilung von Verwaltungseinheiten. Solche geographischen Gegebenheiten beeinflussen die technische Systemarchitektur erheblich. Client-Server-Architekturen bieten nur eine Teillösung. Internet und Intranet eröffnen zusätzliche Möglichkeiten, den unterschiedlichen Anwenderprofilen (z.B. permanenter User, gelegentlicher User, eingeschränkter User) Rechnung zu tragen.

Die Entwicklung von Software für den Public Sector muß sich einem Bündel von betriebswirtschaftlichen und technischen Anforderungen stellen. Im folgenden werden

- die Orientierung auf inhomogene Zielgruppen
- die Anwendung unterschiedlicher Rechensysteme in öffentlichen Verwaltungen
- die Integration zentraler Anwendungen und
- die Systemarchitektur aus technischer Sicht und aufgrund von Anwendererfordernissen beleuchtet.

2 Zielgruppen von IS-PS

Um die Marktanforderungen öffentlicher Verwaltungen weltweit adäquat erfüllen zu können, differenziert SAP in der Entwicklungsplanung und -realisation nach den Bereichen

- Universitäten und Forschungseinrichtungen
- Not-for-Profit-Organisationen wie Verbände, Stiftungen, gemeinnützige Einrichtungen, Körperschaften des öffentlichen Rechts (z.B. Rundfunkanstalten) und berufsständische Selbstverwaltungen (z.B. Kammern)
- Kommunal-, Kreis- und Bezirksverwaltungen sowie öffentliche Betriebe
- Ministerien und staatliche Behörden auf Bundes- und Landesebene sowie Bundes- und Landesunternehmen.

Die genannten Bereiche nehmen unterschiedliche öffentliche Aufgaben wahr und ihre Träger unterliegen verschiedenen Rechtsformen. Beide Aspekte prägen auch die Organisationsform dieser Verwaltungsorgane. Die politische Position von Verwaltungseinheiten ist in einigen Ländern zentralistisch orientiert (etwa bei Kommunalverwaltungen in Großbritannien). In anderen Ländern (z.B. Schweiz, Österreich, Bundesrepublik Deutschland) liegen förderale Strukturen vor ([9], Sp. 1173).

Wesentliche Leistungsmerkmale eines IT-Produktes leiten sich aus der Typologie öffentlicher Aufgaben ab. Hier sind zu unterscheiden ([3], Sp. 1005)

- materielle Aspekte
    - obligatorische Aufgaben
        - originäre (geborene, notwendige) Aufgaben
        - nicht originäre (geborene) Aufgaben
    - fakultative Aufgaben

- funktionale Systematisierung
  - Art der Entscheidung
  - Art der Aufgabenerfüllung
  - Aufgabenbereiche.

Gesetze und Vorschriften verpflichten zur Aufstellung von Finanz-, Haushalts- oder Wirtschaftsplänen und legen darüber hinaus oftmals die Haushaltssystematik fest. Auch die Verfahren des Haushaltsvollzugs sind diesem Regelwerk unterworfen.

3 Rechensysteme in öffentlichen Verwaltungen

Die Diskussion um das „richtige" Rechensystem wird nach wie vor sehr vehement geführt. Auf Verwaltungskongressen in der Bundesrepublik wird die Kameralistik regelmäßig als das wesentliche Rechensystem hervorgehoben. Andere Vertreter favorisieren die Doppik. Der Diskussionsstand der einzelnen Verwaltungsebenen in der BRD ist sehr unterschiedlich. Im kommunalen Bereich wird der Übergang zu einem kaufmännischen Rechnungswesen stark propagiert.

SAP geht von einer Koexistenz kameraler und doppischer Ansätze im Rechnungswesen aus. Da auch die Verwaltungseinheiten keinen abrupten Wechsel verkraften, sondern eher einen gleitenden Übergang von der Kameralistik zur Doppik vornehmen möchten, muß für die Zwischenzeit das DV-System Mischformen unterstützen.

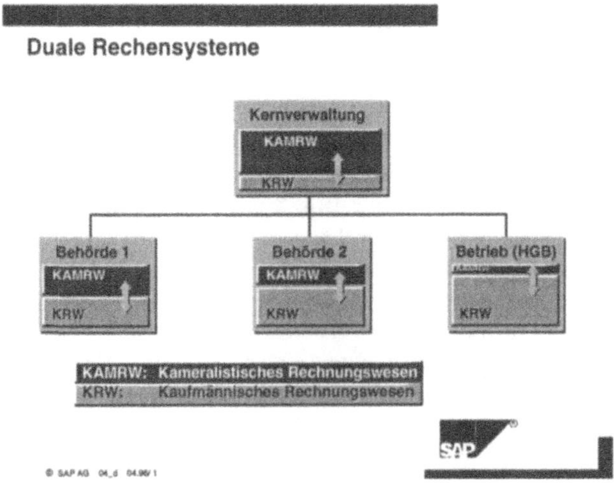

Unabhängig von der dargestellten Problematik enthält jedes Haushaltsmanagementsystem kamerale Bestandteile. Dies sind vor allem die Budgetrechnung, sowie die Obligorechnung für Mittel(vor)-Bindungen. Die Erfassungen von Geschäftsvorfällen, die in diesen Bereichen auftreten, sind von ihrem Anwendungscharakter her einseitige Buchungen. Wird beispielsweise ein Auftrag in Form einer Bestellung vergeben, so interessiert aus Haushaltssicht, ob das Budget auf der betreffenden Budgetposition (z.B. Haushaltsstelle, Titel) noch ausreicht. Daher genügt es, einseitig das verbrauchte Budget fortzuschreiben. Auch das Beschaffungswesen benötigt zur Abwicklung der Bestellung keine Gegenbuchung.

In der Regel ist die Obligorechnung nicht in das kaufmännische Rechnungswesen integriert, jedoch elementarer Bestandteil der Kameralistik. Es gibt jedoch Ausnahmen. Öffentliche Verwaltungen auf Bundesebene der USA wickeln sowohl die Budgetverwaltung als auch die Obligorechnung komplett über das General Ledger ab (vgl. [4], S. 480ff).

Für die beiden genannten Anwendungsbereiche ist der Einsatz der Kameralistik vorteilhaft und einfach in der Handhabung. Allerdings konzentriert sich dieses Rechnungswesen auf die finanzwirtschaftliche Sphäre. Der Blick ist auf die Entwicklung von Einnahmen und Ausgaben gerichtet. Eine Kosten- und Leistungsrechnung sowie ein auf den Realgüterprozeß ausgerichtetes Controlling- und Informationssystem sind mit der Kameralistik nicht möglich.

SAP hat sich mit einer Entwicklungsstrategie unmittelbar an den Bedürfnissen des internationalen Marktes orientiert. Nur die Symbiose von kameralen und doppischen Elementen in einem umfassenden Rechnungswesen bieten dem Anwender die notwendigen Vorteile:

- Vermeidung von Systembrüchen bei der Einführung der SAP-Produkte
- kontinuierliche Erweiterung der DV-Landschaft durch Integration weiterer Komponenten (z.B. Kosten- und Leistungsrechnung, Projektsystem)
- evolutionärer Umbau der Organisation
- Aufstellung von Bilanz sowie Gewinn- und Verlustrechnung für selbständige Verwaltungseinheiten
- Aufbau eines Drei-Komponenten-Rechnungssystems, bestehend aus einer Vermögens-, Finanz- und Ergebnisrechnung (vgl. [5], S. 463f)

4 Integrative Anwendungssoftware

4.1 Die Ausgangslage

Öffentliche Verwaltungen müssen sich für die Herausforderungen des Wandels rüsten. Langwierige Vorgangsbearbeitungen. hohe Personalkosten, wenig Ablauf- und Kostentransparenz und unzureichende Basisdaten benennen fundamentale Probleme heutiger Verwaltungen (vgl. [8], S. 12). Hinzu kommen externe Probleme empfindlich geschrumpfter finanzieller Spielräume, dynamischer und komplexer „Gesellschaften mit gewandelten Wertvorstellungen ihrer Bevölkerung und mit einer globalisierten, also flüchtiger gewordenen Wirtschaft" ([7], S. 32).

Unter dem Stichwort „New Public Management" („Neue Steuerungsmodelle") werden sowohl Ziele als auch Methoden und Instrumente zusammengefaßt, um der Problemsituation öffentlicher Organisationseinheiten besser begegnen zu können.

SAP verbindet mit dem System R/3 Verwaltungsabläufe zu integrierten Prozessen. Die Organisation wird an den Abläufen konsequent ausgerichtet. Business Process Reengineering-Maßnahmen helfen funktionsorientierte Arbeitsteilung abzulösen und sie durch ganzheitliche Verwaltungsprozesse zu ersetzen.

Das Leistungsspektrum des Systems R/3 reicht vom Haushaltsmanagement, dem Personalwesen und der Stellenwirtschaft, dem Beschaffungswesen bis hin zur Anlagenwirtschaft, der Immobilienverwaltung und dem Treasury Management. Controlling, Projektmanagement und Instandhaltung komplettieren die SAP-Produktpalette zu einer wirkungsvollen Gesamtlösung.

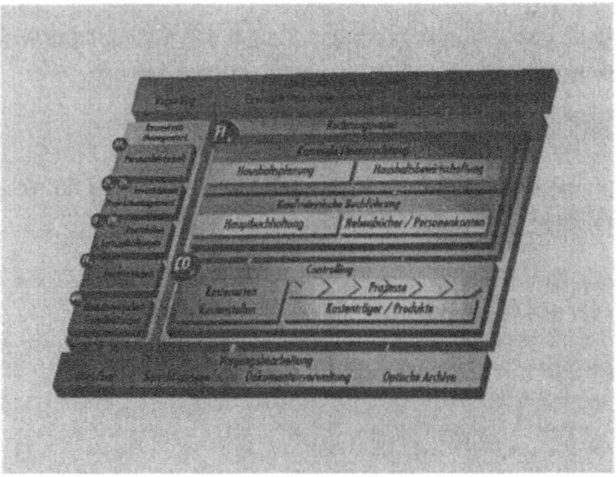

4.2 Entitäten des Haushaltsmanagementsystems

Haushaltsmanagementsystem: Die kamerale Finanzrechnung gliedert sich in die Haushaltsplanung und -bewirtschaftung. Die zentralen Entitäten im Datenmodell des Systems R/3 zur Planung und Steuerung des Haushalts sind (vgl. [11], S. 98f.) :

- *Finanzpositionen*: Sie dienen der sachlichen Gliederung des Bugets und repräsentieren in den einzelnen Marktsegmenten von IS-PS die Haushaltssystematik (z.B. Haushaltsstelle bei Kommunen, Titel bei Bundes- und Landesverwaltungen, Rubrik bei Bundesverwaltungen der Schweiz, ligne budgetaire in Frankreich).

- *Finanzstellen*: Sie integrieren die Verwaltungsorganisation in dem Prozeß der Haushaltsplanung und Budgetkontrolle. Finanzstellen erlauben, die Budgetverantwortung zu delegieren und damit zur Dezentralisierung der Ressourcenverantwortung beizutragen.

- *Fonds*: Sie verkörpern zeitlich und sachlich abgegrenzte, zweckgebundene Finanzmittel. Nach ihrer Herkunft sind dies Eigen- oder Fremdmittel. Fonds dienen häufig auftragsbezogener Projekte. Bei Universitäten und Forschungseinrichtungen in den USA und Kanada decken zahlreichen Fonds einen Großteil der Ausgaben ab.

Diese drei Entitäten sind in der Praxis nicht frei kombinierbare Strukturdimensionen, sondern sie sind mehr oder minder eng miteinander verbunden. Daher werden die erlaubten Kombinationen durch Relationen miteinander verknüpft und zu einem *Budgetstrukturplan* zusammengefaßt. Seine Elemente sind die zentralen Business-Objekte im Haushaltsmanagementsystem der SAP. Mit dem Budgetstrukturplan läßt sich die bisher allzu hierarchisch orientierte Kästchen-Struktur umgestalten zu einer Mischform nach dem Motto: Zentrale Budgetkontrolle so weit wie nötig, lokale Budgetverantwortung so weit wie möglich. (zu Einzelheiten vgl. [11], S.99f.).

4.3 Personalwesen und Stellenwirtschaft

Das Personalwesen (HR) garantiert eine zuverlässige Planung und Organisation von Personalstellen. Diese SAP-Komponente verwaltet Personendaten (z.B. Dienstart, Besoldungsdienstalter), erfaßt und kontrolliert die Zeitdaten und führt die Personalabrechnung nach unterschiedlichen Tarifen und Sonderregelungen (z.B. Lohnfortzahlung, Krankenkassenzuschüsse, Entgelt für Rufbereitschaft und Bereitschaftsdienste) durch.

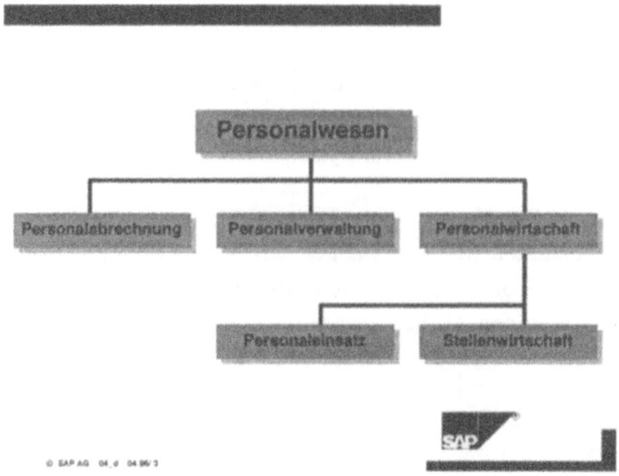

Die Durchgängigkeit der Geschäftsprozesse bezieht direkte Verbindungen mit Anwendungen außerhalb der Personalwirtschaft ein. So werden die Personalaufwendungen verursachungsgerecht auf Kostenstellen / innerbetrieblichen Aufträgen / Projekten und zum Zweck der Budgetkontrolle differenziert im Haushalt fortgeschrieben.

Das zentrale Bindeglied zwischen dem Personalwesen und dem Haushaltsmanagementsystem bildet die Anwendungskomponente Stellenwirtschaft. Terminologisch sind hier zwei Aspekte zu trennen:

a) Stelle kann die Zusammenfassung von Aufgaben und Anteilen einer Person und deren Einbettung in die Organisation bedeuten. Hier sprechen wir von *Organisationsstelle*. Man verwendet auch den Terminus „Dienstposten" ([12], S. 201).

b) Stelle kann auch das Bündel aller haushaltsrechtlichen Regularien für eine Person und die Verankerung im Haushaltsplan meinen. Zur Unterscheidung verwenden wir dann den Ausdruck „Personalstelle". Haushaltsmittel für eine Personalstelle seien als Stellenmittel bezeichnet (vgl. [12], S. 205).

Die Personalstellen werden hierarchisch angeordnet, beginnend mit *Einzelstellen* und der sukzessiven Verdichtung zu Stellengruppen. Im Rahmen der Haushaltsplanung und -bewirtschaftung kann die Budgetverwaltung in diesem hierarchischen Gefüge mengenmäßig (wieviel Köpfe? , Stundenbasis) und wertmäßig (wieviel Finanzmittel?) erfolgen. Budgetrestriktionen bei Stellengruppen verhindern dann die Besetzung aller Einzelstellen. Die Voranschläge zum Entwurf des Haushaltsplanes können nach dem Normal- oder dem Globalsummenverfahren aufgestellt werden.

Die Integration des Systems R/3 verbindet alle Prozesse zwischen dem Personalwesen und der Stellenwirtschaft. So werden DV-Lösungen zur Unterstützung von Personalanforderungen und Stellenausschreibungen, Bewerbungsabwicklung und Einstellungen, Versetzungen, Umsetzungen und Abordnungen ebenso angeboten wie für die Planung und Verwaltung von Personalabgängen, Beförderungen, sowie Höher- und Herabgruppierungen. Überstundenanordnungen, Vertretungseinsatz und die Abwicklung von Fort- und Weiterbildungsmaßnahmen runden das Leistungsspektrum ab.

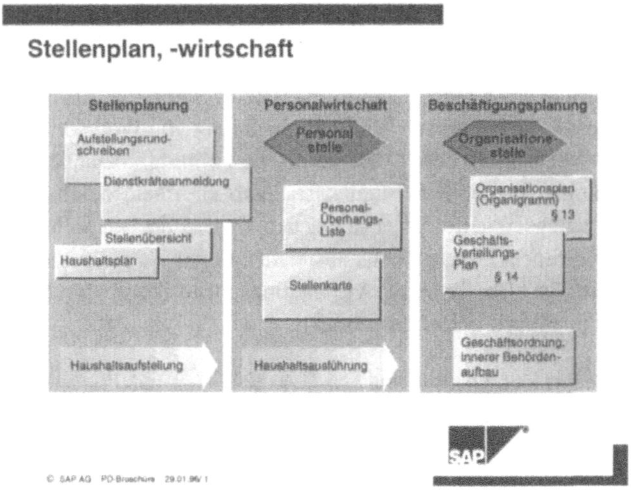

Der Verbrauch von Stellenmitteln wird durch die Verfügbarkeitskontrolle ex ante und ex post aktiv überwacht. Die angebotene Funktionalität umfaßt

- den Nachweis über Mittelzuteilung und -verbrauch aller Personalstellen.
- die laufende Entwicklung des Mittelverbrauchs durch Hochrechnung
- die besondere Kontrolle des Mittelverbrauchs bei zweckgebundenen Personalausgaben durch eine Prüfung gegen relevante Einnahmenpositionen (unechte Dekkungsfähigkeit).
- eine aktive Budgetkontrolle aller Vorgänge, die für die Stellenwirtschaft relevant sind. Hierzu zählen insbesondere Personalanforderungen, Einstellungen, Versetzungen, Beförderungen, Überstundenanordnungen, Reisekostenanträge sowie Anträge zu Weiter- und Fortbildungsmaßnahmen.

4.4 Controlling

Im Rahmen des New Public Management wird gefordert, das externe, finanzorientierte Rechnungswesen durch ein internes, management-orientiertes Rechnungswesen zu ergänzen (vgl. [1], S. 163). Fortschrittliche Controllingverfahren und -methoden basieren auf einer Kosten- und Leistungsrechnung. Begonnen wird mit der Etablierung einer flächendeckenden Kostenarten- und Kostenstellenrechnung. Ausgefeilte Planungsmethoden, Verfahren zur Umlage und Verteilung von Kosten, Instrumente zur Bewertung und Verrechnung innerbetrieblicher Leistungen, Kostenabgrenzungen und die Ermittlung kalkulatorischer Kosten machen die Kosten transparent, decken unplanmäßige Kostenentwicklungen auf und schaffen ein Kostenbewußtsein. Damit sind die entscheidenden Grundlagen des Gemeinkostencontrollig gelegt.

Eine weitere Ausbaustufe eines Controllingsystems stellt die Kostenträgerrechnung dar. Sie stellt Kosteninformationen für die Preisbildung von Produkten und Leistungen der öffentlichen Verwaltung bereit. Die politische Führungsebene hat dann die geforderten Informationen in der Hand und kann dann entscheiden, ob und in welchem Ausmaß die Leistungsentgelte die entstandenen Kosten decken sollen. Die Entscheidung, welcher Kostendeckungsgrad als ausreichend oder als politisch vertretbar angesehen wird, kann auf einer höheren Aggregationsebene durch eine Gruppierung von Produkten und Leistungen getroffen werden.

Die Problematik der Zurechenbarkeit von Gemeinkosten auf Produkte und Dienstleistungen läßt sich durch den Aufbau einer Prozeßkostenrechnung erheblich entschärfen. Durch den Ansatz von Prozessen (activities) im Sinne der betriebswirtschaftlichen Produktionstheorie gelingt es viel besser, den Verbrauch von Sach- und Personalressourcen und die dadurch induzierten Kosten verursachungsgerecht auf die Leistungen/Produkte zu verteilen.(vgl. [6], [13]). Die Prozeßkostenrechnung baut ein System von Bezugsgrößen auf, die als Kosteneinflußfaktoren eine effektive Hilfe zur Entscheidungsfindung, Steuerung und Kontrolle moderner Verwaltungen darstellen.

4.5 Sonstige IS-PS-relevante SAP-Komponenten

Ergänzend zu den in den vorigen Abschnitten beschriebenen SAP-Anwendungen sind für öffentliche Verwaltungen noch folgende Komponenten nützlich.

Das *Finanzwesen* (FI) deckt das kaufmännische Rechnungswesen ab. Es verwaltet die Bilanz und GuV, führt wichtige Nebenkonten , wie Personen-, Anlagen- und Materialkonten und wickelt die Zahlungen ab.

Das *Treasury Management* unterstützt ein effizientes Management von Finanzanlagen, fördert durch die kurzfristige Finanzdisposition ein profitables Cash Management. Die Liquiditätssteuerung erfolgt durch kurzfristige Analysen, sowie mittel- und langfristig durch eine Finanzplanung. Schließlich optimiert Electronic Banking den Zahlungsverkehr.

Das *Investitionsmanagement* (IM) legt die Budgets von Investitionsmaßnahmen fest und gliedert sie nach Zuständigkeiten. Von dort werden die Budgets auf die Projekte verteilt, die zur Realisierung der Investitionsvorhaben eröffnet werden.

Das *Projektmanagement* (PS) verfolgt und lenkt den gesamten Ablauf von Maßnahmen: vom Angebot über Kostenvoranschläge und Kapazitätsplanung bis zur Realisierung und Abrechnung in direkter Verbindung mit dem kaufmännischen Finanzwesen und dem Haushaltsmanagementssystem.

Das *Immobilienmanagement* (IS-IS) begleitet den Kauf und die Bewirtschaftung (z.B. Vermietung) von Grundstücken und anderen Immobilien (Liegenschaften).

Mit dem *Instandhaltungssystem* (PM) wird die Instandhaltung von Gebäuden und maschinellen Anlagen gesteuert. Es verknüpft die kaufmännische Verwaltung mit der technischen Abwicklung und stellt eine detaillierte Planung und Überwachung von Terminen, Kosten, Budgets und Qualität sicher.

Die *Materialwirtschaft* (MM) reduziert Zeit- und Kostenaufwand der Einkaufsabwicklung (Beschaffungswesen), senkt mit exakter Bestandsführung und Lagerverwaltung den Beschaffungs- und Lageraufwand, verbessert die Lagersteuerung und bindet Abwicklungsprozesse in das Haushaltsmanagement ein.

5 Obligorechnung und aktive Verfügbarkeitskontrolle

Ziel einer den haushaltsrechtlichen Grundsätzen genügenden Haushaltsführung ist es, äußerste Sorgfalt bei der Tätigung von Ausgaben walten zu lassen und den Finanzrahmen des verabschiedeten Haushalts einzuhalten. Hierzu ist es erforderlich, nicht erst den tatsächlichen Verbrauch von Haushaltsmitteln zu überprüfen, sondern frühzeitig den gesamten Prozeß zu erfassen und zu verfolgen. Aus diesem Grund werden als Vorstufen auch die Mittelbindungen und -vorbindungen im kameralen Rechnungswesen erfaßt und einer Budgetkontrolle unterworfen. In der Haushaltspraxis haben sich folgende zeitlich gestaffelte Vorgänge durchgesetzt.

Mittel-reservierung	Mittel-vorbindung	Mittelbindung	Sollstellung	Iststellung
1. Stufe	2. Stufe	3. Stufe	4. Stufe	5. Stufe

Mittelreservierungen binden Budgets für noch nicht näher spezifizierte Vorhaben (z.B. Fortbildungsmaßnahmen). Dadurch ist es möglich, eine Budgetreserve zu bilden, damit der betroffene Budgettopf nicht durch andere Vorgänge erschöpft wird. Mittelreservierungen können somit auch den Charakter von Haushaltssperren haben.

Mittelvorbindungen stellen eine rein interne Mittelanforderung für ein spezifiziertes Vorhaben (z.B. Bedarfsanforderung zur Beschaffung eines PC) dar.

Die *Obligoverwaltung* setzt dann ein, wenn sich der Anwender bei der Mittelvorbindung auf eine Mittelreservierung bezieht. Es findet ein Wechsel der Obligoart statt: Der Mittelverbrauch durch die Mittelreservierung wird ganz oder teilweise aufgelöst und durch einen Mittelverbrauch aufgrund der Mittelvorbindung ersetzt.

Eine Mittelbindung (z.B. eine Bestellung) stellt einen rechtswirksamen Vorgang dar, der zum Mittelverbrauch führt. Die Obligoverwaltung arbeitet sinngemäß wie oben beschrieben, wenn ein Bezug zu einer Mittelvorbindung besteht.

Durch Toleranzgrenzen kann die aktive Verfügbarkeitskontrolle flexibilisiert werden. Mittels Toleranzen entstehen unter- und oberhalb des Budgets drei Bereiche mit unterschiedlicher Signalwirkung. Der erste Bereich hat eine Frühwarnfunktion. Sie zeigt die baldige Ausschöpfung des Budgets an. Beim zweiten Bereich ist sozusagen die Ampel schon auf gelb gesprungen: Der Vorgang ist noch buchbar; allerdings sind die Haushaltsmittel bereits ausgeschöpft. Der Budgetverbrauch liegt jedoch noch unterhalb der oberen Toleranzgrenze. Im dritten Bereich reagiert das System mit einer Fehlermeldung und der Vorgang ist nicht mehr buchbar. Der Anwender kann selbst entscheiden, ob und für welchen Bereich das System den Haushaltsbevollmächtigten automatisch per E-Mail informiert.

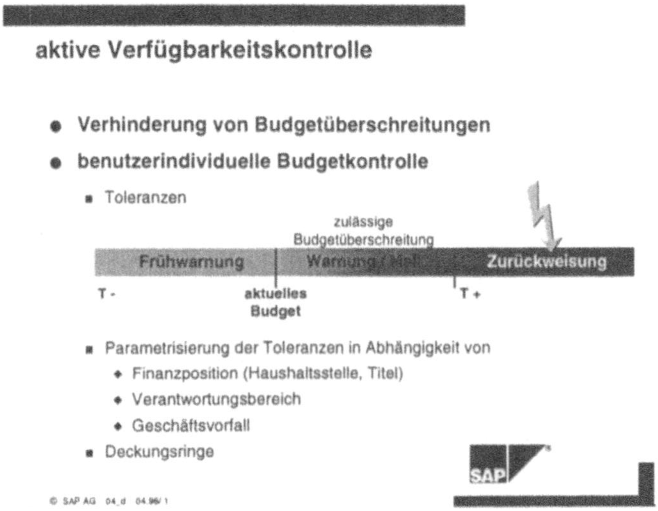

Die Toleranzen können in Form absoluter oder prozentualer Werte definiert werden. Darüber hinaus lassen sich die Toleranzen in Abhängigkeit der in Abschnitt 4.2 erläuterten Entitäten des Haushaltsmanagementsystems sowie der Art des zu erfassenden Geschäftsvorfalles festlegen.

Der Budgetstrukturplan erlaubt auch eine Globalbudgetierung. In diesem Fall weicht die sogenannte *Controllingebene* (d.h. die Ebene, wo die Budgetzuteilung erfolgt ist) von der *Kontierungsebene* (d.h. die Ebene, auf der die Buchung erfolgt) ab (vgl. [11], S. 103f).

6 Systemarchitektur und Internet

Der Trend der Dezentralisierung, die Abhängigkeit von zentralistisch orientierten Hostystemen und die geographische Verteilung von Verwaltungseinheiten sprechen für eine Client-Server-Architektur, wie sie von R/3 von Anfang an unterstützt wird.

Der Informationsaustausch erfolgt dann über lokale (LAN) und/oder weltweite Netzwerke (WAN). Die Netzwerktechnologie und -architektur haben bei vielen Unternehmen eine strategische Bedeutung. Internet ist die weltweit führende Netzwerktechnologie, die 1969 von der US-Regierung ins Leben gerufen wurde ([2], S. 7). Web Browser (z.B. Mosaic, Netscape) bieten durch graphische User Interfaces (GUI) hervorragende Möglichkeiten, durch ein Hypertextsystem Informationen im Netzwerk auszutauschen.

Durch Netzwerke wird die Notwendigkeit aufgehoben, große Organisationen an einem Standort zu konzentrieren. Internet und Intranet begünstigen die Dezentralisierung von Organisationseinheiten.

Durch Internet spielt (z.B. für die Vorgangsbearbeitung) der Standort des Sachbearbeiters eine untergeordnete Rolle. Denn per Netz lassen sich für einen effizienten Ablauf bequem geeignete virtuelle Organisationsformen aufbauen. Werden solche Möglichkeiten konsequent genutzt, kann der Bearbeitungsdurchsatz gesteigert werden, ohne Qualitätsverluste in Kauf nehmen zu müssen.

Welche Vorteile bietet eine Verbindung R/3 mit Internet für öffentliche Verwaltungen? In der Regel wird man von einer sehr inhomogenen Infrastruktur der Hard- und Software ausgehen können. Darüber hinaus sind die Anforderungsprofile der Anwender sehr unterschiedlich. Allein schon aus Kostengründen erscheint es nicht sinnvoll, jedem Anwender die gleiche Software zur Verfügung zu stellen, unabhängig davon, ob er sie permanent oder nur gelegentlich nutzt.

Werden nun via Internet Anwendungsszenarien auf die Userprofile zugeschnitten, so gelingt eine bessere Skalierbarkeit und Adaption der Systemarchitektur als dies mit Client-Server-Strukturen allein möglich ist. Hier ergeben sich sowohl bei der Hardware als auch bei den Lizenzen für Software Kosteneinsparpotentiale.

Vorteile der Internetanbindung sind:

- die Verfügbarkeit rund um die Uhr
- die einfache graphische Bedienung über Mausklick und einfache Formulare (Erfassungsmasken)
- zahlreiche Suchmöglichkeiten und die Informationstiefe
- Zugang zu Geschäftsanwendungen auf Systemen mit unterschiedlicher technologischer Basis.

SAP entwickelt fortlaufend Programmschnittstellen für betriebswirtschaftliche Anwendungen, sog. BAPIs (Business Application Programming Interface). Damit kann der Internet-Nutzer bequem auf die Softwareanwendungen von SAP zugreifen.

Bestehende oder geplante R/3-Anwendungen im Internet sind:

- Statusprüfung
- Kreditlimitprüfung
- Electronic Banking
- Budgetfreigabe
- Mittelbindungen und -vorbindungen
- Kreditkarten, digitales Geld
- Reisekosten
- Fakturierung.

7 Zusammenfassung

IS-PS ist ein Querschnittsprodukt innerhalb der SAP-Software und deckt Kernanwendungen der öffentlichen Verwaltungen ab. Die Integration der einzelnen Module schafft durchgängige Geschäftsprozesse, beschleunigt damit die Bearbeitungszeiten und liefert jederzeit aktuelle Informationen.

Der duale Ansatz im Rechnungswesen schafft neue Perspektiven, heterogene Organisationsformen von kameral und doppisch geführten Verwaltungseinheiten unter einem Dach zu konsolidieren. Das dualistische Modell unterstützt ferner die heutigen Reformbestrebungen, ohne Systembruch mit einer evolutionären Strategie verstärkt Controllingstrukturen einzuführen.

SAP-Anwendungen im Internet und Intranet ermöglichen flexiblere Organisationsformen und adaptieren besser die unterschiedlichen Nutzerprofile.

Schließlich führen die Weiterentwicklungen im Personalwesen und in der Stellenwirtschaft zu einem Leistungsspektrum, mit dem sich sowohl das Personalmanagement als auch die Planung, Disposition und Kontrolle des stets umfangreichen und daher kritischen Personalhaushalts effizient gestalten läßt.

Literaturverzeichnis

[1] Buschor, E. und Lüder, K.: Thesen zur künftigen Gestaltung des öffentlichen Rechnungswesens, in: Lüder, K. (Hrsg.): Öffentliches Rechnungswesen 2000, Berlin 1994, S. 163 - 188.

[2] Cameron, D.: Implementing the Internet for Business. Charleston 1995.

[3] Erhardt, M.: Öffentliche Aufgaben, in: Chiemelewiez, K. und Eichhorn, P. (Hrsg.): Handwörterbuch der öffentlichen Betriebswirtschaft. Stuttgart 1989, Sp. 1003 - 1011.

[4] Hay, L.E. und Wilson, E.R.: Accounting for Governmental and Nonprofit Entities. 10. Auflage, Chicago et al. 1995

[5] Lüder, K.: Das neue öffentliche Rechnungswesen - Konturen einer Reform, in: Scheer, A.-W. (Hrsg.): Rechnungswesen und EDV, 16. Saarbrücker Arbeitstagung, Heidelberg 1995.

[6] Reichmann, Th. und Haiber,Th.: Kommunales Ziel- und Ressourcen-Controlling, in: Controlling 1994, Nr. 4, S. 184 - 195.

[7] Reinermann, H.: Zum WAS und WIE der Neuen Steuerungsmodelle, in: Scheer, A.-W. und Friederichs, J. (Hrsg.): Innovative Verwaltungen 2000. Wiesbaden 1996, S. 31 - 40.

[8] Scheer, A.-W., Nüttgens,M. und Zimmermann,V.: Business Process Reengineering in der Verwaltung, in: Scheer, A.-W. und Friederichs, J. (Hrsg.): Innovative Verwaltungen 2000. Wiesbaden 1996, S. 11 - 30.

[9] Siedentopf, H.: Öffentliche Verwaltungen in EG-Ländern, in Chiemelewiez, K. und Eichhorn, P. (Hrsg.): Handwörterbuch der öffentlichen Betriebswirtschaft. Stuttgart 1989, Sp. 1173 - 1185.

[10] Teusch, W.: Workflow-gestützte Vorgangsbearbeitung in öffentlichen Verwaltungen, in: Scheer, A.-W. (Hrsg.): Rechnungswesen und EDV, 16. Saarbrücker Arbeitstagung, Heidelberg 1995.

[11] Teusch, W.: Budgetplanung und -kontrolle von Nonprofit-Organisationen, in: Scheer, A.-W. und Friederichs, J. (Hrsg.): Innovative Verwaltungen 2000. Wiesbaden 1996, S. 93 - 104.

[12] Wiesner, H.: Öffentliche Finanzwirtschaft I - Haushaltsrecht. 9. Auflage, Heidelberg 1992.

[13] Zimmermann, G. und Grundmann, R.: Die Prozeßkostenrechnung als Instrument zur Wirtschaftlichkeitskontrolle und Preisbegründung in der öffentlichen Verwaltung, in: Scheer, A.-W. und Friederichs, J. (Hrsg.): Innovative Verwaltungen 2000. Wiesbaden 1996, S. 105 - 117.

Von der Verwaltung zum Dienstleister im Wettbewerb: Controllinginstrumente in der AOK

Dr. Dietmar Krischausky
AOK-Bundesverband, Bonn

Inhalt

17. Saarbrücker Arbeitstagung Rechnungswesen und EDV 1996. Hrsg.: A.-W. Scheer.

1 Das Unternehmen

Die AOK ist die größte deutsche Krankenversicherung mit einem Marktanteil von insgesamt 42 %. Zur Zeit sind 22 Mio. Erwerbstätige und Rentner Mitglieder der AOK, zusammen mit den Familienangehörigen ergibt sich eine Zahl von 30 Mio. Menschen, die bei der AOK versichert sind. Bezogen auf die gesamte deutsche Bevölkerung sind damit über ein Drittel der Deutschen Kunden der AOK.

Die AOK rechnet die Leistungen für ihre Versicherten mit über 300.000 Vertragspartnern, also Ärzten, Apotheken, Krankenhäusern und sonstigen Leistungserbringern, ab. Der Beitragseinzug und die Übernahme von Lohnersatzleistungen im Krankheitsfall erfolgt in Zusammenarbeit mit etwa 1 Mio. Arbeitgebern. Seit 1995 übernimmt die AOK als Pflegekasse zusätzlich Leistungen für ambulante und -seit dem 01.07.1996 - für stationäre Pflege. In Zusammenarbeit mit Ärzten, medizinischen Diensten und Arbeitgebern werden darüber hinaus vielfältige Leistungen zur gesundheitlichen Prävention und Vorsorge angeboten. Der Umsatz der AOK in Deutschland belief sich 1995 insgesamt auf 107 Mrd. DM.

Abb. 1: Das Unternehmen AOK

Die AOK ist in 20 selbständige AOKs gegliedert, die überwiegend auf Landesebene als regionale Krankenkassen tätig sind. 70.000 Mitarbeiter sichern in über 2.000 Geschäftsstellen das engmaschige Netz einer dezentralen und regionalen Gesundheitsversorgung. Der AOK-Bundesverband vertritt als Spitzenverband die Gesamtinteressen und definiert die übergeordnete Strategie des AOK-Systems.

Eine Versicherung dieser Größenordnung muß auf eine leistungsfähige Informationsverarbeitung aufbauen. In der AOK werden alle Geschäftsvorfälle durch ein integriertes Anwendungssystem ('IDVS II') unterstützt, das aus den Kernbereichen Mitgliederbestandsführung, Beiträge, Leistungen und Finanzwesen besteht. Das Anwendungssystem umfaßt 4.800 Sourcen mit zusammen über 5 Millionen Lines of Code. Die technologische Architektur basiert auf überwiegend batchorientierten Hostanwendungen in der Programmiersprache COBOL. Das Anwendungssystem wird in der AOK von insgesamt 50.000 Mitarbeitern genutzt, die DV-Produktion erfolgt in zur Zeit noch 15 Rechenzentren.

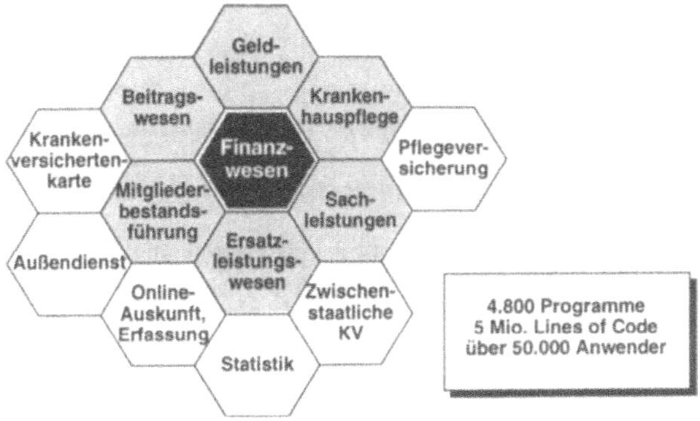

Abb. 2: Das Anwendungssystem IDVS II der AOK

Die Zahl der Rechenzentren, die vor wenigen Jahren noch bei mehr als 60 lag, soll sukzessive auf 4 Rechenzentren verringert werden. Das bestehende Anwendungssystem wird gegenwärtig Schritt für Schritt durch Client-Server-Anwendungen ergänzt und abgelöst, bei denen die gegenwärtige monolithische Hostanwendung durch eine Drei-Schichten-Applikation (Daten, Verarbeitung, Präsentation) ersetzt wird (Produktname: 'AOK/ISY').

2 Von der Verwaltung zum Dienstleister im Wettbewerb: Die unternehmerische Herausforderung

Das Ende 1992 verabschiedete Gesundheitsstrukturgesetz hat für die gesetzliche Krankenversicherung eine ordnungspolitische Strukturreform eingeleitet. Während bislang nur einem Teil der Versicherten der Wechsel der Krankenversicherung möglich war, können ab 1996 alle Versicherten zu jeder gesetzlichen Krankenversicherung (mit Ausnahme der Betriebskrankenkassen) wechseln. Die feste Zuweisung von Versicherten zu sogenannten 'Primärkassen' (wie die AOK) entfällt und wird durch das freie Wahlrecht des Versicherten abgelöst. Um den freien Wettbewerb der Krankenkassen um die Versicherten mit dem Solidarprinzip der gesetzlichen Krankenversicherung zu verknüpfen, werden parallel Mechanismen geschaffen, die auch den schlechten Risiken den Zugang zu einer gleichwertigen und kostengünstigen Krankenversicherung ermöglichen sollen. Dies sind zum einen der Kontrahierungszwang, der jedem Versicherten den Wechsel zur Krankenkasse seiner Wahl ermöglichen soll. Zum anderen müssen die Kassen, die die sozialen Ziele der gesetzlichen Krankenversicherung (Mitversicherung von Familienangehörigen und Rentnern, gleicher Versicherungsschutz bei geringeren Beiträgen für Bezieher niedriger Einkommen) nur unterdurchschnittlich erfüllen, Ausgleichszahlungen im Rahmen eines Risikostrukturausgleiches leisten.

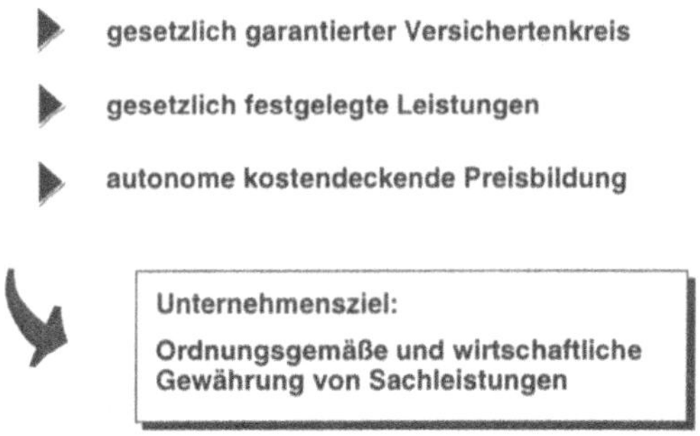

Abb. 3: Die AOK als öffentliches Versorgungsunternehmen

Die AOK als ehemalige Primärkasse ist weit mehr als die Ersatzkassen von diesem Strukturwandel betroffen. Als Primärkasse war der überwiegende Kundenkreis der AOK gesetzlich definiert und damit der AOK fest zugewiesen. Die Aufgabe des Unternehmens AOK war somit weniger der Wettbewerb um Versicherte in Konkurrenz mit anderen Krankenkassen, als vielmehr die ordnungsgemäße und wirtschaftliche Gewährung der gesetzlich vorgeschriebenen Leistungen für das zugewiesene Klientel. Dies determinierte die unternehmerische Sicht des Finanzwesens: Wenn die anfallenden Ausgaben für Versicherungsleistungen die kalkulierten Einnahmen überstiegen, wurden neue kostendeckende Preise bzw. Beitragssätze definiert. Da die Kundenstruktur nicht reagibel auf Beitragsänderungen reagierte, konnte die Beitragssetzung weitgehend autonom von Marktüberlegungen erfolgen. Das adäquate betriebswirtschaftliche Instrument für ein solches Steuerungsproblem war die klassische öffentliche Haushaltsplanung mit ihrer Einnahme- und Ausgaberechnung. Haushaltsplanung, Haushaltsdurchführung und Haushaltsüberwachung waren mithin die zentralen Werkzeuge, mit denen das Unternehmen AOK in der Vergangenheit gesteuert werden konnte.

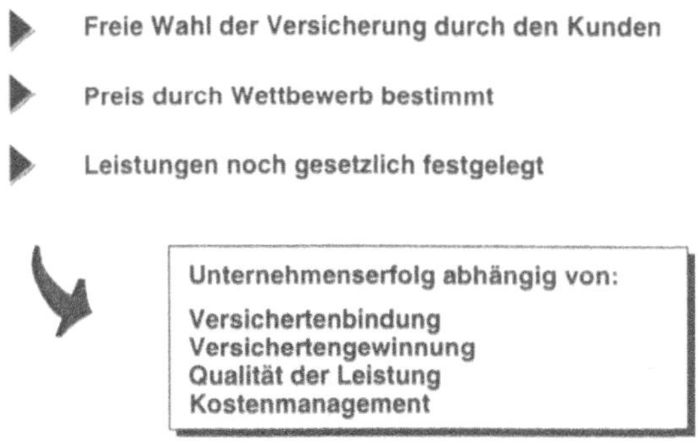

Abb. 4: Die AOK als Dienstleistungsunternehmen im Wettbewerb

In einer Wettbewerbsordnung wird ein solcher Steuerungsansatz notwendigerweise obsolet. Die autonome Preissetzung, die vorher bestenfalls durch politische Mechanismen begrenzt war, wird nun durch potentielle Abwanderungen von Kunden zu anderen Krankenkassen rigide beschränkt. Man wird davon ausgehen müssen, daß vor allem die guten Risiken schnell abwandern. Daraus ergeben sich für das Management neue Steuerungsprobleme:

- Wie kann ich bei steigenden Ausgaben durch gezieltes Kostenmanagement Beitragssatzerhöhungen vermeiden?
- Wie kann ich eine Verschlechterung der Risiko- und Kostenstruktur verhindern?
- Welche Wirkungen haben Beitragssatzsteigerungen auf die Risiko- und Kostenstruktur?

Diese Fragen verlangen nicht nur ein Umdenken in der betriebswirtschaftlichen Steuerung einer Krankenkasse. In der Praxis ist dies zuerst ein Informationsproblem, denn die benötigten Daten, die die Grundlage für solche Steuerungsentscheidungen bilden, stehen gar nicht zur Verfügung oder sind in nicht verwertbarer Form in Datenbanken vergraben. Damit wird aus dem betriebswirtschaftlichen Problem zuerst ein EDV-Problem.

3 Kostenmanagement und Marktergebnisrechnung als strategische Instrumente

In der gesetzlichen Krankenversicherung ist es kein triviales Problem, durch Kostenmanagement Beitragssatzerhöhungen zu vermeiden. Es ist vielfach moniert worden - so auch vom Bundesversicherungsamt -, daß fast alle Krankenkassen nicht über eine Kostenstellenrechnung verfügen. Natürlich liefert erst eine Kostenstellenrechnung die

Informationsbasis, in welchen betrieblichen Bereichen welche Kosten anfallen. Die Kosten, die durch den betrieblichen Leistungsprozeß verursacht werden, lassen sich damit präzise identifizieren. Allerdings kann eine Steuerung der Personal- und Verwaltungskosten in einer Krankenversicherung nicht das primäre Ziel eines Kostenmanagements sein. Denn der Anteil dieser Kostengruppe an den gesamtem Ausgaben einer Krankenkasse beträgt (in der AOK) nur 5 %, so daß eine weitgehende Beeinflussung der Gesamtkosten über die Steuerung dieser Größen kaum möglich ist.

Zentrale Parameter des Preises einer Krankenversicherung sind mithin nicht die Kosten der internen Leistungserstellung, sondern die extern verursachten Kosten durch Vertragspartner im Gesundheitswesen, die für die Versicherten Sachleistungen erbringen, die mit der AOK abgerechnet werden ('Leistungserbringer'). Im Vordergrund stehen die Fragen: Wer verursacht die meisten Kosten und welche Kosten sind durch die AOK beeinflußbar?

Die aktuelle Wettbewerbsposition der AOK ist hier durch einige besondere Faktoren gekennzeichnet. Bedingt durch ihre historische Funktion als Basiskasse sind bei der AOK typischerweise überproportional Personengruppen versichert, die aufgrund ihrer Berufszugehörigkeit und ihres sozialen Status ein höheres Morbiditätsrisiko aufweisen. Daraus folgen überdurchschnittlich hohe Krankheitsausgaben der Versicherten der AOK im Vergleich zu anderen Krankenkassen. Diese besondere Ausgabenstruktur bedingt einen systematischen Nachteil beim Beitragssatz. Dieser Wettbewerbsnachteil kann sich in dynamischer Betrachtung noch verschlechtern, wenn der höhere Beitragssatz zu einer Abwanderung der guten Risiken zu anderen Versicherungen führt.

Für die AOK ergibt sich damit im Wettbewerb die strategische Aufgabe, die Ausgabenstruktur ihrer Versicherten zu beeinflussen. Die Möglichkeiten, das Morbiditätsrisiko der Versicherten selbst zu beeinflussen, sind freilich gering. Präventive und gesundheitsfördernde Maßnahmen können nur langfristig und in Teilbereichen Wirkungen zeigen - ganz abgesehen davon, daß Gesundheitsprävention in der aktuellen politischen Diskussion offenkundig als willkommenes fiskalisches Einsparpotential betrachtet wird. Die Möglichkeiten zur Kostenbeeinflussung können damit zwangsläufig nur beim Ausgabenverhalten der externen Leistungserbringer ansetzen, die für die Versicherten der AOK Sachleistungen erbringen und abrechnen.

Diese unternehmerische Zielsetzung spiegelt die geänderte Rolle der AOK im Wettbewerb wider. Wurden früher die Finanzmittel, die von den Versicherten zu den Leistungserbringern im Gesundheitswesen flossen, nur ordnungsgemäß verwaltet, so gilt es nun, die Mittelverwendung der Leistungserbringer wirtschaftlich zu steuern. Zentrale Fragestellungen des Kostenmanagements sind:

- Bei welchen Leistungserbringern weicht die Ausgabenstruktur bei der AOK signifikant vom Durchschnitt ab?
- Welche Ursachen sind für die überdurchschnittlichen Kosten verantwortlich?

- Welche Kostengruppen lassen sich extern durch Einflußnahme der Krankenkasse beeinflussen?
- Welche Wirkungen haben implementierte Instrumente zur Kostensenkung?

Neben dem Kostenmanagement muß aber zugleich die Versichertenstruktur und das Risikoportfolio analysiert und beeinflußt werden. Die AOK sieht sich in ihrem Selbstbild ausdrücklich als Versicherung für alle Schichten und Einkommensgruppen der Bevölkerung. Eine gezielte Risikoselektion im Sinne einer Aussteuerung oder Ausgrenzung schlechter Risiken findet nicht statt. Gleichwohl ist eine preiswerte Versicherung auch für schlechte Risiken nur möglich, wenn eine ausgewogene Versicherten- und Ausgabenstruktur sichergestellt werden kann. Dies verlangt, daß man Informationen darüber besitzt, welche Versichertengruppen in welchem Maße zum Unternehmenserfolg beitragen.

Das klassische betriebswirtschaftliche Instrument für eine solche Ergebnisrechnung ist die Deckungsbeitragsrechnung. Aus der Sicht der AOK im Wettbewerb sind folgende Fragen zentral zu beantworten:

- Welche Versichertengruppen erwirtschaften welche Deckungsbeiträge?
- Wie variieren die Deckungsbeiträge mit regionalen Merkmalen und einer Differenzierung der Versichertengruppe nach Alter, Geschlecht, Wirtschaftsgruppe u.a.?
- Wie verteilen sich die Deckungsbeiträge auf die Firmenkunden (Arbeitgeber) der AOK?
- Wie wirken vertriebliche Maßnahmen auf den Deckungsbeitrag der angezielten Versichertengruppe?

Grundlage des Kostenmanagements und der Ergebnisrechnung sind Informationssysteme, die die notwendigen Daten für das Controlling liefern. Die herkömmlichen Informationssysteme der AOK konnten diese Daten nicht liefern. Im Sinne des klassischen Finanzwesens konzentrieren sie sich auf eine Einnahme- und Ausgabenrechnung und die zugehörige Bilanzierung. Da die erforderlichen Daten nicht in der notwendigen Tiefe und Differenzierung im Finanzwesen erfaßt und verarbeitet werden, scheidet eine Erweiterung und Ergänzung der bestehenden Systeme aus. Voraussetzung für die Einführung der Instrumente des Kostenmanagements und der Ergebnisrechnung war somit zuerst die Neuorientierung der AOK-internen Informationssysteme.

4 Einführung von SAP R/3 als Werkzeug für Controlling und Managementinformation

Kostenvergleichsrechnungen und die Forderung nach schneller zeitlicher Verfügbarkeit haben nahegelegt, das neue DV-System für Finanzwesen und Controlling nicht als

Eigenentwicklung zu konzipieren, sondern als fertige Standardsoftware am Markt zu kaufen und den Bedürfnissen der AOK anzupassen. Auf Basis einer Marktanalyse und einer Machbarkeitsstudie hat die AOK hierfür das Produkt SAP R/3 ausgewählt. Wesentliches Entscheidungskriterium war die Möglichkeit, SAP R/3 mit den aktuellen Anwendungssystemen der AOK ('IDVS II') und den geplanten zukünftigen Client-Server-Applikationen ('AOK/ISY') verknüpfen zu können.

Ergebnis der Machbarkeitsstudie ist eine Strategie, die SAP R/3 als betriebswirtschaftlichen Kern der AOK-Eigenanwendungen vorsieht. In einer ersten Stufe werden dazu die Module Finanzwesen, Controlling und EIS von SAP R/3 eingesetzt, die das bisherige Finanzwesen der laufenden Anwendung IDVS II ablösen. In einer zweiten Stufe, die gegenwärtig noch geprüft wird, sollen zusätzlich das Beitragswesen und das Ersatzleistungswesen durch SAP R/3 abgelöst werden. Betriebswirtschaftliche Standardanwendungen wie das Personalwesen, die Materialwirtschaft und die Verwaltung von Heil- und Hilfsmitteln werden in parallelen Projekten je nach Bedarf der einzelnen AOK mit SAP R/3 eingeführt. Als Eigenanwendungen werden auch in Zukunft die Funktionsbereiche Leistungswesen, Mitgliederbestandsführung, Vertragswesen, Datenträgeraustausch mit Leistungserbringern und Außendienst unterstützt.

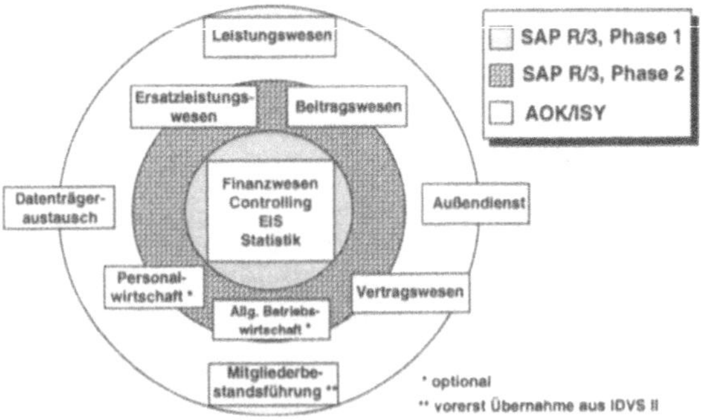

Abb. 5: SAP R/3 als strategische Standardsoftware der AOK

Die Funktionalität des Rechnungswesens der bisherigen Anwendung IDVS II wird vollständig durch SAP R/3 ersetzt. Besonderheit der AOK ist, daß die Eingabesätze des Rechnungswesens maschinell durch Eigenanwendungen im Beitrags- und Leistungswesen erzeugt werden, so daß die Verarbeitung im wesentlichen über Batch-Input-Schnittstellen erfolgt. Die Verarbeitungssätze werden nach der Verarbeitung in SAP R/3 maschinell über Schnittstellen an die Eigenanwendungen zurückgegeben.

Ein Controllingsystem, das auf dem operativen Finanzwesen aufbaut, soll automatisch die erforderlichen Daten generieren und mit flexiblen Auswertungsmöglichkeiten bereitstellen. Dies erfordert

- die automatische Datenversorgung aus den operativen Systemen
- eine einheitliche, definierte Datenbasis ('dispositive Unternehmensdaten' oder 'Data Warehouse')
- Einrichtung und Wartung des Systems auf Anwendungsebene (ohne Programmierung)
- Individualisierbare und leicht anpassbare Auswertungen.

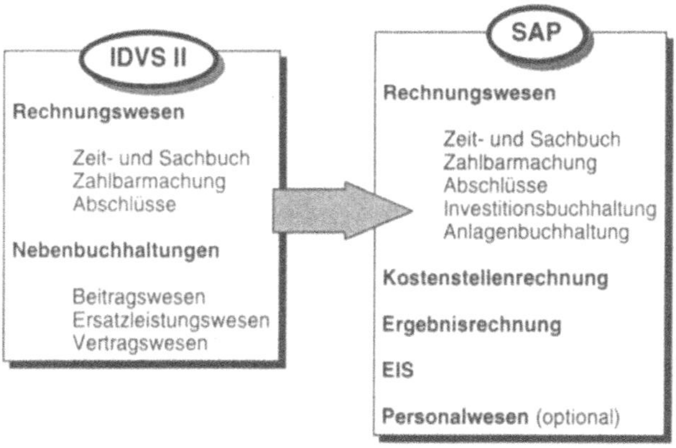

Abb. 6: Integration von SAP R/3 in die AOK-Anwendungssysteme

SAP R/3 erfüllt mit den Modulen CO-CCA (Kostenstellenrechnung), CO-PA (Ergebnisrechnung) und EIS (Führungsinformationssystem) diese Anforderungen. Die Datenversorgung des Controllings erfolgt simultan aus dem Finanzwesen, einer dispositiven Datenbank als Spiegeldatenbank der operativen Daten und aus externen Marktdaten. Die Daten werden vor der Übernahme in das Controlling bereits im Vorsystem vorverdichtet. Für den Controller stehen Standardberichte zur Verfügung, die im Rahmen eines Berichtsheftes definiert sind und periodisch zur Verfügung gestellt werden. Darüber hinaus können individuelle Auswertungen als freie Recherche durchgeführt werden. Die Ergebnisse der Recherche lassen sich als Bericht speichern und können in das Berichtsheft übergeben werden.

Die Leistungsmerkmale der Ergebnisrechnung CO-PA umfassen:

- Controlling der Einnahmen und Leistungskosten
- flexible Analysen durch
  - Hitlisten in freier Sortierung

- frei definierbare Deckungsbeitragsschemata
- Plan-, Ist- oder Periodenvergleiche
- zeitnahe Auswertungen.

Abb. 7: Definition der Ergebnisobjekte im CO-PA

Die Definition der Ergebnisobjekte des Controllings kann sowohl in bezug auf regionale Gegebenheiten als auch auf die möglichen Versichertengruppen zugleich flexibel und präzise an die jeweilige Fragestellung angepaßt werden (Abb. 7). Die Wertfelder der Ergebnisrechnung umfassen fast 40 Felder und bilden alle relevanten Kategorien der Einnahmen und Ausgaben ab. Wesentlich ist, daß sich die Ausgaben nach allen Leistungserbringern und den wesentlichen Ausgabegruppen der Sach- und Geldleistungen differenziert gliedern lassen. Im Ergebnis ergibt sich das in Abb. 8 skizzierte Schema der Deckungsbeitragsrechnung.

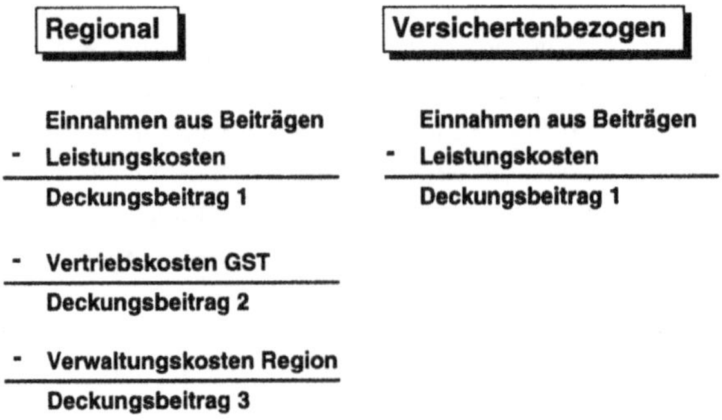

Abb. 8: Deckungsbeitragsrechnung

Das bisher dargestellte Unternehmenscontrolling arbeitet notwendigerweise mit aggregierten Daten, um konzentriert für die Unternehmenssteuerung auf die wesentlichen Eckdaten verdichtete Informationen liefern zu können. Die oben beschriebenen Anforderungen des Kostenmanagements verlangen aber teilweise auch, für einzelne Leistungsausgaben und Gruppen von Leistungserbringern differenzierte Kostenangaben ermitteln zu können. Diese Aufgabe wird über die differenzierte Struktur des Führungsinformationssystems EIS erfüllt. Das SAP-EIS

- sammelt Informationen aus allen Bereichen des Unternehmens und seiner Umwelt (externe Datenquellen)
- wertet diese Daten individuell aus
- strukturiert die Daten in betriebswirtschaftlich abgeschlossene Datenbereiche ('Aspekte')
- gliedert jeden Aspekt in Ordnungsbegriffe ('Merkmale') und Kennzahlen.

Abb. 9: Aspekte im SAP-EIS

Für die Gliederung des EIS wurden 15 Aspekte definiert (Abb. 9). Für jeden dieser Aspekte ist ein Set differenzierter Kennzahlen festgelegt, der sich nach den definierten Merkmalen geordnet ausweisen läßt. Die Daten für das EIS werden ebenfalls aus den operativen Systemen bzw. der spiegelbildlichen dispositiven Datenbank selektiert. Wesentliche Aufgabe des EIS ist die Aufbereitung und Verknüpfung der aggregierten Daten je nach Fragestellung des Managements.

Im Vergleich zwischen den Anforderungen, die die AOK an das Kostenmanagement und die Marktergebnisrechnung als strategische Instrumente der AOK im Wettbewerb stellt, und den Funktionalitäten von SAP R/3 wird eine weitgehende Deckung deutlich. SAP R/3 ist deshalb in der DV-Strategie der AOK das strategische Werzeug für Controlling und Managementinformation.

5 Roll out einer Masterversion im heterogenen Unternehmensverbund

Bekanntermaßen beginnen die Probleme beim Kauf einer Standardsoftware mit der Einführung. Das Customizing von R/3 erfolgt in einem Pilotprojekt bei einer AOK, das ursprünglich nach einem Zeitraum von 7 Monaten mit dem produktiven Einsatz beginnen sollte. Als Gesamtdauer für Customizing und Einführung für das Pilotprojekt waren 11 Monate veranschlagt. Dieser Zeitraum konnte nicht eingehalten werden, da aus Performancegründen im Pilotprojekt auf das neue Release 3.0c umgestiegen werden mußte und darüber hinaus die Aufwände für AOK-spezifische Anpassungen unterschätzt worden waren. Letztendlich wird der Einführungsprozeß alleine in dem Pilotprojekt 15 Monate dauern.

Die AOK besteht als Unternehmensverbund aus 20 selbständigen Unternehmen. Es liegt auf der Hand, daß Customizing und Einführung nicht in jeder AOK wieder neu in vollem Umfang durchgeführt werden sollen. Dabei ist freilich zu berücksichtigen, daß jede AOK zwar die gleichen Dienstleistungen und Produkte erbringt, die Aufbauorganisation und die internen Abläufe der Geschäftsprozesse aber durchaus unterschiedlich sind. Eine wirtschaftliche Einführung von SAP R/3 in der gesamten AOK verlangt mithin, eine AOK-Version zu entwickeln, in der alle Gemeinsamkeiten des AOK-Systems abgebildet sind, zugleich aber die strukturellen Besonderheiten der einzelnen AOK flexibel eingestellt werden können. Diese 'Masterversion' soll also optimale Synergien bei der Abbildung der gemeinsamen Geschäftsprozesse gewährleisten und dennoch Freiheiten für die Besonderheiten des einzelnen Unternehmens lassen.

- eine einheitliche Basisversion für die AOK ('Masterversion')
- zentrale Steuerung der Einführung durch den AOK-Bundesverband
- Systematische Sicherung des Know hows im Einführungsprozeß (Projektsteuerung, Projektmitarbeiter, externe Beratung)
- Nur geringe Änderungen der Referenzversion des Pilotprojektes
- zentraler SAP-Support durch den AOK-Bundesverband

Abb. 10: Bedingungen für die wirtschaftliche Einführung von SAP R/3 im heterogenen Unternehmensverbund

Abb. 10 beschreibt vor diesem Hintergrund die Bedingungen für eine wirtschaftliche Einführung von SAP R/3 in der AOK. Die AOK hat sich entschieden, die Einführung mit Unterstützung eines Generalunternehmers für das Roll out der Masterversion durchzuführen. Anforderungen an den Generalunternehmer sind:

- Sicherstellung geringer Einführungskosten durch Synergieeffekte bei Einarbeitung, Know how-Transfer, Personaleinsatz, Steuerung und Schulung
- Einführung von SAP R/3 in der gesamten AOK nach dem gleichen Vorgehensmodell
- Qualitätssicherung der Masterversion und der landesspezifischen Anpassungen aus einer Hand.

Die AOK arbeitet mit der SAP AG als Generalunternehmer für das Roll out zusammen. Die Einführung durch den Generalunternehmer erfolgt in enger Zusammenarbeit mit dem Customer Competence Center, das beim AOK-Bundesverband für die gesamte AOK aufgebaut wird. Die zentrale Steuerung des Roll out erfolgt durch einen Lenkungsausschuß, in dem die jeweilige AOK, der Generalunternehmer und der AOK-Bundesverband vertreten sind. Durch eine zentrale Qualitätssicherung, die der Generalunternehmer und das CCC beim AOK-Bundesverband wahrnehmen, wird sichergestellt, daß die Masterversion bei jeder AOK unverändert eingeführt wird. Stellt sich erst in einer späten Phase des Roll out-Prozesses heraus, daß die Masterversion geändert werden muß, so wird der geänderte Master rückwirkend auch bei den Kassen eingeführt, die bereits SAP produktiv einsetzen.

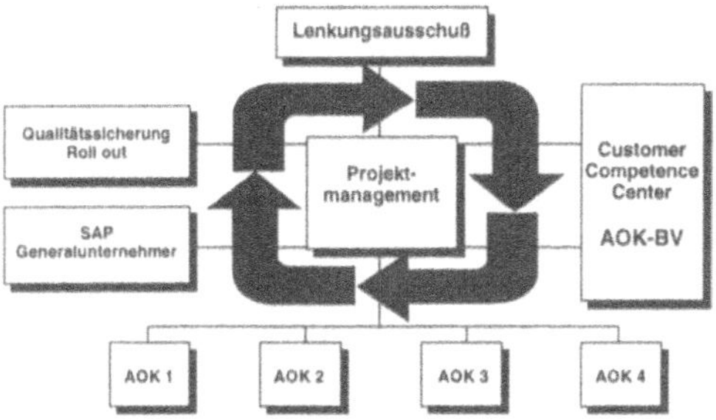

Abb. 11: Projektorganisation des Roll out

Die Qualitätssicherung bezieht sich natürlich auch auf die landesspezifischen Anpassungen der Masterversion, die von den Landes-AOKs im Rahmen der zulässigen Variabilität durchgeführt werden. Kostengesichtspunkte legen nahe, nach Möglichkeit hier die Einstellungen der Referenzversion des Pilotprojektes zu wählen. Die bisherigen Erfahrungen der ersten Welle des Roll outs haben gezeigt, daß diese Referenzversion tatsächlich mit wenigen Änderungen übernommen werden kann.

Die Planung des Roll out für die AOK geht von der Zielvorstellung aus, daß SAP R/3 bis Ende 1997 in der gesamten AOK eingeführt ist. Die Einführung soll hierzu in 4 'Wellen' erfolgen. Bei jeder Welle wird von einem Zeitbedarf von insgesamt 6 Monaten für die Einführung ausgegangen, wovon je 1 Monat für die Vorbereitung und für die Betreuung der angelaufenen Produktion vorgesehen ist. Die erste Welle weist keine Überlappungen zu den Folgewellen auf, um zuerst Erfahrungen mit dem Einführungsprozeß zu gewinnen und eine Stabilisierung der Masterversion sicherzustellen. Die folgenden Wellen weisen gewisse Überlappungen auf, um durch parallele Einführungen den Zeitbedarf für das Roll out zu verkürzen. Der Generalunternehmer SAP AG wird hierzu zur Unterstützung auf die Firmen debis Systemhaus GmbH und Siemens Nixdorf Informationssysteme AG als Partner zurückgreifen.

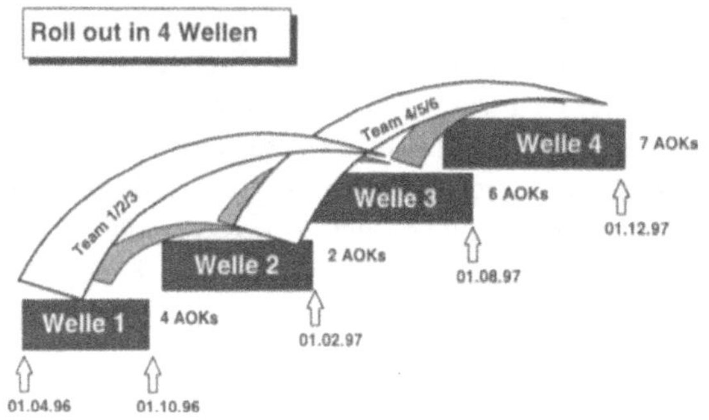

Abb. 12: Projektplanung des Roll out

Die Einführung von SAP R/3 ist für die AOK ein sehr innovatives Projekt, mit dem in vielen Bereichen Neuland beschritten wird. Dies gilt zuerst für den betriebswirtschaftlichen Lösungsansatz, der für ein Unternehmen, das seine Wurzeln im öffentlichen Bereich hat, ein weitgehendes Umdenken erfordert. Ungeachtet der längst kommunizierten Unternehmensstrategie ist die Einführung des neuen Anwendungssystems der Anstoß, der ganze Unternehmensbereiche in der operativen Arbeit zum Einsatz neuer betriebswirtschaftlicher Steuerungsinstrumente zwingt. Entgegen allen Postulaten der Organisationslehre wird Informationstechnik so zum Hebel von fachlichen Reorganisationsprozessen.

Der Einführungsprozeß selbst wird durch die Heterogenität der AOK zum komplexen Unterfangen. Die Chance, mit SAP R/3 flexibel jede betriebliche Struktur abbilden zu können, wird für das Gesamtunternehmen AOK leicht zum Risiko. Aus einer Standardsoftware, die in 20 unterschiedlichen Versionen eingesetzt wird, können leicht 20 individuelle Insellösungen werden. Die Steuerung und Beherrschung des Einführungsprozesses unter Berücksichtigung der Interessen der einzelnen AOKs wird so zur zentralen Herausforderung. Denn erst mit der Sicherung einer einheitlichen Masterversion für die AOK kann für die Zukunft die Basis geschaffen werden, die implementierten Werkzeuge für Controlling und Managementinformation zielgerichtet und effizient weiterzuentwickeln.

Public Service Engineering - Planung und Realisierung innovativer Verwaltungsprodukte -

Dr. Wolfgang Kraemer,
Dipl.-Kfm. Volker Zimmermann,
Universität des Saarlandes, Saarbrücken

Inhalt

17. Saarbrücker Arbeitstagung Rechnungswesen und EDV 1996. Hrsg.: A.-W. Scheer.

1 Industrielle Engineering-Verfahren im Public Sector

Erfolgreiche Dienstleistungen zeichnen sich durch innovativen Charakter, optimale Einbindung des Kunden in die Leistungserbringung und schwer imitierbare (informations-)logistische Prozesse aus. Doch Rahmenbedingungen für die Dienstleistungserbringung wie beispielsweise Kundenanforderungen, Marktgegebenheiten und Technologien ändern sich schnell. Um als Dienstleister wettbewerbsfähig und erfolgreich zu bleiben, ist es wichtig, aus einer Geschäftsidee und -strategie ein gutes Dienstleistungsdesign und daraus einen wertschöpfenden Leistungserbringungsprozeß zu entwickeln. Betrachtet man aber die Realität, so werden Dienstleistungen meist „aus dem hohlen Bauch" entwickelt. Es fehlt an Professionalität beim Engineering. Methoden und Werkzeuge, mit denen bestehende oder neue Dienstleistungen in kürzerer Zeit als bisher geplant und unter professionelleren Maßstäben realisiert werden können. Hilfsmittel, um bereits an anderen Stellen entwickelte Lösungen zu übertragen und zu verfeinern, fehlen. Dabei könnten durch Rückgriff auf Best-Practice-Lösungen in Form von Produkt- und Prozeßmodellen Ideen für die Gestaltung von Dienstleistungsprodukten und -prozessen schneller und mit höherer Qualität entwickelt bzw. adaptiert werden.

Ziel des Beitrages ist es, aufzuzeigen, wie Produkte und Prozesse im Dienstleistungsbereich gestaltet werden können. Dies wird am Beispiel der öffentlichen Verwaltung, im folgenden als Public-Sector bezeichnet, dargestellt. Dabei wird gezeigt, daß die Methoden des Engineering von industriellen Produkten auf den Public-Sector in angepaßter Form übertragen werden können.

Aus dieser Zielsetzung heraus ergeben sich die folgenden inhaltlichen Schwerpunkte des Beitrages:

- Im Abschnitt **„Industrialisierung der Dienstleistung"** werden Szenarien der Übertragbarkeit industrieller Organisationsmodelle auf den Verwaltungs- und Dienstleistungsbereich am Beispiel von Kunden-Lieferantenbeziehungen dargestellt. Aus den Ergebnissen der Fallstudien können dann die Anforderungen an Konzepte für das Public-Service Engineering abgeleitet werden.
- Im Abschnitt **„Konzeption eines Public-Service Engineering"** wird in Anlehnung an das Engineering von Industrieprodukten ein Life-Cyle-Konzept für Verwaltungsdienste und Dienstleistungen allgemein entwickelt. Hierzu werden Methoden dargestellt, die die einzelnen Phasen des Service Engineering von der Geschäftsstrategie über die Produkt- und Prozeßdefinition bis hin zur Umsetzung in Workflow-Systemen unterstützen.

2 Industrialisierung der öffentlichen Dienstleistung

Im folgenden werden innovative Konzepte für kundenorientierte Service-Dienstleistungen in den Branchen Konsumgüterindustrie, Bundes- und Länderverwaltung, Kommunalverwaltung und Krankenhaus vorgestellt. Allen Ansätzen gemeinsam ist der Versuch, den Wünschen des Kunden besser gerecht zu werden.

Aus den folgenden Ausführungen wird ersichtlich, daß die Schwerpunkte der Kundenorientierung branchenspezifisch variieren. Durch das unreflektierte Imitieren von Konzepten des jeweiligen Branchenbesten innerhalb einer Branche werden viele Verbesserungspotentiale verschenkt. Anstatt dessen können innovative Lösungsansätze branchenübergreifend genutzt werden. Verfahren der Produktentwicklung und Prozeßbeherrschung, die sich in Industriebetrieben bewährt haben, dienen somit als Referenzmodelle für Reformprojekte im Public Sector. Es wird gezeigt, daß zum Beispiel die Abgabe einer Steuererklärung bei einer Finanzbehörde keinen signifikanten Unterschied im Geschäftsprozeß aufweist im Vergleich zur Auftragsabwicklung eines Produktes bei einem Industrieunternehmen. Auf diese Weise kann der Public Sector von Methoden und Erfahrungen von Industriebetrieben profitieren. In diesem Zusammenhang wurde der Begriff "**Industrialisierung der Dienstleistung**" geprägt [1]. Umgekehrt können innovative Dienstleistungsansätze auf die Industrie übertragen werden. Das Untersuchungsdesign ist in Abbildung 1 dargestellt.

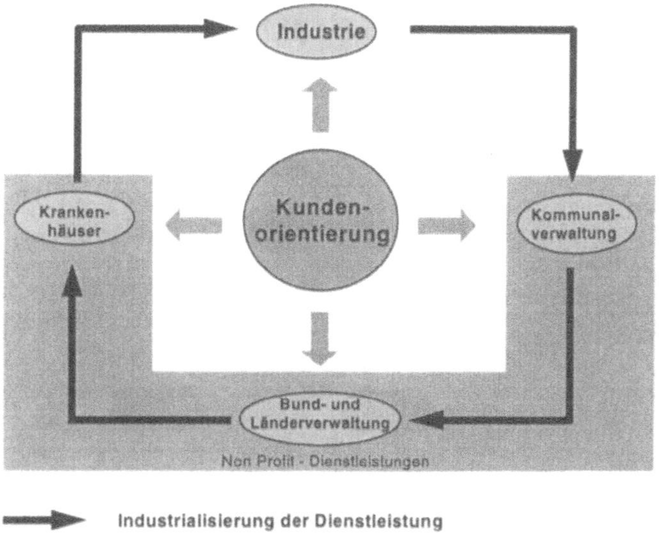

Abb. 1: Kundenorientierung als Ausgangspunkt für ein Public Service Engineering

2.1 Fallstudie Konsumgüterindustrie

Anläßich einer familiären Feierlichkeit interessiert sich ein Endverbraucher für ein neues hochpreisiges Tafelservice. Nach der Informations- und Auswahlphase wendet er sich an den Fachhandel. Aufgrund der Variantenvielfalt wird die Ware vom Fachhandel nicht für alle Sortimente bevorratet und muß deshalb beim Porzellan-Hersteller bestellt werden. Die Angabe eines Liefertermins kann vom Fachhandel erst nach Absprache mit dem Hersteller erfolgen. Der anschließende Beschaffungs-, Produktions- und Vertriebslogistikprozeß zwischen Hersteller und Fachhandel findet weitgehend ohne Beteiligung des Endverbrauchers statt. Der Konsument wird lediglich über das Eintreffen der bestellten Ware beim Fachhändler informiert. Die Kundenorientierung gegenüber dem Endverbraucher wird im wesentlichen durch das Einhalten des Liefertermins bestimmt. Der Kunde ist in die Geschäftsbeziehungen zwischen dem Handel und Hersteller nicht involviert. Dieser Geschäftsprozeß ist in Abbildung 2 dargestellt.

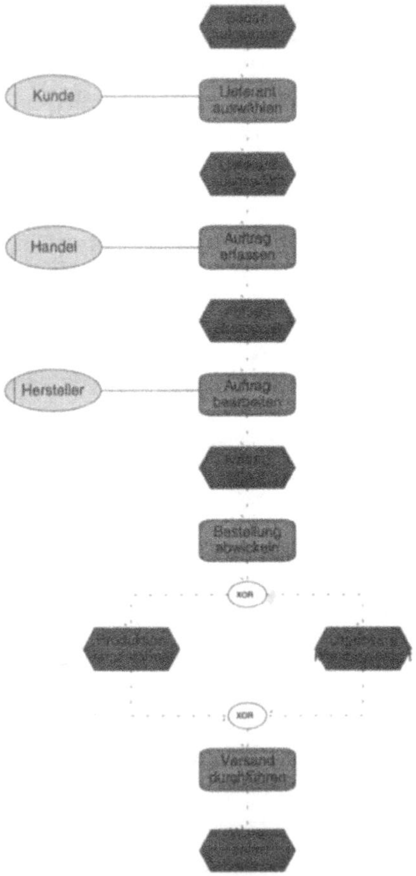

Abb. 2: Konventionelle Bestellabwicklung

Alternativ zu diesem bekannten Szenario der Auftragsabwicklung kann der Geschäftsprozeß unter Kundenorientierungsaspekten wesentlich verbessert werden. Mit der zunehmenden Verbreitung neuer Kommunikationstechnologien, wie zum Beispiel dem Internet, sind auch andere Formen der Bestellabwicklung denkbar. Es zeichnet sich ab, daß Konzepte wie zum Beispiel des Home Banking auch auf Industrieunternehmen übertragen werden können. Das Home Shopping beinhaltet eine Erweiterung der bisher bekannten passiven Informationspräsentation über Produkte eines Unternehmens. Es handelt sich hier um eine aktive Aufnahme von Geschäftsbeziehungen zwischen dem Lieferanten und Endverbraucher.

Lieferantenvorauswahl durch Kundennavigation

Die Informations- und Auswahlphase eines Konsumenten ist mit der Einkaufsfunktion eines Unternehmens vergleichbar. Der Einkäufer wendet sich mit der entsprechenden Produktspezifikation an potentielle Lieferanten, in der Regel durch eine Preisanfrage oder Ausschreibung. Das Ergebnis dieser Erhebung ist die Lieferantenauswahl. Dieser Vorgang erfolgt in ähnlicher Weise vom Konsumenten durch telefonische oder persönliche Anfragen beim Fachhandel.

Der Porzellan-Hersteller kann den Kunden bereits bei der Wahl des Fachhändlers unterstützen. Die Weitergabe der Händlerstandorte in der entsprechenden Region reicht allerdings nicht aus. Um dem Kunden eine Vielzahl von telefonischen Anfragen bei den in Frage kommenden Fachhändlern zu ersparen, sollte die Anfrage des Kunden beim Hersteller um die Angabe der Warenverfügbarkeit bei den relevanten Fachhändlern ergänzt werden. Der Kunde wird zu dem entsprechenden Fachhandelsgeschäft gelenkt, wo eine Warenverfügbarkeit auch gegeben ist. Diese **zentrale Kundennavigation** - vergleichbar mit Verkehrsleitsystemen - führt zu einer signifikanten Vereinfachung der Auftragsabwicklung: Die gesamte innerbetriebliche Vetriebslogistik des Herstellers von der Auftragserfassung bis zum Transport kann dadurch entfallen. Voraussetzung hierzu ist allerdings ein Einblick des Herstellers in die dezentral geführten Warenbestände des Fachhandels. Die Kundennavigation könnte alternativ auch vom Fachhandel im Sinne einer **dezentral koordinierten Kundennavigation** übernommen werden. In diesem Fall liegen dem Fachhandel die erforderlichen Informationen über den Warenbestand der Fachhändler in der Region nach einer Anfrage beim Hersteller vor. Die Koordination der dezentralen Warenbestände obliegt auch hier dem Hersteller. Als weitere Alternative wäre eine Meldung der Warenbestände durch den Fachhandel in eine Internet-Datenbank denkbar. In diesem Fall würde die Koordinationsfunktion durch den Hersteller entfallen. Der Endverbraucher kommuniziert seine Anfrage über das Internet und wird zu dem entsprechenden Fachhändler geleitet.

Lieferanten-Endauswahl durch Preisnavigation

Im Anschluß an die oben skizzierte Lieferantenvorauswahl und Verfügbarkeitsprüfung in den dezentralen Warenbeständen der Fachhändler richtet der Kunde eine Preisanfrage elektronisch an die potentiellen Lieferanten. Diese beantworten die Anfrage des

Kunden durch Abgabe eines Angebotes. Der Kunde entscheidet sich danach für einen Lieferanten. Bisher wird diese Dienstleistung von spezialisierten Maklern wahrgenommen, die von der eingesparten Preisdifferenz profitieren. Der Endverbraucher greift direkt auf den elektronischen Warenkatalog des Lieferanten zu und aktiviert von außen die Lieferterminierung. Im Idealfall erfolgt die Bearbeitung des Kundenauftrages vollautomatisch, das heißt ohne Nachbearbeitung durch den Lieferanten.

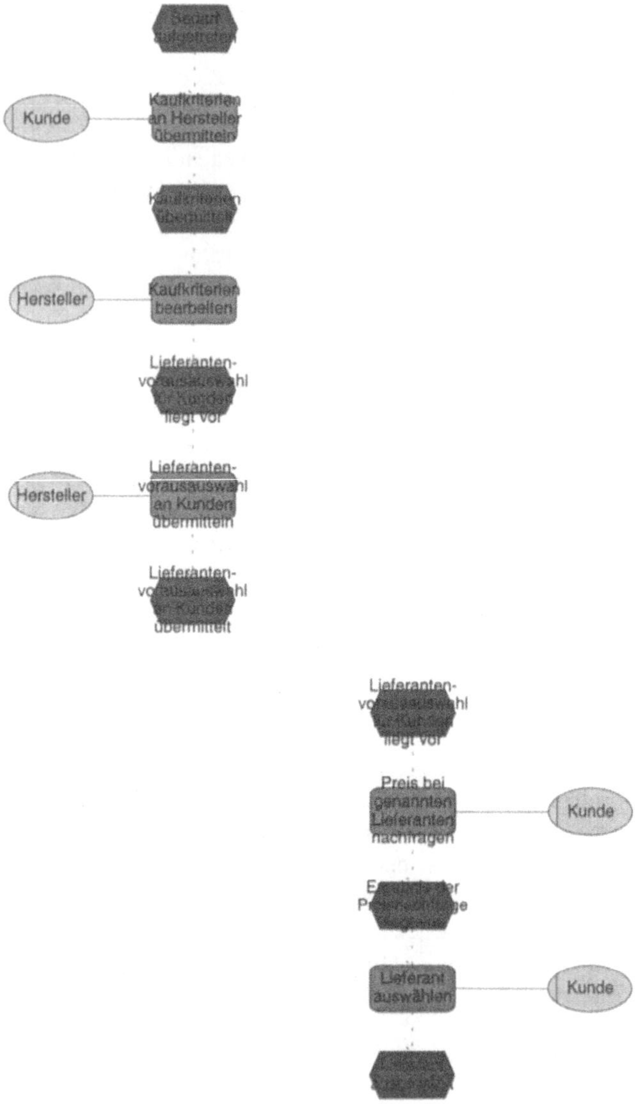

Abb. 3: Kunden- und Preisnavigation

Mit der Kunden- und Preisnavigation wird die Kundenbindung durch eine verbesserte Kommunikation zwischen Kunde und Lieferant intensiviert.

In Abbildung 4 wird gezeigt, wie der gesamte Einkaufsprozeß als Online-Direkteinkauf auf den Kunden übertragen werden kann. Der Kunde richtet seinen Bedarf, der durch Kaufkriterien spezifiziert wird (z.B. Artikeldefinition, Preis, maximale Entfernung des potentiellen Lieferanten etc), via Internet an anonyme Lieferanten. Durch diese Suchkriterien werden mögliche Lieferanten ausgewählt und zur Abgabe eines Angebotes aufgefordert. Der Kunde kann auf Basis der eingehenden Angebote einen geeigneten Lieferanten auswählen und einen Auftrag erteilen.

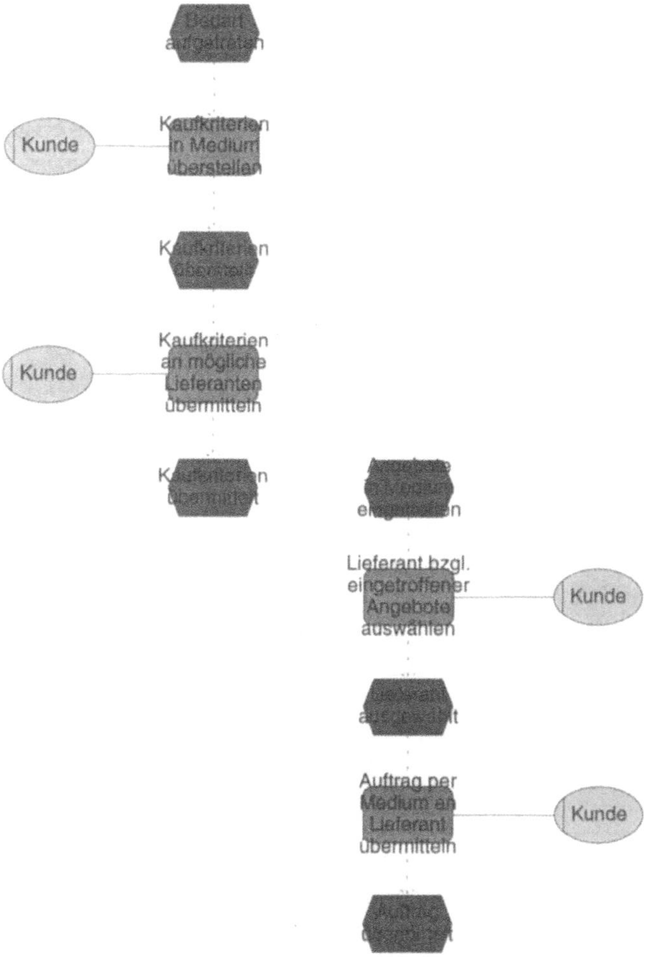

Abb. 4: Online-Direkteinkauf

2.2 Fallstudie Finanzbehörde

Ein Bürger wird zur Abgabe der Steuererklärung von der Finanzbehörde aufgefordert. In der Regel erfolgt die Abgabe der steuerrelevanten Unterlagen persönlich oder postalisch. Die Kundenbeziehungen zwischen dem Bürger und der Finanzbehörde sind mit der Zustellung des Steuerbescheids abgeschlossen. Auch in diesem Fall können die Kundenbeziehungen verbessert werden.

Analog zur Anfragebearbeitung eines Produktes oder einer Bank-Dienstleistung ist der Bürger Nachfrager einer öffentlichen Dienstleistung. Typische Informationsmedien wie zum Beispiel eine Auftragsbestätigung oder ein Lieferschein sind allerdings im öffentlichen Dienstleistungsbereich unbekannt. Dies führt häufig zu telefonischen Rückfragen des Steuerpflichtigen bei der Finanzbehörde über den aktuellen Bearbeitungsstand. Die Auskünfte beschränken sich dann in der Regel auf die Weitergabe des Eingangsdatums der Steuererklärung. Primäres Interesse des Steuerpflichtigen ist aber eine verbindliche Zusage seitens der Finanzbehörde, wann die Bearbeitung der Steuererklärung abgeschlossen ist. Eine Lieferterminermittlung im Rahmen der Lieferplanung in einer Finanzbehörde setzt die Beherrschung der Prozesse der Vertriebs-, Beschaffungs-, und Produktionslogistik voraus. In abgewandelter Form kann hier der Begriff **Dienstleistungslogistik** verwendet werden.

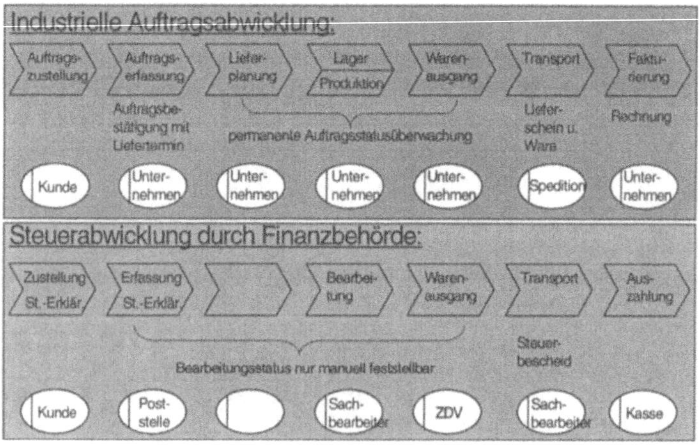

Abb. 5: Vergleich der Auftragsabwicklung

Die Methoden zur Prozeßbeherrschung in der industriellen Produktion sind in Abbildung 6 dargestellt. Die Übertragbarkeit dieser Methoden auf die Dienstleistungserstellung geht aus Abbildung 7 hervor. Es wird ersichtlich, daß Arbeitspläne für die Beschreibung der Erstellung von Dienstleistungen verwendet werden können. Der Auftrag eines Steuerpflichtigen zur Bearbeitung der Steuererklärung durch das Finanzamt kann dann kapazitativ bestimmt und disponiert werden. Im letzten Schritt wird der Arbeitsplan für die Dienstleistungskalkulation verwendet.

In dem hier gewählten Beispiel wird die Steuererklärung als Auftrag in ein "Dienstleistungsplanungs- und -steuerungssystem" eingelastet. Der Absatz- und Produktionsplan ist aufgrund des definierten Mengengerüstes - in diesem Fall die Anzahl der steuerpflichtigen Bürger - bekannt. Die Produktionssteuerung setzt eine Kapazitätsplanung der Mitarbeiter einer Finanzbehörde sowie die Kenntnis der Bearbeitungsdauer der einzelnen Arbeitsgänge voraus. Als Produktionsressourcen dienen dann nicht das Material und die Maschinenstunden, sondern die verfügbaren Mitarbeiterstunden. Als Arbeitspläne fungieren die steuerlichen Richtlinien zur Bearbeitung der Steuererklärung, die als Geschäftsprozesse beschrieben werden können. In der Stückliste ist die Zusammensetzung des Produktes "Steuererklärung" in Form der bekannten Anlagen (z.B. Anlage N, FW, V etc.) dokumentiert.

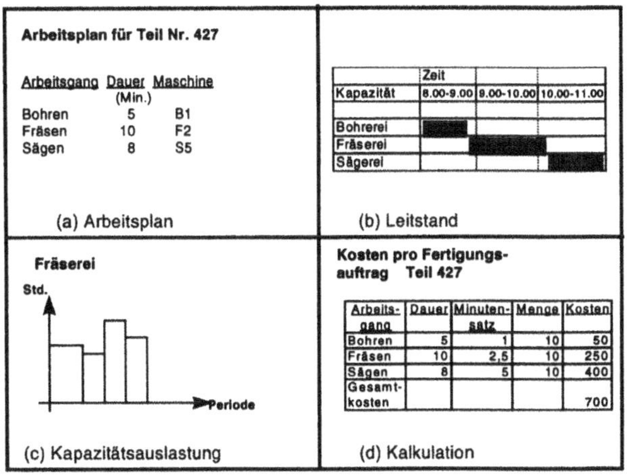

Abb. 6: Methoden zur industriellen Prozeßbherrschung [2]

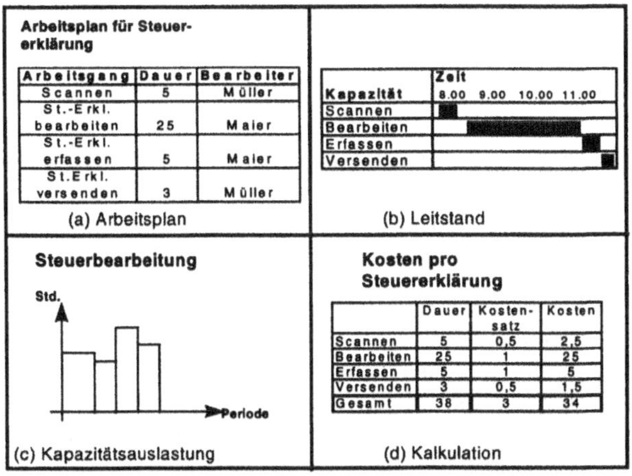

Abb. 7: Methoden der Dienstleistungerstellung

Das Ergebnis der Dienstleistungsdispositon ist die Ermittlung des Liefertermins. In Abbildung 8 ist der Geschäftsprozeß der Dienstleistungslogistik vom Auftragseingang über die Auftragserfassung bis zur Lieferplanung dargestellt.

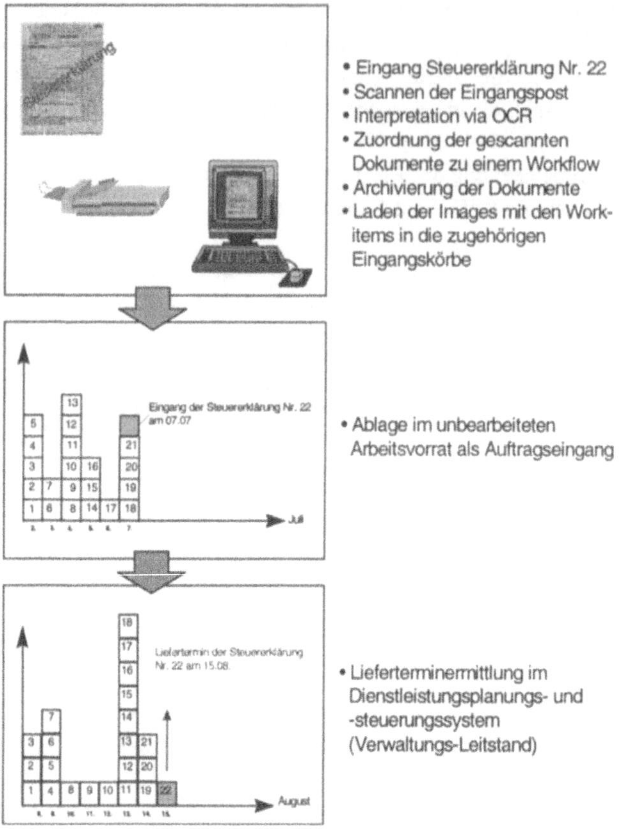

Abb. 8: Kundenorientierung durch Planung und Steuerung der Dienstleistungserstellung (Dienstleistungslogistik)

Als Alternative zum Einscannen der Steuererklärung des Steuerpflichtigen wäre es denkbar, die Steuerformulare auf einem Finanzamt-WWW-Server abzulegen. Dadurch entfällt die Erfassung der Steuererklärung im Steuerbearbeitungssystem sowie der Versand des Steuerbescheids vollständig. Dieser Ansatz ist auf die gesamte öffentliche Verwaltung für Antragsprozesse (z. B. Reisepass, Personalausweis, KfZ-Zulassung, Führerschein) übertragbar. Ein Großteil der Wartezeiten in den Ämtern könnte durch eine Online-Bearbeitung von Antragsformularen am PC zuhause reduziert werden. Rückfragen der Behörden und Zahlungsvorgänge der Bürger könnten ebenfalls elektronisch abgewickelt werden, so daß der Bürger die Behörde nur noch aufsucht, um eine fertige Verwaltungs-Dienstleistung in Empfang zu nehmen (zum Beispiel zum Unterschreiben des Reisepasses).

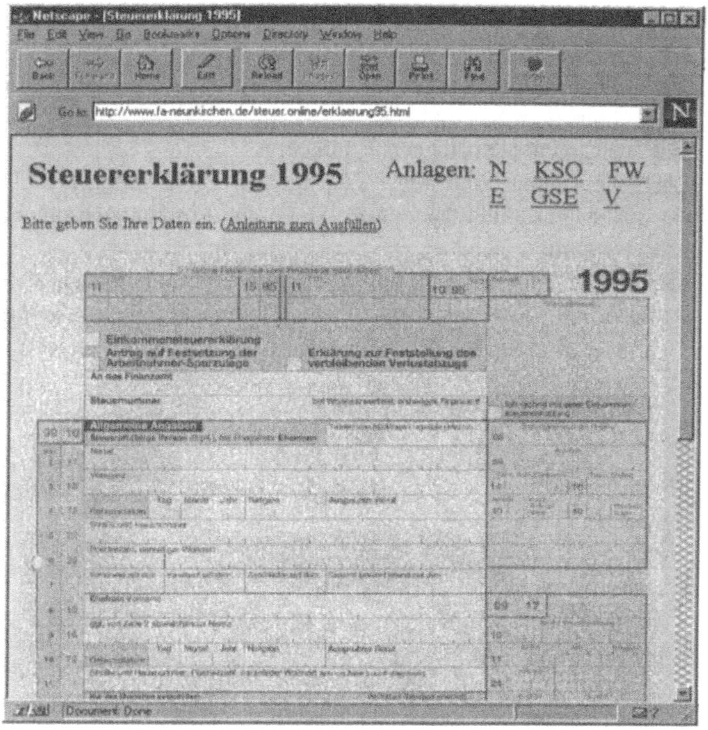

Abb. 9: Online-Steuererklärung

Dieses Fallbeispiel veranschaulicht eine durchgängige Vereinfachung der Steuerabwicklung von der Zustellung der Steuererkläung an das Finanzamt bis zum Zahlungsausgleich. Damit verbunden ist eine deutliche Reduzierung der Bearbeitungs- und Durchlaufzeiten und Erhöhung der Kundenzufriedenheit.

2.3 Fallstudie Kommunalverwaltung

Das Modell des Bürgeramtes in Abbildung 10 zeigt, daß auch in Städten kundenfreundliche Dienstleistung möglich ist: Familie Wetterwald zieht nach Saarbrücken. Zur Familie gehören drei Kinder und ein Hund. Während bisher neun Dienststellen in sechs verschiedenen Gebäuden in unterschiedlichen Stadtteilen aufgesucht werden müssen, kann durch eine Bündelung von Dienstleistungen der Aufwand erheblich reduziert werden. Lange Wege und Wartezeiten entfallen ebenso wie zusätzliche Fahrtkosten. Aufgaben des Bürgeramtes sind:

- Bei der Ummeldung des Autos erhält die Familie neue KfZ-Schilder.
- Die Familie wird angemeldet und erhält eine Meldebestätigung.

- Frau Wetterwald meldet den Hund an, kauft Bandarolen für Müllabfuhr, einen Stadtplan und Fahrscheine für das Frauentaxi.
- Herr Wetterwald beantragt einen neuen Personalausweis und läßt die Lohnsteuerkarte ändern.
- Die Tochter Julia erhält einen Familienpaß.
- Der Sohn Andreas zahlt wegen Falschparken ein Verwarngeld und beantragt ein polizeiliches Führungszeugnis sowie eine Abstammungsurkunde für eine Bewerbung.
- Die Tochter Tina läßt sich für das Studium Kopien beglaubigen. Außerdem erfüllt sie die Voraussetzungen für einen Wohnberechtigungsschein.

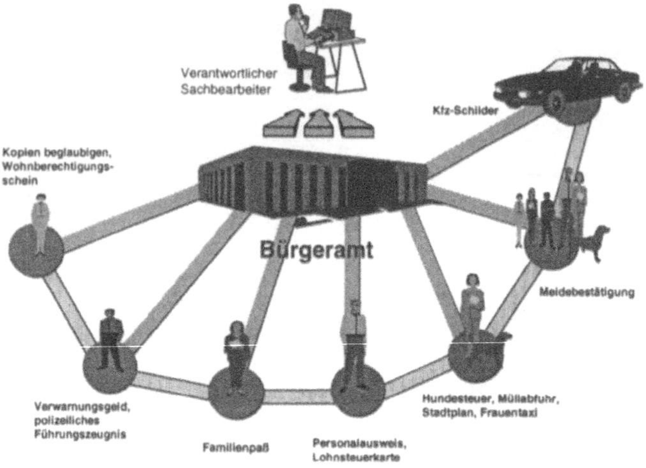

Abb. 10: Kundenorientierung in der Stadtverwaltung [3]

Neben einer Aufgabenintegration in einem Bürgeramt wird die Bündelung von Finanzleistungen an den Bürger unter dem Begriff „Bürgergeld" diskutiert.

2.4 Fallstudie Krankenhaus

Mit steigender Bedeutung der Patientenorientierung als Wettbewerbsfaktor im Klinikbereich rücken Fragestellungen der Optimierung der Patientenlogistik in den Vordergrund. Patientenlogistik steht für die durchgängige Planung und Kontrolle des Patientenflusses im Krankenhaus von der Einweisung bis zur Entlassung und Abrechnung. Patientenlogistik betrifft hierbei die Unterstützung von Aktivitäten wie:

- Terminvereinbarung zwischen Leistungsstellen,
- Ressourcendisposition,
- Patientenablaufsteuerung und -verfolgung,

- Kommunikationsunterstützung zwischen den Akteuren wie Ärzte, Pflegepersonal und Verwaltung,
- Datenaustausch über Organisationseinheiten und heterogene Informationssysteme (Workflow-Funktionalitäten).

Bei der Planung einer durchgängigen Patientenlogistik können auch hier die Konzepte der Industrialisierung von Dienstleistungen übertragen werden. Dies soll am Beispiel der Leistungsstellenkommunikation veranschaulicht werden [4]: Leistungsstellen werden von Fachabteilungen beauftragt, bestimmte Untersuchungen am Patienten durchzuführen und dann die Befunde an die Auftraggeber zurückzumelden. Sie bilden im Rahmen der Leistungsstellenkommunikation die leistungsanfordernde und -erbringende Stellen. In der Regel werden zur Anforderung der Leistung bei den Leistungsstellen spezielle Formulare verwendet. Der Patient wird nach entsprechender Terminvereinbarung zur Leistungsstelle gebracht, untersucht und zurückgebracht.

Die IST-Situation der Leistungsstellenkommunikation stellt sich dabei wie folgt dar: Allein die Terminvereinbarung inklusive manueller Formularerstellung und Überwachung bzw. Hinterfragen der Befundrückmeldung im Falle der Anforderung der Leistungen, die von einer anderen Fachabteilung oder Leistungsstelle erbracht werden sollen, ist so zeitaufwendig, daß in vielen Krankenhäusern diese Tätigkeiten mehiere Stunden des täglichen Arbeitsvolumens eines Arztes sowie zugehöriger Schwestern in Anspruch nehmen. In den leistungserbringenden Leistungsstellen ist die Belegung von Ressourcen aufgrund nicht-DV-gestützter Abstimmung sehr aufwendig und nicht „kollisionsfrei“.

Eine Koordination durch ein Patientenplanungs- und Steuerungssystem (im Sinne eines industriellen PPS) sowie eine krankenhausweite Plantafel, die die zeitliche Abstimmung einzelner Ressourcenbelegungen unterstützt, könnte maßgeblich zur Verbesserung dieser Situation beitragen. Ziel einer solchen *Plantafel* müßte es sein,

- Wartezeiten aufgrund ungenauer abgestimmter Termine der Untersuchung bzw. Behandlung zu reduzieren,
- den Aufwand zur Terminvereinbarung deutlich zu reduzieren,
- durch zeitnahe Befundverfolgung und -rückmeldung bei Auftragsvergabe an leistungserbringende Stellen mehr Transparenz über externe Untersuchungen zu haben und eine unverzügerte Rückinformation für den behandelnden Arzt zu erreichen,
- durch einmalige Datenerfassung den Prozeß der Kosten- und Leistungsverrechnung zwischen verschiedenen Organisationseinheiten zu vereinfachen,
- beim Auftritt von Sonderfällen wie z.B. Notfällen, die zu einer Umdisposition führen, wesentlich schneller reagieren zu können,
- den Datenaustausch zwischen betroffenen Organisationseinheiten zu automatisieren (Workflow).

Abbildung 11 stellt beispielhaft einen Kommunikationsvorgang der beteiligten Organisationseinheiten dar und zeigt auf, wie eine solche Situation mit Hilfe einer elektronischen Plantafel DV-technisch unterstützt werden könnte.

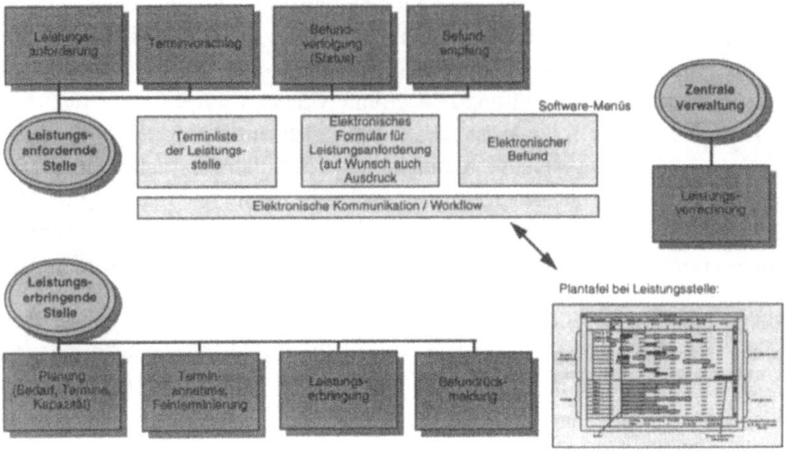

Abb. 11: Kommunikation zwischen leistungsanfordernder und leistungserbringender Stelle

Wird die bereichsübergreifende Plantafel für das Krankenhaus gekoppelt mit entsprechenden Kommunikations- und Workflow-Mechanismen, so können die folgenden Funktionen softwaregestützt durchgeführt werden:

- multiples Terminmanagement für alle Ressourcen und alle Leistungsanforderungen im Krankenhaus auf Stunden-, Tages- und Wochenbasis,
- Vorschlagsverfahren für freie Termine auf Basis elektronischer Belegungspläne,
- Reportingfunktionalitäten zu Patienten als auch zu Ressourcen,
- Datensammlung für Kosten- und Leistungsverrechnung,
- Befundverfolgung und -rückmeldung,
- Austausch der Daten zur Patientensteuerung.

Ein solches System kann somit Personal- und Material-Ressourcen krankenhausweit disponieren und den jeweils benötigten Datenaustausch ereignisgesteuert veranlassen bzw. unterstützen.

In Analogie zu bereits vorgestellten Fallstudien wird in Abbildung 12 ein Ausschnitt aus einem Geschäftsprozeß einer integrierten Patientenlogistik als ereignisgesteuerte Prozeßkette dargestellt.

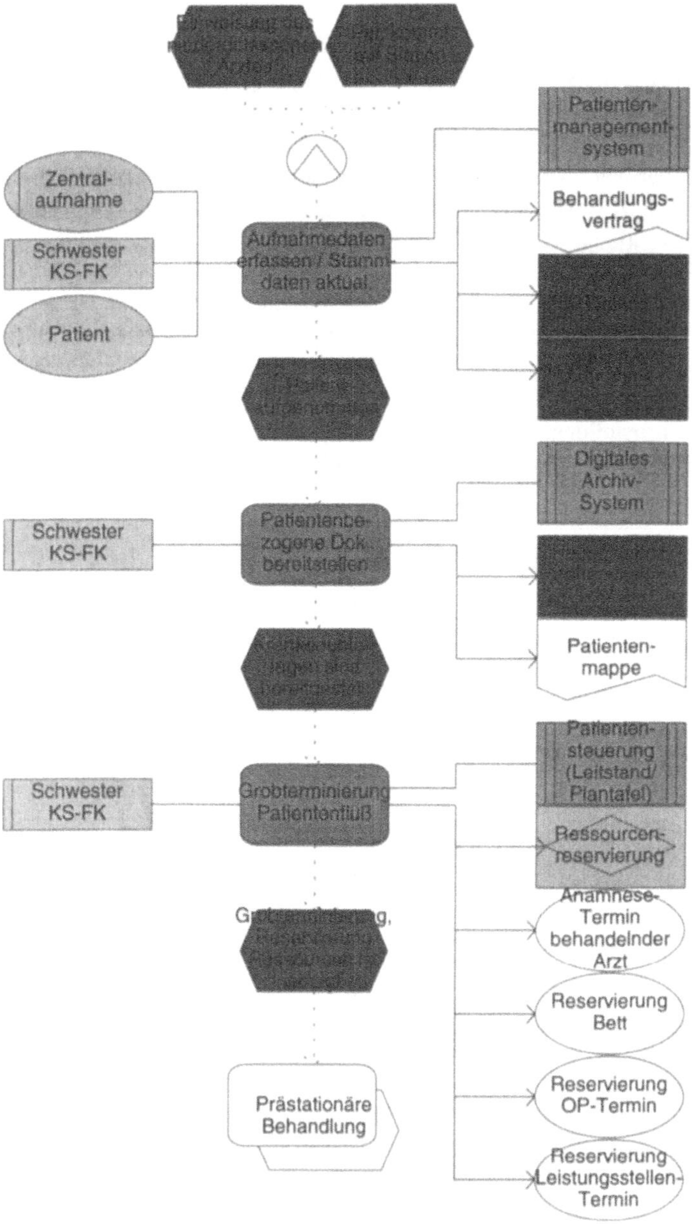

Abb. 12: Kundenorientierung im Krankenhaus durch integrierte Patientenlogistik

3 Konzeption eines Public Service Engineering

Die Fallstudien zeigen, daß zahlreiche Ansätze aus unterschiedlichen Bereichen der Industrie auf den Dienstleistungs- und Verwaltungssektor übertragen werden können. Insbesondere betrifft dies Fragen der Produktdefinition, des Prozeßengineering sowie der Prozeßabwicklung.

Service Engineering steht für die Planung und Entwicklung von Dienstleistungen durch Verwendung ingenieurmäßiger Methoden und Vorgehensweisen. Abbildung 13 stellt die Phasen des Engineering von Dienstleistungen dar. Die Darstellung lehnt sich an die Geschäftsprozesse im industriellen Kontext an [5]. Aus diesem Grunde wurde eine analoge Darstellungsweise zum Y-CIM-Modell gewählt. Das Konzept „Service Engineering" betrifft hierbei den rechten Schenkel des Y-Modells.

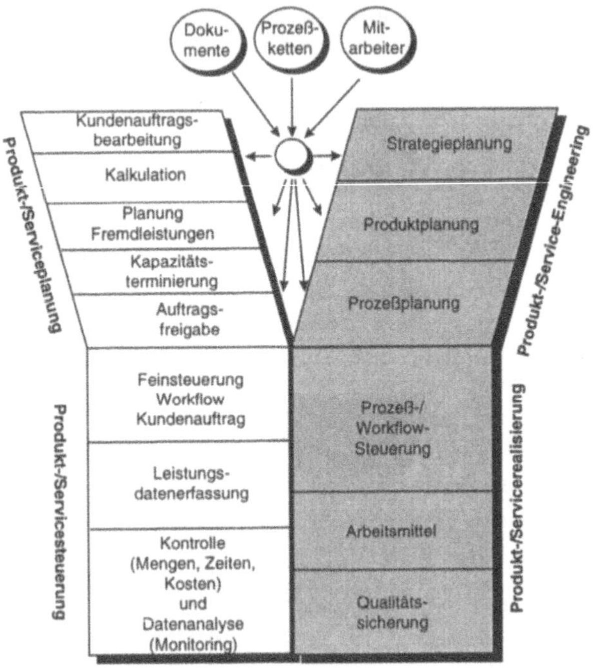

Abb. 13: Phasen des Service Engineering (in Anlehnung an [5])

Wie aus der Abbildung erkenntlich, werden im Rahmen des Service Engineering die Ziele des Dienstleisters operationalisiert und konkrete Leistungsangebote entwickelt. Das Dienstleistungsengineering besteht somit aus den folgenden Schritten:

1. **Strategieplanung**: Im Rahmen der Geschäftsstrategie-Planung werden die Kernkompetenzen, Erfolgsfaktoren und Zielsetzungen eines Dienstleisters erarbeitet und definiert. Dies umfaßt die Definition der Kunden-, Ziel- und Interessensgruppen, also alle Personen und Institutionen, die mit der Existenz des Dienstleisters strategische Ziele verfolgen.
2. **Produktplanung**: Ausgehend von den Strategien und dem entwickelten groben Dienstleistungsdesign wird im Rahmen der Produktplanung das Produktspektrum definiert.
3. **Prozeßengineering**: Im dritten Schritt werden die Geschäftsprozesse für die Bereitstellung der Dienstleistungsprodukte erarbeitet. Im einzelnen werden die Leistungsbereitstellungsprozesse entwickelt und bewertet, um sie anschließend in die Realisierung zu überführen.
   Ergebnis des Engineerings von Dienstleistungsprodukten sind die Geschäftsprozesse zur Leistungsbereitstellung (Produkt- und Prozeßdesign).
4. **Prozeßsteuerung**: Im Anschluß an das Produkt- und Prozeßdesign erfolgt die informationslogistische und organisatorische Umsetzung. Dies betrifft die Entwicklung von Informationssystemen (hier insbesondere Workflow- und Groupware-Systeme), Qualifizierung der Mitarbeiter, usw. Diese Fragestellungen werden im Rahmen der Diskussionen zum Geschäftsprozeßmanagement detailliert behandelt [6]).

Im folgenden werden für die jeweiligen Phasen des Service-Engineering Methoden dargestellt und an Beispielen ihre Einsatzmöglichkeiten und Nutzenpotentiale erläutert.

3.1 Strategische Produktplanung

Die strategische Produktplanung umfaßt die Teilschritte:

- Definition von Interessensgruppen,
- Identifikation von Kernkompetenzen und zentralen Geschäftsfeldern,
- Ableitung von Unternehmensstrategien und Entwicklungsplänen (Definition von Kostenzielen, etc.).

Um eine strategische Produktplanung durchzuführen, kann auf Methoden des Strategischen Managements zurückgegriffen werden. Beispiele hierfür sind Delphi-Umfragen, Kundenpanels, Stakeholder-Scanning und Portfolio-Techniken [7].

Methoden des Strategischen Managements dienen vor allem

- der Positionsbestimmung (Wie steht die Organisation und ihre Leistungsangebote im Vergleich zum Mitbewerb?) und
- der Strategiefindung (Wo liegen die kritischen Erfolgsfaktoren?).

Abbildung 14 zeigt das Ergebnis eines in der öffentlichen Verwaltung durchgeführten Stakeholder-Scannings. Stakeholder sind alle an dem Handeln einer Organisation interessierten Interessensgruppen. Dabei wird nicht nur aufgezeigt, welcher Stakeholder an den Aktivitäten der Verwaltung interessiert ist, sondern auch welche Querbeziehungen zwischen den Stakeholdern von Bedeutung sind. Dadurch ist es möglich, Entscheidungen, die zunächst mit Auswirkungen auf einen bestimmten Stakeholder getroffen werden, dahingehend zu bewerten, inwiefern sie über Querbeziehungen dieses Stakeholders zu anderen Interessensgruppen wieder auf die Verwaltung zurückschlagen können. Das Stakeholder-Scanning dient somit einer ersten strategischen Analyse und Bewertung der Auswirkungen von Entscheidungen auf die unterschiedlichen Interessensgruppen.

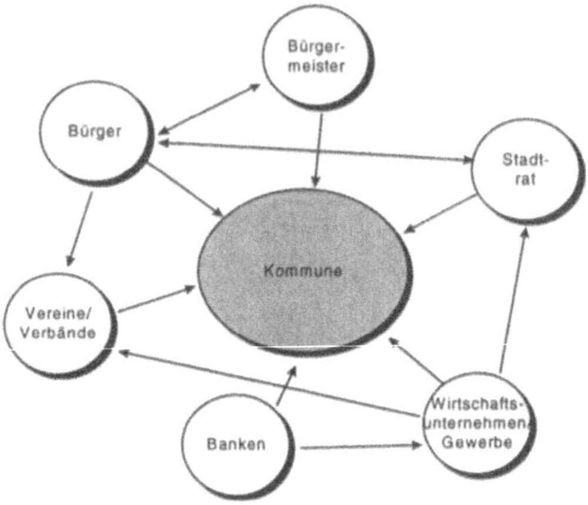

Abb. 14: Stakeholder einer öffentlichen Verwaltung

3.2 Definition von Dienstleistungs- und Verwaltungsprodukten

Im Anschluß an die strategische Produktplanung müssen die Leistungsangebote der Verwaltung definiert und beschrieben werden. Leistungsangebote sind die Produkte einer Verwaltung.

Eine solche Produktdefinition in Verwaltung und Dienstleistung ist notwendig zur

- grundsätzlichen Aufgabenkritik,
- Definition von Leistungszielen (Mengen und Kosten),
- Vermittlung und Kommunikation des Leistungsangebots an die Zielgruppen,
- Erarbeitung organisatorischer Konzepte (z.B. Bürgerbüros),
- Einführung einer Kostenrechnung und Produktbudgetierung (Definition der Kostenträger).

Im Rahmen der Produktdefinition werden hierzu die folgenden Fragen beantwortet:

- Welche Produkte müssen angeboten werden; welche Produkte sind sinnvoll?
- Welche Produkte davon existieren bereits, welche Produkte müssen neu in das Dienstleistungsangebot aufgenommen werden?
- Welche Produkte können von externen Dienstleistern kostengünstiger erbracht werden [8]?
- Welche der existierenden Produkte müssen verbessert werden?
- Wie setzen sich die Dienstleistungsprodukte zusammen?
- Wie wird die Wirtschaftlichkeit ermittelt?

Derzeit definieren zahlreiche Kommunen ihre Produkte und leiten daraus ihre Rückschlüsse auf Aufgabennotwendigkeit und Prozeßgestaltung ab. Die Vorgehensweise zur Produktdefinition geht aus Abbildung 15 hervor.

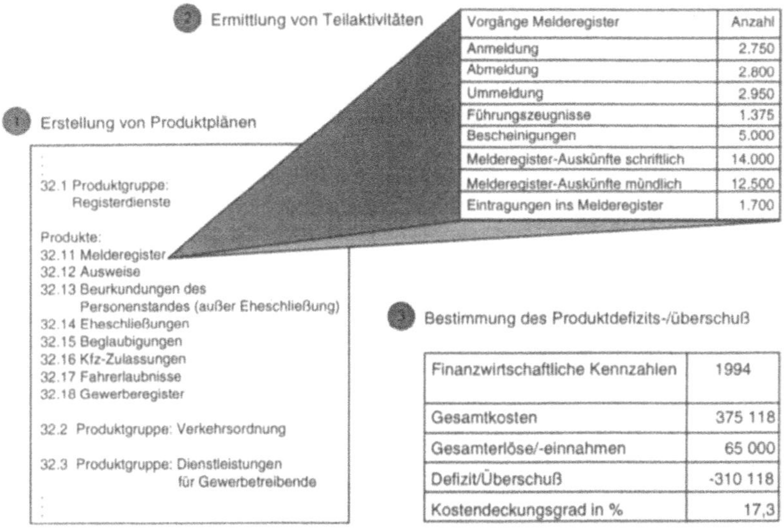

Abb. 15: Produktdefinition

In einem ersten Schritt werden die Produktpläne entwickelt. Sie beschreiben die Leistungen einer Verwaltung, indem Leistungen sowohl in Produktgruppen zusammengefaßt als auch in ihren Leistungskomponenten beschrieben werden.

Die Zusammenfassung von Leistungen zu Leistungs- oder Produktgruppen erfolgt nach inhaltlichen und organisatorischen Kriterien. Beispielsweise können Dienstleistungen einer Kommune gruppiert werden nach

- Service-Dienstleistungen für den Bürger,
- Planungsdienstleistungen,

- Koordinationsdienstleistungen.

Service-Dienstleistungen für den Bürger können wiederum differenziert werden in

- Standard-Service-Dienstleistungen: Hierzu gehören Dienstleistungen wie „Führerscheinbeantragung“, „Hundesteuer“ etc.
- Service-Dienstleistungen mit besonderer Vertraulichkeit: Hierzu gehören vor allem Fragen der Sozialhilfe, Asylgewährung etc. Diese Dienstleistungen können beispielsweise nicht in einem Bürgerbüro neben anderen Dienstleistungen wie Führerscheinausstellung etc. abgewickelt werden.

Neben einer Gruppierung von Dienstleistungen nach verschiedenen Kriterien können einzelne Leistungen/Produkte in ihre Leistungs-/Produktkomponenten zergliedert werden. Dienstleistungen bestehen aus Leistungskomponenten, diese wiederum aus Einzelleistungen, die fremdbezogen (z.B. externe Erstellung eines Gutachtens) oder selbsterstellt werden können. Für die Eigenerstellung werden Dokumente (Antragsformulare, etc.) und Gesetze als Grundlagen verwendet.

Auch können Varianten von Dienstleistungen erzeugt werden. So ist es denkbar, daß Bauanträge für Großunternehmen andere Erfordernisse und damit Leistungskomponenten enthalten, als Bauanträge eines Einfamilienhauses.

Abbildung 16 vergleicht das Produktmodell der Industrie mit dem Produktmodell der Verwaltung/Dienstleistung. Die Analogie zwischen beiden ist klar erkennbar.

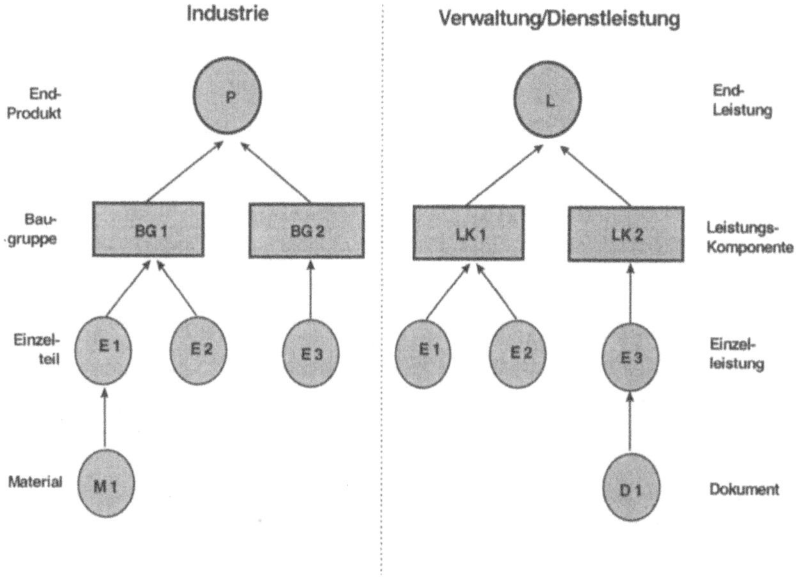

Abb. 16: Produktmodell in Industrie und Dienstleistung

Abbildung 17 zeigt ein Beschreibungsschema für Produkte, wie es im Bereich öffentlicher Dienstleister gängigerweise verwendet wird. In Analogie zu materiellen Produkten enthält ein solches Produktmodell eine Kopfbeschreibung, die Beschreibung von Produktcharakteristika, eine Stückliste (hier die Teile, aus denen der Antrag besteht), die Definition von Vorprodukten (Baugruppen) usw. Auch sind den Produkten Preise bzw. Gebühren (im öffentlichen Bereich) zugeordnet.

Produktblatt "Antrag zum Sachverhalt 4711"

I. Produktbeschreibung

Kurztitel:	Antrag
Langtitel:	Genehmigter oder versagter Antrag für den Sachverhalt 4711
Kennung:	A-4711

II. Produktbereich

Verantwortliche Org.einheit:	Abteilung O1
Ansprechpartner:	Herr Meier

III. Produktdefinition

"Stückliste":	Antrag besteht aus Antragsformular, Stellungnahmen/Gutachten, Technischen Zeichnungen, Anlagen zum Antrag
Mögliche Vorprodukte:	Stellungnahme zu einer Vorabanfrage, Technische Gutachten, Rechtliche Gutachten

IV. Kernzielgruppe

Einwohner zwischen 25 und 40 Berufsgruppe Architekten

V. Leistungsumfang

Durchschnittliche Bearbeitungsdauer 45 Stunden Sachbearbeiter, 4 Stunden Referent Externe Prüfungen mindestens 2 Gutachter ...

VI. Kalkulation / Preis

Preis zur internen Leistungsverrechnung auf das Budget: 10.000 DM

Abb. 17: Schema einer Produktbeschreibung für öffentliche Dienstleister

3.3 Prozeßengineering

Ein Geschäftsprozeß beschreibt den Ablauf eines für die Wertschöpfung einer Organisation wichtigen Vorganges von seiner Entstehung bis zu seiner Beendigung [6]. Mit dem Begriff "Dienstleistungsprozeß" ist ein Geschäftsprozeß gemeint, durch den eine Dienstleistung erbracht wird. Dienstleistungen unterscheiden sich gegenüber industriellen Produkten im wesentlichen in folgenden Eigenschaften:

- Dienstleistungen sind immaterielle Güter.
- Der Kunde ist bei der Erstellung der Leistung direkt in den "Produktionsprozeß" eingebunden.

- Dienstleistungen können nicht auf Lager produziert werden. Die Kapazitäten zur Erbringung der Dienstleistung müssen deshalb sehr flexibel disponierbar sein.
- Dienstleistungen sind i.d.R. personalintensiv. Der Mensch spielt als Produktionsfaktor in Relation zur Wertschöpfung eine größere Rolle als im industriellen Umfeld.

Um Dienstleistungsprozesse zu beschreiben, können die Methoden der Modellierung von Geschäftsprozessen angewandt werden [9]. Die Modellierung von Geschäftsprozessen hat zum Ziel, eine Verbindung zwischen betriebswirtschaftlichen Fragestellungen und konkreten Umsetzungskonzepten auf Basis moderner Informations- und Kommunikationstechnologien aufzuzeigen und zu gewährleisten.

Im Rahmen der im zweiten Kapitel des Beitrags vorgestellten Fallstudien wurde bereits ein Schwerpunkt auf die Geschäftsprozeßmodellierung gelegt. Auf eine weitere Darstellung soll hier deshalb verzichtet werden.

Aus Sicht des Service Engineering ist insbesondere der Zusammenhang von Funktion, Produkt- und Prozeßmodell von Relevanz. Ziel ist es, über die Produktbildung die Kernprozesse zu identifizieren und zu optimieren.

Der Zusammenhang soll am Beispiel des Bauantrags dargestellt werden: Eine Funktion einer Verwaltung, z.B. die sinnvolle Besiedlung und Bebauung einer Gemeinde zu gewährleisten, wird über ein entsprechendes Produkt, z.B. den Bauantrag, erreicht. Das aus diesem Grunde angebotene Produkt „Bauantrag“ erfüllt diese Funktion, indem einem Antragsteller erlaubt wird, eine gewisse Tätigkeit oder Handlung mit Genehmigung der Behörde durchzuführen. Genehmigung oder Versagung eines Bauantrags sind aus dem Produkt heraus abgeleitete Prozesse der Leistungserstellung. Das Produkt „Antrag“ wird bearbeitet und genehmigt oder versagt. Dabei werden Antragsdaten und Antragstellerdaten bearbeitet. Informationen über das Produkt „Antrag“ werden meist in Dokumenten gehalten. Dokumente können dabei in Formularen oder elektronisch verwaltet werden.

Abbildung 18 stellt den Zusammenhang zwischen Strategiedefinition, Produktmodell und Prozeßmodell dar.

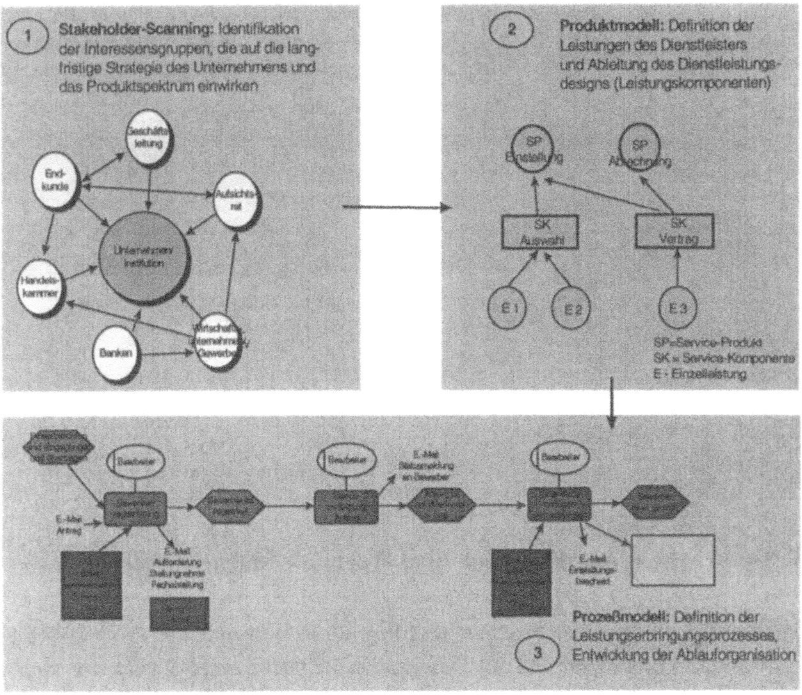

Abb. 18: Zusammenhang zwischen Strategiedefinition, Produktmodell und Prozeßmodell

3.4 Prozeßsteuerung

Nachdem Strategien, Produkte und Prozesse definiert sind, müssen die im Modell entwickelten Ansätze organisatorisch und technisch im Rahmen einer integrierten Vorgangsbearbeitung umgesetzt werden. Im Bereich der Dienstleistungen erfolgt dies meist durch die Entwicklung von Workflow-Systemen.

Der Aspekt der Prozeßsteuerung gewinnt dabei aufgrund der Anforderungen einer steigenden organisatorischen Flexibilität der Informationssysteme stark an Bedeutung und ist deshalb derzeit Gegenstand vieler Entwicklungen in der Informationstechnologie [10]. Die Ursache liegt darin, daß Standardsoftware nicht alle organisatorischen Varianten vordenken kann [11]. Ziel der Standardsoftware muß es deshalb sein, die Steuerung nach "außen" und damit in die Workflow-Ebene zu verlagern. Damit hat die Ebene der Vorgangsbearbeitung für die künftige Generation von prozeßorientierten Informationssystemen eine besondere Bedeutung: Ähnlich wie bei Datenbankmanagementsystemen, bei denen die Datenstrukturen aus der Anwendungssoftware ausgelagert und durch das konzeptionelle Schema der Datenbank repräsentiert werden, wird bei Workflow-Management-Systemen die Ablaufstruktur aus einer anwendungsimmanenten Kodierung herausgelöst und in ein Ablaufmodell überführt. Dieser Zusammenhang geht aus Abbildung 19 hervor [12].

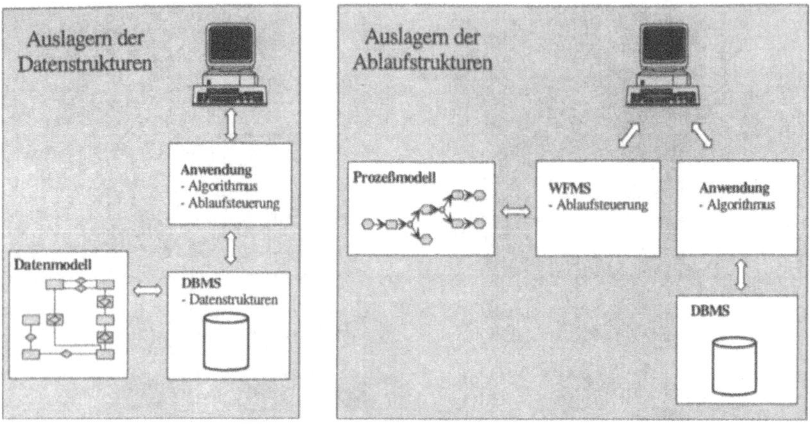

Abb. 19: Vergleich von Datenbank- und Workflow-Management-Systemen [10]

Während auf der Ebene der Produkt- und Prozeßmodellierung die Produkte und Geschäftsprozesse klassifiziert und auf Typebene beschrieben wurden (z.B. wie sieht eine Eilauftragsbearbeitung aus), müssen für die Vorgangsbearbeitung im Sinne einer Prozeßsteuerung und -ausführung einzelne Vorgänge betrachtet werden (z.B. die Bearbeitung des Eilauftrags 4711), also Geschäftsprozeßmodelle verfeinert werden.

Workflow-Management-Systeme stellen heute verschiedene Funktionen bereit: Für die Bearbeitung eines Vorgangs werden Funktionen angeboten wie z.B. die Integration von fremden Anwendungssystemen (Textbearbeitung, Tabellenkalkulation), das Versenden von Dokumenten, die integrierte Bearbeitung multimedialer Informationen, die Abstimmung von Terminen, die Anlage von Notizen und Querverweisen etc. Für die Ablaufsteuerung werden Funktionen benötigt wie z.B. das Verteilen und Transportieren von Dokumenten, die Parallel- und Simultanbearbeitung von Vorgängen, die Änderungen der vorgegebenen Ablauffolge der einzelnen Vorgänge, die Aufnahme und das Löschen von Bearbeitungsschritten für einen Vorgang, etc.

4 Fazit und Ausblick

Der Beitrag hat zum Ziel, Analogien zwischen Industrie und öffentlicher Dienstleistung im Bereich der Entwicklung, Planung und Steuerung von Dienstleistungen hervorzuheben. Dies führte zu zwei inhaltlichen Schwerpunkten:

- Im Rahmen des **Service Engineering** werden Produkte und Prozesse für die Verwaltungsdienstleistung geplant und technisch realisiert. Dabei sind Aspekte der

Prozeßsteuerung durch Workflow-Systeme aus den im Rahmen der Engineering-Phasen abgeleiteten Produkt- und Prozeßmodelle heraus abzuleiten.

- Im Rahmen der **Dienstleistungslogistik** werden die engineerten Produkte und Prozesse mit Unterstützung der implementierten Workflow-Systeme abgewickelt. Bei Eingang eines Auftrags (im Falle der Verwaltung i.d.R. ein Antrag, z.B. die Steuererklärung), werden für den Auftrag die entsprechenden Planungs- und Steuerungsprozesse angestoßen. Eigen- und Fremdleistungen müssen terminiert und gesteuert werden. Dem Kunden müssen optimale Informationsmöglichkeiten über den Status des Prozesses gegeben werden. Auch müssen entsprechende Methoden der Leistungsdatenerfassung für Dienstleistungen bereitstehen.

Im Beitrag konnte dabei nur auf Teilaspekte des Service Engineerings und der Dienstleistungslogistik eingegangen werden. Gezeigt wurde, daß die Entwicklung einer durchgängigen Methodologie für alle Phasen eines Produktlebenszyklus einer Dienstleistung notwendig ist, wenn im Dienstleistungssektor die gleiche Professionalität erreicht werden soll, wie im industriellen Bereich. Bis dahin ist noch ein langer Weg. Mit dem Beitrag sollten die ersten Schritte hierzu aufgezeigt werden.

Literaturverzeichnis

[1] Vgl. Scheer, A.-W.: Industrialisierung der Dienstleistung, in: Scheer, A.-W. (Hrsg.): Veröffentlichungen des Instituts für Wirtschaftsinformatik, Heft Nr. 122, Saarbrücken 1996, S. 1ff.

[2] Vgl. Scheer, A.-W.: Industrialisierung der Dienstleistung, a.a.O., S. 5.

[3] Vgl. o.V.: Die Bürger Queen, in: FOCUS Nr 50 vom 11.12.1995, S. 226.

[4] Vgl. Scheer, A.-W.; Chen, R.; Zimmermann, V.: Prozeßmodellierung im Klinikbereich, in: Adam, D. (Hrsg.): Schriften zur Unternehmensführung, Krankenhausmanagement, Wiesbaden 1996, Veröffentlichung in Druck.

[5] Vgl. Scheer, A.-W.: Wirtschaftsinformatik - Referenzmodelle für industrielle Geschäftsprozesse, 6. Aufl., Berlin et. al 1996, S. 87.

[6] Vgl. Scheer, A.-W.; Nüttgens, M.; Zimmermann, V.: Rahmenkonzept für ein integriertes Geschäftsprozeßmanagement, in: Wirtschaftsinformatik 37(1995)5, S. 426-434.

[7] Vgl. Staehle, W. H.: Management - Eine verhaltenswissenschaftliche Perspektive, 6. Aufl., München 1991.

[8] Vgl. Kraemer, W.; Ball, G.: Entkommunalisierung: Outsourcing-Potentiale in der öffentlichen Verwaltung, in: Scheer, A.-W. (Hrsg.): Rechnungswesen und EDV, Tagungsband der 16. Saarbrücker Arbeitstagung, Heidelberg 1995, S. 371-389.

[9] Vgl. Scheer, A.-W.; Nüttgens, M.; Zimmermann, V.: Business Process Reengineering in der öffentlichen Verwaltung, in: Friederichs, J.; Scheer, A.-W. (Hrsg.): Innovative Ver-

waltungen 2000, Schriften zur Unternehmensführung, Heft 57, Wiesbaden 1996, S. 11-30.

[10] Vgl. Scheer, A.-W.: Industrialisierung der Dienstleistung, a.a.O., S. 5.

[11] Vgl. Fritz, F.-J.: Business Workflow Management und Standard-Anwendungssoftware, in: Management&Computer 2(1994)4, S. 277-286.

[12] Loos, P.: Workflow und industrielle Produktionsprozesse - Ansätze zur Integration, in: Scheer, A.-W. (Hrsg.): Veröffentlichungen des Instituts für Wirtschaftsinformatik, Heft 123, Saarbrücken 1996.

Krankenhausmanagement mit IS-H

Dipl-Kfm. Hermann Josef Fliß
Zentren für Psychiatrie Wiesloch und Weinsberg
Dr. Wolfgang Hennevogl
PLAUT Beratung für Versorgungs- und Verkehrswirtschaft GmbH, Frankfurt

Inhalt

17. Saarbrücker Arbeitstagung Rechnungswesen und EDV 1996. Hrsg.: A.-W. Scheer.

1 Ausgangssituation

Aufgrund des neuen Gesundheitsstrukturgesetzes (GSG'93), der Novellierung der Bundespflegesatzverordnung (BPflV 1995) und der damit verbundenen Einführung von differenzierten, leistungsbezogenen Entgeltformen (Fallpauschalen, Sonderentgelte etc.) planten die 5 Krankenhäuser der Landeshauptstadt Stuttgart 1994 die Neugestaltung der Informationsverarbeitung.

Mit der Neuausrichtung der elektronischen Datenverarbeitung sollte die effektive und effiziente Nutzung der in den Krankenhäusern entstehenden und benötigten Informationen im Rahmen eines integrierten Krankenhaus-Informations- und -Kommunikationssystems erreicht werden. Die Komponenten eines solchen Systems und ihre datenseitigen Beziehungen sind in der Abbildung 1 dargestellt.

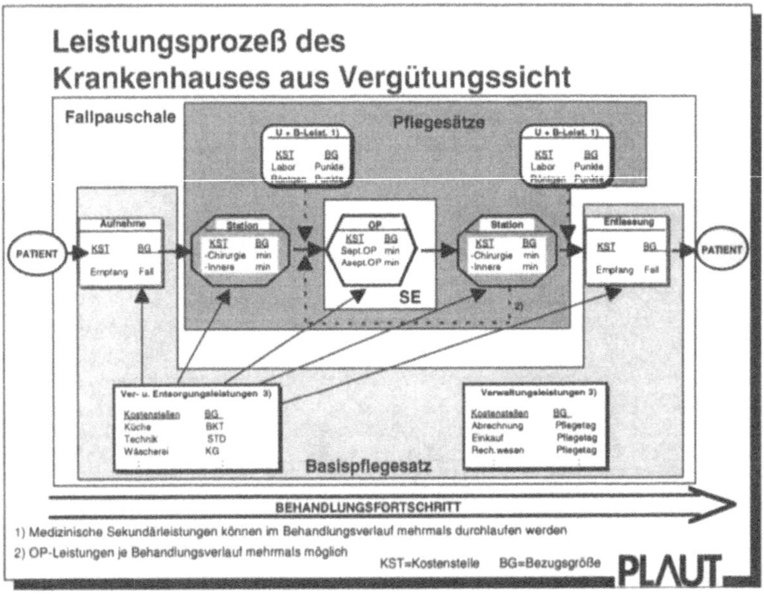

Abbildung 1: Krankenhaus-Informationssystem

Man war sich bewußt, daß die Einrichtung eines integrierten Gesamt-Systems den Einsatz von Softwaremodulen erforderte, die zukunftsorientiert und für den Einsatz innerhalb eines offenen Systems geeignet sind. Nur so ist die Bereitstellung von entscheidungsrelevanten Informationen, welche die Leistungen und Kosten mit den sie in Anspruch genommenen Patienten (Fällen) verknüpfen, möglich.

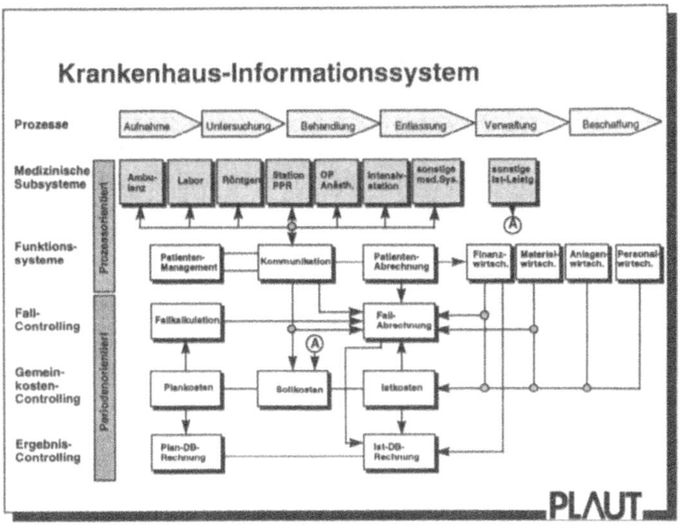

Abbildung 2: Leistungsprozeß des Krankenhauses

Die integrierte Standard-Software SAP-R/3 mit den Modulen IS-H, CO, FI, AM und MM liefert eine derartige krankenhausspezifische Gesamtlösung. Fachspezifische Subsysteme, die in den medizinischen Bereichen Labor, Radiologie etc. genutzt werden, und das vorhandene Personalwirtschafts- und -abrechnungssystem waren über Schnittstellen mit der SAP-Lösung zu integrieren. Der Umstieg auf ein neuzeitliches Personalabrechnungssystem war für diese Phase nicht geplant.

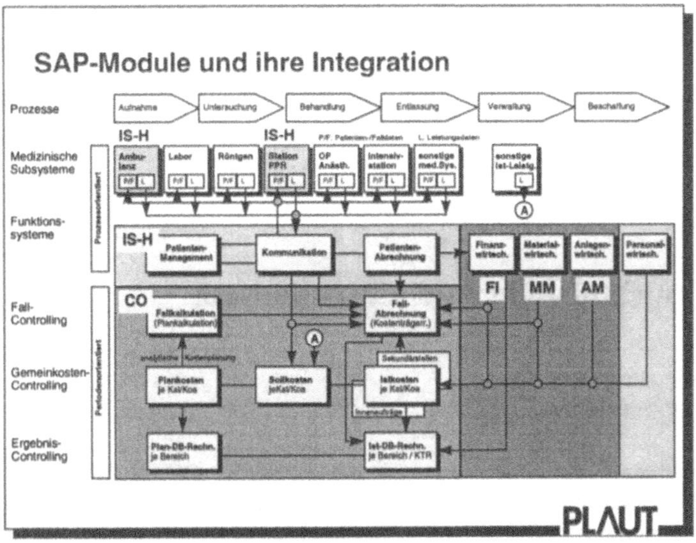

Abbildung 3: SAP-R/3-Module und ihre Integration

Den Mittelpunkt der SAP-R/3-Lösung stellt der Modul IS-H dar, in dem sämtliche Patienten-, Fall- und Leistungsdaten krankenhausweit wie folgt verwaltet und abgerechnet werden:

1. Sämtliche Patientenbewegungen (Aufnahmen, Verlegungen, Entlassungen etc.) werden krankenhausweit und unabhängig von der Fallart (ambulant, teilstationär, stationär) mit Hilfe der IS-H-Komponente *Patientenmanagement* erfasst und aktualisiert.

2. Über den IS-H-Baustein *Kommunikation* werden die Patienten-, Fall- und Leistungsdaten mit den medizinischen Subsystemen ausgetauscht und innerhalb des SAP-Systems für nachgelagerte Verfahren wie CO aufbereitet. Im Einzelnen werden folgende Aufgaben abgedeckt:

    - Übergabe der Patienten- und Falldaten zu medizinischen Subsystemen (Schnittstellen).

    - Übernahme der Leistungsdaten von medizinischen Subsystemen (Schnittstellen).

    - Aufbereitung der Patienten- und Falldaten für die Kostenträgerrechnung (CO).

    - Aufbereitung der Leistungsdaten für die Kostenstellen- und Kostenträgerrechnung (CO).

3. Der Baustein *Patientenabrechnung* übernimmt die Fakturierung sämtlicher abrechnungsfähigen Leistungen und sorgt für die Aufbereitung der Fakturadaten für die Finanzbuchhaltung.

Geplant war, das skizzierte Krankenhaus-Informationssystem in 3 Krankenhäusern ab dem 1. 1. 1996, und in 2 weiteren Krankenhäusern - aus personellen Kapazitätsgründen - zu einem späteren Zeitpunkt produktiv zu nutzen.

2 Projektplanung und -durchführung

2.1 Vorbereitung

Aufgrund gesetzlicher Zwänge, die für Krankenhäuser mit öffentlicher Trägerschaft ein streng formalisiertes Auswahl- und Beschaffungsverfahren vorschreiben, wurden - in Zusammenarbeit mit einer WP-Gesellschaft - Ausschreibungsunterlagen (Checklisten) für die betrieblichen Funktionsbereiche Finanzbuchhaltung, Anlagenbuchhaltung, Kostenrechnung, Patientenadministration/-abrechnung und Materialwirtschaft erstellt. Mit Hilfe der Checklisten wurde die Verfügbarkeit einzelner Funktionalitäten abgefragt und die am Markt verfügbare Standardsoftware klassifiziert. Das Ergebnis der Klassifizierung bestätigte die Entscheidung, SAP einzuführen.

Für die Durchführung der SAP-Einführung suchten sich die städtischen Krankenhäuser Stuttgart einen Krankenhaus-versierten SAP-Berater. Man entschied sich für PLAUT, da das Beratungshaus insbesondere im Bereich Krankenhaus-Controlling richtungsweisend und Entwicklungspartner der SAP ist.

Die Einführung von SAP-R/3 und der Ausbau zu einem krankenhausweiten Informationsssystem verlangten ein klares Phasenkonzept, eindeutige Projektstrukturen und realistische Termin- und Ressourcenfestlegungen. Hierzu verfuhr man nach dem PLAUT-Projektmanagement (PPM). Die aufeinander aufbauenden Phasen des PPM zeigt die Abbildung 4.

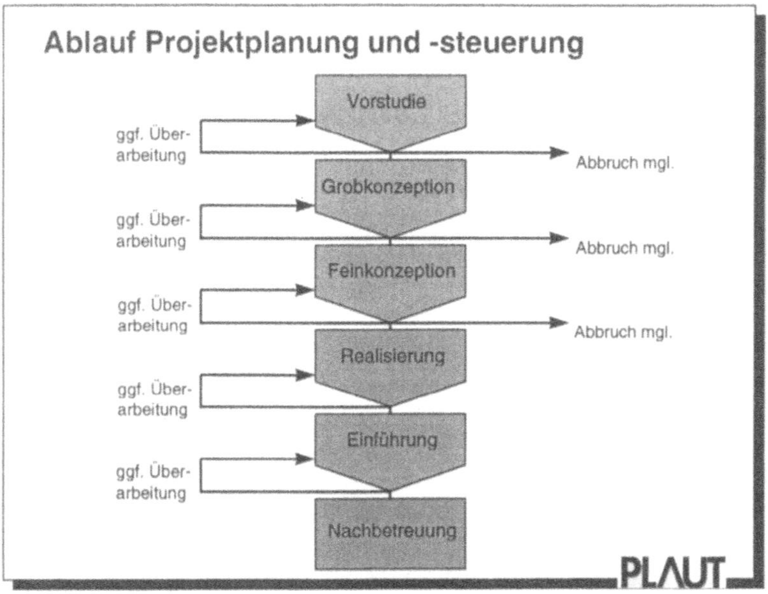

Abbildung 4: Ablauf Projektplanung und -steuerung

Voraussetzung für den Start jeder Phase war der erfolgreiche Abschluß der Vorphase. Formal war hierzu die Abnahme des erreichten Meilensteins durch den Projektlenkungsausschuß erforderlich.

Eine Zusammenfassung der Grobkonzeption, der sich anschließenden Feinkonzeption und der Meilensteine zeigt die Abbildung 5.

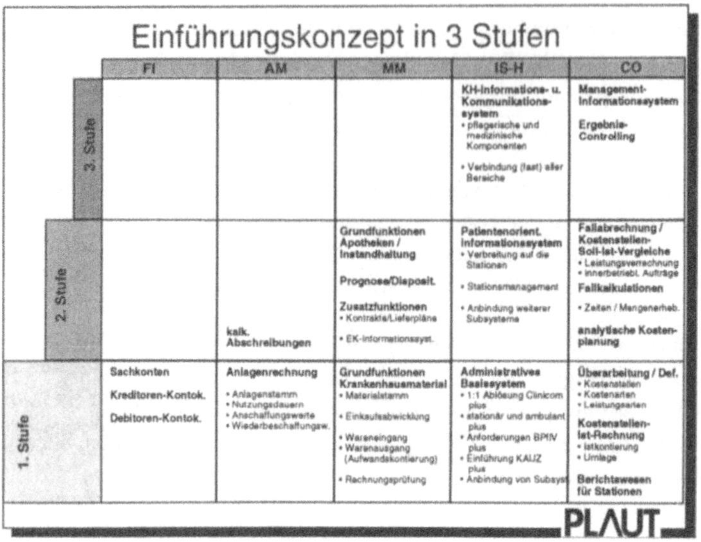

Abbildung 5: Projektphasen und Meilensteine (1)

In der Abbildung 6 sind wesentliche Aktivitäten und Meilensteine der Einführungsphase dargestellt.

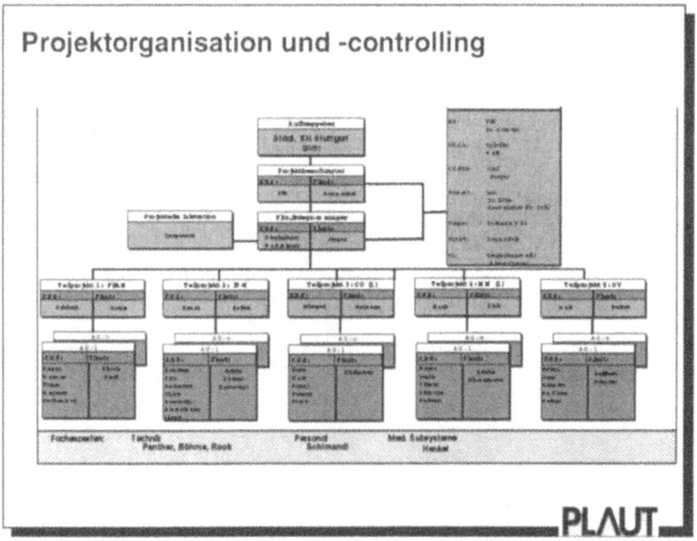

Abbildung 6: Projektphasen und Meilensteine (1)

Für die Planung, Durchführung und Steuerung des Projektes war eine Organisation mit eindeutig definierten Verantwortlichkeiten und Dokumentationspflichten erforderlich. Dies wurde über die in Abbildung 7 aufgeführte Projektaufbau-Organisation sichergestellt, einem Skill-Mix aus erfahrenen PLAUT-Beratern und Krankenhaus-Mitarbeitern.

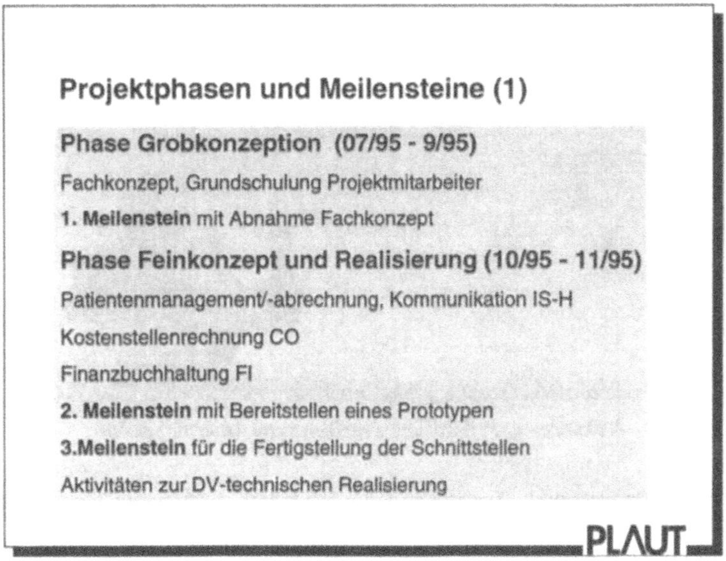

Abbildung 7: Projektaufbau-Organisation

2.2 Vorstudie

Mit der Vorstudie wurden folgende Ziele verfolgt:

- Definition eines Stufenplans zur Systemeinführung
- Festlegung zweckmäßiger Teil-Projektorganisationen
- Planung der erforderlichen Ressourcen

Ein wesentliches Ergebnis der Vorstudie war die Schätzung der von Berater- und Krankenhausseite zu leistenden Arbeitstage. Auf der Basis dieser Schätzung und unter der Berücksichtigung der „Qualifikation" und „Verfügbarkeit" der potentiellen Projekt-Mitarbeiter des Krankenhauses erfolgte die Bereitstellungsplanung der erforderlichen Ressourcen. Spätestens hier wurde deutlich, daß das angepeilte Krankenhaus-Informationssystem einschließlich eines wirksamen Controlling (Gemeinkosten-, Fall- und Ergebnis-Controlling) nur über einen mehrjährigen stufenweisen Aufbau realisierbar war. Das resultierende Stufenkonzept zum Aufbau der Gesamtlösung ist in der Abbildung 8 dargestellt.

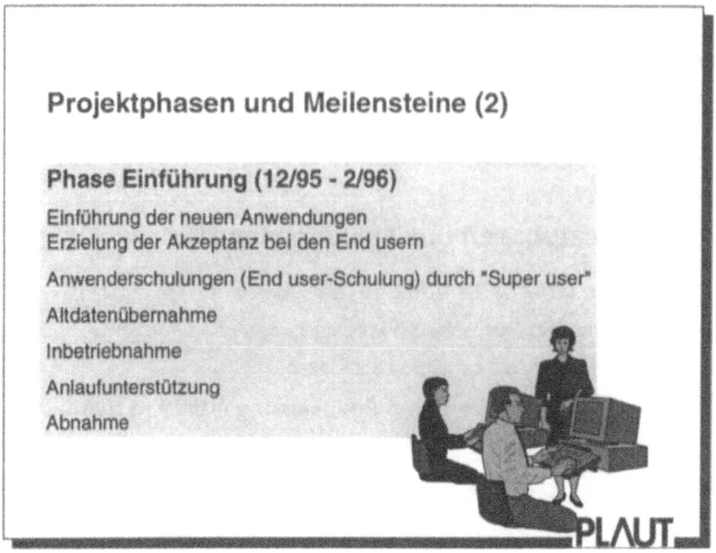

Abbildung 8: Einführungskonzept in drei Stufen

Inhaltlich wurden mit der 1. Ausbaustufe des Moduls IS-H folgende Ziele verfolgt:

- 1:1-Ablösung der Funktionalität des bis dato eingesetzten Systems.
- Abdeckung der Anforderungen des GSG und der BPflV.
- Schnittstellenanbindung der medizinischen Subsysteme im Labor und in der Radiologie zur Übergabe von Patienten- und Falldaten.

Mit der neuen Lösung werden damit zum einen sämtliche ambulanten Abrechnungsprozesse (BG-Fälle, ambulante Operationen etc.) systemseitig unterstützt. Darüber hinaus können die im Altsystem nicht abgedeckten stationären Behandlungs- und Entgeltarten (vorstationär, nachstationär, Fallpauschalen etc.) fakturiert werden.

Um das gesetzte Ziel in 6 Monaten zu erreichen, konzentrierte sich das weitere Vorgehen auf die Realisierung der Stufe 1, die bis zum 1.1.1996 in allen 3 Krankenhäusern umzusetzen war.

2.3 Grobkonzeption

Im Rahmen der Grobkonzeption erfolgte die:

- modulspezifische Grundschulung der „key-player" der Krankenhäuser
- Erarbeitung der Fachkonzepte

Da die Erarbeitung der Fachkonzepte in krankenhausübergreifenden Arbeitsgruppen erfolgte, konnte eine krankenhausübergreifende Standardisierung vieler Abläufe erreicht werden. Mit der Standardisierung der Aufnahme-, Abrechnungsprozesse etc. fand eine Reorganisation der Formularorganisation und Stammdatenstruktur (Kostenstellen-, Kontenplan, Leistungsarten-/Leistungsdatenstruktur etc.) statt, die heute die einheitliche und lückenlose Erfassung sämtlicher Patientenbewegungen inkl. der für Dokumentations- und Abrechnungszwecke erforderlichen Daten ermöglicht. Dies ist letztendlich die Voraussetzung zum Aufbau eines schlagkräftigen krankenhausweiten Controlling.

Darüber hinaus wurde durch eine „Systemprozessoptimierung" bereits in dieser Phase die konzeptionelle Anpassung der Ablauforganisation an die Möglichkeiten der SAP-Software vollzogen. Ablauforganisatorische Bruchstellen, die bei vielen Systemumstellungen in der Startphase des Produktivbetriebs zu beobachten sind, konnten auf diese Art und Weise ausgeschaltet werden.

Die resultierenden Fachkonzepte stellten zum einen die Basis für die Folgephasen Feinkonzeption und Realisierung dar. Zum anderen sind damit die Grundlagen für eine weiterführende Geschäftsprozessoptimierung hergestellt, in der die Aufbauorganisation auf der Basis der an das System angepassten Abläufe (Systemprozessoptimierung) untersucht und gestrafft wird.

Die Bildung krankenhausübergreifender Arbeitsgruppen hatte den Vorteil, daß die Gemeinsamkeiten und Unterschiede in den 3 Häusern relativ schnell herausgearbeitet waren. Einige Zeit nahmen Diskussionen und klärende Gespräche in Anspruch, die auf

- terminologie-bedingte Verständnisprobleme zwischen Beratern und Krankenhaus-Mitarbeitern und
- krankenhaus-seitige Vorstellungsprobleme zu system- bzw. gesetzesbedingten Veränderungen der Ablauf-Organisation

zurückzuführen waren. Die Probleme resultierten aus:

- einer zu starken Verankerung der Krankenhaus-Mitarbeiter mit dem Altsystem und den dadurch manifestierten Abläufen und Funktionalitäten.
- der damals existierenden Krankenhaus-Organisation, die an die neue Gesetzgebung noch nicht angepasst war.

Zusammenfassend läßt sich jedoch festhalten, daß die intensive Interaktion zwischen externen Beratern und Krankenhaus-Mitarbeitern den Informationsfluß förderte und entscheidend dazu beitrug, daß die erste Ausbaustufe in der kurzen Zeit erfolgreich realisiert werden konnte.

2.4 Feinkonzeption

Die Feinkonzeption enthielt folgende Aktivitäten:

- Schulung der krankenhaus-spezifischen Super-User
- Konzeption der Systemeinstellungen
- Umsetzung der konzipierten Systemeinstellungen und Erstellung krankenhausspezifischer Prototypen

In der Feinkonzeption konnte die „Projektverfügbarkeit der Krankenhaus-Mitarbeiter" nicht im geplanten Umfang zur Verfügung gestellt werden. Der Einführungstermin für ein Krankenhaus wurde deshalb bewußt verschoben.

Für die verbliebenen zwei Krankenhäuser verlief die Feinkonzeption plankonform. Die krankenhausspezifischen Prototypen waren ab Ende November verfügbar. Die beiden krankenhausspezifischen Modellbetriebe hatten den Vorteil, daß nun prototypische und hausspezifische Anwendungsbeispiele vorgeführt und getestet werden konnten. Jeder Anwender konnte überprüfen, ob die Systemeinstellungen den Anforderungen des Tagesgeschäftes genügen und wie die gesetzlichen Neuerungen systemseitig umgesetzt waren. Berührungsängste und Verständnisprobleme wurden so sukzessive abgebaut.

2.5 Realisierung/Einführung

In der Realisierungs- und Einführungsphase waren folgende Aktivitäten durchzuführen:

- die Konzeption, die Programmierung und den Test der „Einmal-Schnittstellen" zur Übernahme der Stammdaten aus dem Altsystem
- die Konzeption, die Programmierung und den Test der „permanenten" Schnittstellen zur Übergabe von Patienten- und Falldaten an medizinische Subsysteme
- die Übernahme der Stammdaten des Altsystems in das Produktivsystem
- die Erstellung und Umsetzung des Berechtigungskonzeptes
- die Organisation und Durchführung der Anwenderschulungen

Aufgrund der zügig durchgeführten Feinkonzeption waren die für die Schnittstellenkonzeption erforderlichen Voraussetzungen früher als geplant vorhanden. Altsystemhersteller und die Hersteller der anzuschliessenden medizinischen Subsysteme hatten somit mehr Zeit als ursprünglich geplant, um die zur Altdatenübernahme erforderlichen Aufbereitungsprogramme und die auf der Subsystemseite zu schaffenden Schnittstellenprogramme rechtzeitig mit der erforderlichen Qualität bereitzustellen.

Die zu realisierenden Schnittstellen und die Übernahme der Stammdaten des Altsystems waren bis auf eine Ausnahme termingerecht fertiggestellt. Für die Ausnahme war der Altsystem-Hersteller verantwortlich, der nicht in der Lage war, die Patientenstammdaten des Altsystems fristgerecht in der vorgegebenen SAP-konformen Struktur zur Verfügung zu stellen. Dies hatte zur Folge, daß die zum Jahreswechsel erfolgte Systemumstellung mit der manuellen Erfassung der Stammdaten aller Patienten verbunden war, die sich zum Jahreswechsel im Krankenhaus befanden.

Die im Dezember geplanten Anwenderschulungen (Aufnahmestellen, Sachbearbeitung, Pforte etc.) wurden von den „key-playern" der Krankenhäuser, den sogenannten Super-Usern durchgeführt. Das während der Grob- und Feinkonzeption angesammelte Know-how wurde damit effektiv und kostengünstig nach dem Schneeballprinzip in den einzelnen Häusern gestreut (train-the-trainer-Philosophie).

Planmäßig und reibungsfrei erfolgte schließlich die am 1.1.1996 zu vollziehende Systemumstellung. Die mit der 1. Ausbaustufe verfolgten Ziele (siehe Abschnitt 2.2) waren vollständig und termingerecht realisiert. Hervorzuheben ist, daß die Systemumstellung insbesondere im klinischen Bereich mit keinerlei Einschnitten und Verzögerungen in der Patientenbehandlung verbunden war.

3 Ausblick

Das mit der 1. Ausbaustufe realisierte Informationssystem gewährleistet die verursachungsgerechte Erfassung und Zuordnung sämtlicher Leistungen und Kosten nach Patienten (Fällen) und Patientengruppen (Fallgruppen). Dies ist die Voraussetzung für den Aufbau einer entscheidungsorientierten Kosten- und Leistungsrechnung.

Die Instrumente zur Planung und Analyse der

- Gemeinkosten (Kostenstellen-Controlling)
- Fallkosten (Fall-Controlling)
- Deckungsbeiträge (Ergebnis-Controlling)

sind in der 2. Ausbaustufe einzurichten.

Parallel dazu erfolgt der Ausbau des patientenorientierten Kernsystems (IS-H und medizinische Subsysteme) auf der Stations-, Ambulanz- und Funktionsstellenebene (OP, Intensivmedizin etc.). Ziel ist die möglichst zeitnahe Einmalerfassung sämtlicher patientenbezogener Leistungsdaten. Durch das Integrationsprinzip von R/3 stehen diese Daten automatisch für das Controlling zur Verfügung.

4 Resümee

Als Fazit läßt sich festhalten, daß das hoch gesteckte Ziel nur durch ein hoch motiviertes Team mit professioneller externer Unterstützung erreichbar war. Stünde man heute erneut vor dem Problem der Systemauswahl und -einführung, würde ich bis auf folgende Ausnahme das in Abschnitt 2 geschilderte Vorgehen wiederholen:

Dem Ausschreibungsverfahren sollte eine Vorstudie vorgeschaltet sein. Dadurch wird sichergestellt, daß folgende für die System-Einführung unerläßlichen Voraussetzungen bereits Bestandteil der Ausschreibung sind:

- Umfang und zeitliche Dimension der durchzuführenden Aktivitäten.
- Für die Projektdurchführung erforderlichen Ressourcen.
- Zweckmäßige Projekt-Organisation.

Das empfohlene Vorgehensmodell zur Auswahl und Einführung eines integrierten Krankenhausinformationssystems ist in der Abbildung 9 dargestellt.

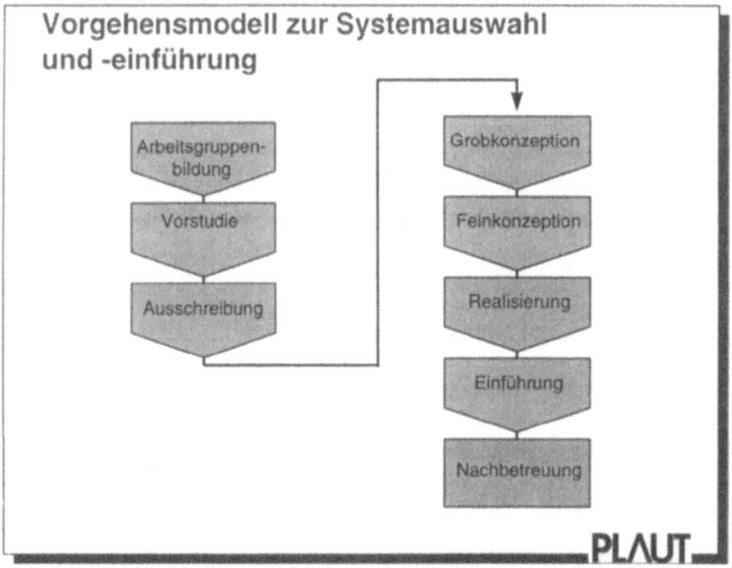

Abbildung 9: Vorgehensmodell zur Systemauswahl und -einführung

GPSR Compliance

The European Union's (EU) General Product Safety Regulation (GPSR) is a set of rules that requires consumer products to be safe and our obligations to ensure this.

If you have any concerns about our products, you can contact us on ProductSafety@springernature.com

In case Publisher is established outside the EU, the EU authorized representative is:

Springer Nature Customer Service Center GmbH
Europaplatz 3
69115 Heidelberg, Germany

Batch number: 10809436

Printed by Printforce, the Netherlands